...rung Düſſeldorf
...n July. Ao. 1758.

3

Rhein Strohm 4. Die Citadelle

UNSEREM
TISCHFREUND
„PETER"
zum GEBURTSTAG
1980

DIE FREUNDE
DER TISCHGEMEINSCHAFT
„NIX LOSS"
im Heimatverein
DÜSSELDORFER
JONGES

DÜSSELDORF 16.5.1980

EDMUND SPOHR

DÜSSELDORF STADT UND FESTUNG

SCHWANN

Das Bild auf der Vorderseite des Einbandes zeigt die Stadt und Festung Düsseldorf mit dem Stadterweiterungsprojekt der Neustadt, 1769.

Die Abbildungen auf den Innenseiten des Einbandes zeigen Darstellungen von der Belagerung Düsseldorfs durch die Hannoveraner am 7. Juli 1758.

Die farbige Abbildung vor der Titelseite zeigt den „Plann de Düßeldorff", 1747, sign. C. A. Vellink. Kolorierte Handzeichnung, Kurpfälzisches Museum, Heidelberg.

Gedruckt mit Unterstützung des Kultusministers des Landes Nordrhein-Westfalen und des Kulturamtes der Stadt Düsseldorf.

Herausgegeben vom Kulturamt der Stadt Düsseldorf.

Für Marjatta

CIP-Kurztitelaufnahme der Deutschen Bibliothek

Spohr, Edmund
Düsseldorf, Stadt und Festung. — 1. Aufl. —
Düsseldorf : Schwann, 1978.
   ISBN 3-590-30241-0

© 1978 Pädagogischer Verlag Schwann   Düsseldorf
Alle Rechte vorbehalten
1. Auflage 1978
Reprosatz   Brigitte Struve Düsseldorf
Einbandgestaltung   Paul Effert
ISBN   3-590-30241-0

Inhalt

Vorwort 9
Einleitung 11

I. Geschichtliche Einflußfaktoren 17
  1. Die Situation vor der Stadterhebung 17
  2. Die mittelalterliche Stadt 1288 – 1384 18
  3. Die herzogliche Residenz 1384 – 1500 24
  4. Die Hauptstadt und Landesfestung 1500 – 1679 25
  5. Aufblühen und Niedergang der kurpfälzischen Haupt-
    und Residenzstadt 1679 – 1801 34
  6. Die entfestigte Stadt bis zur Übernahme durch Preußen 51

II. Entwicklungsphasen der Stadt und Festung 56
  1. Das Dorf an der Düssel 56
  2. Die mauerumgürtete Stadt 1288 – 1384 56
    Bauliche Entwicklung 56
    Baubeschreibung und Rekonstruktion 57
      – Der erste Befestigungsring 57 – Grafenhaus 61 – Lewenhaus 62 –
      – Bürgerzentrum 63 – Stiftsimmunität 65 –
    Organisation und Technik 66
      – Baupflicht, Baufinanzierung 66 – Bewachung 67 –
      – Wehrtechnik 67 – Bautechnik 68 –
    Formale Betrachtung 68
  3. Die erweiterte mittelalterliche Stadt 69
    Bauliche Entwicklung 69
    Baubeschreibung und Rekonstruktion 71
      – Mauerverlauf 71 – Tore 75 – Ratinger Tor 75 – Flinger Tor 76 –
      – Berger Tor 76 – Rheintor 77 – Zolltor 78 – Lindentrappenpforte 79 –
      – Türme 80 – Maueraufbau 81 – Schloß 81 – Stiftsimmunität 85 –
    Organisation und Technik 86
      – Baufinanzierung 86 – Bauausführung 87 – Bewachung 88 –
      – Wehrtechnik 88 – Bautechnik 89 – Rheinbau 90 –
    Formale Betrachtung 91
  4. Der Strukturwandel vom mittelalterlichen Mauerbering
    zur Bastionärbefestigung 92
    Entwicklung der Artillerie 92

Neue Festungsbauarten 93
Entstehung und Aufgabe der Landesfestung 97
5. Die Bastionärbefestigung 1530 – 1679 100
Bauliche Entwicklung 100
Baubeschreibung und Rekonstruktion 118
– Der Umkreis der Festungswerke 118 – Der Plan Speckles 123 –
– Ratinger Rondell 127 – Neues Werk 128 – Berger Torhof 131 –
– Neues Berger Tor 133 – Zitadelltor 136 – Neuer Berger Torhof 136 –
– Neues Flinger Tor 137 – Neues Ratinger Tor – 140
Bauorganisation und Funktionszusammenhänge 140
– Baufinanzierung, Dienstleistungen 140 – Bauleitung, Baumeister,
Festungsingenieure 143 – Bewachung, Garnisonsangelegenheiten 149 –
– Festungsverwaltung 153 – Festungsausrüstung 154 –
Fortifikatorische Wertung 157
– Defensionsfähigkeit der Werke 157 – Bautechnik 161 –
Formale Betrachtung 163
6. Stadterweiterungsbestrebungen Johann Wilhelms und
planmäßiger Ausbau der Festung bis 1801 165
Bauliche Entwicklung 165
– Stadt und Festung 165 – Fort Düsselburg 192 – Karlstadt 198 –
Baubeschreibung 210
– Der Festungskranz der Stadterweiterung durch Johann Wilhelm 210 –
– Der Umkreis der Werke nach Einbeziehung der Extension 214 –
– Veränderungen nach Schleifung der Inneren Werke 219 –
– Außenbefestigung 220 – Berger Tor 223 – Ratinger Tor 224 –
– Neues Rheintor 237 – Extensionstore 229 –
Bauorganisation und Festungsangelegenheiten 231
– Baufinanzierung 231 – Bauleitung, Festungsingenieure 234 –
– Festungsverwaltung 240 – Garnisonsangelegenheiten, Kasernen 241 –
– Kurfürstliche Gebäude 251 – Pulverturm 262 – Festungsausrüstung,
Festungsartillerie 264 – Rayonbestimmungen 270 –
Fortifikatorische Wertung 274
– Politische und topographische Lage der Festung 274 –
– Defensionsfähigkeit nach Befestigung der Extension 275 –
– Defensionsfähigkeit der Außenbefestigung 279 –
– Hydrotektonik 280 – Stadthygiene 281 – Bautechnik 282 –
Formale Betrachtung 287

III. **Die Auswirkungen der Befestigung auf die Stadtentwicklung
bis zur Schleifung** 289
1. Die mittelalterliche Stadt 289
– Altstadt, Vorstadt 289 – Erste und zweite Erweiterung, Neustadt 289 –
2. Die Landesfestung 290
– Neustadt, Zitadelle 290 – Corps de logis, Zitadelle, Neues Werk 298 –
– Extension durch Johann Wilhelm 299 – Karlstadt 303 – Grüngürtel,
Festungsrayon 304 –

IV. **Die Entfestigung und ihre städtebaulichen Konsequenzen** 305
   1. Die Schleifung der Anlagen 305
   2. Die Verschönerung und Erweiterung der Stadt
      nach der Schleifung 313
      Die grundlegende Umgestaltung des Festungsgeländes
      nach den Plänen Huschbergers 313
      Der weitere Ausbau der Stadt unter G. A. Jacobi,
      A. von Vagedes und M. F. Weyhe 316
      Die Vagedesschen Stadtbaupläne von 1822 bis 1831 und die
      genehmigten Stadterweiterungen bis 1854 327
   3. Die Einwirkungen des ehemaligen Befestigungssystems
      auf das Stadtbild 330
      Der Einfluß des gesamten Befestigungsrings auf die
      Entwicklung des innerstädtischen Straßensystems 330
      Der Einfluß einzelner Werke auf den Stadtgrundriß 332
      — Stadteingänge 333 — Wallstraßen 333 — Wallinienstraßen 333 —
      — Wallgrundstraßen 334 — Glacisstraßen 334 — Glacisfußstraßen 235 —
      — Glacisverbindungsstraßen 335 — Bastionsplätze 335 — Grabenstraßen 336 —
      — Stadtgrabenanlagen 337 — Sichtbare Reste der Befestigung 338 —
      Auf die Befestigung zurückgehende Ortsbezeichnungen 338
   4. U-Bahn-Planung im Bereich der ehemaligen Festungsanlagen 340

V. **Das Verhältnis der Denkmalpflege zu den Festungsbauten** 346
   1. Exkurs über die Niederlegung des Berger Tores
      im 19. Jahrhundert 346
   2. Stadt und Festung in der modernen Denkmalpflege 350

VI. **Schlußbemerkungen** 353

VII. **Anhang** 356
   1. Bildtafeln 357
   2. (Bau-) Polizei-Verordnungen 380
   3. Französische Denkschrift über die Festung Düsseldorf 387
   4. Zahlentabellen 392
      Stadtentwicklungstabelle 392
      Bevölkerungstabelle 394
      Maßeinheiten 399
      Währungseinheiten 400
      Französischer Revolutionskalender 402
   5. Personenkatalog 404
      Herrschergenealogie mit Zeittafel 404
      Festungsgouverneure und Kommandanten 408
      Landes- und Festungsbaumeister bis zum Anfang
      des 18. Jahrhunderts 410
      Militäringenieure im 18. Jahrhundert 412
      Zivilbaumeister und Ingenieure im 18. Jahrhundert 414

Stadtplaner nach der Entfestigung 416
6. Bezeichnungen der Festungswerke 418
7. Einzelne Bauten und Bauteile 427

VIII. Anmerkungen 430

IX. Quellenverzeichnis 465
1. Standortverzeichnis 465
2. Urkunden und Akten 466
3. Literaturverzeichnis 479
4. Abbildungsverzeichnis mit Bildnachweis 498

X. Fachwortverzeichnis 513

XI. Personenregister 519

Vorwort

In einer Zeit, in der durch den Bau neuer unterirdischer Verkehrswege einschneidende Eingriffe in das historisch gewachsene Gefüge einer Stadt vorgenommen werden, gewinnt die Kenntnis früherer städtebaulicher Veränderungen erneut große Aktualität. Dieses in Düsseldorf immer intensiver zu spürende Interesse an der baulichen Vergangenheit, die in der Öffentlichkeit erfolgte erfreuliche Aufnahme meiner 1973 von der Fakultät für Bauwesen der RWTH Aachen angenommenen Dissertation ,,Die Befestigungsanlagen von Düsseldorf — baugeschichtliche Entwicklung, städtebauliche Konsequenzen" und die Bereitschaft des Kulturamtes der Stadt Düsseldorf, die gewonnenen Erkenntnisse umfassend zu publizieren, gaben mir den Mut, weitere Forschungen über die bauliche Entwicklung Düsseldorfs zu betreiben. Die Ergebnisse dieser in den letzten zehn Jahren angestellten Untersuchungen sind in dem vorliegenden Buch ausgewertet worden.

Diese für ein breites Publikum bestimmte Veröffentlichung will über die wissenschaftliche Abhandlung hinaus zusammenfassend über die städtebauliche Entwicklung von Düsseldorf sachgerecht informieren. Durch das Einstreuen umfangreichen Bild- und Kartenmaterials soll eine leicht verständliche visuelle Vorstellung der behandelten Materie vermittelt werden, ohne auf den wissenschaftlichen Charakter der Abhandlung verzichten zu müssen.

Die Vernachlässigung baugeschichtlicher Zusammenhänge in der bisherigen Stadtliteratur einerseits, und die Verarbeitung bisher unbekannten Archivmaterials andererseits, zwang zu einer detaillierten Darstellung mit präziser Quellenangabe. Die einmal gewonnenen Erkenntnisse wurden im Anhang geordnet und katalogmäßig zusammengefaßt, um allen Interessierten eine weitere Bearbeitung der in wichtigen Teilbereichen noch viele Lücken aufweisenden Düsseldorfer Baugeschichte zu erleichtern.

Die in dieser Publikation vorgenommene Auswertung von Akten, Urkunden und Plänen, die den im Quellenverzeichnis genannten europäischen Archiven und historischen Sammlungen entstammen, basiert in großen Teilen auf den Ergebnissen meiner früheren Untersuchungen. Den Herren Direktoren, den sachbearbeitenden Damen und Herren der im Standortverzeichnis genannten Institute, den Eigentümern der Privatarchive und Sammlungen, den Damen und Herren der Bibliotheken, der Bildstellen, Behörden und städtischen Ämter sowie allen, die zum Entstehen dieser Arbeit beigetragen haben, sage ich aufrichtigen Dank für die gewährte Unterstützung, die erteilten Genehmigungen und die zur Verfügung gestellten Bildvorlagen. Stellvertretend für alle nenne ich hier Herrn Stadtarchivdirektor Dr. Hugo Weidenhaupt und Herrn Prof. Dr. F. W. Oediger, den Leitenden Direktor des Düsseldorfer Hauptstaatsarchivs i. R. Besonders erwähnen möchte ich Herrn Prof. Dr. Albrecht Mann in Aachen, dem ich für die wissenschaftliche Betreuung meiner Untersuchungen und für die weitere Förderung innigen Dank schulde.

Zahlreiche Anregungen, Hinweise und wohlgemeinte Kritik gaben mir die Möglichkeit, eine Reihe noch offener Fragen zu beantworten, Hypothesen zu bekräftigen und Korrekturen einzufügen. Allen in den Anmerkungen namentlich aufgeführten Damen und Herren möchte ich auch an dieser Stelle für ihre bereitwillige Hilfe gebührend danken. Zu besonderem Dank fühle ich mich der Düsseldorfer Stadtgeschichtsforscherin Frau Else Rümmler verpflichtet. Sie hat diese Untersuchungen in allen Phasen mit reicher Sachkenntnis und steter Anteilnahme begleitet.

Die zeitweise Übernahme beruflicher Verpflichtungen durch meine Eltern gestatten es mir, in den Anfängen zeitraubende Forschungsreisen in auswärtige Archive zu unternehmen, ohne die diese umfassende Veröffentlichung bisher unbekannten Archivmaterials kaum möglich gewesen wäre. Für vielfältige Hilfe danke ich auch den Freunden des Heimatvereins „Düsseldorfer Jonges", insbesondere dessen Ehrenvorstandsmitglied Herrn Hans Maes, der mir die Düsseldorf-Bestände seiner Privatbibliothek zur Erleichterung meiner Arbeit verehrt hat.

Schließlich bin ich dem Kultusminister des Landes Nordrhein-Westfalen für einen namhaften Zuschuß zur Drucklegung außerordentlich zu Dank verpflichtet. Dem Kulturausschuß der Stadt Düsseldorf, der die Gesamtfinanzierung dieses Werkes mit seinen zahlreichen Abbildungen und Tafeln bewilligt hat, statte ich meinen ergebenen Dank ab.

Beim Auswerten der Tabellen und Diagramme sowie beim Lesen der Korrekturen leistete mir meine Frau, die das Entstehen dieser Abhandlung mit großem Verständnis begleitet hat, fachkundige Mitarbeit. Herrn Heinz Mäurers, Oberverwaltungsrat am Kulturamt der Landeshauptstadt, hat mit viel Engagement die Herstellung dieses Buches übernommen und an der Auswahl der Abbildungen entscheidend mitgewirkt.

Meiner langjährigen Mitarbeiterin Frau Ingrid Block danke ich für die sorgfältige Anfertigung der Reinschriften.

Sicherlich werden noch viele Fragen offenbleiben. Das Wissen um die Grundzüge der städtebaulichen Veränderungen in unserer Stadt und die Kenntnis der Gründe für diese oder jene Entwicklung geben unseren modernen Überlegungen und Vorstellungen aber erst das rechte Maß, ja öffnen sogar hier und da für unsere Planungen neue Perspektiven. Möge diese Veröffentlichung auch über die Grenzen der Landeshauptstadt hinaus das Interesse weiter Kreise für die bauliche Entwicklung der ehemaligen „Haupt- und Residenzstadt" Düsseldorf wecken.

1 Luftaufnahme der Innenstadt von 1967, mit einkopiertem Festungsmodell von 1801
2 Blick auf die Innenstadt vom Süden. Luftaufnahme 1967   ⟶

Einleitung

Wenn man heutzutage vom Speeschen Graben, am Schwanenspiegel vorbei, über die Königsallee, durch den Hofgarten, zur Heinrich-Heine-Allee geht und die landschaftlichen Schönheiten der Gartenstadt Düsseldorf bewundert, dann liegt es einem fern, daran zu denken, daß unter dem die Innenstadt einschließenden Ring von Grünanlagen und großangelegten Alleen noch heute die Fundamente eines breiten Gürtels von Befestigungsanlagen einer mächtigen Festung liegen, die im 18. Jahrhundert neben München und Mannheim als pfalzbayrische Hauptfestung zeitweise im europäischen Interesse gestanden hat, bis der Vertrag von Lunéville 1801 ihre Schleifung forderte (Abb. 1, 2).

Mit dem Abbruch jeder Tradition durch die Auflösung des Herzogtums Jülich-Berg und mit der Übernahme des Rheinlandes durch Preußen, nach dem endgültigen Abzug der Franzosen 1813, gerieten die inzwischen zu Gartenanlagen umgestalteten Festigungswerke der einstigen „Haupt- und Residenzstadt Düsseldorf" immer mehr in Vergessenheit. Dabei hatte gerade die Festung, insbesondere als Landesfestung, im Wechselspiel wirtschaftlicher und politischer Kräfte einen nicht zu verkennenden Einfluß auf die Stadt- und Landesgeschichte.

Diese Entwicklung hat über das Bestehen der Festung hinaus noch deutliche Spuren im Stadtbild von Düsseldorf hinterlassen, denn die Ausdehnung der Festungsanlagen, deren Grundfläche fast zwei Drittel der besiedelten Stadtfläche ausmachte, war nach Schleifung der Werke für die einschneidenden topographischen und städtebaulichen Veränderungen, die seitdem den Charakter und das Gesicht der Düsseldorfer Innenstadt weitgehend prägen, richtungweisend. Obwohl gegenwärtig von den ehemaligen Festungswerken, von der Bastion Maria Amalia abgesehen (Abb. 164), soviel wie keine sichtbaren Reste mehr vorhanden sind, wirken die einstigen Anlagen in der Innenstadt auch heute noch überall da als städtebaulicher Faktor, wo man sich mit den topographischen Verhältnissen und mit dem historischen Boden befaßt. Insbesondere bei der U-Bahn-Planung dürften die in der Erde verborgenen Fundamente und Kasematten ehemaliger Festungswerke aktuelle Beachtung finden (Abb. 165 – 169).

Trotz ihrer Bedeutung blieb die Festung Düsseldorf in der Geschichtsschreibung weitgehend unerwähnt. Während sich die Bau- und Kunstgeschichte im vorigen Jahrhundert vorwiegend mit der Schönbaukunst beschäftigte, widmeten sich die Historiker der glanzvollen Darstellung glorreicher Kriegs- und prunkvoller Fürstengeschichte. So

11

kam es, daß die Erforschung des Bastionärtracées zur Domäne einiger historisch inter-
essierter Generalstabsoffiziere und Artillerieingenieure wurde, die sich übrigens auch
am leichtesten Zugang zu den streng gehüteten Kriegsarchiven verschaffen konnten.
Die unliebsamen Erinnerungen an die ruhmlose Festung Düsseldorf aber, die die
Bürgerschaft einst Unsummen gekostet hatte, gab auch den Militärs, die eigentlich für
ein Bearbeiten dieses Themas prädestiniert waren, kaum einen Anreiz, sich mit diesem unpopulären Kapitel Düsseldorfer Stadtgeschichte auseinanderzusetzen.

So blieb dieses Forschungsgebiet in Düsseldorf fast völlig unbeachtet, wenn man von
einigen wenigen fragmentarischen Berichten, insbesondere bei Oberst von Schaumburg und Hauptmann Kohtz, die sich allerdings vorwiegend mit der Kriegs- und
Garnisionsgeschichte befaßten, einmal absieht. Als infolge der Anwendung moderner
Kriegstechniken das historische Interesse der Militärs zugunsten einer Begeisterung
für die neuen Errungenschaften zurückgedrängt wurde, kam die Erforschung des
städtischen Wehrbaus völlig zum Erliegen, so daß in Düsseldorf auch die letzten Erinnerungen an die einstigen Festungsanlagen mehr und mehr verloschen. In den
neueren Darstellungen zur   Stadtgeschichte fand die Festung Düsseldorf ebenfalls
nur geringe Beachtung. Lau widmet in seiner „Geschichte der Stadt Düsseldorf", die
auch heute noch als einziges umfassendes Standardwerk auf diesem Gebiet gilt, dem
Bastionärtracé ganze zwei Seiten.

Die hoffnungslose Zerstreuung des Archivmaterials und die geringe Zahl der Bodenfunde haben sich für die Forschung offenbar hemmend erwiesen. Viel gravierender
aber als die Zerstreuung der noch vorhandenen Archivalien ist die bedauerliche Tatsache, daß infolge der Zeitereignisse und des häufigen Besitzwechsels so manches
Aktenstück nicht mehr nachweisbar ist. Die für die Stadtgeschichtsforschung so
wichtigen Ratsprotokolle und Stadtrechnungen sind, wenn man von den 1942 im
Rathaus zum Vorschein gekommenen Rechnungen von 1540 bis 1542 absieht, fast
alle untergegangen. Einige Rechnungskonzepte aus dem 15. Jahrhundert enthält das
ehemalige Gasthausarchiv. Im übrigen aber ist die Erforschung der älteren Stadtgeschichte nur auf wenige, zumeist verstreute Einzelfunde angewiesen, denn die
historischen Quellen sind, soweit sie sich im städtischen Archiv befanden, fast alle
vernichtet worden, als man sie zu Beginn der preußischen Zeit bei der Aufhebung der
alten Stadtverwaltung für überflüssig hielt. Einige der von eifrigen Sammlern gerette-
ten Archivalien befinden sich heute im Stadtmuseum. Andere fanden den Weg ins
Hauptstaatsarchiv, dessen ehemalige Sammlung staatlicher Urkunden und Akten heute nur noch teilweise in Düsseldorf aufbewahrt wird.

Infolge des Residenzwechsels der Kurfürsten, 1716, gelangten viele Bestände in die
Pfalz und von dort in die staatlichen Archive Münchens. Einige der im Hauptstaatsarchiv München, Abt. I, aufbewahrten Akten, unter anderen die für die Stadtgeschichte
wichtigen Berichte Dr. Moroldts vom Ende des 16. Jahrhunderts, sind in den Kriegswirren untergegangen.

Das Archiv des bergischen Generallandeskommissariats wurde dem Staatsarchiv
Speyer zugeordnet. Andere Akten kamen ins Generallandesarchiv Karlsruhe. Einige
Dokumente aus der Zeit der französischen Verwaltung liegen in Paris, im National-
archiv und in der Nationalbibliothek. Ein Großteil der Festungspläne gelangte mit
der Übernahme des Rheinlands durch Preußen nach Berlin in die Preußische Plan-

kammer. Heute gehören sie, zusammen mit den Karten des preußischen Generalstabs, zum Kartenbestand der Deutschen Staatsbibliothek in Berlin (Ost).

Die Festungsbauakten liegen im Kriegsarchiv München und, soweit die Fortifikation unter der Regie der französischen Schutzmacht stand, in Paris im Geniearchiv und im Kriegsarchiv auf Schloß Vincennes. In die Pariser Archive gelangten außer den Bauakten aus der Zeit der französischen Besatzung auch Berichte über den Zustand der Festung und die Möglichkeiten zum Angriff auf dieselbe. Naturgemäß enthalten auch die Archive der anderen kriegführenden Mächte in den Feldakten Berichte und Pläne aus den Zeiten der Belagerungen. Mit der österreichischen Garnison, die in Düsseldorf während des 1. Koalitionskriegs bis 1794 lag, gelangten zahlreiche Pläne in das Kriegsarchiv Wien. Eine wertvolle Ergänzung bilden auch die im Kriegsarchiv Stockholm aufbewahrten Festungspläne, die in der Zeit des Nordischen Krieges (1700 bis 1721) den Weg nach Schweden gefunden haben müssen.

Diese heute teilweise in ausländischen Kriegsarchiven aufbewahrten Bestände wurden als militärische Angelegenheit lange geheim gehalten, so daß weder die Heimatgeschichte noch die allgemeine Landesgeschichte und die Geschichte der Baukunst sich mit diesen Akten befassen konnte. So bedauernswert es ist, daß dieses Material infolge seiner Verzettelung und der langen Behandlung als Geheimakten bisher noch nicht ausgewertet wurde, so erfreulich ist es andererseits, daß diese Archivalien, vielleicht gerade wegen dieser Umstände, fast vollständig, teilweise sogar in unberührtem Zustand, erhalten geblieben sind, während die dem Preußischen Kriegsministerium 1854 überlassenen Verhandlungen der Militärverwaltung von 1700 bis 1820 zusammen mit den zentral gelagerten Fortifikationsakten der anderen preußischen Städte bei der Zerstörung des ehemals Preußischen Heeresarchivs, 1945, den Flammen zum Opfer fielen. Das in das Deutsche Zentralarchiv nach Merseburg gelangte Archivmaterial aus Preußischem Kulturbesitz enthält aus vorpreußischer Zeit für die Düsseldorfer Geschichtsforschung nur wenige, meist mit den brandenburgischen Erbansprüchen in Zusammenhang stehende Aktenstücke; aus preußischer Zeit dagegen umfangreiche Akten über die Stadterweiterungen.

Vereinzeltes Material fand sich auch in den Nachlässen der am Festungsbau beteiligten Beamten und Architekten, von denen die Akten und Pläne der Gräflich Speeschen Sammlung auf Schloß Heltorf, die den Kasernen- und Festungsbau betreffenden Akten des Gräflich Schaesbergschen Archivs im Kreisarchiv Kempen und ein wichtiger Plan aus dem Nachlaß des Domenico Martinelli in Mailand, auf den mich Herr Dr. Gamer freundlicherweise aufmerksam machte, zu erwähnen sind. Auch aus anderen Privatarchiven ist noch manches beizutragen. Ergänzt wird dieses Quellenmaterial durch die Plansammlungen der hiesigen Universitätsbibliothek, der benachbarten Stadtarchive Neuß und Köln, ferner durch die Sammlungen des Geheimen Staatsarchivs Berlin-Dahlem, des Britischen Museums London sowie durch Einzelfunde in Münster, Marburg, Koblenz, Heidelberg, Darmstadt, Kopenhagen, Den Haag und Florenz.

Bei dem Mangel an wissenschaftlicher Vorarbeit, der Unzulänglichkeit der meisten Quellenzitate infolge der Neuordnung der Bestände des Düsseldorfer Hauptstaatsarchivs und der Zerstreuung des Archivmaterials in ganz Europa schien es für einen einzelnen ein gewagtes Unterfangen, eine Festungsgeschichte zu schreiben, zumal diese außer dem Wissen um die stadt- und landesgeschichtlichen Zusammenhänge auch die Kenntnis des Fortifikationswesens voraussetzt. Leider ist man auf diesem Gebiet, zumindest was das Bastionärtracé angeht, immer noch weitgehend auf die Literatur der Generalstabsoffiziere des vorigen Jahrhunderts angewiesen. Unerläßlich ist es auch, die ältere Literatur heranzuziehen, vor allem die aus dem 17. und 18. Jahrhundert. Die wenigen neueren Arbeiten sind meistens in der Sicht der Historiker entstanden.

Ziel dieser Publikation war es, die Entwicklung der Stadt Düsseldorf im Spiegel der Baugeschichte anhand der bisher unveröffentlichten Fortifikationsakten aufzuzeigen.

Zum besseren Verständnis dieser baugeschichtlichen Zusammenhänge wurde der Abhandlung eine knappe Darstellung der innen- und außenpolitischen Geschehnisse vorangestellt; also keine Landes- oder Kriegsgeschichte, auch keine Stadtgeschichte, die eine Geschichte der Stadt, ihrer Bürger und ihrer Existenzvoraussetzungen sein müßte, sondern eine Darstellung der geschichtlichen Faktoren, die die Motivationen zu den baulichen Veränderungen in Düsseldorf gewesen sind. Infolge der Festungseigenschaft besaß Düsseldorf schon seit dem 16. Jahrhundert eine sehr fortschrittliche Bauordnung, die die Grundlage für alle späteren Bauordnungen bis ins 19. Jahrhundert bildete. Es erschien mir daher als sinnvoll, die in der Düsseldorfer Polizei- und Taxordnung von 1706 enthaltenen Baubestimmungen im Faksimile in diesem Band abzudrucken (Kap. VII, 2).

Da die Landesherren als eigentliche Bauherren der Landesfestung ihren persönlichen Einfluß auf den Festungsbau geltend machten, war es unvermeidbar, auch die Fürstengeschichte, gewissermaßen als Bauherrengeschichte, kurz zu streifen. Das Kapitel über die Garnisonsangelegenheiten konnte relativ knapp gefaßt werden, da zu diesem Thema verschiedene Bearbeitungen vorliegen. Manches wäre sicher noch über die Stadterweiterungen hinzuzufügen. Das nahezu vollständige Aktenmaterial der Karlstadt wäre einer eigenen Untersuchung wert, die aber bei der Fülle an unbearbeiteten Archivalien noch Jahre dauern würde.

Wichtiger als eine Ausweitung des Themas erschien mir dagegen eine übersichtliche Zusammenstellung der einzelnen Forschungsergebnisse in Form von Baumeisterlisten sowie Tabellen und Diagrammen zur Entwicklung der Stadt und Festung Düsseldorf. Auch wurden die Militäringenieure besonders berücksichtigt, denn diese haben noch bis ins vorige Jahrhundert, ähnlich wie heute unsere Stadtplaner und Verkehrsingenieure, alle wichtigen städtebaulichen Entscheidungen durch ihre Pläne bestimmend beeinflußt.

Da die Terminologie des Fortifikationswesens heute nur noch wenigen geläufig ist, erschien mir eine Zusammenstellung der wichtigsten fortifikatorischen Fachausdrücke mit einer erläuternden Zeichnung am Schluß des Textes als unumgänglich. An dieser Stelle findet sich neben einer Umrechnungstabelle der alten Maß- und Währungseinheiten und dem französischen Revolutionskalender auch eine Aufstellung der für die einzelnen Archive benutzten Sigel.

I. Geschichtliche Einflußfaktoren

1. Die Situation vor der Stadterhebung

Nachdem die Herren von Berg im 11. Jahrhundert im Kelda- und Deutzgau verschiedene Besitzungen erlangt hatten, nahmen sie im 12. Jahrhundert den Grafentitel an und erweiterten schon bald ihren Machtbereich auch am Rhein. Spätestens 1189 erwarben sie die Erbgüter des Arnold von Tyvern, unter denen sich auch dessen Hof (villa) zu Düsseldorf befand.

Mit dem Aufsteigen der Macht der Grafen von Berg auf dem rechten Rheinufer rückte auch das neu erworbene gräfliche Besitztum am Rhein, nahe der Düsselmündung, immer mehr in das politische Blickfeld. Der kleine Ort wurde schon bald von seinen Einwohnern durch einen Wall umgeben. Wann eine solche befestigte Dorfanlage entstand, läßt sich nicht genau belegen, im 13. Jahrhundert war sie schon vorhanden. Der Ort besaß eine eigene Kirche, die wahrscheinlich 1206 aus dem Pfarrverband von Bilk (?) gelöst und zu einer eigenen Pfarrkirche erhoben wurde.

Ein bescheidener Handelsverkehr vollzog sich über die Altestadt und die Krämerstraße bis zur Fährstelle am Rhein. Das Fähramt hatten spätestens ab 1263 Düsseldorfer Einwohner inne. Handwerksprodukte und landwirtschaftliche Erzeugnisse samt der Fuhrwerke wurden nach Neuß übergesetzt. Wahrscheinlich war auch schon eine Schiffsanlegestelle (Werft) im Norden der auf einer Anhöhe am Rhein gelegenen Dorfsiedlung vorhanden. Der durch die Düssel, Wall und Graben auf der Landseite geschützte Ort, der bereits Ende des 12. Jahrhunderts ein außerhalb gelegenes Honnschaftsgericht (Hunsrücken) besessen haben soll, gewann im 13. Jahrhundert mehr und mehr städtischen Charakter.

Diese Entwicklung lief parallel zu den Bestrebungen der Grafen von Berg, ihre Machtstellung am Rhein auszubauen. Alle diesbezüglichen Bemühungen sind von den Kölner Erzbischöfen aber immer wieder unterlaufen worden. Aus der Angst, ihre Vormachtsstellungen am Rhein zu verlieren, hatten diese sogar die angelegten Befestigungen Mülheim und Monheim zerstört und deren Wiederaufbau 1279 vertraglich verhindert. Als Reaktion darauf, weniger im Interesse des Reiches, unterstütze daher Graf Adolf V. von Berg Rudolf I. bei dessen Bestrebungen, die Abtretung von Kaiserswerth zu erzwingen. Ein wichtiger Stützpunkt der Kölner Kirchenfürsten gegen die Grafen von Berg, die zu ihrer Sicherung schon 1276 in unmittelbarer Nähe von Kaiserswerth Ratingen gegründet hatten, war damit dem Kölner Erzbischof verlorengegangen. Dessen Machtbestrebungen konnten endgültig aber erst durch den Ausgang des Limburger Erbfolgestreits gebrochen werden.

2. Die mittelalterliche Stadt 1283 – 1384[2]

Nach dem für Brabant und Berg günstigen Ausgang der Schlacht von Worringen, am 5. 6. 1288, und der Gefangennahme des Kölner Erzbischofs Siegfried von Westerburg, hielt es Graf Adolf von Berg für geboten, seinen Stützpunkt am Rhein auf bergischem Ufer wirtschaftlich zu fördern. Mit der Verleihung der Stadtrechte am 14. 8. 1288 wurden endlich auch die rechtlichen Voraussetzungen für eine städtisch-bürgerliche Entwicklung geschaffen.

In der Stadterhebungsurkunde wird für den Bereich der städtischen Freiheit deutlich zwischen Außen- und Innnenbezirk unterschieden. Das alte „Duseldorp" (1159: Dusseldorp, 1189: Duseldorp, nach 1288: Thusseldorp, Dussilendorp, Duysseldorp)[3] bildete den inneren Bezirk. Zum Außenbezirk gehörten Flingern und Pempelfort im Osten, die beiden Güter „Zwei Berge" im Süden und das Gut „de Loe" wahrscheinlich im Südosten (Taf. I).[4] Ein so verstreut liegendes Siedlungsgebiet bot natürlich nicht die idealen Voraussetzungen für eine städtische Entwicklung. Die Verleihung der Stadtrechte konnte nur durch den Zuzug neuer Einwohner zu einer entwicklungsfähigen Stadtgemeinde führen. So wurden, dem Ratinger Privileg von 1276 entsprechend, die in Düsseldorf wohnenden und sich dort ansiedelnden Bauern, Handwerker und Kaufleute für frei erklärt. Die Außenbürger genossen die gleichen Privilegien wie die Bürger im inneren Stadtbezirk. Ausgeschlossen davon blieben lediglich die eigenen Vogtleute des Grafen. Ihnen durfte das Bürgerrecht nur mit besonderer Erlaubnis des Grafen verliehen werden. Hörige anderer Herrschaften konnten nach einem Aufenthalt von einem Jahr und einem Tag in den Genuß der städtischen Freiheiten gelangen. Durch diese Bestimmung sollte ein Bevölkerungszugang ermöglicht werden, der Düsseldorf als militärischen Stützpunkt stärkte, die Nachbarherrschaften durch den Bevölkerungsverlust allerdings schwächte, denn der Gewinn eines Bürgers auf der einen Seite bedeutete auf der anderen Seite den Verlust eines Untertanen mit seinen geldlichen und dienstlichen Leistungen.

Wesentliche Voraussetzungen für den Bestand des Stützpunktes war neben dem Bevölkerungszuwachs und dem Ausbau der Befestigung vor allem die Garantie einer soliden wirtschaftlichen Grundlage.

In der Stadterhebungsurkunde wird daher das Recht zu einem Wochenmarkt an jedem zweiten Werktag und zu zwei Jahrmärkten, einen drei Tage vor und drei Tage nach Pfingsten und einen in gleicher Weise am Fest des heiligen Lambertus, eingeräumt. Darüber hinaus bestand im gesamten Gebiet der Grafschaft Berg für die Waren der Stadtbürger Zollfreiheit. Die übrigen Bestimmungen der Urkunde beziehen sich im wesentlichen auf die Gerichtsverfassung. Zur Rechtsprechung in Zivil- und Strafsachen wurde die Einsetzung von acht Schöffen bestimmt und deren Bestätigung durch den Grafen genau geregelt.

Sicher nicht ohne Grund fehlen in der Stadterhebungsurkunde die Bestimmungen über die städtische Verfassung und Verwaltung. Weder die Bestellung eines Bürgermeisters noch die Anerkennung eines städtischen Rates werden erwähnt. Ebenso fehlt das für die Befestigung und für die wirtschaftliche Entwicklung bedeutende Recht auf eigene städtische Einnahmen. Der Ort wird zwar „Stadt" und seine Einwohner werden „freie Bürger" genannt, im Grunde aber blieb Düssedorf „oppidum nostrum", die Stadt seiner Regenten, nicht seiner Bürger.

In mancherlei Hinsicht besser gestellt waren die rheinischen Nachbar- und Hansestädte. Beispielsweise hatten sich die Kölner Bürger durch den Sieg über den Erzbischof weitgehende Unabhängigkeit erkämpft. In Düsseldorf war die Bindung an den Landesherrn zu stark, als daß sich ein völlig selbständiges Gemeindeleben und ein ausgeprägtes Patriziat hätte entwickeln können. Daher wird von keinem Streit zwischen den Zünften und Geschlechtern, nichts von Machtkämpfen zwischen Bürgertum und Landesherren überliefert. Als sich mit dem Fortschreiten der politischen Entwicklung die Verhältnisse änderten, erwies sich der strategische Vorteil der Lage Düsseldorfs in der Nähe der kölnischen Besitzungen in zunehmendem Maße als Nachteil für die wirtschaftliche Entwicklung der jungen Stadt.

Die Handelsbeziehungen der wirtschaftsmächtigen Stadt Köln reichten um Düsseldorf herum und weit darüber hinaus bis in die Niederlande. Bevor Düsseldorf seine günstige Lage am Rhein wirtschaftlich ausbauen konnte, wurde der Handelsstadt Köln das Stapelrecht verliehen. Was nutzten alle Anstrengungen, wenn der Rhein als Wasserweg flußauf und flußab in Köln endete, wenn der Düsseldorfer Kaufmann nicht in Düsseldorf, sondern im Kölner Stapelhaus seine Waren ausladen und dort zum Verkauf anbieten mußte! Auch die Erstarkung der kleineren rheinischen Städte wirkte sich nicht gerade vorteilhaft auf Düsseldorf aus.

Neuß, auf der gegenüberliegenden Rheinseite gelegen, Hauptstadt des kölnischen Niederstiftes, war als bedeutender Handelsort in der städtisch-bürgerlichen Entwicklung Düsseldorf weit voraus.[5] Kaiserswerth besaß unter den salischen und staufischen Kaisern nicht nur als Standort der Kaiserpfalz Bedeutung, sondern ebenso durch seine Fährstelle und als Verkehrsknotenpunkt für den Nord-Süd- und Ost-West-Verkehr, ähnlich wie Neuß. Einflußreiche Städte im Norden waren die ehemaligen Reichsstädte Duisburg und Uerdingen. Allzu nah lag die aufblühende Schwesterstadt Ratingen im Osten.

So war Düsseldorf auf vielen Seiten eingeschränkt. Handel und Gewerbe entwickelten sich nur bescheiden; die entscheidende wirtschaftliche Grundlage, vor allem für die Außenbürger, blieb die Landwirtschaft, für die naturgemäß der innerstädtische Boden ohne besonderen Wert war. Den Bauern, die immer noch einen großen Teil der Düsseldorfer Bevölkerung ausmachten, gewährten die Mauern in Kriegszeiten zwar den erwünschten Schutz; im Frieden waren sie durch die mit dem Bau und der Unterhaltung verbundenen Verpflichtungen nur eine Belastung. Der Befestigungsbau, zunächst mit Wall und Doppelgraben, später mit einer Mauer, bedeutete im Mittelalter nicht nur Schutz vor feindlichen Einfällen, sondern war auch die Garantie für eine ungestörte Entwicklung des Handwerks und des Handels. Als echtes Gemeinschaftswerk dokumentierte er die die innere Kraft der städtischen Bürgerschaft.

Leider war das Interesse der Landesfürsten an Düsseldorf seit dem Tode Graf

Adolfs V., 1296, zurückgegangen. Infolge einer Erbschaft besaßen die Grafen von Berg von 1312 bis 1348 die weit bedeutendere Stadt Duisburg und konnten über die Einkünfte der dortigen Zollstätte verfügen. Düsseldorf trat somit in den Hintergrund, so daß zwangsläufig die Befestigungsvorhaben des Ortes durch den Landesherren nachlässiger betrieben wurden. Trotz aller Erschwernisse läßt sich in vielen Bereichen ein Aufstieg spüren. Seit 1303 ist ein Bürgermeister nachweisbar, seit 1358 ein städtischer Rat, der wie die Schöffen, die bis zum Ende der Stadtverfassung, 1806, die einflußreichste Schicht bildeten, den gehobenen Bürgerfamilien der Stadt entstammte. Wahrscheinlich im 15. Jahrhundert wurde zur Beteiligung breiterer Schichten ein „Gemeiner Rat" eingeführt. Dieses erstmals 1550 bezeugte Gremium, das später im Gegensatz zum „Altrat" auch „Jungrat" genannt wurde, ist relativ unbedeutend geblieben. An der Wahl zum Bürgermeister und zu den vier „Bürgermeistergesellen" oder „Ratsfreunden", die die Geschäftsführung des Bürgermeisters überwachten, wurden die Jungräte in der Regel nicht beteiligt. Der Vorsitzende des Schöffenkollegiums war der vom Landesherrn ernannte Schultheiß. Seit Mitte des 15. Jahrhunderts führte ein herzoglicher Amtmann den Vorsitz dieses Gremiums.

Insgesamt gesehen, war das bürgerliche Leben im 14. Jahrhundert aber nur schwach entwickelt. Über Zusammenschlüsse gibt es aus dieser Epoche nur spärliche Nachrichten. Die St. Sebastianus-Schützenbruderschaft, die sich selbst auf das Jahr 1316 zurückführt, dürfte frühestens Ende des 14. Jahrhunderts gegründet worden sein.

Als im Jahre 1368 auch der Kaiserswerther Zoll dem Hause Berg durch Verpfändung verlorenging, und sich daraufhin die Grafen wieder um eine neue Zollstätte bemühten, richtete sich ihr Interesse wieder mehr auf die Stadt an der Düsselmündung. Der bereits 1324 aufgetauchte Gedanke, in Düsseldorf, wo sich bereits ein kleiner Hafen und eine Fährstelle befand, eine Zollstätte zu errichten, wurde 1373 erneut aufgegriffen und 1377 bei gleichzeitiger Einrichtung einer Münzstätte verwirklicht (Abb. 3). Als 1380 die allgemeine Anerkennung Düsseldorfs als Zollstätte folgte, gewann die Stadt, die seit 1358 auch in den Landständen vertreten war, erneut politische und wirtschaftliche Aktualität. Zwar war der Zoll für den örtlichen Handel zunächst eher ein Hindernis als ein Vorteil, da in erster Linie der Landesherr von den Einnahmen profitierte. Die durch die Einrichtung der Zollstätte bedingte Aufwertung der Stadt allerdings machte Düsseldorf immer attraktiver als mögliche Hauptstadt eines Herrschaftsbereiches, der durch das Geschick seiner Fürsten im 14. Jahrhundert einen bedeutenden Machtzuwachs erfahren hatte. Graf Gerhard hatte durch Heirat die Herrschaft über Ravensberg erlangt und vor seinem Tode noch Hardenberg dazugewonnen. Sein Sohn Wilhelm II. konnte den bergischen Machtbereich durch den Erwerb von Blankenberg und Löwenburg erneut erweitern. Schließlich wurde das Ansehen der Grafschaft auch nach außen hin aufgewertet. Als König Wenzel 1380 Graf Wilhelm II. von Berg die Herzogswürde verlieh, nachdem dieser im Kirchenschisma die Partei des Reiches ergriffen und seinen Einfluß für die Anerkennung des Papstes Urban geltend gemacht hatte, war für die Grafen von Berg, die sich bisher abwechselnd in Altenberg, Bensberg und Burg aufgehalten hatten, der äußere Anlaß gegeben, Düsseldorf als ständige Residenz auszubauen und entsprechend zu befestigen.

20

3 „Moneta Duseldorp", erste in Düsseldorf geschlagene Münze, vor 1380

1384 ordnete der Herzog eine umfangreiche Stadterweiterung nach Osten und Süden an, mit der die Eingemeindung von Bilk, Derendorf und Golzheim verbunden war. Als das Stadtgebiet im Zuge der zweiten Erweiterung von 1394 bis an die Obere Düssel ausgedehnt wurde, erfolgte die Eingemeindung von Hamm (Taf. III). Die damit der Gewalt des Bürgermeisters unterstellten Einwohner der umliegenden Ortschaften gelangten aber nur in die städtische Freiheit, wenn sie sich „intra muros" ansiedelten. Durch diese Einschränkung sollte erreicht werden, daß das von 3,8 auf 22,5 ha, also auf das Sechsfache vergrößerte innere Stadtgebiet[6] zügig bebaut wurde, damit Düsseldorf auch nach außen hin das Aussehen einer Hauptstadt erhielt (Kap. VII, 4). Über fünfhundert Jahre, bis zur Eingemeindung von 1908/09, behielt die Stadt die unter Herzog Wilhelm festgelegten Grenzen.

Für die Entwicklung der mittelalterlichen Stadt waren aber nicht nur wirtschaftliche Faktoren maßgebend. Eine besondere Bedeutung kam dem kirchlichen Leben zu. Der Herzog förderte den Ausbau der Stiftskirche, die 1390 zu der noch heute erhaltenen dreischiffigen Hallenkirche mit Chorumgang erweitert wurde, und vergrößerte die Anzahl der Kanoniker auf vierzig Geistliche. Auch legte er den Grundstein zu einer eigenen Pfarrkirche für die Neustadt.[7] Da die Vermehrung von Reliquien besonders aktuell war, lag es nahe, daß Herzog Wilhelm sich auch darum bemühte, die großen Pilgerzüge der rheinischen Wallfahrten über Düsseldorf zu lenken. Die erste bedeutende Wallfahrt wird 1394 in der Limburger Domchronik erwähnt. Infolge der Verehrung des Marienbildes in der Kapelle vor dem Liebfrauentor (Liebfrauenkapelle), dem 1443 schon ein Alter von 500 Jahren — bei der Stadterweiterung also von 340 Jahren — zugeschrieben wurde, hatte sich in der Vorstadt bereits ein kleines Wallfahrtszentrum entwickelt (Abb. 4).[8] Nachdem den herzoglichen Bemühungen um wertvolle Reliquien durch päpstliche Vollmacht Erfolg beschieden war, wurde das Düsseldorfer Wallfahrtszentrum so bedeutend, daß der „Ablaß" und die „Römerfahrt" von Trier über Aachen nach Düsseldorf geführt wurden. Der Herzog ließ die Liebfrauenkapelle 1399 neu entstehen und baute daran auf seine Kosten ein großes Pilgerhospital als Ersatz für das viel zu kleine Gasthaus, das ursprünglich als Unterkunft für die nach Schließung der Stadttore Ankommenden gedacht war. Das neue

4 Maria vom Siege, um 1200. Berühmtes
Gnadenbild, nach dem das älteste Düssel-
dorfer Stadttor (Liebfrauentor, Ratinger-
Straße – Altestadt) benannt ist

Gasthaus war aber nur von kurzem Bestand, denn um 1450 mußte das Gebäude dem
Neubau der Kreuzherrenkirche weichen und wurde zur Flinger Straße verlegt. Alljährlich wurden die vielen Reliquien gezeigt und zogen große Völkerscharen nach
Düsseldorf. Erst 1770 wurden vom Grafen Goltstein, der der Aufklärung angehörte,
die Pilgerfahrten nach Düsseldorf verboten. Herzog Wilhelm war auch um eine Verbesserung im Schulwesen bemüht. Er unterstützte die stiftseigene Scholasterie an der
Krämerstraße, die zu einer Trivialschule (Lateinschule) erweitert wurde.
Zu seiner wirtschaftlichen Stärkung erhielt Düsseldorf 1393 die völlige Gewerbefreiheit. Die Einwohnerzahl stieg binnen kurzem auf über 2.100[9] an; davon lebten
drei Fünftel, also 1.200 Einwohner, „intra muros" (Kap. VII, 4).[10] Mit dem Bevölkerungszuwachs regte sich auch die Bautätigkeit innerhalb der Stadt. Als Bauhilfe für
die Bepflasterung der Wege, die Instandhaltung der Brücken sowie für die übrigen
Baunotwendigkeiten wurde den Bürgern der neuen Stadt 1395 die Erhebung eines
Wegegeldes gestattet.

22

Der Herzog selbst begann mit dem Ausbau des Schlosses auf dem Burggelände und legte den Marktplatz in der planmäßig, streng gegliederten Neustadt an, die als eigene Verwaltungseinheit neben der Altstadt entstand. Diese Art der Erweiterung durch eine selbständige Befestigung der Vorstädte war im Mittelalter üblich. Aber schon im 15. Jahrhundert waren in Düsseldorf Neustadt und Altstadt zu einer befestigten Stadteinheit verschmolzen. Das alte Stadtsiegel der Neustadt beweist ebenso wie die Grundsteinlegung einer eigenen Pfarrkirche, am Ende der oberen Bolkerstraße, die ursprüngliche Absicht, zwei selbständige Stadteinheiten zu bilden (Abb. 25).

Das mit den neuen kirchlichen Einrichtungen und der Hofhaltung verbundene Kleriker-, Hof- und Beamtentum brachte der Stadt eine starke Belebung und sicherlich auch wirtschaftliche Vorteile. Noch immer aber war die Landwirtschaft, insbesondere die Viehzucht, die Haupterwerbsquelle. Die Schafzucht auf dem Weideland in Golzheim und in Grafenberg bildete schließlich die Grundlage für das erste bedeutende Gewerbe: Die Tuchbereitung. Die Kellnereirechnung von 1382[11] erwähnt die Zunft der Wollweber. Die gewirkten Tuche wurden durch Verfilzen der Wollhaare auf der fürstlichen Walkmühle an der Düssel unterhalb der Kornmühle, neben der Ölmühle, weiter bearbeitet. Gleich daran anschließend lagen die Güter der Tuchfärber. Im 15. Jahrhundert gewann die Tuchmanufaktur zeitweise an Bedeutung, die sie aber bald wieder verlor.

Überhaupt war dem aufblühenden städtischen und wirtschaftlichen Leben kein Glück beschieden. Seit 1397 war es überschattet vom politischen Unglück, das den düsseldorffreundlichen Herzog Wilhelm I. in der Schlacht von Kleverham getroffen hatte. Düsseldorf wurde bald in den Machtkampf hineingezogen, den der Herzog mit seinem Sohn Adolf führte. Durch die großzügige Bewilligung der allgemeinen Akzise (Warenabgabe), der Grut (Bierbrauabgabe) und der Fischerei in den Stadtgräben gelang es dem ehrgeizigen Adolf, die Stadt zum Abfall von seinem Vater zu bewegen. Er zog die erteilten Privilegien aber sofort wieder zurück, nachdem er durch den Tod des alten Herzogs 1408 die endgültige Herrschaft über Düsseldorf erlangt hatte.

Die vielen politischen Fehden nahmen ihm jede Möglichkeit, die Entwicklung in den Städten, namentlich in Düsseldorf, zu fördern. So verwundert es nicht, daß der mühsam errungene Aufstieg der Stadt, deren neuer Mauerring vielleicht gerade fertiggestellt war, gegen Ende des 14. Jahrhunderts schnell wieder erlahmte. Die angefangene Pfarrkirche in der Neustadt wurde wieder abgerissen und das Gelände veräußert. Immer noch zeigten die Häuserreihen der einzelnen Straßen große Lücken, denn im Verhältnis zur Altstadt war die Neustadt nur zu einem Drittel bebaut.[12] Da die eingewanderten Landleute die großen unbebauten Flächen innerhalb der Stadtmauern als Acker und Garten nutzten, wurde das erweiterte Stadtgebiet zwangsläufig von ländlichem Charakter bestimmt.

Als Herzog Gerhard das Herzogtum Jülich, das durch den Tod des kinderlosen Herzogs Reinald von Jülich 1423 dem bergischen Stamm der Jülicher Linie zugefallen war, nach seiner Machtübernahme 1437 mit dem Herzogtum Berg vereinigte, erwuchsen der bergischen Hauptstadt Düsseldorf neue Aufstiegschancen. Gleich bei Regierungsantritt entsprach der Herzog einer Reihe von Wünschen und Forderungen der Düsseldorfer Bürgerschaft. Er bestätigte 1437 die alten Privilegien und verlieh der Stadt endgültig die bereits von Adolf VI. versprochene Fischerei in den Stadtgräben, die Grut, zum Ausbau der Stadt sowie die Einlösung der zum Teil noch verpfändeten Akzise, die zu einer der wichtigsten Einnahmequellen wurde. Außerdem erhielt die Stadt das Recht der Rheinschiffahrt und die Berechtigung, von jedem durchfahrenden Schiff zwei Alben für die Unterhaltung und den Ausbau des Werfts (Schiffslände)[13] zu erheben. Drei Jahre später erweiterte der Herzog die bisher nur dem Herzogtum Berg zugestandene Zollfreiheit auf den gesamten Herrschaftsbereich.

In der Praxis bedeuteten diese Zugeständnisse eine Garantie der städtischen Einnahmequellen, eine Verbesserung des Verkehrs und eine Sicherung des Verkaufsabsatzes. Die überkommene Struktur des Wirtschaftslebens wurde nach und nach verdrängt und machte neuen städtischen Lebensformen Platz, denn die Gewerbetreibenden, die sich in zunftähnlichen Organisationen zusammenschlossen, überlagerten allmählich das Ackerbürgertum. Trotz der schweren Pestepidemie 1448 blieb der wirtschaftliche Aufstieg nicht aus. Mit ihm erstarkte das bürgerliche Selbstbewußtsein.

Es wird daher eher Zufall als gezieltes Wohlwollen des Herzogs gewesen sein, daß er diese sich immer stärker abzeichnende städtisch-bürgerliche Entwicklung durch die Bestätigung neuer Zugeständnisse in ihrer entscheidenden Phase förderte. Hinter seinen Gunstbezeugungen stand vielmehr das Bestreben, die Stadtbevölkerung für einen weitreichenden politischen Plan zu gewinnen.

Nach dem fehlgeschlagenen Krieg von Soest im Jahr 1449 hatte der geschickte Kölner Erzbischof, Dietrich von Moers, Herzog Gerhard überreden können, das Herzogtum Berg und die Grafschaft Ravensberg dem Kölner Erzbistum abzutreten, falls er kinderlos sterben würde. Dieser weitreichende Plan hätte jedoch leicht durch Ritterschaft und Städte vereitelt werden können. Was lag also näher, als sich deren beider Gunst durch die Verleihung neuer Privilegien zu sichern.

In Düsseldorf, wo der Herzog der Stadt durch den Verzicht auf die Entrichtung des Mühlenpachtzinses der in Erbpacht gegebenen Kornmühle und durch die Erlaubnis zur freien Errichtung einer Windmühle bedeutende wirtschaftliche Vorteile verschafft hatte, war seinen Bemühungen Erfolg beschieden. 1451 fand in der rheinischen Hauptstadt in feierlicher Form die Eventualhuldigung an den Erzbischof statt.

Der für die rheinischen Lande, insbesondere für Düsseldorf folgenschwere Plan eines Anschlusses an Köln schlug aber endgültig fehl, als die Herzogin 1455 einen Nachfolger gebar. Während so die Verschmelzung des Landes Berg mit dem Kurfürstentum Köln nicht zustande kam, zeichnete sich schon bald nach dem Tode des seit 1453 geisteskranken Herzogs eine neue politische Konstellation ab, die Düsseldorf als Haupt- und Residenzstadt immer mehr in das politische Blickfeld rückte.

3. Die herzogliche Residenz 1384 – 1500[14]

Dank der Neutralität des Herzogtums Berg in dem folgenschweren Burgunderkrieg (1474 – 1475), der sicherlich auch in Düsseldorf den Anstoß zu einer Verbesserung der Stadtbefestigung gegeben hatte, wurde die bergische Hauptstadt bei der neun Monate dauernden Belagerung von Neuß nicht in Mitleidenschaft gezogen. Wahrscheinlich hatte Düsseldorf durch die Blockade der wirtschaftsmächtigen Nachbarstadt sogar wirtschaftliche Vorteile, denn gegen Ende des 15. Jahrhunderts konnte die bergische Hauptstadt zu einer der wichtigsten Städte am Niederrhein emporsteigen. Dennoch war das städtische Leben zu dieser Zeit nicht soweit gediehen, daß es nicht noch mehr durch den Handel hätte aktiviert werden müssen. So erfolgte 1482 die Erweiterung des Marktprivilegs. 1489 bestätigte Herzog Johann II. von Kleve der Stadt die zinsfreie Erbpacht der Düsseldorfer Kornmühle und der Rompelsmühle in Bilk. Ferner überließ er ihr die Rheinfischerei und den Rheinkran (Schiffskran).

Die im Neußer Krieg gezeigte gemeinsame Haltung der Herzöge von Jülich-Berg und Kleve bestätigte sich auch in der Waffenbrüderschaft beider Herzöge in dem Streit um Geldern. Folgerichtig führte dieses Bündnis 1496 zur Verlobung der fünfjährigen Erbprinzessin Maria von Jülich-Berg mit dem sechsjährigen Johann von Kleve. Ein gleichzeitiger Erbvertrag leitete die Vereinigung beider Herrschaftsbereiche ein. 1509 stimmte Kaiser Maximilian der Ehe zu, so daß ein Jahr später die große feierliche Hochzeit begangen werden konnte, durch welche die Aufmerksamkeit auf die rheinische Hauptstadt gelenkt wurde.

Das Schloß hatte Herzog Wilhelm II. schon seit etwa 1491 erweitern lassen,[15] nachdem im Verlauf des 15. Jahrhunderts die Stadt als Sitz der Herzöge von Jülich-Berg immer beliebter geworden war. Auch nach außen hin war das Ansehen von Düsseldorf soweit gestiegen, daß 1498 die päpstliche Kommission zur Schlichtung der Streitigkeit zwischen den Kölner Bürgern und dem Erzbischof Hermann von Hessen mit vielen Rittern, Fürsten und einigen hundert Kölner Bürgern in der bergischen Hauptstadt tagte.

4. Die Hauptstadt und Landesfestung 1500 – 1679

Verkehrsmäßig und geographisch lag Düsseldorf bereits im Zentrum des sich machtvoll darstellenden neuen Staatengebildes. Nach der verheißungsvollen Fürstenhochzeit erwuchsen der Stadt die besten Aussichten, ständiger Wohnsitz des jungen Herrscherpaares zu werden. Als Johann von Kleve, der 1511 die Herrschaft von Jülich geerbt hatte, 1521, nach dem Tode seines Vaters, auch die Regierung von Kleve übernahm, wurde die Vereinigung der rheinischen Territorien von Kaiser Karl V. anerkannt. Für Düsseldorf war die Bildung eines großen Mittelstaates im deutschen Westen gleichbedeutend mit dem Aufstieg zur Residenz und Hauptstadt am Niederrhein, dem zwangsläufig der weitere Ausbau der Befestigung folgen mußte.

Zwar blieb die Verwaltung der einzelnen Länder vorerst noch getrennt in Düsseldorf und Kleve bestehen. Von den beiden Hauptstädten aber wurde Düsseldorf infolge seiner zentralen Lage immer mehr als Verwaltungssitz bevorzugt, so daß sich die Stadt auch weiterhin des Aufblühens ihres wirtschaftlichen Lebens erfreuen konnte. Diese Entwicklung war äußerst positiv in dieser durch das Aufbegehren der ärmeren Bevölkerung gegen die Stadtobrigkeit gekennzeichneten Epoche. In Aachen, Duisburg, Neuß, besonders aber in Köln kam es zu heftigen Auseinandersetzungen. Düsseldorf

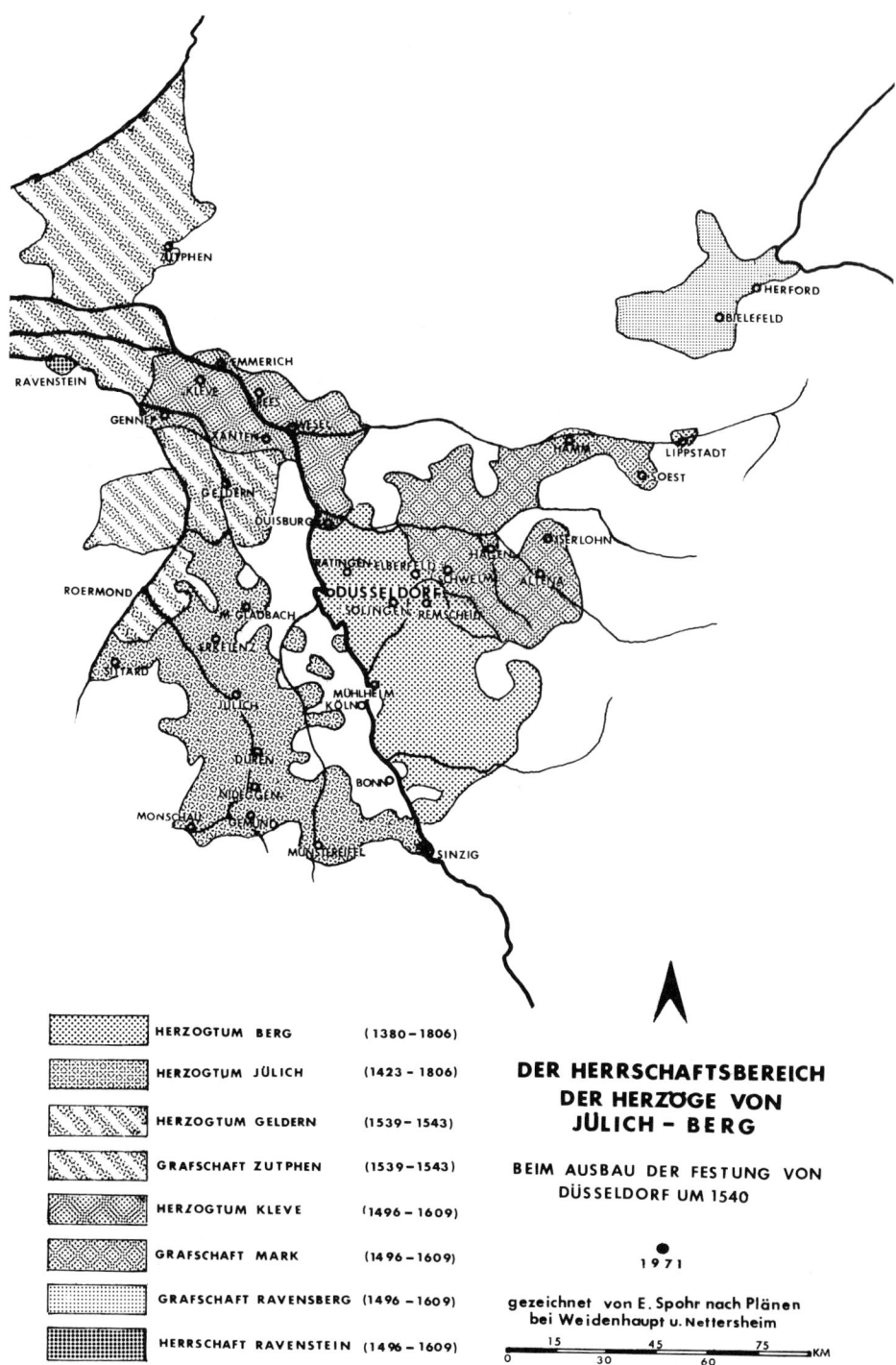

ZUTPHEN

EMMERICH
RAVENSTEIN
GENNE
KLEVE
XANTEN
WESEL
GELDERN
DUISBURG

ROERMOND
M. GLADBACH
KREUZENZ
SITTARD
JÜLICH
DÜREN
NIDEGGEN
MONSCHAU
MÜNSTEREIFEL

RATINGEN ELBERF(L)
DÜSSELDORF
SOLINGEN REMSCHEID
MÜHLHEIM
KÖLN
BONN

WITTEN
HAMM
LIPPSTADT
SOEST
ISERLOHN
WELM
X A

HERFORD
BIELEFELD

SINZIG

DER HERRSCHAFTSBEREICH
DER HERZÖGE VON
JÜLICH - BERG

BEIM AUSBAU DER FESTUNG VON
DÜSSELDORF UM 1540

●
1971

gezeichnet von E. Spohr nach Plänen
bei Weidenhaupt u. Nettersheim

	HERZOGTUM BERG	(1380 – 1806)
	HERZOGTUM JÜLICH	(1423 – 1806)
	HERZOGTUM GELDERN	(1539 – 1543)
	GRAFSCHAFT ZUTPHEN	(1539 – 1543)
	HERZOGTUM KLEVE	(1496 – 1609)
	GRAFSCHAFT MARK	(1496 – 1609)
	GRAFSCHAFT RAVENSBERG	(1496 – 1609)
	HERRSCHAFT RAVENSTEIN	(1496 – 1609)

5 Der Herrschaftsbereich der Herzöge von Jülich-Kleve-Berg, um 1540. Zeichnung des Verfassers

wurde mehrere Male durch entlassene Söldner bedroht. Aber hierbei handelte es sich sicher weniger um militärische Auseinandersetzungen als um Sozialunruhen der besitzlosen Söldner gegenüber den besitzenden Bürgern.

Im allgemeinen aber blieb die zukunftsreiche Hauptstadt von sozialen Machtkämpfen verschont. Die von Münster ausgehende Wiedertäuferbewegung, die von einem starken sozialpolitischen Charakter geprägt war, ließ Düsseldorf unberührt. Ob diese innere Ruhe auf die verheerende Volksepidemie, genannt „der englische Schweiß", zurückzuführen oder der vermittelnden Haltung des Herzogs Johann zu verdanken ist, läßt sich heute nur schwer beurteilen. Jedenfalls konnte sich Düsseldorf im Vergleich zu den Nachbarstädten während der innenpolitischen Auseinandersetzungen relativ ungestört weiterentwickeln und seine Vormachtstellung stärken.

Vielleicht waren unter dem Eindruck der Sozialunruhen in anderen Städten die Pläne gereift, das Schloß auf die neu zu errichtende Zitadelle zu verlegen. Als Herzog Johann III. von Jülich-Kleve-Berg 1537 die Erbfolge des Herzogtums Geldern vertraglich zugesichert wurde, drohten dem Lande am Rhein neue kriegerische Auseinandersetzungen. Der Landtag von 1538 beschloß ein Landesbauprogramm, das neben Reparaturen und Verbesserungen an den Befestigungen der wichtigsten Städte für Düsseldorf den Ausbau als Landesfestung vorsah.[16]

Während des kaiserlichen Feldzugs in Algerien nutzte man am Niederrhein die Zeit, eifrig zu rüsten und die Festungen zu verbessern. In der entscheidenden Stunde aber, als Herzog Wilhelm III., der 1539 die Regierung übernommen hatte, von seinen Verbündeten im Stich gelassen wurde, und Düren, Jülich, Roermond und Geldern sich der kaiserlichen Macht ergeben mußten, blieb Düsseldorf unberührt.

Der Vertrag von Venlo, in dem Wilhelm III. 1543 auf Geldern verzichtete, und die Verehelichung des Herzogs mit der kaiserlichen Nichte Maria von Habsburg sicherten den äußeren Frieden. Auch gelang es dem Landesherrn, die Stadt, die außerhalb der machtpolitischen Interessen lag, vor Religionskriegen zu bewahren, da er sich als Katholik den Protestanten gegenüber um eine tolerante Haltung bemühte.

Die Wahrung des inneren und äußeren Friedens war Vorbedingung für eine gedeihliche Entwicklung in dieser unruhigen Zeit. Düsseldorf kam diese Friedenspolitik in besonderem Maße zugute: Herzog Wilhelm III. (Abb. 6) verlegte in der Jahrhundertmitte den Sitz der jülich-bergischen Zentralbehörden in das Kanzleigebäude nach Düsseldorf. Die mit der Verwaltung verbundene Niederlassung von zahlreichen Regierungsbeamten und Privatleuten brachte der rheinischen Hauptstadt einen erheblichen Bevölkerungszuwachs. Auf besondere Anordnung wurden sogar tüchtige Handwerker für die Stadt angeworben.

Der innenpolitischen Entwicklung entsprechend, erließ der Herzog 1546 eine Marktordnung für Düsseldorf. Auch das geistige Leben der Stadt erfuhr im 16. Jahrhundert eine starke Belebung. Das 1545 gegründete Seminarium rei publicae (Stiftsplatz 3/4), die erste von Kirche und Gemeinde unabhängige Landesschule, erlebte unter ihrem ersten Rektor, Johannes Monheim, einen für damalige Verhältnisse unglaublichen Zulauf. Bei den angegebenen Schülerzahlen von 1800 bis 2000[17] muß man in Anbetracht der im Schulgebäude zur Verfügung stehenden Raumkapazität für 150 bis 200 Schüler davon ausgehen, daß es sich um die Gesamtzahl der Schüler seit Gründung der Einrichtung handelt. Dennoch ist wohl unbestritten, daß diese angesehene Bil-

6 Johann II. von Kleve 1481 – 1511 und die Herzöge von Jülich-Kleve-Berg: Johann III. 1521 bis 1539, Wilhelm III. (der Reiche) 1539 – 1592, Johann Wilhelm I. 1592 – 1692. Ölgemälde um 1630

dungsanstalt durch die Unterbringung der Schüler bei den 3000 Einwohnern auch zu einem bedeutenden wirtschaftlichen Faktor für die Bevölkerung wurde.

Der Schmalkaldische Krieg aber und der drohende Ausbruch des Krieges in den benachbarten Niederlanden veranlaßten Herzog und Landstände, auf eine Verbesserung der Landesverteidigung hinzuarbeiten. Glücklicherweise blieb aber Jülich-Berg vom Kriege verschont, so daß sich der Herzog Wilhelm wieder intensiv den inneren Verhältnissen des Landes widmen konnte.

Als bedeutendes innenpolitisches Werk erließ er 1554 eine Jülich-Bergische Polizeiordnung,[18] der noch im gleichen Jahr eine Düsseldorfer Polizeiordnung   mit einer Ergänzung[19] folgte. Grundlage zur Verschönerung der Stadt und zur Durchführung einer modernen Stadtplanung waren die elf das Bauwesen betreffenden Paragraphen (§§ 18 bis 26) dieser Ordnungsverfügung (Kap. VII, 2).

Der Baueifer, der zahlreiche Künstler und Handwerker nach Düsseldorf lockte und den Erlaß einer Reihe von neuen Zunftordnungen zur Folge hatte, führte zu einem Ausbau ganz neuer Häuserreihen und gipfelte schließlich 1567[20] in dem Bau des neuen Rathauses. Damit aber war der Höhepunkt der Blütezeit bereits überschritten.

Zwischen 1577 und 1584 wurde die Bevölkerung durch vier Pestepidemien beträchtlich dezimiert. In den Landen am Niederrhein tobte seit 1582, nach dem Übertritt des Kölner Erzbischofs Gerhard Truchseß zum Protestantismus, der Truchseßsche Krieg (1582 – 1586). Die Spanier unter Alexander Farnese, dem Feldherrn des neuerwählten Erzbischofs, Ernst von Wittelsbach, wüteten in konfessioneller Leidenschaft bei der Rückeroberung von Neuß, der mächtigsten Stadt des Kölner Erzstiftes (Abb. 7). In Kaiserswerth, das infolge seiner ständigen Verpfändungen schon längst seine Bedeutung verloren hatte,[21] lagen Besatzungen. Düsseldorf wurde zwar nicht unmittelbar in den Krieg hineingezogen, hatte aber unter den Ausschweifungen der in der Festung zum Schutz der Stadt einquartierten Söldner viel zu leiden. Die rings um die Stadt tobenden Kämpfe mahnten die ohnehin durch zusätzliche Wachen stark belastete Bürgerschaft ständig zur Besserung der Befestigungsanlagen. Dazu fehlte es aber an Arbeitskräften und Mitteln, denn die Vorbereitungen für die großangelegte Prunkhochzeit des Erbprinzen Johann, der Administrator des Bistums Münster war, mit der Markgräfin Jakobe von Baden zehrten alle materiellen Kräfte auf, so daß an den Festungswerken nur Schönheitsreparaturen vorgenommen werden konnten. Das Schloß und zahlreiche Bürgerhäuser wurden instandgesetzt und erhielten wertvolle Ausstattungen für die Unterbringung der Gäste.

Während die Neußer Bürger unermeßliche Opfer zur Verteidigung ihrer Stadt brachten, verzweifelte die Düsseldorfer Bürgerschaft an der Deckung der Unsummen für die pompöse Fürstenhochzeit. Der Düsseldorfer Hof rückte zwar für kurze Zeit in das internationale Blickfeld: Fünfzehnhundert Gäste, darunter Gesandte des Kaisers, des Königs von Spanien und fast alle deutschen Fürsten, weilten während der eine Woche dauernden Feierlichkeiten in Düsseldorf (Abb. 8). In der von greulichen Glaubenskämpfen heimgesuchten Epoche aber war diese Hochzeit nur eine politisch-konfessionelle Manipulation auf Kosten der Bürger. Während sich der Hof schon kurz nach den Feierlichkeiten in familiären Zwistigkeiten zerstritt, ließ die Wirtschaftskraft der durch die Prunkhochzeit schwer verschuldeten Stadt weiter nach, so daß die Festungsanlagen zusehends verwahrlosten und unbrauchbar wurden. Die Stadt und Land schwächenden Intrigen und Wirrnisse am Düsseldorfer Hof blieben der eingesessenen Bürgerschaft nicht verborgen. In Düsseldorf konnte das Beispiel des tapferen Widerstands der Neußer Bürger gegen die Fürstengewalt im Truchseßschen Krieg die Bürgerschaft nur ermutigen, eine starke Oppositionspartei gegen die herzoglichen Räte zu bilden. Diese drohten ihrerseits damit, eine Garnision von 1.000 Mann nach Düsseldorf zu legen.[22] Unter diesem Druck konnte die infolge äußerer Kriegswirren allzusehr geschwächte Bürgerschaft keinen Aufstand gegen die fürstliche Obrigkeit wagen. Wenn Düsseldorf, dessen verwahrloste Festungsanlagen die Stadt ohnehin nicht hätten schützen können, während der Niederländischen Freiheitskämpfe auch nicht zum Kriegsschauplatz wurde, so konnten die indirekten Folgen des Kriegs den Bürgern nicht erspart bleiben, denn durch die Vernichtung der Höfe der Außenbürgerschaft hatte die städtische Wirtschaftskraft einen großen Rückschlag hinnehmen müssen. Da außerdem fast der gesamte Handelsverkehr zum Erliegen gekommen war, konnten die Preise für die Grundnahrungsmittel nur durch fürstliche Verordnung in einem erträglichen Rahmen gehalten werden.[23]

Nach dem Tod des auch in zweiter Ehe kinderlos gebliebenen Herzogs Johann Wilhelm, am 25. März 1609, meldeten zahlreiche deutsche und ausländische Fürsten sofort ihre Erbansprüche an. Das bedeutete Krieg, neuen Krieg in dem seit Jahrzehnten völlig verheerten Land am Niederrhein. Anders als im Limburger Erbfolgestreit wurde durch die konfessionell bedingten Fürstenbündnisse der protestantischen Union und der katholischen Liga ganz Europa bei der Jülicher Erbfolge in Unruhe versetzt.

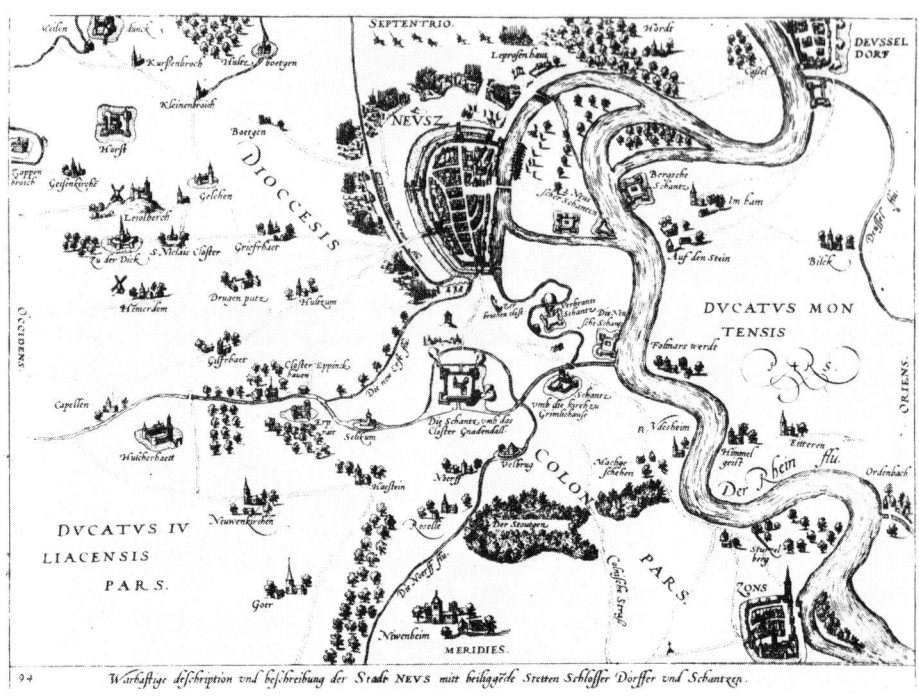

7 Beschreibung von Neuß und Umgebung, 1588. Oben rechts die Festung Düsseldorf mit Zitadelle

Der Ausbruch eines europäischen Krieges konnte aber durch den zwischen Brandenburg und Pfalz-Neuburg 1609 in Dortmund geschlossenen Vertrag, der Markgraf
Ernst von Brandenburg und Wolfgang Wilhelm von Pfalz-Neuburg die gemeinsame
Verwaltung der Lande zusicherte, verhindert werden.
Als Wolfgang Wilhelm 1613 durch seine Heirat mit der streng katholischen Magdalene
von Bayern zum Katholizismus übertrat, steigerte sich die Erbfolgefrage zu einem
konfessionellen Politikum. Kaiser, Liga und Spanien unterstützten den Neubur-
ger; Holland stand auf der Seite des kalvinistischen Brandenburgers. Während dieser
Auseinandersetzungen rückte die in höchste Alarmbereitschaft gebrachte Festung
Düsseldorf in den Mittelpunkt des deutschen, zeitweise sogar des europäischen
Interesses.
Auf Vermittlung Englands und Frankreichs schlossen schließlich die streitenden Par-
teien 1614 in Xanten einen Vergleich, der 1624 in dem „Provisionaltraktat" bekräf-
tigt wurde.[24] Danach erhielt Brandenburg die nördlichen Gebiete: Kleve, Mark und
Ravensberg; Pfalz-Neuburg erhielt Jülich und Berg mit der Hauptstadt Düsseldorf.
Das rheinische Herzogtum war somit nur noch Nebenland einer weit abgelegenen süd-
deutschen Macht. Düsseldorf drohte zu einer unbedeutenden Landstadt herabzusin-
ken.

30

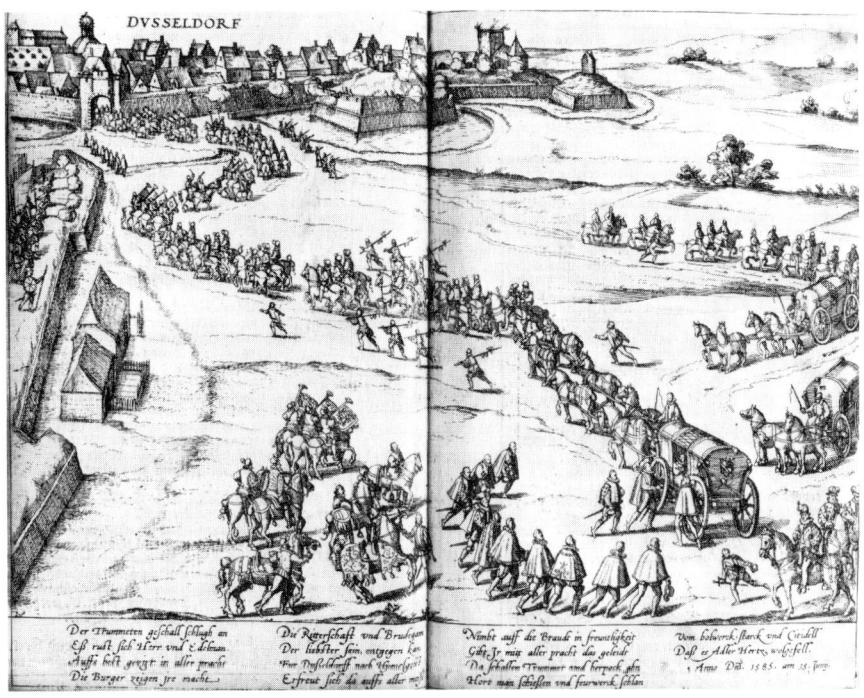

DVSSELDORF

8 Einzug der Jakobe von Baden durch das Berger Tor, 1585. Unten links die Zitadelle

Dadurch aber, daß Wolfgang Wilhelm, der schon zu Lebzeiten seines Vaters in Düsseldorf als Statthalter residiert hatte, bei Antritt der Nachfolgeschaft von Pfalz-Neuburg beschloß, in der Hauptstadt von Jülich-Berg wohnen zu bleiben, war der weitere Aufstieg der Residenzstadt Düsseldorf gesichert. Dieser vollzog sich aber nicht, ohne daß gleichzeitig der Einfluß des Herzogs auf die städtischen Behörden erstarkte. Die Abhängigkeit des Düsseldorfer Magistrats zeigte sich deutlich während der heftigen Auseinandersetzungen zwischen dem Landesfürsten und den Ständen. Als diese mit kaiserlicher Hilfe zeitweise eine Nebenregierung bildeten, war Düsseldorf einer der wenigen sicheren Plätze der landesherrlichen Macht.

Der Pfalzgraf verlor keine Zeit, die stark vernachlässigten Festungsanlagen seiner Residenz, an denen infolge der häufigen politischen Unruhen seit 1609 ständig Verbesserungen vorgenommen worden waren, in guten baulichen Zustand setzen zu lassen. Die daraus resultierenden Verpflichtungen schwächten die Wirtschaftskraft der Stadt ebenso wie die ungeheuren Belastungen, die sich aus den ständigen Einquartierungen ergaben. 1617 lagen sechs Kompanien und ein Reiterkorps in Düsseldorf. Wenn man sich vergegenwärtigt, daß den etwa 4.400 Einwohnern der Stadt[25] eine Garnison von 1.722 Menschen gegenüberstand,[26] kann man ermessen, welch immense Last die Düsseldorfer Bürgerschaft zu tragen hatte.

Die Opfer für die Sicherheit der Stadt scheinen aber begründet, weil die strenge Neutralität Wolfgang Wilhelms im Dreißigjährigen Krieg (1618 – 1648) und in den seit 1621 tobenden Freiheitskämpfen der Niederlande (1621 – 1648) keine absolute Garantie dafür war, daß die jülich-bergischen Lande von der Kriegsfurie verschont blieben. 1630 versuchten die Staatlichen, die Stadt Düsseldorf, in der spanische Kriegsvölker lagen, zu beschießen.[27] Wolfgang Wilhelm konnte die Erneuerung der Anerkennung der Neutralität durch die Generalstaaten nur erhalten, indem er deren Forderung auf Abzug der kaiserlichen Garnison nachgab und die Schleifung der im Lande neuangelegten Festungen versprach.[28] Die Bedrohung durch die Schweden 1632 beantwortete der Pfalzgraf mit bewaffneter Neutralität. 1634 forderten die Kaiserlichen die Aufgabe der Neutralität gegenüber Schweden und die Übergabe der pfalzgräflichen Truppen. Als Gegenleistungen sollten unter anderem Mittel für die Düsseldorfer Festungsbauten, insbesondere für die Anlage eines Linksrheinischen Forts von den Spaniern zur Verfügung gestellt werden.[29]

Seit dieser Zeit hatte das Herzogtum meistens unter kaiserlichen Einquartierungen zu leiden. Die durchziehenden Spanier, Hessen, Kaiserlichen und Schweden plünderten das Land und verheerten es. Aber auch die einquartierten Soldaten trieb der Hunger zu Plünderungen. Zum Glück blieb der Festung Düsseldorf während dieser Kriegswirren als der einzigen bergischen Stadt eine ernsthafte Belagerung erspart. Die reparierten und durch Halbe Monde verstärkten Festungswälle waren kaum geeignet, einer Belagerung standzuhalten. Ihr Zustand gewährte der Landeshauptstadt allenfalls Schutz vor plündernden und marodierenden Soldaten.

Dieser Schutz aber war immerhin so stark, daß Düsseldorf Zufluchtstätte für die schwer mitgenommenen Landbewohner wurde. Es blieb nicht aus, daß Seuchen sich in der ihrer natürlichen Versorgung beraubten Stadt ausbreiteten. Zwischen 1612 und 1649 wurde die ohnehin durch den nicht abreißenden Flüchtlingsstrom und die Garnison stark belastete, in größter Enge hausende Bürgerschaft von acht Pestepidemien heimgesucht. Zu allem Unglück explodierte 1634 der vom Blitz getroffene Pulverturm, wodurch die umliegenden Häuser, die Lambertuskirche und das Schloß beträchtlichen Schaden erlitten.

Das Ende des Dreißigjährigen Krieges brachte Düsseldorf noch lange nicht die ersehnten Friedensjahre. Als der junge Kurfürst, Friedrich Wilhelm von Brandenburg, 1651 seine Truppen in das Herzogtum Berg einrücken ließ, befürchtete man in Düsseldorf einen ernsthaften Übergriff auf die Stadt. Da die Verteidigungsbereitschaft der Festung einer gezielten militärischen Bedrohung nicht standhalten konnte, wurde im Vorfeld zwischen der Zitadelle und Bilk ein Lager für die neuburgischen und befreundeten lothringischen Truppen hergerichtet.[30]

Infolge der Kriegsereignisse blieb der Ausbau der Stadt, abgesehen von kleineren Verbesserungen an den Festungsanlagen, zurück. Die ungeheuren Summen, die die Garnison, die Reisen des Pfalzgrafen, die Bestechung hoher Offiziere usw. verschlangen, fehlten für den friedlichen Aufbau. So blieb das äußere Bild von Düsseldorf trotz aller Kriegswirren weitgehend unverändert. Bedeutender waren die inneren Wandlungen infolge der Nebenerscheinungen des Krieges. Der durch Einquartierungen und Flüchtlinge bedingte Bevölkerungszuwachs einerseits und die Dezimierung der Einwohner durch die Pest andererseits veränderten die Bevölkerungsstruktur und damit den Charakter der Stadt.

Dieser Veränderungsprozeß wurde noch durch innenpolitische Maßnahmen begünstigt. Während der Pfalzgraf die Nichtkatholiken mit diplomatischem Geschick aus allen Schlüsselpositionen der Stadt verdrängte, stärkte er gleichzeitig die katholische Mehrheit durch den Zuzug neuer Orden. Innerhalb seiner Regierungszeit gründeten die Jesuiten und Kapuziner, die Coelestinerinnen, Karmelitessen und Cellitinnen in Düsseldorf neue Klöster.

Darüber hinaus wurde das Bevölkerungsbild durch Musiker und Künstler bereichert, die der kunstsinnige Pfalzgraf, der Rubens persönlich kannte, an seinen Hof zog. Damit leitete Wolfgang Wilhelm die Entwicklung Düsseldorfs zur Kunststadt ein. Zunächst aber wurde die jülich-bergische Hauptstadt mehr und mehr zur Beamstenstadt der fürstlichen Verwaltung und trat schließlich unter der ehrgeizigen Politik seines Enkels Johann Wilhelm in die Reihe der europäischen Barockresidenzen.

Nach den Wirren des Dreißigjährigen Kriegs hatte die Wirtschaft in Düsseldorf einen derartigen Aufschwung genommen, daß sich Pfalzgraf Philipp Wilhelm seit 1655 veranlaßt sah, zur Neuordnung des Gewerbes eine ganze Reihe von Zunftordnungen zu erlassen.

Für Jülich-Berg, insbesondere für die Hauptstadt Düsseldorf, war es von Vorteil, daß die dynastischen Hoffnungen des Fürsten nach dem zweimaligen mißglückten Versuch, die polnische Krone zu erlangen, scheiterten. Philipp Wilhelm konnte jetzt seine ganze Tatkraft auf die Stammlande konzentrieren. Die aufwendige Hofhaltung, die sich zeitweise in dem von Sadeler 1662 neu errichteten Wasserschloß im Wildpark Benrath abspielte, schwächte einerseits die Finanzkraft der Staatskasse, andererseits förderte sie aber indirekt durch den Verkehrszuwachs und den Bevölkerungszustrom die wirtschaftliche Entwicklung Düsseldorfs.

1658 zählte Düsseldorf „intra muros" einschließlich des Militärs ca. 5.300 Einwohner[31] in 648 Häusern.[32] Das entspricht einer Belegungsdichte von 9 bis 10 Einwohnern pro Haus. Wenn man bedenkt, daß in vergleichbaren Städten, wie beispielsweise in Aachen, 5 bis 6 Einwohner auf ein Haus gerechnet wurden, darf man annehmen, daß der soziale Stand der Bevölkerung in Düsseldorf noch ziemlich niedrig war, zumal der größte Teil der Bürgerschaft noch enger gewohnt haben muß, denn die Beamten und am Hof beschäftigten Künstler werden höhere Wohnungsansprüche gestellt haben. Ein Teil der Häuser war außerdem von der Einquartierungslast befreit (Kap. VII, 4). Als mit der Sicherung des inneren und äußeren Friedens durch den Hauptvergleich von Kleve 1666 der Erbfolgestreit beendet und damit auch die äußere Voraussetzung für eine gedeihliche Entwicklung gegeben war, wurde die Wirtschaftskraft der Einwohnerschaft durch die in den Jahren 1666 bis 1669 in der Stadt wütende Pest von neuem geschwächt. Zu allem Unglück vernichtete 1669 eine gewaltige Feuersbrunst den größten Teil der Häuser an der Flinger- und der Bolkerstraße sowie am Markt. Noch im selben Jahr beauftragte der Herzog den aus Neuburg stammenden Architekten und Ingenieur Dominikus Doctor, die eingeäscherten Häuser „mit schöner Faciata zum Zierrat der Stadt und Straßen wieder aufzubauen".[33] Gleichzeitig wurde der Ausbau des südlichen Teils der Neustraße eingeleitet. Eine neue Brandordnung sollte in Zukunft die Stadt vor Feuerschaden bewahren.

Düsseldorf hatte nur eine kurze Atempause, um sich von all diesen Schicksalsschlägen zu erholen, denn durch die Zugehörigkeit zum Reich wurde das Land am Niederrhein in den Krieg Ludwigs XIV. mit Holland (1672 – 1678) verwickelt. Das Herzogtum Jülich erlitt durch die einquartierten französischen Militärs, vor allem aber durch die überzogenen Kontributionsforderungen, ungeheuren Schaden. Düsseldorf blieb zwar zu allem Glück auch diesmal vom Kriege selbst verschont; die Sicherungsmaßnahmen aber, insbesondere die für den Festungsbau verordneten Hand-, Spann- und Schüppendienste, lähmten die wirtschaftliche Leistungsfähigkeit der Bürgerschaft, die ohnehin schon durch die Last der Einquartierung der Garnison, für die immer noch keine ausreichenden Unterkunftsräume zur Verfügung standen, erheblich beeinträchtigt war.[34]

Die Einrichtung der Neuen Baracken für die Garnison brachte wenigstens eine teilweise Besserung der sozialen Verhältnisse. Die meisten Soldatenfamilien blieben aber nach wie vor in Bürgerhäusern bzw. in den unzumutbaren Alten Baracken auf der Zitadelle und auf den Wällen einquartiert.[35]

Die Differenzen mit den Ständen beendete der geschickte Pfalzgraf, indem er die Ritterschaft gegen die Hauptstädte, denen er kleinere Zugeständnisse gemacht hatte, ausspielte. Das dem Düsseldorfer Magistrat zugestandene geringe Entscheidungsrecht erwies sich aber in der Praxis als wertlos, da die fürstlichen Beamten selbstherrlich darüber hinweggingen. Innenpolitisch bedeutungsvoller war schließlich der 1672 mit den Ständen geschlossene Vergleich, der „Haupt- und Declarationsrecess", der die gegenseitigen Rechte und Pflichten genau abgrenzte.

Trotz der Besserung der inneren Verhältnisse brachen das wirtschaftliche Leben und der Verkehr 1676 aber völlig zusammen, als die einquartierten Soldaten die „Rote Ruhr" in die Stadt einschleppten. Während zehn Prozent der Bevölkerung der Seuche zum Opfer fielen, führten die höheren Beamten außerhalb der Stadt ein sicheres und geruhsames Leben.

5. Aufblühen und Niedergang der kurpfälzischen Haupt- und Residenzstadt 1679 – 1801

Erst Johann Wilhelm, der schon als Erbprinz nach seiner Vermählung mit der habsburgischen Erzherzogin Maria Anna Josepha 1679 die Regierung in Jülich-Berg übernommen hatte, gestatteten es die Umstände in den achtziger Jahren, Düsseldorf in verhältnismäßig kurzer Zeit zu einem wirtschaftlichen und kulturellen Mittelpunkt zu machen. Die ersten Regierungsjahre freilich waren noch schwer belastet von den finanziellen Forderungen seines Vaters, Philipp Wilhelm, der 1679 seine Residenz nach Neuburg verlegt hatte. Diesen Zahlungen standen die unzureichenden Bewilligungen der unter den französischen Kontributionsforderungen leidenden Stände gegenüber. Die Finanzmisere war so groß, daß die Landstände 1679 nicht in der Lage waren, die Festungsgelder aufzubringen. Sie forderten sogar die Einziehung der Festungen Düsseldorf und Jülich.[36]

Wesentliche Voraussetzung für eine günstige Aufwärtsentwicklung Düsseldorfs war zunächst eine Besserung der städtischen Lebensbedingungen, verbunden mit einer Än-

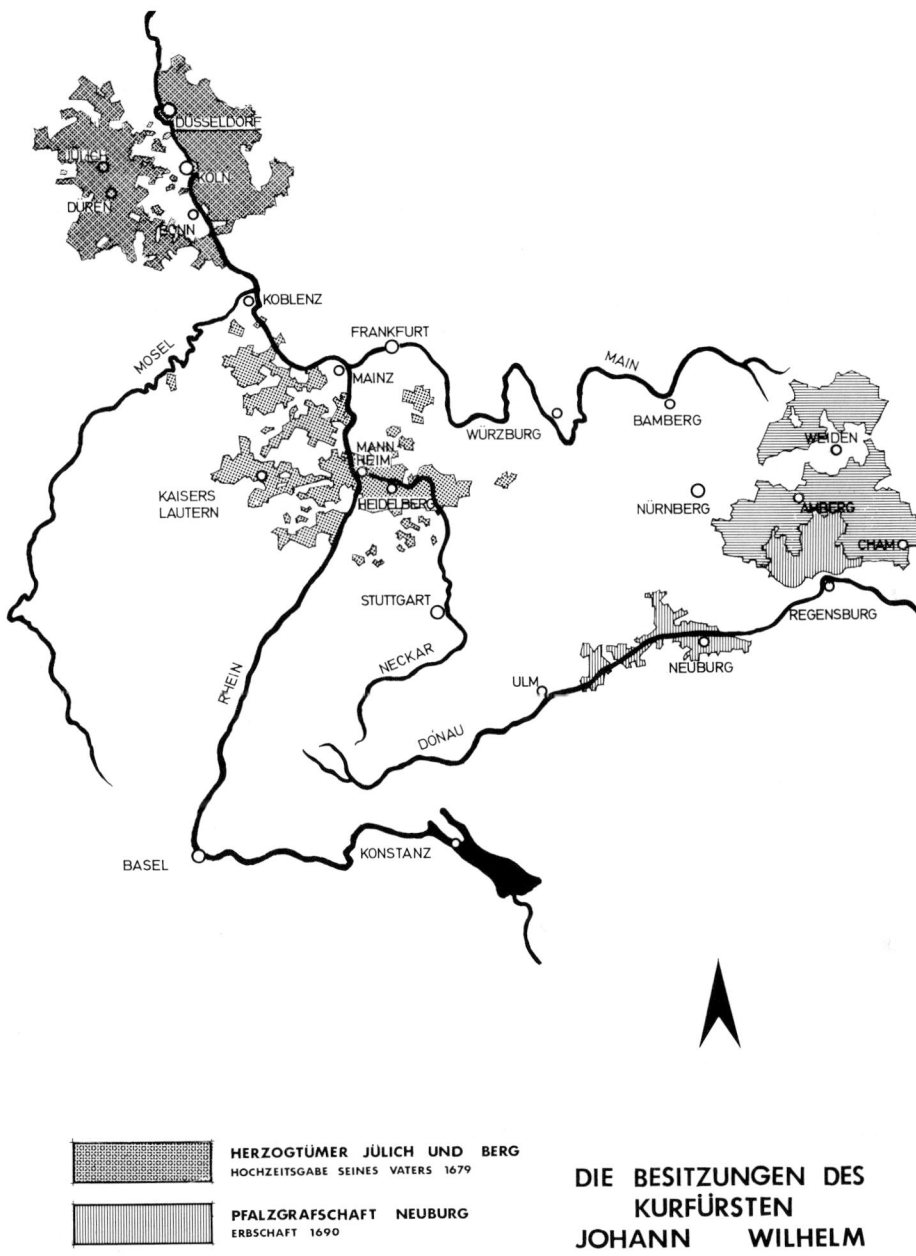

DÜSSELDORF

JÜLICH
KÖLN
DÜREN
BONN

KOBLENZ

FRANKFURT

MOSEL

MAINZ

MAIN

WÜRZBURG

BAMBERG

WEIDEN

MANN-
HEIM

KAISERS
LAUTERN

HEIDELBERG

NÜRNBERG

AMBERG

CHAM

STUTTGART

REGENSBURG

RHEIN

NECKAR

ULM

NEUBURG

DONAU

BASEL

KONSTANZ

HERZOGTÜMER JÜLICH UND BERG
HOCHZEITSGABE SEINES VATERS 1679

DIE BESITZUNGEN DES
KURFÜRSTEN
JOHANN   WILHELM

PFALZGRAFSCHAFT   NEUBURG
ERBSCHAFT 1690

KURPFALZ
ERBSCHAFT 1690

DÜSSELDORF HAUPT - UND RESIDENZSTADT

●

OBERPFALZ UND GRAFSCHAFT CHAM
ERWORBEN 1706 · VERLOREN 1714

GEZEICHNET NACH PLÄNEN IM STADTMUS.

				km
0	15	30	45	60

9 Die Besitztümer des Kurfürsten Johann Wilhelm. Zeichnung des Verfassers

35

on Gottes gnaden Wir Johann Wilhelm

Pfaltzgraff bey Rhein in Bayern/ zu Gülich/ Cleve/ Berg/ Hertzog/ Graff zu Bldem/ Sponheimb
der March/ Ravensperg/ und Möß/ Herr zu Ravenstein ⁊. Thun Kundt und fuegen Jeder-
männiclichen hiemit zuwißen/ Nachdem Wir underthänigst berichtet worden/ waßgestalt verschiedene
nicht allein auß Vnseren Vnderthanen/ sondern auch außerlandts gesessene/ inhiesiger Vnser Residentz
Statt sich häuffig nieder zulaßen/ mit ehrbarlicher Traficir: und Fabricirung allerhandt Manufacten
und Wahren/ auch sonsten zuläßigen Commercien ihre Nahrung und gewin zusuchen/ und des endts
newe Häußer zuerbawen vorhabens sein/ und darzu lust tragen selten/ und dan Vns sothanes/ zu Vermehrung des gemeinen besten zielendes vornehmen/ nicht allein zu gnädigstem Wollgefallen gereichet/
sondern Wir auch daneben allen denen jenigen so freembden alß einheimischen/ welche in gemelter hiesiger
Vnser Residentz Statt/ oder auch dahero zu obvermeltem endt newe Häußer erbawen/ und mit der
wohnung sich häußlig niederlaßen werden/ Freyheit auff gewiße Jahren/ u so zwaren dergestalt zuertheil-
len gnädigst geneigt und entschloßen seindt; das die Newbawende inner zeit von vier Jahren/ das bey Vns dieselbe sich angemeldet/ sothane
Newe Häußer habitabel zu machen schuldig sein/ und hergegen nach verlauff sothaner vier bawjahren/ annoch Sechs und Zwantzig und ein-
folgtig zusamen Dreißig steet nacheinander folgenden Jahren von allen steuren/ Contributionen/ Wachten und Bilettirungen/ fort allen anderen so real: alß personal lasten/ wie die auch Nahmen haben mögen/ allerdings frey sein und bleiben/ und darwieder von niemanden beschwert
werden sollen; Daß Wir dahero allen und jeden Newbawenden obgemelt/ so baldt dieselbe alhier erscheinend/ von Vns sich angeben werden/
hierüber zu ihrer versicherung gnugsamen schein ertheilen laßen wollen/ Vrkund Vnsers Handzeichens/ und hervorgetruckten Cantzley Secret
Siegels. Düßeldorff den 7. Aprilis 1684.

Johan Wilhelm

J. G. Neuman

10 Aufruf Johann Wilhelms für Neuansiedler in Düsseldorf, 1684

derung der Bevölkerungsstruktur. Johann Wilhelm bemühte sich daher, Fremde für die
Ansiedlung in Düsseldorf zu gewinnen. Er verschenkte zahlreiche Bauplätze und erließ 1684 eine „fürstliche Kundmachung", die „all denen Kaufleuten, die Neubauten
aufführen wollten, Steuerfreiheit, Freiheit von der Wachtpflicht und Einquartierung
sowie von Real- und Personallasten auf 30 Jahre hinaus" versprach (Abb. 10)[37]
Gleichzeitig erneuerte er einen Befehl seines Vaters, wonach die Eigentümer unbebauter Plätze innerhalb der Residenzstadt Düsseldorf bei Strafe aufgefordert wurden,
diese in einer bestimmten Zeit zu bebauen.[38] 1685 folgte ein Aufruf zur Bebauung
der Zitadelle.[39] Für die Bebauung der Ritterstraße und Mühlengasse waren ähnliche
Anordnungen bereits 1681 vorausgegangen.
Erst als Philipp Wilhelm 1685 Kurfürst von der Pfalz wurde und auf seine finanziellen
Forderungen an Johann Wilhelm verzichtete, besserten sich die Verhältnisse in Jülich-
Berg. Der Kurprinz, der am Rhein residierte, fühlte sich nun in seinem Vorhaben be-
stärkt, Düsseldorf zu einer glanzvollen Residenzstadt zu machen.
Da für die Kaufmannschaft in erster Linie eine Ansiedlung in dem alten Stadtbereich
infrage kam, dort aber wegen der hohen Einquartierungslasten kein besonderer Anreiz zur Niederlassung gegeben war, schlugen die fürstlichen Räte 1685 den Bau von
Kasernen vor, damit die Kaufleute von den lästigen Einquartierungen befreit werden
konnten. Der entscheidende Grund für das geringe Interesse der Kaufmannschaft an
einer Niederlassung in Düsseldorf waren vor allem aber die hohen Verbrauchssteuern,
auf die Johann Wilhelm nicht verzichten konnte. Nachteilig wirkte sich auch die poli-

36

tische Situation aus, denn das Herzogtum Jülich-Berg war auf allen Seiten von Gebieten umgeben, deren Fürsten, wie der Bischof von Münster und Paderborn, zugleich Kurfürst von Köln, unter dem Einfluß Frankreichs standen oder, wie der Kurfürst von Brandenburg, eine mißtrauische Haltung dem Kaiser gegenüber einnahmen.

Die Bedrohung infolge der von Frankreich beabsichtigten Reunionen wurde 1684 nach dem Abschluß eines Bündnisses zwischen Ludwig XIV. und Kurköln zu einer akuten Gefahr. Nach der Zerstörung der Pfalz, 1688, mußte Johann Wilhelm erst recht auf den Ausbau seiner Landesfestungen bedacht sein, die Vermehrung seiner Truppen vorantreiben und die Festungen weiter verbessern. Glücklicherweise konnte die akute Kriegsgefahr aber schon 1689 gebannt werden, nachdem die Franzosen aus Kaiserswerth und von dem Düsseldorf gegenüber liegenden Rheinufer vertrieben worden waren. Johann Wilhelm nutzte nach diesem Erfolg die Gelegenheit, auf der kurkölnischen Rheinseite das Fort Düsseldurg erbauen zu lassen.

Die schweren Verwüstungen, die die Franzosen in der Pfalz angerichtet hatten, und die Vernichtung des Heidelberger Schlosses hielten Johann Wilhelm am Niederrhein, als er 1690, nach dem Tode seines Vaters, die Kurwürde erhielt und damit in den Kreis der einflußreichen Reichsfürsten aufrückte. Düsseldorf blieb damit Residenz des jungen Kurfürsten, der mit der bayrischen Kurwürde 1708 auch das Amt als Erztruchseß des Deutschen Reiches übernahm und damit der ranghöchste Fürst des Reiches wurde.

Der Ausbau des Schlosses, die Errichtung einer großen Zahl kurfürstlicher Gebäude und die verschwenderische Hofhaltung begünstigten den Zuzug von zahlreichen Handwerkern, Künstlern und Hofbediensteten nach Düsseldorf. Entscheidenden Einfluß auf die Entwicklung der Residenzstadt nahm auch die zweite Gemahlin Johann Wilhelms, Anna Maria Lonisa, Tochter des Großherzogs Cosimo III. von Toscana.

Die zahlreichen italienischen Kaufleute und Handwerker, die 1691 im Gefolge der Mediceerin aus Florenz nach Düsseldorf gekommen waren, eröffneten Handel und Gewerbe neue Perspektiven. Schon bald entstand in der Residenzstadt am Rhein die erste Tuchfabrik. 1703 erzwang der Kurfürst die Einschränkung der hartnäckig behaupteten Kölner Stapelrechte. Die strukturelle Veränderung des Handwerks und der allgemeine wirtschaftliche Aufschwung bedingten eine Neuordnung des Zunftwesens und eine Verbesserung der Verkehrssituation. Die Postlinien wurden beträchtlich erweitert. 1699 ließ der Kurfürst „zu mehrerer Commodität der Passanten" von Mannheim die „fliegende Brücke" nach Düsseldorf bringen, eine Ponte, die in der Mitte des Rheins an einem Seil verankert wurde. Fünf kleine Nachen hielten das Ankerseil über Wasser, damit es nicht im Rheinbett versandete. Bis 1839 verband diese Fliegende Brücke die Stadt mit dem linksrheinischen Ufer, auf dem das Fort Düsselburg zeitweise als Brückenkopf diente. Ein ständiger Schiffsverkehr stellte die Verbindung mit Frankfurt und Nijmwegen her.

Auch das kulturelle Leben erfreute sich eines starken Aufstiegs. Das Kurfürstenpaar berief bedeutende Künstler und Gelehrte, begründete die weltberühmte Gemäldegalerie, die sich heute in München befindet, und unterhielt ein modernes Hoforchester, das Händel und Corelli besuchten. Bereits in den Pfennigmeistereirechnungen von 1682 ist allein für die Besoldung der Musiker ein Betrag von 8.423 Rtlr. angegeben.[40]

11 Huldigung der Künste und Wissenschaften vor dem Bild des Kurfürsten Johann Wilhelm und seiner Gemahlin Anna Maria Louisa, 1716. Gemälde von Adriaen van der Werff

Die Hofhaltung selbst wurde nach und nach zu einem wirtschaftlichen Faktor, da viele Familien als Diener, Lieferanten oder Beamte am Hof tätig waren.[41] Von 1690 bis 1703/04 stieg die Zahl der angestellten Diener, Künstler und Handwerker von 180 auf insgesamt 368 Personen.[42] Das sind zwanzig Prozent der erwerbstätigen Bevölkerung des damaligen Düsseldorf einschließlich der Außenbürgerschaft. Die Gesamtbevölkerung zählte 1703 ohne die im Felde stehenden annähernd 2.000 Garnisonsangehörigen 8.578 Einwohner,[43] also fast 2.500 Einwohner mehr als in der Steuerliste von 1689 aufgeführt sind (Kap. VII, 4).[44] Diese ansehnliche Zuwanderung förderte zwangsläufig die Bautätigkeit, die nach den Reunionskriegen ungestört bis zum Spanischen Erbfolgekrieg (1701 – 1714) fortgesetzt werden konnte. Am besten glückte der Ausbau des Zitadellviertels, das wie die Ritterstraße ein vornehmes Beamtenviertel wurde. Draußen vor der Stadt entstand im kurfürstlichen Garten (Hofgarten) der „Jägerhof" als Sitz des Oberjägermeisters.

In den Vorstellungen Johann Wilhelms, der bei seinem Jugendaufenthalt in den vornehmsten europäischen Residenzen ganz andere als die in Düsseldorf herrschenden Maßstäbe kennengelernt hatte, waren die beachtlichen Baumaßnahmen nur ein bescheidener Anfang des Ausbaues seiner Residenz am Rhein. Der im Geist des Absolutismus denkende Kurfürst und Erztruchseß überschätzte aber bei weitem die wirtschaftliche Entwicklungsfähigkeit von Düsseldorf, als er 1699 seine Vorstellungen einer groß angelegten Stadterweiterung durch neue Privilegien zu realisieren versuchte.

Das Stadtgebiet sollte auf das Doppelte erweitert werden.[45] Den Grund und Boden, den der Kurfürst für 80.000 Reichstaler erworben hatte, wollte er den Baulustigen kostenlos bereitstellen. Eine Steuerfreiheit von dreißig Jahren war für die Grundstücke im Falle der Bebauung garantiert. Für die Waren und Rohstoffe sicherte Johann Wilhelm zwanzigjährige Zollfreiheit zu. Auch war es eine fühlbare Erleichterung für die Bürgerschaft, daß der Kurfürst durch den schon 1685 vorgeschlagenen Bau von neuen Kasernen die Last der Einquartierungen, die bis dahin immer noch von den Bürgern getragen wurde, auf sich nahm.

Trotz aller Privilegien und Erleichterungen wurde nur wenig aus diesen weitgesteckten Plänen. Schuld an dieser unbefriedigenden Entwicklung trugen eher die kurfürstlichen Fehleinschätzungen der städtischen Finanzkraft als die Auswirkungen des Spanischen Erbfolgekriegs, denn die kurpfälzische Landesfestung Düsseldorf war während der französischen Okkupation von Kaiserswerth und Neuß nur vorübergehend ernsthaft gefährdet.

Nachdem die Verhandlungen zwischen Johann Wilhelm und Josef Klemens über den Bestand des auf kurkölnischem Gebiet widerrechtlich errichteten Fort Düsselburg gescheitert waren, bezogen im Frühjahr 1702 die Truppen Ludwigs XIV., mit dem sich Josef Klemens verbündet hatte, auf der linken Rheinseite, Düsseldorf gegenüber, eine günstige Stellung, von der aus der Angriff auf das Fort und die Stadt eröffnet werden konnte. In dieser günstigen Position stehend, forderten die Franzosen die Schleifung des Forts und die Übergabe der strategisch wichtigen Schiffsbrücke. Obwohl Johann Wilhelm diese Bedingungen ablehnte,[46] ist es nicht zu dem befürchteten Bombardement gekommen. Für die Bezwingung der modernisierten Festung wäre eine regelrechte Belagerung erforderlich gewesen, die den französischen Feldherrn Tallard aber von seinen Vormarschzielen nur abgehalten hätte.

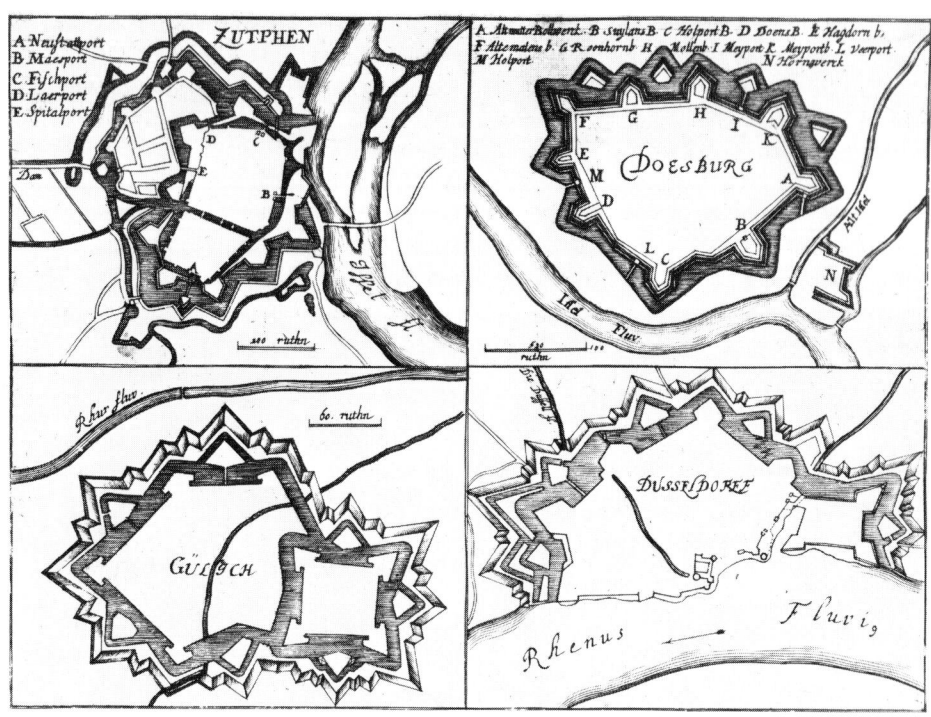

12 Düsseldorf vor der Erweiterung, um 1695. Größenvergleich mit anderen Festungen

So blieb Düsseldorf eine Feuerprobe erspart, während das feindliche Kaiserswerth von den Alliierten nahezu völlig zerstört wurde. Wenn in diesen unruhigen Zeiten der Bevölkerung auch das Vertrauen fehlte, sich außerhalb der alten Festungswerke in der Neustadt anzusiedeln, so war der eigentliche Grund für die mangelnde Bereitschaft, von den Privilegien der Neuansiedlung Gebrauch zu machen, die Tatsache, daß der Kurfürst von falschen Voraussetzungen ausgegangen war. Er hatte geglaubt, daß es nicht schwer sei, zahlreiche vermögende Neuansiedler nach Düsseldorf zu locken, ohne die Finanzkraft der Stadt zu festigen und zu steigern.

Durch seine rigorosen Geldforderungen erreichte der Kurfürst geradezu das Gegenteil, denn das Verhältnis zu den überforderten Ständen wurde immer gespannter. Um neuen Schwierigkeiten aus dem Wege zu gehen, schaltete der unumschränkte Herrscher 1703 die Landstände sogar völlig aus, indem er seine willkürlichen und überzogenen Steuerforderungen „Kraft fürstlicher Macht und Autorität" ausschreiben ließ. Vier Fünftel der Landeseinnahmen flossen in die Kasse des Geheimen Kriegskommissariats, ohne daß die Landstände ein Kontrollrecht über die Ausgaben gehabt hätten. Kein Wunder, daß der verschwenderische Luxus am Düsseldorfer Hof den größten Teil dieses Geldes verschlang, während nur ein Bruchteil davon dem Festungsbau und der Deckung der Kriegskosten zugute kam.

Auch das städtische Finanzwesen geriet völlig in Unordnung. Der durch den Hofstaat bedingte Bevölkerungszuwachs brachte eine wachsende Bodenspekulation mit

Eigentlicher Abriß und Vorstellung, der nach langer Belagerung endlich erfolgten Übergab

Kaÿserswerth/

Wie dieselbe den 17. Junij 1702. mit stürmender Hand erobert werden sollen/ Endlich aber von denen Frantzosen übergeben worden.

13 Belagerung von Kaiserswerth, 1702. Kupferstich

14 Medaille zur Stadterweiterung, 1709. Im Hintergrund ist die Circumvallationsmauer der Neustadt erkennbar

sich. Die Hausbesitzer nutzten die günstige Gelegenheit, die Mieten ständig zu erhöhen. Um Herr der immensen Preissteigerungen zu werden, erließ der Kurfürst 1706 die „Düsseldorffische Polizey- und Tax-Ordnung", die alle Bereiche des öffentlichen Lebens bis zu den Handwerkerlöhnen und den Preisen für das Baumaterial betraf (Kap. VII, 2). Die finanzielle Misere konnte aber durch diesen Preisstopp nicht mehr verringert werden, denn wegen der Einführung der „Consumptions- und Nahrungssteuer", einer Handels- und Verbrauchssteuer, wanderten zahlreiche Kaufleute in die Nachbarstädte ab.

Diese Abwanderung ließ sich auch durch das in der Erneuerung des Freiheitspatents für die Extension von 1709 enthaltene Versprechen, das kurfürstliche Schloß in die Neustadt zu verlegen und die Errichtung einer Circumvallationsmauer nicht mehr aufhalten (Abb. 15).[47] Die Begünstigung der Neuansiedler durch eine dreißigjährige Steuerfreiheit wirkte sich für die städtischen Finanzen sogar als Nachteil aus; denn indem Johann Wilhelm in großzügiger Weise die Neubürger von Grundsteuern befreite, nahm er gleichzeitig der Stadtverwaltung auf lange Zeit alle Einnahmen aus den Grundstücken. Dieser Verlust war um so gravierender, als die Wirtschaftskraft der Stadt durch die finanziellen Belastungen, die die beiden Reichskriege zwangsläufig mit sich gebracht hatten, ohnehin schon bedeutend geschwächt war.

Zwar machten diese Forderungen im Vergleich zu den immensen Ausgaben für die Hofhaltung nur einen geringen Betrag aus; da die Pfalz aber durch die Folgen der französischen Reunionskriege als Steuerträger ausfiel, brachte Johann Wilhelm das Land durch seine rücksichtslosen Ausgaben an den Rand des finanziellen Ruins. Die Zerrüttung des Finanzwesens war 1709 soweit fortgeschritten, daß außenpolitische Erfolge, wie der Gewinn der bayrischen Kurwürde[48] und die Erweiterung des Landbesitzes durch die Oberpfalz sowie die Grafschaft Cham, nicht über die Finanzmisere hinwegtäuschen konnten.

Wenn auch der Geist der barocken Großzügigkeit bis heute deutliche Spuren im Stadtbild hinterlassen hat, so war es dem absolutistischen Herrscher doch nicht ge-

42

 **Von Gottes Gnaden Wir Johann Wilhelm Pfaltz-Graff bey Rhein / des Heyligen Röm. Reichs Ertz-Truckses und Churfürst / in Bäyeren / zu Gülich Cleve und Berg Hertzog / Fürst zu Mörs / Graff zu Veldentz / Sponheimb / der Marck / Ravenßperg / Herr zu Ravenstein. ec. ec.**

Thun kund hiemit Jedermänniglich. Nachdem Wir hie[…] vorm Jahr 1699. in sonderbarer Erwegung (welcher gestalt Unsere hiesige Fürstenstadt und Landen zu Vermehrung der Comm[…]en Handelschafften und Gewerbs / auch Einführung allerhand Manufacturen absonderlich / wohlgelegen / dardurch auch in mehreres Auffnehmen [… und Danstand] gebracht werden könten / Unsere absichtige Residentz-Statt Düsseldorff / welche der Situation halber / zu denen Commercien und Man[…]uren sonderbahr bequem in ihrem Umbkreis umb ein mercklliches extendiren und vergrössern zu lassen gnädigst entschlossen / auch damahlen hierzu mit Anh[…] der äusseren Graben / und Werckeren / albereits ein zimblicher Anfang gemacht worden / daß gantze Werck aber / wegen der gleich darauff in hiesiger Gegent [… Nachbahrschafft sich empörter schwerer] Kriegs-Flammen nicht beförd[…] Standt gebracht werden mögen; immittels jedoch es damit dahin gediehen [… reits in solcher Extension einige Häuser] angebauet / auch verschiedenen an[…] deren / welche bey nechstkünfftiger Sommers-Zeit darinnen einige Häuser [… deren vorhaben / die erforderte Bauplätzen] […] Wir auch nach numehro durch die von Gott dem Allerhöchsten besonders […] [… Unserer Hohen Alliirten Sieghaffte Waffen] von hiesiger Gegent […] entfernten Kriegs-Troubelen in diesem frühe Jahr / überwehnte in der Exec[…] [… anzulegte äussere Wercker und Graben] mit einer Mauren umbgeben / […] thigen Pforten versehen zu lassen / mithin Unsere äigene Residentz und Wohn[… solche Extension zu transferiren / und des […] zu einem […] Bau der Nothurfft ehistens zu veranstalten gnädigst resolvirt haben : daß [… nunmehro die ehedessen denen jenigen / welche zu schleunigster Bewürckung die] […] Unserer beystandsamer Intention auff die in berührter Extension bestehende […] [… Häuser und Wohnungen bauwen / gnädigst zugeordnete] […] gien / Exemptionen / Immuniteten / Freyheiten und Gnaden anhero gna[…] [… wiederhohlen / und hiebey zu Jedermans Wissenschafft] folgender massen bekan[…] machen wollen.

Und zwaren erstlich / werden denen jenigen / welche besagter massen dahin zu […] [… haben / und sich inner Zeit von einem Jahr und 6.] Wochen à dato dieses bey[…] hiesigem unserm Policey und Commercien Rhat / hierumb angeben werden [… nöthige Plätze und Wohlstätte / auch zu Backung der Siegelstein nöthiges] Terrain allerdings unentgeldlich anzuweisen und eingeraumbt werden.

Demnechst und vors Zweyte / thun Wir gnädigst erklären / nicht allein solche Ma[… ersehung und Anstalt verfügen zu lassen / damit die zu dem bauen benöthigte Mate-] rialien ahn Steinen / Kalck / Holtz und a[…]weren in einer billig und leidentlic[…] [… -erbwegschafft / auch ihnen daß Burger-Recht ohne die geringste Erstattung eines] Entgelt allsofort verliehen werden sollen.

Sondern auch vors Dritte / sothane anderwertig herbringende Materialien und [… Nothwendigkeiten ahn allen unseren Land- und Wasser-Zöllen gegen jedermän-] lige Verzeignug der von unsertwegen ihnen ohne Entgelt zu ertheilen / gnädigst v[… eten Bescheinigungen / gänzlich frey passiren zu lassen.] Uber daß solche vierten / […] erbawende Häuser und Wohnungen mit Abmessung des Places drey Jahr bey Verlust der hierin enthaltener Freyheite[… Appertinentien / nach vollendter derselben Erbauung (worzu von Zeit der] ren / Schätzungen Contributionen / Collecten / Gewinn und Gewerb-Bil […werden) noch ferner dreissig nacheinander folgende Jahr von allen Steuer-] die Nahmen haben mögen (wornutzer jedoch die von Uns bloßhin zu Beh[…] u Burgerlichen Wachten / in Summa allen real und personal Lasten / wie] Speesen und Aufgaben vor einigen Jahren eingeführte leidentliche Con[… diesen schweren Kriegs-Zeiten unvermeidlich erforderten extraordinari]en Studente wollen Wir fun s Fünffte / die in obstehenden 4. Articul begriff[… lag nicht mit begriffen] / durchauß befreyt seyn. oder mehrere Jahr nach befindenden Dingen / gnädigst extendiren / und [… -unitet und Exemption nach Außgang der dreissig Jahren noch ferner auff 10.] Freyheiten ruhiglich geniessen lassen / und dabey in alle Weg kräfftiglich sch[… in so wohl als andere alle der hieroben unterschiedlich exprimirten Gnaden und] Sohaben Wir auch Sechstens vor die Handelsleuth ahn statt deß in[…] […] cey und Commercien Rhat / hiemit welche unter ihnen entstehende Irrungen [… vorigen gnädigsten Edicto vermeldten besonderen Kauffmans-Gericht einen poli-] denen zu Beförderung der Kauffmanschafft und Manufacturen beschieden[… -ano mit abschneidung aller Weitlaufftigkeit und Appellation abzuthuen / auch] hierbey bereits bestellet und verordnet. [… praticabler Vorschlag allen immermöglichen Vorschub zuleisten befehlt ist]
Zu dessen Urkund haben Wir gegenwertige Unsere weitere gnädigste Declaration mit äigener Handt Unterschrifft und auffgetruckten Churfürstlichen Secret Insiegel bekräfftiget / und selbige mittels abermahliger offener Druck und Anschlagung männiglich zu nachrichtlichem Verhalt bekandt zu machen / befohlen. Düsseldorff den 4ten Martii 1709.

Johann Wilhelm Churfürst.

Ut Freyherr von Loe.

15 Freiheitspatent des Kurfürsten Johann Wilhelm zur Stadterweiterung, 1709

lungen, den Gegensatz zwischen dem glänzenden Hof und den bescheidenen städtischen Verhältnissen zu überbrücken. Als Johann Wilhelm 1716 starb, blieben viele Bauten und die angefangenen Festungswerke der Neustadt unvollendet liegen, weil der neue Kurfürst, Karl Philipp, nur wenig Interesse an seinen rheinischen Besitzungen zeigte. Er residierte 1717 in Neuburg, 1718 in Heidelberg und verlegte 1720 seine Residenz nach Schwetzingen und dann nach Mannheim.

Nach der Auflösung des Hofstaats wurden ganze Wirtschaftszweige arbeitslos. Die Bevölkerung der Stadt erlitt durch den Abzug zahlreicher Künstler, Kunsthandwerker und Beamten eine empfindliche Einbuße an zahlungskräftigen Einwohnern. Viele Schulden des Kurfürsten blieben unbeglichen. Die Einkommen und Mieteinnahmen verringerten sich. Die „Paläste der Neustadt" wurden von Tagelöhnern bewohnt. Einige Häuser standen sogar leer und zahlreiche Bauplätze der Neustadt wurden wieder in Gärten umgewandelt.

1720 erreichten die Stadtrenteieinnahmen ganze 5.755 Reichstaler. Ein Teil der Steuern von 1715 stand 1726 noch aus.[49] Der neuangelegte, etwa 250 Morgen einschließende Befestigungsring konnte nicht, wie vorgesehen, zu Ende geführt werden. Er wurde um vier Fünftel reduziert und blieb nur auf das Gebiet um die Extensionskasernen beschränkt. Das auf Kölner Territorium errichtete Fort Düsselburg mußte auf Drängen Kurkölns 1720/21 endgültig geschleift werden.

Dem Namen nach blieb Düsseldorf zwar Haupt- und Residenzstadt. In Wirklichkeit aber wurde die einstige Hauptstadt zu einer Provinzstadt degradiert, in der nur die Garnison und einige Behörden blieben. Zur Beaufsichtigung der Verwaltung setzte Karl Philipp kurzerhand einen Stadtdirektor ein, der gleichzeitig fürstlicher Polizeichef war und den Vorsitz in allen Ratssitzungen führte, so daß eine selbständige Kommunalpolitik praktisch unmöglich war. Einen größeren Tiefstand konnte die Selbstverwaltung, deren Ämter praktisch ohnehin zu vererblichen Lebensstellungen geworden waren, nicht erreichen.

Durch den Tod der Tochter Karl Philipps, Elisabeth Augusta, rückte Jülich-Berg infolge der offenen Frage der Erbfolge wieder in das außenpolitische Interesse. Kaiser Karl VI. sicherte Preußen aufgrund der Ansprüche von 1609 in einem Geheimvertrag den Besitz von Berg und Ravensberg nach dem Ableben des Pfalzgrafen zu. Frankreich wiederum sah sich veranlaßt, dem Hause Pfalz-Sulzbach 1729 den Besitz von Jülich-Berg zu garantieren. Preußischerseits war man fest entschlossen, die Erbansprüche mit allen Mitteln durchzusetzen. Im Dienste seines Königs war der preußische Ingenieurmajor Enbers zwischen 1733 und 1737 mehrfach in Düsseldorf, um eine Aufnahme von der Festung und den dortigen Verschanzungen anzufertigen (Taf. IX).[50] Der Direktor aller preußischen Festungen, Gerhard Cornelius Walrave, fertigte sogar eigenhändig einen Entwurf zur Belagerung der Festung Düsseldorf an (Abb. 67).[51]

Die Verhandlungen über die jülich-bergische Nachfolge zogen sich aber noch bis in den Österreichischen Erbfolgekrieg (1740 – 1748) hin, so daß zahlreiche Truppen aus den Stammländern nach Düsseldorf verlegt und die 1732 an der Befestigung im Osten der Stadt und an der Extension wieder aufgenommenen Arbeiten intensiv weiterbetrieben wurden.

Durch die Verstärkung der Garnison wurde Düsseldorf mit neuem Leben erfüllt. Die pfälzische Erbfolgefrage spitzte sich 1739 zu, als der Kaiser der französischen Garantieerklärung beitrat. Erst als Preußen nach dem Tod Kaiser Karls VI. im Österreichischen Erbfolgekrieg seine ganze Aufmerksamkeit auf die Erwerbung Schlesiens richtete, verzichtete Friedrich II. 1742 endgültig auf seine Ansprüche an Jülich-Berg. Für den Festungsbau hatte man inzwischen über 380.000 Reichstaler ausgegeben.

Als Karl Theodor 1742 die Regierung übernahm, stiegen in der Bevölkerung wieder die Hoffnungen auf eine Rückkehr des Hofes und der Hauptverwaltung in die ehemalige Residenz; denn der neue Herrscher zeigte großes Interesse an seinen niederrheinischen Besitzungen. Die Stände bewilligten daher die erforderlichen Gelder für die Renovierung des Düsseldorfer Schlosses und der fürstlichen Gebäude.

Weniger erfreulich war die Einlagerung französischer Truppen (1743 – 1745), die im Österreichischen Erbfolgekrieg den Niederrhein sichern sollten. Als mit dem Frieden von Dresden 1745 die Truppendurchmärsche durch das Herzogtum Berg aufgehört hatten, konnte die Ankunft des Kurfürsten vorbereitet werden. Bereits 1739 hatte man das Haus des bergischen Kanzlers am Markt abgerissen. 1746 wurde auf dem nördlichen Teil dieses Grundstücks das neue Komödienhaus erbaut, das 130 Jahre als Theater diente.[52] Das Schloß wurde seit 1743 grundlegend durch Hofbaumeister Johann Heinrich Nosthoffen renoviert und der Marstall in der Mühlenstraße unter der Oberleitung von Pigage umgebaut. Die Staatsbehörden und der Düsseldorfer Magistrat, der sich bei Geistlichen und Weltlichen die nötigen Gelder entleihen mußte, hatten keine Kosten gescheut, die Stadt für den Empfang des Kurfürsten am 25. Oktober 1746 festlich zu schmücken und zu illuminieren. Um so bitterer war die Enttäuschung, als das Fürstenpaar kurz danach mit dem gesamten Hofstaat Düsseldorf wieder verließ.

Zurück blieben die vielen unbeglichenen Rechnungen für den Empfang, der an die 20.000 Reichstaler gekostet hatte. Die Ausgaben überstiegen bei weitem die städtischen Jahreseinnahmen, die auf höchstens 13.000 Reichstaler beziffert werden. Bei 9.098 Einwohnern mit einem Anteil von 2.000 Erwerbstätigen im Jahre 1746[53] heißt das, daß auf jeden erwerbstätigen Bürger 10 Reichstaler oder 9 % des Durchschnittsjahresverdienstes als zusätzliche Kosten für den Fürstenaufenthalt entfielen. Zum Glück stimmten die Stände dem Gesuch der Stadtdeputierten zu, einen großen Teil der Unkosten auf das Land zu repartieren, so daß die Düsseldorfer Bürger nicht allein die Schuldenlast für den groß angelegten Empfang zu tragen hatten; sie waren ohnehin durch die finanziellen und materiellen Beiträge zum Festungsbau stark in Anspruch genommen.

Der niedrige soziale Stand der Düsseldorfer Bürgerschaft läßt sich leicht an dem schlechten Zustand der Bauten ablesen. In den hundert Jahren seit 1646 war die Anzahl der Häuser zwar genau um das Doppelte gestiegen, so daß die Belegungsdichte, da die Garnison in den Kasernen untergebracht war, sich von zehn auf sieben Einwohner pro Haus verringert hatte. Von den 1.285 Häusern wurden 1746 aber nur 148 als gut, 197 als mittel, 308 als schlecht und 632 als sehr schlecht bewertet.[53]

Die Situation in Düsseldorf verbesserte sich erst nach dem zweiten Besuch des Kurfürsten, 1755. Die engen Verhältnisse in der Stadt und das inständige Drängen der Kaufmannschaft, bessere Ausdehnungsmöglichkeiten zu schaffen, waren der Anlaß, daß Karl Theodor sich Vorschläge unterbreiten ließ, die Neustadt mit einer starken Mauer zu umgeben, das Gelände der Extensionskaserne zur Zitadelle umzufunktionieren und einen Teil der südlichen Festungswerke zu zerstören, um eine bessere Verbindung zwischen Altstadt und Extension herstellen zu können.[53] Karl Theodor, zu dessen Ehren das Ratinger Tor mit neuem Dekor versehen worden war, beschäftigte sich auch mit eigenen Bauvorhaben. Er ließ durch Johann Joseph Couven aus Aachen den Neuen Jägerhof erbauen, erteilte seinem Oberbaudirektor, Nicolas de Pigage, den Auftrag zum Bau des neuen Benrather Schlosses und berief den Maler Lambert Krahe als „Galerieinspektor" nach Düsseldorf.

Die Hoffnungen auf eine Besserung der sozialen Verhältnisse schwanden aber bald, als bei Ausbruch des Siebenjährigen Krieges (1756 – 1763) die fürstlichen Bauvorhaben ins Stocken gerieten und das Schwergewicht sich auf die Fortifikationsbauten verlegte. Infolge der politischen Bündnisse konzentrierte sich das militärische Interesse am Niederrhein schon zu Anfang des Krieges auf Düsseldorf. Da Friedrich II., der sich mit England, Hannover, Hessen und Braunschweig verbündet hatte, als Her-

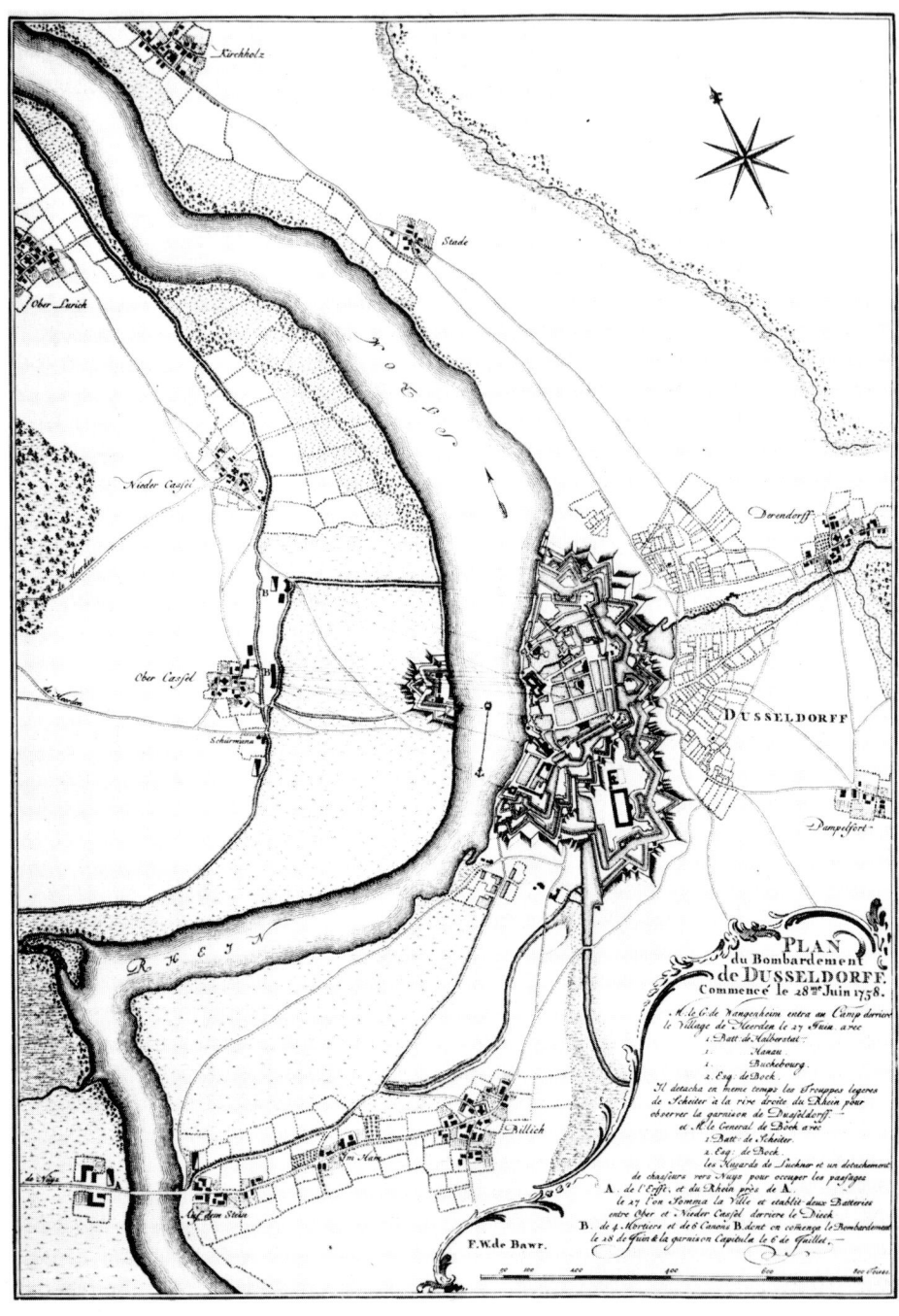

16 „Plan du Bombardement de Dusseldorff", 28. Juni 1758. Kupferstich von F. W. Bauer

zog von Kleve unmittelbarer Nachbar Bergs war, und die Franzosen, die mit Kurpfalz auf der Seite Österreichs gegen Preußen standen, den Niederrhein als Aufmarschgebiet benutzten, war die Festung für die Einquartierung der pfälzischen und französischen Truppen prädestiniert.

Die wirtschaftlich ohnehin geschwächte Stadt erlebte zum erstenmal in ihrer Geschichte eine ernsthafte militärische Bedrohung, als die Hannoveraner nach der Eroberung von Kaiserswerth und der unglücklichen Schlacht von Krefeld im Juni 1758 in Neuß standen. Damit war für den Feind die Möglichkeit gegeben, das seit 1726 an der Landseite neu befestigte, an der Rheinseite aber infolge der Schleifung der Rheinschanze ungedeckte Düsseldorf an seiner schwächsten Seite anzugreifen. In der Festung lagen vier französische und acht kurpfälzische Bataillone mit einer Gesamtstärke von etwa 6.000 Mann.[54] Die Besatzung war im Verhältnis zur gesamten Zivilbevölkerung von 10.000 bis 11.000 Einwohnern relativ stark. Trotzdem gelang es den Hannoveranern, Düsseldorf am 28. Juni vom Rhein her zu bombardieren (Abb. 16).

Am 7. Juli folgte die Kapitulation. Die Pfälzer und Franzosen mußten die Stadt, in die nun die feindlichen Hannoveraner mit zwei Bataillonen einrückten, verlassen. Der neue Kommandant, General von Hardenberg, forderte von den Bürgern eine Kontribution von 150.000 Reichstalern, wovon aber nur 6.770 unter Anwendung von Gewalt beschafft werden konnten. Das Bombardement hatte den Einwohnern ohnehin schon starke materielle Verluste zugefügt. 144 Häuser waren beschädigt worden. Bei einem Sechstel davon belief sich die Schadenssumme auf über 300 Reichstaler. Den Gesamtschaden bezifferte der kurfürstliche Oberbaudirektor Nicolas de Pigage auf 22.345 Reichstaler.[55] Das entsprach der Summe, die für den Empfang Karl Theodors 1746 aufgebracht werden mußte. Besonders hart getroffen waren die dem Flußufer gegenüberliegenden Häuser an der Krämer-, Ritter- und Ratinger Straße, die Lambertuskirche, das Karmelitessenkloster und die Klosteranlagen der Kreuzherren. Von den etwa 80 Häusern in diesem Bereich belief sich bei 25 Häusern der Schaden auf über 300 Reichstaler.

Die Bürgerschaft wurde entwaffnet, spürte aber durch die Einlagerung von 2.000 statt bisher 6.000 Soldaten eine Befreiung von der übermäßigen Einquartierungslast. Infolge der veränderten Kriegssituation wurde die Lage der Hannoveraner in der Stadt immer unhaltbarer. Nach 33 Tagen mußten sie Düsseldorf vor den zurückkehrenden Franzosen wieder räumen.

Die Schwäche der Festung Düsseldorf war in diesen Kriegswirren offen zutage getreten. Die Franzosen, die aufgrund der 1757 erneuerten Garantievereinbarung bis zum Hubertusburger Frieden, 1763, die unumschränkten Herren in der Stadt blieben, verbesserten die Werke und sicherten den Linksrheinischen Brückenkopf durch den Bau eines Retranchements. Erst nach dem Abzug der französischen Besatzung konnte sich die bergische Hauptstadt wieder ganz ihren inneren Aufgaben zuwenden.

Durch den Krieg hatten die wirtschaftlichen Verhältnisse in der Stadt einen Tiefstand erreicht. Einige Manufakturen waren eingegangen. In der großen Politik spielte Düsseldorf keine Rolle mehr. Da sich der Häuserbestand bei gleichzeitiger Nutzungseinschränkung infolge des Bombardements von 1758 kaum verändert hatte, die Einwohnerzahl aber beträchtlich gestiegen war, herrschte in der Stadt, in der bis zu zwanzig Familien in einem Haus untergebracht waren, eine unvorstellbare Wohnungsnot, die den Statthalter, Graf von Goltstein, veranlaßte, das 1755 vorgetragene Projekt zur Stadterweiterung wieder aufzugreifen und die Freigabe der Extension zur Bebauung zu fordern.[56] Während dieses Projekt nach zähem Ringen mit den Militärs in Angriff genommen wurde, schwanden die Aussichten Düsseldorfs, wieder Residenzstadt zu werden, völlig dahin, als Karl Theodor, nachdem er 1777 das Kurfürstentum Bayern geerbt hatte, seine Residenz von Mannheim nach München verlegte. Dem Verhandlungsgeschick und der systematischen Arbeitsweise des sachkundigen und tüchtigen Statthalters Graf von Goltstein verdankt es die Stadt aber, daß sie sich in der dreißig Jahre andauernden Friedensepoche dennoch einer Verbesserung der sozialen Verhältnisse erfreuen konnte.

Mit dem Namen des Grafen Johann Ludwig Franz von Goltstein ist der Ruf Düsseldorfs als Gartenstadt eng verbunden. Die Anlage der älteren Teile des Hofgartens mit der von Pigage geschaffenen Reitallee ist im wesentlichen seiner Initiative zu verdanken. Zwar hatten die zahlreichen öffentlichen Baumaßnahmen ihren Ursprung in fürstlicher Prunkliebe und absolutistischem Schönheitssinn. Von Goltstein waren sie in erster Linie aber ein willkommener Anlaß zur Arbeitsbeschaffung für die zahlreichen, durch den Krieg arbeitslos gewordenen Bürger. Etwa 700 Mann erhielten durch das Planieren und Bepflanzen der ausgeziegelten Gärten und unbebauten Grundstücke für längere Zeit Beschäftigung. Bei den etwa 2.800 Erwerbstätigen der damaligen Einwohnerschaft war dies ein relativ hoher Prozentsatz, denn jede vierte Familie bezog ihren Unterhalt aus diesem Arbeitslosenprogramm.

Der im Geist der Aufklärung erzogene Goltstein dachte über das Höfische weit hinaus. Er machte den Park des Schlosses Jägerhof für die Öffentlichkeit zugänglich. Aber nicht nur in sozialpolitischen, sondern auch in wirtschaftsökonomischen Dingen war der Statthalter seiner Zeit voraus. Er erkannte rechtzeitig die Abhängigkeit der Belebung der Wirtschaft von der Verbesserung des Verkehrswesens. Daraus folgten seine Bemühungen für den Bau von Landstraßen und für eine Verbesserung des Rheinufers. Als Graf von Goltstein 1776 starb, führten die ihm anvertrauten Beamten sein geistiges Erbe weiter, auch ohne daß der Kurfürst sofort einen neuen Statthalter einsetze. Der friedliche Aufbau erlitt allerdings durch die Hochwasserkatastrophe von 1784 einen empfindlichen Rückschlag.

Dem Mäzenatentum Karl Theodors verdankt die Stadt vor allem ihre Bibliothek, die Gründung der Kunstakademie, 1773, und die Einrichtung der Juristenschule. Der letzte Besuch des Kurfürsten, 1785, gab endgültig den Anlaß, die schon seit einiger Zeit bestehenden Stadterweiterungspläne fortzuführen. Weniger zur Freude der Stadtverwaltung als zur Unterstützung der Regierungsabsichten setzte Karl Theodor 1786 einen Polizei- und Akzisekommissar ein, der 1787 den Ausbau der Karlstadt betreuen sollte. Nach langen Streitigkeiten mit der Stadt- und Militärverwaltung wurde die bisherige Berger Front der Festung bis zur Zitadelle geschleift, so daß auf dem eingeebneten Terrain die neuen Bauquadrate unter Zugrundelegung des von Regnier überarbeiteten Plans von Euler abgesteckt werden konnten. Zur Anregung der Baulust wurden die Bauplätze für einen Reichstaler pro Quadratrute (1 Quadratrute = ca. 21,4 Quadratmeter) vergeben und den Anbauenden zwanzigjährige Steuerfreiheit zugesichert. In kürzester Frist fanden sich viele Bauinteressenten, so daß das neue Stadtviertel 1791 schon 86 Häuser und 541 Einwohner zählte.

48

17 Stadtbrand nach Beschießung durch die Franzosen am 6. 10. 1794. Gouache, unsigniert

Damit war der erste Schritt zur Schaffung einer modernen Stadt getan. Das aufstre-
bende freie Bürgertum entwickelte ein eigenes geistiges Leben, das von den alt eingesessenen Familien und vor allem von den mit Voltaire und Goethe in Verbindung stehenden Gebrüdern Jacobi und deren Freundeskreis getragen wurde. Auch das Wirtschaftsleben blühte kurz auf. Ehe es aber zur Entfaltung kam, traten Ereignisse ein,
die für die weitere Entwicklung der Stadt von größter Bedeutung waren. Zu ungünstig war die Lage Düsseldorfs an der Reichsgrenze zu Frankreich. Die Konzentration
der Verwaltung in dem fernab gelegenen Bayern zeigte ihre unübersehbaren Schwächen besonders während des französischen Revolutionskrieges (seit 1792).
Französische Emigranten, auf der Flucht vor den Revolutionsheeren, überfluteten die
Stadt. Im Dezember 1792 wurden über 500 französische Familien in Düsseldorf ge-
zählt. als die republikanischen Militärs immer näher rückten, setzen die im niederländischen Feldzug von den Revolutionstruppen geschlagenen Österreicher unter
Feldmarschall Graf Karl Joseph Clerfait den Rückzug bis hinter die Rur fort und
überschritten Anfang Oktober den Rhein. Generalmajor Freiherr Wilhelm von Kerpen
suchte mit 3.000 Soldaten in Düsseldorf Schutz. Da die Festung auch die Pfälzer und
die Garnison von Jülich übernehmen mußte, war es in der Stadt wieder sehr eng und
unruhig. Im Oktober 1794 lagen nahezu 5.700 Mann Besatzung in der Festung. Mili-

49

tärisch einsatzbereit und ernsthafte Feinde der Franzosen waren aber nur die 3.000 Österreicher.[57] Nach älteren Verteidigungsplänen sollte Düsseldorf dem österreichischen Heer den letzten Rückhalt geben.

Die Schwächen der Festung, deren Innere Werke beim Bau der Karlstadt geschleift worden waren, zeigten sich immer deutlicher. Am ehesten verwundbar war die Rheinfront, die auf die Reichweite der neuen Geschütze noch nicht eingerichtet war. Aus Angst vor einer Bedrohung hatte man die wichtigsten Zeughausbestände, die Archive und die berühmte Gemäldesammlung bereits evakuiert. Als die französische Maas-Sambre-Armee unter General Jourdan 1794 die Stadt bedrohte, hielt sich der Provinzialkommandant, Generalmajor de la Motte, streng an die Befehle des Hofkriegsrats in München. Er war den Franzosen gegenüber nicht zu einer entschlossenen Haltung zu bewegen. Eine militärische Provokation der Österreicher am 6. Oktober beantworteten die Franzosen , die sich in den Trümmern des ehemaligen Fort Düsselburg eingerichtet hatten, mit einer furchtbaren Beschießung. Das Schloß, das Coelestinerinnenkloster in der Ratinger Straße, der Marstall an der Mühlenstraße und zahlreiche Bürgerhäuser gingen in Flammen auf. Düsseldorf hatte auch seine zweite Probe als Festung nicht bestanden (Abb. 17).

Die kurzpfälzische Garnison unter General de la Motte verließ bei der Bombardierung fluchtartig die Stadt, so daß nur noch die Österreicher ihre Stellungen hielten. Die Regierung wurde kurzzeitig nach Elberfeld evakuiert. Mit ihr verließen zahlreiche Bürger Düsseldorf. Die verbliebenen Einwohner hatten schwer unter der Winterkälte zu leiden. Zu allem Unglück wurde die Stadt im Frühjahr 1795 von einer großen Überschwemmung heimgesucht. Dabei kamen große Teile der Festungswerke zu Schaden.

Erst ein Jahr nach dem Bombardement, in der Nacht des 5. September 1795, ereignete sich der längst erwartete und wohlvorbereitete Rheinübergang der siegreichen Franzosen bei Uerdingen am Eichelskamp. Ein kleines Truppenkontingent setzte bei Hamm über und nahm Besitz von der bergischen Hauptstadt. Seitdem lagen Revolutionstruppen als Besatzung in der Festung. Die einstigen Bundesgenossen von 1758 traten nun als Herren auf. Artikel acht der Kapitulation stellte zwar die Einwohner der Stadt und deren Eigentum unter den Schutz der französischen Republik. Trotzdem führte die Not der französischen Truppen zu manchen Ausschreitungen. Zu den unaufhörlichen Proviant- und Furageforderungen kamen bald hohe Kontributionen. Von den 800.000 Livres, die im September für das Herzogtum Berg verlangt wurden, entfielen 18.000 Livres auf Düsseldorf. Die bis 1800 andauernden Forderungen stiegen ins Unermeßliche, obwohl immer wieder Nachlässe gewährt wurden. Im Oktober 1795 verlangten die Franzosen drei Millionen Livres. Die Stadt und ihre nähere Umgebung wurde mit einem Teil des Geldes zu einem militärischen Stützpunkt ausgebaut. Dadurch wurden vor allem die Außenbürgerschaften stark betroffen. Bei der Anlage zahlreicher Schanzen wurden Häuser und Höfe abgebrochen, Wälder abgeholzt, Spann- und Schüppendienste erzwungen. Der Hofgarten, der Stolz der Düsseldorfer Bürger, war verwüstet, das Hofgärtnerhaus gesprengt. 62 Schanzen und Batteriestellungen für 268 Geschütze sollen von den Franzosen errichtet worden sein. Die Beiträge für die Verbesserung der Befestigungsanlagen und die Last der Einquartierungen waren für Düsseldorf besonders belastend, weil das Jülicher Land nicht nur für die Versorgung ausfiel, sondern auch der Landesverwaltung die Einkünfte aus dem Herzogtum fehlten. Aber es sollte noch schlimmer kommen. Am 16. Februar 1799 starb Kurfürst Karl Theodor in München. Sein Nachfolger, Kurfürst Maximilian Joseph aus dem Hause Pfalz-Zweibrücken, überließ die Verwaltung der vor ihm als Nebenland angesehenen, weitab von seiner Münchener Residenz gelegenen Herzogtümer Jülich und Berg seinem Schwager, dem Herzog Wilhelm in Bayern, aus dem Hause Birkenfeld, welcher mit seiner Familie im Schloß Benrath residierte.

6. Die entfestigte Stadt bis zur Übernahme durch Preußen[58]

Der 1801 abgeschlossene Vertrag von Lunéville garantierte wieder Sicherheit und Ordnung am Niederrhein. Die linksrheinischen Gebiete waren verloren, das Herzogtum Berg blieb Teil des Kurstaates Bayern. Die Festung Düsseldorf, die den Franzosen als Waffenlager gedient hatte, mußte allerdings vor deren Rückzug geschleift werden. Mit einem Aufgebot von über 5.000 Bauern wurden die Arbeiten auf beiden Rheinseiten auf Kosten des Landes durchgeführt. Die Franzosen verließen am 31. Mai 1801 die Stadt, nachdem die Hauptwerke der Festung und die Außenschanzen zerstört waren.

Damit war das verarmte Düsseldorf zwar von Kriegsrecht befreit; es sollte aber noch einige Zeit dauern, bis die bergische Hauptstadt von ihrem wechselvollen Schicksal durch den Anschluß an Preußen befreit wurde.

Unter der Apaginalregierung des Herzogs Wilhelm in Bayern (1752 – 1837) wurden noch vor dem Ende der bayrischen Herrschaft am Niederrhein die wichtigsten Umgestaltungen des Festungsgeländes eingeleitet. 1804 war die Königsallee angelegt und der Grundplan für den Hofgarten fertiggestellt.

Nach dem großen Sieg bei Austerlitz wollte Napoleon einen Pufferstaat zwischen Frankreich und Preußen schaffen. Gegen den Erhalt der bayrischen Königswürde trat Maximilian Joseph am 28. September 1805 sein Besitztum an Niederrhein mit allen Rechten an Napoleon ab. Preußen, das im Vertrag von Basel 1795 die linksrheinischen klevischen Gebiete an Frankreich abgegeben hatte, mußte nun auch auf seine rechtsrheinischen Landesteile verzichten. Aus diesen Gebieten, dem Herzogtum Berg und anderen kleineren Territorien bildete Napoleon das Großherzogtum Berg (Abb. 18).

Im Zuge der französischen Rheinbefestigung hätte General Marescot zwischen Bonn und Wesel am liebsten Düsseldorf wegen seiner Lage auf dem rechten Rheinufer 1807 als Intermediärfestigung gewählt. Da die Festungsanlagen aber bereits geschleift waren, kam nur noch der Ausbau der linksrheinisch gelegenen Festungsanlagen von Neuß für dieses Vorhaben in Frage.[59] Düsseldorf wurde Hauptstadt des neugeschaffenen Staates mit enger Bindung an Frankreich.

Zum ersten Großherzog ernannte Napoleon seinen Schwager Joachim Murat (Abb. 19), der am 23.3.1806 in das als Residenz hergerichtete Verwaltungsgebäude auf dem Gelände des ehemaligen Marstalls an der Mühlenstraße einzog. Er nahm Wohnung im Schloß Benrath, war aber fast ständig auf Kriegszügen unterwegs. Als der neue Herrscher, unter dessen Regentschaft die Verschönerungskommission in Düsseldorf unge-

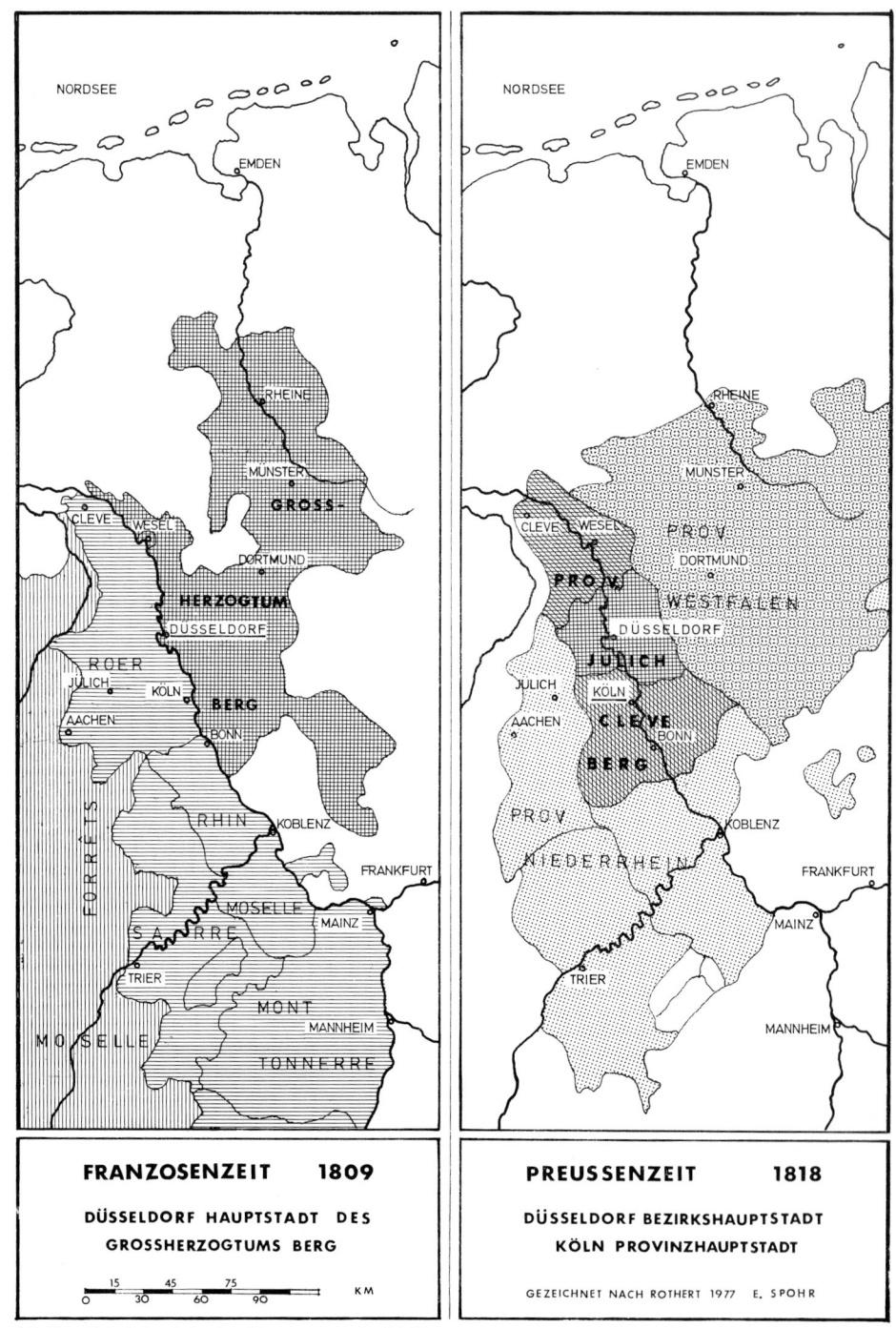

FRANZOSENZEIT 1809

DÜSSELDORF HAUPTSTADT DES
GROSSHERZOGTUMS BERG

PREUSSENZEIT 1818

DÜSSELDORF BEZIRKSHAUPTSTADT
KÖLN PROVINZHAUPTSTADT

GEZEICHNET NACH ROTHERT 1977   E. SPOHR

18 Das Rheinland in der Franzosenzeit, 1809, und in der Preußenzeit, 1818. Zeichnung des Verfassers

52

19 Joachim Murat, Großherzog von Berg und seine Gemahlin Caroline Bonaparte

stört an der Umgestaltung der Stadt weiterarbeiten konnte, 1808 zum König von Neapel gekrönt wurde, übernahm Napoleon wieder selbst die Herrschaft des Großherzogtums, das er formell seinem dreijährigen Neffen Louis Napoleon abgetreten hatte. Die Verwaltung übertrug er dem Grafen Claude Beugnot, der sich mit dem einheimischen Minister Nesselrode viele Verdienste um die Reform der Verwaltung des Großherzogtums erworben hat. Auch wurden die Verschönerungsarbeiten unter der Leitung des Staatsrats Georg Arnold Jacobi energisch weitergeführt.

Für den erwarteten Besuch Napoleons wurde eine Reihe von Vorbereitungen getroffen. Drei Säle des Schlosses wurden von Vagedes wiederhergestellt. Auch mußte die Vénerie (Jägerhof) mit einem Kostenaufwand von 33.000 Frs. in aller Eile repariert werden, da der Kaiser nicht in Benrath wohnen wollte. Vagedes ließ einen Triumphbogen an der Elberfelder Straße mit der Aufschrift „DIVO NAPOLEONI MAGNO IMPERATORI ET REGI, VICTORI INVICTO GENTIUMQUE PROTECTORI" errichten. „Dem Göttlichen Napoleon, dem großen Kaiser und König, dem unüberwindlichen Sieger und Beschützer der Völker" (Abb. 20).

Mit dem offiziellen Besuch Napoleons, 1811, hatte die französische Herrschaft in Düsseldorf ihren Höhepunkt erreicht. Nach der Niederlage des Korsen bei Leipzig 1813, ergriffen die siegreichen Alliierten Besitz von dem Großherzogtum Berg. Russische und preußische Truppen unter Führung des Oberst von Colomb folgten den

20 Einzug Napoleons in die Stadt Düsseldorf am 3. November 1811. Gouache von Johann Petersen

fliehenden Franzosen nach Westen (Abb. 21). Die letzten französischen Beamten verließen Düsseldorf am 13. November, wenige Stunden vor dem Eintreffen der Kosaken.

Erster Generalgouverneur wurde der von Preußen eingesetzte russische Staatsrat Justus Gruner. Die Befreiungskriege setzten endlich dem wechselvollen Schicksal der Stadt ein Ende. Am 5. April 1815 nahm König Friedrich Wilhelm III. von Preußen endgültig Besitz von den rheinischen Landen. Mit der Schaffung der beiden preußischen Provinzen Kleve-Berg (Sitz in Köln) und Großherzogtum Niederrhein (Sitz in Koblenz) wurde die einstige Haupt- und Residenzstadt zu einer preußischen Provinzstadt. Düsseldorf war nur noch Sitz eines Regierungspräsidenten, der im Präsidialgebäude (Statthalterresidenz) auf der Mühlenstraße seinen Wohnsitz hatte. Regierungsgebäude war das ehemalige Jesuitenkolleg. Immerhin erhielt die Stadt eine große Garnison und wurde Sitz des 14. Divisionskommandos. Der Kommandeur, Generalmajor Prinz Friedrich von Preußen, ein Vetter König Wilhelms III., und seine Gemahlin Wilhelmine Luise von Anhalt-Bernburg hielten am 2. Februar 1821 ihren Einzug in Düsseldorf und nahmen im Jägerhof Wohnung. Die ehemalige Residenzstadt hatte wieder eine, wenn auch bescheidene, Hofhaltung.

Hatte sich der Ausbau Düsseldorfs trotz häufiger Regierungswechsel mit der Schleifung kontinuierlich vollzogen, so traten jetzt infolge der konsequenten Zentralisierung der Verwaltung in Berlin Schwierigkeiten ein, die manchen großartigen Plan nicht mehr zur Ausführung kommen ließen.

54

21 Übergang der russischen Truppen über den Rhein am 13. Januar 1814. Stich von Petersen (?)

II. Entwicklungsphasen der Stadt und Festung

1. Das Dorf an der Düssel

Im tiefen Dunkel liegen die Anfänge der Besiedlung Düsseldorfs. Abgesehen von der 35 n. Chr. linksrheinisch gegründeten Ubierkolonie Neuß[60] und römischen Siedlungsplätzen in Lörick[55], ist es im Düsseldorfer Raum verhältnismäßig spät zu festen Ansiedlungen, insbesondere zur Bildung geschlossener Ortschaften, gekommen.
Scherbenfunde und Wallburgenanlagen weisen darauf hin, daß der Umkreis um Düsseldorf bereits in fränkischer Zeit besiedelt war. Die Rodebauern bauten ihre Höfe auf Dünen oder Hügeln (Humili gest, Hiligen donk).[1] So wird das auch in ,,Thusseldorp"[3] bei dem ersten Bau eines Kirchleins als Ortsmittelpunkt der Fall gewesen sein. Die Bodenbeschaffenheit der von dichten Wäldern und großen Sumpfgebieten durchzogenen Gegend im Bereich der Düsselmündung hat eine feste Besiedlung freilich erschwert. Der Rhein trat häufig über die Ufer und veränderte seinen Lauf. Noch im 13. Jahrhundert floß er dicht an der Stadt Neuß vorbei, fast ohne Krümmung auf Düsseldorf zu, ohne Heerdt zu berühren.[61] Erst seit der großen Überschwemmung von 1374 hat der reißende Strom, von Neuß kommend, im wesentlichen seinen Lauf beibehalten.[62]
Schon vor der ersten urkundlichen Erwähnung Düsseldorfs, 1135,[63] sind die erst im 20. Jahrhundert eingemeindeten Ortschaften Kaiserswerth und Gerresheim neben zahlreichen Rittersitzen und Höfen seit über drei Jahrhunderten bekannt.[64] Mit Sicherheit hat Düsseldorf aber schon vor 1135 bestanden, denn in einer Kölner Schreinsurkunde von 1135 werden Düsseldorfer Bürger als Eigentümer aufgeführt.

2. Die mauerumgürtete Stadt 1288 – 1384

Bauliche Entwicklung

Mit der Bestätigung Düsseldorfs als Stadt, 1288, beginnt die eigentliche Baugeschichte der Stadtbefestigung (Taf. I). Natürlich war das Dorf auch vor Verleihung der Stadtrechte durch Wall und Graben geschützt. Die politische Absicht der Grafen jedoch, am Niederrhein einen Stützpunkt gegen die Kölner Erzbischöfe zu errichten, mußte naturgemäß besondere Auswirkungen auf den Ausbau der Befestigungsanlagen des Dorfes an der Düssel haben. Leider sind die Quellen zu dieser ersten Stadtbefestigung äußerst spärlich.

In der Urkunde vom 14. 8. 1288[65] findet sich in bezug auf die Stadtbefestigung nur der Satz „villam nostram Duseldorp sicut iacet infra eorum fossam factam vel faciendam" (das Dorf an der Düssel, wo es in seinen fertigen oder noch zu machenden Gräben liegt). Das Fehlen eines Hinweises auf Stadtmauern müßte verwunderlich erscheinen, wüßte man nicht, daß in anderen rheinischen Städten, wie Rees, Emmerich und Xanten, die neue Befestigung zunächst nur aus Wällen und Gräben bestand, die die Bürger unter verantwortlicher Leitung der Schöffen anlegen mußten.[66]

Die markantesten Verteidigungsbauten waren die Tore. 1322 wird die „Porta Duseldorp" (spätestens seit 1395 Liebfrauentor genannt) erstmalig erwähnt.[67] Der zwischen den Toren liegende Raum war anfangs nur durch Wall und Graben befestigt. Beginn und Fertigstellung des Mauerrings werden in keiner der erhaltenen Urkunden erwähnt. Renard will eine Nachricht von 1280 kennen, die Düsseldorf bereits zu diesem Zeitpunkt als „ummauert" bezeichnet.[68] Der damalige Stand der Befestigungs- und Wehrtechnik und die Schwierigkeiten der Beschaffung von Steinmaterial sprechen allerdings gegen die Annahme einer Mauerbefestigung schon vor der Stadterhebung. Von Jülich ist beispielsweise bekannt, daß die erste Befestigung gegen Ende des 13. Jahrhunderts eine Palisadenumwehrung war.[69]

Man überschätzt die Leistungsfähigkeit der Bürger, wenn man annimmt, daß die wenigen Einwohner der jungen Stadt gleich nach der Stadterhebung mit dem Bau eines kostspieligen, die ganze Stadt umfassenden Mauerrings begonnen hätten. Auch im Hinblick auf die soeben beendeten Streitigkeiten mit dem Kölner Erzbischof und die Vernachlässigung der Stadt durch den Nachfolger des Grafen Adolf ist anzunehmen, daß sich der Mauerbau noch einige Jahrzehnte hingezogen haben muß.

Ähnlich wie in Rees[70] wird auch in Düsseldorf zuerst die Rheinseite zur Sicherung gegen die Strömung und gegen den Eisgang mit Steinen, vielleicht auch schon mit einem Eisbrecher, befestigt worden sein. Unmittelbar danach muß der Ausbau der Stadtmauer erfolgt sein. Lau vermutet, daß die Stadt um 1350 eine geschlossene Befestigung mit Mauern und Türmen hatte.[71] Diese erste Mauerumschließung des winzigen, nur 3,8 Hektar großen Städtchens,[6] das man sich wesentlich kleiner vorzustellen hat als das ein Jahrhundert jüngere, mauerumgürtete kölnische Zons, blieb nach der ersten Stadterweiterung zunächst noch erhalten. Zuerst hat man wohl die östliche Befestigung entfernt, um die Verbindung zu der entlang der Ratinger Straße entstandenen Vorstadt zu verbessern. Der südliche Mauerabschnitt ging schon seit 1396 in die Bauten der Stiftshäuser ein.[72] Das Liebfrauentor wird 1490 letztmalig erwähnt.[73]

Baubeschreibung und Rekonstruktion

— Der erste Befestigungsring —

Der Umriß des „Dusseldorp" von 1288 wurde vorwiegend durch topographische Gegebenheiten bestimmt. Das Gelände war erhöht und wurde vom Hochwasser des

Rheins, der den Flecken im Westen begrenzte, nicht überspült. Nach Norden bildete eine Rheinbucht mit dem sogenannten Eder[74], einer Altwassereinmündung, den natürlichen Abschluß. Im Süden fiel das Gelände ziemlich steil ab bis an die Untere Düssel, die unmittelbar an der Stadt vorbeifloß. Das Niveau des Bachlaufes lag damals wesentlich tiefer, da das Wasser noch nicht gestaut war. Besondere Verteidigungseinrichtungen erforderte die weniger stark abgesenkte Landseite im Osten. Parallel zu dieser natürlichen Begrenzung ist der erste Befestigungsgürtel zu suchen.

Vereinfacht kann man die Anlage als ein annähernd trapezförmiges Vieleck beschreiben. Der unregelmäßige Mauerverlauf läßt an den Brechpunkten („Ort") Vorsprünge, vielleicht sogar kleine Türme vermuten, die zur besseren Bestreichung der Mauer in Abständen von 40 bis 50 m angeordnet waren. Genaue Standortnachweise sind nicht überall zu erbringen. Innen begleiteten Bürgerumgänge als Kommunikationswege für die Verteidiger die Mauern.

In einer Klageschrift des Stifts gegen die Stadt Düsseldorf von 1467 ist der Bürgerumgang wie folgt beschrieben: „so as die stat Duysseldorp alumb ind umblanx der stat muyren umbgainde erffwege (Bürgerumgänge) hayt, as gebürlich ys, desgelychs hayt de stat eynen erffweg an der bruggen en dem Heiligen Huyssgyn tusschen Johan Kurten huyse yngaynde ind vortan lanx dieselve muyre bynnen der stat tusschen des capitells huyven ind huseren bys under den boegen von dem Lewenhuyse, hyngaende bys an unser Liever Frauwen Kirche (Liebfrauenkapelle), darumb der selve boege also gemacht, ind des capitells huysen eyn deil auch darnae gestalt waren, As villichte noch weill zo syen syn mach."[75] Diese Beschreibung ist zwar über 150 Jahre jünger als die Stadtbefestigung; ihre Richtigkeit bestätigt aber eine Urkunde von 1396 mit einer Beschreibung des „alden wechs, as von alders lancks der Alder Stat mure ind lancks de vurg. hofstede gegangen hait, mit der muren tusschen unsem huysse, dat geheissen is dat Lewenhuyss, ind der Bruchgen nu zer ziyt de lancks unse Burch oever den graven ind die Dusselbach gheyt, mit dem graven ind demmen bis up de bach"[72]. Demnach waren der Mauer außen Wall und Graben vorgelegt, soweit nicht Rhein und Eder die Mauern schützten.

Neben den Bürgerumgängen besaß die kleine Stadt nur zwei Straßen: die heutige Straße „Altestadt", die als eigentliche Hauptstraße anzusehen ist, und die Krämerstraße. Im Osten, am Ende der Altestadt, neben der 1445 errichteten Kreuzherrenkirche, und im Süden, am Ende der Krämerstraße, unterbrachen Tore die Ringmauern. Durch das östliche Tor (Liebfrauentor) führte der Weg nach Ratingen. Aus dem südlichen Tor, am Zusammenfluß von Düssel und Stadtgraben, gelangte man über die 1353 erstmalig erwähnte Brücke[76] zur Burg und auf den Weg in Richtung Bilk und Flingern.[72] Der Zugang zur Fährstelle erfolgte durch das Lindentrappentor, eine Mauerpforte in Höhe der heutigen Karmelitessenkapelle.

An der südwestlichen Spitze, am Rhein, wurde die Stadt von einem runden Eckturm flankiert. Wenn die Burg 1324 noch nicht die vom Rhein besonders gefährdete südwestliche Stadtbegrenzung gesichert hat, dann muß der an dieser Stelle nachgewiesene und in den Festungsplan des 18. Jahrhunderts noch enthaltene, vollmassive runde Wehrturm ursprünglich die Funktion eines Eisbrechers gehabt haben.[77]

Von diesem Eckturm verlief ein Mauerzug am Rhein entlang nach Norden. Der unterhalb der Düssel anschließende Mauerabschnitt stellte die Verbindung nach Osten her, zum Tor an der Krämerstraße. Beim Bau des nordöstlichen Schloßflügels müssen hier — wahrscheinlich zur besseren Gründung in dem sumpfigen Gelände — Veränderungen vorgenommen worden sein, da der spätere Burgturm der ersten Bauperiode seinen Standort im Bereich dieses Mauerabschnittes hatte. Ursprünglich wird der Düsselarm unmittelbar an der Stadtmauer vorbei in den Rhein geflossen sein. Nach dem Bau der Burg mündete er in den Burggraben.

Östlich der zum Burggelände führenden Brücke, in Verlängerung der Krämerstraße, teilte sich der Wasserlauf in die Düssel und den parallel dazu verlaufenden Stadtgraben.[72] Auf der südlichen Spitze des die Wasserläufe trennenden Walles lag der Rittersitz Steinhorst, der 1400 dem Stift übergeben wurde,[78] nachdem der Zweck dieses Burglehens durch die Stadterweiterung von 1384 hinfällig geworden war. Die Ringmauer mit dem dahinterliegenden Bürgerumgang begleitete den Stadtgraben in östlicher Richtung, durchschnitt die jetzige Lambertusstraße und bog von dort in einem Winkel auf die südwestliche Ecke des Lewenhauses.

Anhand der in älteren Katasterplänen[79] sich ergänzenden Grundstücksgrenzen kann der exakte Linienverlauf ziemlich genau rekonstruiert werden, denn aus der bereits erwähnten Klageschrift des Stifts gegen die Stadt Düsseldorf von 1467 ist bekannt, daß die Rückfronten der im 15. Jahrhundert im Bereich des Bürgerumgangs erbauten Stiftshäuser auf der alten Stadtmauer ruhten bzw. sich gegen diese anlehnten.[75] Anfang des vorigen Jahrhunderts war noch ein Teil dieser Stadtmauer in den Mauern der Häuser an der Einmündung der Lambertusstraße in die Liefergasse vorhanden.[80] Ein Rest davon existierte noch 1866.[81]

Ursprünglich hatte dieser Mauerabschnitt östlich der Düsselmündung zwei turmartige Vorsprünge zur besseren Flankierung. In Höhe der ehemaligen Lambertusschule war die Mauer von einer kleinen Pforte durchbrochen.[80] Eine Brücke führte aus diesem noch 1583 erwähnten Durchgang[82] über den Stadtgraben, der mit der parallel dazu fließenden Düssel und dem dazwischenliegenden Wall verteidigungstechnisch einen Doppelgraben bildete.[71]

Vergleichbare Anlagen sind zum Beispiel von Moers und Geldern[84] überliefert. Reste des alten Grabens fand Rennefeld 1953 auf der Ostseite der Krämerstraße.[85] Ähnliche Beobachtungen hatte schon Strauven in der Mitte des vorigen Jahrhunderts gemacht, als er unter dem Straßenpflaster Fundamente dieser Brücke entdeckte.[86]

Weitere Spuren des Grabens konnte Rennefeld in 4,50 m Tiefe auf den Grundstücken östlich der ehemals von Bouverotschen Häuser, heute Gelände des Land- und Amtsgerichts, feststellen.[87] Über den Mauer- und Grabenverlauf an dieser dem Land zugekehrten Seite des mittelalterlichen Düsseldorfs berichtet eine Urkunde vom 1. Dezember 1400.[88] Darin schenkte Herzog Wilhelm Heinrich von Zündorf einen Hof gegenüber dem Lewenhaus.

Die äußeren Grenzen dieser Hofstätte bildete die alte Stadtmauer, beginnend am Lewenhaus bis hin zum östlichen „Orte", dem Brechpunkt der Mauer, und von dort rechtwinklig abgebogen, 7 Ruten (ca. 26 m) geradlinig, parallel zur Stadtmauer, in Richtung Liebfrauentor, neben der alten Marienkapelle, der „Lewer Frauwen Kirche vur der portzen". Bestandteil dieser Schenkung war ebenso die nicht mehr benötigte Stadtmauer und der davorliegende Graben.

Auch durch Bodenfunde ist der Mauer- und Grabenverlauf in diesem Abschnitt ziemlich genau nachgewiesen. Nach den Feststellungen des „Kreis-Polizey-Inspectors" Mindel stand noch ein Teil dieser Mauer 1871 hinter dem von Halbergschen Haus auf der Liefergasse 213 (später 22).[89] Etwas weiter, auf dem Grundstück Liefergasse 14, in Fortsetzung der eben beschriebenen Mauer, hat Rennefeld einen 1,50 m dicken, 1,50 m hohen, außen abgeschrägten Fundamentabschnitt gefunden.[87] Ferber weiß 1889 von einem Rest der alten Stadtmauer in den nahen Häusern an der Ratinger Straße zu berichten,[90] und von Schaumburg war 1866 noch ein Teil der Mauer im Hause Ratinger Straße 1, also in unmittelbarer Nähe des Liebfrauentores, bekannt.[81]

Bei den Ausschachtungsarbeiten zum Wiederaufbau der Ursulinenschule kam ein ähnlicher Graben zutage wie 1953 auf dem Gelände des Amtsgerichts.[91] Damit wäre der umlaufende Graben auch an der Ostseite nachgewiesen. Der Verlauf der Mauer läßt sich vom Liebfrauentor über die Ursulinengasse nach Norden, parallel zum Graben, bis zur Ritterstraße weiterverfolgen. An dieser Stelle knickte die Mauer nach Osten ab. Der Brechpunkt war vermutlich als Verteidigungsturm ausgebildet.

In der Nähe dieses Turmes hat nach Strauven bereits um 1300 ein Burgmannensitz gelegen. Ein weiterer Rittersitz, der sich bis an die Düssel erstreckte, ist auf dem Grundstück Ratinger Straße 5/7 durch eine Verkaufsurkunde aus dem Jahre 1539 nachgewiesen.[92] Der Name dieses Burgmannen, Johann von dem Vurwercke, deutet auf eine besondere, vor dem Graben gelegene Verteidigungsanlage. Diese Vermutung wird unterstützt durch die Tatsache, daß an dieser Seite die größte Sturmgefahr bestand.

Tatsächlich läßt sich vor dem Liebfrauentor, parallel zum landseitigen Graben zwischen Ratinger Straße und Düssel, ein zweiter Mauerring nachweisen, der durch einen „up- und nyderval" verstärkt war.[93] Von Schaumburg berichtet 1866 von Mauerresten und von Fundamenten eines Eckturms an der Düssel, 45 Schritt (etwa 29 m) östlich der inneren Mauer.[94] In einer Urkunde von 1668 auf Schloß Herrnstein wird bei dem Neubau des Hauses des Landrentmeisters Johann Heinrich Marx neben dem Haus des Freiherrn von Virmund der vorhandene Giebel zwischen den Grundstücken Ratinger Straße 7/9 als Rest der ältesten Stadtmauer sachverständig festgestellt.[95]

Die im Abstand von etwa 29 m parallel zum Stadtmauerring rekonstruierbare Mauer kann somit als niedere Außenmauer angesehen werden. Sie bildete mit dem stadtseitig davor aufgeschütteten Wall (upval) eine Art äußeres Vorwerk, das von der überhöhten Hauptmauer beherrscht war. Der eingeschlossene Raum wäre damit als Zwinger zu deuten, ähnlich dem 28 m breiten Zwinger an der Südseite der Befestigungsanlagen von Zons.[96] Die maßliche Übereinstimmung legt eine solche Vermutung immerhin nahe. Eine ähnliche Anordnung ist von dem zwölf Jahre vor Düsseldorf gegründeten Ratingen bekannt.[97]

Den landseitigen Abschluß dieser Anlage bildete vermutlich ein zweiter Graben, dem als äußerer Wall der erwähnte „nyderval" vorgelagert war. Die beiden Gräben können somit als Weiterführung des an der Südseite durch die Düssel und den Stadtgraben gebildeten Doppelgrabens, wie er am Niederrhein häufig Anwendung fand,[98] angesehen werden. Offen bleibt allerdings die Frage, ob auch der äußere Graben durch Vorbeileiten der Düssel in den Eder ein nasser Graben war. Im Bereich des Amtsgerichtsarchivs wurden immerhin Spuren gefunden, die eine solche Vermutung nicht ausschließen. Wegen der ständigen Wasserregulierung in zwei Richtungen ist eher anzunehmen, daß der äußere Graben nur im Kriegsfall durch eine Schleuse mit Wasser gefüllt wurde.[99]

Von dem Eckturm Ursulinengasse — Ecke Ritterstraße verlief die Mauer weiter, parallel zur Ritterstraße. Ähnlich wie die Ursulinengasse kann man auch die Ritterstraße als Bürgerumgang ansprechen. Nach 1632 war diese Straße einseitig bebaut. Im Landsteuerbuch desselben Jahres trägt sie die Bezeichnung „Achter der Mauern ahm Pulverthurm"[100].

Die alte Stadtmauer wird mit der Errichtung des Neuen Werkes teilweise und 1690 gänzlich abgerissen worden sein, als man den Bürgerumgang zur Ritterstraße ausbaute. Ein Stück „under gefallene Mauer" wurde 1619 neben dem „alten Pulverhuis" (Pulverturm) wieder aufgerichtet.[101] 1632 waren Teile der Mauer noch auf dem heutigen Grundstück Ritterstraße 11 vorhanden, als Pfalzgraf Wolfgang Wilhelm Johann Bertram von Scheidt-Weschpfennig gestattete, eine Tür durch diese Mauer zu brechen.[102] Im vorigen Jahrhundert konnten die Fundamente dieser Mauer bei Verlegung der Gasröhren in der Ritterstraße beobachtet werden.[81]

Wenn man bedenkt, daß parallel zur Ritterstraße die Stadt durch den Eder begrenzt war, so ist der weitere Mauerverlauf bis hin zum Eisbrecher am Rhein parallel zum Ufer zu sehen. Vor der Einmündung des Eders in den Rhein, an der Stelle, wo die Mauer einen kleinen Knick machte, ist im Brechpunkt ein weiterer Flankierungsturm anzunehmen. Dieser war aber nicht identisch mit dem Zollturm oder Zollhaus, wie in der älteren Literatur behauptet wird.

In der Rheinansicht aus dem Ende des 16. Jahrhunderts (Abb. 44) ist zwischen der bereits erwähnten Lindentrappenpforte und dem Eisbrecher, am Ausgang der Straße Altestadt, noch der rondellartige, allerdings einer späteren Epoche angehörende Ausbau innerhalb der Mauer zu erkennen. Bei der Stadtgründung hat an dieser Stelle wahrscheinlich ein kleiner Turm die Mauer flankiert. Der hier vorbeilaufende Bürgerumgang mündete am Eisbrecher in einem freien Platz.

Über das Aussehen der Tore können heute so gut wie keine Aussagen mehr gemacht werden. Als eigentliche Torbauten werden nur das Liebfrauentor und das Tor an der Krämerstraße die Stadtmauer bewehrt haben, denn durch diese Tore führten die überörtlichen Wege in die Stadt. In dieser Bauperiode darf man sich die Tore aber nur als schlichte, überdachte eingeschossige Tortürme, eventuell noch mit einem Wehrerker, vorstellen, ähnlich dem ersten Gelder Tor in Geldern.[103] Die Lindentrappenpforte und die Pforte am Stadtwall waren reine Mauerdurchgänge, die keine Verteidigungsfunktion hatten, da sie im Kriegsfall geschlossen blieben.

— Grafenhaus —

Strauven will die Burg schon vor der Stadterhebung am Rhein gebaut sehen.[104] Nach den Untersuchungen von Lau gilt es heute aber als erwiesen, daß diese Burg erst nach der Stadterhebung gebaut worden sein kann.[105] Die Planung eines Wohnsitzes außerhalb der schützenden Stadtbefestigung erscheint auch aus Gründen der Verteidigung als unwahrscheinlich.

Da die Grafen von Berg ständig ihren Wohnsitz zwischen Bensberg, Burg und Altenberg wechselten und nur selten, wenn überhaupt, in Düsseldorf weilten, können die gräflichen Bemühungen, in Düsseldorf eine Zollerhebungsstätte einzurichten, mehr Aufschluß über den mutmaßlichen Bau der Burg geben. Den mittelalterlichen Gepflogenheiten entsprechend, sollte nämlich die Zollstätte in den Schutz einer bemannten Burg gestellt werden.[106] Demnach muß spätestens 1324, als zum erstenmal der Gedanke auftauchte, in Düsseldorf eine Zollerhebungsstäte einzurichten, mit dem Bau des ältesten Teils der Burg begonnen worden sein.[107]

Seit 1360,[108] mit Sicherheit seit der erneuten Bestätigung des Düsseldorfer Rheinzolls, 1377,[109] ist die Burg als Verteidigungsbauwerk urkundlich nachweisbar.[110] In dieser den Zoll betreffenden Urkunde wird das Schloß (Burg) als derjenige Ort bestimmt, wo alle auf diesen Zoll bezüglichen Zustellungen gemacht werden sollen. Der Ausbau der Burg als Wohnsitz ist im Zusammenhang mit den Stadterweiterungsplänen von 1380 zu sehen, denn erst durch die Einbeziehung in den städtischen Mauerbering war die Burg weitgehend den Angriffen auswärtiger Feinde entzogen.

— Lewenhaus —

Das eigentliche gräfliche Verwaltungszentrum und wahrscheinlich auch der Wohnsitz der Grafen zur Zeit der Stadtgründung war das sogenannte Lewenhaus, heute Liefergasse 7/9 (Eckhaus) (Abb. 22).[111] Ihm kommt daher für die Befestigung eine besondere Bedeutung zu. Es war das größte und festeste Haus und hat den Namen „Lewenhaus", weil die Steuern und Pächte in Naturalien dort abgeliefert wurden. In Heinsberg hieß der Burgturm ebenfalls „Lewenturm".[112]

Wie Rennefeld 1955 bei Ausschachtungsarbeiten in der Liefergasse[113] und vorher schon Strauven beim Bau des Hauses Lambertusstraße 11 feststellte,[114] hatte das massive Steinhaus ursprünglich gleich einer Wasserburg in von der Düssel gespeisten Gräben gelegen.

Infolge seiner landwärts gerichteten Lage war es zum Hauptdefensionspunkt der Stadt an ihrer südöstlichen Flanke prädestiniert. Seine Mauern sind an dieser Seite zum Teil über einen Meter stark. Mit dieser verstärkten Ecke sprang das Lewenhaus vor die damalige Stadtmauer, welche, von Westen kommend, hier unterbrochen war, um sich dann in östlicher Richtung fortzusetzen.[72] Strauven schließt aus dieser Situation, daß das Lewenhaus bereits vor der Stadterhebung als festes Steinhaus bestanden hat.[114] Vermutlich lag an dieser Stelle die Besitzung des Arnold von Tyvern, die hundert Jahre vor der Stadterhebung an die Grafen von Berg gegangen war. Nach Errichtung der Stadtmauer muß es dann als Verteidigungswerk in die Befestigung einbezogen worden sein, denn sonst ist es weder erklärlich, daß einmal dieses Haus mit seiner südöstlichen verstärkten Ecke aus den Stadtmauern hervortrat, noch, daß die Stadtmauern hier nicht in der geraden Richtung fortgesetzt worden sind. Außerdem unterbrach das Haus den Bürgerumgang, der deshalb durch dasselbe hindurchgeführt werden mußte. Der den Umgang überdeckende gotische Bogen wird 1467 als „boegen van dem Lewenhuyse" erwähnt.[75] Er wurde 1872 beim Abbruch des angebauten Nachbarhauses wieder sichtbar.[114]

22 Lewenhaus (Liefergasse 9), ältestes Haus in
Düsseldorf. Foto, 1960

— Bürgerzentrum —

Der Bereich hinter der Stadtmauer am Eingang der Ritterstraße, oberhalb der Einmündung des Eders in den Rhein, neben der alten Fährstelle, heute Rheinufer gegenüber Theresienhospital,[115] war der geeignete Platz für die Errichtung des ersten Zoll-
turmes (Zollhaus). Von seiner Lage her war dieser Turm gleichzeitig das wichtigste
Verteidigungswerk der nordwestlichen Stadtmauer. In seinem Umkreis lag schon seit
der Stadterhebung das Zentrum der bürgerlichen Verwaltung (Abb. 23).
1324, spätestens seit der Bestätigung des Düsseldorfer Rheinzolls 1377, muß dieser
Turm als Zollhaus ausgebaut gewesen sein. Nach der Verlegung der Zollerhebung in
der ersten Hälfte des 15. Jahrhunderts an das neuangelegte Werft hat das Alte Zollhaus Verwendung als Rathaus gefunden. Als solches ist es erstmals 1431 zu belegen.[116]
Daneben muß es noch ein Bürgerhaus gegeben haben, denn von 1443 existiert eine
Nachricht, aus der hervorgeht, daß das „Ältere Bürgerhaus" an den „Armbrustma-
cher" vermietet war,[117] während das Zollhaus als Rathaus benutzt wurde.[118] Zollhaus und Älteres Bürgerhaus müssen demnach zwei verschiedene, vielleicht mitein-

63

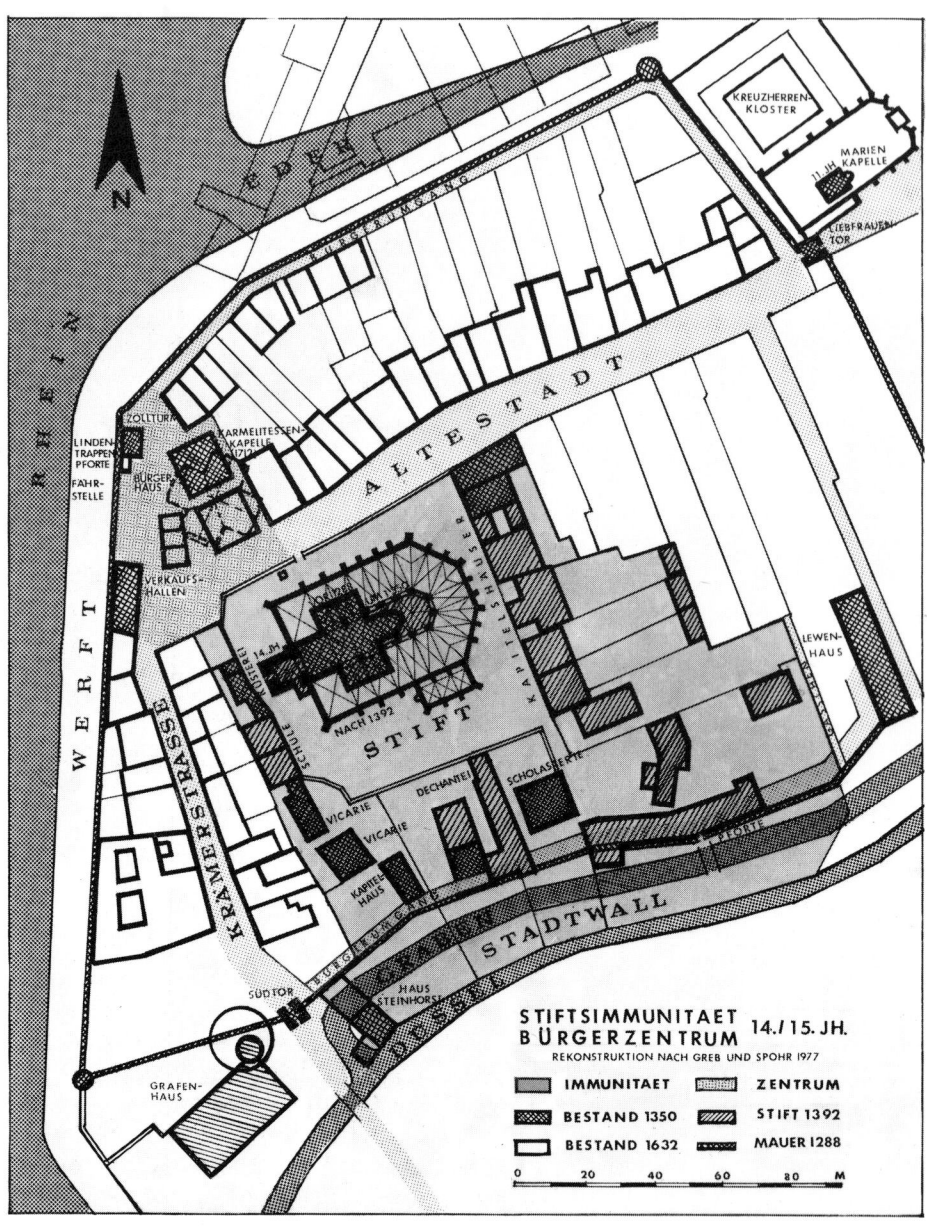

Reihenfolge der Karten-Beschriftung im Bild:

KREUZHERREN-KLOSTER
MARIEN KAPELLE
LIEBFRAUEN-TOR
ZOLLTURM
LINDEN-TRAPPEN-PFORTE
FAHRSTELLE
KARMELITESSEN-KAPELLE 1721
BÜRGER-HAUS
VERKAUFS-HALLEN
LEWEN-HAUS
14.JH.
NACH 1392
STIFT
SCHULE
VICARIE
VICARIE
DECHANEI
SCHOLASTERIE
KAPITELS HÄUSER
KAPITEL HAUS
STADTWALL
HAUS STEINHORST
SÜDTOR
GRAFEN-HAUS
ALTESTADT
RHEIN
WERFT
KRAMERSTRASSE

STIFTSIMMUNITAET
BÜRGERZENTRUM 14./15. JH.
REKONSTRUKTION NACH GREB UND SPOHR 1977

IMMUNITAET   ZENTRUM
BESTAND 1350   STIFT 1392
BESTAND 1632   MAUER 1288

0   20   40   60   80 M

23 Rekonstruktion Stiftsimmunität – Bürgerzentrum nach der Stadterhebung und unter den ersten bergischen Herzögen. Zeichnung des Verfassers

ander verbundene Gebäude gewesen sein,[119] denn auch im Lageplan der Kloster-gebäude der Karmelitessen von 1703[120] wird das Gebäude östlich des Pulverturmes als Platz des Stadthauses bezeichnet (Abb. 24). Das alte Zollhaus hat nämlich nach

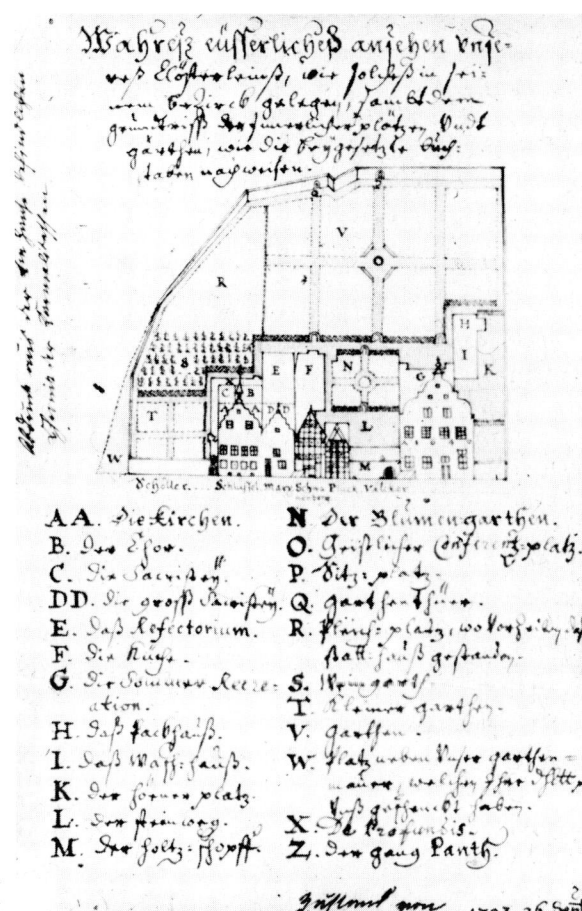

24 Liegenschaften der Karmelitessen, 1703. Originalzeichnung aus der Klosterchronik

der Verlegung der Ratssitzungen um 1470 in das Haus zum Schwarzen Horn an der Ratinger Straße[121] als „Kraudttorn" (Pulverturm) gedient.[122] Südöstlich des Älteren Bürgerhauses, mit der Hauptfront zur Altestadt, stand das Alte Schützenhaus, in dem der „bottenmeister" wohnte.[123]

Zwischen der Stadtmauer am Rhein, Alten Zollhaus, Schützenhaus und Krämerstraße ist demnach der älteste Marktplatz zu suchen, auf den auch die erst im 15. Jahrhundert an der Krämerstraße 5/9 erbaute Verkaufs- oder Stadthalle hinweist.[123] Die Verbindung des im Schutz des Zollturms gelegenen Bürgerzentrums (heute Rheinuferstraße) zum Rhein, stelle die 1540/41 in den Stadtrechnungen erwähnte Lindentrappenpforte her.[124]

— Stiftsimmunität —

Eine Besonderheit in der kleinen Stadt war der Bereich um den heutigen Stiftsplatz mit der Lambertuskirche, die sogenannte „Stiftsimmunität"[125]. Diese Stiftsfreiheit fungierte als selbständige Gemeinde und unterstand nicht dem Bürgermeister, sondern dem Dechant, der auch die richterliche Gewalt innehatte. Bei der Stadtgründung hatte Graf Adolf V. die bisherige Pfarrkirche nämlich zu einer Stiftskirche gemacht. Die um 1200 erbaute romanische Pfarrkirche, die wir uns ähnlich der alten Kirche in Himmelgeist vorstellen müssen, erhob sich gegenüber den städtischen Gebäuden. Sie lag inmitten des Friedhofs, an den sich im Süden der Pastoratsgarten anschloß. Das Gelände westlich und südlich der Kirche war im Besitz der Grafen von Berg (Abb. 24).

Nach der Bestätigung des Stifts durch den Papst, 1306, und die Bewilligung von acht Kanonikern mit sechs Priestern, 1323, war eine Erweiterung der Kirche unumgänglich. Im Westen der Kirche wurde ein neuer Turm, der im Untergeschoß des heutigen Turmes noch erhalten ist, vorgebaut. Der alte Turm wurde in das Kirchenschiff miteinbezogen, das im Osten einen neuen gotischen Chor erhalten hatte.

Der Zuzug der neuen Stiftsherren bedingte auch eine Erweiterung der Wohnmöglichkeiten. Vier Kanoniker wohnten in dem von dem ersten Stiftsdechanten Heinrich von Derendorf 1303 gestifteten Hof Ecke Altestadt und Stiftsplatz (Stiftsplatz 11, 12, Altestadt 1, heute Schlösserbrauerei). 1334 kamen zwei Vikarien hinzu, für die die Häuser Stiftsplatz 5 und 6 gebaut wurden. Der Dechant hatte seinen Wohnsitz im Pastorat. Drei Kanoniker wohnten außerhalb. Das Haus Stiftsplatz 7a war Eigentum des Grafen, der es als Wohnung dem Schloßkaplan zuwies. Zum Stiftsbereich gehörte auch die Schule, die auf dem Grundstück Stiftsplatz 3/4 stand. Die Küsterei war im Hause Stiftsplatz 2 untergebracht.

Der gesamte, ein Achtel der Stadtfläche einnehmende Bereich, der später durch eine Mauer zur übrigen Stadt hin abgeschlossen wurde, bildete die Immunität. Aus deren besonderer Gemeinschaftsstruktur heraus ist es zu verstehen, daß ihre Bewohner von allen städtischen Lasten, insbesondere auch von der Bau- und Verteidigungspflicht, frei waren.

Organisation und Technik

– Baupflicht, Baufinanzierung –

Die Bewachung der Mauern, deren Unterhaltung sowie die Anlage der Gräben war in dem neugegründeten Düsseldorf Aufgabe der Bürger. Nur der geistliche Stand konnte von „allen diensten, wachen, graven ind allem anderem beswernissen" befreit werden.[72] Da es keine Stadtrechnungen aus der Zeit der ersten Stadtbefestigung mehr gibt, läßt sich nichts Genaues über die Kostendeckung des Mauerbaus sagen.

Zwar fehlt in der Gründungsurkunde von Düsseldorf die Zuwendung eigener Hebungen. Bei den ungewöhnlichen finanziellen Lasten, die gerade in der ersten Zeit für den Ausbau der Stadtmauern zu tragen waren, erscheint es aber als unwahrscheinlich, daß Düsseldorf zur Zeit des Mauerbaus keine entsprechende Einnahmequelle hatte. Vielmehr ist anzunehmen, daß ähnlich wie in den meisten westdeutschen Städten, die in dieser Zeit befestigt wurden, zum Beispiel Koblenz[126] und Geldern[127], der Bau und die Unterhaltung der Mauern, Türme, Brücken und Wege aus der Erhebung eines städtischen Ungeldes bestritten wurden.

Ein solches Ungeld war die Akzise, deren Erlös für einen ganz bestimmten Zweck verwendet wurde. In den meisten Fällen ist als Grund für die Gewährung der Akzise die Sorge des Landesherrn um den Bau und die Befestigung der Städte angegeben.[128] Da diese Abgaben aber meistens zeitlich auf die Jahre des Mauerbaus begrenzt waren, ist es bei dem relativ geringen Umfang der Mauern der Düsseldorfer Altstadt durchaus erklärlich, daß die Erhebungsurkunde weder über die Zeit noch über das Recht der Erhebung der Akzise etwas aussagt.

Die Grafen von Berg müssen sich aber indirekt durch die Gewährung des Akziserechts, ähnlich wie in der Schwesterstadt Ratingen, der durch ein besonderes Privileg seit 1277 die Akzise zustand,[129] am Mauerbau beteiligt haben, denn sie hatten bekanntlich nach der Schlacht von Worringen ein starkes Interesse an einem zügigen Ausbau der Befestigung von Düsseldorf. Vielleicht haben sie, ähnlich wie die Herzöge von Geldern, den Mauerbau auch direkt aus eigenen Einnahmen gefördert und durch gelegentliche Überlassung von Baumaterialien unterstützt.[130] Für die Landesherren war die Förderung des Mauerbaus aber nur eine Gunst, die sie erwiesen, je nachdem wie stark ihr Interesse an der Befestigung war. Für die Bürger dagegen bedeutete der Bau und die Unterhaltung der Mauern die Erfüllung einer oft hinderlichen Pflicht.

– Bewachung –

Die Bewachung der Mauern war wie die Anlage von Gräben, den damaligen Gepflogenheiten entsprechend, Aufgabe der wehrfähigen Bürger.[72]
Inwieweit vor 1350 Burgmannen zur Bewachung von Düsseldorf bestellt waren, läßt sich nicht genau feststellen, denn hierüber schweigen die Urkunden. Strauven zufolge hat es schon vor der ersten Erweiterung Burgmannen gegeben, die als Mauerverteidiger mit einem zur Befestigung gehörigen Turm oder Haus als freiem Rittergut von Burgherren belehnt waren. Außer dem Lewenhaus erwähnt er die Sitze des Adolph Knoyden von Altenreifferscheidt und des Johann von dem Vurwerke am Liebfrauentor, ferner das Gut des Ritters Steinhorst an der Brücke nach Bilk (Brücke an der Krämerstraße) und einen Sitz am unteren Ende der Ritterstraße.[86] Die Frage der Burgmannen kann wohl erst mit der Fixierung der endgültigen Niederlassung der Grafen in Düsseldorf abschließend geklärt werden.
Ähnlich wie in vergleichbaren anderen Städten wird es an den Hauptdefensionspunkten, an den Toren und an den vier äußeren Verteidigungspunkten – Lewenhaus, Eckturm Ritterstraße, Zollturm, Südspitze – eine besondere Bewachung gegeben haben, bei der das Lewenhaus als ältestes und exponiertestes Verteidigungswerk sicherlich die bedeutendste Rolle gespielt hat.

– Wehrtechnik –

Die Wehrtechnik hat sich im Verlauf des Mittelalters nur geringfügig geändert. Armbrüste, die mechanisch gespannt wurden, hatten seit dem 12. Jahrhundert die Bögen immer mehr verdrängt. Danach kamen Wurfmaschinen, mit denen Steine geschleudert werden konnten, wie Bliden[131], Mangen etc. zur Verwendung.[132]
Entscheidend für die Verteidigung der ersten Stadtbefestigung von Düsseldorf waren die Hauptdefensionspunkte. Die dazwischenliegenden Stadtmauern hatte man in

Schleuderweite, etwa alle 40 bis 50 m, in den Brechpunkten durch kleine turmartige Mauervorsprünge verstärkt, wodurch die Bestreichung der Anlage nach dem Stand der damaligen Verteidigungstechnik gesichert war. Die Lage dieser Türme wird eher durch topographische und verteidigungstechnische als durch bautechnische Gesichtspunkte bestimmt gewesen sein. Zum Schutz gegen einfache Angriffswaffen genügte bei der 6 bis 7 m hohen Mauer eine Mauerstärke von 80 cm.

Die stärker ausgebauten Verteidigungspunkte waren durch Kommunikationswege miteinander verbunden, wodurch die Gärten der einzelnen Hofstätten von der Stadtmauer abgetrennt wurden. Diese Bürgerumgänge dienten den Schleuderern, Armbrust- und Bogenschützen zum schleunigen Sammeln an den vom anstürmenden Feind am meisten bedrohten Stellen. Quer geführte Verbindungswege waren bei den kleinen Ausmaßen der Stadt (ca. 160 bis 340 m) nicht erforderlich.

– Bautechnik –

Die zwischen den einzelnen Verteidigungspunkten nach und nach gebauten Mauerabschnitte waren nicht geradlinig geführt. Das spätere, planmäßig angelegte Zons dürfte in seiner strengen ziegelgerechten Mauerführung im Rheinland eine Ausnahme sein. Zwar mag man in Düsseldorf die erste, flüchtig errichtete Umschließung an einigen Stellen durch Pfeiler zusätzlich verstärkt haben. In dieser frühen Periode ist es aber unwahrscheinlich, daß die Pfeiler in regelmäßigen Abständen gebaut und durch Bögen verbunden waren, um die Anlage eines hochliegenden Laufgangs mit Brustwehr zu ermöglichen.

Die ersten Bodenfunde geben keine Auskunft über das Baumaterial des aufgehenden Mauerwerks. Da die großen Basalt- und Trachytbrüche in kölnischem Besitz waren, konnte im Lande Berg für Profanbauten allenfalls Sandstein oder Grauwacke zur Verwendung gelangen, bevor der leicht zu verarbeitende Backstein Anfang des 14. Jahrhunderts die Lücke schloß. Schon Ende des 12. Jahrhunderts tauchte der Ziegel beim Bau der Barbarossa-Pfalz in Kaiserswerth in einzelnen Versuchen wieder auf. Im 13. Jahrhundert ist die Ziegelbauweise am Niederrhein schon vereinzelt, zum Beispiel in Köln und in Rees,[133] anzutreffen, bis sie schließlich in den ersten Jahrzehnten des 14. Jahrhunderts mit dem Lechenicher Schloß und der Stadtbefestigung von Zons und Zülpich den Burgen- und Festungsbau am Niederrhein eroberte.[134]

Daß in Düsseldorf beim Befestigungsring von 1288 oder, besser gesagt, bei den Toren und Verteidigungspunkten, die ja zuerst fertiggestellt waren, der Ziegel bereits Anwendung gefunden hat, erscheint unwahrscheinlich. Vielmehr ist anzunehmen, daß diese etwas repräsentativen Bauten, wie das Lewenhaus, in Naturstein errichtet wurden. So war es teilweise noch im 14. Jahrhundert, zum Beispiel in Zons,[135] üblich. Bei den vermutlich einige Jahre später angelegten Mauern ist die Anwendung der Ziegeltechnik nicht auszuschließen.

Formale Betrachtung

Der Stadtgrundriß der ersten Periode läßt sich, grob gesehen, als trapezförmig gebildetes unregelmäßiges Vieleck beschreiben, das an den Ecken durch Türme besonders gefaßt war. Zwischen diesen stärker betonten Eckpunkten wurde die leicht gebrochene Mauer durch turmartige Vorbauten rhythmisch unterbrochen. Als einzige Dominante überragte die Pfarrkirche, im Südosten auf dem höchsten Punkt des Stadtgeländes inmitten der Stiftsimmunität stehend, den Befestigungsring. Dieser gliederte sich in den innenliegenden Bürgerumgang, die Mauer und, an den dem Rhein abgekehrten Seiten, in den außen vorgelegten Doppelgraben mit dem dazwischenliegenden Stadtwall bzw. Zwinger. Die Häuser müssen wir uns als strohgedeckte Fachwerkbauten vorstellen. Jedes der Häuser — auch in der Stiftsimmunität — hatte Hof und Garten. Ein Stück Gelände im Süden, außerhalb des Mauerrings, war besonders ausgezeichnet: es war der Bauplatz für die Burg. In der Mitte des 14. Jahrhunderts schließlich erhielt das Stadtbild durch den Bau der Burg einen neuen Akzent am Rhein.

3. Die erweiterte mittelalterliche Stadt

Bauliche Entwicklung

Im Laufe des 14. Jahrhunderts wuchs „Dussildorp" über seine Stadtmauern hinaus. In der „Vurstadt" (Vorstadt), die sich zu einem Pilgerzentrum entwickelt hatte, ließen sich beiderseits des Weges nach Ratingen zahlreiche Neuansiedler nieder. Die allgemeine politische und wirtschaftliche Entwicklung, insbesondere die 1377 erfolgte Bestätigung Düsseldorfs als Zollerhebungsstätte, als deren Folge der Ausbau des Werftes anzusehen ist, war eine günstige Voraussetzung für die unumgänglich gewordene Stadterweiterung.

Als der neuernannte Herzog Wilhelm I. daran dachte, dem zur Hauptstadt erkorenen Düsseldorf auch äußerlich ein entsprechendes Aussehen zu verleihen, war der Anlaß gegeben, den Mauerbering der Stadt zu vergrößern. Da Eder und Rhein die natürliche Begrenzung der Altstadt nach Norden und Westen bildeten, bot sich für die geplante Erweiterung der Vorstadt und das südlich, etwa bis zur heutigen Flinger Straße, daran anschließende Gelände an.

In den Zoll- und Kellnereirechnungen von 1382 wird erstmalig über die Anlage von Wall und Graben der Neustadt berichtet.[11] Als es Herzog Wilhelm 1383 gelang, im Gegentausch mit Hayc von Flingern dessen Düsseldorfer Besitzungen zu erwerben, waren endlich die bodenrechtlichen Voraussetzungen für eine Bebauung des gesamten Geländes der Stadterweiterung gegeben.[136]

Die so gewonnenen Flächen mußten besiedelt werden. Im April 1384 verlieh daher der Herzog den Bewohnern der Hunnschaften Golzheim, Derendorf und Bilk, die sich in der „nuwe Stat van Dussildorp" ansiedelten, die städtischen Freiheiten.[7] Zur Förderung der Entwicklung des kirchlichen Lebens dieser Neuansiedler unterstützte er den Bau der Neuen Kirche auf dem Grundstück Bolker- Ecke Hunsrückstraße.[137] Altstadt und Neustadt sollten verwaltungsmäßig zwei selbständige Einheiten bilden,[138] was bedeutete, daß der altstädtische Mauerbering vorerst erhalten blieb.[139]

25 Siegel der Neustadt, um 1400

Die Befestigungsarbeiten müssen rasch vorangegangen sein. Nur der Mauerbering war noch nicht ganz vollendet, als der Herzog wenige Jahre später eine weitere Vergrößerung des städtischen Gebiets ins Auge faßte.[137]

1394 wurde die bereits 1384 auf das Fünffache vergrößerte Stadtfläche durch das für die Hammer Außenbürgerschaft bestimmte Gelände zwischen Neustadt und Oberer Düssel ergänzt (Kap. VII, 4).[104] Die damit verbundene Befestigung des gesamten städtischen Gebietes machte die als südliche Begrenzung der ersten Erweiterung angelegten Gräben überflüssig. Im Zusammenhang mit dieser Erweiterung dürfte das 1400 erwähnte Flinger Tor (Vlyncgere Portze)[141] an die Stelle neben der „Brücke" (Karsch-Haus), am östlichen Ende der Flingerstraße, errichtet worden sein. Die Arbeiten müssen sich schon unmittelbar nach der fürstlichen Aufforderung zur zweiten Stadterweiterung um die südliche Außenbefestigung konzentriert haben.

Die Tore wurden ihrer Bedeutung gemäß zuerst fertiggestellt. Schon 1396 wird das älteste Berger Tor (Bergher Portze)[142] erwähnt. Da die Arbeiten zunächst an den fortifikatorisch wichtigen Stellen einsetzen, ist die Fertigstellung der Mauerabschnitte und die Errichtung der wegen ihres natürlichen Schutzes für die Verteidigung weniger bedeutenden Rheinfront später anzunehmen. Die innenpolitischen Machtkämpfe lassen vermuten, daß der Mauerbau um die Jahrhundertwende ins Stocken geriet. Mit der Nachfolge Gerhards II., der die städtischen Privilegien bestätigte und die Einnahmen für den Stadtbau verbesserte,[143] ist seit 1437 wieder eine lebhafte Bautätigkeit anzunehmen, die sich auf die Befestigung der Stadt, insbesondere auf den Ausbau und die Ergänzung der Mauern und Tore, konzentrierte.[144]

Infolge der langsamen Verbreitung der Feuerwaffen wurden die Befestigungsanlagen anfangs nur ergänzt. Erst als man im Burgundischen Krieg, bei der Belagerung von Neuß 1474/75, die Gefahr der modernen Angriffstechniken unmittelbar vor Augen hatte, wurde in Düsseldorf neues Geschütz angeschafft[145] und an der südlichen Befestigungsfront damit begonnen, die Stadtmauern durch innen vorgelagerte Erdwälle zu verstärken. 1478 ist von einem inneren Wall als rückwärtiger Begrenzung der Grundstücke an der Berger Straße die Rede.[146] Dieser blieb aber ohne besondere

Bedeutung, so daß der mittelalterliche Mauerbering noch bis zur Änderung der Befestigung nach dem Bollwerksystem im 16. Jahrhundert, an der Nordfront bis ins 17. Jahrhundert, am Rhein teilweise sogar noch bis ins 18. Jahrhundert, seine fortifikatorischen Aufgaben erfüllte.

Baubeschreibung und Rekonstruktion

Baubeschreibung und Rekonstruktion

— Mauerverlauf —

Im Norden wurde der Mauerverlauf der ersten Stadterweiterung durch Verlängerung der dem Eder vorgelagerten Stadtmauer in nordöstlicher Richtung bestimmt. Das sumpfige Gelände der Düssel im Bereich der Landskrone bildete eine natürliche Begrenzung der Erweiterung nach Osten (Taf. II).[147]
Von dem nordöstlichen Eckturm des ersten Mauerberings an der Ursulinengasse verlief die Stadtmauer parallel zur Ritterstraße. Diese war noch in der Mitte des 17. Jahrhunderts ein unbebauter Bürgerumgang, der den Namen „Achter der Mawer hinder den München" trug.[148] Beim Wiederaufbau der Ursulinenschule nach dem Kriege stieß man unter dem nicht unterkellerten Laienraum der Kirche an der Ritterstraße auf den ehemaligen Stadtgraben. 1821 sollen bei Verbreiterung der Ritterstraße, nach dem Abbruch der in die Straße hineinragenden Bauten des ehemaligen Kreuzherrenklosters, Reste der alten Stadtmauer zutage getreten sein.[149] Etwas weiter östlich, auf dem Grundstück Ritterstraße 16/18, stand 1693 noch ein Mauerturm.[150]
An der Einmündung der Mühlengasse in die Ritterstraße bildete ein Turm die nordöstliche Ecke der Befestigung. Weiter südlich, in Höhe des Hauses Ratinter Straße 42, „an der Moelengayte day de Porte yn geyt"[151], lag das Ratinger Tor (Ratinger Portze),[152] wie in dem Plan von Antonio Serro von 1620 dargestellt (Taf. V).[153] Von hier verlief die östliche Stadtumfassung fast geradlinig in südlicher Richtung.
Etwa am heutigen Grabbeplatz, auf dem Grundstück neben der alten Landes- und Stadtbibliothek, wurde die Mauer durch einen vorspringenden Turm unterbrochen. Beim Bau der Kunsthalle, 1878 bis 1881, hat man leider nicht auf die alten Fundamente geachtet, wenn diese nicht schon beim Bau des studentischen Seminars 1623 beseitigt worden sind.[154] Nach dem Zweiten Weltkrieg wurden bei den Kanal- und Düsselbauten unmittelbar neben der Kunsthalle alte Mauerreste gefunden.[85] Rennefeld beobachtete beim Wiederaufbau zerstörter Häuser an der Mühlenstraße — in den Kellern parallel zur Heinrich-Heine-Alle und Neustraße — die Fundamente der alten Stadtmauer. Bei den Ausschachtungsarbeiten am Zürich-Haus (Heinrich-Heine-Allee) konnte nicht nur die 1,20 bis 1,30 m starke Mauer festgestellt werden, sondern auch die Anordnung von Gräben.[155] Die südliche Begrenzung dieses ersten Befestigungsringes ist in den überlieferten Urkunden nicht eindeutig lokalisiert. In dem Freiheitsbrief von 1394 umreißt Herzog Wilhelm nur grob das den Hammer Bürgern zugeteilte Gebiet als „sulche nuwe stat zo Dusseldorp, as wir begriffen haven tuschen unser nuwer stat van Dusseldorp, de itzunt begraven ind ein deils gemourt is, und dem Ryne und der overster Bach, die van Bylck vliessende kumt und zo Dusseldorp in den ryn vellet"[140].

DVSSELDORF

26 Berger Front. Stich bei Graminäus, 1585

Die Beschreibung der Prozessionswege von 1392 sagt direkt zwar ebensowenig über den Mauerverlauf aus. Die Wegführung „de ecclesia per antiquum oppidum et per ripam juxta molendinum et per novum oppidum directe transeundo per plateam qua ducit de Vlyngere, reintrando per forum novi oppidi et per pontem usque ad ecclesiam redeundo[156] (aus der Kirche durch die Altstadt und über den Bach an der Mühle vorbei und durch die Neustadt direkt über den Weg, der von Flingern kommt wieder zurück auf den Markt und über die Brücke bis zur Kirche zurück) liefert aber immerhin den Hinweis, daß die 1396 erwähnte Flinger Straße[140] die südliche Stadtbegrenzung der ersten Erweiterung gewesen sein muß, denn die Prozessionswege verliefen innerhalb der Stadt, und südlich der Flinger Straße lag schon das Gebiet der zweiten Stadterweiterung.

Die Richtigkeit dieser Vermutung beweisen die Beobachtungen Rennefelds, der 1952 beim Bau des neuen Rathauses in Höhe der Rheinstraße, 2,5 m tief unter dem Straßenpflaster, die Spuren eines nassen Grabens entdeckte.[157] Das Fehlen der Mauerfundamente ist kein Gegenargument, denn die erste Neustadt war nur teilweise ummauert. Es ist daher anzunehmen, daß, nachdem das ganze Stadtgebiet mit einem nassen Graben umgeben war, zunächst nur der besiedelte Teil der Neustadt ummauert wurde.

Der Mauerbering der Erweiterung von 1394 verlief in Verlängerung der vom Ratinger Tor nach Süden gerichteten Stadtmauer (Taf. II, V). Die Überleitung zwischen den Mauerabschnitten der beiden Erweiterungen bildete das Flinger Tor, aus dem eine Brücke über den Stadtgraben zum Flinger Steinweg (Schadowstraße) führte. An der Ecke Wall- und Neustraße, zwischen „Brücke" (Karsch-Haus) und Wilhelm-Marx-Haus knickte die Mauer nach Südosten ab. An dieser Stelle übernahm ein noch 1585 auf dem Stich von Graminäus erkennbarer viereckiger Eckturm die Mauerflankierung (Abb. 26).

Die südliche Stadtmauer verlief im Zuge der Wallstraße bis zur Berger Straße, an deren Ausgang das älteste Berger Tor gestanden hat. Die Bestreichung des dazwischen-

72

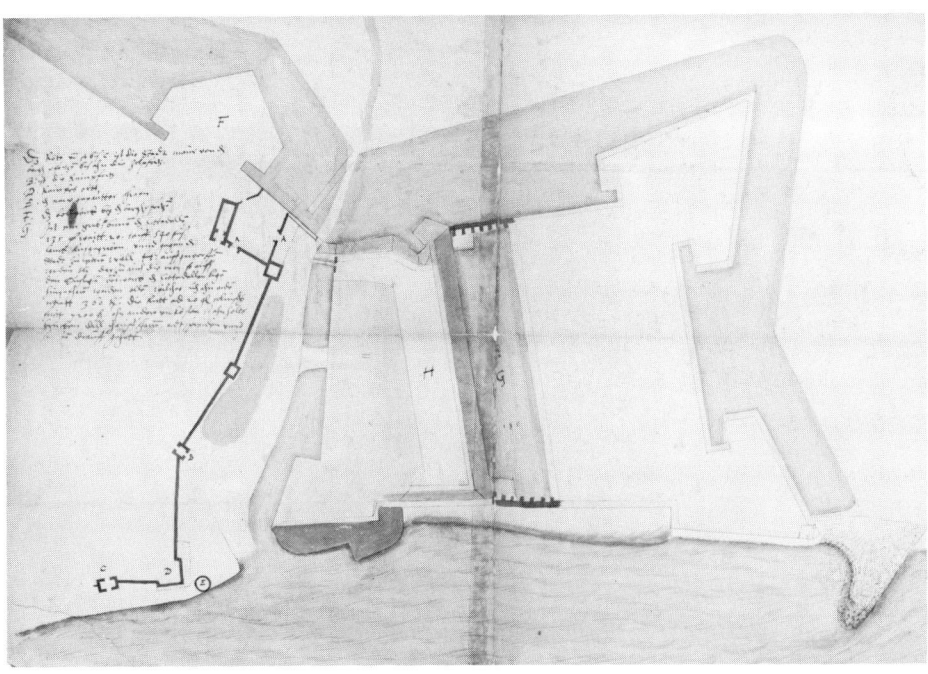

27 Zitadelle mit alter Stadtmauer. Projekt vorgelegt auf dem Landtag am 19. Januar 1599

liegenden Mauerabschnittes sicherte ein in Höhe der Mittelstraße vorspringender Mauerturm, dessen Fundierung neben Teilen der Fundamente der Stadtmauer im vorigen Jahrhundert beobachtet werden konnte.[158] Aus dem Berger Tor führte der Weg, der an dieser Stelle auf einer Brücke die südliche Düssel überquerte, nach Hamm und Bilk. Die Straße „Achter der Mauer am Berger Tor", heute Akademiestraße, gibt die Richtung der Verbindung zum Rhein- und Zolltor an. Für den Verlauf der Mauer in diesem Abschnitt gibt es mehrere zeichnerische Belege. In dem ältesten überlieferten Dokument, dem Planprojekt von Speckle (Kap. II, 5), ist die mittelalterliche Mauer stark schematisiert wiedergegeben (Taf. IV). Topographisch zuverlässig ist die Darstellung dieses Mauerabschnitts in einer kolorierten Zeichnung, die auf dem Landtag von 1599 zum Bau der Zitadelle vorgelegt wurde (Abb. 27). Diese Darstellung stimmt im wesentlichen mit dem 1620 von Antonio Serro angefertigten Festungsplan überein, so daß eine Rekonstruktion des Mauerverlaufs auf dem heutigen Stadtgrundriß ohne Schwierigkeiten möglich ist.

Von dem im Anschluß an das Berger Tor dargestellten Vorhof entstammt, wie noch gezeigt wird, nur das nördliche Mauerstück mit dem Portmannsturm (Portmannstorn) der mittelalterlichen Bauperiode.[159] Der Portmannsturm selbst ist mit dem südlichen Eckturm des alten Mauerberinges identisch. Von ihm verlief die Stadtmauer in nordwestlicher Richtung, der Oberen Düssel entlang, parallel zur Akademiestraße bis hin

73

DUSSELDORF

28 Rheinfront. Stich bei Janssonius, 1619

zum Rheintor (Rinporz).[160] An dieser Stelle ging sie in den Befestigungsring der ersten Erweiterung über. Etwa in der Mitte zwischen Portmannsturm und Rheintor lag auf viereckigem Grundriß ein weiterer, nicht näher bezeichneter Mauerturm.

Das Verbindungsstück zwischen Rheintor und Zolltor (Zollporz)[161] am Ende der Zollstraße weist im Knickpunkt an der Einmündung des Hafens eine Besonderheit auf: einen im Plan Speckles noch enthaltenen, vorstehenden zinngekrönten Rundturm mit Spitzkegel (Taf. IV). In den Stichen von 1585 findet sich an dieser Stelle eine kleine Bastion, die in den Urkunden als „Rintgesort"[162] (Rheinort) bezeichnet wird (Abb. 28). Diese Bastion dürfte aber einer späteren Bauperiode zuzuschreiben sein. Ein geradliniges Mauerstück, das wiederum von einem Mauerturm unterbrochen wurde, bildete die Verbindung zu den südlich an das Schloß anschließenden Bauten. Innerhalb der Stadtmauern war das Schloß durch einen Graben von der Bürgerstadt abgetrennt.[163] Der Schloßbau selbst bildete mit einem Knick an der Rheinseite die Überleitung zu dem sich im Norden anschließenden ersten Befestigungsring.

Da der südwestliche Mauerabschnitt seit der Mitte des 16. Jahrhunderts durch die Zitadelle gedeckt war, lag er ebensowenig wie die Rheinseite an der neuen Verteidigungslinie. Aus diesem Grunde konnte diese Befestigungsfront noch bis ins vorige Jahrhundert im wesentlichen ihren ursprünglichen Charakter bewahren, so daß die ältesten Rheinansichten auch für das Aussehen des rheinseitigen Mauerabschnitts der ersten und zweiten Erweiterung eine gewisse Gültigkeit haben (Abb. 28).

74

Auf der dem Lande zugekehrten Seite schützte ein von der Oberen und Unteren Düssel gespeister Graben[143] die sechs bis sieben Meter hohen Mauern der Stadt. Somit war Düsseldorf durch die Gräben, den Rhein, den Eder und die Obere Düssel auf allen Seiten von Wasser umgeben. Insgesamt gesehen, bildet der Verlauf des ehemaligen mittelalterlichen Mauerberings auch heute noch ziemlich genau die Begrenzung des Gebietes der Altstadt unserer Tage.

– Tore –

Den Toranlagen fiel im mittelalterlichen Befestigungsring eine besondere Aufgabe zu. Einerseits mußten sie den Verkehr mit der Außenwelt vermitteln. Andererseits waren sie durch ihre Lage an den Hauptverkehrsstraßen einem feindlichen Angriff zu allererst ausgesetzt. Aus diesem Grunde mußten sie so gebaut sein, daß sie jederzeit die Verteidigung gegen andringende Feinde übernehmen konnten. Bei einer solchen Verteidigung stellten die Torflügel zunächst einen strategisch schwachen Punkt dar. Da die Torbauten selbst als Hindernis mehr oder weniger geeignet waren, mußten ihre Räumlichkeiten so eingerichtet sein, daß sie eine wirksame Verteidigung durch Menschen ermöglichten.

Nach Renard hat am Niederrhein zunächst der einfache Torturm mit ein oder zwei Geschossen über oblongem Grundriß vorgeherrscht. Nach 1250 fand auch der aus römischen Vorbildern entwickelte Typ des Torturms mit flankierenden Rundtürmen Nachahmung. Die Ende des 14. Jahrhunderts entwickelte Form des Doppeltores leitet über zu dem reich gestalteten Typ der Torburg, deren besterhaltene Beispiele das Klever Tor in Xanten und das Steintor in Goch sind.[164] In der Übergangzeit werden Torhof und Außentor noch nicht massiv ausgeführt gewesen sein. Für Düsseldorf sind daher der einfache Torturm und das Doppeltor mit nicht massivem Vortor anzunehmen. Die Bauweise der fünf Düsseldorfer Stadttore war selbstverständlich unterschiedlich. Jedes Tor hatte eine besondere Eigenart, wie die folgende Darstellung zeigen wird.

– Ratinger Tor –

Außer dem erst 1397 erwähnten, wahrscheinlich schon einige Jahre früher fertiggestellten Ratinger Tor,[151] am Eingang der Mühlengasse zur Ratinger Straße, wird in dem Mauerring der ersten Erweiterung bis zur Erweiterung von 1394 kein weiteres Tor fertiggestellt gewesen sein. Wie später noch dargelegt wird, wurde der alte Torturm 1684 durch einen neuen Torbau seiner Funktion entfremdet. Den stehengebliebenen massiven Turm des ersten Tores überließ man 1708 dem Mühlenpächter Groenwald zum Bau einer Windmühle.[165] In der Funktion als Unterbau für diese Mühle blieb der ältere Torturm noch bis zu seinem Abbruch, 1811, erhalten.[166] Wie die Abbildung der 1712 aufgesetzten Windmühle erkennen läßt (Abb. 54), war demnach das älteste Ratinger Tor ein viereckiger Torturm mit einem gotischen Bogen über der Durchfahrt. Über dem Torbogen erhob sich ein zweistöckiger, mit Fenstern versehener Aufbau. Da der Turmhelm erst 1619 entfernt wurde,[167] ist anzuzweifeln, daß das Tor des ersten Baustadiums „zinnengekrönt" war, wie Rennefeld – leider ohne Quellenangabe – behauptet.[157] Zinnengekrönte Backsteintore, wie das Weiertor in Zülpich, sind zwar schon seit der Mitte des 14. Jahrhunderts im

Rheinland bekannt.[168] Die Regel war aber der Torturm mit einem spitzen Walm-
oder Pyramidendach, ähnlich den in der Stadtansicht von 1604 dargestellten Tor-
türmen (Abb. 36)[169]

— Flinger Tor —

Über das Flinger Tor, das erstmalig im Jahre 1440 erwähnt wird,[141] ist nur wenig bekannt. Wahrscheinlich ist es als letztes der drei sogenannten „Veldportzen"[170] der landseitigen Tore, gebaut worden, denn 1411 wird das Tor noch „Nuwe Portze an der
Nuwer Stat zo Dusseldorp da man heen geit zo Gerisheim" genannt.[141] Im 16. Jahrhundert ist das Tor als Rüsthaus nachweisbar. In seinem Gewölbe lagen 1540/41 die
städtischen Hakenbüchsen.[171]
Ähnlich wie das Ratinger Tor und, wie weiter unten dargestellt wird, auch das Berger
Tor, war das Flinger Tor ein mehrgeschossiger Viereckturm. Die einzige Darstellung
findet man auf dem Stich bei Graminäus von 1585 (Abb. 27). In der naturgetreuen
Wiedergabe des verfallenen Vierecktums ohne den Dachaufbau liegt ein Beweis für
die Zuverlässigkeit des Kupfers,[172] denn tatsächlich fehlte bis 1597, als der Baumeister Johann Pasqualini das Tor besichtigte, der Turmhelm.[173]
Der mit 445 1/2 Rtlr., 9 Alben veranschlagte Bau der „Kap oben uff die Flinger
Portz" wurde noch im selben Jahr den Zimmerleuten in Auftrag gegeben.[174] Schon
1585 war der Vorschlag gemacht worden, den Portmannsturm und das Flinger Tor
mit einer „Kappe" zu versehen und „darunter in dem Turm eine Custodie (Schild-
wachtstube) einzurichten"[175]. Von dem neuen Flinger Tor, das aus fortifikatorischen
Gründen, „necessariis artis bellicis"[141], südlich des Mühlenbollwerks projektiert war,
berichtet erstmals die Kellnereirechnung von 1635.[176] Nach Fertigstellung des Neu-
baues im Jahre 1645[177] wurde das Alte Flinger Tor, das schon 1620 baufällig war,[178]
geschlossen und als Rüsthaus weiterverwendet.[179] Im 18. Jahrhundert diente der Torturm als Pulverturm. Als solcher wurde er 1785 meistbietend versteigert.[180]

— Berger Tor —

Dank der teilweise erhaltenen Rechnungsakten der Stadt Düsseldorf von 1427 bis
1449,[181] der bereits erwähnten Pläne von 1577, 1599 und 1620 (Taf. IV, Abb. 27,
Taf. V) sowie mehrerer Stadtansichten, läßt sich über das Berger Tor und die beiden
rheinseitigen Stadttore Genaueres aussagen. Den Namen hat das Berger Tor nicht
nach dem Bergischen Land, wie in der älteren Literatur angegeben ist,[182] sondern
von zwei Höfen „up dem Berghe" an dem Wege nach Bilk.[183]
Von dem zwischen 1394 und 1396[142] errichteten Torgebäude wurde 1449 an einem
„wachuys ind vorhuys" (Wach- und Vorhaus) aus Stein gebaut.[184] Die Erwähnung
des Vorhauses legt den Gedanken an ein Doppeltor nahe, denn dieser Tortyp war gegen Ausgang des 14. Jahrhunderts am Niederrhein vorherrschend.[164] Tatsächlich
zeigt der im Plan von 1599 dargestellte Grundriß des Tores die oblonge Form rheinischer Torburgen mit einem viereckigen Torturm und anschließendem Vorhof, bestehend aus dem Vortor und den zum Torturm gerichteten Verbindungsmauern. Die
beiden Durchgänge im Torturm sind deutlich zu erkennen. Die Toröffnung des
eigentlichen Vortores ist in dem Grundriß nicht mehr eingezeichnet. Dieser Umstand
ist auf einen späteren Umbau zurückzuführen.

Infolge dieser Veränderungen ist der sonst als zuverlässig geltende Stich bei Graminäus[172] in der Darstellung des Berger Tores wenig aufschlußreich (Abb. 26). Das hier wiedergegebene Tor muß eine phantasievolle Ergänzung des Künstlers sein, da zum Zeitpunkt der Darstellung des Einzugs der Jakobe von Baden, 1585, die Mauerfront zwischen Portmannsturm und Berger Bastion noch nicht zu einem Torhof (Neuer Berger Torhof) geschlossen war,[185] wie ihn die Zeichnung von 1599 zeigt (Abb. 27). Während der Vorgriff auf das geplante, aber noch nicht vorhandene neue Vortor als erforderliche Ergänzung der schmuckvollen Darstellung des Einzugs noch erklärlich ist, gibt das Fehlen des Berger Torturms allerdings zu denken. Bei der sonst zu beobachtenden Genauigkeit der Ansichten von Graminäus ist kaum anzunehmen, daß der ursprünglich sicher sehr imposant wirkende Turm des Berger Tores einfach weggelassen worden ist, denn dazu waren gerade die Türme ein viel zu beliebtes Darstellungsobjekt. Wahrscheinlich konnte der Turm aber gar nicht zeichnerisch erfaßt werden, weil er bis zur Höhe der Stadtmauer, hinter der er jetzt verdeckt lag, abgetragen war. Es ist durchaus möglich, daß das Berger Tor im Zusammenhang mit der 1478 erfolgten Aufschüttung des Walles auf der Innenseite der an den Torturm anschließenden Stadtmauer einen derartigen Umbau erfahren hat (Taf. III).[146] Zu diesem Zeitpunkt war es nämlich üblich, die Stadtmauern niedriger zu machen und die Turmhelme zu entfernen. Dabei wurden die Tortürme als Plattformen zum Auffahren von schwerem Geschütz umgebaut.[186] Diese Veränderungen, die das Fehlen des Torturms bei Graminäus erklären würde, erscheint an der Berger Front angesichts der Neußer Belagerung durchaus möglich, zumal auch im benachbarten Neuß die Tore um 1460 derartige Umbauten erfahren haben sollen.[187]

Aus diesen Ausführungen läßt sich unter Berücksichtigung ähnlicher Anlagen zusammenfassend sagen, daß der Charakter des Berger Tores ursprünglich durch einen mehrgeschossigen Viereckturm mit steilem abgewalten Dach bestimmt war. Dieser Torturm muß mit dem durch Mauern angebundenen Vorhaus eine Torburg gebildet haben. Das Wachhaus mit den Aufenthaltsräumen für den Pförtner wäre demnach jenseits des Grabens zu suchen, wo auch die 1540 erwähnte Hammei schon einige Zeit gestanden haben muß,[188] denn schon zur Zeit des Mauerbaus war es üblich, Hammeien mit drehbaren Holztoren, wenigstens aber einem Schlagbaum, als Hindernisse auf den Landstraßen vor den Toren anzulegen.[189]

– Rheintor –

Das Rheintor ist seit 1478 urkundlich nachweisbar.[146] Da die 1413 bereits bekannte Rheinstraße ursprünglich die einzige unmittelbare Verbindung der Neustadt zum Rhein herstellte, ist anzunehmen, daß das Rheintor gleichzeitig mit den drei „Veldportzen" gegen Ende des 14. Jahrhunderts im Zuge der ersten und zweiten Stadterweiterung errichtet wurde. Den Rheinansichten bei Graminäus zufolge sah das auf fast quadratischem Grundriß, 26 x 22 Schuh (etwa 7 x 8 m), errichtete Rheintor[190] den drei „Veldportzen" ziemlich ähnlich. Der Torturm blieb fast unverändert bis kurz nach 1725 bestehen, als das Bauwerk einem zierlicheren Torbau weichen mußte (Abb. 28, 102).[191]

– Zolltor –

Als letztes der mittelalterlichen Tore wurde das Zolltor errichtet. Mit der Verleihung des Rechts zur Einnahme von zwei Alben für den Ausbau des Werftes durch den Düsseldorfer Zollschreiber, 1426, ist die Verlegung der Zollerhebung vom Alten Zollhaus am Eder an die Rheinseite, oberhalb des Schlosses, anzunehmen.[192] In den Listen über den Empfang des Werftgeldes von 1442 wird das Neue Zollhaus (Zolltor) erstmalig erwähnt.[193] Der Bau dieses Neuen Zollhauses mit dem Zolltor ist demnach spätestens zwischen 1426 und 1442 anzusetzen (Abb. 29).

Bei Speckle ist das Tor als einfacher Tordurchlaß dargestellt. Da es sich bei diesem Plan aber um einen Festungsentwurf handelt, ist auch für das Zolltor als ältester, authentischer zeichnerischer Beleg die bereits mehrfach zitierte Rheinansicht bei Graminäus anzuführen. Danach war dieses Tor ebenfalls ein dreigeschossiger Viereckturm mit einem hohen abgewalten Dach. Der Torturm stand in direkter Verbindung mit dem eigentlichen Zollhaus.

Wie ein Vergleich der Ansicht des Zolltores in den als zuverlässig geltenden Ansichten bei Graminäus und bei Ploennies zeigt (Abb. 44, 63), ist dieses Tor im 17. Jahrhundert umgebaut worden.[194] Da die Darstellung von 1645 bei Merian,[195] abgesehen von der Überhöhung des Torturmes, mit der Wiedergabe bei Ploennies übereinstimmt, muß der Umbau, unter Berücksichtigung der Darstellung des älteren Zustandes bei Janssonius 1619[196] (Abb. 28) in den Jahren zwischen 1619 und 1645, wahrscheinlich nach 1628[197] im Zusammenhang mit der Fertigstellung des Neuen Werfts, erfolgt sein.[198]

Nach Anlage der Fliegenden Brücke (Ponte), 1699, wurde das Zolltor, das zeitweise auch als Gefängnis diente,[199] zum westlichen Stadteingang. Wagen mußten allerdings

Das ehemalige Zolltor.

29 Das ehemalige Zolltor. Lavierte Federzeichnung, um 1800

das Rheintor benutzen, da die spitzbogige Türöffnung seit Höherlegung des Werfts nicht mehr für die Durchfahrt geeignet war.[200] Aus diesem Grunde sollte das Tor schon 1773 erweitert werden.[201] Dem Umbau wurde aber erst 1800 zugestimmt. Nachdem Hofbaumeister Köhler der Landesregierung einen Kostenanschlag in Höhe von 309 Rtlr. vorgelegt hatte, und die Zufahrt zur Zollstraße durch die Verlegung des Marktes auf den Karlplatz sichergestellt war, konnte mit den Arbeiten noch im September desselben Jahres begonnen werden.[202] In diesem Zustand blieb das Tor noch bis zu seinem Abbruch 1809 erhalten (Abb. 29).[203]

— Lindentrappenpforte —

Die Lindentrappenpforte, die das Rheinufer mit der Altstadt verband, hatte, wie der Name sagt, keine ursprünglich von Fuhrwerken zu benutzende Rampe, sondern lediglich eine von Linden umstandene Treppe, die zu der alten Fährstelle führte.
Mit dem Ausbau des Neuen Werfts und der Verlegung der Zollerhebung hat das kleine Tor am Rhein seine ursprüngliche Bedeutung verloren. Wie wichtig der Zugang zum Rhein aber für das Leben der anwohnenden Bürger war, zeigt sich in den vielen Bittschriften,[204] in denen die Bitte um Wiedereröffnung des seit den Kölnischen Kriegen geschlossenen Tores damit begründet wird, daß „die Nachparschaft in Zeitt unverhoffter entstehender Feuersnot und sunsten der Nachparschafft mitt waschen und fringen wie auch den überrheinischen Hauszleuten zu überbringungh irer Fruchten und Nahrung an alsulchei Poitzen nitt wicnig gelegen"[205]. Während Berger und Rheintor, die seit 1585 ebenfalls geschlossen waren,[206] wegen ihrer Bedeutung für den Verkehr schon 1596 wieder geöffnet wurden,[207] blieb die Lindentrappenpforte wegen der Kriegsgefahren noch weiterhin geschlossen.[208] Am 5. Mai 1916 wurde das

30 Innenseite des Zolltores nach dem Umbau von A. v. Vagedes, niedergelegt 1897

kleine Tor, an dessen Bewachung niemand dachte, durch Verrat Neuburger Söldner geöffnet.[209] Bei der Ausbesserung der Stadtmauer unterhalb des Alten Zollturms, 1616, spätestens bei der Fertigstellung des Neuen Werfts, muß das Lindentrappentor nach 1628 verändert worden sein.

Der Name „Am Kohlentor" ist nicht mit der Lindentrappenpforte in Zusammenhang zu bringen. Er bezieht sich vielmehr auf die anfangs überdachte Rampe, die im 19. Jahrhundert in der Nähe der ehemaligen Pforte, neben dem Haus Krämerstraße 1, auf das Werft führte (heute Schloßufer gegenüber dem Theresienhospital).[210]

– Türme –

Von den in der Beschreibung des Mauerverlaufs erwähnten Türmen, die in Schußweite, etwa alle 100 bis 120 Meter, die Mauer flankierten, konnten außer ihrer nach Bodenfunden rekonstruierbaren mutmaßlichen Lage auch Erkentnnisse über ihre Namen gewonnen werden. In einem Schreiben des Magistrats von 1629 an den Pfalzgrafen, das sich mit dem vom Fürsten befohlenen Wiederaufbau der Stadtmauern befaßt, sind glücklicherweise die Namen einiger Türme genannt.[197] Nach dieser Quelle läßt sich ihre Lage anhand der nahegelegenen Häuser, die in dem nur drei Jahre älteren Landsteuerbuch von 1632[211] aufgeführt sind, in folgender Reihenfolge rekonstruieren (Taf. II): Pulverturm, der Turm hinter Dr. Mattenclot (Ritterstraße 16/18), das Rondell (Eiskellerberg), das Ratinger Tor, der Lyrenturm (Grabbeplatz), der Karendrieversturm (Kommunikationsstraße, heute östliche Bolkerstraße), das Artilleriehaus, das Flinger Tor, der Eckturm am Flinger Tor, der Turm hinter den Kapuzinern (Mittelstraße) – das Berger Tor wird nicht erwähnt (vgl. Kap. II, 3) –, der Portmannsturm, der Turm nahe dem Rheintor und das Zolltor. Außer dem Pulverturm (Altes Zollhaus), dem Turm an der Ritterstraße, dem Portmannsturm und dem Ratinger Rondell, das den mittelalterlichen Eckturm damals schon fast ein Jahrhundert lang ersetzt hatte, war von den anderen Türmen 1629 nicht mehr viel übrig geblieben (Taf. III).

Der Turm hinter den Kapuzinern muß wegen des angelegten Walles schon länger abgebrochen gewesen sein. In dem Turm am Flinger Tor hatte man 1596 eine Roßmühle eingerichtet.[212] Am längsten erhalten blieb der Turm an der Ritterstraße, der vom Bau der neuen Wallanlagen kaum betroffen war. Wahrscheinlich hatte dieser Turm den 1634 in die Luft geflogenen Pulverturm in der Funktion eines Pulverturms ersetzt. In seinen Gewölben wurde noch 1693 Pulver gelagert, als der Ingenieur Cagnon ihn abreißen ließ, um das Gelände für den Geheimrat und General Friedrich Christian Freiherr von Spee zu bebauen.[150]

Über das Aussehen der Türme ist nicht viel überliefert. Als Ecktürme waren der Portmannsturm, der Eckturm am Flinger Tor, der Vorgängerturm des Ratinger Rondells, der Turm an der Ritterstraße, der Alte Zollturm und der Turm am Rheintor, wie sich aus Ansichten und Plänen rekonstruieren läßt, auf viereckigem Grundriß gebaut und mit einem Helm versehen. In dieser Form ist der Eckturm am Flinger Tor auf dem Stich der Bergerfront bei Graminäus und der Alte Zollturm auf der gleichzeitigen Rheinansicht zu erkennen (Abb. 26, 44). Die in der Mauerflucht gelegenen Türme dagegen entsprachen wahrscheinlich ursprünglich dem Typ des im 14. Jahrhundert am Niederrhein vorherrschenden Mauerturms. Dieser ist durch den nach innen offenen Halbturm von der Grundform des etwas verlängerten Halbkreises charakterisiert.[213] Im 15. Jahrhundert war es, wie beispielsweise aus Zons[214] und Geldern bekannt ist, üblich, daß diese halbrunden Türme zur Stadt hin geschlossen wurden.[215]

— Maueraufbau —

Vom Aufbau der Stadtmauer ist so viel wie nichts bekannt. Die Frage, ob die nach den Stadtansichten 6 bis 7 Meter hohen Mauern zinnengekrönt waren und einen Wehrgang hatten, und ob ein solcher Wehrgang als fester Steinwehrgang auf Bögen ruhte oder als auslandender Holzwehrgang konstruiert war, läßt sich nicht sicher beantworten. In dem etwa gleichzeitig mit der zweiten Stadterweiterung erbauten Zons zog sich entlang der Stadtmauer ein auf gewölbten Rundbögen[216] ruhender, hölzerner Wehrgang. Die vor dem Zweiten Weltkrieg noch vorhandene „zinnengekrönte Mauer" an der Straße Ratinger Mauer,[217] war mit Sicherheit nicht ein Teil der mittelalterlichen Stadtmauer, sondern ein Rest des späteren stadtseitigen Wallabschlusses, dessen Verlauf allerdings mit der Stadtmauer identisch gewesen ist.
Nach dem Zweiten Weltkrieg sind die Kenntnisse von der Stadtmauer durch die Beobachtungen Rennefelds beim Wiederaufbau des Zürich-Hauses (Heinrich-Heine-Allee 12) bereichert worden.[155] Bei den Ausschachtungsarbeiten konnte nicht nur die 1,20 bis 1,30 Meter starke Mauer festgestellt werden. Zwischen Stadtmauer und Neustraße entdeckte Rennefeld sogar eine etwa 38 Meter lange Kasematte, die mit einem Kreuzgewölbe gedeckt war: vielleicht nur ein Gewölbekeller, vielleicht auch eine Anlage, die im Zusammenhang mit dem Aufwerfen von Wällen von innen vor der alten Stadtmauer zu sehen ist, denn gleichlaufend mit der Heinrich-Heine-Allee stieß man ferner auf den 8 m breiten, 4,50 m tiefen, spitz ausgehobenen Stadtgraben, den Rennefeld nach den im dunklen Schlick gefundenen Gefäßen in die zweite Hälfte des 15. Jahrhunderts datiert. Das ist etwa die Zeit, in der die Gräben vertieft und die Mauern wegen des Gebrauchs von Pulvergeschützen durch innen aufgeschüttete Erdwälle verstärkt wurden. Der an der Wallstraße in Höhe der späteren Berger Bastion 1478 nachgewiesene Stadtwall wird aber kaum den ganzen Mauerbering begleitet haben.[146] Außer der Wallstraße (Straße auf dem Walle) werden im Landsteuerbuch von 1632 alle anderen Stadtumwege als „Achter der Mauer" bezeichnet.[211]

— Schloß —

Von den Wehrbauten innerhalb der Stadtmauern verdient das Schloß besondere Beachtung. Als Grafenhaus hatte es ursprünglich außerhalb des Stadtbereiches gelegen. Der älteste Teil dieser Burg ist der nordwestliche, aus gelbem Sandstein erbaute Schloßflügel,[218] der ursprünglich von zwei runden Türmen eingefaßt war.
Infolge der Einbeziehung in den städtischen Mauerbering durch die erste Stadterweiterung verlagerte sich das Gewicht der militärischen Bedeutung der ehemaligen Wasserburg. Bei den gleichzeitigen Umbauarbeiten und der vermutlichen Erweiterung um den nordöstlichen Schloßflügel[219] verlor das Gebäude auch äußerlich weitgehend seinen ursprünglichen Charakter als ein die Zollstätte schützendes Verteidigungsbauwerk und nahm das Aussehen eines Wohnsitzes an.

31 Das Düsseldorfer Schloß. Ansicht vom Rhein, Bauzustand 17. Jahrhundert

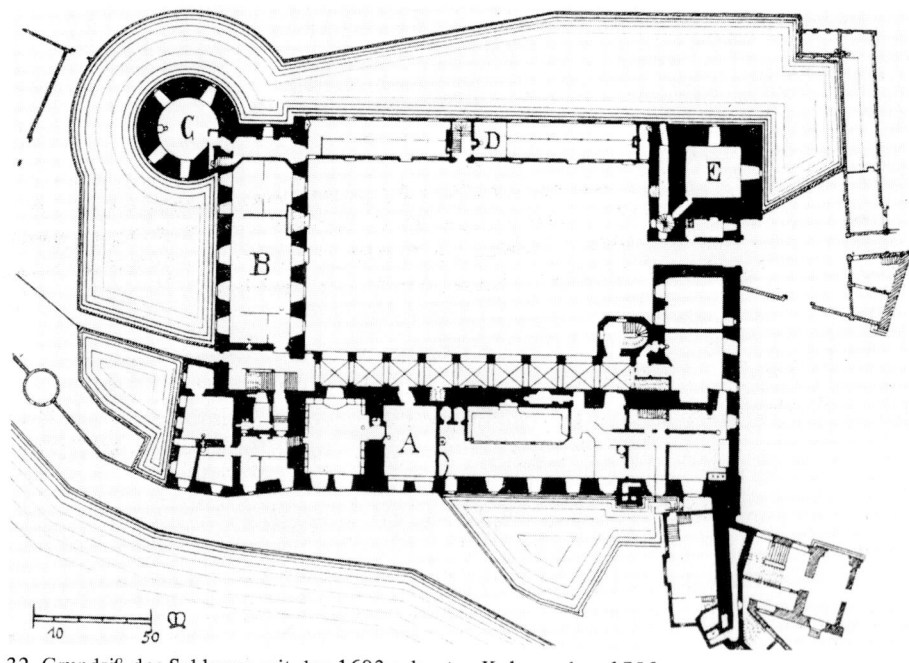

32 Grundriß des Schlosses mit den 1693 gebauten Kolonnaden, 1756

82

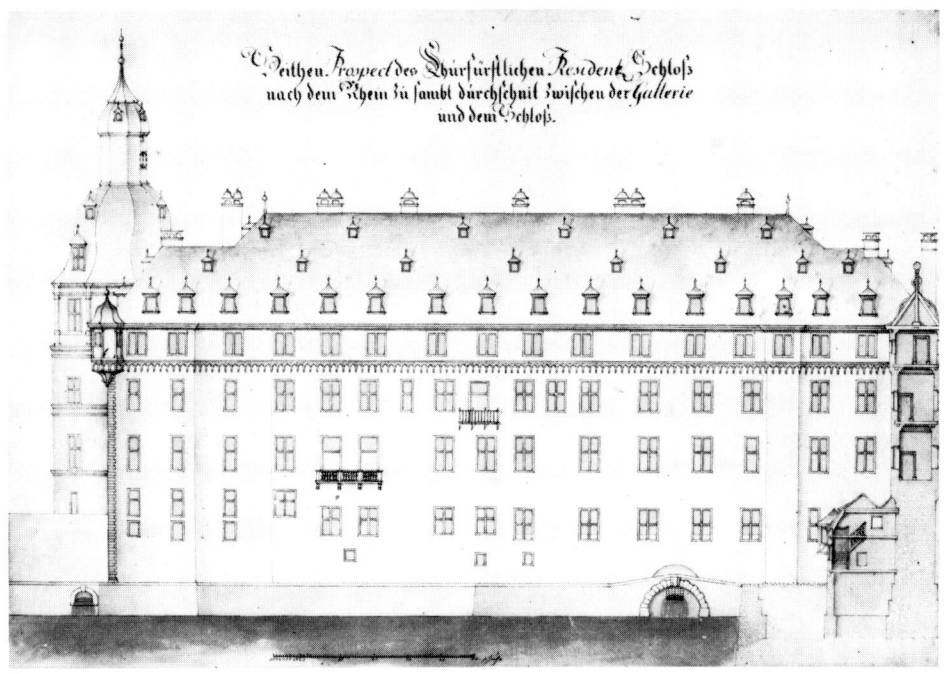

33 Ansicht des Schlosses nach dem Umbau durch Nosthoffen, 1756

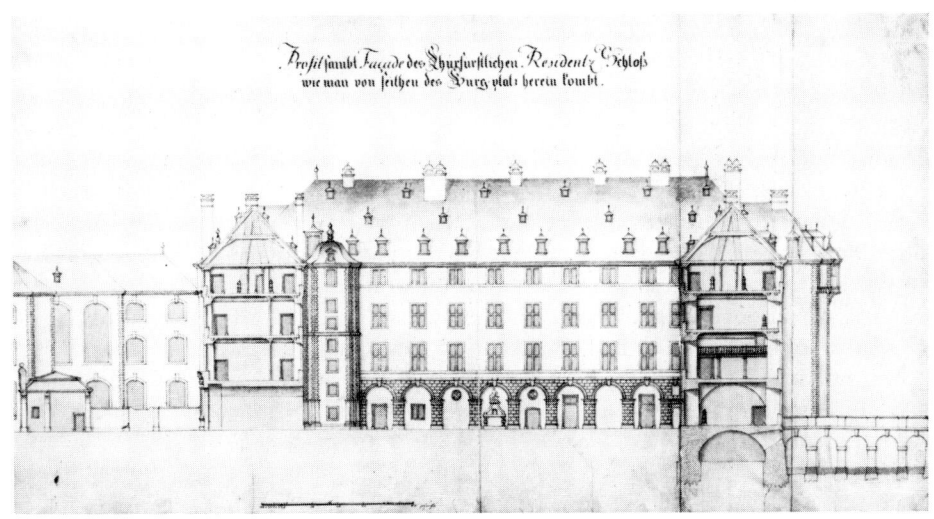

34 Blick auf die Innenhofseite des rheinseitigen Schloßflügels mit Gebäudeschnitten, 1756

Anfang des 15. Jahrhunderts errichtete man an der Stadtseite, parallel zum ältesten Schloßflügel, im Südosten einen dritten Bautrakt.[219] Dieser schloß mit einem viereckigen Turm ab, der optisch die Mühlen- und Kurze Straße, den Burg- und Marktplatz beherrschte.

Die stadtseitige Lage dieser Türme ist ein deutlicher Hinweis darauf, daß das Schloß, nachdem seine Verteidigungsfunktion nach außen hin eingeschränkt war, zu einem Stützpunkt der fürstlichen Macht in der Stadt wurde, denn die auf die Stadt ausgerichteten Türme waren weniger dazu bestimmt, äußere Feinde abzuwehren; vielmehr sollte von ihnen aus die Bürgerschaft in der Abhängigkeit des Fürsten gehalten werden. Zum Schutz gegen etwaige Unbotmäßigkeiten der städtischen Einwohner war das Schloß außerdem durch einen Wassergraben geschützt. Dieser 1435 erwähnte Burggraben wurde durch eine Mauer vom Rhein abgetrennt.[220] Nach dem Bau des Südostflügels im 15. Jahrhundert[221] stellte eine Zugbrücke an dieser Seite die Verbindung zum Schloß her.[222] Dort lag auch eine Schleuse, die das Wasser staute, bevor es, wie auf den Stadtansichten ersichtlich, durch einen Abflußkanal in den Rhein gelangte.

Der Ausbau des Schlosses zum Rhein hin erfolgte nach dem Brand um 1490.[221] Zu diesem Zweck bestellte der gleichzeitig mit der Bauverwaltung betraute Schloßkaplan Heinrich von Friemersheim zwischen 1491 und 1493 größere Mengen Drachenfelser Haustein und andere Baumaterialien.[223] Der Umfang der Arbeiten läßt vermuten, daß Herzog Wilhelm II. das Schloß zum Sitz der fürstlichen Behörden einrichten ließ.[224] Seit 1493 waren sogar mehrere Baumeister mit den Bauarbeiten, die sich über einen langen Zeitraum hinzogen, beschäftigt.[225] Der niedrige Rheinstand 1501 gab Gelegenheit, die Fundamente für einen „Neuen Saal" am Rhein zu legen.[226]

Bei dem Schloßbrand vom 23. Dezember 1510 wurde der nordwestliche Flügel fast völlig vernichtet. Auch hatte das Feuer die übrigen Bautrakte, insbesondere den gerade fertiggestellten Rheinflügel, unbewohnbar gemacht.[227] Die Schäden müssen so erheblich gewesen sein, daß man nach einer ersten notdürftigen Reparatur noch bis zur Vereinigung von Jülich-Kleve-Berg, 1521, wartete, bevor man sich zu einem planmäßigen, modernen Wiederaufbau entschloß. Eine Rechnung von 1522 berichtet von weitreichenden Renovierungsarbeiten:[228] Erst 1599 war der umfangreiche Um- und Neubau abgeschlossen, so daß, wie Lau im einzelnen nachweist, die im Plan Speckles enthaltene Ansicht des Schlosses (Taf. IV) als authentische Darstellung des Standes der Bauarbeiten von 1548 angenommen werden kann, als man die beiden Türme des ältesten Schloßflügels und größere Teile der Burgmauern zum Zwecke eines modernen Wiederaufbaus abgerissen hatte.[229] In dieser Bauperiode erhielt das Schloß die bei Janssonius 1619 dargestellte Rheinfassade mit dem 1551 errichteten, noch heute in seinem wesentlichen Bestand erhaltenen Schloßturm (Abb. 28).[230]

Oberster Baumeister war seit 1533 Bertram von Zündorf (Bertram van Zydendorff), der die Festungsbauten in Heinsberg,[231] Brüggen und Jülich leitete,[232] nachdem er spätestens 1549 durch Alexander Pasqualini in Düsseldorf abgelöst worden war.[233] Beim Dienstantritt Pasqualinis waren die unteren Geschosse der neuen Schloßflügel weitgehend fertiggestellt, so daß sich der Einfluß des italienischen Baumeisters erst in der Ausbildung des oberen Abschlusses zeigte.[234] Seiner Hand entstammt die mit toskanischen Säulen geschmückte vierte Etage des Schloßturmes, den er 1552 durch die in den Stadtansichten hervortretende geschweifte Kuppel mit Laterne und zwiebelförmigem Abschluß bereicherte.[235] Es ist dies wohl die früheste Turmbekrönung dieser Art am Niederrhein. Das Obergeschoß mit den ein kräftiges Kranzgesims tragenden Säulen und den großen Kreuzsprossenfenstern ist noch erhalten. Auch die das Dachgeschoß tragenden Bogenfriese, die sich unter dem Dach in den südlich an das Schloß anschließenden Gebäuden für die „portzenere, tornhoeder, weichter ind gesijnde des vurg. Slosses Duysseldorp"[236] und in dem Gesims der „Katsbahn", dem fürstlichen Ballhaus, fortsetzten,[237] sind auf diese Bauperiode zurückzuführen.

Die 1559 fertiggestellten Umbauten waren so durchgreifend, daß außer den 1628 von Rutger von Merheim an den Fenstergewänden durchgeführten Arbeiten im 17. Jahrhundert kaum Veränderungen am Schloß vorgenommen zu werden brauchten.[238] Kurfürst Johann Wilhelm, der Düsseldorf zu seiner Residenz ausbaute, ließ auch das Schloß für seine Zwecke umbauen und neu ausstatten. Er ordnete die Errichtung der Galerie zur Aufnahme seiner weltberühmten Gemäldesammlung an und ließ 1693 im Rahmen einer Modernisierung den Turm im Schloßhof und die anstoßenden schmalen Gänge durch die Kolonnade ersetzen. Nach dem Tode Johann Wilhelms und dem Abzug des Hofstaates wurden Teile des Schlosses den Militärs überlassen. Zum Besuch Karl Theodors setzte der Hofbaumeister Johann Heinrich Nosthoffen die Innenräume seit 1744 instand.[239] Eine Umgestaltung der äußeren Ansicht erhielt das Schloß erst in den fünfziger Jahren als Karl Theodor 1755 durch seinen Hofbaumeister die gotischen Architekturformen durch Renaissanceformen ersetzen ließ. Der Dachstuhl wurde zum Zwecke einer Erweiterung um ein viertes Geschoß mit einem hohen französischen Dach umgestaltet (Abb. 31 bis 34).

Seitdem hat das Schloß, trotz innerer Umbauten im 18. Jahrhundert und trotz der Wiederherstellung des Nordwestflügels nach dem Bombardement durch die Franzosen, 1794[240] sein Aussehen bis zu seiner Zerstörung, 1872, im wesentlichen beibehalten.

– Stiftsimmunität –

Wenn das auf die sechsfache Größe erweiterte Düsseldorf auch ein kirchlich relevanter Ort sein sollte, mußte der Herzog dem bisher bescheidenen Stift ebenso Glanz und Aussehen verleihen. Herzog Wilhelm opferte zu diesem Zweck aus seinem Vermögen bedeutende Güter und kaufte die Patronatsrechte der Herren von Eller. In der ausführlichen Bestätigungsurkunde von 1392 sind all diese Güter, die der Herzog und seine Gemahlin an das Stift abgetreten haben, enthalten.[125] Den neuen Aufgaben des Stiftes entsprechend, wurde die inzwischen unter das Patronat der Gottesmutter gestellte Lambertuskirche um das Dreifache erweitert und zu der heutigen Hallenkirche mit Chorumgang umgebaut. Auf Veranlassung des Herzogs erklärte Papst Bonifatius IX. den Hl. Appollinaris zum neuen Stadtpatron.

1392 sollen insgesamt vierzig Priester an der Stiftskirche tätig gewesen sein. Parallel zu dieser personellen Veränderung wurden auch die Wohnverhältnisse in der Immunität durch umfangreiche Baumaßnahmen verbessert. Die Immunität umfaßte den damals noch eingefriedeten Stiftsplatz und die angrenzenden Häuser und Gärten. Zu dem Besitzstand von 1334 mit den Häusern 2, 5, 6, 6a, 7 und 12 sind offenbar bei der Stadterweiterung 1384 die Grundstücke 11, 10, 9 und 8 vom Herzog dem Kapitel dazu geschenkt worden. Zur weiteren Verbesserung der Wohnverhältnisse wurde die

Dechantei auf die doppelte Größe erweitert und mehrere Grundstücke zwischen den Häusern am Stiftsplatz, dem Lewenhaus und der Stadtmauer dazu erworben. Der Herzog schenkte dem Stift die angrenzende Stadtmauer und das dahinterliegende Terrain mit dem Graben und dem Wall bis zur Düssel.[75] Das Gelände und der Graben wurden später als Gärten für die an die alte Stadtmauer angebauten Kapitelshäuser eingeebnet.[80]

Bis 1421 war der Grundbesitz durch den Erwerb des Rittersitzes Steinhorst[78] an der Düsselmündung und einen 12 Fuß breiten Grundstücksstreifen, östlich der Stiftsbesitzungen bis zur Stadtmauer, im wesentlichen auf die Ausdehnung arrondiert, die das Stift bis zu seiner Auflösung 1803 hatte. Das Eckhaus 7a und die Häuser 3 und 4 standen allerdings noch im Besitz des Herzogs. Das Eckhaus 7a war der Wohnsitz des Schloßkaplans und wurde von der Witwe des Herzogs Wilhelm II. dem Stift vermacht. Mit dieser Schenkung war die Auflage verbunden, daß in diesem Haus der Stiftsscholaster, dem übrigens das gesamte Schulwesen in Düsseldorf unterstand, wohnen sollte. In den Häusern 3 und 4 war die Schule. Die Trivialschule (Höhere Schule) übertrug später Wolfgang Wilhelm den Jesuiten, denen er dafür ein neues Gebäude am Mühlenplatz (Seminar) zur Verfügung stellte. Die Kinderschule blieb noch bis 1657 in der nördlichen Gebäudehälfte, bevor das Stift das Gebäude erwarb.

Die von Herzog Wilhelm betriebene Förderung des Stifts führte zu einer Ordnung der Grundstücksverhältnisse um die Stiftskirche und zu einer regen Bautätigkeit auf dem Gelände des ehemaligen Kommunikationsweges an der Stadtmauer. Diese Entwicklung war im wesentlichen abgeschlossen, als der Nachfolger Herzogs Wilhelm II., Adolph I., viele von seinem Vater vererbte Güter wieder zurückforderte, so daß das Kapitel nach kurzer Blütezeit schon bald verarmte.

Die innerhalb der Stadt einen eigenen Bezirk mit besonderen Rechten bildende Stiftsimmunität verlor somit, trotz einer umfassenden Vergrößerung ihres innerstädtischen Grundbesitzes, die wirtschaftliche Grundlage, die ihr eine ähnliche Bedeutung in der erweiterten Stadt hätte verschaffen können wie sie das Stiftkapitel in der eng begrenzten Altstadt nach der Stadterhebung gehabt hatte.

Organisation und Technik

– Baufinanzierung –

In der Urkunde zur Stadterweiterung von 1384 nennt Herzog Wilhelm die Neustadt „onser newe stat". In dem Freiheitspatent von 1394 spricht er von „sulche nuwe stat zo Dusseldorp, as wir begriffen haven tuschen unser nuwer stat"[140]. Daraus wird deutlich, daß die Stadterweiterung vorwiegend im Interesse des Herzogs gelegen haben muß, denn normalerweise richtete sich im Mittelalter der Umfang eines Mauerrings nach der Bevölkerungszahl; je enger er war, desto größer war die Verteidigungsfähigkeit der Stadt. Für die Düsseldorfer Bürger hätte sich allenfalls eine Befestigung der Vorstadt gelohnt. Der Umfang der Neustadt aber war so groß, daß neue Einwohner zum großen Teil erst angeworben werden mußten.

Geht man unter diesen Voraussetzungen davon aus, daß, dem herzoglichen Willen entsprechend, die Bürger der Neustadt von „allen dienst, schetzungen (Ungeld)" für

24 Jahre befreit waren,[241] und berücksichtigt man ferner, daß sich schon vor Verleihung der städtischen Freiheiten an die Neuansiedler in der herzoglichen Kellnereirechnung von 1382 ein Posten für die Anlage von neuen Gräben findet,[11] so ist kaum anzunehmen, daß die Bürger der Altstadt die Kosten für die vom Herzog selbst angeordnete Vergrößerung der Stadtfläche auf das Fünffache, 1394 auf das Sechsfache, getragen haben.

Vielmehr liegt die Vermutung nahe, daß der Landesherr die Erweiterung seiner Neustadt, deren Größe über die Bedürfnisse der ansässigen Bürgerschaft hinaus ging, aus Landesmitteln bestritt, denn Düsseldorf selbst hatte, abgesehen von dem Schoß, einer Grundsteuer, die aber nicht immer der Stadt zufloß,[242] und außer dem 1372 verliehenen Maß- und Wiegegeld[243] keine nennenswerten Einkünfte, die zum Stadtbau verwendet werden konnten. Möglicherweise kam auch die Bede, eine jährliche Landsteuer, die die Bürger der Städte und die Einwohner der Freidörfer zu entrichten hatten,[244] der Befestigung der Neustadt zugute, da diese Stadterweiterung vorwiegend den Einwohnern der Außenbürgerschaften Vorteile brachte.

Im Jahre 1395, vermutlich nach Fertigstellung der Mauern, hat der Herzog der Stadt zur Bepflasterung der Straßen, zum Bau der Wege und Brücken „und anderem yrem buwe noeden" die Berechtigung erteilt, von jedem durchziehenden Fuhrwerk mit Kaufmannswaren eine Abgabe zu erheben.[245] Im allgemeinen wurden diese Ausgaben aus den Einnahmen der Akzise bestritten. Diese war aber noch bis 1403 im Besitz des Landesherrn.[246] Die zeitweise Verleihung der Akzise und der Grut 1403 ist eher den politischen Verhältnissen zu verdanken als auf eine Baunotwendigkeit zurückzuführen. Als die Grut 1437 ihre endgültige Bestätigung fand, wurde sie ausdrücklich dazu bestimmt, „unsere stat vurs. zu besseren ind dat daran legen ind verbauwen"[247]. Wie aus den Stadtrechnungsakten von 1443 bekannt ist, machte der Schoß mit 1.313 Mark immer noch den größten Teil der städtischen Einnahmen aus, deren Gesamtsumme sich auf 1.696 Mark belief.[248] Von dieser Summe kam der Befestigung aber nur ein geringer Anteil zugute, obwohl die Finanzierung des Stadtbaus alle Einnahmen beanspruchte. Einen besonders festgesetzten Etat für den Mauerbau hat es nicht gegeben.

Erst seit 1450 war die Stadt in vollem Besitz der Akzise.[249] Ein Jahr später erhielt sie das Mühlenregal,[250] eine Produktionsakzise, die für die Finanzwirtschaft zur Haupteinnahmequelle wurde. Aus einer Nachricht von 1595 ist bekannt, „das die acsys, Weggelt und Mühlengefelle unserem Bürgermeister und Rhatt dieser Statt vormals zur besserung unserer Statt mauren verguet"[251]. Der Grund für diese Aufwertung der Finanzen liegt einmal in der Besserung der politischen Verhältnisse, zum anderen ist aber auch nicht zu verkennen, daß infolge der zunehmenden Verwendung der Pulvergeschütze eine Modernisierung der Befestigung bevorstand.

– Bauausführung –

Die Arbeiten an der Befestigung wurden meistens als Einzelaufträge vergeben. Vielleicht waren bei den großen Erweiterungen, ähnlich wie in Geldern,[252] Unternehmer, die für einzelne Bauabschnitte entlohnt wurden, am Mauerbau tätig. Die Bürger waren 1432 verpflichtet, durch Dienstfuhren am Stadtbau mitzuwirken.[253] Nachrichten von einem städtischen oder herzoglichen Baumeister sind in dieser Periode noch nicht bestätigt. Die an den städtischen Bauten beschäftigten Handwerker, der Stadtmaurer, Stadtzimmerer, Stadthäuserdecker etc., waren nicht Beamte. Als Vertragsarbeiter wurden sie für jede geleistete Arbeit unmittelbar entlohnt. Ihr oberster Aufseher als städtischer Beamter war der Bürgermeister, später der städtische Rentmeister bzw. Stadtschreiber.[254]

— Bewachung —

Auch in der erweiterten Stadt wurden die Bewohner zur Bewachung der Stadtmauern herangezogen. Nur die Geistlichkeit und einige Anwesen[88] waren vom Wachtdienst befreit. In Friedenszeiten oblag die Bewachung den von der Stadt angestellten Mauerwächtern.[255] Besondere Aufmerksamkeit wurde der Bewachung der Tore geschenkt. An den vier Haupttoren, am Ratinger, Flinger, Berger und Rheintor, waren Pförtner zur Bewachung eingeteilt;[256] nachts, wenn die Tore geschlossen waren, übernahmen besondere Nachtwächter den Dienst. Wie aus den Stadtrechnungen von 1540/1541 bekannt ist, waren die Nachtwächter die bestbesoldeten. Sie erhielten jährlich 14 Mark und 4 Schillinge, während die Pförtner 12 Mark bekamen. Als „Stadtdiener" wurden auch die Wächter auf Stadtkosten eingekleidet.[257] Obwohl diesbezügliche Rechnungen einer späteren Periode angehören, haben sie schon für früher eine gewisse Gültigkeit, denn nach den in der allgemeinen Steuerliste von 1448 erwähnten Vor- und Wachthäusern zu urteilen,[184] muß die Bewachung der Stadt durch vier Pförtner, vier Nachtwächter und zwei Schützen, die als angeworbene Leute vom Rat bezahlt wurden, schon seit der ersten Stadterweiterung üblich gewesen sein. In Köln läßt sich das System der Bewachung durch Beamte bis 1307 zurückverfolgen.[258]

In Kriegszeiten mußten die Bürger dem Aufgebot ihres Landesherrn folgen. Das städtische Bürger- oder Schützenaufgebot war aber keineswegs eine Einrichtung, die allein der Verteidigung der Stadt diente. Die Bürgerwehr, seit dem Anfang des 15. Jahrhunderts in Bruderschaften organisiert, die in Düsseldorf als Vorläufer der Zünfte anzusehen sind,[259] wurde, solange es noch keine Söldnerheere gab, vor allem zur Landesverteidigung herangezogen.[260] Zur Erhaltung der Waffenfähigkeit fanden Musterungen und Übungen statt, die meistens mit den jährlichen Schützenfesten zusammenfielen.[261] Im allgemeinen waren die Bürger auch zum Besitz eines Harnisches verpflichtet.[262] An der Belagerung des Schlosses Broich nahmen 1443 17 Schützen ohne Harnisch, 37 mit Harnisch und später 21 Schützen teil.[263]

— Wehrtechnik —

Schon im 12. Jahrhundert und endgültig im 13. Jahrhundert war man dazu übergegangen, zur besseren Verteidigung der Stadtmauern anstelle der am Mauerfuß verlaufenden Verteidigungswege in Höhe der Mauerkrone Wehrgänge anzulegen.[264] Die Verteidiger konnten somit auf der Mauer im Schutz der Brustwehr hin- und herlaufen und den im Freien gesichteten Feind von oben beschießen. Hielt sich der Angreifer jedoch am Fuße der Mauer auf, so konnte er von den Verteidigern nicht mehr beobachtet und beschossen werden. Er befand sich im toten Winkel. Um das zu vermeiden, entwickelte man die Senkscharten (Maschikulis). Man ließ Steine auf der Mauerkrone auskragen und setzte auf diese die Brüstung auf. Durch die so geschaffenen

Öffnungen konnte man den Angreifer von oben mit den verschiedensten Mitteln, wie Pfeilen, Pech, siedendem Öl oder Wasser, Steinen etc. bekämpfen. Für ähnliche Zwecke waren auch die Wehrerker über den Toren gedacht. Die eigentliche Bestreichung erzielte man durch vorspringende Türme, die zur Bewachung des Wehrgangs überhöht waren und somit eine Leiterbesteigung der Mauer verhindern halfen.

Als nach 1382 mit der Befestigung der Neustadt begonnen wurde, genügte noch eine Mauerbefestigung dieser Art, denn die große Wende in der Kriegstechnik war noch nicht eingetreten. Die ersten in Deutschland bekannten Gewehre, die zum Schleudern von Steinen mit Pulver geladen wurden, die sogenannten „Donrebussen" (Donnerbüchsen), werden 1346 in den Aachener Stadtrechnungen erwähnt.[265] Um 1360 kommen dann die größeren Steinbüchsen oder Bombarden auf.[266] Zunächst machten sich die Pulverwaffen in der Taktik aber nur wenig bemerkbar, so daß man auch in Düsseldorf von einer 6 bis 7 m hohen Steinmauer ausgehen kann. 1435 läßt sich erstmals ein Büchsenmeister nachweisen. Es ist Johan Layre, dem der Herzog das Grundstück der Neuen Kirche am Ende der Bolkerstraße schenkte.[267] Erst 1479 wurde eine große Büchse zur Aufbewahrung im Lewenhaus angeschafft.[268]

Die sich aus der Lage der Tore und Ecktürme ergebenden Abstände der Mauertürme von 100 bis 120 m waren der Wirkung der damaligen Geschosse durchaus angemessen. Die 8 bis 10 cm dicken Steinkugeln der Kammerbüchsen hatten eine Reichweite von etwa 150 Metern, durchschlugen höchstens ein Dach, drangen durch eine Fachwerkmauer oder warfen einen Menschen zu Boden. Die überlieferte Mauerdicke von 1,20 bis 1,30 m reichte vollauf aus, um diesen Geschützen Stand zu halten.

Die Verbreiterung der Stadtmauer gegenüber der Mauer der ersten Befestigung um etwa 50 cm läßt bei dem Umfang der Größe der Düsseldorfer Befestigungsanlagen eine Mauerkrone mit Wehrgang und Brustwehr vermuten, wie sie fast gleichzeitig in Geldern, dem damaligen Stand der Kriegstechnik entsprechend, für die Aufstellung der Donnerbüchsen gebaut wurde.[269]

Zur Entwicklung größerer Geschosse war noch eine ganze Reihe von Verbesserungen erforderlich, so daß diese Art der Befestigung noch bis über die Mitte des 15. Jahrhunderts hinaus ausreichte.

– Bautechnik –

Die Ausführung der Mauern dieser Periode hat nachweisbar der am Niederrhein im Festungsbau üblich gewordenen Ziegelbauweise entsprochen. In Düsseldorf wurden in zwei „tengelaven" (Ziegelöfen)[144] die Backsteine hergestellt, die man mit „Sand vom Ryne" (Rheinsand) und Kalk vermauerte.[270] In bezug auf die Neustadt betont Herzog Wilhelm I. in seiner Urkunde zur Erweiterung ausdrücklich, „de stat vortan zo begraven, zo muyren und anders zo besteinen des sich noch unse alde stat von Dusseldorp noch ouch de nuwe, die algereide vur datum dieses brieffs allda begriffen was, neyt sich croeden ansall durffen"[140]. Diese für Düsseldorf beispiellose Art „anders zo besteinen" bezieht sich vermutlich auf die Anlage von Bögen für die Wehrgänge, also auf die Bauweise und nicht auf das Baumaterial, denn bei dem Umfang der ersten Erweiterung und der um diese Zeit allgemeinen Verwendung von Ziegeln dürfte eine Bemerkung zum Baumaterial überflüssig gewesen sein (Abb. 35).

Ein Ziegler thut man mich nennen/
Auß Lätten kan ich Ziegel brennen/
Gelatt vnd hell/ Kälend darbey/
Daschen Ziegl/ auch sonst mancherley/
Damit man deckt die Heusser obn/
Für Regen/ Schnee vnd Windes thobn/
Auch für der heyssen Sonnen schein/
Cynira erfund die Kunst allein.

35 Der Ziegelmacher aus dem Buch „Stände und Handwerker", mit Versen von Hans Sachs, 1568

Vom Berger Tor ist bekannt, daß Ziegel und Naturstein gemischt verwandt wurden, wobei die Kanten und Gewände in „Drackvelder haicksteine" (Drachenfels-Hausteine) versetzt, und die Wände in „tegelsteine" (Ziegel) ausgemauert waren.[184] Der Hinweis auf zu hauende Ziegelsteine deutet auf Kragsteine und Verzierungselemente hin, wie sie in der im Burgen- und Befestigungsbau am Niederrhein üblich gewordenen Ziegelbauweise seit dem 14. Jahrhundert ihre Ausprägung gefunden hatten.[271]
Viel „Yserwerk" (Eisenzeug) wurde an den genagelten Holztürflügeln der Tore und an den Wachhäuschen verwandt,[184] die beide mit „Kakelln" (Dachziegeln)[272] gedeckt waren.

– Rheinbau –

Bei der Anlage der ersten Stadtmauern nach 1288 an der Rheinseite brauchte auf den Rhein keine besondere Rücksicht genommen zu werden. Da das von seiner natürlichen Beschaffenheit her leicht ansteigende Ufer als Gleithang nicht unmit-

90

telbar der Strömung ausgesetzt war, genügte für den Schutz bei Eis und Hochwasser der vollmassive Turm an der Südspitze (Eisbrecher). Erst als nach der zweiten Erweiterung die Stadt eine größere, der Strömung zugekehrte Front einnahm, wurde der Mauerbau durch die Gegebenheiten des Flusses mitbestimmt.

Die neue Mauer bildete nicht den unmittelbaren Abschluß zum Wasser, sie wurde vielmehr 25 bis 30 m hinter dem Ufer, an dem sich der Leinpfad entlangzog, errichtet. Hierbei mag der Plan zur Anlage des Werfts eine Rolle gespielt haben, vor allem aber konnte die Mauer wegen des Hochwassers nicht unmittelbar am Rhein errichtet werden, da gerade der Uferabschnitt am Schloß dem Rhein als Prallhang zugekehrt und damit dem zerstörenden Hochwasserstrom ausgesetzt war.

In besonderem Maße mußte das Schloß nach der Veränderung des Rheinlaufs 1374 immer wieder gegen die Strömung geschützt werden. Man begann daher 1490 mit dem Bau eines steinernen „heuft" (Kribbe) in Höhe der Düsselmündung. „umb ure gnaden Burch ind stat van Duysseldorp vor overswendingen anfall des Rijnstroims dbass zo behalden"[273]. Dieses Werk lenkte die Strömung ab, so daß das Werft durch die damit bewirkte Landanschwemmung verbreitert werden konnte.

Formale Betrachtung

Während es schon aus dem Ende des 16. Jahrhunderts zuverlässige Ansichten von der Rheinfront von Düsseldorf gibt, sind die zeichnerischen Belege, was den landseitigen Mauergürtel anbetrifft, äußerst dürftig. Außer den beiden Stichen bei Graminäus vom Einzug der Jakobe von Baden durch das Berger Tor,[172] die auch nur den südlichen Teil der Befestigung darstellen (Abb. 8), ist als älteste Ansicht der Düsseldorfer Landseite nur eine Skizze auf dem Neußer Stadtbild von 1604 erhalten (Abb. 36).[169] Leider gibt diese Zeichnung nicht mehr als einen schematischen Gesamteindruck der im 15. Jahrhundert teilweise veränderten Stadtbefestigung wieder.

Aus nordöstlicher Richtung schaut man von oben auf die mittelalterliche Stadt, deren Umrisse zumindest, was die Reihenfolge der Türme anbetrifft, idealisiert sind. Wenn das Blatt auch ohne topographischen Wert ist, so vermittelt die Darstellung doch immerhin einen optischen Eindruck von den mittelalterlichen Befestigungsanlagen.

Nach der ersten und gleich anschließenden zweiten Erweiterung bot das aufblühende Düsseldorf um 1400 nach außen hin das Bild einer wehrhaften Stadt. Hohe Mauern, zahlreiche Wehrtürme und vier Haupttore bestimmten das Äußere. Die kunstvoll mit Ziegelmauerwerk ausgemauerten Fachwerkhäuser überragten kaum die Stadtmauer, deren Verteidigung durch tiefe Gräben, Teiche und versumpfte, von der Düssel gespeiste Lachen begünstigt wurde. Zur Landseite hin war das Stadtbild in seiner Folge von Toranlagen, geraden Mauerabschnitten und Mauertürmen streng gefaßt und ausgewogen. Zum Rhein hin, zwischen Berger Tor, Schloß und Zollturm, wirkte die Ansicht stärker gegliedert und lebhafter.

An dieser Seite wurde das Bild bestimmt von dem Übergewicht der Türme: Im Norden der mächtige Zollturm, hinter der Mauer der hohe Turm von St. Lambertus,

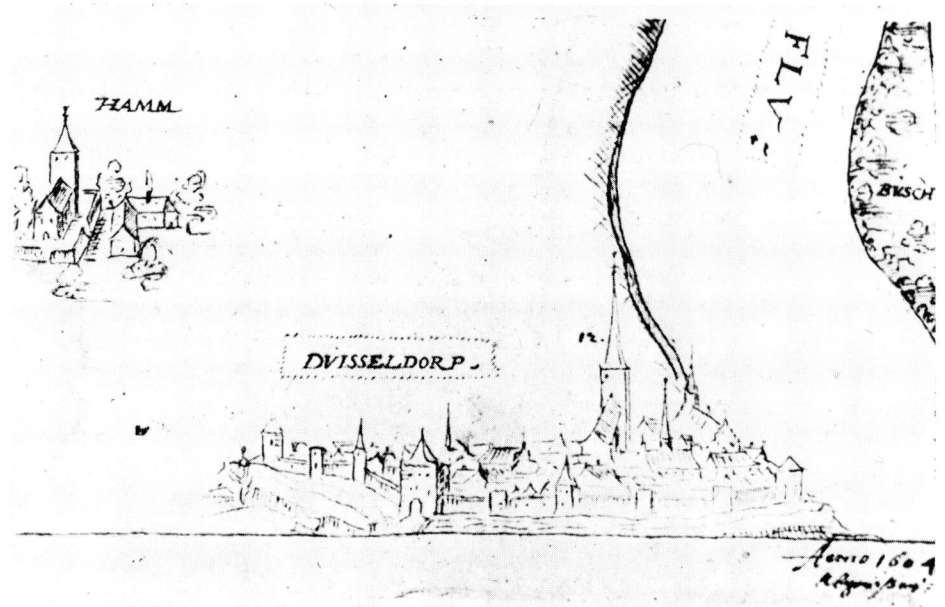

36 Düsseldorf von der Landseite. Ausschnitt aus einer Vermessungskarte, 1604

einige Schritte weiter die Türme des Schlosses, dazwischen der ehemalige Eisbrecher, weiter südlich das Zolltor, das Rheintor und das auf allen Darstellungen so gewaltig erscheinende Ältere Berger Tor, das ursprünglich als Torburg einen besonders hohen Torturm aufzuweisen hatte. Durch die Akzente, die die Türme und die mächtiggen Toranlagen innerhalb der Stadtmauer setzten, bestimmte der Mauerkranz die reich gegliederte Silhoutte der mittelalterlichen Stadt.

4. Der Strukturwandel vom mittelalterlichen Mauerbering zur Bastionärbefestigung

Entwicklung der Artillerie[274]

In der ersten Hälfte des 15. Jahrhunderts setzte sich allmählich eine Normung der verschiedenen Kaliber und Geschützarten durch, so daß folgende Hauptgattungen entstanden: die Geschütze für Eisen- und Bleimunition sowie für Steinmunition, ferner Geschütze für direkten Beschluß und Bogenschuß. Während man vor 1400 zum Brescheschießen bei Mauern auf 100 bis 150 Meter herangehen mußte, konnte im 15. Jahrhundert schon ein Platz aus 1.200 Meter Entfernung bombardiert werden. Nach Einführung der Eisenmunition um 1450 traten dann auch die Wurfmaschinen und die übrigen mittelalterlichen Angriffsinstrumente zurück.[275]

Durch die Verwendung der Eisenmunition wurden schließlich auch die kleineren Kaliber zum Brescheschießen brauchbar, während die längeren Büchsen gleichzeitig auf größere Entfernung den Verteidiger selbst beschießen konnten. Zunächst war eine Überlegenheit des Angriffs noch nicht gegeben, da der Angreifer mit den kleineren Büchsen ferngehalten werden konnte.[276]

Infolge der weiteren Verbesserung der Angriffswaffen trat dann um 1450 eine deutliche Wende ein. 1475 bei der Belagerung von Neuß durch Karl den Kühnen entschied sich der Wettstreit zwischen der spätmittelalterlichen Befestigung und der Kraft der modernen Angriffswaffen noch einmal zugunsten der ersteren.[187] Als 1494 Karl VIII. von Frankreich auf seinem Zug nach Italien die neuen Belagerungsgeschütze mit eisernen Kugeln einsetzte, konnte er eine Stadt nach der anderen schnell überwinden. Wie Karl berichtete, genügten in den meisten Fällen nur wenige Stunden, um eine ausreichende Bresche in die Mauern zu legen.[277]

Die Kriegsbaumeister hatten schon längst eingesehen, daß die langbewähre Steinbefestigung veraltet war. Statt der hoch angelegten Schießscharten im Turm brauchte man jetzt eine geräumige Geschützplattform. Die engen Türme und Ringmauern boten den großkalibrigen Geschützen zur Aufstellung keinen ausreichenden Platz. Gleichzeitig zeigte sich, daß die passive Widerstandskraft der alten Steinmauern der Durchschlagskraft der neuen Waffen unterlegen war. Die Einführung der Artillerie hat somit das jahrhundertealte Gleichgewicht zwischen Angriffswaffen und Verteidigungseinrichtungen empfindlich gestört. Eine Antwort auf die Entwicklung der Feuerwaffentechnik stellte die neue Stadtumwallung dar, die in dem bastionären Tracé ihre Vollendung fand.

Neue Festungsbauarten

Die Kriegsbaumeister hatten schon im 15. Jahrhundert verschiedene Theorien entwickelt, die alten Mauerbefestigungen umzubauen. Zur Aufrechterhaltung der Sicherheit mußten Veränderungen vorgenommen werden, die eine rasante Geschützwirkung bei voller Sicherheit gegen Leiterersteigung ermöglichten. Da der Wehrgang zu schmal und die Plattformen auf den ehemaligen Türmen zu eng waren, um Platz für Geschütze zu bieten, lag es nahe, die inzwischen abgetragene Mauerkrone bei gleichzeitiger Beibehaltung der Sturmfreiheit der altbewährten Mauern durch das Aufschütten eines inneren Walles zum Auffahren der neuen Geschütze zu verbreitern und zu verstärken.[278] Zu diesen Umbauten ist auch der erwähnte innere Wall östlich des Berger Tores zu zählen.

Schon bald zeigte sich aber, daß derartige Umbauten im Grunde nur eine Übergangslösung sein konnten, denn das gestörte Verhältnis zwischen Angriffswaffen und Verteidigungsanlagen ließ sich nur wieder ins Gleichgewicht bringen, wenn die Verteidiger vom Wehrgang aus ein wirksames Gegenfeuer eröffnen konnten. Von der Höhe der Wehrgänge aus war aber für die neuen Waffen keine Treffsicherheit gewährleistet, so daß die mittelalterlichen Mauern bei der geänderten Angriffstechnik auch nach den Umbauten praktisch wertlos waren.

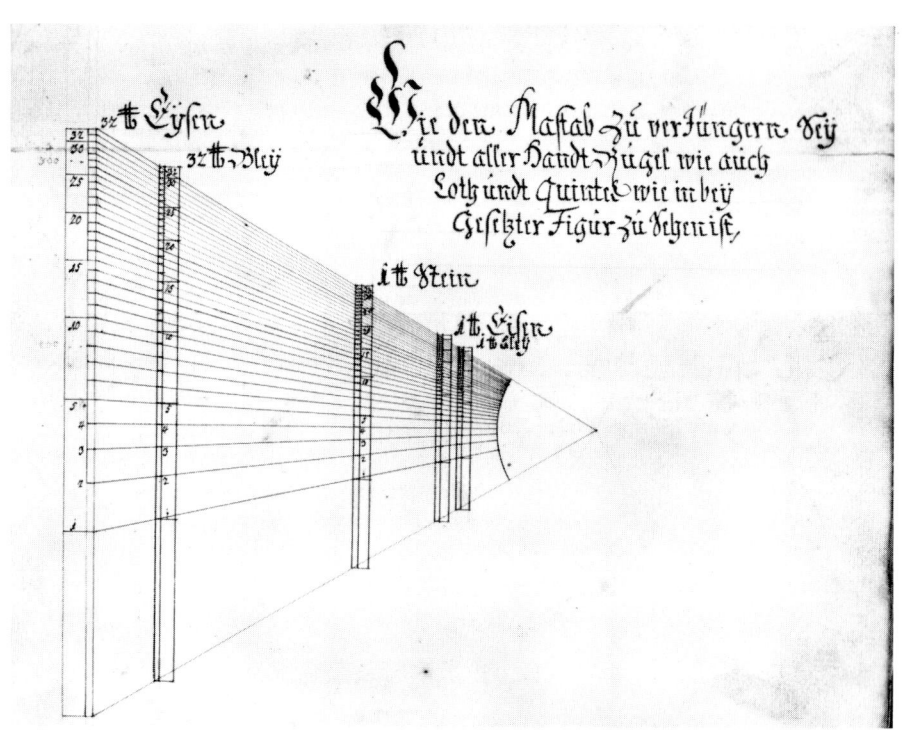

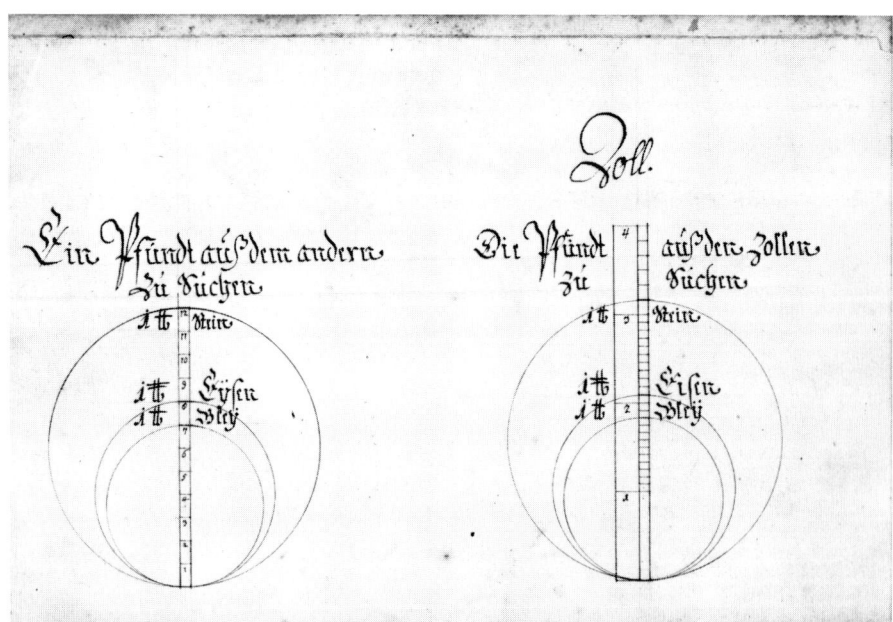

37 Geometrische Meßermittlungen zur Ballistik aus dem Handbuch des Düsseldorfer Büchsen-
meisters Johann Heinrich Strumberg, 1744

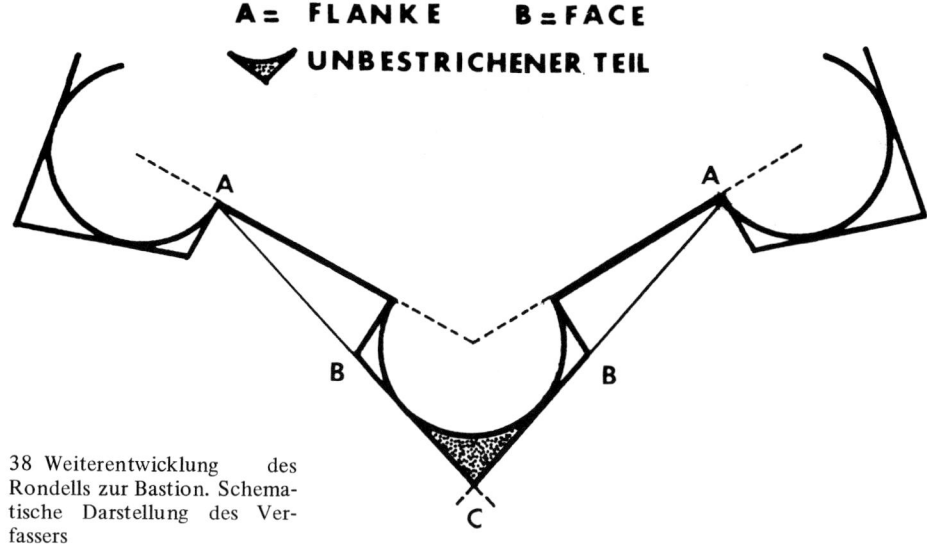

A = FLANKE   B = FACE

UNBESTRICHENER TEIL

38 Weiterentwicklung des Rondells zur Bastion. Schematische Darstellung des Verfassers

Die Kriegsbaumeister sahen sich daher vor die Aufgabe gestellt, aus der Erfahrung, daß die Geschütze gegen einen Erdwall nicht die zerstörende Wirkung hatten wie gegen die Steinmauern, völlig neue Verteidigungsanlagen zu entwickeln. Einzelne Baumeister und Handwerker allein aber konnten dieser Aufgabe nicht mehr gerecht werden, so daß dieses lebenswichtige gemeinsame Anliegen aller Personen und Stände Gegenstand theoretischer Untersuchungen und Erörterungen zahlreicher Mathematiker, Kriegsoffiziere, Künstler und Architekten wurde.[279]

Das bisher mehr handwerksmäßig betriebene Befestigungswesen entwickelte sich somit in kurzer Zeit zu einer besonderen Kunst. Im Mittelalter bezeichnete man die mit der Leitung der gesamten Kriegstechnik betrauten Personen als Rüstmeister. In Italien und Spanien hießen sie auch „ingegneros" (ingenos = Scharfsinn), engenos (Maschine, Wurfzeug). Nach Einführung der Artillerie (auch Arkelei oder Arkelerei) trennten sich beide technischen Branchen. Die Leiter des Artilleriewesens wurden Zeugmeister (Feldzeugmeister) genannt. Der Name Ingegneros oder Ingenieur setzte sich für die Kriegsbaumeister immer mehr durch.[280]

Anfang des 16. Jahrhunderts tauchte der Gedanke auf, die Flankenwirkung der Geschütze für die Verteidigung auszunutzen. Nördlich der Alpen begann man, vor dem mittelalterlichen Mauerbering, soweit nicht vorhanden, einen Doppelgraben mit einem zwischenliegenden Wall auszuheben. Diesen Wall nannte man, im Gegensatz zu dem höheren Wallgang hinter der Stadtmauer, Niederwall oder äußere Schütte.[281]

Das eigentlich Neuartige aber war die Verstärkung des Niederwalls durch an den Ecken vorspringende Plattformen zum Auffahren der Geschütze, sogenannte Rondelle. Diese dienten der Grabenbestreichung. Zur Nahverteidigung hatte man Hohlbauten auf dem Wall angelegt.

Während die ältere deutsche Befestigung mehr aus der praktischen Erfahrung entstanden war und meistens durch nachträgliche Zusätze erst voll verteidigungsfähig gemacht wurde,[282] begannen die Italiener in der ersten Hälfte des 16. Jahrhunderts damit, die Flankierung rechnerisch zu ermitteln und die Befestigung nach einem vorher festgelegten Plan zu bauen.[283] Dabei ergab sich, daß die runden Mauern der alten Rondelle, den tangierenden Schußlinien entsprechend, eine eckige Form erhielten. Die so entstandenen Facen und Flanken brachte man in ein nach den Schußlinien genau berechenbares Verhältnis zur Flankierung (Abb. 38).

Auch bei der Rondellbefestigung gab es genau berechenbare Pläne, zum Beispiel die Dürersche Manier.[284] Diese war, obwohl sie keine Möglichkeit zu Offensive bot, allein schon im Steinmaterial so aufwendig, daß sie Dürer selbst als Utopie erschien.[285] Auch war es bei den Rondellen unvermeidlich, daß an der Peripherie Restflächen verblieben, die kein Flankenfeuer von einer benachbarten Linie erreichen konnte, so daß sich die italienischen Bastionen durchsetzen.[286]

Diese fünfeckigen Bollwerke bestanden aus zwei an der Spitze (Pünte) zusammenstoßenden Gesichtslinien (Facen), zwei Flanken oder Schultern und der Kehle (Gorge) an der Innenseite.

Die italienischen Bastionen waren anfangs stumpfwinklig und noch relativ klein, hatten lange Facen und kurze Flanken, die meist zur Batterieaufstellung um ein Drittel eingezogen waren. Da nach der italienischen Bastionsmanier nur die Brustwehr aus Erde, die übrigen Teile aber aus Stein gebaut waren, konnte man durch die Anlage der Hohlräume innerhalb der Bastionen mehrere Feueretagen errichten und dadurch ein Übergewicht über die Artillerie des Feindes erlangen.

Den anfangs noch sehr langen Wall zwischen den Bastionen (Kurtine) versuchte man durch eine kleine, auf die Mitte gesetzte Bastion („piatta forma") zu verkürzen. Nach 1550 ging man dazu über, die Bastionen, die jetzt rechtwinklig waren, zu vergrößern und zusammenzuziehen. Die ehemalige „piatta forma" wurde als selbständiges Werk vor die Kurtine gelegt, so daß ein kleines Werk, das Ravelin,[287] entstand. Daraus ergab sich zwangsläufig eine andere Führung des Grabens. Dieser folgte nun mit seinen Linien genau denen der Bastionen und des Ravelins. Am äußeren Rand des Grabens legte man den gedeckten Weg an. Dieser lag im Schutze des Glacis (Esplanade), einer Erdaufschüttung, die sich von der Brustwehr des gedeckten Weges zum freien Feld hin allmählich abflachte. Da die Bastionsflanken senkrecht auf der zugehörigen Kurtine standen, waren auch bei dieser neuitalienischen Befestigungsart die Facen der Nachbarbastionen nur mangelhaft flankiert.

Trotz allem überwogen die Vorteile dieser Befestigungsart, so daß zahlreiche Italiener in ganz Europa zu entsprechenden Aufgaben herangezogen wurden.[288] Im Gefolge dieser Baumeister ist sicher auch Alexander Pasqualini in den dreißiger Jahren des 16. Jahrhunderts aus Bologna in die Niederlande[233] gekommen und von dort 1549 nach Jülich und Düsseldorf berufen worden.[289]

Zu einem leidenschaftlichen Gegner der italienischen Festungsbauer entwickelte sich der Straßburger Festungsbaumeister Daniel Speckle (Specklin) (1536 – 1589). Speckle war einer der ersten, die ohne eigene Kriegserfahrung, allein aufgrund ihres Studiums, zahlreiche Festungen bauten. In seinem bedeutenden Werk „Architectura von Vestungen"[290] erhob er daher nicht nur neue Forderungen bezüglich des Bausystems, sondern auch hinsichtlich der Ausbildung der Baumeister.

Das System dieses epochemachenden Festungsbaumeisters ist gekennzeichnet durch möglichst große, allerdings rechtwinklige Bastionen, deren Flanken senkrecht zur Verteidigungslinie standen und somit eine Bestreichung der Facen ermöglichten. Im Inneren waren diese Bastionen mit dreifachen kasemattierten Galerien zur niederen Grabenbestreichung ausgebaut. Das Mauerwerk verbesserte Speckle durch kurze Perpendikular-Kasematten, die mit Erde überdeckt waren, so daß bei einem Einsturz der Außenmauer das Erdreich nicht nachrutschen konnte. Eine weitere Verstärkung erfuhr die Festung durch große Ravelins im Graben vor den Kurtinen und die Anlage eines gedeckten Weges mit Waffenplätzen auf der anderen Grabenseite. Das Glacis war so angelegt, daß das Futtermauerwerk der Kurtinen, das sowieso nur bis zum Bauhorizont hochgezogen war, außerhalb der Sicht des Feindes lag. Dieser sollte erst von der Glaciskrete aus Bresche schießen können.

Obwohl das theoretische Werk Speckles, die „Architectura von Vestungen", erst 1589 erschienen ist, also zu einem Zeitpunkt, als den halb fertiggestellten Düsseldorfer Festungswerken schon der Verfall drohte, hat der Straßburger Baumeister während seiner Aufenthalte in den Niederlanden 1567 und 1577 den Bau der Festung Düsseldorf, wenn auch nur beratend, beeinflußt. Das Zeugnis dieser Tätigkeit ist die bereits erwähnte Handzeichnung, in der Speckle die Planungsabsichten des Düsseldorfer Baumeisters, Meister Johann, festgehalten hat.[291]

Gegen Ende des 16. Jahrhunderts finden die Festungsbautheorien in einer Flut von Lehrbüchern, deren Vielfalt verwirrend ist, ihren Niederschlag. Hat Speckle schon den Anfang gemacht, beratend an verschiedenen Festungen mitzuwirken,[292] so gingen im 17. Jahrhundert die Bauträger von Festungen dazu über, berühmte und erfahrene Festungsingenieure auch über große Entfernungen zu Rate zu ziehen, da sie sich selbst in der Vielfalt der Theorien nicht mehr zurechtfinden konnten. Das Bild des genialen, von Hof zu Hof empfohlenen Barockarchitekten hatte vor anderen Gründen seinen Ursprung bei den Festungsbaumeistern dieser Epoche.[293]

Entstehung und Aufgabe der Landesfestung

Zwischen dem, was bis zum Ende des 15. Jahrhunderts an Befestigungsanlagen vorhanden war, und dem, was im 16. Jahrhundert gebaut wurde, bestand ein vollständiger Bruch sowohl im Material als auch in militärischer Beziehung. Der durch die Entwicklung der Artillerie provozierte Umschwung in der Befestigungstechnik brachte einen völlig neuen Begriff hervor, der sich grundsätzlich von allem, was bisher an Verteidigungsanlagen vorhanden war, unterscheidet: Die Festung.[294]

Während die mittelalterliche Mauerbefestigung vorwiegend dem Schutz der von ihr umgebenen Einwohnerschaft diente, also eine örtliche Funktion hatte, kam der neuzeitlichen Festung in erhöhtem Maß eine überörtliche und damit strategische Bedeutung zu. Da die Festung im Hinblick auf die Sicherheit des Landes konzipiert war, wurde sie immer mehr in den Dienst der Strategie der neuen Kriegsführung gestellt. Es kam jetzt nicht mehr so sehr darauf an, den einzelnen Bürger zu schützen, sondern eine bestimmte Aufgabe im Rahmen der Landesverteidigung zu erfüllen. Dazu mußte man die Hauptstädte sowie strategisch wichtige Punkte sichern, Standorte für das

TAB. II.
Von den Vorbereitungs-Theilen der Fortification.

Der Grundriß / Ichnographie oder Plan / stellet die Länge und Breite sämtlicher Festungs-Wercke im Grunde vor / entweder auf dem Papier / oder auf dem Felde selbst durch Stangen und Stricke / und wird alsdenn eine Absteckung genennet.

Der Durchschnitt oder Profil bildet die Höhe / Dicke oder Breite der Festungs-Wercke im Durchschnitte / Cörperlich nach dem verjüngten Maß-Stabe / ab. Wird von einigen auch Orthographie oder Aufriß genennet.

Der Perspectivische Durchschnitt zeiget der Festungs-Wercke Höhe und Breite / nach dem Augen-Punct / mit verkürzten Linien / und kan nur forne abgemessen werden.

Der Standriß / Scenographie, Ingénieur- oder Cavallier-Perspective , ist eine Perspectivähnliche Erhebung / daran man die Länge / Höhe und Breite einer gantzen Festung siehet / und nach dem verjüngten Maß-Stabe abmessen kan.

Die Mahler Perspective stellet die Festungs-Wercke nach dem Augen-Punct mit verkürzten Linien / wie sie ins Gesichte fallen / vor / und kan hiervon kein Maß genommen werden.

C.

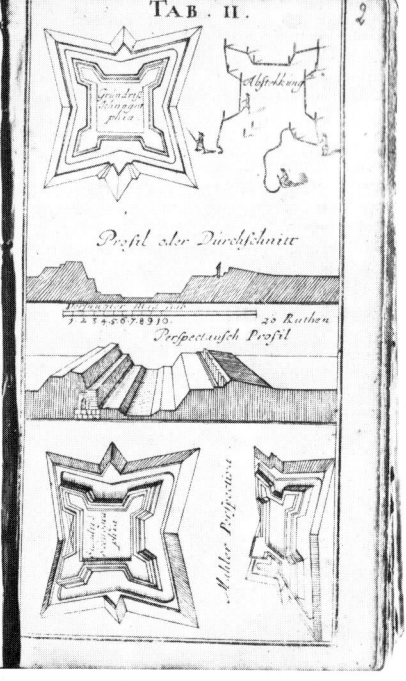

TAB. XVIII.A.
Vom feindlichen Angriff und Belagerung.

Der feindliche Angriff einer Belagerung (Attaque d'un Siege) ist alles das jenige / was der Feind mit Approchiren , Schiessen und andern gewaltsamen Vortheilen unternimt / sich eines Platzes zu bemächtigen.

Aeusserliche Umschantzung (Ligne de Circonvallation) bestehet aus einem kleinen Walle und Graben / mit darzwischen gelegten Feld-Schantzen und Redouten / welche der Feind ausserhalb uns Lager und Stadt ziehet / den Succurs und Entsatz den Belagerten zu verhindern.

Lignes de Contrevallation oder Contrelignes sind eben dergleichen Wall und Graben / zwischen der Stadt und dem Lager / dem Ausfall der Belagerten zu widerstehen. Lit. A.

Lignes de Communication, Communications-Linien , sind die Graben der gantzen Umschantzung / wie auch in den Approchen , wodurch man bedeckt von einem Wercke zum andern kommen kan. Lit. B.

Trenchée nennet man alle die jenige Arbeit / welche der Feind im Eingraben vornimmt / sich zu bedecken und der Festung zu nähern / und wird öfters mit

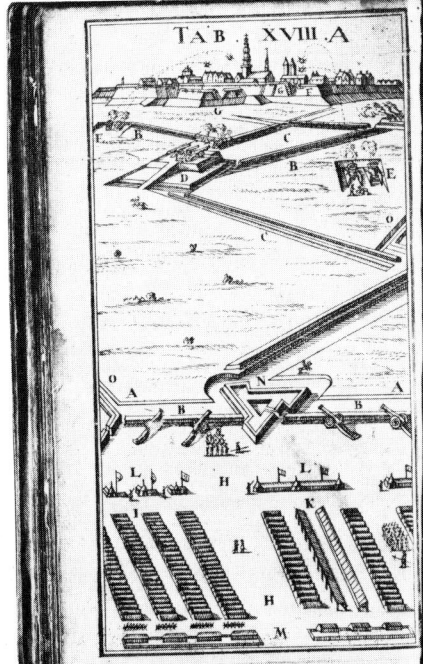

39 „Von den Vorbereitungs-Theilen der Fortification vom Feindlichen Angriff und Belagerung". Pag. 10, 43 aus dem Werk „Geöffnete Festung", 1715

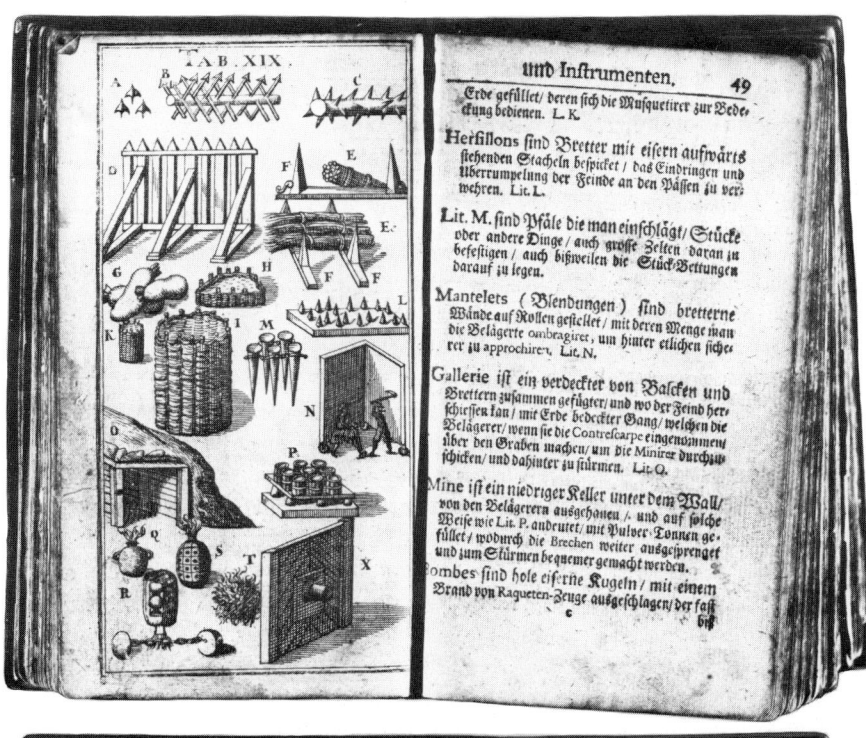

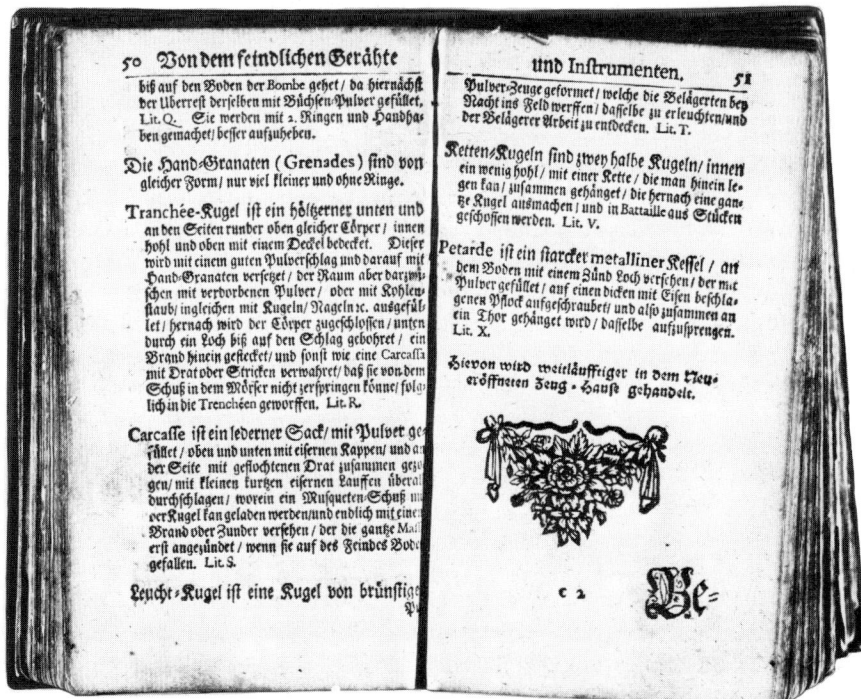

40 „Von den feindlichen Geräthe und Instrumenten der Fortification". Pag. 49, 5 aus dem Werk „Geöffnete Festung", 1715

Heer und Operationsbasen für die Truppen schaffen und gleichzeitig sichere Plätze für die Menschen im Einflußbereich einer Stadt einrichten.

Zur Erfüllung dieser Aufgaben waren Baumaßnahmen erforderlich, die die Wirtschaftskraft einer einzigen Stadt bei weitem überstiegen, denn der Wehrbau hatte im 16. Jahrhundert ganz andere Ausmaße als zur Zeit der Mauerbefestigung angenommen. Für die Enteignung des Festungsgeländes,[295] für die Schaffung der Umwallungen, die Anlage der Gräben und Kasematten waren Kapitalien erforderlich, die nur das wirtschaftliche Potential einer Territorialmacht aufbringen konnte. Dazu kamen noch die Kosten für Bewaffnung und Vorräte sowie die Beiträge für die Unterhaltung und Unterbringung einer Garnison.

Der Bau des bastionierten Tracées forderte darüber hinaus einen außerordentlichen Aufwand an Menschen und Materialien, der schon von der Organisation her die Leistungsfähigkeit einer einzigen Stadt überstieg. Schließlich mußten die Werke ständig unterhalten und nach dem jeweiligen Stand der Wehrtechnik erneuert und verbessert werden, wenn sie im Falle eines Angriffs ihre Aufgabe erfüllen sollten.

Nur wenige der ehemals wehrfesten Städte konnten nach dem Bastionärsystem befestigt werden. Eine Zusammenstellung sämtlicher neuzeitlichen Festungen im ehemaligen Reichsgebiet zeigt, daß sich im wesentlichen nur freie Reichsstädte oder Residenzen neben strategisch wichtigen Plätzen eine moderne Befestigung leisten konnten.[296] Viele bekannte Städte, die im Mittelalter als feste Plätze galten, zum Beispiel Neuß, konnten nicht nach dem Bastionärssystem befestigt werden und verloren damit ihr Ansehen, aber auch ihre wirtschaftliche Kraft.

Als die Kriegsstrategie darüber entschied, welche Städte neu befestigt wurden, hatte Düsseldorf die beachtliche Ausdehnung von 22,5 Hektar, nach Anlage der Zitadelle sogar 27,5 Hektar. Diese Größe versetzte die Stadt in die Lage, den umliegenden Ortschaften im Kriegsfall als Refugium zu dienen.[297] Darüber hinaus war Düsseldorf Verwaltungssitz von Jülich-Berg und lag durch die Vereinigung von Jülich-Kleve-Berg (1521) im geographischen Mittelpunkt eines neuen Staatengebildes, dessen Ausdehnung mit der des heutigen Nordrhein-Westfalens zu vergleichen ist.

Das gleichzeitige Zusammenfallen dieser politischen Aufwertung der bergischen Hauptstadt mit der Neubefestigung der Städte nach dem bastionierten Tracé brachte Düsseldorf neben Jülich unter dem Druck der kriegerischen Ereignisse die Ernennung zur Landesfestung und damit die finanzielle Sicherung des Festungsbaus ein.[16]

5. Die Bastionärbefestigung 1538 – 1679

Bauliche Entwicklung

Die unter dem Einfluß der für Neuß folgenschweren Belagerung von 1475[187] in Düsseldorf erfolgten baulichen Verbesserungen blieben ohne besondere Bedeutung. Eine einschneidende Änderung der Befestigungsanlagen erfolgte erst im 16. Jahrhundert. 1511 wird erstmals von einem „propugnaculum" (Bollwerk) berichtet.[298] Die eigentliche Neubefestigung erfolgte aber erst unter dem Druck des Geldernschen Erbfolgestreites.

Der auf dem Landtag von Nijmwegen 1537 gefaßte Beschluß, das Herzogtum Geldern bei Erbfolge mit Jülich-Kleve-Berg zu vereinigen, löste bei Kaiser Karl V. großen Unwillen aus, so daß sich Herzog Johann wegen der ihm drohenden kriegerischen Auseinandersetzungen mit dem Reich gezwungen sah, seine Festungen, insbesondere auch Düsseldorf, in besten Verteidigungszustand zu bringen.[299] Unter dem Druck der politischen Verhältnisse beschlossen die jülich-bergischen Landstände 1538 ein Festungsbauprogramm für mehrere Städte, namentlich auch für Düsseldorf.[16]

Noch vor Ausbruch des Geldernschen Erbfolgestreits (1542 – 1543) hatte die Neubefestigung, mit der höchstwahrscheinlich an der südöstlichen Front begonnen worden war, gute Fortschritte gemacht.[300] Die Stadtrechnungen von 1540 bis 1542 berichten von größeren Reparaturen am Flinger, Ratinger und Rheintor. Vor den Toren erneuerte und verstärkte man die Hammeien, neben der Lindentrappenpforte wurde der Floitkorf (Schleuse) verbessert.[301]

In den vierziger Jahren rissen die Arbeiten an den Festungsbauten nicht ab, so daß die Landstände fortwährend neue Geldmittel bewilligen mußten.[302] Auch nach der Beendigung des Geldernschen Erbfolgestreits wurde der Festungsbau nicht eingeschränkt. Die bitteren Erfahrungen, die Herzog Wilhelm III. 1543 bei den Zerstörungen von Düren, Heinsberg, Sittard und 1547 auch bei Jülich machen mußte,[303] haben ihn sicherlich veranlaßt, sich nach erfahrenen Festungsbaumeistern umzusehen.

Hatte man in der ersten Umbauphase alle Kräfte auf den Bau von Rondellen gerichtet, so begann man jetzt damit, die Wälle der neuen Befestigungsfront höher anzulegen und die Rondelle, bis auf das Ratinger Rondell, das kasemattiert war, durch große, auf italienische Einflüsse zurückgehende, neuartige Bollwerke in winkliger Form zu überbauen. Die noch zwischen 1608 und 1619 für das Mühlen- und Flinger Bollwerk,[304] und auch noch 1688 für das Berger Bollwerk[305] gebräuchliche Bezeichnung „Rondell" steht nicht in Zusammenhang mit der Bauform, sondern ist vielmehr ein Hinweis darauf, daß die Bollwerke (Bastionen) Rondelle als Vorgänger hatten, deren Namen, ähnlich wie in Geldern, auch nach dem Umbau für die Bastionen im Volksmund erhalten blieben.[306]

Im Zusammenhang mit dem Neubau der Bastionen ist auch die Planung der Zitadelle zu sehen, die ursprünglich wie in Jülich für die Anlage eines neuen Schlosses bestimmt war.[307] Mit dem Bau der Düsseldorfer Zitadelle soll schon 1540 begonnen worden sein.[308] Als Herzog Wilhelm III. 1552 von den Ständen eine neue Festungssteuer verlangte, waren die Fundamente der Zitadelle bereits angelegt.[309] In diesen Jahren schien der Zivilbau mit dem Militärbau wetteifern zu wollen. Als 1554 im Rahmen der großen Gesetzgebungswerke eine Bauordnung für Düsseldorf erlassen wurde, folgte gleichzeitig die Erneuerung der 1538 eingeräumten zwölfjährigen Akzise für den Festungsbau.[310] Mit der 1560 eingeführten Festungssteuer von jährlich 5.000 Talern sollte der begonnene Ausbau der Festung Düsseldorf „soviel (wie) möglich ausgefurt werden"[311]. 1563 war man damit beschäftigt, „mit grossen uncosten und beschwerniss i. f. g. (ihrer fürstl. gnaden) und der lande die stat Dusseldorf zu bevestigen und zu bebawen"[312]. Auch 1567 baute Meister Johann noch eifrig an der Befestigung von Düsseldorf. Bald danach müssen die Arbeiten wieder ins Stocken geraten sein.

Die Zitadelle blieb als Erdwerk liegen. Auch die übrigen Festungswerke wurden nicht vollendet. Die für den Festungsbau bewilligten Gelder konnten wegen der Kriegsunruhen bis 1577 nicht mehr in voller Höhe aufgebracht werden.[313] Schließlich kamen die Arbeiten an den Festungswerken infolge der Pestepidemien in den Jahren nach 1577 völlig zum Erliegen. Das Interesse der herzoglichen Räte war allein schon wegen der hohen Unkosten längst erloschen. Damit trat zwangsläufig eine Vernachlässigung der Werke ein, so daß diese zusehends unbrauchbarer wurden.

Unter der drohenden Gefahr des seit Ende 1582 tobenden Truchseßschen Krieges entschloß sich Herzog Wilhelm III. 1583, die „Stat Dusseldorff zu zuverlässiger Vestung zu pringen". Gleichzeitig mit der Anordnung zur Erhöhung der Wälle, sicherte der Herzog dem Düsseldorfer Baumeister und Bauschreiber die Hilfe von Meister Burchardt von Orsoy mit seinen Knechten zu, „um allda an dem Wall die notturft und die gebaw (zu) bawen"[314]. Zur weiteren Verstärkung sollte der Baumeister noch zahlreiche Arbeiter anwerben, damit der Ausbau Düsseldorfs „wie wol verhofft in eilfertiger Ausführung" vorangetrieben werden konnte.[315] Beim mangelhaften Zustand der Anlagen waren die getroffenen Maßnahmen aber keineswegs ausreichend, um die Stadt vor plündernden und umhertreibenden Kriegern zu schützen. Infolge des Truchseßschen Krieges zogen sich Hunderte von Soldaten vor Neuß zusammen, die die Düsseldorfer Bürger belästigten und damit drohten, „Schloß und Häuser einzunehmen".[315]

Eine besondere Gefahr war auch die vor der Stadt unvollendet liegengebliebene Zitadelle. Dieses Erdwerk bot einem angreifenden Feind geradezu willkommene Möglichkeiten, sich zu verschanzen. Stände und Ritterschaft trugen daher wiederholt Beschwerden in dieser Angelegenheit vor.[316] Da der Landesherr nicht in der Lage war, den Bau der Zitadelle aus seinem eigenen Kammergut zu finanzieren, boten ihm die ständischen Vertreter an, „dieselbe in der Stadt Ringmauern einzuziehen und mit Stadthuisern besetzen zu lassen".[317]

Als die Herzogin Jakobe von Baden mit ihrem Gefolge zwei Jahre später durch das Berger Tor in die Stadt einzog, hatte sich an der Zitadelle, wie die Stiche bei Graminäus und Aitsinger zeigen,[172] kaum etwas geändert (Abb. 7, 8). Kein feierlicher Trompetenklang, kein noch so aufwendiges Feuerwerk vermochten den düsteren Eindruck zu verwischen, den Tausende von Hochzeitsgästen bei ihrem Einzug in die Stadt von den Festungsanlagen gewinnen mußten,[318] ging doch der Hochzeitstag an der halbvollendeten, seit mindestens zehn Jahren im Verfall begriffenen Zitadelle vorbei, durch das völlig reparaturbedürftige Berger Tor, das eigens für den Hochzeitszug geöffnet werden mußte, da es sicherheitshalber seit 1585 zugemauert war.[206]

Die ganze fürstliche Hochzeitspracht, deren Kosten gereicht hätten, einen großen Teil der Festungsreparatur durchzuführen, vermochte nicht über diese Realität hinwegzutäuschen, geschweige denn die immer eindringlicher werdenden Klagen verstummen zu lassen. So steht auch die überschwengliche Schilderung der fürstlichen Prunkhochzeit bei Graminäus in krassem Gegensatz zu den eindringlichen, aber sachlichen Berichten des Schultheißen und Artilleriemeisters Habstysch Brechewald (Hartwig Breckwolt) über den miserablen Zustand der Festungsanlagen und der trostlosen Verhältnisse im gesamten Militärwesen.

Unter dem Eindruck der Neußer Belagerung griff in Düsseldorf eine ungewöhnliche Hektik um sich. Nach einer gemeinsamen Besichtigung der Anlagen mit i. f. g. (ihrer fürstlichen Gnaden) Baumeister (Meister Niclaes) befaßte sich Schultheiß Breckwolt noch im August 1585 mit den notwendigsten Reparaturen am Berger Tor und der davorliegenden Hammei. Er fertigte dazu einen Bericht an, in dem er unter anderem vorschlug, den Portmannsturm ebenso wie das Flinger Tor mit einem Dach zu versehen und in ein Gefängnis umzuwandeln.[174] Schon am 4. September folgte die Antwort von Herzog Wilhelm III. Er befahl, alle Reparaturen „ins Werk richten zu lassen und daran länger nit zu säumen".[319] Am 20. Oktober ordnete er an, die neue Wachtordnung eiligst zu publizieren, was bereits drei Tage später geschah.[320] Infolge der wachsenden Bedrohung mußten die begonnenen Arbeiten am Berger Tor noch im Oktober wieder eingestellt werden.[321] Bereits im November sah sich der Herzog gezwungen, Auf den Steinen, Neuß gegenüber, eine Schanze errichten zu lassen, damit die „nuisser freibeuter nit hinüber ins bergische land fallen sulten"[322].

Mit der Abwendung einer direkten Bedrohung durch die Beendigung des Neußer Krieges, 1586, muß das Interesse am Festungsbau schlagartig wieder erloschen sein. Die Streitigkeiten, Intrigen und Machtkämpfe im Herrscherhaus ließen den Verantwortlichen keinen Raum zur Beseitigung der Mißstände im Befestigungswesen.

1591 beklagte sich Breckwolt, wie immer erfolglos, bei Herzog Wilhelm, daß trotz seiner seit 1583 „für und für jederzeit zu offtenmahlen so schrifftlich so mündlich" vorgetragenen Klagen bisher keine Verbesserung der Verhältnisse eingetreten sei.[323] Unter dem Hinweis auf frühere Schreiben fügte Breckwolt hinzu, daß gegenwärtig etliche Fürsten und Herren ankämen, vor denen man sich wegen der unmöglichen Zustände schämen müsse. Auch ohne ständige Kriegsgefahr sei es nötig, die Artillerie zu reparieren und in gutem Zustand zu halten, „bevor das Geschütz dermaßen beschaffen, das man es noch zu freuden, schimpf oder ernst gebrauchen kann".

Erst 1592, mit dem Tod des geisteskranken Herzogs, zeichnete sich eine berechtigte Hoffnung auf Änderung der Verhältnisse ab. Sofort reichte Breckwolt eine Supplikation mit 19 Punkten an die hochfürstlichen Räte ein, nachdem er „von dem Jahr 83 biß auf diese zeit, alle Jahr ethlichemahl sowoll schriftlich als mündtlich bey unserem lieben abgestorbenen Fürsten und Herren, wie ungleichen den anwesenden Herren Räthen umb verbesserung dero Artillerien großen manglen und gebrechen angehalten"[324].

Nach der Beschreibung Breckwolts wurde der Zustand der Anlagen immer bedrohlicher. Dem Augenschein nach mußten die Wände des Artilleriehauses binnen vierzehn Tagen einfallen. Das Dach war so baufällig, daß Breckwolt die vorhandenen Geschütze, Haken, Rohre usw. der Zerstörung ausgesetzt sah. Dem Giebel des Werkhauses drohte Einsturz. Kein Pfund Lunten war mehr vorhanden; 200 bis 300 Pfund mußten bestellt werden. Auf dem Wall war große Unordnung; Ferkel, Schafe und Ziegen liefen darauf herum. Kinder, Jugendliche und Erwachsene traten die Brustwehren nieder, die Walltür stand jederzeit offen. Jedermann geistlichen und weltlichen Standes hatte einen Schlüssel dazu und bediente sich dessen nach Belieben.[325]

Erst unter Herzog Johann Wilhelm traten in der Landesverteidigung und im Bauwesen wieder geordnete Verhältnisse ein. Der Landesbaumeister Johann Pasqualini d. J. nutzte sofort die Gelegenheit, seinen Bruder Alexander als Militärbaumeister vorzuschieben.[326] 1595 bewilligten die jülicher Stände einen Beistand von 12.000 Reichstalern zur Landesdefension.[327] Die sich in diesen Jahren abzeichnende Bauentwicklung, als deren unmittelbare Folge die Ergänzung der Düsseldorfer Bauordnung anzusehen ist,[328] ist mit der der fünziger Jahre jenes Jahrhunderts zu vergleichen.

1595 faßte Herzog Johann Wilhelm endlich den Entschluß, die Befestigungsanlagen zu erneuern und zu verbessern.[329] Noch im selben Jahr wurde an der Aufführung der Gräben und der Erhöhung der Wälle gearbeitet. Durch die „itzigen gefärlichen zeiten und geschenissen" sah sich Johann Wilhelm veranlaßt, die gewünschte Verstärkung der Wälle und Bollwerke voranzutreiben und noch vor dem Winter fertigstellen zu lassen. Die Ämter sollten die erforderlichen Arbeiter stellen oder 25 Gulden je Rott zahlen.[330]

Ein Jahr später wurde die gesamte Festung einer kommisarischen Besichtigung unterworfen.[331] Am 22. Juli trafen sich der Kanzler Broill, Vizekanzler Pütz, Hauptmann Caterbach sowie Schultheiß und Bürgermeister Breckwolt mit dem Landesbaumeister Johann Pasqualini d. J. zu einem Rundgang über die Wälle und die Zitadelle. Das Ergebnis dieser Besichtigung wurde in einem Bericht „zur nottürftigen Reparation der Festung" zusammengefaßt.[332]

Der erste Abschnitt dieses Berichtes enthält die allgemeinen Mängel. An vielen Stellen fehlten aus Mangel an Lunten die Schildwachen. Eines der Wachthäuschen war von „beesten" (Vieh) verunreinigt, kein Tisch noch Brettchen sei darin zu finden, daher müsse die Wache auf der Erde in Kot und Unflat liegen. Der Bürgermeister wollte für Abstellung sorgen. Ferner wäre es gut, wenn keine Kühe auf die Wälle kämen und dieselben beschädigten. Die kleinen inneren Gräben auf den Wällen vor den Brustwehren sollten besser instandgehalten werden, damit nicht in Regenzeiten, wie es geschehen sei, das Wasser auf den Wallgang unterhalb der Brustwehr laufe, so daß die Verteidiger in tiefem Schmutz stehen müßten und die Brustwehr schließlich einzufallen drohte.

Im zweiten Abschnitt dieses Berichtes wurde ein Bauprogramm für die gesamten Anlagen vorgelegt. Der Wall an der Mühle sollte erhöht werden, „da sich befunden, daß der wall also niedrig und hingegen da baußen die erdt so hoch, daß aus dem feldt die innerliche Stadtmauer und der Mühlenplatz gesehen werden kann, daß auch der graben . . . nit dieff, derwegen für nötig eracht, den graben daselbst ein rodt (3,7 m) oder mehr auszuführen und die erdt auf den wall tragen zu lassen, und daß der wall von der inneren Portz des Bollwerks hinder der Müllen bis auf die ander kant rechtens mit seinen brustwehren lauffen zu lassen". Auf den Bollwerken und an den Toren war die Erneuerung der Wachthäuschen (Corps de Garde) vorgesehen. Der hinter der Brustwehr innen geführte Graben sollte mit Erde gefüllt und die Mauer der Streichen des Flinger Bollwerks erneuert werden. Zwischen Zitadelle und Rheintor war eine Straßenverbindung vorgesehen. Um die Rheinströmung von Rheintor und Zitadelle abzuhalten, wurde vorgeschlagen, „von der Berger Porten alles zwischen der Citadell und der Stadt zu füllen". Da die Zitadelle selbst in die Stadt einbezogen werden sollte, wurde Pasqualini aufgetragen, „einen Überschlag zu machen, welchergestalt die Citadell nottürftiglich auszubauen, wie dieselbe mit Häusern zu besetzen und das Wasser darumb zu verwenden, und welches am ersten nötig zu machen (sei)". Von dieser „nottürftigen Reparation" der Festungsanlagen waren keine umwälzenden Änderungen zu erwarten. Die ergriffene Initiative war immerhin der Auftakt zu zahlreichen Maßnahmen, für deren Durchführung sich Herzog Johann Wilhelm selbst einsetzte. Schon am 7. Oktober 1596 wurde ein Edikt zur Heranziehung von Sträflingen zum Festungsbau erlassen.[333] Noch im selben Monat beauftragte die Kanzlei den Geographen Johann von Meyer, den Auswurf der Gräben nach Angaben des Landesbaumeisters Pasqualini vornehmen zu lassen.[334] Pasqualini arbeitete selbst häufig in Düsseldorf. Er wurde vom Herzog ermahnt, „vleißig Auffsicht" zu halten und die Arbeiten ordnungsgemäß und ohne Zeitverlust durchzuführen.[335] Bereits im November konnte mit den Maßnahmen zur Erhöhung des Walls hinter der Mühle und mit der Erweiterung der Gräben begonnen werden.[336]

165 Karren Sand, 77 Karren Kalk und 321 Karren mit insgesamt 62.200 Stück Ziegelsteinen wurden 1596 auf den Wall an der Steinernen Brücke gefahren. Die Reparatur der Schleuse vor dem Berger Tor und die Erneuerung der Stakete vor dem Flinger Tor erforderte 25 Karren Bauholz.[337] Auch wurde das Gießhaus vor dem Berger Tor in Ordnung gebracht.[338]

1597 forderte der Bauschreiber Johann von der Wayen (Jan von der Wain) die Bereitstellung von Geldern für den Rheinbau, damit „zum Furtheil der Citadell, Statt und Schloß auch der Leinpath (Leinpfad) und Warff (Werft) oben mit guten Heubtern und Krippen aller dinghen beständig versehen" werde.[339] Die Reparatur und Vollendung der halbfertigen Zitadelle wurde immer dringlicher, weil der Stadt, zu deren Sicherheit 1597 eine neue Defensionsordnung erlassen worden war,[340] Überfälle drohten.

Für diese Arbeiten sollten die Stände 1598 4.000 Reichstaler bewilligen.[341] Auf den Landtagen vom 29. Dezember 1598 und vom 5. Januar 1599 wurden zwei den Aus-

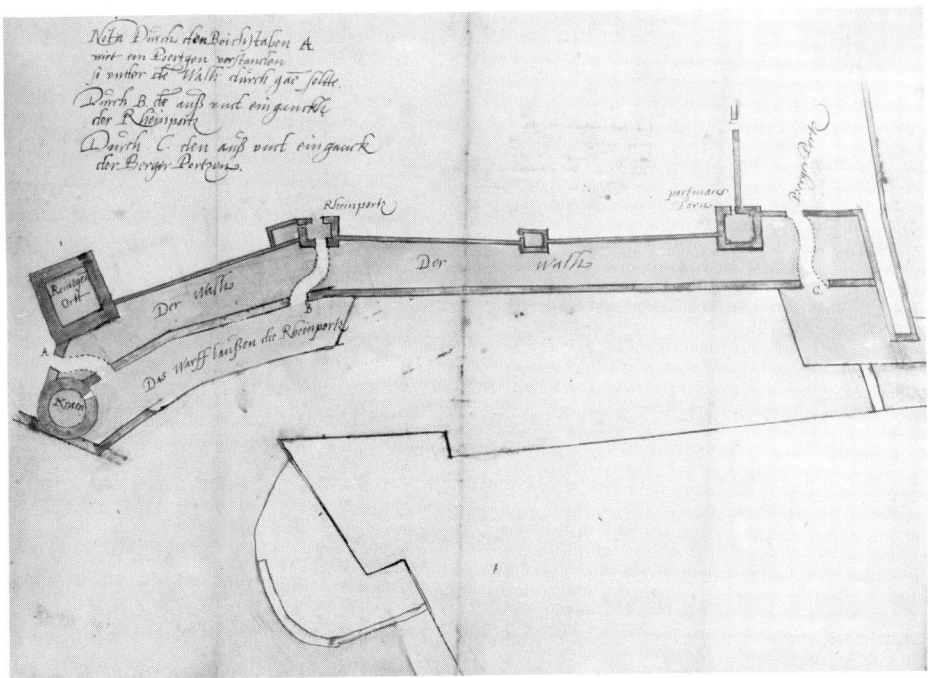

41 Projekt eines Walls zwischen Berger Tor und Reintgens Ort, 1599

bau der Zitadelle betreffende Vorschläge behandelt. Der eine sah vor, „den gemeinen Weg zwischen Rhein- und Berger Pfordten" auszugraben und auf einen vor der Stadtmauer aufzuschüttenden Wall zu verlegen (Abb. 41),[342] in dem anderen wurde vorgetragen, die „Citadell in der mitte abzuschneiden und dadurch einen Graben zu machen, auch die Erde daraus zum Wall nahe der Stadt aufzusezen" (Abb. 27). Ritterschaft und Städte erinnerten ihrerseits mit dem Hinweis auf ihre bereits früher unterbreiteten Vorschläge, die Zitadelle entweder ganz zu schleifen oder aber in die Stadt einzubeziehen, daran, daß nicht nur die Stadt, sondern „die ganze Landschafft" an den Sicherungsmaßnahmen der Zitadelle interessiert sein müsse, da Schloß, Kanzlei, Registratur und Artillerie im Schutz der Festung lägen.[343]

Während Herzog Johann Wilhelm noch im Jahre 1599 von seinem Baumeister Johann Pasqualini d. J. Gutachten über die vordringlichsten Sicherungsmaßnahmen an der Festung Düsseldorf verlangte,[344] lenkte schon bald danach ein großes Hochwasser das Interesse von den Arbeiten an der Festung, insbesondere an der Zitadelle, wieder ab, denn jetzt mußten sich alle Kräfte auf den Rheinbau konzentrieren. In einem Plan, datiert vom 23. Juni 1599, signiert von Jan van der Wain, ist vermerkt, daß Kribbenbaumeister Heinrich Vellink auf Anweisung des Rentmeisters Peter Alsfeldt an einem die südliche Bastion der Zitadelle (Oberrheinische Bastion) schützenden Steinhaupt tätig war.[345]

Die Arbeiten an den Festungswerken selbst scheinen einige Jahre stagniert zu haben. Erst im März 1605 wurde Pasqualini erneut von den herzoglichen Räten gebeten, über die notwendigsten Baumaßnahmen einen Kostenanschlag anzufertigen.[346] Einige Monate später besichtigte der Rat die Befestigung zusammen mit Pasqualini, der das Ergebnis dieser Begehung in einem Protokoll zusammenfaßte.[347] Darin ist neben dem Auftrag an den Burggrafen, das erforderliche Geld für die Errichtung einer „gegatterten Pfort" (Hammei) bereitzuhalten, der Vorschlag enthalten, das kleine Bollwerk am Rheinort zu verbreitern und die Brustwehren zu reparieren. Als besonders vordringlich wurden folgende Arbeiten angeführt:

> „1/ Am Rhinkensörtsen (Rheinort) (ist) wann die Mauer gemacht, solches (Bollwerk) zu verfüllen
> 2/ Am Ratinger Tor (ist) der Graben auszuführen
> 3/ Das Bollwerk an der Müllen ist aufzusetzen und zu verfüllen
> 4/ Die Wachhuisschen an Flinger und Berger Porz sind auszuführen".

Bauschreiber und Burggraf sollten bei der Durchführung dieser Arbeiten miteinander beraten, eine Höherführung der Eskarpe vom Ratinger Tor bis zum Pulverhuis (Pulverturm) in Erwägung ziehen sowie dafür Sorge tragen, daß die Kühe nicht auf die Wälle gelangen könnten. All diese Maßnahmen waren aber nicht einschneidend genug, um den mißlichen Zustand der Anlagen grundlegend zu ändern.

Auch mit dem Aussterben der bergischen Linie mit dem Tode Herzog Johann Wilhelms, 1609, trat zunächst keine Besserung der Verhältnisse im Bauwesen ein. In einer Bittschrift des Magistrats an die possidierenden Fürsten wurden nur die notwendigsten Punkte, wie die Situation der Zitadelle, behandelt. Wegen der in dem unfertigen Zustand des Erdwerks liegenden Gefahr unterbreitete der Düsseldorfer Magistrat erneut den Vorschlag, den südlichen Teil der Zitadelle ganz abzutragen und den Rest durch Wall und Graben zu befestigen oder aber, falls die Mittel nicht einmal dazu reichten, das Gelände aufrichtigen Bürgern zu verkaufen, damit „solch Ort mitt Bürgern Huisern bewacht werden mochte". Gleichzeitig wurde die Bitte vorgetragen, den Hafen im Zusammenhang mit der Zitadelle zu sichern und die bei Ausbruch des Kölnischen Krieges geschlossene Lindentrappenpforte zu öffnen.[210] Die Landeskanzlei entschied, die Lindentrappenpforte weiterhin geschlossen zu halten und beauftragte Pasqualini, für den Verkauf des Zitadellgeländes einen Kostenüberschlag anzufertigen.

Außer kleineren Reparaturen wurden vorerst aber keine nennenswerten Bauarbeiten durchgeführt. 1612 riß ein Hochwasser die Hammei vor dem Berger Tor weg.[348] Zwei Jahre später, im Januar, verursachte ein „übermäßiger Stormwind" beträchtlichen Schaden an den Palisaden der Festung, deren Gräben „dermaßen beschaffen waren, daß dieselben bis auf beßere fortification notwendig widerumb erneuert werden müßten".[349] Auch mehrten sich die Klagen über den schlechten Zustand der Brustwehren. Die Bürger lebten in der Furcht, der Rhein könne an der Zitadelle und überhaupt an der ganzen Festung beträchtlichen Schaden anrichten.

Als Kurprinz Georg Wilhelm von Brandenburg, der in Kleve residierte, Düsseldorf 1614 mit der 400 Mann starken Besatzung von Moers zu überrumpeln versuchte, zeigte sich die völlige Unzulänglichkeit der Festungswerke, an denen man bisher nur die allernotwendigsten Instandsetzungen vorgenommen hatte.[349] Dank der Wachsamkeit der Schildwachen und der Bürgerkompanien konnte die Stadt vor dem Ansturm der Feinde gerettet werden.[350]

In dem wieder auflodernden Erbfolgestreit mußte Wolfgang Wilhelm darauf bedacht sein, die Festungswerke in guten Verteidigungszustand zu setzen. Er leitete daher sofort umfangreiche Baumaßnahmen zur Verbesserung der Anlagen ein. 1614 bis 1615 wurden vor dem Ratinger Tor, vor der Flinger Front und vor der Zitadelle am Rhein zahlreiche Bürgergärten zur Anlage neuer Erdwerke, der sogenannten Halben Monde, eingezogen.

1618 bis 1619 war man damit beschäftigt, die zwischen Ratinger Rondell und Rhein beschädigte alte Stadtmauer wieder instandzusetzen und am Werft eine neue Hammei zu errichten.[351] Unumgänglich erschien die Aufrichtung der Kurtine zwischen Flinger und Mühlenbastion.[352] Die Brustwehr in diesem Abschnitt sollte „new und beständig" gemacht und der innere Grabenrand mit Palisaden verstärkt werden. Vor dem Berger Tor, an der Zitadelle, hatte man ebenfalls die Aufrichtung einer Hammei vorgesehen. Am vordringlichsten waren die Arbeiten an der Mühlenbastion, die zuerst fertiggestellt werden sollte.[353]

Da die vorhandene Erde für die Aufrichtung der neuen Brustwehren nicht mehr ausreichte, sah man sich gezwungen, „die hie vor den Toren aufgesetzten halben Monde" zu diesem Zweck wieder abzutragen. Der große Bedarf an Erde zur Aufführung der neuen Kurtine und Brustwehr zwischen Flinger und Mühlenbastion[354] brachte es mit sich, daß der Vorschlag des Bauaufsehers Alexander Pasqualini, der 1619 „in eigenen Angelegenheiten" in Düsseldorf weilte, keine Zustimmung fand (Abb. 45).

Die vorgesehenen Arbeiten zur Sicherung der Festung waren so umfangreich, daß die Düsseldorfer Räte am 20. Juli 1619 den Pfalzgrafen baten, einen „wol instruierten" Baumeister nach Düsseldorf zu schicken.[355]

Da infolge der ungünstigen Jahreszeit keine einschneidenden Änderungen mehr vorgenommen werden konnten, wies Wolfgang Wilhelm die Düsseldorfer Räte an, zunächst bis zum kommenden Frühjahr den Wall durch einen Zaun provisorisch abzusichern und die für den Bau erforderlichen Materialien zu besorgen. Alsdann sollte der Neuburger Baumeister Antonio Serro, auch Krauss genannt, zur Durchführung der wichtigsten Arbeiten nach Düsseldorf kommen.[356] In einer Beratung mit dem Festungsgouverneur Rheinhard Rheins (Riner Rins) zog Wolfgang Wilhelm in Erwägung, die Kurtine zwischen Flinger und Mühlenbastion „a l'ehpreuve du canon" aufführen zu lassen.[357]

Unter Antonio Serro, der sich seit 1620 in Düsseldorf aufhielt,[358] wurde die Festung einer gründlichen Revision unterzogen. Zunächst sollten die Verbesserungen an der Rheinseite und die Anlage einer neuen Bastion mit einem Batardeau (Wasserbär) unterhalb der Stadt ins Auge gefaßt werden.[359] Die Mängel an den einzelnen Festungswerken erwiesen sich aber als so vielfältig, daß es nicht möglich war, die Festung kurzfristig in guten Verteidigungszustand zu bringen. Wolfgang Wilhelm trug daher dem Baumeister auf, Überlegungen anzustellen, „wie das werkh per provision zu einiglicher defension gebracht werden könne". Aus Ersparnisgründen sollten die schadhaften Fundamente der Eskarpenmauern an der Ratinger Front nicht von Grund auf erneuert, sondern bei Vermeidung größerer Unkosten beibehalten werden.[360]

Antonio Serro arbeitete in kurzer Zeit einen Plan aus (Taf. V), in dem alle wesentlichen Änderungen und Ergänzungen enthalten sind. In der Stellungnahme Wolfgang Wilhelms vom 10. März 1620 wurden die vordringlichsten Punkte dieses Plans, wie der Ausbau der Zitadelle und deren Anbindung an die Stadt, zur Ausführung freigegeben.[361] Dem Vorschlag der Erweiterung der Nordfront stimmte der Pfalzgraf allerdings nicht zu.[362] Lediglich das Ratinger Rondell sollte „Vermög der klaren Linien spitz ummauert werden".[363]

Nach einer gemeinsamen Besichtigung der Festungswerke kamen Baumeister und Gouverneur mit Zustimmung des Pfalzgrafen darin überein, daß man zunächst mit der Herstellung der Verbindung zwischen Stadt und Zitadelle beginne. Dazu war es erforderlich, den äußeren Graben von dem zwischen Stadt und Zitadelle gelegenen Graben durch eine Staumauer[364] zu trennen. Baumeister Rutger von Mehrheim, der mit diesen Arbeiten betraut wurde, erhielt gleichzeitig den Auftrag, die Obere Düssel zur Schaffung eines Platzes vor dem Berger Tor, am Ende des Hafens, zu überwölben. Während der Plan, diesen Platz durch eine auf drei Pfeilern den äußeren Graben überspannende Brücke mit dem freien Feld zu verbinden, zunächst zurückgestellt wurde, konnte Meister Rutger mit der Fundierung einer steinernen Brücke vor dem Flinger Tor noch im Mai 1620 beginnen.[365]

Die günstige Jahreszeit kam den Arbeiten zugute. Es wurden zahlreiche Arbeiter im Wochen- und Tagelohn gedungen. Meister Rutger reiste zum Drachenfels und nach Breisig, um in den dortigen Steinbrüchen die erforderlichen Steinmaterialien zu bestellen.[366] Die Arbeiten waren so umfangreich, daß dem Burggrafen und Bauschreiber Johann Caster zur Unterstützung ein weiterer Bauschreiber zugeteilt werden sollte. Die Aufgliederung ihrer Aufgabenbereiche ist in einem mehrseitigen Schreiben enthalten.[367]

Bereits im November 1620 wurden Wolfgang Wilhelm die ersten Pläne zum Bau eines neuen Tores (Neues Berger Tor) an der südwestlichen Seite der Zitadelle vorgelegt. In einem weiteren Plan hatte man die Fassade des Tores, dem Wunsch des Pfalzgrafen entsprechend, geändert (Abb. 49).[368]

An den Festungswerken, für deren Bau der 1621 neu eingeführte Baumeister Adolf von Kamp die erforderlichen Materiallisten angefertigt hatte, wurden unablässig gearbeitet.[369] 1622 erhielt Johann von Kirchherten den Auftrag,[370] das seit 1614 geplante Ravelin vor dem Ratinger Tor (Ratinger Ravelin) fertigzustellen.[368] Da der Pfalzgraf selbst die meiste Zeit in Neuburg residierte, ließ er sich laufend durch den Kanzler von Orsbeck über den Stand der Arbeiten unterrichten.[371]

Bis 1623 hatte Rutger von Mehrheim an der Zitadelle Mauern in einer Gesamtlänge von 280 Ruten aufgerichtet. Der Maurermeister nutzte den günstigen Rheinstand im Sommer 1623, um die Fundamente für die Südwestbasion der Zitadelle (Bastion Thomas) zu legen. Allein die Fundierung des Bären (Batardeau) erforderte „etzliche schiff unkelstein (Basalt) und cement", die schnellstens beschafft werden sollten. Obwohl die Arbeiten zügig vorangingen, wurden die Zahlungen nur schleppend geleistet. Meister Rutger beklagte sich 1623, daß er mit seinen Gesellen schon vierzehn Wochen ohne Bezahlung an den Festungswerken gearbeitet habe.[372]

1623 legte Adolf von Kamp einen Plan von der Zitadelle vor, der folgende Vorschläge enthielt.[373]

1. Vier Pfeiler für eine das Ravelln vor dem Neuen Berger Tor mit dem Land verbindenden Brücke
2. Verbreiterung des Platzes vor dem Berger Torhof
3. Verkürzung des Hafens durch eine Überwölbung der Düssel
4. Überwölbung der Düsselmündung am Rhein zur Weiterführung des Leinpfads

Die südwestliche Spitze der Zitadelle sollte, neuen Plänen entsprechend, durch ein in den Rhein vorgeschobenes Bollwerk gesichert werden. Die Fundierung dieses Außenwerks, das 21 Fuß vom Land aus in den Rhein vorsprang und 8 Fuß tief ins Wasser reichte, legte Adolf von Kamp unter Ausnutzung des niedrigen Wasserstands im Februar 1624. Da kein Backstein vorhanden war, wurde das auf einem Pfahlrost gegründete Bauwerk in Quadern aufgeführt.[374]

Nachdem die wesentlichen Arbeiten an der Zitadelle abgeschlossen waren, konnte 1624 mit der Aufführung des Parapets zwischen Ratinger Tor und Rhein begonnen werden.[375] 1625 ließ Wolfgang Wilhelm einige Häuser in der Krämerstraße, vor der Stiftskirche, niederreißen, um für einen neuen Wall und Batterien am Rhein Platz zu schaffen.[376]

An den übrigen Festungswerken der Stadt wurden keine nennenswerten Verbesserungen mehr vorgenommen. Der pfalzgräfliche Baumeister Antonio Serro war schon 1623 wieder nach Neuburg zurückbeordert worden. Als Folge der Schlichtung der Erbfolgestreitigkeiten durch den Provisionaltraktat von 1624 ließ das Interesse an den Festungsbauten für kurze Zeit wieder nach. 1629 wies der Magistrat den fürstlichen Befehl, die alten Stadtmauern wieder aufzubauen, mit der Begründung zurück, die Stadt sei nicht in der Lage, „nach hochbeschwerlicher zwanzigjähriger Guarnison" die Kosten für den Wiederaufbau zu übernehmen.[197] Am Mühlenbollwerk, das

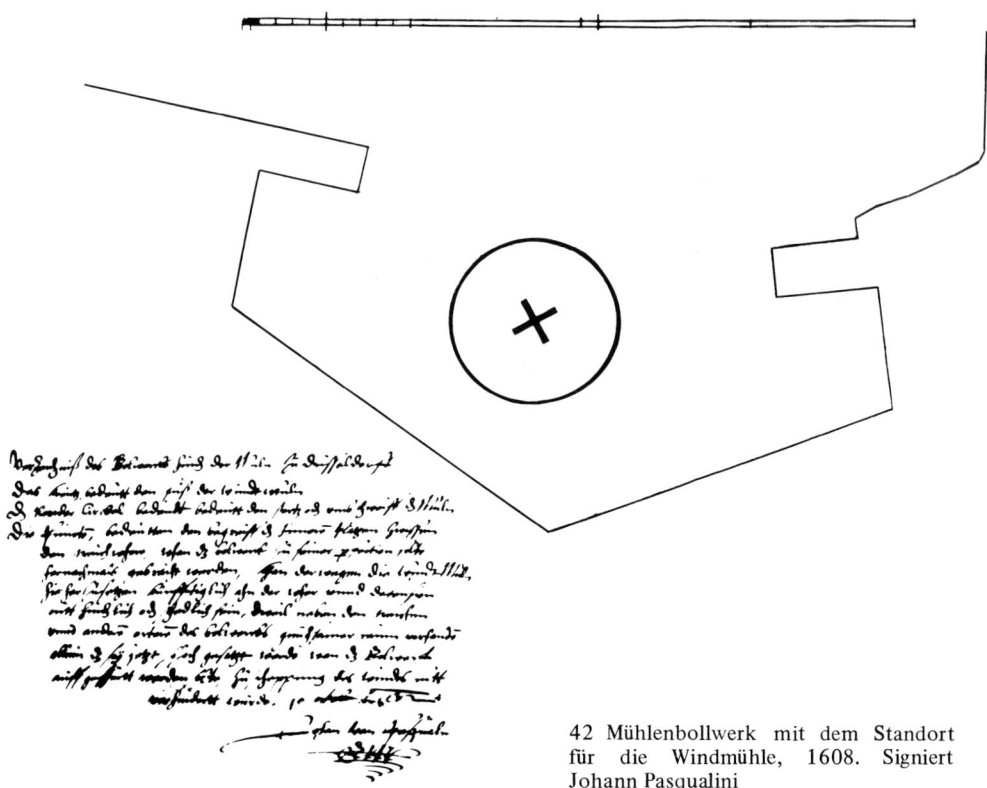

42 Mühlenbollwerk mit dem Standort für die Windmühle, 1608. Signiert Johann Pasqualini

einem Reskript von 1619 zufolge in spitzwinkliger Form aufgemauert werden sollte, stellte 1628 Meister Rutger von Mehrheim zwei steinerne Schildwachthäuser fertig. Daminan von Nideggen, der 1630 ein Gutachten mit einer Zeichnung von diesem Bollwerk anfertigte, berichtet, daß der „Zöllner und Baumeister zugleich" (Adolf von Kamp) . . . mit der Bauausführung beschäftigt sei (Abb. 42 und 43).[198]

Die Neutralität Düsseldorfs im Dreißigjährigen wie im Niederländischen Krieg konnte die Stadt nur zeitweise von äußeren Eingriffen verschonen. Bei der erneuten Anerkennung der Neutralität 1631 forderten die Generalstaaten neben dem Abzug der kaiserlichen Truppen die Schleifung der neuen Festungsanlagen in Jülich-Berg. Von dieser Forderung waren in Düsseldorf vor allem die neuen Außenwerke vor den Toren betroffen. Mit dem „alten Werkh, so in der Mitten zwischen der Ratinger Pforten und dem werck ahm Rhein gelegen", sollte begonnen werden.[377] Wolfgang Wilhelm wollte die Schleifung nur für „diejenigen öhrter, stätt, Schlößer und platzen, so von beeden kriegenden Theilen fortificiert sein", verstanden wissen. Da der Bau der Düsseldorfer Festungswerke aus eigenen Landesmitteln finanziert worden war und „weill darauff auch vor diesem die Staaten die Neutralität bewilligt haben", glaubte der Pfalzgraf, Düsseldorf von dieser Forderung ausschließen zu können. Er bestand daher unter dem Hinweis auf die Gefahren, die der Stadt durch die noch nicht völlig geklärte Erbfolgefrage drohten, darauf, daß die vor den Stadttoren aufgeworfenen Reduits und Ravelins erhalten bleiben sollten.[378]

110

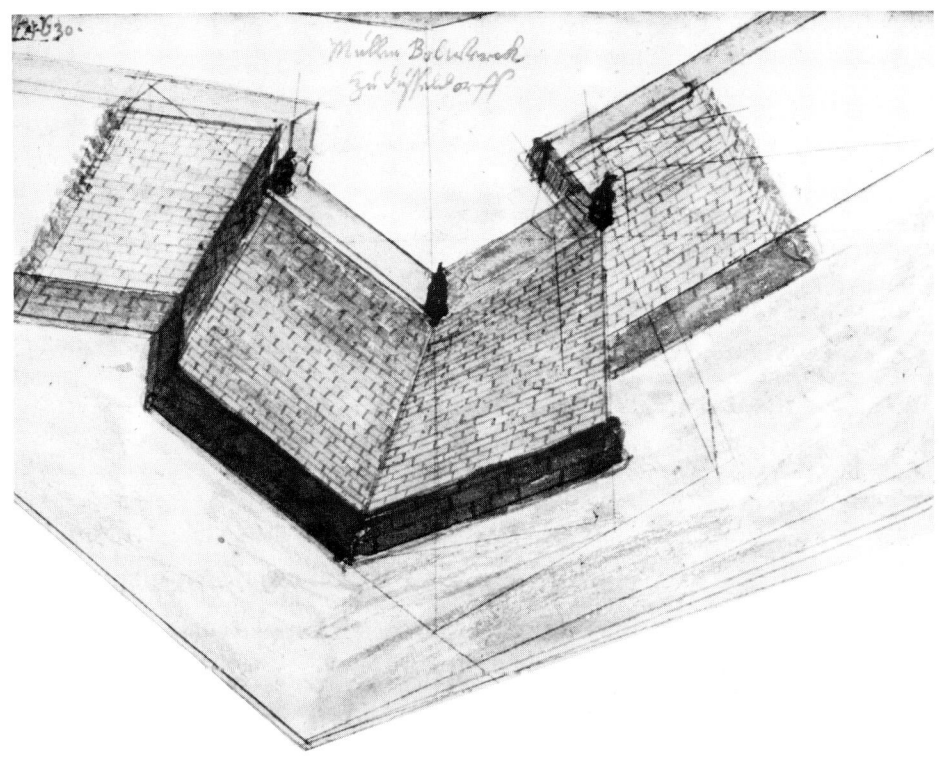

43 Mühlenbollwerk, 1630. Illustration aus dem Handbuch des Damian von Nideggen

In einem Schreiben an den Kanzler und Hofrat zu Düsseldorf äußerte Wolfgang Wilhelm sein Mißfallen und Befremden darüber, „daß ohne unseren special Befehl so aigenthäthlich bey der Citadell daß kleine Revelin zu demoliren einen Anfang gemacht". Der Pfalzgraf ordnete an, das Ravelin sofort auf Kosten der am Abbruch beteiligten Personen wieder aufzubauen und befahl Kanzler und Hofrat unter Androhung von „höchster Straf und Ungnade", den Abbruch der Außenwerke zu verhindern.[379]

Erst nach sehr zähen Verhandlungen gaben die Generalstaaten aufgrund einer vorgelegten Deklaration des Kardinalinfanten von Spanien eine schriftliche Erklärung ab, wonach sie nicht weiter auf der Demolierung der Düsseldorfer Außenwerke beharren wollten. Alle übrigen Neubefestigungen in Jülich-Berg dagegen mußten geschleift werden.[380]

Die wiedergewonnene Neutralität des jülich-bergischen Landes wurde von Gustav Adolf allerdings nicht beachtet. Im Oktober 1632 erklärte er, daß er sich des Herzogtums Jülich-Berg „zu seiner Commodität" bedienen werde. Düsseldorf wurde daraufhin in fieberhafter Eile wieder in den Verteidigungszustand gesetzt. Man verstärkte die Garnison, legte die Brücke an der Zitadelle nieder und ließ den Damm am Berger Tor durchstechen, damit sich die Gräben wieder mit Wasser füllten.[381]

111

Die „Mauern an der Spitz vor der Citadelle und die Brustwehr" sollten schnellstens aufgeführt werden.[382] In einem Schreiben vom 25. Oktober 1632 unterrichtete Wolfgang Wilhelm seinen Sohn Philipp Wilhelm von seinen Weisungen an den Düsseldorfer „paumeister und Zohlner" (Adolf von Kamp), von dem eine Antwort darüber ausstand, „ob und wie das Fundament an der Pastey uf der Citadell daselbsten gelegt, auch ob daran unausgesetzt fortgearbeitet, wie ingleichen auch mit dem Wasserbau ob der Citadell fortgefharen und dieselbe unserem gnedigsten Befehlch gemäss geschlossen werde".[383]

Für den Ausbau der Außenwerke vor dem Zitadelltor (Neues Berger Tor) wurde 1633 Land in einer Größe von 1 3/4 Morgen, 23 Ruten und 1 Fuß in Anspruch genommen.[384] Die Arbeiten an der Zitadelle müssen so ziemlich fertiggestellt gewesen sein, als die politische Situation 1634 den Pfalzgrafen zwang, seine Neutralität gegenüber Schweden aufzugeben. Zu diesem Zeitpunkt war der Ausbau der Festung aber längst noch nicht abgeschlossen.

In dem zwischen dem kaiserlichen Gouverneur Aitona und dem Pfalzgrafen abgeschlossenen Vertrag von Hasselt versprach Aitona, als Gegenleistung für die Aufgabe der jülich-bergischen Neutralität gegenüber Schweden, bei dem König von Spanien einen finanziellen Beitrag für die vom Pfalzgrafen beabsichtigten Rüstungen zu beantragen.[385] Dieser Beitrag sollte auch für die Festungsbauten von Düsseldorf und Neuburg verwandt werden. Vor allem für die Anlage einer Brücke mit einem Brückenkopf auf der linken Rheinseite (Düsselburg) benötigte der Pfalzgraf größere Geldsummen.[386]

Die Spanier kamen ihren Zahlungsverpflichtungen aus dieser vereinbarten Spezialforderung für den Düsseldorfer Festungsbau aber nicht nach, so daß aus der Anlage der Brücke und des Linksrheinischen Forts nichts wurde. Da die Lasten der Einquartierungen alle Mittel verschlangen, waren naturgemäß auch die Zahlungen der Pfennigmeisterei für den Festungsbau in diesen Jahren sehr unregelmäßig.[387]

Der immer dringlicher gewordene Bau des Neuen Flinger Tores, über dessen Finanzierung Stadt und Land sich seit 1635 nicht einigen konnten,[176] verzögerten sich unter den kriegerischen Ereignissen noch bis 1645.[388] Erst nachdem der städtische Magistrat eine Beisteuer von 2.000 Reichstalern für die Errichtung des Tores bewilligt, und die anwohnende Bürgerschaft das Angebot des Kurfürsten, das Baumaterial und ebenfalls 2.000 Reichstaler für den Bau zuzuschießen, durch eine schriftliche Resolution mit der Erklärung, die restlichen Kosten zu übernehmen, angenommen hatte, wurden die Arbeiten nach den Plänen des Ingenieurs Sadeler in die Wege geleitet.[389]

Dem Festungsbau selbst schenkte man erst nach dem Dreißigjährigen Krieg wieder größere Beachtung. 1650 wurden „zur erhaltung und reparation der Fortification, ausführung der contrescharpen und nötigen Ravelins" monatlich 200 Reichstaler gefordert.[390] Nach einer Spezifikation von 1655 sind in jenem Jahr größere Landabtretungen für die Errichtung der Kontereskarpen, den Bau des neuen Ravelins (Ravelin Goldstein) vor der Kurtine zwischen Flinger und Berger Bastion und für die Erweiterung des Grabens vor dem Ratinger Tor erfolgt.[391]

Als Verteidigungsmaßnahmen gegen das schwedisch-brandenburgische Bündnis ordnete Philipp Wilhelm 1656 an, den Fortifikationsbau, sobald das Wetter es erlaube, fortzusetzen und die Festung mit dem nötigen Proviant und der erforderlichen Munition zu versehen.[392] Die Festungsarbeiten müssen kurzzeitig einen größeren Umfang angenommen haben, so daß 1657 die Einstellung eines Ingenieurhauptmanns namens Rahl erforderlich wurde.[393] Nennenswerte Verbesserungen können bis 1664 aber nicht erfolgt sein. Wenigstens wußte Monconys, der französische Reisende, der sich in seinem Tagebuch von 1663 eingehend mit der Festung Düsseldorf beschäftigte, nichts von Arbeiten an den Werken zu berichten.[394] Erst nachdem man die Festung 1664 gründlich auf die Tauglichkeit ihrer Werke geprüft hatte, läßt sich wieder eine größere Aktivität belegen.

Der mit einem Gutachten beauftragte Oberingenieur Sadeler, dem seit 1664 der Ingenieurhauptmann de Roy zur Seite stand,[395] legte als Ergebnis seiner Untersuchungen über den Verteidigungszustand der Düsseldorfer Festungswerke im Frühjahr 1664 eine ausführliche Stellungnahme mit einem leider nicht mehr erhaltenen Festungsplan als Grundlage für die Ausführung der erforderlichen Arbeiten vor.[396]

Die wichtigsten Punkte dieses Gutachtens sind in einem Kostenanschlag zusammengefaßt (Taf. V).[397]

1. Erstlich der Behr an der Ratinger Pfortzen nächst bei der
   Mühl muß notwendig also repariert werden, damit das Wasser auf die Mühl, und in den Stadtgraben ohne Gefahr eines
   Überlaufs laufen können,
   wirdt ohngefähr kosten . . . . 4.000 Rthlr.
2. Die Cortinen bei der Flinger Portze zu reparieren wird
   ohngefähr kosten . . . . 12.075 Rthlr.
3. beide die Flinger- und Berger Bollwerk zu reparieren wird
   ohngefähr kosten . . . . 1.000 Rthlr.
4. Item der Wall gegen dem Velt zu auf dem Zitadell rondts
   herumb zu reparieren
   wird ohngefähr kosten . . . . 12.225 Rthlr.
5. Item die Cortine von gedachter Citadell gegen den Rhein
   zu muß notwendig auch umb zu verhinderung des Auf-
   steigens repariert werden,
   wird ohngefähr kosten . . . . 2.000 Rthlr.
6. Item ist ein nötige Reparation umb den Hafen eine Brust-
   wehr berumb von dem Bollwerk ahn biß zu der Berger
   Pfortze,
   wird ohngefähr belauffen . . . . ad 2.000 Rthlr.
7. Item müßten alle die Brustwehren inwendig herumb mit einer
   Mauer ein Fuß dick und fünff fuß hoch . . . . ad 2.000 Rthlr.
8. Item die Contrescarp rountherumb . . . . ad 2.000 Rthlr.
9. So ist gleichfalls eine höchstnötige Reparation, daß der Behr
   ahm Rhein auf der Citadell und daß derselbige mit einer Reduit
   und Faussebrays verwahrt werden,
   wird ohngefähr kosten . . . . 3.000 Rthlr.

10. Hochnötig ist gleichfalls, daß daß Alte Zeughaus auf dem Alten
Flinger Pfortz repariert werde, welches darumb zu der Fortification gehörig, weilen ohne Krauth und loth, die Fortification nit
defendiert, jehnes aber ohne diese Reparation nit conserviert werden könne,
wird ohngefähr kosten . . . . 2.000 Rthlr.
11. Item das Stück Mauer, so gegen den Rhein hinder den Münchèn,
biß ahn den Behren außgefallet ist, wird zu reparieren sich belauffen
ohngefähr auff . . . . 530 Rthlr.
endlich die inwendige Flinger Pforte zu ersetzen (instandzusetzen),
und zu reparieren,
wird kosten ohngefähr . . . . 500 Rthlr.
zu contination der in der Ververtigung kommenden Krippen ahm
Rhein, ohne welchen underhalt die Fortification umbsonst ist
wird ohngefähr kosten . . . . 9.000 Rthlr.
                                                              ————————————
                                                Summa   52.330 Rthlr.

Obwohl Philipp Wilhelm die Notwendigkeit der Festungsreparatur einsah, fühlte er
sich außerstande, die Geldmittel für deren Verwirklichung aufzubringen. Er verwies
auf die für den Mauerbau erforderliche Kostenbeteiligung des Stadtrentmeisters und
und ordnete an, aus den Dienstgeldern der Ämter nur „das nothwendigste und vor
allem den Behren (Wasserbär) ahn der Citadelle damit das Wasser im Graben behalten
werden könne", bauen zu lassen.[398]
Obwohl noch keine Einigung mit dem Magistrat über die Finanzierung erzielt werden
konnte, sollte der Baumeister mit der Aufrichtung der Mauern beginnen.[399] Die Arbeiten machten den Sommer über gute Fortschritte, so daß bei dem kommenden Niedrigwasser mit dem Bau des Bären bei der Zitadelle (Oberrheinischer Batardeau) und
der Mauer nördlich des Schlosses begonnen werden sollte.[400] 1665 erließ der Pfalzgraf eine Anordnung, die Landwehren und Schlagbäume „aller orthen nach notturft
zu versehen und (zu) reparieren".[401]
Erst 1668 beschlossen die Landstände, die Reparatur der Festung Düsseldorf weiterzuführen. Sie erklärten sich 1669 bereit, eine Besichtigungskommission zu bilden, die
sich der Ausschreibungen für den Festungsbau annehmen sollte. Die Deputierten dieser Besichtigungskommission einigten sich im April 1670 mit Generalfeldmarschall
von Virmund auf die Bewilligung einer für den Düsseldorfer Festungsbau allerdings
viel zu geringen Summe von 1.700 Reichstalern.[402] Man hielt die Arbeiten für so
dringend, daß schon im Juni dem Bauschreiber die Repartition für den Düsseldorfer
Festungsbau als Vorschuß gezahlt wurde,[403] damit nach dem Plan Sadelers die Arbeiten an dem Graben vor dem Ratinger Tor in Angriff genommen werden konnten.[404]
Die Arbeitsbedingungen in Düsseldorf waren denkbar schlecht. Es fehlte dem Gouverneur nicht nur an ausreichenden Geldmitteln, sondern auch an gut ausgebildeten
Fachkräften, die den Bauarbeitern die entsprechenden Anweisungen geben konnten.[405]

114

Von Virmund sah sich daher genötigt, selbst Vorschläge zur Verbesserung der Festungswerke, insbesondere der Nordfront (Neues Werk), auszuarbeiten (Abb. 47).[406] Philipp Wilhelm sicherte dem Gouverneur zu, die von den Ständen angebotenen Hand- und Spanndienste in Anspruch nehmen zu können, und entschied die strittige Frage über die Ausführung der Kurtine vor dem Ratinger Tor. Wegen der hohen Kosten für die in dem sumpfigen Gelände des Düssellaufs schwierige Gründung sollte diese Kurtine zunächst nur in Erde ausgeführt werden; die Futtermauern, wie sie Sadeler vorgeschlagen hatte, wurden aus finanziellen Gründen zurückgestellt.[407] Philipp Wilhelm drängte, nachdem er im Mai 1671 den Ingenieur Bernard de Roy zur Beaufsichtigung der Landmesser eingeteilt hatte,[395] immer mehr darauf, die „Fortification zu perfection zu bringen". Er ermächtigte von Virmund, mit dem bekannten holländischen Ingenieur Faulhaber Einstellungsverhandlungen aufzunehmen und kündigte gleichzeitig die baldige Ankunft eines Ingenieurs aus Venedig (Gabriel Comte de Vecchia?) an.[408]

Von Virmund bemühte sich seinerseits, alles Erforderliche zu unternehmen, um die Festung völlig sicher zu machen. Auch sonn- und feiertags wurde an den Werken gearbeitet.[409] Zur Beschaffung der nötigen Arbeitskräfte „condemnierte" der Feldmarschall alle straffälligen Soldaten und alle Landstreicher und Müßiggänger zum Festungsbau.[410]

Die umfangreichen Arbeiten an den neuen Werken der Nordfront machten bald ansehnliche Fortschritte.[411] Nachdem auch der Ingenieur Faulhaber, dessen Einstellungsverhandlungen noch nicht zum Abschluß gekommen waren,[412] den Bau der Futtermauer des neuen Walls vor dem Ratinger Tor bei seiner Besichtigung der Düsseldorfer Festungswerke für nötig befunden hatte,[413] drängte von Virmund darauf, die Gelder für diese Mauern baldmöglichst zu erhalten.

Die zahlreichen Mängel, die die Festung 1671 immer noch aufwies, veranlaßten von Virmund, seine Vorstellungen von der Befestigung erneut in einem Plan zusammenzufassen und Philipp Wilhelm vorzutragen.[414] Als besonders wichtig betrachtete er die Anlage einer Schanze jenseits des Rheins. Zu deren Verwirklichung regte er einen Gebietstausch mit Kurköln an und empfahl dem Pfalzgrafen, das Dorf „cassel", Düsseldorf gegenüber, zu erwerben.[415]

Die politische Situation machte zunächst aber eine Vereinigung aller Kräfte auf die notwendigsten Arbeiten erforderlich, so daß das Projekt eines Brückenkopfes vorerst fallengelassen wurde.[416] Wegen der Zurückstellung von Neubauten ergriff der Generalfeldmarschall die Gelegenheit, seine Festungspläne zu überarbeiten und unterbreitete für die im kommenden Frühjahr vorgesehenen Arbeiten einen Alternativvorschlag,[417] der unter Berücksichtigung der Höhe der Bastione die Anlage einer „Fauhse Braye" vor der Nordfront vorsah, im übrigen aber die beabsichtigten Außenwerke beibehielt (Abb. 47).[418]

An der Planung für das Neue Werk sollte sich auch der inzwischen in Neuburg bei Philipp Wilhelm eingetroffene Ingenieur aus Venedig beteiligen.[419] Über dessen aktive Tätigkeit in Düsseldorf liegen allerdings keine Nachrichten vor. Als von Virmund im Frühjahr 1672 vorschlug, das neu zu erbauende Ratinger Tor zwecks besserer Anlage der zugehörigen Brücke zum Mühlenwall zu verrücken, gestattete ihm Philipp Wilhelm, den in Neuß tätigen berühmten französischen Ingenieur zu Rate zu ziehen.[420]

Ende März 1672 entwickelte sich an den Festungswerken eine große Bauaktivität. Die Arbeiten, denen der Alternativvorschlag von Virmunds zugrunde lag, konzentrierten sich auf die vor dem Ratinger Rondell im Herbst des Vorjahres als Erdwerk neu aufgerichtete Ratinger Bastion, deren zurückgebliebene Futtermauern nun in Angriff genommen werden sollten.

Da die Festung während der Arbeiten an der Einbeziehung des Ratinger Rondells in die neue Bastion infolge des Öffnens der Mauern an dieser Stelle nicht verteidigungsfähig war, regte von Virmund an, zur Sicherung der Stadt während des Umbaues einige der von Philipp Wilhelm gebilligten Außenwerke — im Plan (Abb. 47) mit F. G. H. I. K. bezeichnet — als Retranchement mit einer Brustwehr aufzuwerfen und mit Palisaden provisorisch zu sichern. Nach Anlage der Kontergarde I (Ratinger Kontergarde) und der Ravelins G (Niederrheinisches Ravelin) betrachtete der Feldmarschall die Defension dieses Abschnittes für die Dauer des Umbaues des Ratinger Rondells als gesichert. Bedingung zur Durchführung dieses Vorhabens war allerdings eine Verstärkung der Garnison, denn die Verteidigung der nur provisorisch für den Umbau der Festung hergerichteten Außenwerke erforderte mehr Infanterie und Kavallerie als eine ausgebaute Festung. Die zusätzlichen Regimenter sollten bis zur Fertigstellung der Außenwerke sicherheitshalber in den Vororten einquartiert werden.[421]

Wegen der drohenden Gefahr eines Überfalls hielt es Philipp Wilhelm allerdings zunächst nicht für ratsam, die Mauern des alten Rondells einzureißen, um dasselbe in die Mauern der Neuen Bastion einzuschließen. Er gab zu bedenken, man solle die neuen Mauern ohne Öffnung des Rondells anbauen, zumindest aber mit den Abbrucharbeiten nicht vor der völligen Fertigstellung der Außenwerke beginnen.[422]

Nach einer gründlichen Erwägung aller Vor- und Nachteile leitete von Virmund die Anlage der Außenwerke vor der neu zu errichtenden Ratinger Bastion ein.[423] Den ganzen Sommer über wurden die Arbeiten an diesen Werken ebenso wie an der Neuen Bastion am Rhein (Niederrheinische Bastion) und an der anschließenden Kurtine energisch vorangetrieben. Da die Erde des alten Walls „hinder den München" allein schon für die Bastion am Rhein erforderlich war, beschloß Philipp Wilhelm auf Anregung von Virmunds, am Rhein eine Mauer und Baracken,[424] die als Vorläufer der späteren Reuterkaserne zu sehen sind, anzulegen. Die für diese Mauer veranschlagte Summe von 800 Reichstalern lag 3.200 Reichstaler unter den für das Aufschütten eines Walls erforderlichen Kosten. Darüber hinaus hatte der Fiskus die Möglichkeit, den Bau der Baracken auf diejenigen abzuwälzen, die ihre Häuser von der Einquartierungslast befreien wollten.[425]

Die Anwerbung von Neuansiedlern für die Zitadelle machte zur Sicherung der Verbindung zwischen Stadt und Zitadelle einen direkten, auch bei Nacht geöffneten Zugang ohne zwischengeschaltete Tore erforderlich. Dieser sollte durch die 1685 geforderte, den Portmannsturm und die nördliche Kurtine der Zitadelle verbindende, den Hafen abschließende Mauer erzielt werden. Unumgänglich war auch eine Revision der Festungswerke der Zitadelle.[426] Die Brustwehren entsprachen, da sie zu niedrig waren, nicht mehr den Anforderungen für die Verteidigung. Die rheinseitige Kurtine sollte, ähnlich wie die entsprechende Kurtine des Neuen Werkes, durch von den Bürgern zu finanzierende Baracken verstärkt werden.[427] Während Philipp Wilhelm anregte, auch die neue, den Abschluß der Zitadelle am Hafen bildende Mauer auf Kosten der Einwohnerschaft bauen zu lassen,[428] fand der Plan, die Berger Bastion im Rahmen einer grundlegenden Änderung der südöstlichen Verteidigungsfront versetzen zu lassen, mangels Zeit und Geld keine Verwirklichung.[429] Zur Sicherung dieser Befestigungsfront muß wenig später aber die Berger Lunette (St. Paul) angelegt worden sein (Abb. 58).

Infolge der französischen Kriegsdrohungen konzentrierten sich die Arbeiten vorerst auf die Nordfront, die am meisten gefährdet war. Mit den Geldern einer 1672 ausgeschriebenen Festungssteuer sollte „der fortificationsbaw sowol in seine völlige perfection gebracht als auch ietz gemelte beide Vestungen, an deren Conservation unser Fürstenthumben Jülich und Berg Wolfahrt beruht, mit allerhand zu deren defension erfordernden Kriegsammunition und rüstung auff allen nothfall in zeiten ferne versehen werden".[430] Auch waren größere Geldsummen als Entschädigung für die zur Anlage des Neuen Werkes ebenso wie zum Bau der Kontereskarpen um die Stadt in Anspruch genommenen Gärten zu entrichten.[431]

Die französischen Kriegsdrohungen gaben den Anlaß dafür, daß die Festung 1676 „ohne Zeitverlierung auf das schleunigste repariert und underhalten" werden sollte,[432] so daß die Palisadenlieferungen auch in den folgenden Jahren nicht abrissen.[432]

Im Winter 1677 erlitt die Festung an der Rheinseite, insbesondere an der Zitadelle, beträchtlichen Schaden durch Hochwasser und Eisgang. Die Arbeiten an der Zitadelle erforderten allein 20.000 Ziegelsteine. Für die Eskarpe zwischen Ratinger Tor und Rhein veranschlagte man 6.040 Reichstaler.[434]

Unter dem Druck der politischen Ereignisse wurde fieberhaft an den Festungswerken gearbeitet. Einem Erlaß von 1678 zufolge mußten die bergischen Ämter insgesamt 534 Mann für „extraordinari dienste" im Düsseldorfer Festungsbau stellen.[435] Da die unablässig steigenden Belastungen für die Fortifikation die Leistungsfähigkeit des Herzogtums immer mehr überstiegen, forderten die Landstände am 18. Oktober 1679, die Festung Düsseldorf einzuziehen.[436]

Johann Wilhelm, der 1679 als Erbprinz die Regierung in Jülich-Berg übernommen hatte, setzte gegen den Willen der Landstände den Rheinbau und die vordringlichsten Arbeiten an der Fortifikation, insbesondere die Errichtung der Eskarpe zwischen Ratinger Bastion und Rhein, fort. Zur Durchführung dieser umfangreichen Bauten stellte er 1680 die Ingenieure Michael Cagnon[437] und Lilius ein.[438]

Der Schwerpunkt der Festungsarbeiten lag 1680 immer noch beim Neuen Werk. Allein 550.000 Ziegelsteine sollten verarbeitet werden. Die Gesamtsumme der für dieses Jahr veranschlagten Festungsbaukosten belief sich auf 3.828 Reichstaler.[439] Durch großzügige Ausschreibungen von Palisadenlieferungen wurden die Ämter schwer belastet.[440] Die Stände beklagten sich 1682 über die Heranziehung der Bauern und Handwerker zu Hand- und Spanndiensten. Sie wollten Klarheit darüber haben, wieweit Johann Wilhelm beabsichtigte, „die fortifications gebäw zu extendieren".[441] Bei dieser Erweiterung muß es sich um die Bauwerke vor der Nordfront und am Ratinger Tor gehandelt haben, denn die Tätigkeit konzentrierte sich Anfang der achtziger Jahre noch auf diesen Festungsabschnitt. Bereits 1684 waren die Arbeiten an der Aufschüttung des neuen Hauptwalls vor der Ostfront am Ratinger Tor soweit fortgeschritten, daß Johann Wilhelm den Grundstein für das 1672 geplante Neue Ratinger Tor gleich südlich neben dem alten Torturm legen konnte.[442]

Infolge des Bündnisses zwischen Ludwig XIV. und Kurköln, das für Düsseldorf eine indirekte Bedrohung bedeutete, mußte der Festungsbau weiter intensiviert werden, so daß der Fortifikationshaushalt 1685 auf 15.000 Reichstaler erhöht wurde.[443] Als sich die Franzosen nach Zerstörung der Pfalz auf dem linken Rheinufer mit der Absicht festsetzten, Düsseldorf zu belagern,[444] fertigte der Ingenieur Cagnon, den Johann Wilhelm bereits mit der Anlage neuer Festungswerke für eine umfangreiche Stadterweiterung betraut hatte,[445] in aller Eile 1688 Vorschläge zur Verbesserung der östlichen und südöstlichen Verteidigungsfront an (Abb. 48, 49, Taf. VI).[446] Zur Ausführung dieses Projektes ist es aber nicht gekommen, da sich die Franzosen schon 1689 aus Kaiserswerth und vom linken Niederrhein zurückgezogen hatten. In Anbetracht der von Johann Wilhelm bereits vor Eintritt der akuten Kriegsgefahr in die Wege geleiteten großen Stadterweiterung nach Süden erübrigte sich eine Verbesserung der alten Verteidigungswerke der südöstlichen Befestigungsfront.

Baubeschreibung und Rekonstruktion

— Der Umkreis der Festungswerke —

Als man in Düsseldorf mit den Bauarbeiten anfing, hatte sich im deutschen Westen bereits ein Befestigungssystem durchgesetzt, dessen Merkmal eine polygonale Außenbefestigung war, bestehend aus einem zwischen zwei Gräben liegenden Wall mit vorspringenden Rondellen, die die Grabenbestreichung durch Geschütze sicherstellen sollten (Kap. II, 4).

Dieses System mit oftmals kasemattierten Rondellen, die als Vorgänger der späteren Bastionen anzusehen sind,[447] hatte in Münster schon seit 1532 erfolgreich Anwendung gefunden.[448] Möglicherweise haben die münsterschen Anlagen, die Herzog Johann III. von der Belagerung der Wiedertäuferstadt 1535 aus eigener Erfahrung kannte, die Anregung gegeben, auch die neu geplanten Düsseldorfer Werke in ähnlicher Form anlegen zu lassen.

Diese Vermutung gewinnt an Sicherheit durch die Tatsache, daß auch das nahe Geldern, das aufgrund eines Vertrages von 1537 durch Erbfolge 1538 an Jülich-Kleve-Berg gefallen war, seit 1536/37 nach diesem neuen System befestigt wurde.[449] Auch Heinsberg, das im Geldernschen Erbfolgestreit eine Frontstellung einnahm, wurde von dem herzoglichen Baumeister Bertram von Zündorf in den Jahren 1538 bis 1542 nach dieser Methode umgestaltet und mit neuen Rondellen versehen.[450] Überhaupt hatte sich die Außenbefestigung aus Niederwall und Rondellen in den dreißiger Jahren des 16. Jahrhunderts am Niederrhein immer mehr durchgesetzt,[451] so daß eigentlich nichts dagegen spricht, daß man diese Befestigungsart auch in Düsseldorf voraussetzt.

Der neue Festungsgürtel verlief demnach in geringem Abstand an der mittelalterlichen Stadtmauer entlang; doch dürfte das Bild der neuen Anlagen keineswegs so einheitlich gewesen sein, wie sich bei einem Vergleich mit dem Befestigungsring von Münster vermuten läßt.[452] Die Befestigung von Düsseldorf vollzog sich nämlich unter der Drohung des Krieges mit Karl V., so daß sich die neuen Festungswerke, die gegenüber der mittelalterlichen Stadtmauer ein ganz beträchtliches Ausmaß annahmen, notgedrungen zunächst nur auf einige für die Verteidigung wichtige Abschnitte konzentrierten. Auch wird man sich bemüht haben, die neuesten Entwicklungen der Fortifikationstechnik gleich mitzuverwerten.

Die außergewöhnliche Breite des im Plan bei Antonio Serro (Taf. V) dargestellten Walls zwischen Mühlen- und Berger Bollwerk legt die Vermutung nahe, daß zuerst vor den Mauern dieses Abschnitts mit der Aufschüttung eines Niederwalls, der zwischen dem alten Stadtgraben und einem äußeren Graben lag, begonnen worden sein muß. Spuren einer derartigen Anordnung sind in dem Plan der Zitadelle von 1599 (Abb. 27) und bei Speckle (Taf. IV) an der Südwestseite erkennbar. Der Abstand zwischen der Eskarpe und der alten Stadtmauer bei dem Wall in dem bezeichneten Befestigungsabschnitt stimmt zudem mit dem Abstand zwischen Stadtmauer und äußerem Rand des Niederwalls gegenüber der Zitadelle genau überein. Die noch bis zur Entfestigung erhaltene Eskarpe des Walls zwischen Mühlen- und Berger Bollwerk muß demnach auf die Außenmauer der ehemaligen Schütte aufgesetzt worden sein, die selbst Bestandteil des späteren breiten Walles wurde, der durch das Auffüllen des die Stadtmauer abtrennenden Grabens entstanden ist.

1595 war immer noch ein kleiner, wenn auch nicht tiefer Graben zwischen Brustwehr und Stadtmauer vorhanden.[453] Es ist anzunehmen, daß die ehemalige Schütte an besonders markanten Punkten durch einfache Rondelle verstärkt war. Derartige Rondelle, die bis auf das Ratinger Rondell als nicht kasemattiert anzunehmen sind, könnten als Vorgänger der späteren, bei Speckle dargestellten Bastionen angesehen werden.

Diese Neubefestigung, die vielleicht nicht einmal die ganze Stadt umgeben hatte, war nur von kurzem Bestand. Die Rondelle wurden schon bald durch kleine Festungswerke nach italienischer Befestigungsmanier ersetzt. Infolge dieser ständigen Umbauten hat die Festung noch bis ins 17. Jahrhundert ein nur wenig einheitliches Bild.

Am Rhein hatten die Befestigungsanlagen, wie der Plan Serros von 1620 beweist, kaum Änderungen erfahren. Vom Berger Tor über den Rheinort, der durch ein kleines bollwerkartiges Werk verstärkt war, bis zum Pulverturm bildete die alte Stadtmauer immer noch die westliche Verteidigungslinie. Ihr vorgelagert war das zum größten Teil ausgebaute Werft. Im Nordabschnitt der Rheinfront, in Höhe der Lambertuskirche, hatte die Mauer einen kleinen rondellartigen Ausbau erhalten, der es ermöglichte, die Rheinfront bis hin zum Schloß zu bestreichen (Abb. 44). Einige Meter nördlich vom Pulverturm schloß sich der neue Wall an die alte Stadtmauer an. Der Ausbau des Übergangs von der Stadtmauer zum Wall im Norden der Stadt wurde erst nach 1618 im Zuge der von Pasqualini betriebenen Arbeiten am Werft in Angriff genommen.[454]

Die Kurtine der Nordfront verlief stellenweise nur wenige Meter nördlich der alten Stadtmauer, so daß sich der dazwischen ergebende Wall im Verhältnis zu dem breiten Wall der Berger Front nur relativ schmal ausnahm. Da der von dem Flinger Bollwerk nach Norden laufende, breit angelegte Wall nicht über das Mühlenbollwerk hinausging, konnte sich die zwischen Ratinger Rondell und Mühlenbollwerk angeordnete Kurtine nicht mit der inneren Polygonlinie decken. Die Kurtine bildete vielmehr die Verbindung zwischen dem Ratinger Rondell und der Kehle des dem Mühlenbollwerk im Norden vorgelagerten Wallabschlusses.

44 Ansicht der Stadt und Festung vom Rhein. Steindruck nach Hogenberg, um 1600

Die geringe Breite des Walls zwischen Ratinger Rondell und Mühlenbollwerk ermöglichte den Einbau des alten Ratinger Tores, das somit als Stadteingang vorerst beibehalten werden konnte. Vor dem Flinger Tor war wegen des breit angelegten Walls ein neuer Durchgang erforderlich geworden (Taf. V). Das Berger Tor mußte wegen des vorgelagerten Bollwerks zu einem Torhof umgestaltet worden. Nördlich des Mühlenbollwerks, vor dem provisorischen Wallabschluß, hatte man ein kleines Tor, das den Zugang zu der Windmühle auf der Bastion (Abb. 42) sicherte, die Mühlenpforte, angelegt.[455] Während die übrigen Haupttore durch Brücken über den Stadtgraben mit dem Lande verbunden waren oder, wie das Flinger Tor, noch verbunden werden sollten,[365] ermöglichte hier ein kleiner Damm, der wahrscheinlich als Schleuse (Floitkorf) (Mühlenschleuse) ausgebildet war, die Verbindung.[456]

Der Stadtgraben sollte in einer Tiefe von einer Rute (3,7 m) und in einer Breite von 20 bis 30 m die ganze Festung einschließlich der erst halbfertigen Zitadelle umschließen.[457] Die Grabenabschnitte waren, außer an der Berger Front, aber noch nicht in diesen Abmessungen ausgeführt (Abb. 26). Dementsprechend hatten auch die Wälle noch nicht die vorgesehene Höhe.[336] Im unteren Bereich waren sie, wie die Ansicht bei Graminäus zeigt, teilweise abgemauert. Aus den Akten und Zeichnungen lassen sich gemauerte Konterescarpen ebensowenig wie die Anlage eines bedeckten Weges nachweisen. Dennoch dürfte sicher sein, daß für die Verteidigung am äußeren Grabenrand ein umlaufender Weg ausgebaut war.

Die Brustwehren hatte man in Erde aufgeführt. Da das Vieh die Wälle besteigen konnte, waren sie meistens niedergetreten. Um dieses Übel zu verhindern, hatte man sie seit 1605 stellenweise mit Buschwerk bepflanzt.[458] Hinter den Brustwehren zog sich der Wallgang um die ganze Stadt; er war 1596 noch durch einen niedrigen Graben von der inneren Stadtmauer getrennt. An den Toren und an den Bollwerken standen massive Schildwachhäuschen.[332]

120

Die Bollwerke waren wie auch die übrigen Teile der Festung nicht aus einem Guß. Zwar zeigt die Darstellung des Berger Bollwerks in dem Plan der Zitadelle von 1599 (Abb. 27) ebenso wie die Zeichnung des Mühlenbollwerks von 1602 (Abb. 42)[459] noch die im Plan Speckles enthaltenen Bollwerksohren. Da die Bollwerke aber nicht kasemattiert wurden, hat man bei ihrer Fertigstellung auf dieses Bauelement verzichten müssen. Man stellte die Flanken senkrecht auf die Kurtinen, so daß Flinger und Berger Bollwerk infolge der verschiedenen Polygonwinkel ebenso wie das Mühlenbollwerk, auf dem seit 1608 die Windmühle stand,[460] und dessen Futtermauern erst 1620 errichtet wurden,[357] ein unterschiedliches Aussehen erhielten.

Im Süden der Stadt, auf dem Gelände des herzoglichen Gartens (Orangerie), gegenüber der Mündung der Oberen Düssel, lag als wasserumgebenes Erdwerk die noch unfertige Zitadelle (Abb. 8). Ihr Umfang ist noch heute im Stadtbild ziemlich deutlich abzulesen. Im Südosten bildete die heutige Orangeriestraße, die als Wallgrundstraße zu bezeichnen ist, den Abschluß. Als südwestliche Begrenzung ist der Wall vor der Bäckerstraße anzusehen. Das im Dreißigjährigen Krieg fertiggestellte südöstliche Bollwerk (Bastion Maria Amalia) blieb bis heute erhalten. Im Nordwesten floß der Rhein vorbei. Im Nordosten, im Bereich der Düsselmündung, bildete der Hafen, der 1599 im Bau war,[461] die natürliche Grenze.

Die Enceinte der Festung zu Beginn des Dreißigjährigen Kriegs unterschied sich kaum von dem seit der Mitte des 16. Jahrhunderts im Bau befindlichen Befestigungsgrundriß, denn an dem Tracé der polygonalen Befestigungsfronten sind trotz mancher Verbesserungen keine besonderen Erweiterungen vorgenommen worden. Die unter Wolfgang Wilhelm durchgeführten Baumaßnahmen konzentrierten sich nämlich weniger auf den Grundriß als auf die Profilierung der einzelnen Werke. Diese Veränderungen zeichneten sich naturgemäß kaum in den Festungsplänen ab. Erst die zunächst als Erdwerke vor den Kurtinen zur Erhöhung der Verteidigungsfähigkeit aufgeworfenen Ravelins lassen, wie der Plan Cagnons von 1688 zeigt, eine Erweiterung des sonst unveränderten Grundrisses erkennen (Taf. VI).

Das zuverlässigste Bild von dem Bestand der Festung um 1620 zeigen die bereits mehrfach zitierten, von Antonio Serro als Illustration für ein Memorandum zur Verbesserung der Befestigungsanlagen angefertigten Entwürfe.[462] Diese Pläne sind insofern aufschlußreich, als sie eine genaue Bestandsübersicht der vorhandenen Werke liefern, von der sich die in roter Farbe eingetragenen Vorschläge deutlich abheben (Taf. V).

Aus dem Vergleich mit dem erwähnten Festungsplan des Ingenieurs Cagnon ergibt sich ein klares Bild vom Bestand der Festungswerke in der Mitte des 17. Jahrhunderts. Danach entsprach der Festungsumfang zwischen Mühlenbastion und Zitadelle im wesentlichen den Entwürfen aus der Mitte des 16. Jahrhunderts, wie sie in dem Planprojekt von Speckle festgehalten sind (Taf. IV). Dagegen erscheint die Nordost- und Nordwestfront zwischen Mühlenbastion und Rhein mit dem altertümlichen Ratinger Rondell als der unvollständigste Befestigungsabschnitt. Auf diese Front beziehen sich daher naturgemäß die wesentlichsten Verbesserungsvorschläge Serros.

Wie die oben erwähnten Pläne zu erkennen geben, war die Festung einschließlich der Zitadelle von einem im Endzustand 20 bis 30 Meter breiten, von den beiden Düsselarmen gespeisten Graben umgeben, der durch einen nördlichen und einen südlichen

Abschluß zum Rhein (Batardeau) und an der Mühlen- und Berger Bastion durch innenliegende Staudämme zur Regulierung der Wasserhöhe in drei, nach Wegfall des Staudamms an der Berger Bastion nur noch in´zwei Abschnitte geteilt war.[397] Dadurch, daß der äußere Grabenrand nicht parallel zu den Befestigungsfacen verlief, verringerte sich die Grabenbreite vor der Bastionsspitze, während der Abstand zwischen Grabenrand und Kurtine größer wurde. Graben und ehemaliger Bürgerumgang bildeten die Begrenzung des im 16. Jahrhundert aufgeschütteten Walles, den die drei winkligen Bastionen, das Ratinger Rondell und der in Höhe des Zollturms bastionsartig vorgezogene Maueranschluß, flankierten. Kasemattiert waren lediglich das Ratinger Rondell und die inzwischen an der Südostspitze der Zitadelle fertiggestellte Bastion (Bastion Maria Amalia).[463]

Eine ungefähre Vorstellung von den Wallprofilen liefert die von Alexander Pasqualini d. J. 1619 angefertigte Zeichnung (Abb. 45), die neben dem nicht zur Ausführung gekommenen Vorschlag zur Veränderung des Wallprofils an der Kurtine der Flinger Front die verschiedenen Neigungen der einzelnen Wallabschnitte wiedergibt.[355] Danach lag die mittlere Höhe der Wallkrone 6,60 Meter über dem Straßenniveau. Oberhalb der 4,50 Meter hoch abgemauerten Eskarpe erhob sich der unter 30° abgeböschte Erdwall mit einem 3,80 Meter breiten oberen Wallgang. Während der zwischen Mühlenbastion und Rhein im Mittel nur 12 Meter breite Wall an der Innenseite abgemauert war bzw. sich gegen die alte Stadtmauer stützte, hatte man den bis zu 30 Meter breiten Wall an der Berger und Flinger Front innen abgeböscht. Der bis zur Stadtmauer verbliebene Freiraum war militärischen Zwecken vorbehalten. In diesem Bereich standen die wichtigsten Militärgebäude wie das Artilleriehaus und die Barakken für die Garnison.

Der wegen des hohen Kostenaufwands abgelehnte Vorschlag Pasqualinis sah an der Außenseite des Erdwalls eine unter 45° ansteigende Böschung vor, die an der Wallkrone in einer 1,30 Meter hohen Brustwehr auslaufen sollte. Auf der durch die steilere Neigung des Walls sich ergebenden Berme oberhalb der Eskarpe war als zusätzliches Hindernis die Aufstellung einer Fraise aus nach innen verstrebten Palisaden vorgesehen.

Mittig vor den 200 bis 250 Meter langen Kurtinen lagen die in dieser Bauperiode zum Schutz der Tore und zur Verstärkung des Hauptwalls angeordneten, vom Hauptgraben umschlossenen Ravelins. Diese spitzwinklig vorspringenden, mit einer Brustwehr versehenen Erdwerke, von denen nur dasjenige vor der Flinger Front (Flinger Ravelin) und das ältere vor dem Neuen Berger Tor[372] (Oberrheinisches Ravelin) Flanken hatten, waren seit der Mitte des 17. Jahrhunderts ebenso wie der äußere Grabenrand, die sogenannte Kontereskarpe, nur teilweise mit Mauern verkleidet.[464] An der Ostfront wurden die Kurtinen durch das Ratinger bzw. Flinger Tor unterbrochen. Während das Ratinger Tor seine zur Kurtine ausmittige Lage am Ausgang der Ratinger Straße beibehalten hatte, bedingte die axiale Anordnung des Ravelins vor der Flinger Front eine Verlegung des Flinger Tores in die Kurtinenmitte.[388] Die Lage der nach fortifikatorischen Gesichtspunkten angelegten Ravelins wirkte sich auch auf die Führung der Wege zu den Toren aus, denn infolge der Anordnung dieser Werke verloren die Torwege ihre geradlinige Richtung.

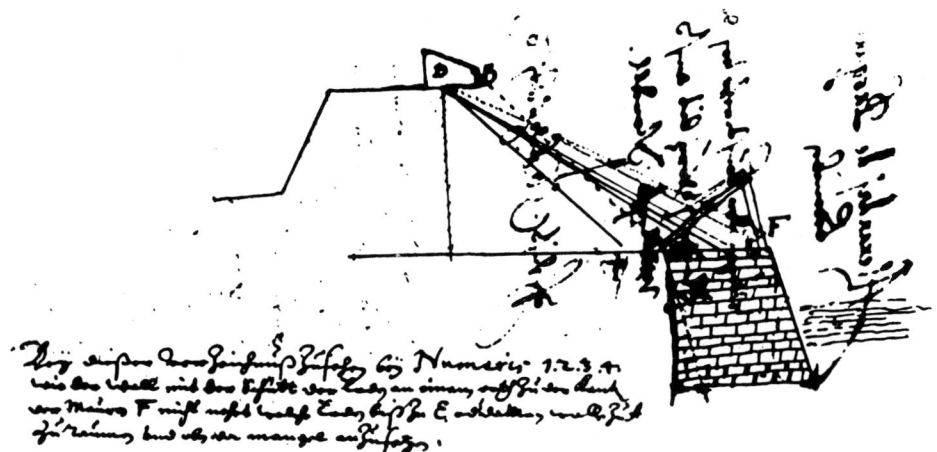

45 Schnitt durch den Wall zwischen Mühlen- und Flinger Bollwerk, 1619. Rückseite signiert Alexander Pasqualini

Die im 16. Jahrhundert als Erdwerk unfertig gebliebene Zitadelle bildete im 17. Jahrhundert als weitgehend ausgebautes, wenn auch durch eine Wohnbebauung zweckentfremdetes Festungswerk den Abschluß der Festung nach Süden. Einen sehr zuverlässigen Eindruck von dieser Situation vermittelt die früher Wenzel Holler zugeschriebene, im Stadtgeschichtlichen Museum aufbewahrte Ansicht der Zitadelle von Norden (Abb. 52). Darin ist zu erkennen, daß die Eskarpe der noch nicht in voller Höhe mit einer Brustwehr aufgeschütteten Wälle allseitig mit Futtermauern bekleidet waren. Zum Rhein hin bildete ein Palisadenzaun anstelle der Erdbrustwehr den oberen Abschluß des nach innen abgeböschten Walles.

In der Mitte der Kurtine der Südfront (Oberrheinische Front) lag das Neue Berger Tor, aus dem eine Zugbrücke über den Graben auf das vorgelagerte Ravelin (Oberrheinisches Ravelin) führte. In der erwähnten Zeichnung sind die Zugarme dieser Brücke zwischen dem Berger Tor und der auf der Oberrheinischen Bastion aufgerichteten Windmühle klar erkennbar (Abb. 52). Das im Vordergrund des Bildes der nur wenig bebauten Zitadelle links neben der Hafenbastion (Bastion Spee) dargestellte Tor am Hafen ist ohne besondere Bedeutung geblieben.

An der Rheinseite, wo die mittelalterliche Stadtmauer auch weiterhin den einzigen Schutz der Festung darstellte, zeigte außer den beiden Rheinbastionen lediglich die kleine Batterie am Rheinort die Form eines neuzeitlichen Verteidigungswerks. Die von Serro für eine Verbesserung des vom Schloß ausgehenden nördlichen Mauerabschnitts gemachten Vorschläge blieben ebenso unberücksichtigt wie der Entwurf zur Begradigung der Kurtine zwischen Berger und Südostbastion, so daß der Festungsgrundriß, insgesamt gesehen, vor dem Ausbau des Neuen Werkes immer noch einen nur wenig einheitlichen Eindruck machte.

— Der Plan Speckles —

Den besten Überblick über die bastionierte Festung des 16. Jahrhunderts liefert der im Generallandesarchiv Karlsruhe aufbewahrte Plan von Daniel Speckle (Abb. 46), der

123

46 Bildnis des Festungsbau-
meisters Daniel Speckle
(Specklin) 1536 – 1589).
Kupferstich Stadtmuseum

gleichzeitig das älteste zeichnerische Dokument von der Stadt und Festung Düssel-
dorf überhaupt ist (Taf. IV). Dieser Plan zeigt die Festungswerke, das Schloß und die
Zitadelle aus der Vogelperspektive und trägt die Aufschrift „Düsseldorff in landt zu
Bergen dem Herzog von Jülich, Ist auff die Jülichisch Manier gebawen doch hatt das
Castel vil verenderung".

Wie Kabza bereits festgestellt hat, handelt es sich bei der kolorierten Handzeichnung nicht um einen Originalentwurf, sondern um die Nachzeichnung eines älteren
Festungsplanes, wahrscheinlich aus der Hand des Meisters Johann, der an der Neubefestigung von Düsseldorf großen Anteil hatte.[465] Diese Vorlage muß, nach dem Zustand der Schloßgebäude zu urteilen, schon in der Zeit zwischen 1548 und 1552 oder
früher entstanden sein, als der Nordostflügel des Schlosses mit dem Schloßturm und
dem Langhaus am Rhein zum Zweck des Wiederaufbaus abgerissen war (Kap. II, 3)
und umfangreiche Neubauten am Schloß durchgeführt wurden, wie auch die oben zitierte Aufschrift beweist.

Nach dem Gesagten erübrigt sich darüber nachzudenken, ob Speckle die Nachzeichnung während seiner ersten oder seiner zweiten Reise in die Niederlande (1567 und
1577) angefertigt hat. Entscheidend ist vielmehr die Tatsache, daß die Vorlage zu
diesem Plan spätestens zwischen 1548 und 1552 entstanden ist, denn zu dieser Zeit
war an den Festungsbauwerken noch nicht viel geschehen, so daß verständlicherwei-

se die Planaufschrift keine Auskunft über den Stand der Festungsarbeiten geben kann. Bei der Zeichnung handelt es sich vielmehr um ein reines Planprojekt, das nur die Baulichkeiten des Schlosses als vorhandenen Baubestand übernommen hat. Deshalb ist der Plan auch gar nicht so verzeichnet, wie man bei oberflächlicher Betrachtung vermuten könnte. Im Gegenteil: Die Ergänzung der Festung durch das Neue Werk, 120 Jahre später, stellt nichts anderes dar als die konsequente Durchführung der bereits in diesem Planprojekt festgehaltenen Idee einer Vergrößerung der Nordfront von Düsseldorf. Was die ausgeführten Bauteile anbelangt, so ist der Plan sogar bis ins Detail ziemlich zuverlässig. Die Anlage der Festungswerke wirkt eher ausgewogen als schematisiert.

Das Festungspolygon läßt sich als unregelmäßiges Fünfeck mit einem spitzen Winkel an der Nordwestecke beschreiben. Ähnlich wie in Jülich sind nur die drei landseitigen Bollwerke voll ausgebaut. Das Bollwerk an der Nordwestecke ist zur Vermeidung spitzwinklig aufeinander stehender Facen nur als halbes Bollwerk ausgebildet. Es liegt nicht im Winkel der Umwallung, sondern ist so angeordnet, daß es an der Westseite über die anschließende Stadtmauer vorspringt.

Die Ausbildung dieses Festungswerkes und seine Lage stimmt sogar ziemlich genau mit der späteren Niederrheinischen Bastion (Bastion Schaesberg) überein. Der Unterschied zum Neuen Werk besteht lediglich darin, daß die bis zum Mühlenbollwerk reichende Kurtine bei der Anlage des Neuen Werkes noch einmal gebrochen worden ist, so daß das alte Ratinger Rondell als zusätzliches Bollwerk bestehen bleiben konnte. Im 16. Jahrhundert hatte man nämlich die neuen Festungswerke zunächst noch im Verlauf der alten Stadtmauer angeordnet. Als man in der zweiten Hälfte jenes Jahrhunderts daran ging, die Bollwerke nach den Grundsätzen der Festungstechnik neu anzulegen, war der Bau des Ratinger Rondells vielleicht schon zu weit fortgeschritten. Es mag sein, daß man auch einer Änderung des Stadtgrundrisses und einem durch die Kurtine zwischen Nordwest- und Mühlenbollwerk bedingten Anschnitt in Höhe der Mühlengasse aus dem Wege gehen wollte. Die Schwierigkeiten, auf die auch Serro bei der Verbesserung der Nordfront infolge des sich ergebenden spitzen Polygonwinkels an dem Ratinger Rondell stieß, hätten durch ein Befolgen des Bauplanes des 16. Jahrhunderts umgangen werden können. Festungstechnisch ist dieses Planprojekt mit seinen etwa gleich langen und nahezu gleichartigen landseitigen Bollwerken den ausgeführten Werken mit den verschiedenartigen Kurtinen und dem spitzen Winkel am Ratinger Rondell weit überlegen.

Auffallend ist die Verbindung der Zitadelle zur südöstlichen Ecke der Stadt. Man hat hier durch die Verlegung des zum Polygonwinkel am Berger Tor gehörenden Bollwerks senkrecht zur südöstlichen Befestigungsfront die Ausbildung einer spitzwinkligen Verteidigungsplattform vermieden. Diese Anordnung ermöglichte gleichzeitig die Einsparung des entsprechenden Bollwerks an der Nordostecke der Zitadelle, wodurch eine Kollision zweier sich gegenüberliegender Bollwerke vermieden werden konnte.

An der Zitadelle ist lediglich ein kleines vorspringendes Werk, wahrscheinlich zum Schutz der Schleusenanlagen, zurückgeblieben. Es ist dies die schräg abgeschnittene, teilweise zurückgezogene Flanke eines Bollwerks, etwa gleich groß wie das an der Südecke der Zitadelle gelegene Bollwerk (Bastion Maria Amalia). Das kleine Werk springt nur soweit vor, daß es nicht in die Streichlinie der benachbarten Bollwerke hineinragt. Dadurch ist bei der gegebenen Entfernung eine Bestreichung der gesamten Front gewährleistet. Corps de la place und Zitadelle bilden somit an der Südostseite eine gemeinsame Verteidigungslinie.

Die Bollwerke sind, der italienischen Manier entsprechend, mit retirierten Flanken ausgebildet; ob sie mehrere Etagen hatten, wie dies auf den Plänen von Jülich zu erkennen ist, läßt sich vermuten, anhand der Zeichnungen aber nicht belegen. Eskarpe und Kontereskarpe sind beide in Mauern aufgeführt. Der ziemlich breite Graben steht im Norden direkt, im Süden durch den Graben der Zitadelle indirekt mit dem Rhein in Verbindung. Die Obere Düssel mündet zwischen Stadt und Zitadelle in den Hauptgraben. Rings um die Stadt läuft ein bedeckter Weg, der sich im Südosten zu einem Waffenplatz ausweitet.

Im Nordosten, im Osten und am Ende des Werfts am Hafen wird der Wall von tunnelartigen Tordurchgängen (Ratinger, Flinger, Berger Tor) unterbrochen. Aus den Toren führen mehrjochige Holzbrücken über den breit angelegten Stadtgraben. Am Nordwestbollwerk (Niederrheinische Bastion) leitet das Ende des Walles auf eine einfache Stadtmauer über, die den Rhein entlang bis zum Berger Torhof in geraden Abschnitten dargestellt ist.

Dieser Mauerzug wird lediglich vom Schloß und dem an den südwestlichen Schloßflügel anschließenden kleinen Hof, der zum Rhein hin durch eine niedrigere Mauer abgeschlossen ist und dessen Südwestecke wie der Brechpunkt am Rheinort von einem runden Turm flankiert wird, unterbrochen. Im Anschluß an diesen Hof, der nicht zur Ausführung gekommen ist, folgte die Mauer in gerader Richtung dem bereits oben beschriebenen Verlauf der mittelalterlichen Stadtmauer. Das Zolltor ist wie alle anderen Tore als einfacher Mauerdurchbruch dargestellt. Das Rheintor fehlt in der Zeichnung. Die Stadtmauer endet gegenüber der zurückgezogenen Flanke südlich des Berger Bollwerks, wo sie mit dem Wallende und einer niedrigen äußeren Abschlußmauer den Berger Torhof bildet, der weiter unten noch im einzelnen behandelt wird.

Vor der westlichen Verteidigungslinie liegt das Werft. Seine Höhe entspricht, wie aus der Lage des Tores unter dem Ende des Hauptwalls an der Südseite zu erkennen ist, genau dem Niveau des Bauhorizonts. Werft und Stadtmauer sind durch einen Stadtgraben, der auch das Schloß einbezieht, getrennt. Vor der Mauerpforte in Höhe der Lindentrappenpforte und vor dem Zolltor führen kleine Holzbrücken auf das Werft und auf den Leinpfad, der sich als beiderseitig abgemauerter Damm an der Zitadelle vorbei nach Süden zieht. Durch eine kleine Brücke ist auch der Berger Torhof mit dem Werft verbunden. Die Zitadelle hat keinen direkten Zugang zur Stadt. Sie wird vielmehr durch ein Tor, aus dem der Weg über eine den Hafen überspannende Brücke auf das Werft führt, gesondert erschlossen.

Wie ein Vergleich mit dem Plan von Antonio Serro von 1620 zeigt, hat man die Rheinseite in viel altertümlicherem Zustand, als bei Speckle dargestellt, belassen. Der Werft und Stadtmauer trennende Graben ist nicht beibehalten worden. Die Stelle des Torhofs neben dem Schloß wurde überbaut. Die Bollwerke der Hauptfestung, soweit sie nach dem Plan Speckles gebaut wurden, haben keine zurückgezogenen Flanken. An Stelle des Turms am Rheinort entstand ein kleines Bollwerk. Der bedeckte Weg und die gemauerte Kontereskarpe wurden in dieser Bauperiode nicht ausgeführt. Bei Anlage der Zitadelle, deren Ausbau erst unter Wolfgang Wilhelm erfolgte, hat man das bei Speckle dargestellte Projekt bis ins Detail genau eingehalten. Lediglich die Erschließung wurde geändert. In der Ausführung verlegte man die Verbindungsbrücke zur Zitadelle vor den Berger Torhof. Der anstelle des Alten Berger Tores vorgesehene Stadtausgang mit der auf den bedeckten Weg führenden Brücke wurde fallen gelassen. Dafür erhielt die Zitadelle später einen eigenen Stadteingang (Neues Berger Tor). Das Flinger Tor wurde, wie noch zu berichten ist, erst 1645 an der im Plan Speckles vorgeschlagenen Stelle erbaut.

– Ratinger Rondell –

Von den älteren, wahrscheinlich Bertram von Zündorf zurückgehenden Bollwerken blieb das Ratinger Rondell am längsten erhalten. Die Kasematten dieses Festungsbauwerkes wurden noch bis in die 1880er Jahre als Eiskeller benutzt.[466] Die letzten Teile dieser Anlage mußten 1922 dem Neubau des Landesarbeitsamtes weichen. Da dieses Rondell ebenso wie die übrigen Geschützplattformen dieses Bautyps im Abstand von 30 m vor der alten Stadtmauer angeordnet war, muß es ursprünglich als Flankierungswerk auf einem auch an dieser Front vorgesehenen, allerdings nicht ausgeführten Niederwall geplant gewesen sein (Taf. V). Dieser Wall läßt sich aber zwischen Ratinger Rondell und der nördlichen Flanke des Mühlenbollwerks, wo das Anschlußstück noch in allen späteren Plänen zu erkennen ist, rekonstruieren.

Man begnügte sich in diesem Abschnitt damit, die Stadtmauer statt durch den Niederwall nur durch einen unmittelbar vor ihr aufgeschütteten Wall nach außen zu sichern. Da dieser Wall von der Flanke des Mühlenbollwerks aus geradlinig auf das Ratinger Rondell zulief, mußte er sich zwangsläufig östlich der am Ratinger Tor abknickenden Stadtmauer auf 30 Meter verbreitern. Die Nordfront der Stadt, die – geschützt durch den Eder – nicht besonders gefährdet war, wird während der ersten Neubefestigung keine wesentliche Veränderung erfahren haben.

Als man allerdings in den vierziger Jahren des 16. Jahrhunderts dazu überging, die Flankenbestreichung zu berechnen und die Bastione in winkliger Form auszuführen, wird man festgestellt haben, daß das spitzwinklige Abknicken der Stadtmauer am Ratinger Rondell für die Anlage eines Bollwerks nicht besonders günstig war, denn in Anpassung an den Mauerverlauf hätte sich ein Bollwerkswinkel von höchstens 60° ergeben. Dieser Winkel konnte aber nur durch eine Änderung der nördlichen Befestigungsfront vergrößert werden. Wahrscheinlich ließ der Zeitmangel und das Bestreben, alte und neue Festungsteile stets zu einer immer abwehrbereiten Festung zu vereinen, umfangreiche Änderungen nicht zu.

Wie das Planprojekt Speckles (Taf. IV) zeigt, müssen immerhin derartige Überlegungen zur Verbesserung der Nordfront angestellt worden sein. Bei einem sukzessiven Bau hatte die Beibelassung des Rondells aber den Vorteil, daß auf den Verlauf der Kurtine einer später anzulegenden Nordfront keine Rücksicht genommen zu werden brauchte, denn da es bei diesem Bollwerkstyp infolge seiner runden Form keine Flanken gab, die eine anschließende Kurtinenrichtung vorschrieben, konnte man mit der neuen Befestigungsfront unter einem beliebigen Winkel anschließen. So ist es zu erklären, daß das Ratinger Rondell in der alten Form vervollständigt worden ist und noch 1620 für gut befunden wurde.[363] Erst eineinviertel Jahrhundert nach seiner Anlage, bei der Befestigung der Nordfront durch das Neue Werk, hat man das Rondell 1672 überbaut.[463]

— Neues Werk —

Obwohl die von Serro für eine Verbesserung der Nordfront angestellten umfassenden Überlegungen (Taf. V) keine Verwirklichung gefunden haben, verdienen seine diesbezüglichen Entwürfe einige Beachtung, da sie bereits im Kern den Gedanken zur Anlage des Neuen Werkes enthalten (Abb. 47).

Serro hatte vorgesehen, die Kurtine an der Ratinger Front zu verbreitern, das Ratinger Rondell durch eine spitze Bastion, etwa in der Form der Flinger Bastion, zu ersetzen und das Festungspolygon in einem stumpfen Kehlwinkel von dieser neu zu schaffenden Bastion bis zum Rhein zu führen. Dort sollte eine großangelegte asymmetrische Bastion, wenige Meter südlich der späteren Niederrheinischen Bastion (Bastion Schaesberg) mit einem Batardeau den äußeren Abschluß bilden.

Die rheinseitige Face dieser Bastion war doppelt so lang wie deren nördliche Streiche vorgesehen. Mit dieser 160 Meter langen Face sollte die Bastion in den Rhein vorspringen, um etwa in Höhe des Batardeaus der alten Nordwestfront eine Flanke zu bilden, die bei gleichzeitiger Begradigung der Stadtmauer vor der Krämerstraße eine Bestreichung des Werfts bis zum Schloß gewährleisten konnte, so daß sich der vor der Lambertuskirche für diesen Zweck vorhandene rondellartige Vorsprung erübrigt hätte.

Die längst überfällige Verbesserung der sich allzu sklavisch an das starre Schema der mittelalterlichen Ummauerung anlehnenden Nordwestfront, deren Schwächen schon seit Speckle bekannt waren, erfolgte unter Philipp Wilhelm.

Der von dem Generalfeldmarschall von Virmund angefertigte Entwurf, von dem ein Exemplar in den Akten des Hauptstaatsarchivs erhalten geblieben ist (Abb. 47), vermittelt eine genaue Übersicht von der geplanten, als Neues Werk bezeichneten Befestigungsfront. Wie dem Plan Cagnons (Taf. VI), der wohl ältesten, die gesamte Festung mit den Außenwerken und dem Neuen Werk darstellenden Zeichnung zu entnehmen ist, waren die Umbauarbeiten 1688 schon längst abgeschlossen. Die von Generalfeldmarschall von Virmund im wesentlichen nach der paganschen Befestigungsart, die auch Vauban bei den Zitadellen von Lille, Arras, Charleroi etc. angewendet hatte,[468] konzipierte Anlage der neuen Festungswerke verließ, ähnlich wie die erwähnten Vorschläge Serros, die Richtung der sich starr an die mittelalterlichen Stadtmauern anlehnenden nordwestlichen Kurtine.

Den Anschluß an die östliche Befestigungsfront bildete eine neue, das Ratinger Rondell umschließende Bastion (Ratinger Bastion), deren Spitze bis in die Mitte der heutigen Hofgartenrampe reichte. Eine mit einer Länge von 100 Metern äußerst kurz bemessene Kurtine stellte die Verbindung zu der am Rhein angelegten Niederrheinischen Bastion her. Diese war im strengen Sinne nur eine Halbbastion, die sich dadurch ergab, daß man das Festungswerk nicht übereck, in den von der Rheinseite und der nördlichen Kurtine gebildeten Polygonwinkel, sondern nur vor die Nordseite des Polygons legen konnte. Dabei wurde die an der Westseite den Abschluß zum Rhein bildende Face über die anschließende Stadtmauer hinaus vorgeschoben, so daß sich

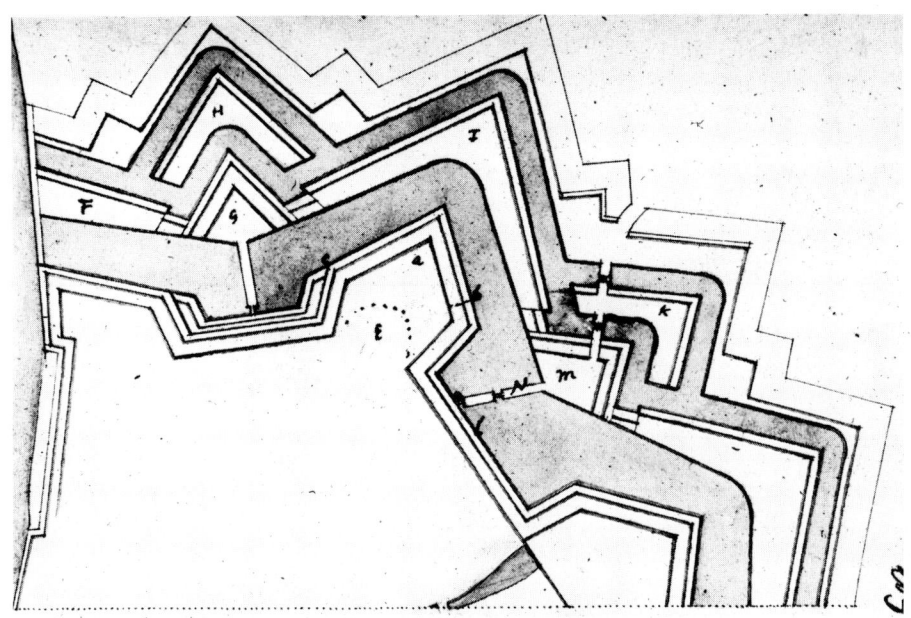

47 Neues Werk. Entwurf des Generalfeldmarschalls von Virmund, 1671

zwangsläufig eine kleine Flanke ergab, wie sie im Prinzip in den Plänen von Speckle und Serro bereits vorgebildet ist.

Ein wesentlicher Fortschritt der Bastionen des Neuen Werkes gegenüber den älteren Bastionen lag in der Anordnung der Flanken, die nicht mehr senkrecht zur Kurtine, sondern annähernd senkrecht auf den Defenslinien der gegenüberliegenden Bastione standen.

Zwischen den neuen Bastionen hatte von Virmund zur niederen Grabenbestreichung eine Tenaille (Niederrheinische Tenaille) angeordnet. Dieses Festungswerk bedingte, daß die innenliegenden Flanken im Verhältnis zu der relativ kurzen Kurtine dieser Befestigungsfront unverhältnismäßig lang waren und daß die Bastionen wegen der kürzeren äußeren Flanken eine asymmetrische Form erhielten.

Die gesamte Niederrheinische Front war von einem geschlossenen System von Außenwerken umgeben. Den Abschluß zum Rhein hin bildete die zur Deckung der dem Land zugekehrten Face der Niederrheinischen Bastion angelegten Niederrheinischen Halbkontergarde. Sie war nach Osten mit dem Niederrheinischen Ravelin, das die Flanken der beiden gegenüberliegenden Bastionen und die dazwischenliegende Kurtine deckte, verbunden. Das Ravelin selbst lag im Schutz einer eigenen Kontergarde (Niederrheinische Kontergarde), die auf die der Ratinger Bastion vorgelagerte Ratinger Kontergarde überleitete. Die geplante Fortsetzung dieses geschlossenen Systems von Außenwerken hat in der vorgesehenen Form südlich des Ratinger Ravelins in dieser Bauphase noch keine Verwirklichung gefunden. Wie den Briefen von Virmunds zu entnehmen ist, waren die mit einer Brustwehr versehenen Außenwerke vom Glacis bis zur Mauerkrone terrassenförmig aufgebaut.[469]

129

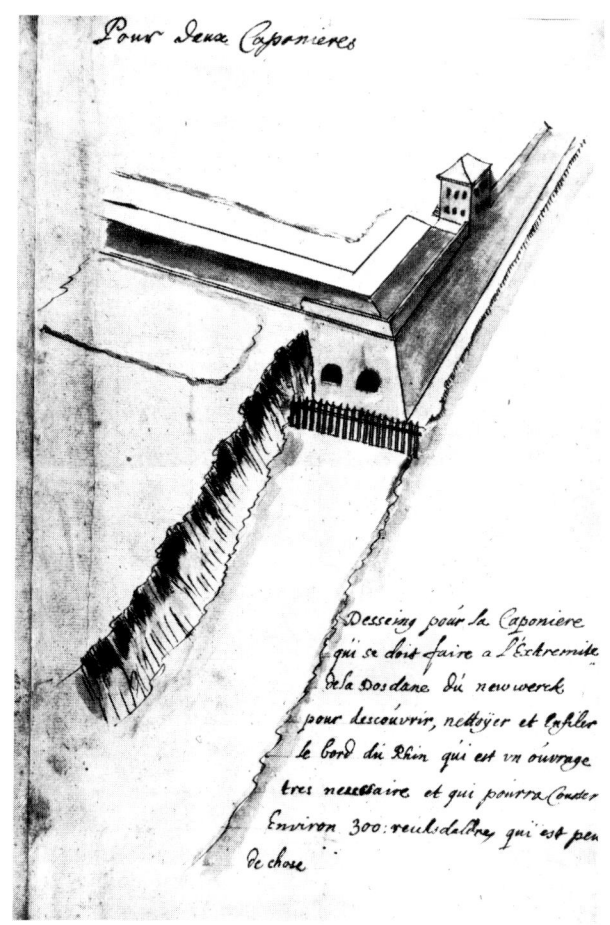

Desseing pour la Caponiere
qui se doit faire a l'Extremite
de la Dosdane du new werck
pour descouvrir, nettoyer et enfiler
le bord du Rhin qui est vn ouvrage
tres necessaire et qui pourra Couster
Environ 300: reichsdalders qui est peu
De chose

48 Der Niederrheinische Batardeau der Festung Düsseldorf. Entwurf von Michael Cagnon, 1688

Der zwischen den Außenwerken und dem Hauptwall angebrachte weitverzweigte, im 17. Jahrhundert wasserführende, später trockene Graben war zum Rhein hin durch eine Staumauer (Batardeau) abgeschlossen (Abb. 48). Diese setzte sich in den Futtermauern der Eskarpe um die ganze Festung bis zur Zitadelle fort. Oberhalb der teilweise noch nicht revertierten Kontereskarpe verlief, wie in dem von Cagnon gezeichneten Profil (Abb. 49) zu erkennen, der von einem kurzen Glacis und einer in Kriegszeiten palisadierten Bankette begleitete bedeckte Weg. Dieser weitete sich in den einspringenden Winkeln zu Waffenplätzen, allerdings ohne die in dem Profilschnitt von Cagnon dargestellten Lunetten, aus.

Das System der Außenwerke, deren ausspringende Winkel sich in dem Bedeckten Weg verstärkt abzeichneten, brachte es mit sich, daß die noch zu Anfang des 17. Jahrhunderts durch den äußeren Grabenrand vorgezeichnete, leicht gebrochene landseitige Begrenzung des Festungsgrundrisses durch den scharf gezackten Fuß des Glacis abgelöst wurde.

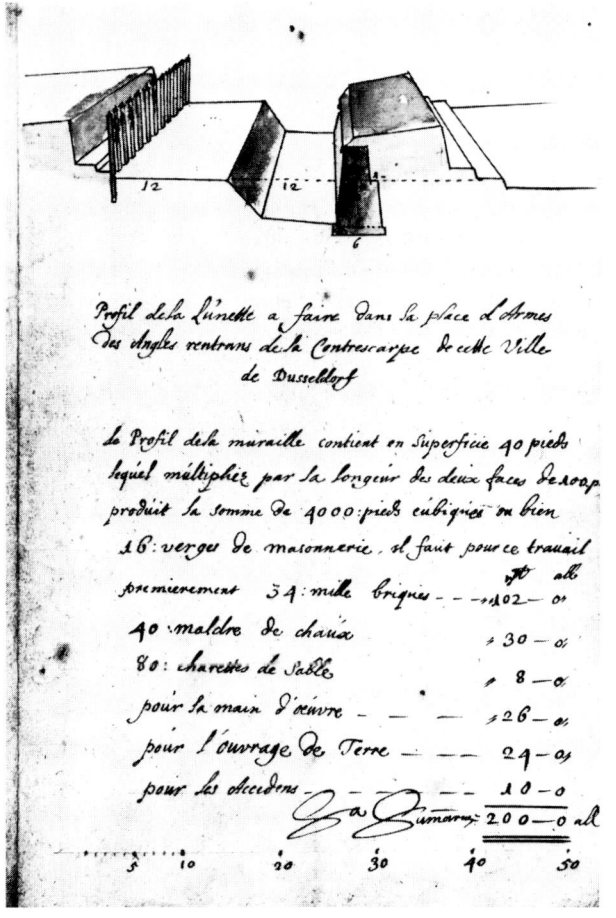

Profil de la Lunette a faire dans la place d'Armes
Des angles rentrans de la Contrescarpe de cette Ville
de Dusseldorf

Le Profil de la muraille contient en Superficie 40 pieds
lequel multiplié par la longeur des deux faces de Loop
produit la somme de 4000 pieds cubiques ou bien
16: verges de masonnerie. il faut pour ce trauail

premierement   3 4: mille briques - - - 102 - 0
40: maldre de chaux   , 30 - 0
80: charettes de Sable   , 8 - 0
pour la main d'œuvre - _ - _ , 26 - 0
pour l'ouvrage de Terre _ _ _ 24 - 0
pour les accidens _ _ _ _ 10 - 0
                              Summa: 200 - 0 all

49 Profil der Lunetten der Festung Düsseldorf, Entwurf von Michael Cagnon, 1688

– Berger Torhof –

Die Darstellung des Grundrisses der Stadtmauer und des Berger Torhofes in den Zeichnungen der Zitadelle von 1599 (Abb. 27) läßt erkennen, daß die Berger Torburg im Zuge der Neubefestigung einen weiteren Umbau erfahren hat (Kap. II, 3). Die Lage der ehemaligen Torburg zur Berger Bastion und deren östliche verkürzte Flanke deuten darauf hin, daß bei der Trassierung der Außenbefestigung vor dem Berger Tor ursprünglich ein Niederwall mit einem vorspringenden Rondell angelegt gewesen sein muß. Der an der Seite der Zitadelle vor der südwestlichen Stadtmauer in der erwähnten Zeichnung und in dem Plan Speckles noch erkennbare Graben muß in dieser Umbauphase noch unmittelbar hinter dem neuangelegten Außenwall, an der Stadtmauer entlang, in nordöstlicher Richtung zwischen ehemaligem Berger Rondell und Berger Tor, unter der Brücke der ehemaligen Torburg weitergelaufen sein.

Die Anlage von Rondellen vor den alten Stadttoren war, wie am Beispiel der Befestigung von Münster seit 1535 zu belegen ist, nichts Ungewöhnliches. Die Verbindung

131

von Rondell und Stadttor hatte nämlich den Vorteil, daß man die Geschütze über den Torhof der Torburg, der mit dem Wall in Verbindung stand, im Schutz des durch das Rondell flankierten Vortores ohne Gefahr auf den Außenwall ausfahren konnte.

Durch die Anlage größerer Bollwerke mit einem breiten, vorgelagerten Graben in der zweiten Phase der Neubefestigung Düsseldorfs seit 1552 und durch die Verlängerung des inzwischen erhöhten Walls nach Nordosten über das ehemalige Vortor hinaus wurde allerdings der ursprüngliche Zugang zur Torburg von außen abgeschnitten.[470] Diese Situation machte eine neue Wegführung, wie sie bereits bei Speckle dargestellt ist, erforderlich. Da es nicht möglich war, durch das Berger Tor in den neuen Vorhof zu gelangen, mußte neben dem ehemaligen Torturm eine neue Mauerpforte, die bei Speckle ebenso wie im Grundriß von 1599 erkennbar ist, gebrochen werden. Da der Bau der Berger Bastion und die Trassierung der Zitadelle zur gleichen Zeit erfolgten, ergab sich die Möglichkeit, den Ausgang aus der Stadt mit dem Zugang zur Zitadelle zusammenzulegen. Der vor der Stadtmauer umlaufende Graben wurde zwischen Berger Tor und Portmannsturm aufgefüllt, so daß zwischen Wall und alter Stadtmauer der Platz für den bereits mehrfach erwähnten Torhof entstand.

Die alte Torburg, die ihre militärische Bedeutung durch das Rondell ohnehin schon verloren hatte, war jetzt überflüssig. Das ehemalige Vortor dieser Anlage mußte zugemauert werden, weil seine Mauern als Stützmauern für den erhöhten Wall Verwendung fanden. Als man später den zwischen Außenwall und Stadt umlaufenden inneren Graben im Nordosten weiter verfüllte, nahm auch die nordöstliche Abschlußmauer der ehemaligen Torburg teilweise den Charakter einer Stützmauer an.

Der neuentstandene Torhof wurde im Nordwesten etwa im Verlauf der Hafenstraße durch die alte Stadtmauer, im Nordosten im Bereich der Berger Straße durch die den Hof der ehemaligen Torburg abschließende südwestliche Mauer und im Südosten durch den inneren Wallabschluß begrenzt. Im Südwesten sollte in Verlängerung der nordöstlichen Innenseite des Portmannsturms eine niedrige Mauer mit einer Toröffnung und parallel dazu in Verlängerung der Außenseite des Portmannsturms eine Hammei den äußeren Abschluß herstellen. Diese niedrige, von einer Mauerpforte durchbrochene Außenmauer, die ebenfalls in dem Plan Speckles zu erkennen ist, kann aber vor 1585 noch nicht vorhanden gewesen sein, denn bis zu diesem Zeitpunkt übernahm zunächst noch die von dem zu einem Wachhaus umgebauten Portmannsturm[174] flankierte Hammei die Funktion eines Vortores.[471] Da diese Hammei bereits 1585 als schlecht bezeichnet wurde, muß sie etwa um die Jahrhundertmitte errichtet worden sein, als man mit der Anlage der Zitadelle und dem Bau des Berger Bollwerks beschäftigt war. Demnach dürfte auch der Berger Torhof in der dargestellten Form um diese Zeit entstanden sein. Im Jahre 1585 mußte diese Hammei weiter südlich, „negst der Bach", verschoben werden, als der Abschluß des Vorhofs durch die 14 bis 15 Fuß (ca. 5 m) hohe Mauer zwischen Portmannsturm und Wall ersetzt werden sollte.[472]

Das Berger Tor selbst war seit Ausbruch des Kölnischen Krieges geschlossen. Zum Einzug der Jakobe von Baden, 1585, mußte es allerdings vorübergehend wieder geöffnet werden.[473] In der Wachtordnung aus demselben Jahre, in der für alle Tordurchlässe Anweisungen gegeben werden, blieb das Berger Tor, da es inzwischen wieder zugemauert war, verständlicherweise unerwähnt.[320] Auch 1595 ließ man das

Tor noch „bis auf ruhigere Zeit" geschlossen. So ist es jedenfalls einer Eingabe zu entnehmen, in der ersucht wird, „daß die Berger Porz, die ohne ehehafte notwendigkeit versperrt worden ... nunmehr eröffnet werden möge"[206]. Erst 1596 wurde das Tor wieder geöffnet.[207] Nach der Zeichnung von 1599 war der Vorhof mit dem gemauerten Vortor zu diesem Zeitpunkt bereits vorhanden.

Aus dem Gesagten ergibt sich, daß das bei Graminäus dargestellte Berger Tor eine künstlerische Beigabe des in Wirklichkeit noch nicht vorhandenen Vortores mit der den Torhof abschließenden Mauer sein muß (Abb. 26). Wie andererseits das Planprojekt bei Speckle zeigt, war der Plan zu diesem Vortor allerdings schon seit der Mitte des 16. Jahrhunderts bekannt. Vielleicht hat der Künstler versucht, den Portmannsturm und die geplante Mauerpforte zeichnerisch zusammenzufassen; denn für die repräsentative Darstellung des feierlichen Einzugs der Hochzeitsgäste (Abb. 8) hätte sich die verfallene Hammei und der unfertige Torhof wohl kaum geeignet, so daß von dem sonst zuverlässigen Künstler keine naturgetreue Wiedergabe dieser wenig ruhmvollen Situation des Berger Tores erwartet werden konnte.[172]

Die Darstellung des Berger Tores in dem Plan bei Serro deutet lediglich schematisch die Lage des Berger Vortores an. 1620, nach dem Bau eines Neuen Berger Tores am Ausgang der Zitadellstraße, wurde die gesamte, nunmehr innerhalb der Stadt liegende Toranlage umgestaltet.

— Neues Berger Tor —

Mit dem Ausbau der Zitadelle und der Einschließung des Alten Berger Tores in den Festungsring wurde 1620 ein Neues Berger Tor (Zitadelltor) in der südlichen Kurtine der Zitadelle erforderlich. Das zweigeschossige, in Haustein errichtete Tor, von dem zwei, höchstwahrscheinlich auf Serro zurückgehende Pläne (Abb. 50) erhalten sind, wurde, wie die Fotos von dem Abbruch des Tores zeigen, erst 1895 niedergelegt (Kap. V, 1). Aus dem Plan des Ingenieurhauptmanns J. Herbert van Douwen, der 1751 das Tor umbaute, läßt sich ebenso wie aus den vor dem Abbruch angefertigten Bauaufnahmen (Abb. 51) unter Zuhilfenahme der erwähnten landseitigen Ansichten (Abb. 26) und der früher Wenzel Hollar zugeschriebenen Zeichnung (Abb. 52) der ursprüngliche Zustand mit einiger Sicherheit rekonstruieren. Danach entsprach das Tor dem Typ des Walltores mit einem überwölbten Durchgang und beiderseitigen Wachkasematten mit je zwei schießschachtartigen Öffnungen. Nach der Zitadellstraße lagen die Fenster und Eingänge. An der der Berger Allee zugekehrten Seite waren die Wachstuben durch die Kurtine, deren Brustwehr bis an das Hauptgesims reichte, verdeckt; stadtseitig mithin eine breite Torfront, auf der Feldseite ein schmaler Torschild, dessen Fassade durch eine wohlproportionierte Gliederung äußerst wirkungsvoll war (Abb. 50).

Die rundbogige Toröffnung war auf beiden Seiten von kräftig vorspringenden, von Querbändern durchzogenen Pilastern aus großen Trachytquadern, die über hohen Kämpfern einen Architrav mit einem weit ausladenden Dreiecksgiebel trugen, eingerahmt. Das Giebeldreieck war in der Mitte von einem senkrechten ovalen Fenster durchbrochen.

Diese Gliederung steht in Zusammenhang mit dem Wunsch Wolfgang Wilhelms, zur Verteidigung der vor dem Tor angebrachten Zugbrücke „einen Stand für Cammer-

50 Das Neue Berger Tor. Entwurf von Antonio Serro, 1621

stücken daraus man grobe Hagken schießen oder noch Doppelhagken und Mußquet-
ten gebrauchen kann", einzurichten. Ursprünglich war auf dem Tor sogar ein Kano-
nenstand geplant. Der Pfalzgraf verzichtete aber auf diese Veränderung, damit die Fassade „etwas bessere Harmonie bekhomme".

Wie man weiterhin aus dem Schriftwechsel entnehmen kann, war der Bau des Tores
1620 schon so weit fortgeschritten, daß man die beiden überlieferten, von 1621
datierten Ansichten nicht als Baupläne bezeichnen kann. Diese waren vielmehr Vorschläge für die Anbringung des herzoglichen Wappens in dem von den Pilastern und
dem Gesims eingerahmten Mittelteil. Bis zu dem Umbau 1751[474] erhob sich hinter
dem Giebel eine kuppelartige Haube, die mit einer schmuckvoll gestalteten Wetter-
fahne verziert war (Abb. 52).

134

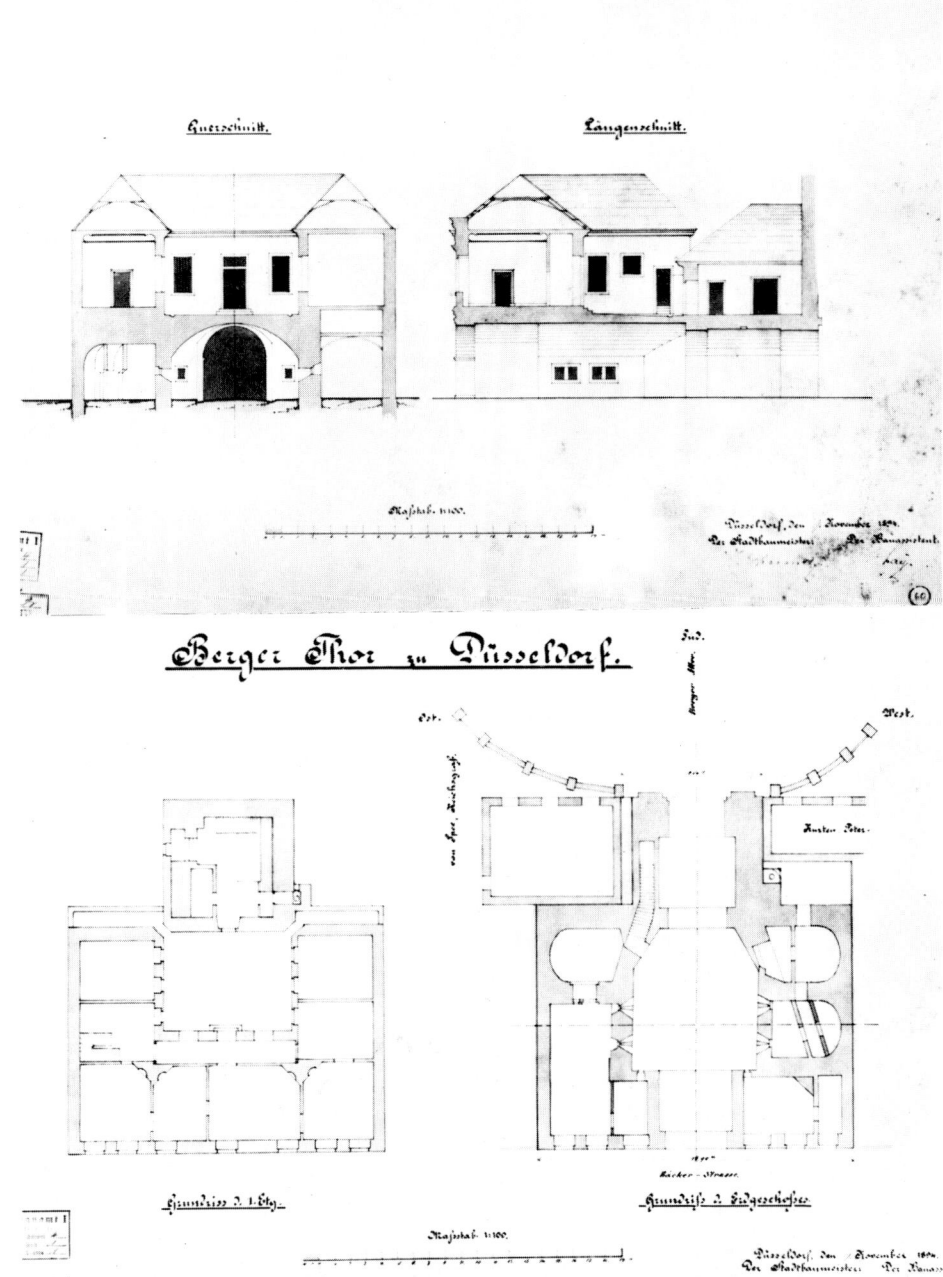

51 Berger Tor. Bauaufnahmen vor dem Abbruch, signiert Tharandt, 1894

52 Ansicht der Zitadelle von Norden, um 1667. Im Vordergrund der Hafen mit dem Zitadelltor, im Hintergrund das Berger Tor, links das Franziskanerkloster, rechts der Rhein.

Während die landseitige Ansicht des Tores durch Fassadengestaltung wirkte, erhielt die Stadtseite, wie in der erwähnten Zeichnung der Zitadelle zu beobachten ist, ihren architektonischen Reiz durch ein ausgewogenes Zusammenspiel verschiedener Baukörper.

Der kuppelartige Aufbau mit seinem Tambour auf Sechseckgrundriß war an dieser Seite ganz zu erkennen, weil er sich unverdeckt über die stadtseitig nur erdgeschossig erbauten Wachstuben erhob. Dieser eingeschossige Bautrakt wurde lediglich durch die rundbogige Toröffnung und die seitlich davon angebrachten Eingänge der Wachstuben gegliedert. Übereck erhoben sich erkerartig vorkragende, mit kleinen Kuppeln gedeckte turmartige Aufbauten auf Sechseckgrundriß, die in einem ausgewogenen Verhältnis zu der Hauptkuppel standen. In der übersteigerten Ansicht bei Merian[475] erscheinen diese zierlichen Ecktürmchen als regelrechte Flankierungstürme einer – allerdings stadtseitig verkehrten – Torburg.

– Zitadelltor am Hafen –

Das in der Hollar zugeschriebenen Zeichnung (Abb. 52) zu erkennende Zitadelltor am Hafen, ein zweigeschossiger Torturm mit einem Pyramidendach, hat – wenn es überhaupt in der dargestellten Form bestanden hatte –[476] für den Verkehr nur wenig Bedeutung, da die bei Speckle dargestellte, über den Hafen auf das Werft und zur Stadt führende Brücke nicht zur Ausführung gekommen ist (Taf. IV).

– Neuer Berger Torhof –

Die eigentliche Verbindung zwischen Stadt und Zitadelle wurde durch den Neuen Berger Torhof am Nordostende des Hafens hergestellt (Abb. 27). Dieser Stadteingang

136

ist entstanden, als mit der Verlegung der von Neuß und Bilk kommenden Landstraße durch das 1620 errichtete Neue Berger Tor der Alte Berger Torhof seine fortifikatorische Bedeutung als Stadteingang verloren hatte. Nachdem der alte Zugang über den Graben neben der Einmündung der Oberen Düssel entfallen war und Wolfgang Wilhelm die Vermauerung des alten Tores angeordnet hatte, ergab sich die Notwendigkeit, die Situation zwischen Berger Bastion und Hafen den Erfordernissen der Zeit entsprechend umzugestalten.[359]

Mit der weiteren Befestigung der Zitadelle und deren Anbindung an die Stadt kam die von Serro vorgeschlagene Begradigung der Kurtine zwischen Berger Bastion und Südostbastion der Zitadelle, die eine Verbreiterung der Eingangssituation vor dem Alten Berger Torhof ermöglicht hätte, zwar nicht in der vorgeschlagenen Form zur Ausführung;[364] Adolf von Kamp griff aber den Gedanken Serros, einen Platz vor dem Berger Torhof anzulegen, wieder auf und verlängerte den von der Berger Bastion kommenden, am Berger Torhof endenden Wall bis zur Einmündung der Oberen Düssel in den Hafen, so daß bei Vermeidung einer direkten Anbindung an den Wall der Zitadelle ein trapezförmiger Vorsprung, das sogenannte Kleine Bollwerk, mit dem davor gelegenen, später von der Neuen Hofmühle und dem Franziskaner Tor überbauten Platz entstand. Infolge dieser Neuordnung wurde der teilweise von dem neuen Wall in Anspruch genommene Alte Berger Torhof mit dem Alten Berger Tor bis auf das nach 1585 entstandene Berger Vortor überflüssig.[477]

Da wegen des ungedeckten Verbindungswegs am Ende des Hafens auf die in dem Plan von 1599 (Abb. 27) zu erkennende, den nordöstlichen Abschluß der Zitadelle bildende Mauerpforte aus Sicherheitsgründen nicht verzichtet werden konnte, war eine direkte innerstädtische Kommunikation, die mit zunehmender Bebauung der Zitadelle immer dringlicher wurde, nicht möglich. Es bot sich daher an, den Hafen zwischen Zitadelle und Werft abzumauern und das die Zitadelle abschließende Tor in Verlängerung der südwestlichen Front des „Klein Bollwerk" zu verlegen. Dieses neu angelegte Tor zur Zitadelle bildete seit 1685[39] mit dem „Klein Bollwerk" und dem vom Portmannsturm flankierten, ehemaligen Berger Vortor den zum Hafen und zum Werft hin abgemauerten Neuen Berger Torhof, wie er in den Plänen Cagnons (Taf. VI) und in einem im Stadtgeschichtlichen Museum aufbewahrten Detailplan enthalten ist.[478] Dieser Torhof, der durch eine Mauerpforte auch den Zugang zum Werft sicherte, ermöglichte es, bei geschlossener Verbindung zum Hafen die Tore zwischen Stadt und Zitadelle auch nachts geöffnet zu lassen.

Mit dem Bau des Kriegskommissariat, 1710, erhielt der Hafen einen neuen nordöstlichen Abschluß. Da die alte Stadtmauer infolge der durch diesen Neubau bedingten Verkürzung des Werfts nunmehr am Rheintor endete,[479] muß auch der durch diese Neuordnung ganz in den innerstädtischen Bereich einbezogene und damit überflüssig gewordene Neue Berger Torhof um diese Zeit entfernt worden sein.

— Neues Flinger Tor —

Als zweites der neuen, in den Wall eingeschnittenen Tore entstand das Neue Flinger Tor. Mit seinem Bau sollte schon 1635 begonnen werden.[176] Er verzögerte sich aber wegen der ungeklärten Finanzlage noch bis ins Jahr 1645. Während die Errichtung des Neuen Berger Tores, das als Bestandteil der unbewohnten Zitadelle zur

53 Flinger Tor, landseitige Ansicht. Lavierte Federzeichnung, um 1800

Festung gehörte, dem Militärfiskus oblag, brachte das Neue Flinger Tor der anwohnenden Bürgerschaft erhebliche Vorteile, weshalb sich neben Magistrat und Pfennigmeisterei auch die Nachbarschaft an den Baukosten beteiligen mußte.[480]
Der Entwurf zu diesem Tor, der leider nicht mehr erhalten ist, stammte von dem Oberingenieur Sadeler,[481] über dessen Tätigkeit in Düsseldorf noch zu berichten ist. Glücklicherweise ist die Außenfassade des Tores in einer um 1800 entstadenen lavierten Federzeichnung überliefert (Abb. 53). Relativ gut zu erkennen ist das Tor ferner in einer Jahrzehnte älteren Ansicht der Ostfront der Festung (Abb. 139).
Den Berichten von 1645 und den Stadtplänen ist zu entnehmen, daß diese Toranlage dem Typ des Walltores mit Tunneldurchgang entsprochen hat.[482] Zur Feldseite erschien das Tor als großer zweistöckiger, verputzter, dreiachsiger Backsteinbau, dessen Seiten als Risalite vorsprangen. Dazwischen lag die rundbogige, überwölbte Tordurchfahrt. Im Erdgeschoß waren die Risalite durch zwei stark vorspringende, von Querbändern durchzogene Pilaster eingefaßt. Über den schwach angedeuteten Kämpfern erhob sich ein weit ausladendes profiliertes Gesims, das sich als glattes Steinband

54 Ratinger Tor mit alter Windmühle. Lavierte Federzeichnung, um 1800

in dem Mittelteil fortsetzte. Der einzige Schmuck in den von Pilastern eingerahmten Seitenfeldern waren die von einem Segmentbogen überdeckten, bis zu zwei Drittel der Höhe zurückliegend zugemauerten Fenster.

Ganz schlicht wirkte das dekorlos gehaltene Obergeschoß, in dem sich die Gliederung der Baukörper wiederholte. Lediglich in der Mitte, über dem mit Hausteingewände eingefaßten Tor, sprang ein kleiner Natursteinerker vor die glatte Putzfassade. Der als Reminiszenz an frühere Wehrerker erscheinende kleine Vorbau ruhte auf einer Steinplatte, die von zwei Konsolen getragen wurde. Das hohe Walmdach des Mittelteils, das bis über den Erker heruntergezogen war, wurde seitlich von etwas niedrigeren Pyramidendächern eingerahmt. Die Spitzen der zierlichen Dachpyramiden endeten in Wetterfahnen, die von kleinen Kugeln getragen wurden.

Der den Wall durchschneidende Tunnel schloß nicht unmittelbar an das Tor an. Er war vielmehr durch zwei Mauerzungen mit der Rückseite des Tores verbunden, einen kleinen Innenhof bildend, in den man von dem Wall, wo die Schildwachhäuser standen, hineinsehen konnte.[483] Der eigentliche Wallgang war untertunnelt. Zur Stadtseite wurde der überwölbte Durchgang durch einen kleinen einfachen Torbogen abgeschlossen. An dessen nördlicher Seite führte eine Treppe auf den Wall. Es ist zu vermuten, daß sich in dem Wall stadtseitig noch Wachkasematten befanden.

Das Torgebäude, in dem das am 18. Februar 1794 in die Extensionswacht verlegte Laboratorium untergebracht war,[484] diente bis zu seinem Abbruch, 1806, als Zivilgefängnis.[485]

— Neues Ratinger Tor —

In ähnlicher Form wie das Neue Flinger Tor muß auch das Neue Ratinger Tor erbaut gewesen sein. Zu dem schon 1672 bei der Anlage des Neuen Werkes von dem Generalfeldmarschall von Virmund vorgeschlagenen Torgebäude, das, wie in einigen Plänen zu erkennen, eigentlich mehr in der Kurtinenmitte erbaut werden sollte, hatte Johann Wilhelm 1684 den Grundstein gelegt. Der zu diesem Zweck angefertigte, leider verlorengegangene Gedenkstein trug die Inschrift:[442]

„SSMVS – IOHAN – WILHELMUS – COM. PALAT. RHEN. N. DUX. BAVARIAE – IULIAE CLIVIAE et – MONTIUM – PRIMUM LAPIDEM – POSVIT 16. Aug. – 1684".

Da das Tor siebzig Jahre nach seiner Errichtung einem repräsentativen Neubau zum Einzug Karl Theodors weichen mußte, ist anzunehmen, daß das Gebäude ursprünglich – mehr als das Flinger Tor – als reiner Zweckbau in Erscheinung getreten ist. Wie weiter unten noch belegt wird, ist der innere Torabschluß bei dem Umbau wahrscheinlich kaum verändert worden,[486] so daß die aus der Zeit vor dem Abbruch, 1806, überlieferte lavierte Federzeichnung (Abb. 54) einen ungefähren Eindruck von der stadtseitigen Ansicht vermittelt.

Alle übrigen Tore der älteren Periode sind im ursprünglichen Zustand erhalten geblieben, da sie im Bereich der alten Stadtmauern lagen, die nicht verändert zu werden brauchten. Die Wegführung wurde bei allen neu angelegten Toren durch das zu deren Schutz vorgelagerte Ravelin bestimmt. Die Straße führte aus dem Tor über eine Zugbrücke geradlinig auf das Ravelin. Dort knickte sie in senkrechter Richtung auf eine der Facen ab, durchschnitt den Wall und setzte sich über eine den äußeren Graben überspannende Zugbrücke auf den bedeckten Weg fort. Nach Anlage des Glacis mußte auch dieses Erdwerk noch durchquert werden, bevor man hinter dem Schlagbaum ins freie Feld gelangte. Die Straßen im Bereich der Festungseingänge waren gepflastert, um auch bei nassem Wetter eine Benutzung zu gewährleisten.

Bauorganisation und Funktionszusammenhänge

— Baufinanzierung, Dienstleistungen —

Seit den Landtagsverhandlungen von 1538 ist bekannt, daß der Bau der Festung Düsseldorf zum größten Teil von den Landständen, die je nach Bedarf die entsprechenden Steuern bewilligten, getragen wurde.[16] Lediglich die Unterhaltung der alten Mauern und Türme, für die die Stadtrechnungen von 1540/41 ganze hundertvierundachtzig Mark ausweisen, blieb weiterhin Aufgabe der städtischen Bürgerschaft.[301]

140

Zunächst wurde die Finanzierung des Festungsbaus durch eine zwölfjährige Akzise sichergestellt, die 1554 erneut bewilligt,[310] 1560 aber für das Herzogtum Berg wieder fallengelassen wurde, nachdem die seit 1557 laufenden Verhandlungen über eine eigene Steuer für den Düsseldorfer Festungsbau zum Abschluß gekommen waren.[487] In den nächsten sechs Jahren sollten jährlich 5.000 Taler, insgesamt also 30.000 Taler, bewilligt werden. Mit diesem Betrag, den Ritterschaft und Stände aufbringen mußten, war „bei solichem ansehnlichen schweren bauw nit vill auszurichten"[311]. Die 1570 für den Festungsbau bewilligte achtjährige Akzise sollte jährlich 12.500, insgesamt 100.000 Gulden, erbringen. Da der Betrag nicht ganz aufgebracht werden konnte, steuerte der Herzog einen nicht unbeträchtlichen Zuschuß aus seinem Kammergut bei.[488] 1583 forderte Wilhelm III. die Stände auf, „neue mittel und wege zu gedenken", um den Festungsbau in Düsseldorf zu vollenden.

In Notzeiten ordnete der Schultheiß „Schüppendienste" an, zu denen auch die Bürgerschaft der auswärtigen Ämter herangezogen wurde. In einem am 3. August 1596 an alle Amtsleute gerichteten Schreiben befahl Herzog Johann Wilhelm, eine Anzahl guter Arbeiter bereitzustellen, „oder aber welches ihnen freisteht, fur jeden Rott 25 Gulden zu handen unseres Burggraven zu Düsseldorf, Peter Ark, zu geben". Dem Schreiben ist eine Liste beigefügt, nach der die zwanzig Ämter insgesamt 9.050 Gulden für den Düsseldorfer Festungsbau aufzubringen hatten.[443]

Am 2. April 1596 wurden auf Empfehlung des Bauaufsehers Johann van der Wain Schüppendienste für die „umbgesessene auswendige Bürger drei Tag, nämlich gegen negsten Freitag, Sampstag und folgenden Montag täglich 50 gueter starker Männer" aus dem Amt Monheim bestellt.[490] Durch ein Edikt zog man im selben Jahr Sträflinge zum Festungsbau heran.[333]

In den zahlreichen Verhandlungen der Jahre 1599 und 1602 wird häufig von Streitigkeiten zwischen Regierung und Ständen wegen der Kosten für den Ausbau und die Unterhaltung der Festung berichtet.[491] Die Kosten für den Ausbau schlossen auch die Entschädigung für die zum Festungsbau eingezogenen Ländereien ein. Von einer Pflichtenteignung für Festungsbauten, wie sie zum Beispiel in Breslau praktiziert wurde, sind in Düsseldorf keine Nachrichten bekannt.[492] Über die Anzahl der Bau- und Schanzarbeiter lassen sich keine exakten Angaben machen. In der Hauptausbauphasen werden aber ca. 1.000 Mann tätig gewesen sein.[493]

Seit dem Jülich-klevischen Erbfolgestreit, der die Macht und die Steuerbewilligungsrechte der Stände gefestigt hatte, war die Finanzierung der Landesverteidigung – also Truppen und Festungen – ein gesichertes Recht der jülich-bergischen Landstände.[494] Die Besoldung der landesherrlichen Beamten, einschließlich der Baumeister und Ingenieure, wurde weiterhin aus den Domänialeinkünften, die der Landrentmeister verwaltete, bestritten. Die Verteilung der aus dieser Quelle fließenden Baugelder, zu denen neben dem Baumeistersold auch die Entschädigung der zum Fortifikationsbau eingezogenen Ländereien gehörte,[384] besorgte als örtlicher Beamter der Burggraf. Er hatte auch die Verantwortung für die dem Landesherrn obliegenden Lieferungen der erforderlichen Baumaterialien.

Die zum Zwecke der Verteilung von den Landständen bewilligten und durch Steuerausschreibung umgelegten Landessteuern wurden vom Jülicher bzw. bergischen Pfennigmeister verwaltet und an den Bauschreiber weitergeleitet. Wegen der Summen, die der Pfalzgraf von den Ständen für die Festungsarbeiten forderte, kam es häufig zu Auseinandersetzungen zwischen den fürstlichen Räten und den Ständen; Unstimmigkeiten gab es auch zwischen dem Landesherrn und dem städtischen Magistrat, dem die Obrigkeit bestimmte Bauaufgaben anlasten wollte. So geht aus einem Schreiben von 1629 hervor, daß die Düsseldorfer Bürgerschaft die Kosten für die Reparatur der alten Stadtmauern und Türme übernehmen sollte. Der Magistrat lehnte das Ansuchen des Pfalzgrafen aber mit der Begründung ab, die Stadt habe zwar einen großen Beitrag zum Mauerbau in uralten Zeiten geleistet; nachdem aber die Landesfürsten solche Wälle, Türme und Mauern an sich genommen, sei der Aufbau jederzeit durch die landesfürstliche Obrigkeit aus Landesmitteln geschehen.[183] Ein weiterer Zankapfel war häufig auch die Frage der Beteiligung an den Kosten für den Bau und die Unterhaltung der Brücken vor den Stadttoren. Im allgemeinen einigte man sich darauf, daß der Herzog zwar den Bau, die Stadt aber die Reparaturen der Brücken übernahm, da ihr die Einnahmen aus dem Wegegeld zur Verfügung standen.[364]

Der Bau des Flinger Tores und der davorliegenden Brücke konnte beispielsweise jahrelang nicht erfolgen, da Stadt und „Landschafft" sich über die Finanzierung nicht einig waren. 1641 wurde ein Vergleich erzielt, der dahin ging, daß die Stadt neben der Lieferung der Holzes und der Hausteine noch einen Zuschuß von 2.000 Reichstalern leisten mußte, bevor der Pfalzgraf die übrigen Kosten übernahm.[388] Damit das Bauwerk überhaupt zur Ausführung kam, erklärte sich auch die anwohnende Einwohnerschaft zu einer Geldleistung in Höhe von 2.000 Reichstalern bereit.[480] Im Dreißigjährigen Krieg sollten die verbündeten Mächte, die in Düsseldorf Truppen stationiert hatten, ebenso einen Anteil der Kosten für den Fortifikationsbau übernehmen.[495]

Die Beiträge, die von den Landständen aufzubringen waren, wurden in der Regel in Form von Dienstleistungen wie „Hand- und Spanndienste", „Hand- und Schüppendienste"[496] beigesteuert. Da die Ableistung der Dienstverpflichtung „in natura" aber mit einem ständigen Wechsel der Art dieser Dienstverpflichtungen verbunden war, ergaben sich viele Schwierigkeiten und Unannehmlichkeiten, die durch die Beschäftigung eines festen, bezahlten Arbeiterstammes vermieden werden konnten. Räte und Stände einigten sich daher 1669, anstelle der Dienstleistungen Ablösegelder zu bewilligen, so daß 1670 eine Festungssteuer ausgeschrieben werden konnte. Die Höhe dieser Steuer wurde dadurch bestimmt, daß man für die Zahl der einzelnen Dienste entsprechende Ablösesummen festlegte.

So wurden 1670 an 140 Tagen je 30 Karren und 150 Handdienste gefordert. Da der einzelne Dienst mit 1/2 respektive 1/4 Reichstaler ablösbar war, ergab sich daraus eine jährliche Ablösesumme von 2.100 bis 7.350 Reichstalern. Die Stände bewilligten aber nur 1.700 Reichstaler, weil sie sich für den Festungsbau nicht allein verantwortlich fühlten.[494] Das sich aus dieser Diskrepanz ergebende Defizit führte zu ständigen Streitigkeiten zwischen Ständen und Obrigkeit. Durch den Haupt- und Deklarationsrezeß sollten diese Schwierigkeiten für die Zukunft ausgeschaltet werden. In Paragraph 9 dieses Vergleichs hieß es unter anderem: „Die Beschaffung der Kriegs- und Verteidigungsmittel soll mit Zuziehung der Stände beschlossen werden. Die Festungsbaukosten zu Düsseldorf sollen durch das Herzogtum Berg, jene zu Jülich durch das

Herzogtum Jülich einseitig bestritten werden."[497] Damit war die Frage der Festungsbeiträge eindeutig geregelt.

Die Steuern und Palisadenlieferungen wurden „nach der Matricul" ausgeschrieben.[498] Diese Matrikularsteuer war bis zur Einführung der Kapitationen (Kopfsteuern), 1663, die einzige allgemeine und direkte Steuer. Sie wurde vorwiegend nach dem Besitz von Grund und Boden berechnet.[499] In Zeiten besonderer Kriegsdrohung ließ der Pfalzgraf zusätzliche Dienste ausschreiben. Wegen „täglichs mehr und mehr zunehmender Kriegsgefahr" wurden 1678 „zur Conservation hiesiger Festung so woll freye als zu dienen schuldige in summa necessitatis casu" zu einem „extraordinari dienst" verpflichtet. Die bergischen Ämter Monheim, Solingen, Baumberg und Barmen, Elberfeld und Miselohe hatten insgesamt 534 Dienstpflichtige für den Düsseldorfer Festungsbau zu stellen.[435]

Die Forderungen Johann Wilhelms bedingten ein ständiges Ansteigen der jährlich für die Fortifikation zu bewilligenden Mittel. Da 1682 die Dienstverpflichtungen zum Festungsbau eingestellt wurden,[500] mußte im folgenden Jahr die für den Festungsbau jährlich zu veranschlagenden Summe auf annähernd 12.000 Reichstaler erhöht werden.[501] 1685 erreichten die Ausgaben die Höhe von 15.000 Reichstalern, womit sie den für Jülich bestimmten Betrag von 10.000 Reichstalern um 5.000 Reichstaler überschritten.[502] Während sich in diesem Jahr die Kosten für die bergische Landesdefension (Miliz) auf 35.000 Reichstaler beliefen, erreichte der Verteidigungshaushalt in den Kriegsjahren 1689/90 50.000 Reichstaler, ohne Erhöhung der Mittel für den Festungsbau.[503]

Wie aus zahlreichen Schreiben hervorgeht, standen die Rechnungen für die zum Festungsbau eingezogenen Gärten, die inzwischen aus den Baugeldern beglichen werden sollten, immer noch offen.[504] Unbefriedigt waren auch die Forderungen, die sich daraus ergaben, daß zahlreiche Grundstücke durch das Abfahren der für die Wälle benötigten Erde entwertet worden waren.[505] Zur Verdeutlichung der damaligen Bodenpreise[506] sei erwähnt, daß 1681 ein Morgen Land vor der Zitadelle, also in unmittelbarer Stadtnähe, auf 85 Reichstaler abgeschätzt wurde.[507] Die Gärten vor der Nordfront taxierte man auf 60 bis 70 Reichstaler pro Morgen.[508]

— Bauleitung, Baumeister, Festungsingenieure —

Die Größe der Festungsanlagen und die Verteilung der Baupflicht auf das gesamte Herzogtum machte eine besondere Organisation des Festungsbaus und seiner Verwaltung erforderlich. Ein vom Landesherrn berufener Baumeister hatte die ständige Oberaufsicht über die herzoglichen Bauvorhaben. Als erster herzoglicher Baumeister ist Meister Bertram von Zündorf (Betzin van Tzuendorff) in den Akten nachzuweisen. Er war in Düsseldorf seit 1533 mit dem Bau des herzoglichen Schlosses beschäftigt.[232] Seine spätere Tätigkeit an der Befestigung Heinsbergs, 1538/42, und die dort von ihm angelegten Rondelle weisen darauf hin, daß er die 1538 nach dem gleichen System mit Wällen und Rondellen begonnene Befestigung Düsseldorfs eingeleitet hat, bevor er seinen Wohnsitz nach Heinsberg verlegte.[231]

Die Auseinandersetzung mit den überlegenen Truppen Karls V. im Geldernschen Erbfolgestreit zeigte bald an dem Beispiel Heinsbergs, daß die von Meister Zündorf angewandte, in Deutschland übliche Art der Befestigung mit Rondellen überholt war.

Wegen der großen Fortschritte, die die Bau- und Befestigungstechnik in Italien gemacht hatte, waren italienische Baumeister an den deutschen Fürstenhöfen sehr begehrt. Herzog Wilhelm ist es gelungen, den über Holland aus Bologna gekommenen Architekten Alexander Pasqualini zu verpflichten.[233] 1549 wurde er als „Baumeister aller herzoglichen Lande" in seinem Amt bestätigt.[509] Er führte die von Bertram von Zündorf angefangenen Baumaßnahmen weiter. Nach seinem Tode, 1559, übernahm sein Sohn Maximilian die Verwaltung des herzoglichen Bauwesens.

Sicherer als bei seinem Vater ist bei Maximilian eine Tätigkeit im Festungsbau, vor allem in Jülich, nachzuweisen.[510] Die unzähligen Bauaufgaben, die Maximilian allein durch die Schloßprojekte zufielen, machten bald eine Aufteilung des Amtsbereichs in zwei Bezirke erforderlich. Seit 1568 ist Johann Pasqualini, ein jüngerer Bruder Maximilians, als oberster Baumeister von Kleve-Mark nachweisbar.[511] Die Verwaltung des gesamten Bauwesens von Jülich-Kleve-Berg lag aber seit 1569 wieder in einer Hand, als Johann Pasqualini nach dem Tode seines Bruders auch den Amtsbereich von Jülich-Berg übernahm. 1573 folgte schließlich seine formelle Bestellung zum obersten Landesbaumeister.[512]

Als Johann Pasqualini um 1580 starb, konnte das verwaiste Amt des obersten Baumeisters nicht wie bisher weitervererbt werden, denn die Söhne Pasqualinis standen noch in der Ausbildung.[511] Da die ehrgeizige Familie Pasqualini keine Konkurrenten aufkommen ließ, ist es zu verstehen, daß der Name des vorübergehenden Nachfolgers, wie Lau nachgewiesen hat, in dem Verwaltungsbezirk von Jülich-Berg-Kleve verschwiegen wurde,[513] so daß es bisher nicht möglich war, diesen zu ermitteln.

Die Tatsache aber, daß der Sohn des Herzogs Wilhelm III. von Jülich-Kleve-Berg, der spätere Herzog Johann Wilhelm, bis zu seiner Heirat mit Jakobe von Baden, 1585, Fürstbischof von Münster war, ließ eine Nachforschung in den Akten der Stadt Münster erfolgversprechend erscheinen.

Tatsächlich läßt sich aus den Ratsprotokollen und Stadtrechnungen von Münster der Name eines Meisters Niclaes nachweisen, der kein anderer als der Nachfolger Pasqualinis war. Als „Mester Nikell, der bouwmester von Kleve, der van unsen gneden Herrn (Fürstbischof Johann Wilhelm von Kleve 1574 – 1585) hir gesandt wort und alhier etliche veste und rundeel besichtiggede", taucht er 1580 in den münsterschen Ratsprotokollen auf.[514] 1581 wird er als „Mester Niclaes, bouwmester zu Dusseldorff", für Arbeiten am Mauritztor in Münster entlohnt.[515] Unter dem Namen „Niclaes Fisselin, des durchleuchtigten Herzogen zu Gülich Bouwmester", legte er 1592 dem Rat der Stadt Münster einen Plan der Zitadelle von Antwerpen vor.[516]

Wahrscheinlich hatte Niclaes Fisselin um 1540 als Maurermeister unter dem Namen Claes in Düsseldorf seine Laufbahn im Festungsbau begonnen.[517] In ihm ist der „verstendige muyrer, Claes", der Bruder des verstorbenen Maurermeisters Clemen, zu sehen, der 1555 Alexander Pasqualini beim Bau der Schlösser von Benrath und Bensberg zur Seite gestellt werden sollte.[518]

Da Meister Niclaes 1580, also im vermuteten Todesjahr von Johann Pasqualini, bereits als Landesbaumeister erwähnt wird,[514] sind die Vermutungen Laus, Meister Wilhelm könnte der anonyme Landesbaumeister sein, nicht zutreffend.[519] Dieser war vielmehr einer der Festungsbaumeister, die dem Landesbaumeister unterstellt waren. Seine Identität mit dem 1572 von Herzog Wilhelm nach Düsseldorf berufenen „Ma-

gister" (Maurermeister) Wilhelm von Isselstein dürfte wahrscheinlich sein.[520]
Möglicherweise ist dieser Meister Wilhelm sogar der Nachfolger des bekannten Meister Johann, der bei dem Besuch Speckles 1567 mit seinem Sohn an den Düsseldorfer Festungswerken baute[521] und nach Speckles Angaben schon ein „alter Mann" war. Die Identität dieses Meister Johann mit dem 1543 in Jülich nachgewiesenen Baumeister Hans Johann dürfte unbestritten sein,[522] denn bekanntlich war Meister Johann bei dem Amtsantritt Alexander Pasqualinis schon einige Jahre in Jülich als Baumeister tätig (Abb. 55).[523] Die Annahme, daß er gleichzeitig in Düsseldorf tätig war, liegt nahe.

Die geviert Linien (ohn die Bollwerck) sind von eck zu eck jede 760. Schuch lang/wañ nun 145. zuruck genoñen wird/gibt es biß auff den Circkelriß/der Streichen vñ Flügel dicke/just 100. Schuch/wann nun von der Streichen eck gezogen wird biß auff des andern Flügels dicke / so fält die lenge des Bollwercks/biß zum spiß just 300. Schuch lang/vñ von der Streichen biß zum spiß 800. Schuch vnd von einem Flügel biß zum andern just 480. Schuch/Vnd solches hierinn muß ich loben/dann es just sein gewisse Mensur auff jm tregt vnd bekoñt/vñ hat M. Johann des Her tzogen von Gülch Bawmeister/wie auch sein Sohn/als ich jhnen im Jar 67. besuchet/vñ er noch an Düsseldorff bawte/ in allem solche Mensur gehaltē/derhalben ich jhm disen rhum gibe/nit da ruimb dieweil er ein Teutscher alter Mann ist/sonder weil die Italianer jhnen in vilen dingen ver lachen/wie jhr brauch ist / sie aber darvor weder inn Italia noch an keinem end ein solchen justen Baw/vor dieser zeit (dann jetzt sein sie besser) gethon haben.

55 Auszug (fol. 16) aus der „Architectura van Vestungen" von Daniel Speckle, 1589

Aus der erwähnten Beschreibung läßt sich sein Alter beim Besuch des Straßburger Festungsbaumeisters auf etwa 65 Jahre schätzen, so daß er in der Jahrhundertmitte bei der Anfertigung der Pläne für Düsseldorf etwa 45 Jahre alt gewesen sein mag, womit sichergestellt sein dürfte, daß er über ausreichende Erfahrungen im Festungsbau verfügte. 1559 war der Meister zweifellos schon einige Jahre in Düsseldorf tätig, denn in diesem Jahr berichten die herzoglichen Räte, daß „Meister Hans (Johann) mit seinen furhabenden bow alda zu Düsseldorff vortfare".[524]
Die Pasqualini, die ihre Kräfte auf den Schloßbau konzentrierten, haben an den Düsseldorfer Festungsbauten nur geringen Anteil, obwohl ihnen die eigentliche Oberleitung oblag; zumindest waren sie nicht an den entscheidenden neuen Festungsbauprojekten direkt beteiligt.[291] Trotzdem nahmen sie den Ruhm für sich in Anspruch.
Die Zurücksetzung der deutschen Baumeister, die Speckle beklagte,[521] mag sicher die Ursache dafür sein, daß Meister Niclaes der eigentliche Amtsnachfolger des obersten Landesbaumeisters, Johann Pasqualini d. Ä., in Jülich-Kleve-Berg anonym blieb. Nachdem Johann Pasqualini d. J. seine Ausbildung abgeschlossen hatte, setzte er folgerichtig die Baumeisterdynastie der Pasqualinis fort und verdrängte um 1586 Meister Niclaes aus seinem Amt.[525]
Als der „jülich-klevische Generalbaumeister", wie er sich selbst nannte, ist Johann Pasqualini d. J. seit 1590 zu belegen.[526] Die Tätigkeit dieses Pasqualini war fast ausschließlich auf den Festungsbau beschränkt. Der „Generalbaumeister" beschäftigte sich aber mehr außerhalb, in den benachbarten Fürstentümern, als in den eigenen herzoglichen Landen. Nur in seinem Wohnort, in Düsseldorf, ist er ziemlich häufig am Festungsbau beteiligt. Er erstellte 1596[331] und 1605[347] Gutachten zur Verbesserung

der Düsseldorfer Festungswerke und nahm mehrmals an Besichtigungen der Festung und des Schlosses teil.[344] 1608 fertigte er eine Zeichnung zur Errichtung einer Mühle (Windmühle) auf dem Mühlenbollwerk an (Abb. 42). Unter Anführung der vielseitigen Aufgaben eines Architekten nach Vitruv bewarb er sich 1607 um die in Düsseldorfer freigewordene Stelle des Artilleriemeisters.[527] Über seine Tätigkeit am Ausbau des Rheinwerfts sind umfangreiche Akten erhalten.[528] 1610 fertigte er einen mehrmals angeforderten Kostenanschlag für Arbeiten an der Zitadelle an.[529]

Der Ruhm der Pasqualini als Festungsbaumeister im nordwestdeutschen Raum im 16. Jahrhundert war unübertroffen, so daß viele Fürsten sie zu Rate zogen:[530] Johann Pasqualini d. J. arbeitete zwischen 1587 und 1607 häufig in Wesel.[531] 1588 fertigte er ein Projekt für Mühlheim[532] an; 1595 war er in Lübeck mit dem Bau eines Polygonwerks beschäftigt.[533] 1604 stand er wegen der Errichtung des Aschaffenburger Schlosses mit dem Kurfürsten von Mainz in Anstellungsverhandlungen.[534] Zwischen 1604 und 1608 läßt sich seine Tätigkeit in Koblenz nachweisen.[535] Sein Bruder Alexander Pasqualini hat als Architekt und Festungsbaumeister in Düsseldorf keinen besonderen Einfluß mehr erlangt. Sein Hauptarbeitsgebiet lag in Neuburg a. D., wo er u. a. an dem renaissance-zeitlichen Rathaus-Neubau mitwirkte.[326] In Düsseldorf ist er nur noch als Bauaufseher nachweisbar. In dieser Funktion hat er 1619 Verbesserungsvorschläge für den Flinger Wall angefertigt (Abb. 45).

Da die Aufgaben des obersten Landesbaumeisters zu umfangreich waren, hatte man schon im 16. Jahrhundert die Ausführung der Festungsarbeiten einem ortsansässigen Bauaufseher oder Baumeister übertragen. Dieser hatte mit den Stadthandwerkern die herzoglichen Bauwünsche fachgerecht durchzuführen. In dieser Funktion waren Meister Johann und Meister Wilhelm tätig.

In Zeiten besonderer Bautätigkeit verstärkte der Herzog diese Mannschaft durch Baumeister und Handwerker aus anderen Städten. Beispielsweise wurde 1583 Meister Buchardt von Orsoy zur Unterstützung des „Baumeister" (Meister Niclaes) mit seinen Knechten nach Düsseldorf beordert.[314] Während der Amtszeit Johann Pasqualinis, der selbst häufig in Düsseldorf tätig war, arbeitete der herzogliche Maurermeister und Steinmetz Meister Rutger von Mehrheim in der bergischen Hauptstadt.[536]

Im 16. Jahrhundert war man bereits dazu übergegangen, für die Bauausführung Baupläne anzufertigen. Die ersten Festungen sind aber noch nach großen Holzmodellen gebaut worden. Einige dieser Modelle sind noch erhalten. Sie befinden sich heute im Deutschen Museum in München. Am bekanntesten davon ist wohl das Sandtnersche Modell von Ingolstadt aus dem Jahre 1572.[537] Ludwig XIV. ließ von den wichtigsten französischen und ausländischen Festungen ebenfalls Modelle anfertigen. Diese wohl aus militärischen Gründen zusammengetragene Sammlung wird heute im Musée des Plans-Reliefs im Hôtel des Invalides in Paris aufbewahrt. Hier befindet sich derzeitig auch ein Modell der Festung Jülich.[538] Die Modelle der Festung Düsseldorf in den Stadtgeschichtlichen Sammlungen sind Nachbildungen nach alten Plänen, die in einigen Details allerdings Fehler aufweisen. Zur Zeit wird das Stadtmodell erneuert.

Die organisatorische Abwicklung der herzoglichen Bauaufgaben, insbesondere die Bestellung der Baumaterialien, die Abrechnung und Auszahlung gehörte im 16. Jahrhundert mit zu den Aufgaben des Burggrafen[256] Seit 1552 sind in Jülich auch Bauschreiber nachzuweisen.[539] Diese waren aber nicht, wie vielfach behauptet wird, Baumeister, sondern Verwaltungsbeamte, die dem Baumeister und dem Burggrafen für die immer umfangreicher werdenden Bauverwaltungsaufgaben und Abrechnungen zur Seite standen.[540] 1573 ist, wie aus der Bestallungsurkunde Johann Pasqualinis hervorgeht, noch kein Bauschreiber in Düsseldorf anzutreffen,[512] wie etwa in Jülich. Erst 1583, in dem mehrfach erwähnten Schreiben Herzog Wilhelms III. an Meister Burchardt von Orsoy, ist von einem Bauschreiber namens Burchardt Pillmann die Rede.[541]

Der 1596 erwähnte Bauschreiber Jan von der Wain[490] wird auch als „Aufseher des Baues" genannt.[339] Ihm oblag die Beaufsichtigung der Knechte (Bauarbeiter), die im allgemeinen mit einem halben Gulden pro Woche entlohnt wurden.[542] In einem Verzeichnis von 1597, in dem geregelt wird, „wie die Arbeitsleuth alhie an der Stadt Dusseldorff arbeiten sollen", ist die Arbeitszeit wie folgt festgelegt.[543]

„Ante pascha (vor Ostern)	des morgens zu 5 1/2 uhr bis 11
	des nammidachs zu 1 uhr bis 7
post pascha (nach Ostern)	zu 4 uhr bis 7 uhr morgens
	von 7 uhr ahn bis 11
	von 1 uhr ahn bis 4
	von 4 uhr ahn bis 7
also den ganzen sommer auß."	

1619 waren die Bauaufgaben so umfangreich, daß es erforderlich wurde, für die Bauleitung neben dem Bauschreiber Johann Caster noch einen weiteren Bauschreiber einzustellen. Dieser sollte für die Beschaffung der Baumaterialien und die allwöchentliche Auszahlung an die Arbeiter verantwortlich sein und „mit den Leuthen gute Ordnung halten". Ihm war nicht gestattet, eine Nebenarbeit auszuüben.[367] Um diese Stelle bewarb sich der Schul- und Rechenmeister Gerhard Ulner. Er sollte nach Hinterlegung einer „genugsamen" Kaution bei einem Gehalt von 220 bis 300 Reichstalern in Dienst genommen werden.[544] Wahrscheinlich ist eine Anstellung aber nicht erfolgt, denn 1624 werden Johann Caster und Wilhelm Kylmann als die beiden Bauschreiber erwähnt.[375] Auch 1636 waren noch zwei Bauschreiber, Kylmann und Baußmann, tätig.[545] 1668 ist in diesem Amt nur noch ein Bauschreiber (Holthausen) nachweisbar.[496]

Während noch im 16. Jahrhundert die Baumeister dem Handwerkerstand entstammten — meistens waren sie Maurermeister, die sich auf den Festungsbau spezialisiert hatten —, entwickelte sich im 17. Jahrhundert infolge der mit ihren Berechnungsverfahren immer komplizierter gewordenen Festungsbautechnik der Beruf des Festungsbauingenieurs. Die Abgrenzung der Arbeitsbereiche zwischen Ingenieuren und Handwerkern setzte sich in allen Bereichen immer mehr durch. Ursprünglich war die Ingenieurwissenschaft nur auf die Kriegstechnik beschränkt. Die ersten Festungsbauingenieure waren als technische Berater des Feldzeugmeisters angestellt. Da der Festungsbau in der ersten Hälfte des 17. Jahrhunderts noch dem Landesbaumeistern unterstand, übten die Militäringenieure nur beratende Funktion aus; sie waren, soweit sie nicht gleichzeitig als Baumeister wirkten, noch unter Philipp Wilhelm nur auf Kriegszeit oder zur Durchführung bestimmter Aufgaben angestellt. Einer dieser für den Pfalzgrafen in Düsseldorf zeitweise tätigen Ingenieure war Damian von Nideggen.

Heinrich Herding

Adolph vom Camp

56 Baumeister Adolf v. Kamp. Ausschnitt aus
der Darstellung des Trauerzugs des Magistrats
zur Beisetzung des Herzoges Johann Wilhelm,
1628. Kol. Kupferstich bei Adolf v. Kamp

Seine bisher noch nicht publizierte Festungsgeometrie gibt einen umfassenden Einblick in das Wirken dieser freiberuflich tätigen Festungsbauingenieure.[546]
Schon während des Dreißigjährigen Krieges traten Ingenieure auch im Verband der
Artillerie selbständig neben den Mineuren und Pontonnieren auf.[547] In der Regel behielt der jeweilige Kommandant aber die Oberaufsicht über die Bauarbeiten,[548] wie
beispielsweise in Düsseldorf der Gouverneur von Virmund bei der Anlegung des Neu-
en Werkes. Erst Johann Wilhelm erließ 1681 eine Verordnung, die für jede Festung
die feste Einstellung eines Festungsingenieurs vorsah.[549]
Der von 1620 bis 1623 vorübergehend in Düsseldorf tätige neuburgische Baumeister
italienischer Herkunft Antonio Serro, Krauß genannt,[358] war noch ein Baumeister alter Schule.[550] Adolf von Kamp (Abb. 56) dem seit 1621 die Oberbauleitung in
Jülich-Berg übertragen war,[369] hatte seine Laufbahn als Hofschreiner begonnen. Seit
1623 ist er als Bauinspektor nachgewiesen.[528]
Sein Nachfolger, der aus Italien stammende Johann Lollio Sadelery (Sadeler)[551] dessen Tätigkeit in kurfürstlichen Diensten seit 1631 zu belegen ist,[552] wurde 1634,
schon vor dem Tode des Adolf von Kamp, zum Ingenieur befördert.[553] Damit tritt
zum erstenmal ein Ingenieur in leitender Stellung im Düsseldorfer Festungsbau auf.

148

Aus der Landrentmeistereirechnung von 1638 ist bekannt, daß der Ingenieur Sadeler für seine Dienste neben dem Kostgeld von 6 Reichstalern ein Gehalt von 377 Reichstalern bezog.[554] Seit 1645 läßt sich Sadeler als „Kriegsrath und Oberingenieur" nachweisen;[555] seit etwa 1660 ist seine Tätigkeit als Kammerrat und Oberingenieur belegt.[556]

Das Arbeitsgebiet Sadelers, der neben seiner Tätigkeit als Militärbaumeister gleichzeitig als Architekt wirkte und in dieser Eigenschaft das alte Wasserschloß Benrath erbaut hat,[557] war sehr umfangreich. Er ist nicht nur der Verfasser des Plans zum Neuen Flinger Tor von 1645.[558] Auch läßt sich der Ausbau der Zitadelle auf seine Tätigkeit zurückführen.[557] Als Fortifikationsingenieur war er so angesehen, daß er mit Festungsbauten an der Ruhr, in Zons, Heinsberg und Jülich betraut wurde.[559] Ebenso lieferte er die Pläne für das Bastionärtracé von Koblenz.[560] Unter seiner Anleitung arbeiteten im Militärbau seit 1657 der Ingenieur Rahl,[339] seit 1664 der Ingenieur de Roy,[395] im Profan- und Kirchenbau die Architekten Jeremias und Dominikus Doctor.[557] Letzterer baute Düsseldorf nach dem Brand von 1669 wieder auf.[33] Er war 1670/72 auch im Düsseldorfer Festungsbau als kommissarischer Baumeister tätig.[561]

Johann Paul Reiner (Rynertz, Reinartz),[562] den Philipp Wilhelm 1672 in Düsseldorf anstellte, ist als der eigentliche Amtsnachfolger Sadelers anzusehen.[563] Er brachte es im Laufe seiner Tätigkeit zum Kammerrat, Burggrafen (1685) und Oberingenieur (1686).[564] Der 1693 verstorbene Baumeister,[562] dessen Tätigkeit beim Bau des Neuen Marstalls, am Benrather Schloß, an Schloß Hambach sowie an zahlreichen Privatbauten zu belegen ist,[565] hat soviel wie keine Spuren im Festungsbau hinterlassen. Wahrscheinlich hatte Johann Wilhelm in Zusammenhang mit dem erwähnten Dekret zur Anstellung eines Festungsingenieurs eine Trennung der verschiedenen Aufgabenbereiche im Zivil- und Militärbau angestrebt. Die überwiegende Tätigkeit des seit 1680 in Düsseldorf in Dienst stehenden Ingenieurs Michael Cagnon im Festungsbau unterstützt diese Vermutung.[566]

— Bewachung, Garnisonsangelegenheiten —

Während die Wehrpflicht im Felde in dieser Periode durch eine geldliche Beitragsleistung zur Anwerbung von Söldnern abgelöst werden konnte, blieb die Verteidigung der Stadt, insbesondere die Bewachung und Besetzung des Walles, noch im wesentlichen der Bürgerschaft überlassen.[567] Die einzigen beamteten Wächter waren die Torhüter (vgl. Kap. II, 3). Da die Bürger mit der Bewachungspflicht den Gedanken an ihre Selbständigkeit verbanden, versuchten sie solange wie möglich, die Bewachung ihrer Mauern selbst zu übernehmen, denn sie fürchteten, daß mit einer Übernahme der Wache durch eine Garnison der Herzog auch die Gewalt über ihre Stadt gewinnen könnte. Gegen Ende des 16. Jahrhunderts mußten die städtischen Räte immer häufiger die Einlagerung von Söldnern in die Festung zulassen. Schon 1579 waren von der Stadt 300 Reichstaler Garnisonskosten zu tragen.[568] Als die Bürger 1583 von einer Verstärkung der Garnison um 200 bis 300 Knechte erfuhren, drohten sie sogar, die Knechte samt dem Schultheiß totzuschlagen. Der fürstlich-jülichsche Artilleriemeister und Schultheiß Hartwig Breckwolt vertrat seinerseits die Ansicht, daß die Stadt Düsseldorf samt dem fürstlichen Schloß mit 100 Soldaten unterbesetzt sei.[569]

Das erwähnte Schreiben Breckwolts vom 24. August 1585 an die fürstlichen Räte enthält auch einige Vorschläge zur Verbesserung der Bewachung von Düsseldorf. Unter anderem erhebt Breckwolt die Forderung, den Portmannsturm zu einem Gefängnis auszubauen und mit einer Schildwacht zu versehen. Ebenso sollte mit dem Flinger Tor verfahren werden. Die zwölf Soldaten, von denen täglich sechs die Wache hielten, wurden angehalten, unter der Aufsicht eines oder zweier Bürger die Nachtwachen auf dem Schloß, an den Toren und an den schwächsten Stellen der Wälle zu halten. Zwei weitere Soldaten aus Jülich sollten dem Schultheiß zugeteilt werden, um unbekannte und verdächtige Personen zu stellen.[175] Herzog Wilhelm beauftragte noch im September 1585 den Befehlshaber Ambrosius Formacher, sich der Wachsoldaten anzunehmen. An den drei Veldpforten sollte die Wacht der Soldaten durch „etliche Bürger" verstärkt, die Tag- und Nachtwacht am Zolltor dagegen, je nach Gefahr, durch „eine Anzahl Kriegsleut oder ausgesuchter Schützen" verstärkt werden.[570]

Den besten Einblick in das Bewachungssystem des 16. Jahrhunderts gibt die am 23. Oktober 1585 erlassene Wachtordnung, die die Stadt bei „diesem nidderlandischen und cölnischen Krieg" in ständiger Alarmbereitschaft halten sollte.[571]

Das Ratinger und das Flinger Tor sollten tagsüber offenstehen. Die Hammeien vor den Toren waren zu schließen. Nur das kleine Türchen konnte zum Einlaß geöffnet werden. Der Verkehr durfte nur „stückweis" eingelassen werden; vor allem war darauf zu achten, daß kein Unbekannter sich beim Einlaß einschleichen konnte. Wegen der akuten Gefahr war das Rheintor besonders bewacht. Der Durchgang in dem „breddeneren vorstehenden Plankett" (Hammei) sollte ständig verschlossen bleiben und nur im äußersten Bedarfsfall durch eine Ratsperson oder einen Befehlshaber geöffnet werden. Das Zolltor war grundsätzlich verschlossen.[572] Das Berger Tor wird nicht erwähnt; man hatte es schon im August 1585 nach seiner vorübergehenden Öffnung dür den Einzug der Jakobe von Baden wieder zugemauert.

Ein Torschreiber war der Torhut zugeordnet. Er sollte „alle einkommenden Personen" verzeichnen.[573] Die Rottmeister waren zur Schildwache bestellt. In Zeiten akuter Gefahren hatten auch ein Büchsenmeister und ein Trommelschläger Wache zu halten. Für Versäumnisse aus der Wachtpflicht mußten „ratsverwandte" einen halben Reichstaler, die Bürger aber einen halben Goldgulden zahlen.[574] Die Wachablösung war streng organisiert. Zwei namentlich benannte Wachtmeister, Johann Pingell und Wilhelm zum Stad, sollten jeden Morgen feststellen, ob „waes an den wacht heusern, düren, finstern, benken, dacheren, maueren, geschutz, der burger zoun, planken, holtz oder ichtwaes anderes geschedigt". Nachts waren alle Toren grundsätzlich geschlossen.[575]

Nach dem Rottzettel von 1596 bildete die Quartiereinteilung die Grundlage der Organisation der Bürgerverteidigung.[576] Den vier Stadtvierteln Alte Stadt, Flingerstraße, Burgplatz und Marktplatz entsprechend, waren die Bürger in vier Kompanien eingeteilt, die wiederum aus je 16 Rotten bestanden.[577] Ein Schöffe oder ein Ratsherr stand den 512 waffenpflichtigen Bürgern weniger als Truppenführer denn als Verwaltungsangehöriger für polizeilich-kriegerische Zwecke vor.

Anfang des 17. Jahrhunderts trat das berufsmäßige Militär gleichberechtigt neben die Bürgerwehr, die ihren eigentlich militärischen Charakter verloren hatte. Während die Garnison 1590 nur etwa fünfzig Mann zählte,[578] sollten 1598 „angesehen daß die Bürgerschaft nit über 300 wehrhafter Mann stark", 1.000 Mann in Düsseldorf einquartiert werden.

Die Wachtordnung von 1606, nach der die Bürger „Irer f. G. Stat und Schloß zum allerfleissigsten neben den einliegenden Soldaten bewachen und bewahren" sollten, beinhaltete in ihrem Kern nichts anderes als eine Verpflichtung zur Treue gegen den Herzog und zum Gehorsam gegen den Befehlshaber. Schon 1610 gab es einen ständigen Gouverneur der Festung Düsseldorf.[579] Damit hatten die Bürger rein rechtlich ihre Selbständigkeit in der Bewachung ihrer Stadt verloren, so daß auch deren Interesse an der Verteidigung und den Verteidigungslasten immer mehr zurückging.

Die Einführung einer ständigen Garnison in Düsseldorf nach der Machtübernahme durch Wolfgang Wilhelm brachte für die Bürgerschaft die Last der Einquartierung mit sich, weil noch keine Kasernen vorhanden waren. Nur der geistliche Stand und die Beamtenschaft waren von der Quartierlast befreit. Nach einer Liste von 1616 galten außer den Klöstern und Stiftshäusern etwa vierzig Häuser als nicht einquartierungspflichtig.[580]

Die erste einquartierte Garnison war das Leibregiment Wolfgang Wilhelms. 1617 kamen auf etwa 4.400 Einwohner[25] 1.722 einquartierungsbrechtigte Garnisonsangehörige, Frauen und Kinder eingeschlossen.[26] Dieser unerträgliche Zustand sollte 1619[581] und 1625[582] durch den Bau von Baracken (Kasernen) gemildert werden. Diese Soldatenhäuser können, ähnlich wie die für 1614 nachweisbaren Baracken neben dem Berger Tor, nur als Notunterkunft angesehen werden.[583] Sie waren in der Art von kleinen Reihenhäuschen gebaut, denn zusammmen mit den Soldaten mußten auch deren Familienangehörige untergebracht werden. Die Bauplätze für diese ersten Baracken lagen in dem freien Gelände zwischen der alten Stadtmauer und dem neuen Wall. Diese Lage am Wall ergab sich aus der militärischen Notwendigkeit, daß man die Soldaten im Verteidigungsfall schnell auf den Wall beordern konnte, zum anderen war die Trennung von Bürgerquartieren auch beabsichtigt.

Die Soldatenquartiere vor allem nördlich der Ritterstraße, am Flinger Tor und hinter der Wallstraße, später Interimskaserne der Leibgarde zu Pferd,[584] wiesen aber einen sehr niedrigen sozialen Stand auf.[585] Die unbefriedigenden hygienischen Verhältnisse führten häufig zu ernsthaften Klagen bei der anwohnenden Bürgerschaft. Etwas besser waren die Verhältnise auf der Zitadelle, wo man den Bürgern gestattet hatte, zum Zwecke der Befreiung von der Einquartierungspflicht Hinterhäuser zu errichten.[39]

1625 lagen 440 Soldaten mit 212 Frauen und 287 Kindern in Düsseldorf.[586] Die Kompanie Snerts hatte ihr Lager in den neuen Baracken auf der Zitadelle bezogen. Die Militärs wurden zeitweise auch von Landesschützen in der Bewachung der Festung unterstützt.[587] Infolge der Erneuerung der Neutralität Jülich-Bergs, 1631,[588] war die Landesstreitmacht auf 100 Mann zu Pferd und 800 Mann zu Fuß beschränkt, so daß die Düsseldorfer Garnison mit ihren 500 Musketieren und 70 Reitern verhältnismäßig klein blieb.[589] 1635 lagen eine Leibkompanie zu Pferd, eine Leibgarde zu Fuß und sieben Kompanien mit insgesamt 872 Mann in Düsseldorf.[590] Von 1639 bis 1643 hielten kaiserliche Truppen die Festung besetzt.[591] Erst gegen Ende des Dreißigjährigen Krieges machte sich eine Vergrößerung der Garnison über die vertragsmäßige Stärke hinaus bemerkbar.[592]

Der 1651 erneut ausgebrochene Streit mit dem brandenburgischen Nachbarn führte

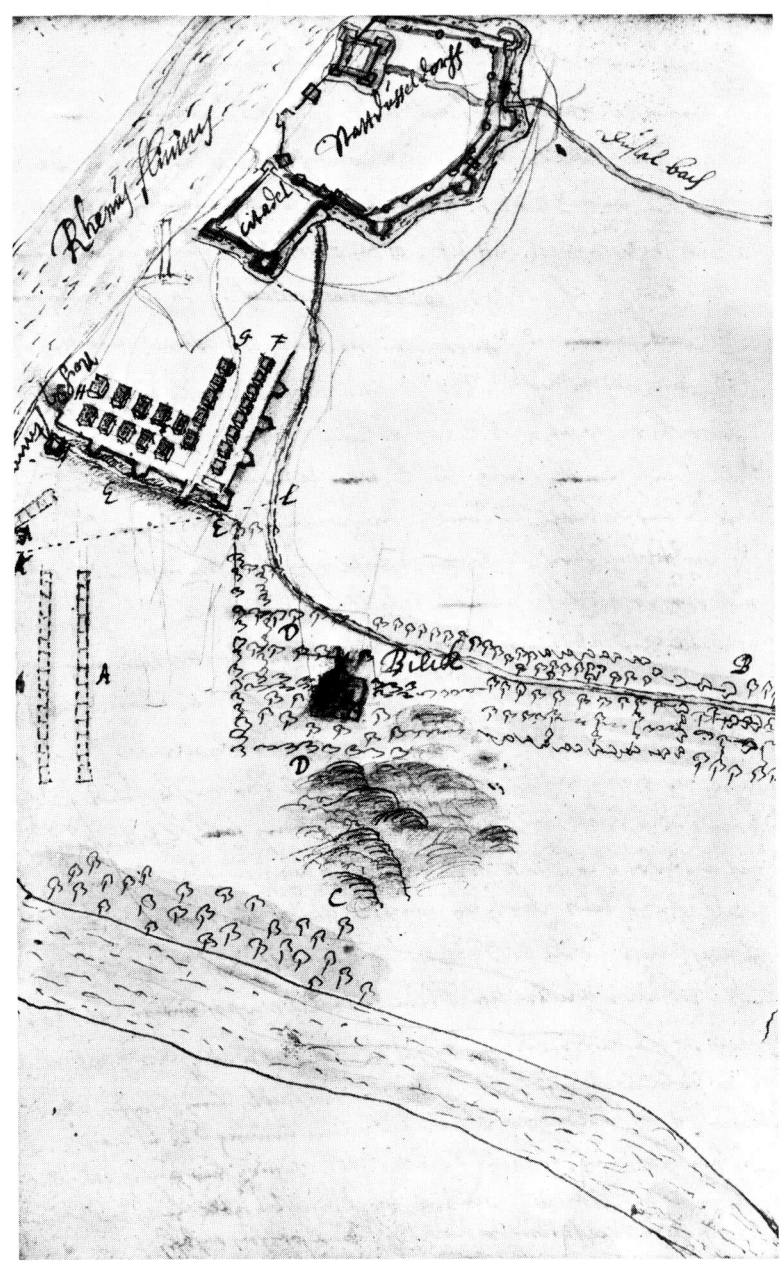

57 Truppenlager südlich der Festung Düsseldorf. Illustration aus dem Handbuch des Damian von Nideggen, 1651

A   Lothringische Kriegsvölker
B – D unwegsame Wiesen
C – D zur Geschützaufstellung geeignete
     Wiesen

E – E „diepe Höll"
     (Graben, alte Düsselmündung)
F – G Lothringische Reiterei
I – H Neuburgische Infanterie

152

schließlich zu einer beachtlichen Truppenverstärkung.[593] Dem Bericht des Militärberaters Damian von Nideggen zufolge wurde sogar südlich der Zitadelle ein befestigtes Lager für die 1651 zusätzlich einquartierten Truppen angelegt (Abb. 57). Nach einem exakt beschriebenen Aufstellungsplan war das durch einen Graben, die „diepe Höll", im Süden begrenzte Lager für die neuburgische Infanterie und die lothringische Kavallerie vorgesehen. Dieser ausgedehnte, im Schutz von Wasserläufen gelegene Bezirk, der wie ein Vorgriff auf die Stadterweiterung durch Johann Wilhelm erscheint, wurde aber nur kurzzeitig militärisch genutzt.[594]

Da das Verhältnis zwischen Bürgerschaft und Militär infolge der drückenden Einquartierungslasten, ausbleibender Quartiergelder und unwürdiger Unterkünfte immer gespannter wurde, leitete der Pfalzgraf, der Düsseldorf zu einem wichtigen Standort erhob, 1671 den Bau von neuen Baracken ein.[595] 1672 wurde die Errichtung von weiteren Baracken an den rheinseitigen Stadtmauern des Neuen Werkes und in der Zitadelle vorgeschlagen.[596] Im selben Jahr hatte die Garnison die beträchtliche Stärke von 1.421 Mann.[597] 1677 verteilten sich die nicht in Bürgerquartieren untergebrachten Soldaten auf die Baracken hinter den Stadtmauern, an den Wällen, im Neuen Werk und auf der Zitadelle.[598]

Trotz der Einquartierung der Truppen blieb die Wachtpflicht der Bürger uneingeschränkt bestehen,[599] denn von der Garnison gehörte nur ein geringer Teil, nämlich die Leibgarde zu Pferd und zu Fuß, zur ständigen Besatzung der Festung. Die Bürgerwacht wurde, wie aus der Alarmordnung von 1636 ersichtlich ist, streng nach militärischen Gesichtspunkten geregelt.[600] Für die Beaufsichtigung der Wachen unterhielt die Stadt einen besonderen Beamten, den Stadtwachtmeister.[601] Zur Verstärkung der Festungsbesatzung wurden zeitweise auch die Landschützen herangezogen.[587] 1676 versahen 200 Landesschützen die Tag- und Nachtwachen in Düsseldorf,[602] 1679 waren es sogar 600. Die militärische Brauchbarkeit der Bürgerkompanien wurde in späterer Zeit aber immer geringer.[603]

— Festungsverwaltung —[604]

Dem Gouverneur (Gubernator)[605] oblag die alleinige Verantwortung für die Sicherheit des Platzes, die Fürsorge und Aufsicht über sämtliche Festungsgebäude, Magazine, Zeughäuser und die Artillerie. Seiner Aufsicht unterstand ebenso der Garnisonswachtdienst. Alle Offiziere und Abteilungen, die in der Festung lagen, waren ihm mit Ausnahme der Ökonomie- und Justizsachen unterstellt. Ferner hatte er den Befehl über alle Schanzsträflinge, die unter Anleitung eines Ingenieuroffiziers zu Arbeiten an den Werken herangezogen wurden. Die Proviantbediensteten waren ihm hinsichtlich der geordneten Lieferung unterstellt.

Zwar blieb der Gouverneur an die Befehle des kommandieren Generals gebunden; in der Festung fühlte er sich aber als Alleinherrscher. Hilfsorgane des Gouverneurs und des Kommandanten in der Einteilung und Überwachung des Wachtdienstes waren der Platzmajor und der Wachtmeisterleutnant, später, nach Abschaffung des Wachtmeisterleutnants, der Gouverneursadjutant. Dieser war dem Platzmajor bei der Überwachung des Wachtdienstes, hauptsächlich dem Öffnen und Schließen der Tore, unterstellt. Der Gouverneur regelte die Einquartierungsfragen und führte die Oberaufsicht über den Festungsbau. Feldmarschall von Virmund, der im Dreißigjährigen

Krieg an der Verteidigung von Rostock maßgeblich beteiligt war,[606] fertigte 1671 sogar eigenhändig Pläne zum Ausbau des Neuen Werkes an (Abb. 47), da kein geeigneter Ingenieur in Düsseldorf vorhanden war.[414]

– Festungsausrüstung –

Schon vor dem Umbau der Anlagen 1538 waren ein Artilleriemeister und ein Büchsenmacher als Ratsdeputierte für die Aufsicht über die Waffen und das Pulver bestellt.[268] Da eine Belagerung der Festung unter Umständen mit einer völligen Einsperrung verbunden sein konnte, hing ihre Wehrkraft auch von hinreichenden Munitions- und Lebensmittelvorräten ab. Der Festungsproviant sollte mindestens für sechs Monate bemessen sein.[607]

Mauern und Türme waren zur besseren Verteidigungsbereitschaft schon im 15. Jahrhundert mit Kanonen und Hakenbüchsen armiert.[608] Größere Büchsen und Kanonen wurden beim Lewenhaus aufbewahrt.[609] Die Türme der alten Stadtmauer hatten teilweise als Pulvertürme Verwendung gefunden. Eine Kraut- oder Pulvermühle bestand seit 1522. Sie lag 1580 am Rhein, unterhalb des Schlosses.[610]

Ein Rüsthaus gegenüber dem Schloß, am Markt, wird 1523 erwähnt.[611] Das ältere Artilleriehaus ist 1559 gleichzeitig mit dem herzoglichen Marstall und der Kanzlei erbaut worden.[612] Es stand neben dem Flinger Tor, auf dem Gelände, das 1669 für die Anlage der Neustraße freigemacht wurde. 1592 war es baufällig.[613]

Das Flinger Tor selbst wurde als Zeughaus benutzt. In seinem Gewölbe lagerten 1541 die städtischen Hakenbüchsen. Eine ähnliche Funktion muß auch das Ratinger Tor gehabt haben, denn 1614 wurden in seinem Obergeschoß Kriegsinstrumente eingelagert.[614] Das herzogliche Gießhaus zur Herstellung der Kanonen lag auf der Zitadelle, gegenüber dem Berger Tor, auf dem Grundstück des Palais Hompesch.[615] Es sollte 1596 von Johann Pasqualini d. J. repariert werden.[616]

Einen Einblick in die miserablen Verhältnisse der Artillerie liefern die Beschwerden des Schultheißen und Artilleriemeisters Breckwolt. Nach einem 19 Punkte enthaltenden Gebrechenzettel fehlte es nicht nur an Pulver, sondern auch an Werkzeug und allen sonstigen Artillerienotwendigkeiten.[324] Über die Verteidigung und Ausrüstung der Festung unterrichtet nachstehende Übersicht.

„Verzeichnis was zur Verteidigung der Stadt Düsseldorf vonnöten[617]

1/ erstlich und für allen dingen das die statt bebawet und mitt ihren Gräbenn streich- und brustwehren wol versehen sey

2/ Item das die Zitadell dergestalt versehen werde damit der stadt kein unheil dardurch entstehe

3/ Item zur Besatzung der Stadt in Zeitten der nott, nebens den bürgeren, lest mans bey vorigh gemachter ordnung ad 1 000 soldaten, wiewol sulche wenig gereicht

4/ herzu an pulver jeden knecht ad zehn Lb . . . . = 10000 Lb.

5/ ahn pley . . . . = 5000 "

6/ ahn lunten . . . . = 3000 "

7/ ahn lange spies . . . . = 150 Stck.

8/ ahn halber spies . . . . = 300 "

10/ ahn morgen stern . . . . =   100 "

11/ ahn schlacht schwertt . . . . =   60 "

ahn schauff karren . . . . 4 oder 500

ahn erdtrundtsper . . . . = 1500

ahn schüppen nebens den so die bürger in furräth . . . . = 200

ahn hacken und polhacken . . . . =   60

ahn ysern brever und geysenfuß . . . . =   8

ahn heerpfaunen . . . . =   50

pech kreutz . . . . = 5000

schantzkörb . . . . = 200

ahn schantzen oder weiden borden . . . . 10 oder 12000

Item ein gutt anzahl schröttyser, huffnagel, fußeisen alt ketten zum sturm

zum brandt ein anzahl Haek, leyttern und ledderen eimer

Item ein anzall körffgen mitt steinschrott, in die steinbuchsen etzlich licht oder feuerbalken un geleschtes kalcks . . .   60 Malter

ein anzall krueg und . . . zum stürmen

Item etzliche sturmhauben und schuhfreye brostsücker zum stürmen

Item zu den groben geschutz so in der artelerey und stadtwellen so viel pulvers und kugeln, das auf jegliche 800 Schuß zu thun und darauff die notturft zu bestellen

Item zu beddunge das geschutz 3 oder 4000 fuß eichen bordt 5 auf den fuß

Item provision von herbenommen sperriegel und kugeln damitt das geschutz herricht wird

Item balken und geschneden traven zum underlegen der beddung 5 oder 6000

Item etzliche querdenne nebens der roßmullen zu machen 400 malter mals für die soldaten in vorrath, neben deme ein gutter anzahl Roggen, Gerst Haver, Erbsen

Item gutt vorrat ahn saltz, oly, essig, geräuchert und gesalzen Fleis

Item den haven der Stadt hebeneben die angefangene brustwehre hinder der Müle auf Anweissung des baumeisters und nicht ihres sins vortt notwendig zu machen."

1619 hatte man zwar damit begonnen, den Geschützbestand,[618] für dessen Unterbringung seit 1620 neben dem Artilleriehaus auch das Ratinger Tor zur Verfügung stand,[619] zu ergänzen. Trotzdem war es während des Dreißigjährigen Krieges um die Ausrüstung der Festung in Düsseldorf nicht besonders gut bestellt. Der Pulvervorrat reichte 1635 nur für fünf Tage aus.[39] Obwohl die Festung ein eigenes Gießhaus vor dem Berger Tor, auf der Zitadelle, hatte,[338] wurde 1656 das grobe Geschütz bei einer Kölner Stückgießerei in Auftrag gegeben.[620] Wahrscheinlich war das Gießhaus, ähnlich wie das Artilleriehaus, einer gründlichen Renovierung bedürftig.[616]
Die immer umfangreicher werdende Festungsausrüstung machte ein neues Zeughaus unentbehrlich. Für einen derartigen Neubau, der teilweise die alten Stadtmauern mit einbezog, wurden 1657 1.000 Reichstaler bewilligt. Das Geld wurde aber für Repara-

turarbeiten am Artilleriehaus verwandt.[621] 1664 veranschlagte man den 1660 erneut geforderten Bau eines Zeughauses mit 1.486 Reichstalern.[622] Erst 1669, nach dem großen Stadtbrand, wurde mit dem Bau des Neuen Zeughauses neben dem Flinger Tor begonnen. Das Alte Artilleriehaus mußte der Auflegung der zur Bebauung freigegebenen Neustraße weichen.[623]

Dem Pfalzgrafen, der zu dieser Zeit seine Truppen verstärkte und für jede Festung eine Artillerie aufstellte,[624] muß viel an dem Bau des Neuen Zeug- und Rüsthauses gelegen haben. 1672 wurden 1.000 Reichstaler für die Ausführung des Neubaus bewilligt.[625] Schon 1671 berichtete der Festungsgouverneur von Virmund, daß das Rüsthaus aufgerichtet und dem Rüstmeister Schwab der Büchsenmeister Wentgen adjungiert sei. Als Zeugwart wird der seit 1660 im Amt stehende Adamy aufgeführt.[626] Von ihm stammt auch ein 1664 aufgestelltes „Inventary wegen der Artillerie und Zeugsachen so sich alhie in dero fürstlichen Residentz Stat Düsseldorf befinden". Neben den Zeughausbeständen wie Waffen, Palisaden, Werkzeugen und Schanzzeug, Sellwerk (Reiterausrüstung) und Munition enthält dieses Verzeichnis auch Angaben über die Bestückung der einzelnen Bollwerke.[627]

„SCHITDEL (ZITADELLE) hat an Mußcetten
kügel . . . . .4 800 Lb.
sechszehnpfundige kügel   18
dreipfundige kügel   20
zweipfundige kügel   14
ahn Cartaun   2
ein Stück Winde . . . .
Handtgranaten   20
ein Pulver bril
ahn pulver   52
auff RINKES ORT
ein tone pulver halb an pulver   126 Lb.
Musketten kügel 1 942
handgranaten   39
dreipfundige kügel   9
12pfundige kügel   6
6pfundige kügel   6
ein pulver bril
HINDEN DEN MUNICHEN (Nordfront)
Mußcettenkugel . . . . .1 000 Stck
Handtgranaten   20
ein thone pulver . . . .
drei viertel Cartaunkügel   4
sechspfundige Kugel   15
RATINGER BOLLWERK
Ein tonne pulver halb netto . . . . 151 Lb.
Handtgranaten   20
sechspfündige kügel   18
halb cartaun kügel   4

MÜHLEN BOLLWERK

ein thone pulver halb netto . . . . 125 Lb.

Mußcetten kügel 1 500

Handtgranaten 30

halb Cartaun kügel 4

FLINGER BOLLWERK

ein thone pulver halb netto . . . . 134 Lb.

Mußcettenkügel 800

Handtgranaten 15

BERGER BOLLWERK

ein tone pulver halb . . . . 50 Lb.

Handtgranaten 20

Halb Cartaun kügel 4

sechspfündige kügel 5

Unter den französischen Kriegsdrohungen der siebziger Jahre müssen auch die Zeughausbestände in Düsseldorfer beträchtlich vermehrt worden sein. Geschütze und Munition wurden beschafft, die Festung wurde gehörig bestückt. Unter anderem kamen
auch die Geschütze aus dem Neuburger Zeug- und Rüsthaus nach Düsseldorf,[628] so
daß die Errichtung eines neuen Rüsthauses (Waffenmagazins) erforderlich wurde.

Fortifikatorische Wertung

— Defensionsfähigkeit der Werke —

Nach der Einführung der Artillerie konnte der Feind leicht schon aus geringer Entfernung mit den neuen Waffen die Steinbrustwehr der alten Stadtmauer zerstören,
die aufgestellten Schanzkörbe herunterschießen und schließlich auch eine Bresche in
die Mauer schießen, ohne daß er einen Damm über die Stadtgräben hätte legen müssen.

Die Wirkung der neuentwickelten Geschütze war gegen Ende des 15. Jahrhunderts so
groß, daß der erste Versuch, die Stadtmauer durch dahinter aufgeschüttete Wälle zu
verstärken, in Düsseldorf schon bald wieder aufgegeben werden mußte. Die eigentliche Neubefestigung, die durch den außen aufgeschütteten Niederwall eine rasante
Geschützverteidigung ermöglichte, wurde noch vor ihrer Vollendung von dem Bastionärtracé abgelöst.

Wie der Plan Speckles zeigt (Taf. IV), hatte man bei dem Ausbau der Festung in der
Mitte des 16. Jahrhunderts die neusten Erkenntnisse der Befestigungstechnik verwer-
tet. Wenn die Theorie auch stimmte, so konnte bei dem sukzessiven Bau der Werke
keine einheitliche Festung entstehen, denn man war immer bestrebt, daß alte und
neue Bauteile zusammen eine abwehrbereite Festung ergaben (Taf. V). Dabei mußten, wie das Beispiel der Düsseldorfer Nordfront mit dem spitzen Polygonwinkel an
der Nordostecke zeigte, festungsplanerische Grundsätze zugunsten der Stadttopographie geopfert werden. Die Festung mit ihren halbfertigen Wällen, der unvollendeten
Zitadelle und dem altertümlichen Ratinger Rondell wies in ihrer durch die Umbauten

gekennzeichneten Anlage angesichts der fortgeschrittenen Entwicklung der Angriffs- und Belagerungstechnik Mängel auf, die die Verteidigungsfähigkeit der Anlagen in Frage stellten.

Bei einer Belagerung war die Rheinfront am wenigsten gefährdet, denn die Schuß- weite reichte noch nicht bis über die Strombreite hinaus. Zur Nahverteidigung des Werfts hatte man im Süden die kleine Bastion am Rheinort angelegt. In ihrem Schutz lag auch das Schloß, das im Norden von dem halbkreisförmigen Mauervorsprung flankiert wurde. Die Kurtine der Nordfront war wegen des unfertigen Übergangs zwi- schen Wall und Stadtmauer nur durch das Ratinger Rondell gedeckt. Die kasemattier- ten zurückgezogenen Flanken des Bollwerks ermöglichten eine gute Grabenvertei- digung.

Dagegen bot sich der unbestrichene nordwestliche Bogen des Rondells dem Angrei- fer zum Ansetzen des Minenangriffs oder zum Sturm an. Außerdem erschwerte die gebogene Flucht auf der Plattform die Bestreichung der anschließenden Kurtinen durch die Verteidiger. Die Kurtine zwischen Ratinger Rondell und Mühlenbollwerk war aber relativ kurz, so daß sich dieser Nachteil auf die Bestreichung der Kurtine weniger ungünstig als auf die Flankierung der Face des Mühlenbollwerks auswirkte. Infolge des stumpfen Polygonwinkels an dieser Bastion lag deren nordöstliche Face nämlich im unbestrichenen Raum.

Da die Flanken aller Bollwerke senkrecht zu den Kurtinen standen, konnten von dem Mühlen- und Berger Bollwerk, deren Polygonwinkel annähernd 180° betrugen, die Facen der Nachbarbollwerke nicht oder nur mangelhaft flankiert wurden. Dieser Nachteil machte sich besonders an dem Flinger Bollwerk bemerkbar, dessen beide Facen im unbestrichenen Raum lagen und somit dem Angreifer eine offene Möglich- keit zum Sturm boten. Allerdings war dieser Fehler im 16. Jahrhundert von geringer Bedeutung, da sich der Angriff noch vorwiegend auf die Kurtinen richtete.[629]

Bei der Anbindung der Zitadelle, die weniger als selbständiges Verteidigungswerk denn als Stadterweiterung für das neue Schloß geplant war, befolgte man an der Landseite genau das bei Speckle dargestellte Planprojekt. Da dieser Plan nach fortifi- katorischen Grundsätzen konzipiert war, konnten sich topographische Zufälligkeiten für die Verteidigung nicht nachteilig auswirken. Lediglich das an der Düsselmündung gelegene Bollwerk (Bastion Spee) hatte man wegen des Hochwassers verkleinert, was für seine Defension aber belanglos war. Ein Nachteil für die landseitige Festung war das Fehlen eines Glacis, wie es bereits Speckle in seiner „Architectura" vorgeschlagen hatte, um die Festung vor Beschuß aus größerer Entfernung zu schützen. Auch waren die Tore noch nicht durch besondere Außenwerke (Ravelins) gedeckt. Allerdings ließ man die nicht durch Zugbrücken geschützten Haupttore im Kriegsfall durch Hammeien sichern.[630]

Die landseitig die Stadt umgebenden Gräben, deren Wasserspiegel durch Schleusen geregelt wurde,[613] waren nicht besonders tief, so daß sie dem anstürmenden Feind kein großes Hindernis boten. Insgesamt gesehen wies die Festung nicht nur in ihrer Anlage beträchtliche Mängel auf; sie befand sich auch, wie die Klagen Breckwolts beweisen, in einem für die damalige Zeit bedenklich schlechten Verteidigungszustand. Ihre Wälle und Brustwehren waren stark vernachlässigt und stellenweise so niedrig, daß man die Stadt einsehen konnte.

Trotz der Verbesserung des Tracées durch zahlreiche Außenwerke, die zur Deckung der dahinterliegenden Kurtinen bestimmt waren, machten sich die in der Anlage der einzelnen Werke begründeten Nachteile mit zunehmender Änderung der Angriffs- und Verteidigungsmethoden immer deutlicher bemerkbar.[631]

Da sich der Angriff noch im 16. Jahrhundert vorwiegend auf die Kurtinen richtete, konnte die Bestreichung der Bastionsfacen zunächst noch weitgehend unberücksichtigt bleiben. Erst als sich mit zunehmender Fernverteidigung von den Bastionen das Feuer der Angreifer auf diese Werke richtete, stellte sich das Fehlen einer Möglichkeit zur Bestreichung der Bastionsfacen als großer Nachteil heraus.

Während die Zugänge zur Stadt durch vor den Toren errichtete Ravelins dem feindlichen Feuer weitgehend entzogen waren (Tafel VI), konnte die Erhaltung der Sturmfreiheit der Bastionen infolge der mangelhaften Geschützflankierung nicht auf allen Seiten gewährleistet werden. Dieser Nachteil resultierte nicht nur aus den unglücklichen Abmessungen des Tracées der dem mittelalterlichen Mauerverlauf folgenden Festungsenceinte, sondern lag auch im Fehlen von Einrichtungen zur Geschützverteidigung, insbesondere in dem Mangel an gesicherten Hohlbauten gegen das mehr und mehr zunehmende Bombenfeuer begründet.

Im Gegensatz zu Jülich waren in Düsseldorf weder unterirdische Geschützstände noch unterirdische Mannschaftsräume vorhanden. Die Hohlbauten des Ratinger Rondells hatten durch die Überbauung der Ratinger Bastion ihre Bedeutung als Verteidigungseinrichtung verloren. Die Kasematten wurden noch im 19. Jahrhundert als Eiskeller verwendet.[466] Die niedere Grabenverteidigung war an der neu angelegten Niederrheinischen Front aber durch die Anordnung der in Form eines Niederwalls angelegten Niederrheinischen Tenaille, auf die von der linken Flanke der Ratinger Bastion aus Geschütze aufgefahren werden konnten, gesichert (Taf. VI).

Da vor den übrigen Fronten keine Tenaillen lagen und die Bastionen weder kasemattiert waren noch ausreichend geschützte, zurückgezogene Feueretagen hatten, konnte eine Flankenverteidigung nur von den Bastionsplattformen aus erfolgen.

Dazu kam, daß infolge der Anordnung der Flanken senkrecht zu den ohnehin viel zu langen Kurtinen, nicht aber senkrecht zur Defenslinie, die Facen der gegenüberliegenden Bastionen weitgehend im unbestrichenen Raum lagen. Während die Einrichtung der Geschützverteidigung auf dem Wall und auf den Bastionen durch eine entsprechende Profilierung der in Erde aufgeschütteten Bastionen durch eine entsprechende Profilierung der in Erde aufgeschütteten Brustwehr jederzeit den neuen Verhältnissen angepaßt werden konnte, waren die Fehler, die sich aus dem Grundriß, insbesondere einem falschen Verhältnis der Defenslinien ergaben, nur durch kostspielige, zusätzliche Werke zu beseitigen.

Die wesentlichsten der aus dieser Situation für die Artillerieverteidigung resultierenden Mängel ließen sich nach den von dem Ingenieur Cagnon unter dem Druck der Kriegsereignisse von 1688 entwickelten Vorschlägen durch wenig aufwendige Baumaßnahmen beseitigen. Danach sollte vor der Ostflanke der Berger Bastion, der Südflanke der Flinger Bastion und der Nordflanke der Mühlenbastion je eine in Höhe der Eskarpe vorgelegte niedere Flanke das Auffahren von Geschützen zur Grabenverteidigung ermöglichen und gleichzeitig die Länge der entsprechenden Kurtine verkürzen (Abb. 49, 58, Taf. VI). Die Stellung der neuen Flanken senkrecht zur Defens-

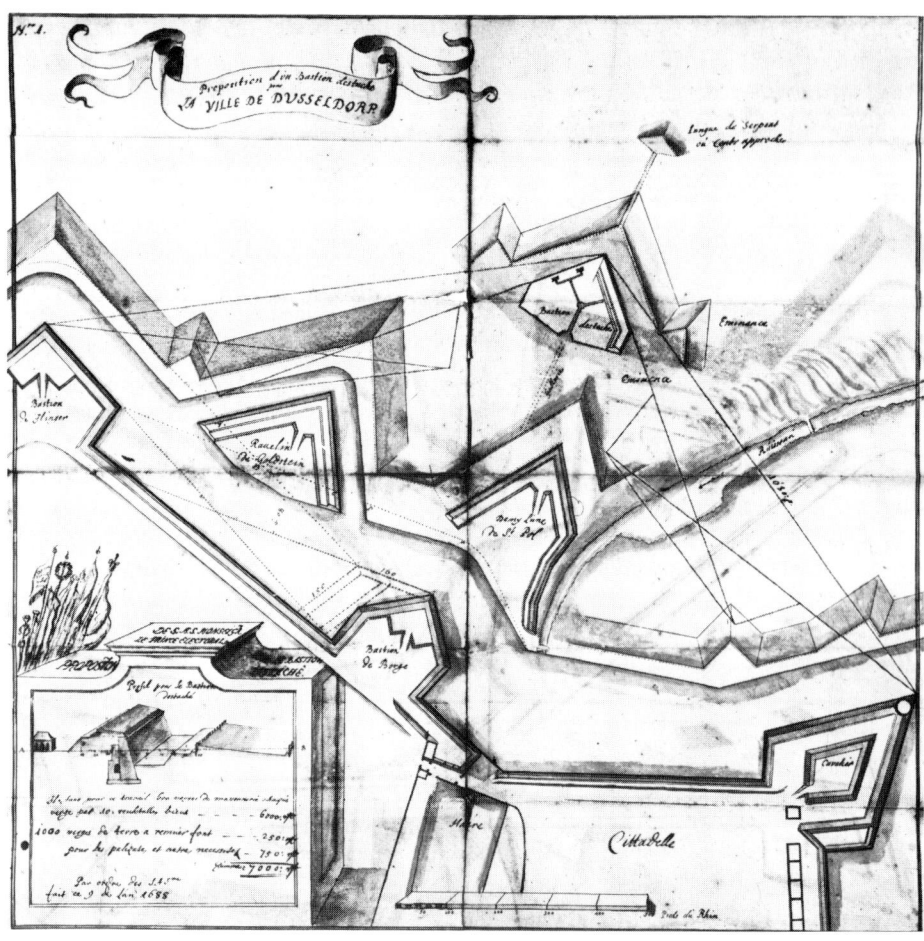

58 Verbesserungsvorschlag für die Berger Front. Entwurf von Michael Cagnon, 1688

linie ermöglichte darüber hinaus eine Bestreichung der gegenüberliegenden Bastions-facen. Während auf diese Weise die Flankenverteidigung an der Ratinger und Berger Kurtine verbessert werden konnte, war die Kurtine vor der Flinger Front zu lang, als daß man mit einer Änderung der Bastionsflanken hätte Abhilfe schaffen können. Zur Verbesserung dieser unglücklichen Sitation sah der erfahrene Ingenieur Cagnon daher in der Mitte der Kurtine, rechts und links vor dem Flinger Tor, je eine Geschütz-batterie vor. Diese Plattformen waren vor allem für die niedere Grabenverteidigung gedacht, ermöglichten durch ihre mittige Lage aber auch gleichzeitig die Bestreichung der gegenüberliegenden Bastionsflanken.

Als sehr unglücklich für die Verteidigung der Festung erwies sich der an der An-schlußstelle zwischen Zitadelle und Stadt einspringende Winkel der Befestigungs-front. Zwar hatte man die im unbestrichenen Raum gelegene Berger Bastion durch den ihr vorgelagerten Halbmond St. Paul zu decken versucht; eine dem Angreifer

160

standhaltende Verbesserung konnte auf die Dauer aber nur durch eine grundlegende Umgestaltung dieser Befestigungsfront erreicht werden. Mit der steigenden Bedeutung der Infanterieverteidigung hatte sich die Notwendigkeit zur Anlage des bedeckten Weges ergeben. Da dieser mit Waffenplätzen ausgestattete Weg seit der Mitte des 17. Jahrhunderts um die ganze Festung verlief, war in Düsseldorf die Möglichkeit zu einer offensiven Nahverteidigung mit Ausfällen gegeben.

Die Fehler der Berger Front konnten, wenn man nicht die gesamte Befestigungsfront ändern wollte, am geschicktesten dadurch beseitigt werden, daß man unter Berücksichtigung der Methode der offensiven Verteidigung die Angreifer soweit wie möglich von der Festung fernhielt. Nach den Vorstellungen Cagnons sollte daher eine zur Sicherung der Außenverteidigung durch eine Galerie mit dem bedeckten Weg verbundene Bastion détaché im Vorfeld der Festung vor dem Ravelin Goldstein und dem Halbmond St. Paul angelegt werden. Dieses Außenwerk war so geplant, daß es im Winkel des äußeren Polygons einer möglichen Stadterweiterung lag und mit der gegenüberliegenden Flinger Bastion und der Südostbastion der Zitadelle zwei neue Befestigungsfronten bilden konnte, die die Berger Front letztlich überflüssig gemacht hätten.

Während sich mit den Überlegungen zu einer Stadterweiterung nach Süden die Vorschläge Cagnons erübrigen, erwies sich eine Verbesserung der Flinger Front durch zusätzliche Außenwerke nach dem System des Neuen Werkes auf die Dauer als unumgänglich.

Die wenigsten Probleme gab es an der Rheinfront, denn hier war die Nahverteidigung des Werfts durch die Südflanke der Niederrheinischen Bastion, die rondellartigen Vorsprünge vor der Lambertuskirche und vor dem Schloß sowie durch den bastionsartigen Vorsprung am Rheinort weitgehend gesichert. Die auch in dieser Periode noch relativ geringe Reichweite der Geschütze machte eine Anlage von Geschützbatterien zur Fernverteidigung an dieser Befestigungsfront vorerst noch entbehrlich. Seit 1634 erkannte man aber immer deutlicher die Notwendigkeit eines befestigten Linksrheinischen Brückenkopfes (Kap. II, 6). Insgesamt gesehen war die zu Anfang des Jahrhunderts wenig verteidigungsfähige Festung erst nach den im Zusammenhang mit der Anlage des Neuen Werkes durchgeführten, grundlegenden Reparaturen und Ergänzungen in gutem baulichen Zustand, der allerdings nicht über wesentliche, aus der fehlerhaften Anlage der Werke resultierende Mängel hinwegtäuschen konnte,

– Bautechnik –

Während im Mittelalter die Bautechnik nur wenig von der Wehrtechnik abhängig war, forderten die neuen Belagerungs- und Angriffsmethoden auch Änderungen in der Bautechnik. Der Umfang der Werke und ihre Aufgaben brachten es mit sich, daß der Erdbau zunehmend Anwendung fand. Der Steinbau, der wegen des hohen Kostenaufwands zurückgedrängt worden war, hatte nur noch, soweit Kasematten und Futtermauern angelegt wurden, eine gewisse Bedeutung. Die Wälle einschließlich der Brustwehren wurden in Erde ausgeführt, denn wegen der bei Beschuß abspringenden Steinsplitter waren die steinernden Brustwehren für die Verteidiger zu einer Gefahr geworden. Nur noch im unteren Bereich behielt man die Abmauerung der Wälle bei, um eine Ersteigung durch den Angreifer zu erschweren.

Da die Erfahrungen gezeigt hatten, daß keine Mauer stark genug war, um Geschützen widerstehen zu können, wurde die Stärke der Mauern auf ein Viertel bis ein Fünftel ihrer Höhe beschränkt, denn als Bekleidungsmauern des Walles brauchten sie nur dem Druck des Erdreichs zu widerstehen. Aus diesem Grunde waren sie wie·der Wall leicht abgeböscht. Speckle hatte vorgeschlagen, die Mauern innerhalb des Walles durch überwölbte Pfeiler zu verstärken.[632] Danach wurde die Abmauerung in Abschnitte eingeteilt, so daß bei angeschossener Eskarpe nicht der ganze Wall nachstürzte, sondern nur ein Teil der Mauer, die im übrigen aber, da sie auf Bögen ruhte, erhalten blieb. Nur lang anhaltender Beschuß konnte die Bresche gangbar machen.

Daß die in Düsseldorf aufgerichteten Mauern ganz oder teilweise in dieser Form ausgebildet waren, läßt sich nicht sicher belegen. Die Brustwehr war jedenfalls nicht bekleidet, sondern als reines Erdwerk aufgeführt. Sie diente den Verteidigern als Schutz. Ihre Krone war nach außen geneigt, damit man die Kanonen gegen den Feind senken konnte. Diese Profilierung des Walles hatte aber den Nachteil, daß die Erde nach Frost und bei Sturzregen heruntergespült wurde.[453]

Auch ließen sich die Brustwehren leicht von auf dem Wall grasenden Vieh heruntertreten, so daß man sich gezwungen sah, sie zu bepflanzen.[457] Im Kriegsfall mußte dieser Bewuchs allerdings wieder entfernt werden, damit das Parapet seine Aufgabe erfüllen konnte. •

Zur provisorischen Befestigung war Holz immer noch unentbehrlich. Neben den Hammeien und Palisaden fanden Staketen (Holzzäune) Verwendung. Diese wurden an den beschädigten und den noch nicht fertiggestellten Festungsteilen, wie zum Beispiel am Mühlenwall, aufgestellt. Sie dienten in erster Linie dazu, fremde Eindringlinge aus der Stadt fernzuhalten, hatten also nur provisorischen Charakter.

Während in der ersten Phase der Neubefestigung und vor allem zur Zeit der mittelalterlichen Mauerbefestigung noch eine starke Wechselwirkung zwischen den bautechnischen Möglichkeiten einerseits und den Erfordernissen des Angriffs und der Verteidigung andererseits bestand, trat im 17. Jahrhundert die Bautechnik als ein die Bauformen bestimmendes Element zugunsten der Festungsstrategie immer mehr in den Hintergrund.

Da die Stärke der Festung nicht mehr allein von der Breite und Höhe der Mauern abhing, sondern sich aus dem Verhältnis der einzelnen Werke zueinander ergab, gewannen die aus den stets wechselnden Angriffs- und Verteidigungsverfahren resultierenden Fragen der Grundrißberechnung und Wallprofilierung, im Gegensatz zu den rein bautechnischen Problemen, zunehmend an Bedeutung.

Dabei verlagerte sich gleichzeitig infolge der Anlage von Außenwerken, bewässerten Gräben, Staudämmen, Schleusen, unterirdischen Hohlbauten, wie Galerien, Poternen, Kasematten etc., die Befestigungstechnik immer mehr in den Bereich des Tief- und Wasserbaus.

Innerhalb des von den Verteidigungslinien bestimmten mathematischen Ordnungssystems, das auf städtebautopographische Gegebenheiten immer weniger Rücksicht nahm, setzte sich in zunehmendem Maße eine Normierung der einzelnen Bauteile durch, so daß sich bei den als reine Zweckbauten konzipierten Festungswerken die Fragen bautechnischer Möglichkeiten vorwiegend auf die Anlage bombensicherer Gewölbe, erddruckbeständiger Mauern und hochwassersicherer Fundierungen konzentrierte.

Während das Stadtbild vom Rhein her auch im 17. Jahrhundert kaum eine Änderung erfahren hatte (Abb. 44), vervollkommnete sich das Bild der landseitigen Festung durch die Fertigstellung der einzelnen Werke, die nun eine scharf begrenzte Kontur annahmen, so daß die Festung von der Zitadelle bis zum Ratinger Tor ein einheitliches Aussehen gewinnen konnte.

Da die Festungswerke reine Zweckbauten waren, wurde ihr Formcharakter allein durch die aus ihrer Verwendung resultierende Geometrie bestimmt. Der künstlerische Gestaltungswille, dem hier feste Grenzen gesetzt waren, konzentrierte sich daher auf die Tore, die von der Proportion der Baukörper und von der Fassadengestaltung her, trotz ihrer reinen Zweckbestimmung, eine erstaunlich hohe architektonische Qualität erkennen ließen. Hier erlaubte man es sich sogar, zugunsten einer „besseren Harmonie" kleine Zugeständnisse in der Funktion zu machen (Kap. II, 6).

Im Gegensatz zur mauerumwehrten, aufstrebenden, turmreichen mittelalterlichen Stadt wurde die Stadtsilhouette der Festung durch die im Vordergrund breit gelagerten Festungswerke optisch in den Hintergrund zurückgedrängt.

Das Tracé der Festung, das im Plan Speckles als unregelmäßiges Fünfeck mit angehängter quadratischer Zitadelle erscheint (Taf. IV), ist, wie insbesondere bei der Zitadelle zu erkennen ist, ursprünglich in geometrischen Formen konzipiert worden. Möglicherweise hat der ursprünglichen Planung ein unter dem Einfluß Alexander Pasqualinis entstandener, geometrisch klar gegliederter Plan zugrunde gelegen (Abb. 59, 60). Nach den Untersuchungen Eberhardts läßt sich der Festungsgrundriß, wenn man von Details absieht, aus zwei ineinandergeschobenen Kreisen entwickeln.[633] In der Ausführung ist der Stadtgrundriß im wesentlichen aber von der Topographie, den vorhandenen Wasserläufen und der alten Stadtmauer geprägt worden. Der sukzessive Ausbau der Anlagen gerade in dieser Bauperiode und die ständige Anpassung an vorhandene Festungswerke verhinderten in Düsseldorf die Verwirklichung eines geometrisch klaren Festungstracées, wie es zum Idealbild der Festungstheoretiker, insbesondere Speckles, gehörte.

Stärker noch als der Stadtgrundriß hat sich infolge der weitreichenden Umbauten und Erweiterungen des 16. Jahrhunderts das äußere Stadtbild der durch den Mauerring gefaßten Stadtanlage verändert. Den Charakter der landseitigen Stadtansicht bestimmten nun nicht mehr die Türme, sondern gewaltige Erdwerke, die mit den Kurtinen und Bastionen die Stadt umschlossen. Dagegen ist das mittelalterliche Bild der Rheinfront mit dem Turm der Kreuzherrenkirche, dem Pulverturm, dem Schloßturm, dem Lambertusturm und dem Zolltor fast unverändert geblieben (Abb. 44). In dieser wechselvollen Übergangsphase vom Mauerbering zum Festungskranz zeigte die Stadt mit der angehängten, unfertigen Zitadelle, insgesamt gesehen, ein nur wenig geschlossenes Bild.

Die Lage der Tore, jeweils in der Mitte der Kurtine zwischen zwei Bastionen, verlieh der Stadtansicht, zumindest an der Ostfront, eine rhythmische, in die Breite gehende Gliederung, die ihren eigenen städtebaulichen Reiz hatte.

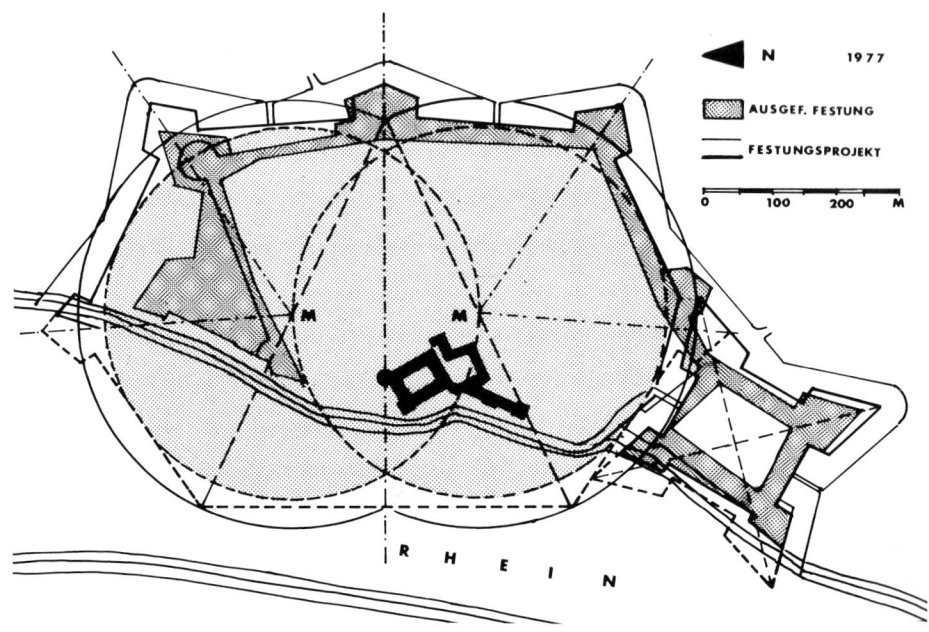

59 Untersuchungen zur Geometrie des Düsseldorfer Festungsgrundrisses nach Eberhardt, 1977

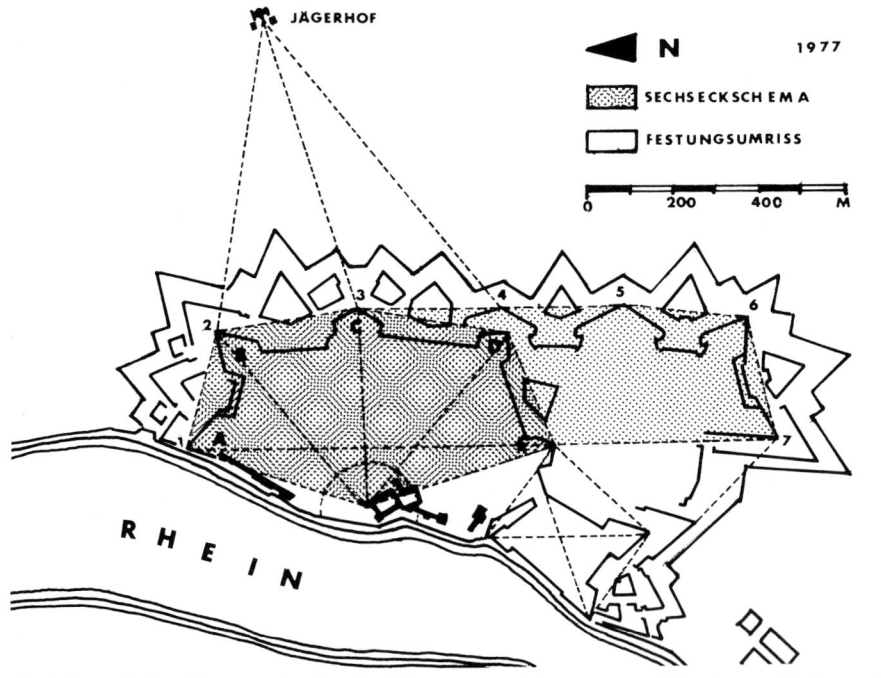

60 Schematischer Vermessungsplan des Festungsgrundrisses, umgezeichnet vom Verfasser 1977, nach einem Original von Georg Bauer, 1787

6. Stadterweiterungsbestrebungen Johann Wilhelms und planmäßiger Ausbau der Festung bis 1801

Bauliche Entwicklung

— Stadt und Festung —

Johann Wilhelm, der in Düsseldorf residierte, ließ naturgemäß seinen niederrheinischen Festungen Düsseldorf und Jülich größere Fürsorge angedeihen als den kurpfälzischen Städten Mannheim und Heidelberg.

Mit ungestümem Eifer setzte sich der ehrgeizige Kurprinz für eine Vergrößerung seiner Residenzstadt und Festung Düsseldorf ein. Die herzoglichen Räte ließen 1683 gutachterlich prüfen, auf welche Weise „ein Aufschwung des Handels und eine Ausdehnung der Stadt" zu erzielen sei.[634] Schon 1684 erließ Johann Wilhelm einen ersten Aufruf an Neusiedler, denen er neben anderen Privilegien dreißig Jahre Steuerfreiheit versprach. Einem Schreiben des Ingenieurs Cagnon vom 1. September 1688 an den Pfennigmeister Dr. Eskens ist zu entnehmen, daß Johann Wilhelm schon vor den Kriegsereignissen von 1689 eine Vergrößerung der Stadt um 100 Morgen angeordnet hatte. Cagnon arbeitete 1688 mit 300 Soldaten und 100 Handwerkern unablässig an dem neuen Tracé. Wenn die Werke nicht innerhalb von vierzehn Tagen, der Forderung des Kurprinzen entsprechend, vollendet wären, dann sollten Kommandant, Ingenieur und Bauschreiber ihre Stellen verlieren.[635] Die Kriegsdrohung durch Ludwig XIV. bewirkte aber noch 1688 eine Verlagerung der Schwerpunkte im Festungsbau, so daß das Tracé der geplanten Stadterweiterung zugunsten notwendiger Verbesserungen an den alten Werken um einige Jahre zurückgestellt wurde. Nach der Vertreibung der Franzosen vom Niederrhein nutzte Johann Wilhelm sofort die Gelegenheit, auf dem kurkölnischen Rheinufer, zweifellos völkerrechtswidrig, das Fort Düsselburg als Brückenkopf anzulegen.[636]

In den neunziger Jahren ist wieder eine stärkere Aktivität an den Festungswerken der geplanten Neustadt festzustellen. Zwischen 1692 und 1698 mußten 80.000 Reichstaler für den Erwerb des neuen Festungsgeländes aufgebracht werden. 1697 wurden größere Acker- und Landflächen der Kreuzbrüder im Bereich der Neustadt eingezogen und von den Kammerräten taxiert.[637] Die Landstände beklagten sich, daß sie die Unkosten für die „erkauffung der ländereyen und unzählbar anderer großer ahnlagen" nicht tragen könnten, außerdem seien sie nach dem Hauptrezeß nicht für die Finanzierung „solcher extendierter Vestung" verantwortlich.[638]

Wie ernst es Johann Wilhelm aber mit der Realisierung dieser Stadterweiterung meinte, mit deren „äusseren Graben und Wercken albereits ein zimblicher Anfang gemacht worden", zeigte sich in der erneuten Bekanntmachung der Privilegien für Neuansiedler vom 13. Juni 1699.[45]

Die Erweiterung war in ihrem Umfang so außergewöhnlich, daß sie auch im Ausland große Aufmerksamkeit erregte. Bereits 1697 hatte der „Cocmopgraph" Vincenco Coronelli in seinem in Venedig veröffentlichten Buch auf die neuen Festungswerke hingewiesen.[639] Der kurfürstliche Sprachsekretär Giorgio Maria Rapparini, der eigens für diese Stadterweiterung 1697 eine Gedenkmedaille entworfen hatte, hielt die Vergrößerung für so bedeutsam, daß er vorschlug, den Namen Düsseldorf in „Düsselstadt"

61 Kurfürst Johann Wilhelm besichtigt die Pläne zum Ausbau der Neustadt um 1708. Historisierendes Wandgemälde von Klein-Chevalier im alten Rathaus, 1896

umzuwandeln.[640] 1699 bot der berühmte Gegenspieler Vaubans, der holländische Festungsbauingenieur Coehorn, dem Kurfürsten in Düsseldorf seine Dienste an. Da der Wiederaufbau der Pfalz nach den Reunionskriegen besonders vordringlich war, wurde Coehorn aber nicht in Düsseldorf beschäftigt, sondern nach Mannheim verpflichtet.[641]

Die infolge mangelnder Finanzierungsbereitschaft der Stände ohnehin nur schleppend vorangehenden Arbeiten an der Befestigung der Düsseldorfer Neustadt schienen von dauerndem Mißerfolg begleitet zu sein. Nachdem der Urheber des Erweiterungsplanes, der Ingenieur Cagnon, im März 1700 verstorben war,[642] wurden die Arbeiten von dem Hofarchitekten Jakob Dubois weitergeführt (Abb. 104). Über dessen Fähigkeiten als Festungsingenieur ist soviel wie nichts bekannt; Dubois ist aber als Architekt an vielen Bauvorhaben, allerdings ohne besonders hervorzutreten, tätig gewesen.[643] Trotz aller angekündigten Vergünstigungen fand auch der zweite Aufruf zur Neuansiedlung nur wenig Interesse in der Bürgerschaft, so daß das groß angelegte Unternehmen kaum über die Anfänge hinauskam. Nur zögernd begann man an der Neußer Straße mit der Errichtung von Neubauten.

166

Infolge der durch den Spanischen Erbfolgekrieg heraufbeschworenen politischen Lage gerieten die Arbeiten an dem neuen Tracé 1701 wieder ins Stocken. Alle Kräfte wurden jetzt auf die Defensionsfähigkeit des Corps de la place konzentriert. Nach der Ausschreibung der Festungsdienste sollten 1.000 Pioniere an den Festungswerken arbeiten.[644] Auch wurden die entsprechenden Palisadenlieferungen ausgeschrieben. Für eine notdürftige Einfassung der inzwischen in der Neustadt angefangenen Kasernen benötigte man allein 6.000 Palisaden.[645]

Als die Franzosen weit vom Rhein zurückgedrängt waren, so daß eine Gefahr für Düsseldorf nicht mehr zu bestehen schien, wurde 1709 der Ausbau der Neustadt, vor allem der Befestigung, die ja Voraussetzung für eine Besiedlung war,[646] wieder energisch vorangetrieben (Abb. 61).[47]

Für die Stadterweiterung ordneten der Hofarchitekt und Ingenieur Dubois sowie einige ihm zugeteilte Militäringenieure die Einziehung einer Reihe von Grundstücken an.[647] Unter anderem sollte die Krautmühle und die Wallichsmühle mit den dazugehörigen Ländereien für die Stadterweiterung erworben werden.[648] Viele Eigentümer der schon 1698 eingezogenen Ländereien hatten noch keine Entschädigung erhalten. Die Gesamtausgaben für die Geländebeschaffung wurden von 1692 bis 1698 mit 8.000 Rtlr. beziffert.[637] Davon waren allein an die Kreuzbrüder über 1.326 Reichstaler zu zahlen.[649]

Da die Befestigung der Stadt durch einen vollständigen Befestigungsgürtel einen immensen Material- und Kostenaufwand, für den die Mittel bei weitem nicht reichten, erforderte, hatte Johann Wilhelm in seinem Freiheitspatent von 1709 angeordnet, „oberwehnte, in der Extension angelegte Äussere Wercker und Graben mit einer Mauren (zu) umgeben, und nöthigen Pforten versehen zu lassen"[650]. Diese Circumvallationsmauer war der mindeste Schutz, den der Kurfürst den Neuansiedlern bieten mußte, wenn seine Erweiterungspläne Erfolg haben sollten. Damit die Arbeiten auch zügig durchgeführt werden konnten, wurden einem Dekret vom 16. Juni 1709 zufolge[47] die „Entrepreneurs" Sarto, Drianne und Persee mit der Ausführung der

62 Gedenkstein zur Stadterweiterung, 4. April 1709. Zustand vor der Restaurierung

167

Dús

Reuterkaserne   Windmühle   Pagenhaus

                                am Ratinger Tor   Karmelitessenkirche   Andreaskirche   Schloß

Bastion Schaesberg   Kreuzbrüderkloster   Stifskirche   Düsselausf

63 Düsseldorf von der Rheinseite. Zeichnung von Ploennies (?), um 1714

für die „Extension hiesiger residenzstatt erforderlicher Circumvallationsmauer" gegen Zahlung von 6.000 Reichstalern beauftragt.[651]
Nach dem heute auf der Parkplatzabgrenzung am Stadtbrückchen aufgestellten Grundstein (Abb. 62) ist mit dem Bau der Mauer um die Neustadt am 1. April 1710 begonnen worden. Die Überwachung der Arbeiten an der neuen Stadtumfassung wurde kraft Dekret vom 22. Juli 1710 dem aus England stammenden Ingenieurmajor Abner Birth (Birdt) übertragen.[652] Er sollte 1714 einen Bericht über den Stand der Arbeiten an der Circumvallationsmauer anfertigen und die fälligen Geldsummen an die Unternehmer auszahlen.[653] An seine Tätigkeit erinnert der Name „Birthkopf" am Rheinufer der Neustadt. Trotz energischer Einsprüche von seiten der Stände hat Johann Wilhelm die von der Flinger Bastion und vom Rhein aus vorangetriebene Neubefestigung seit 1710 mit allen Mitteln gefördert.[647]
Neben den Kasernen konnte als weiteres öffentliches Gebäude das Hubertusspital in Angriff genommen werden. Die Finanzierung dieses für die hilfebedürftige ärmere Bevölkerung wichtigen Gebäudes erfolgte zum einen durch den Verkauf des alten Hospitals an der Flinger Straße, wo das Kapuzinerkloseter errichtet wurde; zum anderen durch Spenden der Ritter des neu gegründeten Hubertusordens.
Das Gebäude, das 1772 in die Kasernenbaulichkeiten einbezogen wurde, konnte 1712 eingeweiht werden.[654] Die übrigen Neubauten konzentrierten sich an der Rheinseite der Stadt. Allerdings wurde die Festung in diesem Bereich — im Gegensatz zur Landseite, wo in verstärktem Maße gearbeitet wurde — kaum verbessert. Hier erfüllten die

168

Kran   Hafen
Hofbrauhaus   Kriegskommissariat   Berger Tor
Kapuzinerkirche   Zolltor   Rheinörtchen   Gouvernementsgebäude
Rathausturm   Batterie   Franziskanerkirche   Thomasbastion

alten Tore, von denen das Zolltor Mitte des 17. Jahrhunderts umgebaut worden war, die mittelalterliche Stadtmauer immer noch ihre schützende Funktion.

In der als topographisch sehr zuverlässig geltenden Rheinansicht von Ploennies ist der Zustand der Stadt von der Rheinseite gut festgehalten (Abb. 63). Reuterkaserne, Karmelitessenkapelle, Hofbrauhaus, Kriegskommissariat und Gouvernement sind die hervorstechenden Neubauten, die das Rheinpanorama von Düsseldorf Ende des 17., Anfang des 18. Jahrhunderts verändert haben. Die Verbesserung der Befestigung in Höhe der Krämerstraße spielt im Vergleich zu den Neubauten nur eine untergeordnete Rolle. Nach der erfolgten Abwehr der Franzosen 1701 hatten sich alle Kräfte zunächst auf die groß angelegte Erweiterung der Stadt und deren Ausbau gerichtet.

Der Tod des Kurfürsten, 1716, machte bald allen Unternehmungen, die durch das persönliche Interesse des Herrschers ins Leben gerufen worden waren, insbesondere den Befestigungsarbeiten, ein plötzliches Ende.[655] Die Verlegung der Residenz brachte eine Entvölkerung der Stadt mit sich, so daß jeder weitere Ausbau der Stadt und Festung zurückgestellt wurde.[656] Da die außerhalb der Festung neben dem Hospital errichteten Kasernen für die Garnisonsstadt Düsseldorf unabdingbar waren, ließ sich eine feste Einschließung dieses Außenbereichs in die Festung auf die Dauer allerdings nicht vermeiden.

Die Sorge um die jülich-bergische Nachfolge rückte die Festung Düsseldorf wieder in das Interesse des fernab in Mannheim residierenden Landesherrn. Für die liegengebliebenen Festungswerke mußte eine Lösung gefunden werden. Das gesamteGebiet wur-

169

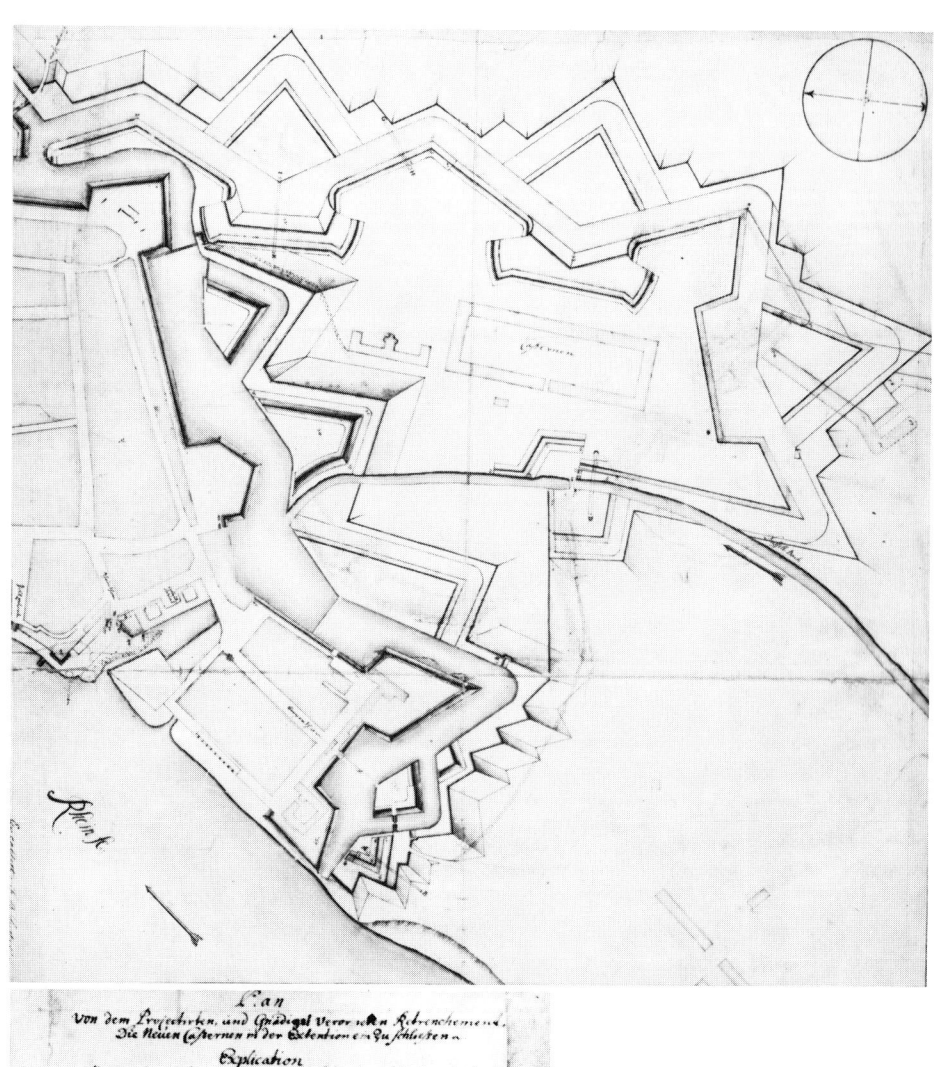

64 „Plan von dem Projektierten und
gnädigst verordneten Retranchemant,
die neuen Casernen in die Extension
einzuschließen“, 1726

170

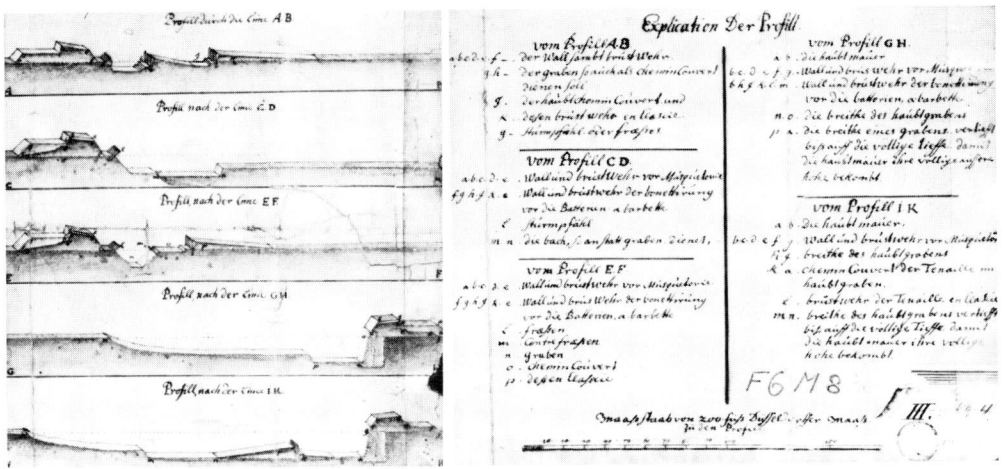

65 Profilschnitte mit Erläuterungen zu nebenstehendem Plan von 1726

de 1720 von dem Generallandmesser und Baumeister Philipp Wilhelm Hochstein neu vermessen. In dem erhalten gebliebenen Aufmaß sind 77 Grundstücke mit zusammen über 166 Morgen aufgeführt.[657] 1726 ließ Karl Philipp die Arbeiten an den Festungswerken nach dem „Plan von dem Projektierten und gnädigst verordneten Retranchement, die Neuen Casernen in die Extension einzuschließen", wieder aufnehmen (Abb. 64).[658] Bereits 1727 wurden für den Fortifikations- und Rheinbau 12.000 Reichstaler bewilligt.[659]

Die Baumaßnahmen beschränkten sich zunächst nur auf den provisorischen Ausbau der bereits unter Johann Wilhelm angelegten, allerdings jetzt um zwei Drittel verkürzten Retranchements einschließlich des trockenen Grabens. Die in einem abgebrochenen Halbkreis bis zur Zitadelle geführten Werke dieser „kleinen Lösung" umfaßten die Flinger Bastion, das Hospital und die Kasernen. Das Schwergewicht der Arbeiten lag vor allem auf der Fertigstellung der Bastione Elisabeth (Christian), Anna (Joseph), Joseph (Peter) sowie auf der Errichtung der Halbbastion Karl (Paul). Die in dem Plan von 1726 dargestellten Außenwerke blieben zunächst noch unfertig liegen.

Die übrigen noch unfertigen Anlagen wurden seit 1734/35 in einer großangelegten Aktion eingeebnet.[33] Nur im Süden der Neustadt, wo man das Gelände als Gärten verpachtet hatte, blieben sie erhalten. Für diese Arbeiten mußten die bergischen Ämter, Städte und Freiheiten täglich 300 Mann Handdienste stellen. Die Circumvallationsmauer hatte man der Einfachheit halber zum Steinbrechen freigegeben. Diese Vergünstigung wurde 1736 aber wieder zurückgezogen, nachdem man erkannt hatte, daß sich die Ziegel auch gut für die Arbeiten an den Festungswerken verwenden ließen.[660]

Das vom Kurfürsten für die Stadterweiterung erworbene Baugelände war schon längst wieder zur Veräußerung freigegeben. Eine größere Fläche hatte man 1719 dem Hofzuckerbäckermeister Ernoud zum Ausgleich seiner Forderungen erblich überlassen.[661] Weitere Teilflächen erhielten die Jesuiten 1738 zurück,[662] das übrige Land des ehemaligen Extensionswalles wurde 1774 veräußert.[663]

Wie den Dienstakten des jülich-bergischen Hofkammerdirektors, Graf von Schaesberg, insbesondere den in diesen Akten aufbewahrten vierzehntägigen Berichten der Festungsingenieure Hamberger und Weixel, zu entnehmen ist,[660] wurde von 1733 bis 1739 intensiv an der Verstärkung der gesamten Ostfront der Festung Düsseldorf gearbeitet. Für den Ausbau der Ratinger Front bewilligten die Stände allein 1734 31.108 Rtlr.[664] Im Schnitt waren einschließlich der Pioniere 1.000 bis 1.300 Mann im Einsatz. Die Arbeiten, die der kurpfälzische Festungsdirektor Fremelle in einem Plan 1733 festgelegt hatte, begannen mit der Vergrößerung und Ausmauerung des Ratinger Ravelins auf eine Gesamthöhe bis zum Kordon von 21 Fuß bei einer Wasserhöhe von 12 Fuß. Eine neue auf Steinpfeilern ruhende Holzbrücke sollte den Zugang zum Tor verbessern. Gleichzeitig errichtete man zwei neue Schildwachthäuser und sicherte den Zutritt zum Ravelin durch ein neues Steintor, das in der linken Face dieses Festungswerkes errichtet wurde.

Da die Absicht bestand, auch einen neuen Hafen anzulegen, was eine Senkung des Wasserspiegels von 6 Fuß zur Folge gehabt hätte, wurden vorsichtshalber die Fundamente für die neuen Festungswerke und Grabenbrücken entsprechend tiefer gelegt. Am Ende des Jahres 1734 konnte der leitende Ingenieur Hamberger berichten, daß das Ratinger Ravelin, der bedeckte Weg bis zur Landskrone einschließlich der im bedeckten Weg angeordneten Schleuse und das Stadtbrückchen zu den Kasernen fertiggestellt waren.

Weit umfangreicher waren die für die folgenden Jahre vorgesehenen Maßnahmen. Da man die Arbeiten am Glacis und an der Fundierung der neuen Außenwerke nicht mehr aufschieben wollte, kam man nicht umhin, das Wasser aus dem Graben zwischen Ratinger Tor und Flinger Bastion abzulassen. Diese Maßnahme war nicht völlig unproblematisch, denn ein Absperren der Gräben hatte zur Folge, daß die von den Wasserläufen gespeisten Mühlen stillstanden. Für Bürgerschaft und Garnison mußte also hinreichend Mehlvorrat besorgt werden. Außerdem wurden von dem Hofbaumeister Johann Heinrich Nosthoffen Überlegungen angestellt, die Läufe der Oberen und Unteren Düssel an der Wasserscheide in Mettmann so zu regulieren, daß der untere Düssellauf wegen der Bewässerung der Platzmühle Dreiviertel des Wassers erhielt. Im Juni 1735 waren die Vorbereitungen soweit getroffen, daß das Wasser in den Gräben abgelassen werden konnte.

Sofort wurden die Arbeiten an dem bedeckten Weg zwischen Flinger- und Ratinger Ravelin begonnen, die Grabenkaponniere vor dem Flinger Tor angelegt und die Waffenplätze gegenüber der Mühlenbastion (Mühlenlunetten) hochgemauert. Dieser Bauzustand ist in dem Gemälde von H. L. Beckers festgehalten (Abb. 66). Links ist die Mühlenbasiton zu erkennen, rechts das Flinger Ravelin, dahinter der Flinger Steinweg. In der Bildmitte die Fundamente mit den Gewölben für die Poterne; im Hintergrund der durch Palisaden von den Pempelforter Gärten abgeriegelte bedeckte Weg. Die Arbeiten gingen wegen der ungünstigen Witterung nur schleppend voran. Es waren ständig mehrere Wasserschöpfer eingesetzt, um die Arbeitsstellen trocken zu halten. Weniger problematisch war die Durchführung der Maßnahmen an der Befestigungsfront vor den Kasernen, an der man einen 80 Fuß breiten trockenen Graben vorgesehen hatte. Vor diesem Festungspolygon stellte man das mit zwei Retraiten ausgestattete Ravelin (Kasernenravelin) zwischen den Bastionen Joseph und Anna

172

66 Bauarbeiten an den Festungswerken zwischen Mühlenbastion und Flinger Tor. Gemälde von Beckers, 1735

fertig. In dem sumpfigen Gelände vor der Kurtine zwischen den Bastionen Joseph und Karl legte man die Steinfundamente (Basalt) für das Extensionsravelin und eine kasemattierte Tenaille. Die Bastion Anna erhielt an den Konterbrisüren zwei Sortien. Ferner wurde das 1727 in Arbeit genommene Glacis erhöht und mit Kordons abgemauert. In den Kehlen legte man Waffenplätze an und sicherte den bedeckten Weg mit Palisaden aus dem Eller Forst. Die Gazonierung des im übrigen nach dem Beispiel Mannheims angelegten Weges sollte im Frühjahr 1736 vorgenommen werden.

Gleichzeitig mit dem Ausbau der Ostfront wurden auch die Werke der Oberrheinischen Front durch Kontergarden verstärkt. Neben diesen Neuanlagen erfolgte eine Reihe von Reparaturen und kleineren Baumaßnahmen: der Ausbau des Ravelins zwischen Flinger und Berger Bastion, die Schließung des doppelten bedeckten Weges vor dem Berger Tor und die Sicherung des dortigen Batardeaus, die Anlage von Verbindungsbrücken zwischen den neuen Werken vor der Berger Front untereinander und mit der Zitadelle, ferner diverse Rheinbaumaßnahmen am Birthkopf, an der Zitadelle, vor dem Rheintor und an der Niederrheinischen Bastion (Bastion Schaesberg). Auch war man 1735 intensiv mit der Beschaffung von Requisiten für das Fort Düsselburg beschäftigt. Zur Durchführung all dieser Arbeiten waren 1.352 Arbeiter tätig, davon allein 221 Pioniere. Verarbeitet wurden insgesamt vier Millionen Ziegelsteine, die allein 6.500 Reichstaler kosteten. Das Jahresbudget für den Fortifikationsbau belief sich auf 50.676 Reichstaler.[660]

1736 wurde die Leitung der Festungsarbeiten von dem in Jülich tätigen Ingenieurmajor Weixel weitergeführt. Während von ihm regelmäßig Bestandspläne über die ausgeführten Arbeiten angefertigt wurden, mußte sein Vorgänger Hamberger ständig hierzu ermahnt werden. Er ließ die angeforderten Pläne meistens von dem Generallandmesser Frick anfertigen. Offenbar war Hamberger mit den umfangreichen Arbeiten in Düsseldorf ziemlich überfordert, denn er hat mehrmals um seine Rückversetzung zum Bourscheidtschen Regiment nach Mannheim gebeten.[665]

Die Verstärkung der Düsseldorfer Festungswerke weckte bei den feindlichen Mächten großes Interesse. Vor allem der Preußenkönig, der auf seine Erbansprüche an Jülich-Berg pochte, ließ die Festung mehrmals auskundschaften. Für diesen Zweck wurden der preußische Festungsdirektor und Chef des Ingenieurkorps, Walrave, und die Ingenieurkapitäne Enbers und von Balbi seit 1733 mehrfach beurlaubt. 1737 erhielt Enbers den Auftrag, eine Bestandsaufnahme von Düsseldorf und den dortigen Verschanzungen anzufertigen.[666] Die ein sehr exaktes Bild der Festung vermittelnden Pläne sind erhalten geblieben. Sie befinden sich heute in der Deutschen Staatsbibliothek in Berlin (Ost) (Taf. IX).

Zwischen 1737 und 1739 konnten die von dem Ingenieur Weixel projektierten Schleusen[667] zwischen den neu angelegten Lunetten vor der Mühlenbastion, das Ratinger Ravelin, die Kontergarde vor dem Flinger Ravelin (Flinger Kontergarde), das angefangene Ravelin zwischen den Bastionen Joseph und Karl (Kasernenravelin), der doppelte bedeckte Weg zwischen Extension und Zitadelle, die die Bastion Diemantstein flankierende Kontergarde (Kontergarde Diementstein), ferner die Oberrheinischen Kontergarden sowie das Fort Düsselburg fertiggestellt werden (Taf. VIII).

Da man immer noch der Auffassung war, man sollte die Extension wegen der großen zu ihrer Verteidigung erforderlichen Mannschaft aufgeben, wurden die zwischen Extension und Altstadt vor der alten Berger Front liegenden Inneren Werke weiter vervollständigt.[668] Im Rahmen dieser Baumaßnahmen bewilligten die Stände 1738 auch die erforderlichen Mittel für die Revetierung der seit 1726 im Bau befindlichen Lunette zwischen der Berger Bastion und der Bastion Diemantstein (Franziskanerlunette), ferner für den Ausbau eines Pulvergewölbes auf dieser Lunette sowie für die Errichtung der schon lange geplanten Kommunikationsbrücke zwischen Zitadelle und Extension (Franziskanerbrücke).[669]

Die Grundlage für alle diese Verbesserungen bildete das von der hohen Generalität gebilligte Projekt von 1736 (Tafel VIII).[670] Die dazu von dem Ingenieur Weixel vorgeschlagenen und von dem französischen Oberingenieur de Frésier[671] revidierten, auf 150.964 Reichstaler veranschlagten Ergänzungen,[672] wie die Anlage der Kontergarden vor dem Ratinger und dem Hospitalravelin sowie vor der Bastion Joseph, ferner die Erhöhung des Ratinger, Kasernen- und Extensionsravelins durch den Bau von Reduits, weiter die Errichtung eines Ravelins in der Landskrone zur Deckung der Schleusen sowie einer „Patte"[673] vor dem Eingang in die Extension, wurden ebensowenig verwirklicht wie die Erweiterung des Glacis vor der Niederrheinischen Front, die Verdoppelung des bedeckten Weges vor der Bastion Elisabeth, die Anlage von Kaponnieren vor den Ravelins und die Erweiterung des Forts Düsselburg. Die dringend notwendigen Verbesserungen der Parapets um die Zitadelle, die Abmauerung der rheinseitigen Face der Bastion Spee (Maria Anna), die Errichtung einer Batterie in Höhe des Zollturms, die Komplettierung der erst teilwweise fertiggestellten Traversen vor den Waffenplätzen sowie der Bau eines Reduits zwischen Ratinger Kontergarde und Ratinger Ravelin (Ratinger Reduit) wurden erst in den folgenden Jahrzehnten realisiert.

Die Verstärkung der Festungswerke allein aber war für die Sicherheit des Platzes nicht ausreichend. Zur Verhinderung feindlicher Approchen, wie sie der Chef des preußischen Ingenieurcorps, Gerhard Cornelius Walrave,[674] 1737 in seinem schematischen Angriffsentwurf (Abb. 67) erwogen hatte, erwies sich die Weiterführung der 1734 begonnenen Einebnung der überflüssig gewordenen Wälle und Retranchements der Stadterweiterung Johann Wilhelms als unumgänglich.[675] Als weitere Sicherungsmaßnahmen hatte man pfälzischerseits in Erwägung gezogen, zwischen Roermond und Moers gegen einen eventuellen preußischen Aufmarsch Sperren anzulegen.[660]

Während dieser Ausbauphase, die 1739 mit dem Beitritt des Kaisers zur französischen Garantieerklärung ihren Höhepunkt erreichte, glich die Festung und ihre Umgebung einer riesigen Baustelle, denn neben der Errichtung der neuen Festungswerke und der Einebnung der Retranchements um die Neustadt mußten zur Deckung des für die Neubauten erforderlichen ungeheuren Ziegelbedarfs große Teile des die Stadt im Südosten umgebenden Geländes ausgeziegelt werden. Allein im Jahre 1738 wurden 2.400.000 Stück Steine benötigt. 1735 waren es sogar 4.000.000 Stück. Nach einem Verzeichnis des Generallandmessers Frick standen 1735 in unmittelbarer Nähe der Festungsbaustelle 32 Ziegelöfen, u. a. in der Neuen Landskrone, im Garten Serenissimi (Hofgarten), vor dem Ratinger Ravelin, auf dem 1 1/4 Morgen 4 Ruten großen Landstück der Karmelitessen am Wehrhahn, im Bilker Feld und im Jesuitenacker südlich des Kameralweihers.[676]

Bis zum endgültigen Verzicht Friedrichs des Großen auf seine Ansprüche an Jülich-Berg im Jahre 1742 nahmen die Festungsarbeiten einen zügigen Fortgang. Inzwischen war Düsseldorf infolge der ständigen Erweiterung und Vervollständigung seiner Werke zu einer sehr beachtenswerten Festung geworden.

Nach 1742 bis zum Ausbruch des Siebenjährigen Krieges, 1756, wurden, abgesehen von dem Abbruch des Bären an der Franziskanerbrücke, der Renovierung des Ratinger und Berger Tores sowie der Reparatur der Wallmauern, Brücken und Wege,[677] nur geringe Veränderungen an der Festung vorgenommen.

Die Verstärkung der Garnison durch die französischen Truppen 1743 machte kurzzeitig eine Verlagerung aller Anstrengungen auf die Reparatur der Militärbauten erforderlich. Danach konzentrierte man sich auf die Bepflanzung der Wälle[678] und die Regelung der Besitzverhältnisse auf dem Festungsgelände.[679] Da die Entschädigung für einen Teil der zur Erweiterung des Glacis seit 1682 in Anspruch genommenen Gärten immer noch ausstand,[680] nutzte man die Atempause in der Fortifikation, um das gesamte Festungsgelände 1750/51 durch den Landmesser Frick[681] und dessen Nachfolger Johann Peter Nosthoffen neu vermessen zu lassen.[682]

67 Angriffsplan des preußischen Fortifikationsdirektors Cornelius Walrave, 1737

Während dieser Friedensjahre konnte man sich auch wieder stärker der Rheinfront widmen. Nachdem unter dem Ingenieurhauptmann Mansfeldt 1747 die Oberrheinische Batterie entstanden war,[683] errichtete der Ingenieurmajor van Douwen 1753 in der Kurtine der Zitadelle, zwischen der Gouvernementsbastion (Oberrheinische Bastion) und der Bastion Spee, einen weiteren Geschützstand (Batterie Andreas), der aber schon 1756/57 wieder vom Hochwasser zerstört wurde (Abb. 68). Die durch diese Überschwemmungen ebenfalls hervorgerufenen Beschädigungen an dem Batardeau zwischen der Gouvernementsbastion und der im Süden anschließenden Oberrheinischen Batterie sollten von dem Ingenieurleutnant Mansfeldt umgehend beseitigt werden.[684] Der Ingenieur von Pfister, der in einem ausführlichen Bericht anhand eines Angriffsentwurfs auf die Oberrheinische Front (Abb. 69)[685] alle von Generalmajor von Preysing gegen die Wiedererrichtung des Batardeau vorgebrachten Argumente widerlegte, machte den Vorschlag, die Batterie und den Batardeau ganz abzureißen und auf einem starken Pfahlrost von Grund auf wiederaufzubauen. Wegen der knappen Geldmittel — die Kosten für den Batardeau wurden allein mit 2.782 Rtlr. veranschlagt — konnten zunächst nur die vordringlichsten Reparaturen an dem Batardeau und an der Rheinbatterie vorgenommen werden.[686]

Die bei fast jedem Hochwasser an den Festungswerken verursachten Beschädigungen ließen sich auf die Dauer nur durch umfangreiche Rheinbaumaßnahmen vermeiden, denn die durch eine natürliche Ablagerung in der Strommitte zum bergischen Ufer geleitete und durch die Landanbindung der Karl-Theodor-Insel verstärkte Strömung prallte südlich der Zitadelle auf das Ufer der Neustadt und bedrohte infolge der durch die Unferunterwühlung verursachten Landabtragung das Werft und die am Rhein gelegenen Festungswerke. Da überdies die Abstauung der Festungsgräben zum Rhein hin unzureichend war, konnte das Hochwasser schon bei mittlerem Wasserstand in

176

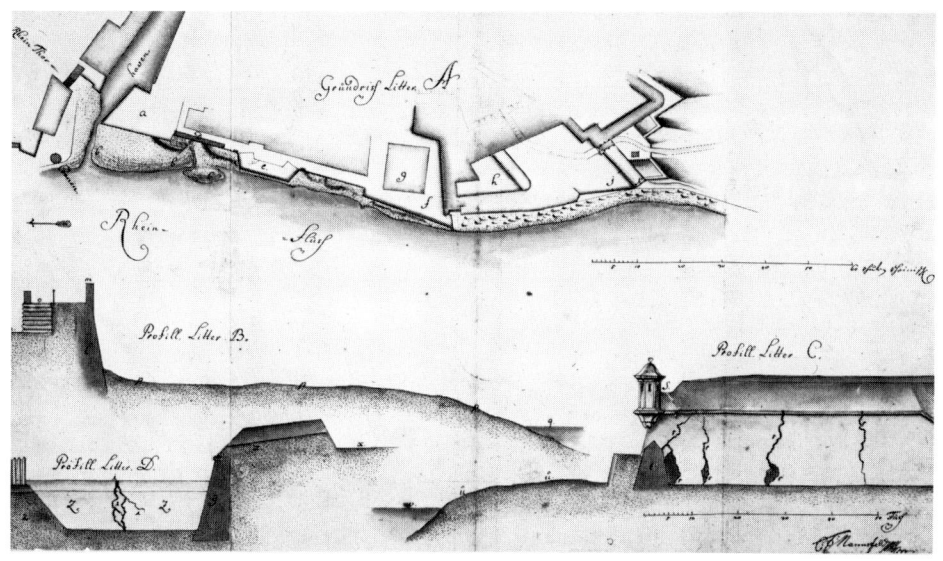

68 Batterie Andreas. Zeichnung von Mansfeldt, 1757

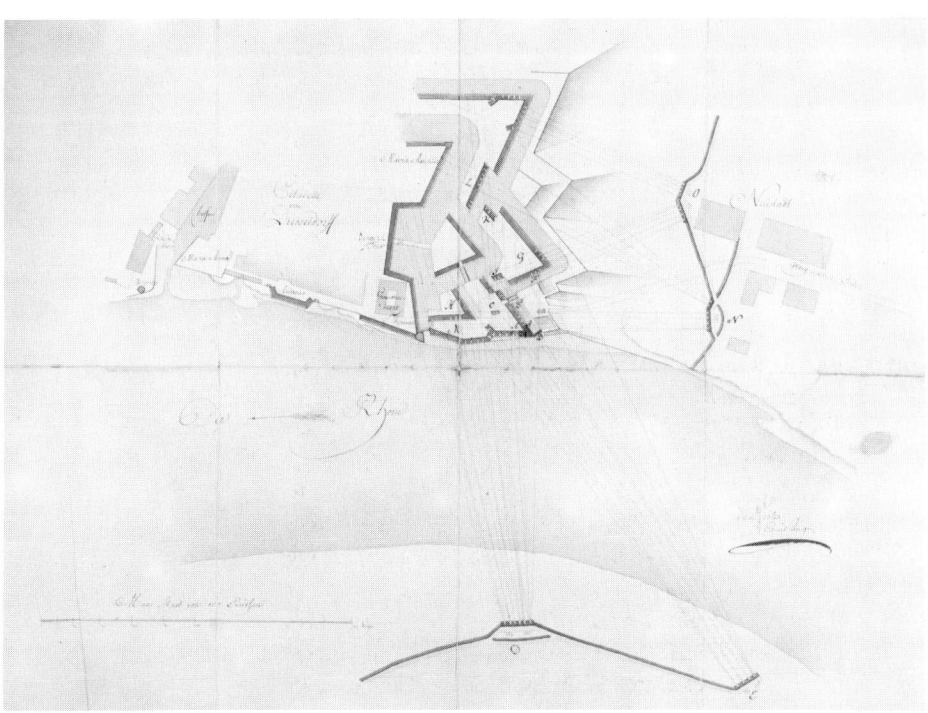

69 Angriffsplan auf die Oberrheinische Front. Zeichnung von Pfister, 1757

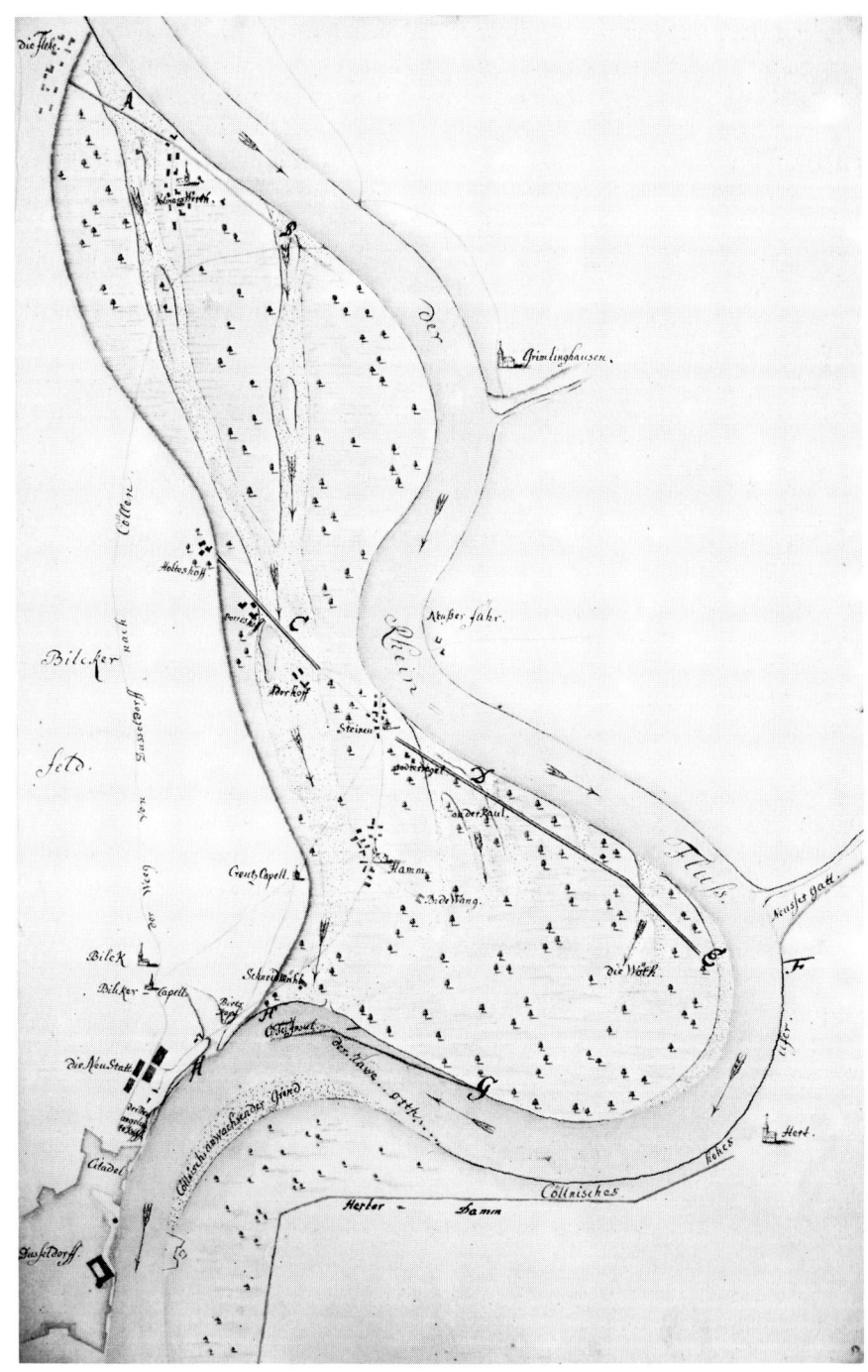

70 Plan des Rheinlaufs mit der Festung Düsseldorf, 1757

178

die Gräben vordringen und beträchtliche Schäden anrichten. Zur Vermeidung all dieser Unannehmlichkeiten wurden von dem Ingenieur Egger umfangreiche Sicherungsmaßnahmen am Rheinbett oberhalb der Festung vorgeschlagen (Abb. 70).[687]
Als die Franzosen, die bei Beendigung des Österreichischen Erbfolgekriegs 1746 Düsseldorf verlassen hatten, nach Erneuerung der Garantieerklärung zu Beginn des Siebenjährigen Krieges wieder in die Stadt zurückkamen,[688] setzte sich der französische Kommandant de Sourches, der dem pfälzischen Gouverneur unmittelbar unterstellt war, zum Ziel, die rheinische Festung zu einem Hauptwaffenplatz zu machen.[689] Damit blieb der erst 1755 aufgetauchte und durch den Besuch Karl Theodors geförderte Gedanke, die Innere Extension mit den Kasernen als Zitadelle auszubauen, die Festungswerke der inzwischen bebauten Zitadelle dafür zu schleifen und den Bauliebhabern im Schutze einer die Neustadt umgebenden Befestigungsenceinte die bei der herrschenden Wohnungsnot erforderlichen Bauplätze zuzuweisen, vorerst eine Illusion.[690] Unter dem Druck der politischen Ereignisse richteten sich zunächst alle Bemühungen darauf, die Festung innerhalb von wenigen Monaten verteidigungsfähig zu machen. Die hierzu erforderlichen, teilweise schon von Weixel vorgesehenen Maßnahmen hat der Ingenieurhauptmann von Pfister in einem detaillierten Bericht,[691] der sich wie folgt zusammenfassen läßt, festgehalten (Abb. 71):

1. Reparatur der zerstörten Niederrheinischen Batterie.
2. Wiederherstellung des zugehörigen Waffenplatzes.
3. Verfertigung der Brustwehr und der Traverse vor der linken Face des linken Niederrheinischen Reduits.
4. Instandsetzung der Halbkontergarde vor der Bastion Karl Theodor (Niederrheinische Bastion).
5. Wiederherstellung der Profilierung des Ravelin Markus (Niederrheinisches Ravelin) und der darauf befindlichen Pulverkammer.
6. Ausheben der Kunette im Hauptgraben und Errichtung der erforderlichen Kaponnieren. Anlage von Konterminen zur Sprengung der überhöhten niederrheinischen Reduits im Angriffsfalle.
7. Fertigstellung der Kontergarde Elisabeth Augusta (Ratinger Kontergarde).
8. Bau der zugehörigen Traversen.
9. Verbesserung der Brustwehren der Niederrheinischen Front.
10. Errichtung des Ratinger Reduits in dem zu groß bemessenen Waffenplatz nördlich des Ratinger Ravelins sowie Ausheben des Vorgrabens und Anlage der erforderlichen Traversen.
11. Verlängerung der rechten Face der Ratinger Kontergarde.
12. Errichtung eines Reduits in dem Ratinger Ravelin, Fertigstellung der zugehörigen Brücke.
13. Anlage eines Waffenplatzes zwischen Ratinger Ravelin und Mühlenlunette zur Bestreichung des bedeckten Weges.
14. Anlage eines weiteren Waffenplatzes mit zwei Traversen in dem einspringenden Winkel des bedeckten Weges.
15. Verlängerung der Facen des Flinger Ravelins zur besseren Grabenbestreichung.
16. Vervollständigung der vier Ruten breiten Avant fossés vor dem Ratinger und Flinger Ravelin, Anlage einer Flesche in der Landskrone.

17. Ausheben einer Kunette von der rechten Face der Bastion Christian (Elisabeth) bis zum Bastionswinkel der Bastion Joseph (Bastion Anne). Entfernung der Rosenthalschen Behausung auf der gleichnamigen Bastion (Flinger Bastion) sowie Beseitigung der an die Berger Kurtine angelehnten Baracken.
18. Anlage der erforderlichen Kaponnieren.
19. Errichtung von Lunetten in den einspringenden Winkeln des bedeckten Weges links und rechts des Hospitalravelins.
20. Erweiterung des Glacis vor den erwähnten Lunetten.
21. Weiterführung der projektierten Kunette bis zur Bastion Petrus (Bastion Joseph).
22 Anlage der zugehörigen Kaponnieren.
23. Errichtung eines Reduits in dem Sulzbacher Ravelin (Kasernenravelin).
24. Zwei Traversen in dem Graben vor dem Kasernenravelin.
25. Bau einer Lunette in dem einspringenden Winkel rechter Hand der Bastion Joseph.
26. Anlage einer weiteren Lunette links vor der Bastion Petrus.
27. Erweiterung des Glacis vor beiden Lunetten.
27. Ausheben einer Kunette zwischen den Bastionen Petrus (Joseph) und Paulus (Karl).
29. Anlage der erforderlichen Kaponnieren.
30. Errichtung eines Reduits in dem Ravelin Jakob (Extensions-Ravelin).
31. Anlage von zwei Traversen in dem Graben vor dem Ravelin Jakob.
32. Bau von Lunetten in den einspringenden Winkeln des bedeckten Weges vor diesem Ravelin.
33. Erweiterung des Glacis vor dem genannten Ravelin Jakob.
34. Bau eines Kavaliers in dem terre plein der Bastion Peter.
35. Herstellung der gegenüberliegenden Flesche vor dem einspringenden Winkel der Bastion Paul zur Bestreichung der Südfront.
37. Vertiefung der Avant fossés von der rechten Face der Kontergarde Paul (Karl) bis zum Rhein hin.
38. Herstellung einer Flesche (Bastion détaché) zur Deckung der Einmündung der Oberen Düssel in den Festungsgraben.
39. Herstellung einer avancierten Redute an der Krautmühle.
40. Anlage einer Batterie in dem Waffenplatz am Rhein.
41. Wiederherstellung des Oberrheinischen Batardeau mit der zugehörigen Oberrheinischen Halbkontergarde (Lunette) am Rhein.
42. Verlängerung der Abschlußmauer am Rhein und Bau eines kleinen Batardeau zur Wasserhaltung in den Avant fossés.
43. Bau einer großen Traverse zwischen der Oberrheinischen Lunette und dem darin befindlichen Oberrheinischen Reduit.
44. Reparatur des Oberrheinischen Ravelins.
45. Wegen der Undurchführbarkeit des Abbruches des Gouvernements Vergrößerung der linken Flanke der Bastion Thomas (Gouvernementsbastion).
46. Entfernung der Gärten auf der Bastion Maria Amalia (Bastion Diemantstein) und Wiederherstellung der Profilierung.
47. Herstellung der Flanke in dem Ravelin Christian (Flinger Ravelin).

48. Errichtung eines Hauptwalls auf der Zitadelle mit einer Batterie in der Bastion Maria Anna am Rhein (Bastion Spee).
49. Ersetzen der krenellierten Mauer in der Kurtine der Zitadelle bis zur Bastion Thomas durch eine Brustwehr.
50. Verbesserung der Brustwehren, Banketten, Bonnetierungen, Kontereskarpen etc. in den inneren und äußeren Werken.
51. Ausbesserung der beschädigten Revementsgewölbe.
52. Einsetzen von Türen an den Poternen.
53. Ausgleichen des unebenen Geländes vor dem Glacis und Entfernung der Gärten im Festungsrayon.
54. Wiederherstellung des Rheinschanze (Düsselburg).

Die Gesamtkosten für diese Verbesserungen wurden mit 63.763 Rtlr. beziffert. In diesem Betrag waren die Mittel für die erforderlichen Palisaden und Sturmpfähle nicht enthalten. Die Kosten für die zur Absicherung des bedeckten Weges, der Kehlen der Außenwerke, der avancierten Fleschen sowie für die für die Rheinschanze erforderlichen Palisaden einschließlich der zur Sicherung der Kontereskarpe und der Waffenplätze benötigten Sturmpfähle wurden auf weitere 23.624 Rtlr. geschätzt, so daß sich für die gesamten Verstärkungsmaßnahmen der Betrag von insgesamt 87.388 Rtlr. ergab.[691]

Wegen der drohenden Gefahr einer Belagerung beschränkte man sich bei den vorgeschlagenen Baumaßnahmen, die die Grundlage für alle späteren Verbesserungen bildeten, 1758 auf die allernotwendigsten Reparaturen. Der Ingenieur Foucroy, der nach dem Einzug der französischen Garnison die Ausführung der Festungsarbeiten übernahm, stellte ein Neunpunkteprogramm auf, das alle Sofortmaßnahmen, insbesondere die Schließung der Palisadenbarrieren, die Anlage der Traversen an den Waffenplätzen, die Verbesserung des Parapets und der Banketten, die Sicherung der notwendigsten Kommunikationswege sowie die Anlage des Ratinger Reduits vorsah.[692] Gleichzeitig wurden unter Leitung des Ingenieurs Chermont die Festungswerke mit größter Sorgfalt armiert.[693] Trotz aller Bemühungen war die Festung, insbesondere das linke Rheinufer, auf einen Angriff nicht ausreichend vorbereitet.

Nach der gewonnenen Schlacht von Krefeld am 23. Juni 1758 erzwang der mit seinen Truppen auf dem linken Rheinufer gegenüber Düsseldorf stehende General des Herzogs von Braunschweig die Übergabe der Festung. Da die Stadt nicht ohne weiteres kapitulierte, eröffneten die in Oberkassel verschanzten Hannoveraner am 18. Juni das Feuer und fügten der Stadt schwere Schäden zu. Die am 7. Juli unterzeichnete Kapitulationsurkunde räumte den Hannoveranern das Recht zur Besetzung der Festung ein.[694] Gleichzeitig mußte die Garnison aus Pfälzern und Franzosen, die unter dem Eindruck der erlittenen Niederlage noch schnell die Schiffsbrücke in Brand steckten und die verbliebene Munition in den Rhein versenkten, die Stadt kurzfristig räumen.

Zur Sicherung des Übergangs auf das linke Rheinufer legte die hannoveranische Besatzung, die nur kurze Zeit ihre Stellung in Düsseldorf halten konnte, neben dem ehemaligen Fort Düsselburg sofort ein Retranchement als Brückenkopf an.[695] Nach dem Abzug der Hannoveraner aus Düsseldorf am 10. August 1758 bauten die französischen Pioniere im Rahmen der von den Prinzen Condé und de Soubise vorgesehenen Verstärkung der Festung auch die linksrheinische Schanze weiter aus (Abb. 76, 77).[696]

Die unter der Leitung des französischen Ingenieurs Noblet de Chermont stehenden Arbeiten machten einen guten Fortschritt, so daß sich die Festung, abgesehen von dem im Winter 1759/60 durch drei Hochwasserfluten stark beschädigten linksrheinischen Brückenkopf,[697] Ende 1760 in einem Zustand befand, der es nach den gutachterlichen Aussagen von Riverson ermöglichte, einer Belagerung von mindestens zwanzig Tagen zu widerstehen (Abb. 71).[698]

Die Brustwehren und Banketten an dem Corps de la place wie an den Außenwerken entprachen den militärischen Erfordernissen und wurden mit größter Sorgfalt unterhalten. Zahlreiche Brücken gewährleisteten die Verbindung zu den einzelnen Werken. Nur die von dem Ratinger und dem Flinger Ravelin auf die gegenüberliegenden Lunetten führenden Überwege waren noch nicht fertiggestellt. Der die Kontereskarpe begleitende bedeckte Weg, dessen Waffenplätze in den einspringenden Winkeln im Bereich der Extension durch Traversen à la Française Querfeuerschutz erhalten hatten, war ebenso wie die Torzugänge ausreichend palisadiert. Im trockenen Graben um die Extension gewährte ein sieben Fuß hoher Palisadenzaun zusätzlich Schutz. Die Außenwerke, von denen die Ratinger Kontergarde in der Verlängerung ihrer Flanke eine Poterne erhalten hatten, waren ebenfalls weitgehend vervollständigt.[699]

Zur Verhinderung feindlicher Approchen von Süden hatten die Franzosen in einem Umkreis von 1 bis 2 km vor der Südlichen Befestigungsfront drei Reduits (Reduten der Neustadt) und auf den Wällen des Retranchements der Erweiterung durch Johann Wilhelm drei Batterien (Batterien der Neustadt) angelegt. Die in den französischen Plänen dargestellten Bastions détachés an der besonders gefährdeten Niederrheinischen Front sowie südlich vor der Extension sind nicht mehr ausgeführt worden.[700]

Am Ende des Siebenjährigen Krieges — nach der offiziellen Übergabe der Festung durch den von dem Prinzen de Soubise beauftragten General Marquis de Montagnard — übernahmen die kurpfälzischen Ingenieure, angeführt von Ingenieurhauptmann Bauer, wieder die Festungsbauleitung.[701]

Während sich die Tätigkeit der französischen Besatzung naturgemäß vor allem auf eine kurzzeitige Instandsetzung zur Erhöhung der Verteidigungsbereitschaft beschränkte, lagen die Aufgaben Bauers überwiegend in einer auf lange Sicht projektierten Erhaltung und Verbesserung des vorhandenen Festungsbestandes. Die im Frieden nicht mehr benötigten Palisaden und Sturmpfähle konnten bis auf die Palisadierung der Torzugänge gezogen und wieder in den Magazinen gelagert werden.[702]

Wie aus den Akten und zahlreichen Plänen zu entnehmen ist, forderten die durch die Hochwasserfluten von 1764 verursachten Schäden die Konzentration aller Kräfte auf eine Revision der rheinseitigen Festungswerke, denn solange das Hochwasser die Festungsgräben überflutete, wurden das Revetement und vor allem dessen Kordons unterspült und durch den Erddruck des Walles in den Graben geschoben.[703]

Aus den Anordnungen des Obristleutnanten von Pfister ist zu erkennen, daß von den in einem detaillierten Bericht zur Reparatur der Festungswerke von Georg Bauer vorgeschlagenen Maßnahmen,[704] wie die Anlage eines neuen Polygons zwischen den Bastionen Paul und Maria Amalia, die Kasemattierung der Bastionen Maria Franziska und Karl August sowie die Verbesserung der Pulvermagazine zur Vermeidung weiterer Hochwasserschäden zugunsten der Rheinbauarbeiten zurückgestellt wurden.[705] Besonderer Vorrang sollte der Erneuerung des Oberrheinischen Batardeaus und der daran anstoßenden krenellierten Mauer eingeräumt werden. Da die Oberrheinische Festungsbranche auch bei Niedrigwasser der Strömung ausgesetzt war, gab es zur Sicherung der Fundierung keine andere Möglichkeit als die gegen das Ufer drückenden Wassermassen durch Kribben oberhalb der Zitadelle vom Ufer abzulenken und das Rheinufer im Bereich der Gorge der Festung durch Battungen aus Faschinen zu sichern.

Die Verbreiterung des Gouvernementsbatardeau um zwei Schuh und seine Erhöhung um fünf Schuh war zum Schutz der Festungsgräben gegen Hochwasser ebenso notwendig wie die Reparatur des Revetements der linken Face und Flanke der Bastion Karl Theodor (Schaesberg).

Die Wasserbauarbeiten, für deren Durchführung Bauer lediglich 4.000 Rtlr. zur Verfügung standen, konnten nur bei Niedrigwasser ausgeführt werden. An der Kurtine hinter der zerstörten Batterie Andreas sollte anstelle der 600 Fuß langen krenellierten Mauer die schon von dem Ingenieurleutnant Mansfeldt vorgesehene Brustwehr errichtet werden. Der Oberrheinische Batardeau vor der Gouvernementskontergarde war in seiner ganzen Höhe bis auf das Fundament gerissen, so daß das Wasser durch die Fugen drang. Da dieser Batardeau erhöht werden mußte, blieb nur noch die Möglichkeit, den Batardeau abzubrechen und von Grund auf zu erneuern. Im Zuge dieser Arbeit konnte auch die Pünte der Gouvernementskontergarde wiederhergestellt werden.[706]

Die 1765 an der Oberrheinischen Festungsbranche eingeleiteten Arbeiten, zu denen eine große Anzahl von Festungssträflingen herangezogen war, wurden durch das Hochwasser und den starken Eisgang von 1766, der die Zerstörung der Niederrheinischen Festungsbranche mit der Bastion Karl Theodor, des Niederrheinischen Batardeau und der anschließenden krenellierten Mauer zur Folge hatte, unterbrochen (Abb. 72). Die durch die Flutkatastrophe verursachten Schäden machten eine eingehende Revision der gesamten Rheinfront erforderlich.[707]

Zur Sicherung der rheinseitigen Festungswerke, von denen die Niederrheinische Festungsbranche am stärksten betroffen war, mußte zunächst mit der „Rheinbattung" begonnen werden. Im Zuge dieser Baumaßnahmen am Werft wurde auch das Kai entsprechend revetiert und durch eine Risberme mit einem davor angeordneten Faschinenwerk gesichert.

Der Abschnitt vor der Reuterkaserne einschließlich der Niederrheinischen Festungsbranche bedurfte nach den Vorstellungen des Ingenieurhauptmanns Bauer einer vollständigen Erneuerung.[708] Die in den Plänen von Bauer übersichtlich dargestellten Fundamentkonstruktionen,[709] für deren Fertigstellung Bauer 2.349 Rtlr.[710] veranschlagt hatte, wurden auf Empfehlung von Fortifikationsdirektor von Pfister der Kriegsökonomiekommission zur Genehmigung weitergeleitet (Abb. 72).[711] Die von dem Rheinbaudirektor Dyckerhoff und Wasserbaumeister Bilgen unterbreiteten Gegenvorschläge blieben unberücksichtigt.

1768 unterzog der Fortifikationsdirektor von Pfister die Festungswerke einer eingehenden Inspektion, bei der er folgende Feststellungen machte:[712]

71 Französischer Plan der Stadt und Festung Düsseldorf mit Vorschlägen neuer Festungswerke, 1760

184

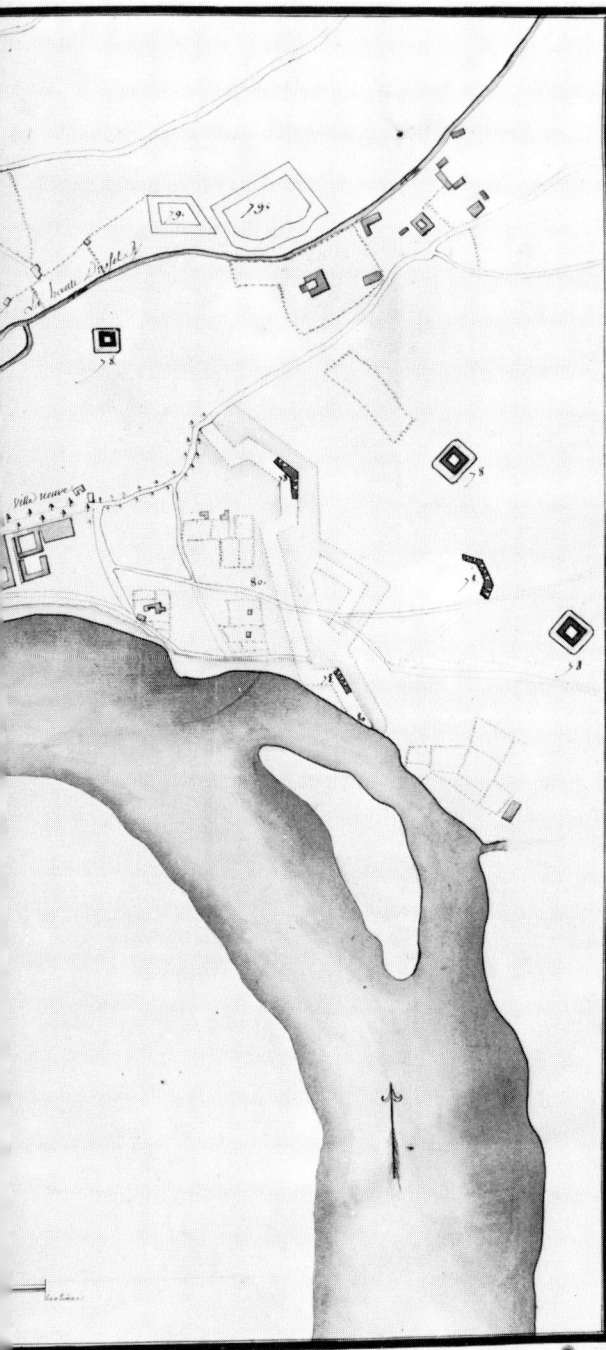

1760

PLAN DE DUSSEDORFF

LEGENDE

1 Bastion St. thomas
2 Bastion Ste marie amelie
3 Bastion St. charle auguste
4 Bastion Ste marie françoise
5 Bastion St. friderie
6 Bastion Ste elizabeth
7 Bastion St. charle theodore
8 Batterie St. mathias
9 Bastion Ste marie anne
10 Batterie St. andré
11 portes demi lune de bergen
12 porte des franciscains ou l'entrée de l'extention
13 pont de la ville à l'extention
14 porte de kling
15 porte de rating
16 Bastion St. christian
17 Bastion joseph
18 Bastion St. pierre
19 Bastion St. paul
20 Entrée de l'extention
21 Batardeaux
22 Digue qui soutient les eaux de la haute dussel dans le fossé du front de rating
23 Magazin à poudre
24 porte du rhin
25 chateau de S.A.E.p.
26 arcenal
27 Salles aux armes
28 passage du ruisseau du moulin
29 entrée des eaux de la dussel dans la ville
30. 31 Sortie des eaux des haute et basse dussel
32 port
33, 35 anciennes entrées et sortie des eaux de la dussel
36 ancien canal fournissant l'eau à l'ancien moulin
36 petite voute du rhin
37 petite porte du palais donnant sur le rhin
38 Baterie du bas rhin
39 tous les corps de garde
40 Cazernes de la ville anciennt. dite de cavalerie
41 Cazernes de l'extention
42 principale eglise de l'extention
43 hopiteaux bourgeois
44 magazins à charbons pour le chauffage des corps de garde
45 autres magazins
46 demie contregarde du bas rhin Cazematée sur une partie de sa longueur
47 demi lune du bas rhin
48 contregarde sur la lune du bas rhin
49 Reduits cazematés dans les places d'armes couvertes
50 contregarde sur le Bon St. Elizabeth
51 Six traverses construites par les françois en 1758
52 prolongement de la face droite de la contregarde 50
53 Reduit de ratingen fait par les françois en 1758
54 demi lune de ratingen
55 lunette de ratingen cazematée sur la face droite
56 aqueduc distribuant les eaux dans les fosses des fronts de ratingen et de fringen
57 lunette de ratingen cazematée sur la face gauche

58 demi lune de fringen
59 Contregarde de la demi lune de fringen
60 demi lune sur la courtine les bastions 16 et 17
61 demi lune sur la courtine entre les bastions 17 et 18
62 demi lune sur la courtine entre les bastion 18 et 19
63 Tenaille casematée sur la même courtine
64 contregarde sur le 4 Bastion 19
65 Bastion de l'extention
66 demi lune entre les bastions 5 et 6
67 lunette sur le bastion 5
68 lunette des franciscains
69 Contregarde sur le bastion 8
70 demi lune de bergen
71 Contregarde de la demi lune de bergen
72 Tenaille du haut rhin
73 contregarde sur le tenaillon du haut rhin
74 digue en charpente construite anciennement pour reparer le batardeau 21 qui n'a été ni achevé ni demolie
75 tête de pont demolie en 1758
76 Retranchement fait par les hanoviens en 1758, et retabli par les françois en 1769, detruit construit pendant l'hiver de 1758 1769
77 Redoutes et batteries construites par les françois pour l'appui de la ville neuve
79 Retranchement pour garder le magazin à fourage etabli par les françois en 1759
80 Vieux retranchement de la ville neuve

A les jesuites
B les annonciades
C Beguines noires
D Collegiale
E les capucins
F les franciscains
G Freres de la croix
H Carmelites de chaussées
I. Eglise Lutherienne
L Eglise reformée
M hôtel de ville
N Batiment dans lequel sont les moulins à eau
O Boucheries
P urcelines
Q Place d'armes
R gouvernement
S Maisons des particuliers
T prisons
X Batiment dans lequel sont 14 moulins à bras
Y Ancien moulin à eau
Z Moulin à vent de ratingen
& Batiment de la grue pour charger les batteaux sur le rhin
v Batiment dans lequel sont le moulin à cheval et 6 moulins à bras

1. Alle Revetements vom Corps de la place und den Außenwerken waren bis auf die Werke vor dem Berger Tor fertiggestellt.
2. Die Brustwehren, Banketten, Batterien und Wälle zeigten keine wesentlichen Mängel.
3. Die Kasematten waren alle gut erhalten und trocken.
4. Die Erneuerung der baufälligen Batardeaux der Oberrheinischen Front hatte noch keine Fortschritte gemacht.
5. Die Festungsgräben, insbesondere diejengien vor dem Ratinger und Berger Tor, waren voll von Gewächsen und bedurften dringend einer Reinigung.
6. Die Arbeiten an der Ausmauerung des Werfts machten gute Fortschritte.
7. An der Niederrheinischen Festungsbranche hatte der Ingenieur Bauer mit den Aufräumungsarbeiten begonnen. Für die Wiederherstellung waren einige Jahre erforderlich.
8. Die Lafetten der Kanonen drohten zu verfaulen. Aus diesem Grunde sollten die Kanonen auf Pflöcke gestellt und die Lafetten in die Magazine geschafft werden.

Da die Trümmer des abgebrannten Gouvernements auf der Bastion Thomas immer noch nicht beseitigt waren, nutzte von Bauer die Gelegenheit, diese Bastion endlich mit Brustwehren verteidigungsfähig zu machen.[713] Zu diesem Zweck sollten die Überreste der zerstörten Andreasbatterie[714] Verwendung finden.

In den folgenden Jahren konzentrierten sich die Baumaßnahmen neben routinemäßigen Reparaturen an den Brustwehren und Gräben[715] vor allem auf die Wiederherstellung der Niederrheinischen Festungsbranche, insbesondere auf die Bastion Karl Theodor sowie auf die Anlegung der Kais.[716] Während diese Arbeiten zufriedenstellende Fortschritte machten, wurden die baufälligen, nicht auf einem Rost gegründeten Werke der Oberrheinischen Front von Jahr zu Jahr mehr unterwühlt, ohne daß die ungünstige Rheinführung verändert worden wäre.[717]

Mit den Vorbereitungen zur Schleifung der zwischen Altstadt und Extension gelegenen Festungswerke in den siebziger Jahren richteten sich die Bemühungen der Festungsingenieure unter Vernachlässigung der rheinischen Festungswerke immer intensiver auf die Verbesserung der Extensionsfront zwischen den Bastionen Paulus und Maria Amalia.

Zu den bereits 1764 von Georg Bauer unterbreiteten Vorschlägen (Abb. 78) arbeiteten alle nachfolgenden Ingenieure ihre eigenen Varianten aus. Besondere Beachtung hat vor allem der Plan des Ingenieurs Caspers gefunden. Dessen Vorstellungen entsprechend sollte der Wall dieses neuen Polygons auf die Höhe der Befestigungsfront zwischen den Bastionen Peter und Paul gebracht werden. Zur Deckung gegen Breschen war in dem palisadierten Graben ein neues Ravelin vorgesehen.[718] Von 1787 bis zur Übernahme der Festung durch die Franzosen 1795 sind an dem Tracé, abgesehen von den zur Erhaltung der Werke erforderlichen Reparaturen[719] und der Schleifung der Inneren Befestigungswerke, keine grundlegenden Veränderungen vorgenommen worden.

Da die 1784 verursachten Hochwasserschäden infolge der Kompetenzstreitigkeiten zwischen den Militär- und den Zivilbehörden bis 1791 immer noch nicht beseitigt waren,[720] hatte es niemanden überrascht, als 1791 die Fundamente der ehemaligen

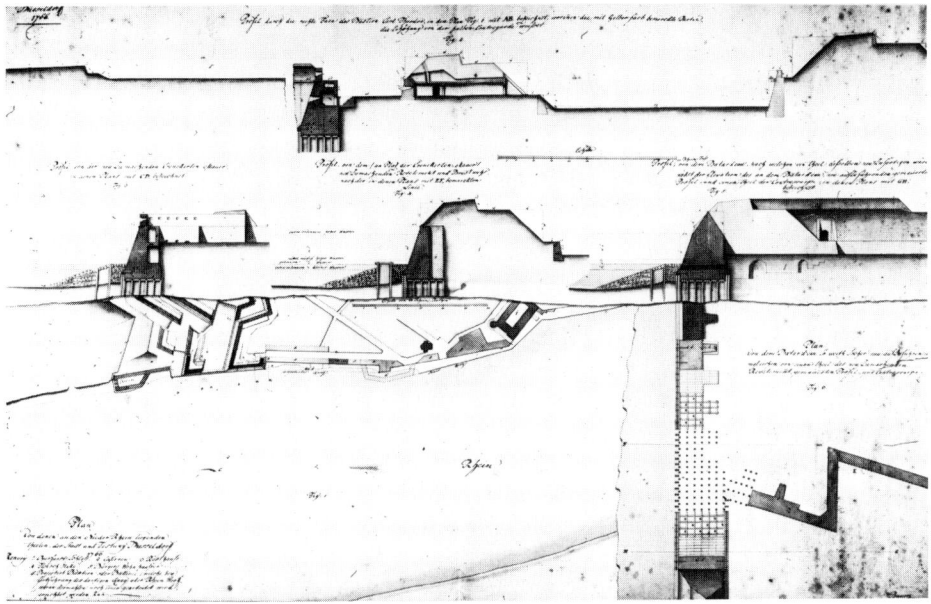

72 Profil und Schnitte von der Niederrheinischen Festungsbranche, 1766

Batterie Andreas einstürzten.[721] In diesem Jahr hatten die Fluten nahezu die gesamte Fundierung der Batterie weggespült, so daß die bereits gerissene Kurtine der Zitadelle einzustürzen drohte. Dagegen waren die an der Oberrheinischen Front entstandenen Hochwasserschäden von geringer Bedeutung.

In einer ausführlichen Stellungnahme zu den einzelnen Beschädigungen empfahl von Pfister eine Veränderung des Rheinlaufs, „da der Rhein bey Düsseldorff nicht allein der schmalste von Straßburg bis Holland seyn, sondern auch durch dieses bey der Stadt zusammen gepreßten Rheinwassers noch auf beyden Uferseiten in solchen Wirbeln den Niederlauf des Wassers verursachen, daß dadurch diesseits der Stadt die größte Unter- und Einwühlung entstehen". Zur Sicherung des Ufers mußte das Werft vor der gesamten Kehle mit einem Talut aus Quadersteinen befestigt werden. Daneben war eine Verbesserung der Steinköpfe dringend erforderlich.

Als besonders vordringlich betrachtete von Pfister folgendes Arbeitsprogramm:[722]

„1. Das Steinufer oder Werft vor der Oberrheinischen Contregarde.
2. Die Casernierung der eines Einsturzes zu befürchtenden Kurtinenmauer vor der Citadelle.
3. Die Stein-Köpfe bey der Düsseldorffer Neustadt und Reitter Caserne.
4. Die erforderlichen Ausbesserungen des Birth Kopfes."

Während der vierunddreißigjährigen Tätigkeit von Pfisters hatte man keine einschneidenden Verbesserungen vorgenommen. Von Pfister klagte, daß „man sich nur mit einigen mehr schädlichen als nützlichen kostspieligen Faschinen aufgehalten, welche die hohe Wasser- und Eisgänge hinweggerissen habe". Der Fortifikationsdirektor riet daher dringend von einem Faschinenbau ab und forderte eine steinerne Uferbefestigung. Nach Meinung einiger Sachverständiger sollte der auf den Karten Wiebekings dargestellte Durchstich des Rheins im Verlauf der von Flehe zur Schneidmühle im Plan Eggers von 1757 erkennbaren Altwasser[723] das einzige Mittel sein, die Neustadt sowie die Festung vor einer Katastrophe zu bewahren (Abb. 70). Während dieses Projekt wegen der immensen Kosten eine Illusion blieb, begann man endlich damit, die die rheinseitigen Festungswerke bedrohende Strömung durch eine zweckmäßige Anlage von Kribben und Steinköpfen zu verbessern.[724]

Mit dem Fortschreiten der französischen Revolution wurde das Rheinland immer mehr bedroht, so daß sich Ingenieurhauptmann van Douwen wieder eingehend mit dem Tracé beschäftigte. Der erfahrene Ingenieur stellte in einem sorgfältig abgefaßten Bericht fest, daß die bedeckten Wege und die Außenwerke, die sich teilweise in sehr schlechtem Zustand befanden, nicht ausreichend palisadiert waren. Da man zwischen dem Extensionsravelin und der Kontergarde Maria Amalia nach Schleifung der Inneren Werke in die Stadt sehen konnte, hatte van Douwen den Vorschlag unterbreitet, das Ravelin mit der Kontergarde zu enklavieren und in dem Stadtgraben an dieser Front eine Kuvette auszuheben. Die linke Face des Flinger Ravelins, die schon 1784 infolge des Eisgangs eingestürzt war, mußte dringend wiederhergestellt werden, wenn man einen Grabenübergang verhindern wollte.

Aus den gleichen Gründen war auch die Bresche in der rechten Face der Kontergarde Elisabeth Augusta mit der zugehörigen Brustwehr reparaturbedürftig.[725] Da man von der Oberrheinischen Branche bei normalem Wasserstand zum Rheintor gelangen konnte, sollte die schadhafte Rheinbatterie zur Deckung des Ufers mit einer Brustwehr versehen werden. Die Reparatur einiger Grabenbrücken vor dem Flinger- und dem Berger Tor ließ sich nicht länger hinausschieben.[721]

Angesichts der kriegerischen Unruhen wurden in den neunziger Jahren wieder größere Mittel für die Verbesserung der vernachlässigten Festungswerke freigegeben. 1792 berichtete das Kriegsbauamt in Düsseldorf über den Eingang von Geldern für die Reparatur der Zitadellkurtine, der Rheinbatterie, des Werftes und zur Wiederherstellung der Brücken.[726] Auch konnte, da das Grabenwasser zur Entschlammung der Gräben abgelassen worden war, die Instandsetzung der Schleusen erfolgen.[727] Im selben Jahr sah sich das Provinzialkommando veranlaßt, die von Regnier und van Douwen vorgesehenen Maßnahmen zur Absicherung der Festung gegen eine eventuelle französische Invasion[728] sowie die Anlage eines Fruchtmagazins zu beschließen.[729] Gleichzeitig wurde eine Überprüfung der Ausrüstung der Festungswerke veranlaßt.[730]

Während die Franzosen ihr Land durch einen dreifachen Festungsgürtel im Osten abgeschirmt hatten, fehlte ein solches Festungssystem an der deutschen Westgrenze. Diese wurde nur ungenügend von Festungen unterschiedlicher Größe geschützt. Besonders gefährdet war der nördliche Rheinabschnitt mit den Festungen Düsseldorf, Jülich und Wesel. Die französischen Offensivvorstöße richteten sich daher immer intensiver gegen diese Einbruchzone. Im Juli 1794 war die politische Situation so zugespitzt, daß das Festungskommando aus München bereits Befehle für den Fall einer Belagerung erhielt.[731]

Als sich nach Aufgabe der österreichischen Stellungen an der Rur die kaiserlichen Truppen auf Anordnung des Feldmarschalls Clerfait über den Rhein zurückgezogen hatten, rückte am 3. Oktober das Revolutionsheer von Neuß heran und schickte eine Abteilung auf das Düsseldorf gegenüberliegende Rheinufer.[732] Nachdem sich dieser Vortrupp in den Trümmern des ehemaligen Fort Düsselburg verschanzt und beim Zollhaus festgesetzt hatte, legten die Franzosen auf dem Oberkasseler Rheinufer drei große, für den Angriff auf die Festung bestimmte Batterien mit insgesamt 27 Geschützständen an. Die erste mit acht Scharten (Zitadellbatterie) lag der Zitadelle gegenüber und konnte die Südseite der Festung, das Schloß und den Hafen bestreichen (Tafel XII). Die zweite (Schloßbatterie) war für einen Angriff auf das Schloß vorgesehen. Sieben Scharten richteten sich auf diesen Baukomplex, die übrigen waren zum Angriff auf die Festung bestimmt. Eine dritte Batterie (Festungsbatterie) hatten die Franzosen mit allen zehn Scharten auf die Festung ausgerichtet. Alle drei Batterien wurden durch einen bedeckten Weg miteinander verbunden. Zur ungehinderten Kommunikation mit dem Munitionsdepot in Oberkassel führten von der mittleren Batterie aus Laufgräben dorthin.

Nachdem zur Vertreibung der Franzosen einige Batterien auf der Zitadelle Schüsse auf die französischen Stellungen abgegeben hatten, eröffneten die Franzosen in der Nacht vom 5. zum 6. Oktober ein heftiges Feuer, das am Schloß, an der Reitschule, am Marstall sowie an zahlreichen Bürgerhäusern große Schöden anrichtete. Erst 1795 ordnete der fanzösische General Jourdan den Rheinübergang bei Uerdingen an und gab seinen Truppen den Befehl, die Festung Düsseldorf zur Kapitulation zu zwingen.[733]

Am 6. September trafen die Generäle Lefèbvre und Kléber in Düsseldorf ein. Für die nachrückenden Truppen wurden sofort zwei Schiffsbrücken geschlagen; die eine anstelle der Fliegenden Brücke, die andere, die dem Militär vorbehalten war, der Neustadt gegenüber. Die österreichische und kurpfälzische Garnison mußte die Festung den einziehenden Franzosen überlassen, deren Genieoffiziere nach dem Bau der Brückenschanze bei Volmerswerth[734] sofort umfangreiche Verbesserungsarbeiten an den Festungswerken einleiteten (Taf. XII).[735]

Zur Deckung der westlichen Festungsflanke legten die Franzosen auf dem linken Rheinufer einen weitläufigen Brückenkopf[736] an. Noch im selben Jahr wurden in den einspringenden Winkeln des bedeckten Weges der Extension rechts und links der Ravelins sechs Reduits angelegt. Die von den beiden Düsselarmen gespeisten Gräben erhielten 1796 die seit Jahren geforderten Verbindung durch eine in den Extensionsgräben angelegte Kunette. Der wasserlose Teil des Grabens wurde durch Traversen in sechs Hauptabschnitte eingeteilt, die Kontereskarpe in nahezu ihrer gesamten Länge mit Sturmpfählen versehen. Zur Deckung des Hammer Tores (Extensionstor) hatte man vor dem Extensionswall ein neues Ravelin (Hammer Kontergarde) angelegt.

Da die einstige bergische Landesfestung Düsseldorf infolge der französischen Militär- und Territorialpolitik als rechtsrheinischer Brückenkopf und Waffenplatz für 36.000 Mann eine völlig neue Funktion übernehmen sollte,[737] mußte das trotz seiner Verbesserung den artilleristischen Anforderungen nicht mehr entsprechende Tracé durch eine ausgedehnte Außenbefestigung gesichert werden, wenn die Festung auch bei abgeschnittener Verbindung zum linken Rheinufer eine sichere Position bleiben sollte.[738] Auf Anordnung des Fortifikationsdirektors Léry wurde daher die Festung zwischen Flehe und Golzheim mit einem weiten Halbkreis von 62 Schanzen und Batterien zur Aufnahme von 268 Geschützen umgeben (Taf. XII).[739] Über die dazu erforderlichen, unter der Leitung der französischen Genieoffiziere geleisteten Zwangsarbeiten ist aus der Chronik des Anton Schnorrenberg folgender Bericht zu entnehmen: „Am 6. Februar 1796 wird Düsseldorf von großartigen Umwallungen befestigt. Unablässig müssen 3 000 Bauern daran arbeiten. Ferner zwingt man die Bürger und auch die Mönche zum Schanzenbau. Wer das nicht kann, muß alle 14 Tage dafür bezahlen. Zu dieser Last war auch die gesamte Geistlichkeit verpflichtet."[740]

Dem Land oblag die Lieferung von 50.000 Palisaden, 15.000 Faschinen und 2.000 Eichenstämmen. Jeder Amtsbezirk mußte 150 Arbeiter und 10 Fuhren stellen. Dieser Frondienst, der wie die unermeßlichen Materiallieferungen der Wirtschaft des Landes einen unbeschreiblichen Schaden zufügte, zog sich bis 1799[741] hin. Erst seit diesem Jahr wurde der Zahl der Arbeiter, die im Versäumnisfall harte Strafen zu erwarten hatten, auf 2.400, später auf 1.400 verringert.[742]

Die Hochwasserkatastrophe von 1799, bei der große Teil der Festungswerke und Außenschanzen zerstört wurden,[743] stellte die französischen Ingenieure wie die Bürger vor neue umfangreiche Aufgaben.[744] Die Wassermassen, die nach dem Bruch des Stoffeler Damms das gesamte Vorland von Flehe bis zur Neustadt überschwemmten,[745] suchten ihren Weg durch die Festungsgräben in den Rhein. Dabei wurden die Schleusen vor der Mühlenbastion, die Brücken vor dem Kaiserswerther Tor (Ratinger Tor), dem Kölner Tor (Extensiontor) sowie zwischen dem Oberrheinischen Ravelin und der Oberrheinischen Kontergarde von den Fluten weggerissen. Im Bereich der Extension hatte das Wasser das Hospitalravelin mit den gegenüberliegenden Reduits (Hospitalreduits), die Kaponnieren und Teile des bedeckten Weges weggespült sowie die Kunette zugeschwemmt.

Während im Neuen Werk nur geringe Schäden, vor allem an den Brustwehren, zu verzeichnen waren, wies die Oberrheinische Front die größten Zerstörungen auf. Innerhalb von 24 Stunden hatte das Wasser sämtliche Außenwerke einschließlich des bedeckten Weges weggespült, so daß ein großer See das Corps de la place vor der Neustadt trennte. Dabei waren ganze Teile des Revetements sowie die Saillants der Bastionen zusammengefallen; von den meisten Mauern standen nur noch kleine Abschnitte. Von den Außenverschanzungen hatte vor allem das Mittelfeld größere Schäden erlitten. Ein kleineres Werk war zerstört, zwei weitere beschädigt. Die Schleuse der Unteren Düssel, die die Überschwemmungen des Vorfeldes regeln sollte, hatte den Fluten nicht standgehalten. Im rechten Feld waren die Traversen, die die erste Redute mit dem Rheinufer verbanden, ebenso wie die drei zum Dorf Flehe gelegenen Werke weggerissen worden. Die Beschädigungen des linken Feldes ließen sich ohne größeren Aufwand schnell wieder beheben. Der Brückenkopf bei Volmerswerth und die Brückenschanze auf dem Oberkasseler Rheinufer hatte das Hochwasser nur geringfügig beschädigt.

Die vor allem an den Festungswerken verursachten Schäden waren jedoch so erheblich, daß eine völlige Revision der Festungsanlagen nicht zu umgehen war. Zwar genügte es zur provisorischen Wiederherstellung der Sicherheit des Platzes, zunächst die Rheinfront durch die Erneuerung der Batardeaux zu schließen und die ehemaligen

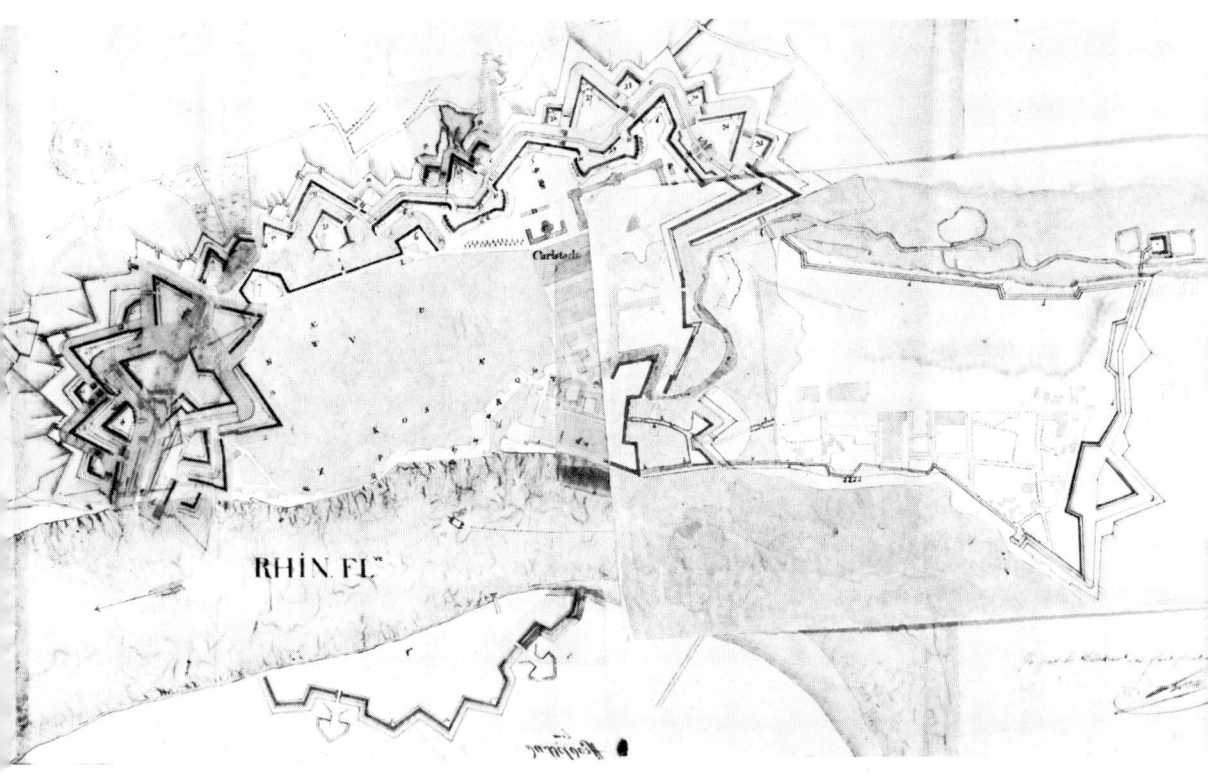

73 Französisches Projekt der Festung Düsseldorf mit einem Erweiterungsvorschlag zur Einbeziehung der Neustadt, 1799

Vorwerke durch einen breiten Festungsgraben zu ersetzen;[746] da die Franzosen Düsseldorf aber als einen Hauptstützpunkt am Rhein betrachteten, hielt Fortifikationsdirektor Léry es für angebracht, den Verteidigungszustand der Festung weiter zu perfektionieren. Diese Erwägungen veranlaßten die Genieoffiziere, grundsätzliche Überlegungen anzustellen und für Düsseldorf neue Festungswerke zu planen.

Das mit Zustimmung des französischen General Marescot hierzu ausgearbeitete Projekt sah zunächst die Einbeziehung der Neustadt in den Festungsbering vor. Die geplante Enceinte bestand aus einem Kronwerk, das die Alten Wercker mitbenutzte und durch je einen Wall parallel zum Rhein bzw. parallel zur Oberen Düssel mit den Festungswerken der Extension verbunden werden sollte (Abb. 73). Der Bedeckte Weg vor den „Alten Werckern" stand nach dem Plan Lérys mit einer in der Oberen Düssel angeordneten Redute in Verbindung. Ein an dieser Stelle vorgesehener Batardeau ermöglichte die Überschwemmung des gesamten östlichen Vorgeländes. Um dem Feind keine Möglichkeit zu geben, sich zu verschanzen, sollten die in dem neuen Festungsrayon stehenden Häuser zerstört werden.

Neben der südlichen Befestigungsfront hielt Léry vor allem eine Verstärkung der Nordfront für erforderlich. Das im Abstand von etwa 300 Toisen (ca. 585 m) parallel zum Rhein vorgesehene Glacis sollte dem Feind die Approchen vom Rhein her erschweren. Da die Franzosen die Festung Düsseldorf als rechtsrheinischen Brückenkopf für einen eventuellen Rückzug betrachteten, erübrigte sich eine weitere Befestigung der linken Rheinseite, so daß man es bei einer Reparatur des vorhandenen Retranchements beließ und auf die vor der Kurtine vorgesehenen, durch Kaponnieren angebundenen Ravelins verzichtete.[747]

Um die Verteidigungsfähigkeit der Festung so schnell wie möglich zu erreichen, bestimmte der französische General en chef Marescot, die Wiederherstellung der Festungswerke — unter Berücksichtigung des von Kurpfalz geforderten, der internationalen Rheinschiffahrt dienenden Sicherheitshafens — auf folgende fortifikatorisch wichtige Arbeiten zu beschränken:[748]

1. Die beschädigten Werke des Corps de la place sowie alle zur Verteidigung erforderlichen Einrichtungen und Verbindungswege wiederherzustellen.
2. Die Batardeaux, soweit sie zur Regulierung der Düssel erforderlich waren, sowie die rechte Face der Bastion Thomas zu erneuern.
3. Die Palisadierung aller Erdwerke, insbesondere an den Angriffsfronten durchzuführen.
4. Nach Schließung der Breschen der Hauptwerke die Gräben mit den Kunetten zu versehen und die bedeckten Wege funktionsfähig zu machen.
5. Das Oberrheinische Batardeau vor der Bastion Thomas herzurichten.
6. Verschiedene Außenwerke, die zur Verteidigung unerläßlich waren, instandzusetzen.

Der Geniekaptän Descroix war bestrebt, diese Arbeiten, zu denen er eine Reihe von Zeichnungen angefertigt hatte, so schnell wie möglich fertigzustellen.[749] Die Verwaltungsbehörden, das heißt die hiesigen Departements, bemühten sich, im Rahmen der Befestigungsarbeiten allen zur Vermeidung einer neuen Hochwasserkatastrophe erforderlichen Maßnahmen besonderen Vorrang einzuräumen.[750] Dagegen wurden die beschädigten rheinseitigen Facen und Flanken des Corps de la place nicht wiedererrichtet, sondern weitgehend entfernt, damit bei einem eventuellen Rückzug die Bestreichung des linken Rheinufers wegen des Fehlens eines Flankenschutzes erschwert war.

Descroix, der auch für die von dem kurpfälzischen Wasserbaumeister Bauer in Zusammenhang mit dem Hafenprojekt entwickelten Vorstellungen sehr viel Verständnis zeigte, erklärte sich auf dessen Ansuchen sofort mit der Reparatur der 1799 beschädigten Dämme oberhalb Düsseldorfs (Stoffeler Damm) einverstanden.[751] Innerhalb von zwei Jahren war die Festung einschließlich der Wasserbauwerke weitgehend wiederhergestellt, so daß das Hochwasser von 1801 keine Schäden mehr anrichten konnte.[752] Die veränderte politische Situation bedingte aber, daß Düsseldorf schon bald von dem sehr kostspieligen und die Stadtentwicklung einengenden Festungskranz befreit werden konnte.

— Fort Düsselburg —

Solange es keine über den Rhein reichenden Geschütze gab, erübrigte sich die Sicherung Düsseldorfs durch eine Befestigung an der linken Rheinseite. Mit der Verbesserung des Geschützwesens tauchte der Gedanke einer linksrheinischen Befestigung immer häufiger auf. Wolfgang Wilhelm forderte 1634 als Gegenleistung für die Aufgabe der jülich-bergischen Neutralität vom spanischen Kardinalinfanten Subsidien für die Errichtung eines die Westflanke der Festung deckenden linksrheinischen Brückenkopfes.[753] Dieser Plan kam aber ebensowenig zur Verwirklichung wie der 1671 zur Anlage eines linksrheinischen Forts von dem Gouverneur von Virmund angeregten Gebietsaustausch mit Kurköln (Kap. II, 5).

Erst als sich im Pfälzischen Erbfolgekrieg die Interessen Kurkölns und der verbündeten Franzosen auf Kaiserswerth richteten, bot sich eine günstige Gelegenheit, auf kurkölnischem Territorium das Fort Düsselburg zu errichten. Zwar spielt das Fort bei den militärischen Ereignissen zu Ende des 18. Jahrhunderts zunächst noch keine nennenswerte Rolle. Die Verbindung der Stadt durch die Fliegende Brücke, die Johann Wilhelm seit 1699 ungehinderte Truppenbewegungen ermöglichte, machte das Fort strategisch bedeutsam, was den Kölner Erzbischöfen Veranlassung zu mannigfachen Protesten gegen die mit dem Bau verbundene Verletzung ihrer Hoheitsrechte gab. Auch nach dem Friedensschluß blieb das Fort von pfälzischen Soldaten besetzt, ohne daß die kölnische Regierung etwas dagegen unternehmen konnte. Die von den linksrheinischen Einwohnern vorgetragenen Beschwerden gegen die häufigen Übergriffe der pfälzischen Besatzung und die aus der Erosion des linken Rheinufers für das Fort resultierende Hochwassergefährdung bestimmten den kölnischen Hofrat, Kurfürst Josef Klemens zu bitten, die Schleifung des kleinen Festungswerks auf dem Verhandlungswege zu erreichen.[636]

Johann Wilhelm, der geschickt genug war, in Gegenwart des im Januar 1699 von Josef Klemens entsandten Generalleutnant Freiherr von Bernsau den Rechtsanspruch Kurkölns anzuerkennen, unterbreitete gleichzeitig mit dem Hinweis auf die bei der Errichtung des Werkes entstandenen hohen Kosten den Vorschlag, ihm das Fort gegen jedwedes Äquivalent zu überlassen. Das Beueler Fort gegenüber der kurkölnischen Festung Bonn war nämlich ähnlich wie das Fort Düsselberg auf kurkölnischem, im südlichen Teil auf bergischem Gebiet errichtet worden, so daß sich geradezu ein Gebietstausch anbot,[754] den Hofrat und Domkapitel allerdings ablehnten. Obwohl Kurköln auf der Schleifung des Brückenkopfes bestand, änderte sich vorerst nichts an dem völkerrechtswidrigen Zustand.[755]

Nachdem sich im Spanischen Erbfolgekrieg Kurköln auf die Seite Ludwig XIV. gestellt hatte, dachte Johann Wilhelm, der sich der Hilfe des Kaisers sicher war, noch weniger daran, das strategisch wichtige Fort aufzugeben. Die Folge aus dieser Haltung war, daß der französische Graf Tallard, der 1702 eine günstige Stellung Düsseldorf gegenüber bezogen hatte, die sofortige Zerstörung des Brückenkopfes sowie der Schiffsbrücke forderte. Die unter dem Druck dieser Drohung sofort eingeleiteten Verhandlungen verliefen wegen der unannehmbaren Bedingungen Tallards ergebnislos.[46] Nur der plötzlichen Änderung des französischen Vormarschplanes war es zu verdanken, daß Düsseldorf und damit das Fort Düsselburg dem von den Franzosen angedrohten Bombardement entgingen.

Alle Versuche des Domkapitels, nach dem wiederhergestellten Frieden am Niederrhein die Schleifung des linksrheinischen Forts durchzusetzen, scheiterten an dem hartnäckigen Widerstand Johann Wilhelms. erst die Wiederaufnahme der Arbeiten auf dem Schanzgelände und die damit verbundenen Beschädigungen auf dem Gebiet des Erzstiftes veranlaßten das Domkapitel, den Kaiser zum Einschreiten gegen Kurpfalz zu bewegen. Der Kaiser gab am 3. Juni 1712 dem Antrag des Domkapitels statt und forderte Johann Wilhelm auf, binnen zwei Monaten den Beschwerden der Kläger zu entsprechen.[756]

In dieser Situation strebte Johann Wilhelm einen annehmbaren Vergleich mit dem Domkapitel an. In einem Revers vom 23. September 1712 verpflichtete er sich feierlich, das Fort niederzulegen und nicht wieder aufzubauen. Als Gegenleistung dafür forderte er von dem Kapitel eine Korrektur des Oberkasseler Rheinufers, die die Hochwassergefahr für die Residenzstadt Düsseldorf mildern sollte. Dieser Vergleichsvorschlag fand die Billigung des Domkapitels, das sofort die vereinbarte Uferkorrektur einleitete, ohne daß Kurpfalz seinen Verpflichtungen zur Demolierung des Forts nachkam.[757]

Als Johann Wilhelm am 8. Juni 1716 starb, war die zugesicherte Schleifung immer noch nicht erfolgt. Auch wurde die Besatzung nicht zurückgezogen, obwohl die Schanzwerke bei dem Hochwasser im Winter 1716/17 starke Beschädigungen erlitten hatten. Kein.Wunder, daß das erneute Einlenken des Hofrates mit dem Hinweis auf die Vereinbarungen des Badischen Friedens nicht die gewünschte Freigabe des besetzten Territoriums brachte.[758] Nach den bei der Bedrohung von 1702 gemachten Erfahrungen scheute man kurpfälzischerseits keine Opfer, um den strategisch wichtigen Platz auf kurkölnischem Territorium zu behalten. Die Düsseldorfer Regierung schlug deshalb vor, man solle das ganze Gebiet Heerdt gegen das rechtsrheinisch Bonn gegenüberliegende Dorf Beuel mit dem zugehörigen Distrikt tauschen. Da der Bescheid aus Köln negativ war, sah man auf Düsseldorfer Seite keine andere Möglichkeit, als die Angelegenheit zu verschleppen.[759]

Das Erzstift Köln, das sich durch die kurpfälzische Verzögerungstaktik genarrt fühlte, drohte 1720 damit, daß man die Schleifung gewaltsam erzwingen würde. In dieser ausweglosen Lage wies Karl Philipp am 18. Juli 1720 den Düsseldorfer Geheimen Rat und das Generalkriegskommissariat an, das Fort Düsselburg niederlegen zu lassen. Der Abbruch ging aber so schleppend vonstatten, daß der für die Heerdter Belange zuständige Uerdinger Amtmann Erlenwein erst am 17. August 1720 die vollzogene Demolition bestätigen konnte.[760]

Das Düsseldorfer Militär dagegen hielt es für unzumutbar, diese Öffnung der Westflanke der Festung auf die Dauer hinzunehmen. Bereits 1728 wurden von pfälzischen Ingenieuren erneut Pläne für den Bau eines linksrheinischen Forts angefertigt. Nach einigen Zwischenfällen allerdings sah sich die Düsseldorfer Regierung aus politischer Rücksichtnahme gezwungen, das Vorhaben vorerst zurückzustellen.[761]

Die aus der pfälzischen Erbfolgefrage resultierende politische Konstellation veranlaßte die Mannheimer Regierung, zur Vorbeugung gegen einen Angriff vom Westen das linksrheinische Ufer in die Erneuerung der Düsseldorfer Festungswerke einzubeziehen. Seit 1734 bemühte man sich, die Baumaterialien zur Herstellung der Rheinschanze zu beschaffen. Zu Beginn des Jahres 1735 hatte man schon heimlich Faschinen und Palisaden auf das kurkölnische Ufer geschafft.[762] Die von Karl Philipp bei Klemens August erreichte Bereitschaft, das Schanzengelände an Kurpfalz abzutreten, war jedoch ohne besonderen Wert, da Domkapitel wie Hofrat in einem 18 Punkte umfassenden Schreiben vom 6. August 1735 wegen der zu befürchtenden Mißgunst

Von Gottes Gnaden Carl Philipp
Pfaltz Grafe bey Rhein des H. Römischen Reichs Ertz-
Schatzmeister und Churfürst, in Bayern zu Gülich Cleve
und Berg Hertzog, Fürst zu Mörß.

Unseren gnädigen Gruß zu vor, Hoch und Wohlgebohrne
liebe getreue. Und Wir Unserem Chur Pfältz. Hof
Cammer Rathes Gohr für eine Instruction und Befehl
die fortification Dusseldorff so wohl als Gülich Berg [...]
und [...] zu ertheilen gnädigst bewogen worden, solches habet
Ihr zur controler und beobachtung mit dem gnädigsten
Befehl allergehorsahmlich hiebey, und die stärcke, besonders
langer Erbauung oder über [...] Schantzen [...]
Verrichtung in geheim zu halten. Euch übrigens in gnaden
gewogen verbleibens. Mannheim den 12ᵗᵉⁿ Martij 1738.

74 Vom Kurfürsten Karl Philipp signierte Instruktion zu geheimen Baumaßnahmen an der Linksrheinischen Schanze, 12. März 1738

des preußischen Königs in dieser Angelegenheit scharfen Widerspruch gegen die Zusage ihres Kurfürsten einlegten.[763]

Der Einspruch hatte allerdings nur aufschiebende Wirkung, denn am 9. Juni 1738 schuf die kurpfälzische Regierung vollendete Tatsachen, indem sie alle militärischen Kräfte einsetze, um nach dem Gutachten des französischen Ingenieus de Frésier im Zuge der Modernisierung der Festung einen neuen Brückenkopf auf kurkölnischem Territorium zu errichten (Taf. VIII).[764] Das in kürzester Frist fertiggestellte Fort war wie der Vorgängerbau ein kleines Hornwerk mit palisadierten Wällen und Reduten. Im Inneren lagen zwei Kasernen mit Nebengebäuden und einer kleinen Wachstube. Eine weitere Ausdehnung des Forts war an der Rheinfront vorgesehen, wie französische Pläne zeigen.[765]

Der zu erwartende Protest des Kölner Hofrates blieb nicht aus. Weder Hofrat noch Domkapitel konnte der eine vermittelnde Haltung einnehmende Kurfürst Klemens August für einen Gebietsaustausch gewinnen.[766] Erst der Verzicht des preußischen Königs auf Jülich-Berg zugunsten Sulzbachs entschärfte die politische Situation, so daß auch die Bedeutung des ohnehin schon bei dem Hochwasser 1740/41 stark beschädigten linksrheinischen Forts als Festungswerk verblaßte.[767] Klemens August gab jetzt dem Domkapitel nach und forderte im November 1742 die endgültige Zerstörung der linksrheinischen Festungsanlagen.[768]

Karl Philipp erklärte sich dann auch grundsätzlich mit der Schleifung einverstanden, versuchte aber, die Angelegenheit zu verzögern, indem er die Durchführung seiner Zusage von der Zustimmung des Kaisers und der französischen Regierung abhängig machte.[769] Auch sein Nachfolger, Kurfürst Karl Theodor, ließ nicht von dieser Verzögerungstaktik ab. Kurköln drohte deshalb, die Schleifung mit Gewalt durchzusetzen.[770] Karl Theodor sah ietzt keinen anderen Ausweg mehr als dem Geheimen Rat

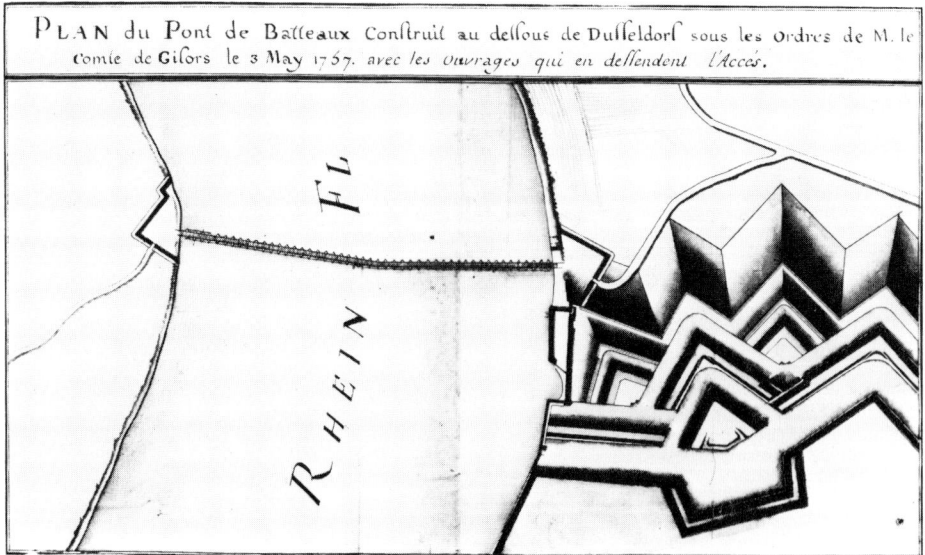

75 Plan der Schiffsbrücke unterhalb von Düsseldorf, 1757

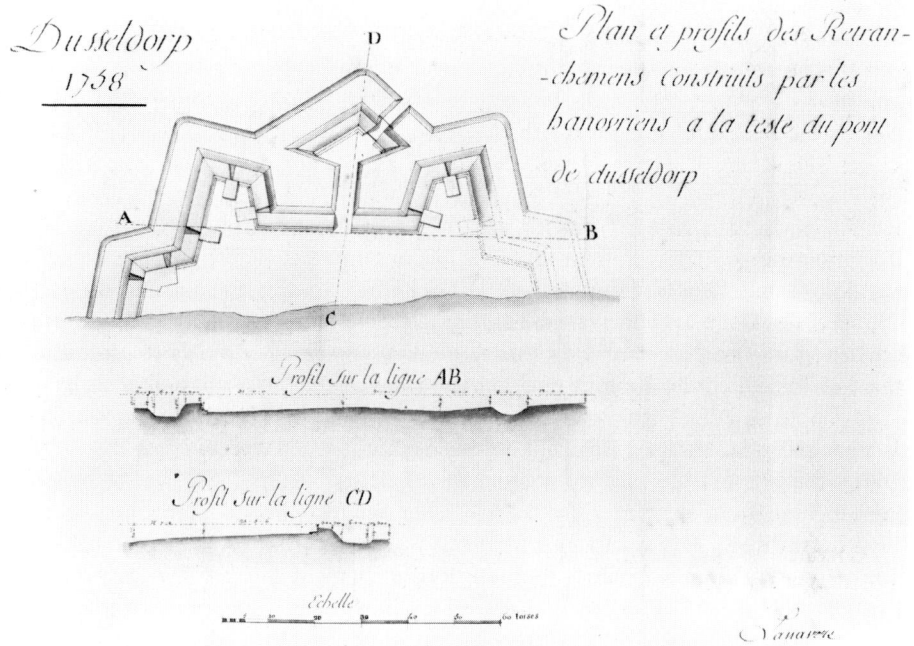

76 Plan des von den Hannoveranern errichteten Linksrheinischen Retranchements, 1758

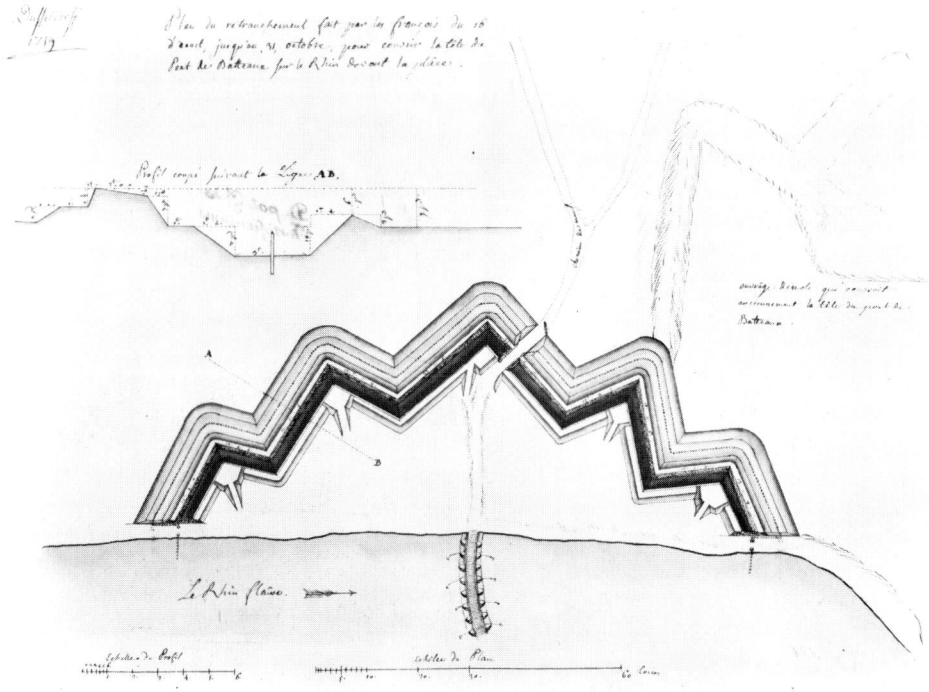

77 Plan des von den Franzosen errichteten Linksrheinischen Forts, 1759

in Düsseldorf am 9. November 1745 den Befehl zu geben, der Verordnung zu der von den Ingenieuren Weixel und Mansfeldt eingeleiteten Schleifung unverzüglich nachzukommen.[771] Wieder zog sich die Angelegenheit eine Zeitlang hin, so daß Klemens August die Beschleunigung der Arbeiten forderte. Am 14. Juli 1748 konnte der Uerdinger Schultheiß Klemens August die völlige Zerstörung des Linksrheinischen Forts bestätigen.[772]

Im Siebenjährigen Krieg[773] erwies sich, wie sehr der Standpunkt der Düsseldorfer Regierung berechtigt war, denn das Vorhandensein eines befestigten Brückenkopfes auf linksrheinischem Gebiet hätte es 1758 sicherlich unmöglich gemacht, daß sich die Truppen des Generals von Wangenheim in Reichweite der Geschütze Düsseldorfs verschanzten und von hier aus die Festung bombardierten.[774] Zwar hatten die Franzosen 1757 nördlich der Festung eine militärische Schiffsbrücke mit einem als Brückenkopf viel zu kleinem Rhein-Schanzwerk angelegt (Abb. 75). Schon zu Anfang des Krieges aber mußte dieser Brückenkopf wieder aufgegeben werden.

Durch diese Erfahrung des Bombardements belehrt, legten die in Düsseldorf stationierten Franzosen auf Order des französischen Stadtkommandanten vom 16. August bis 31. Oktober 1759 erneut einen kleinen Brückenkopf an (Abb. 76), indem sie das 1758 von den Hannoveranern errichtete Retranchement für ihre Zwecke weiter ausbauten (Abb. 77).[696] Für den Bau des im Graben dieses Werkes vorgesehenen Palisadenzauns wurden allein 1.400 Holzpfähle geliefert.[775] Trotz aller Bemühungen blieb auch diese Tête de Pont aus Faschinen, Gräben und Sandwällen ohne besondere Bedeutung, zumal sie nach dem Abzug der Franzosen wieder demoliert wurde.[776] Erst 1794, als das linke Rheinufer in französischer Hand war und Düsseldorf zu einem französischen Waffenplatz ausgebaut werden sollte, besann man sich wieder auf die Notwendigkeit, das linke Rheinufer, auf dem die französischen Pioniere vor der Belagerung drei durch Laufgräben miteinander verbundene Batterien angelegt hatten, in die Befestigung einzubeziehen. 1797 entstand auf der Oberkasseler Seite ein neuer ausgedehnter Brückenkopf, der als in der Hochwasserzone angelegtes Erdwerk zwar kein dauerhaftes Festungswerk war,[777] immerhin konnte aber der Zugang zu der 1795 errichteten militärischen Schiffsbrücke durch dieses Werk unter Kontrolle gehalten werden (Taf. XI, XII).

– Karlstadt –

Bei dem Aufenthalt des Kurfürsten in Düsseldorf 1755/56 wurden die Stadterweiterungspläne erneut diskutiert.[690] Wegen des 1756 ausgebrochenen Siebenjährigen Krieges ist es aber nicht mehr zu einem Beschluß gekommen. Die nach dem Ende des Krieges erneut aufgenommenen Verhandlungen scheiterten zunächst an dem starken Widerstand der noch unter dem Eindruck der Kriegsereignisse stehenden Militärs, die einer Schleifung der Inneren Werke auf keinen Fall zustimmen wollten. Graf Johann Ludwig von Goltstein, der seit 1768 als Statthalter eine Reihe wichtiger städtebaulicher Maßnahmen, u. a. die Anlage des Hofgartens, eingeleitet hat, stellte erneut die 1764 erhobene Forderung zur Schleifung der Inneren Werke,[778] um dem Bedarf an neuen Bauplätzen für Wohnhäuser und Militärgebäude gerecht zu werden.[779]

Aus dem in den Akten erhaltenen Projekt zur Befestigung der Neustadt von 1769 wird deutlich, wie sehr die Erweiterungsideen Johann Wilhelms immer noch lebendig

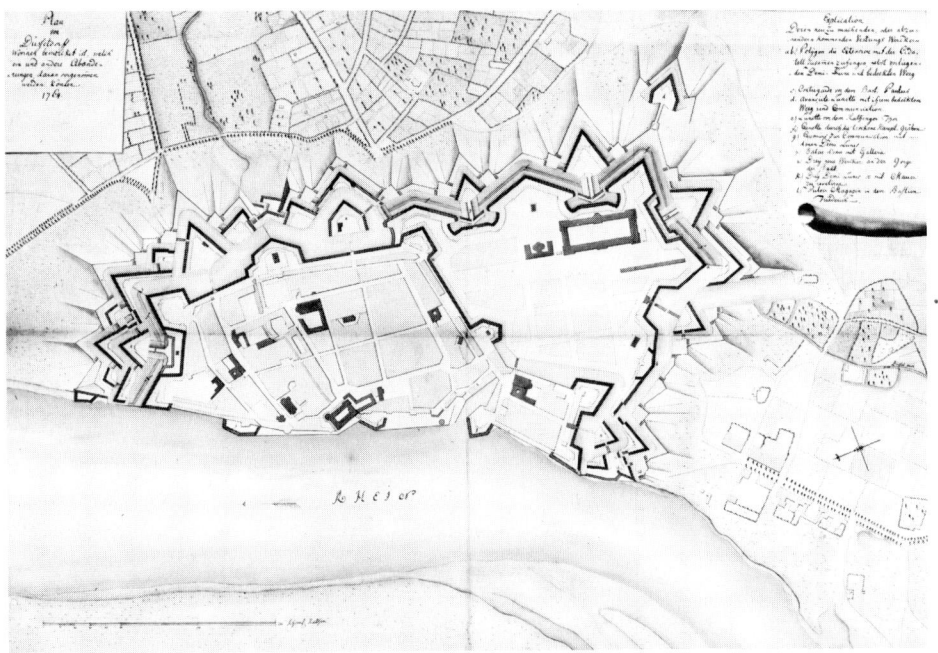

78 Plan von Düsseldorf zur Einbeziehung der Extension. Zeichnung G. Bauer, 1764

waren. Nachdem 1725/26 die Befestigung der Extension auf die kleine Lösung beschränkt worden war (Abb. 64), tauchten häufiger Gedanken auf, das freie Gelände westlich der Kasernen und des Hospitals einer privaten Nutzung zuzuführen. Die Bemühungen von Goltsteins verfolgten aber weniger eine Einbeziehung der Neustadt in die Festung, sondern richteten sich vor allem auf eine Baureifmachung der von den Festungswerken der Inneren Extension umschlossenen Flächen. Voraussetzung für die Realisierung dieses Planes war eine Verstärkung der Extensionsfront zwischen den Bastionen Paulus und Maria Amalia. Die hierzu erforderlichen Pläne, die wegen des hohen Kostenanschlages jedoch nicht ausgeführt wurden, hatte der Generalmajor von Belderbusch dem Ingenieur G. Bauer in Auftrag gegeben.[780] Erst auf wiederholtes Drängen von Goltsteins faßte Karl Theodor am 5. Juni 1772 den Entschluß, „die Wercker, so die Stadt von der Extension absöndern, durch daselbstige Einwohner schleifen lassen, diesen die Materialien von Steinen zu belassen und die freien Plätze im Einvernehmen mit den Ingenieuren unter Rücksichtnahme auf die Festungswerke zu bebauen".[781] Am 28. Juli wurden in den „Gülich-Bergischen wöchentlichen Nachrichten" die Ausführungsbestimmungen bekanntgegeben.

Die Schwierigkeit des ganzen Unternehmens, dessen wesentliche Grundlage immer noch die Baupläne G. Bauers bildeten (Abb. 78, 79), lag neben der mangelhaften Anbindung der Extensionsfront an die Zitadelle vor allem in den umfangreichen, zur Einplanierung des Terrains erforderlichen Erdarbeiten. Da man diese vorbereitenden Maßnahmen weitgehend den Anbauenden anlasten wollte, war die Realisierung des

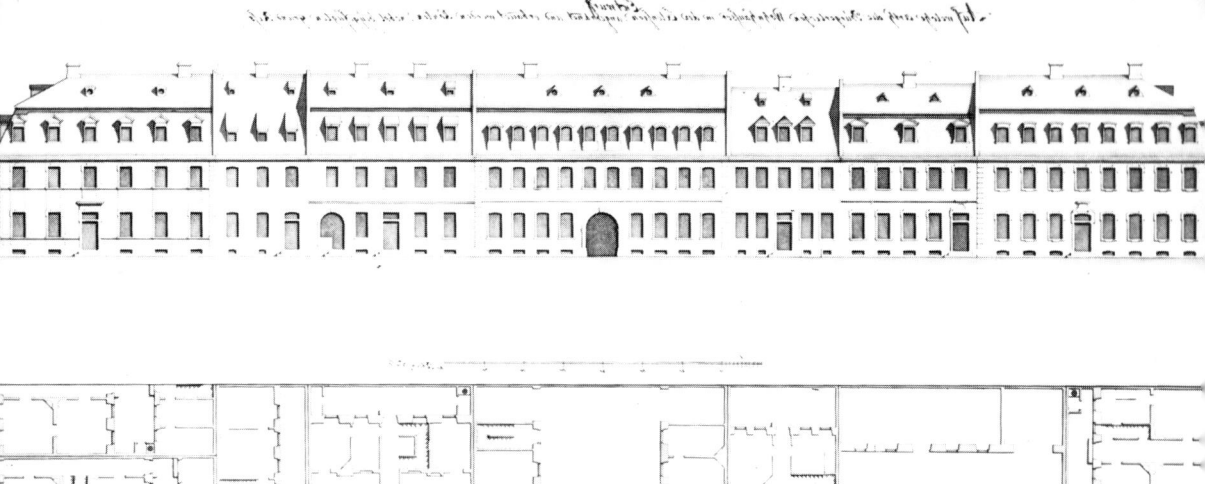

79 Wohnhäuser in der Extension. Entwurf von G. Bauer, 1770

Projektes zunächst in Frage gestellt. Um die Baulust anzuheizen, machte G. Bauer den Vorschlag, die Sicherheit des Befestigungsrings durch die Vertiefung der trockenen Gräben, die mit einer Kunette versehen werden sollten, zu erhöhen. Mit dem gewonnenen Erdreich wollte der Ingenieur gleichzeitig die Festungsgräben der Inneren Werke ausfüllen.[782]

Der Gouverneur von Efferen, der Hofkriegsrat in München und der Geheime Rat in Düsseldorf, der sich durch den kurfürstlichen Beschluß, insbesondere durch die Verfügung zur Schleifung der Bastion Karl August (Berger Bastion) mit den anschließenden Werken zwischen den Bastionen Maria Amalia und Maria Franziska, in seinen Kompetenzen eingeschränkt sah, zeigten eine außergewöhnliche Aktivität in der Begutachtung der Erweiterungsvorschläge. Jede der betroffenen Behörden entwickelte ihre eigenen Vorstellungen von den zu verbleibenden und zu verstärkenden Festungswerken, die dem Militär und den Privatbauherren zuzuweisenden Grundstücke sowie von den auf die einzelnen Stellen entfallenden Kostenanteilen. Während die von dem Ingenieurhauptmann Caspers gemachten Vorschläge zur Verstärkung der Festung nur wenig Beachtung fanden,[783] richtete sich der Kurfürst weitgehend nach den von

200

Fortifikationsdirektor von Pfister in einem Gutachten durch einen Plan erläuterten Empfehlungen: [784]

1. Die Hofkammer sollte die Kosten für die Militärgebäude wie Zeughaus-, Infanterie- und Kavallerie-Kasernen, Offizierspavillons, Lazarett und Magazine sowie für die Befestigung der Extensionsfront übernehmen.
2. Aus Kameralmitteln wäre die Verkleinerung und die Neuanlage der inneren, zur Bewässerung der Hofmühle erforderlichen Gräben zu finanzieren.
3. Die Anlage des Neuen Marktes, die Einplanierung einiger Grundstücke zwecks Höherlegung der Straßen sowie die Errichtung der erforderlichen Kommunikationsbrücken sollte aus Stadtmitteln finanziert werden.
4. Die zur Durchführung des Projektes notwendigen Planierungsarbeiten könnten weitgehend durch Dienstfuhren und von den anbauenden Bürgern selbst ausgeführt werden.

Mit dem Hinweis auf die Erweiterungen von Mannheim und Kassel, wo ähnliche Projekte durchgeführt wurden, unterstrich von Pfister die Realisierbarkeit seines Vorschlages. Von einer erneuten Befestigung der Neustadt, für die Pfister ebenfalls Vorschläge ausgearbeitet hatte, wurde, ungeachtet der für den Bau erforderlichen 3 bis 4 Millionen Reichstaler, vor allem wegen der Weitläufigkeit der Anlagen, für deren Bewachung eine Garnison von 9.000 Mann erforderlich gewesen wäre, abgeraten.
Obwohl am 17. Juli 1781 von München aus der Befehl erging, die Einplanierung der Inneren Werke durch die Militärarrestanten ausführen zu lassen, scheiterten die von dem Ingenieurhauptmann Caspers eingeleiteten Arbeiten an dem Widerstand der Festungskommandantur. [785] Nach der Versetzung Caspers nach Jülich gingen die Verhandlungen auch in den folgenden Jahren hin und her. Während sich Landstände, Hofkammer und städtischer Magistrat noch über die Finanzierung des Vorhabens stritten, arbeiteten die Ingenieure Euler und van Douwen, die ihre Entwürfe vor allem nach dem Gesichtspunkt der Sicherheit der Festung werteten, verschiedene Möglichkeiten der Enklavierung aus. Die auf rein städtebauliche Probleme gerichteten Interessen der Zivilbehörde vertrat Hofbaumeister Johann Heinrich Huschberger, der seit 1782 die Amtsgeschäfte mit seinem Sohn Kaspar Anton Huschberger gemeinsam führte. [786]
Bis zum Herbst 1782 wurden nicht weniger als sieben verschiedene Entwürfe für die Enklavierung der Karlstadt vorgelegt. Die am 9. Oktober von Caspers' Nachfolger, dem Ingenieurhauptmann Euler, mit einem ausführlichen Bericht überreichten Pläne Sub. Lit. A, B, C, D, E. F, et feuille volant G liegen in verschiedenen Ausfertigungen vor. [787] In einem ausführlichen Erläuterungsbericht bemängelte von Pfister wie schon früher vor allem die in diesen Plänen vorgesehene Schleifung der Bastion Karl August. Nach einer umständlichen Darlegung der Bedeutung Düsseldorfs als Festung kam er zu dem Schluß, daß die Festungswerke zwischen Altstadt und Extension, wie in seinen eigenen Plänen dargestellt, erhalten bleiben müßten. [788] Pfisters Plan fand naturgemäß keine Unterstützung seitens der Zivilbehörde, die die engste Vereinigung der beiden Stadtteile anstrebte. Dagegen empfahl Hofbaumeister Johann Heinrich Huschberger, der im Auftrage der Hofkammer 1783 eine genaue, auch auf die Finanzierung des Projektes eingehende Analyse der zur Diskussion stehenden Pläne ange-

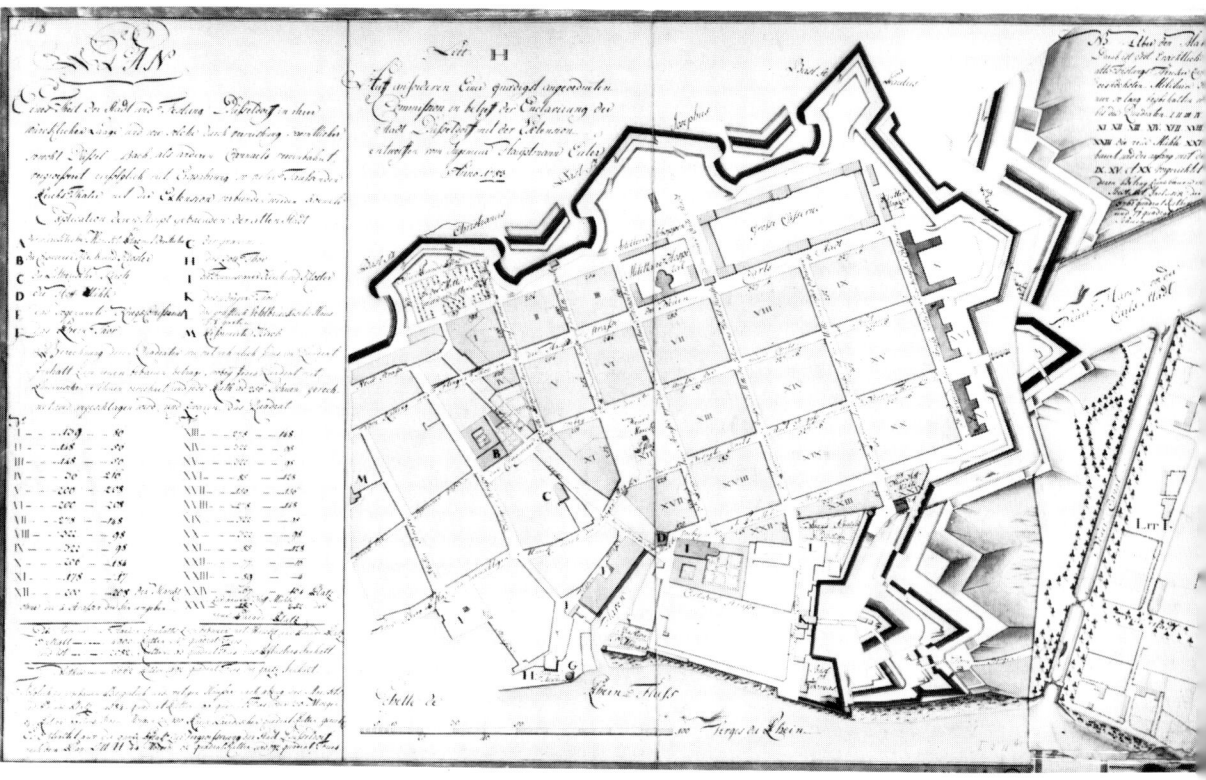

80 Plan zur Einbeziehung der Extension, Litt. H. Zeichnung von Ingenieurhauptmann Heinrich Euler, 1783

fertigt hatte, besonders den Plan Eulers, der neben der engen Anbindung der Extension an die Altstadt vor der Berger Front einen Düsselkanal mit interessanten Vorschlägen bezüglich eines neuen Hafens enthielt (Abb. 80).

Von diesem Plan, der eine Vereinigung der drei Städte Altstadt, Karlstadt und Neustadt vorsah, versprach sich Huschberger vor allem wegen des in dem Avandfossé im Bereich des Kameralweihers projektierten Hafens, „der eine Nahrungsvermehrung durch die Schiffahrt mit sich bringe", die größten kommerziellen Vorteile für Düsseldorf, weshalb er die Ausführung dieses Plans dringend empfahl. Der Geheime Rat schloß sich dem Urteil K. A. Huschbergers an und beschloß am 16. Februar 1784 die Annahme des Projektes.[789]

Die inzwischen durch den Plan Lit. H ergänzten Pläne Eulers wurden 1785 über die Generalität an den Kurfürsten, der sich zu dieser Zeit in Düsseldorf aufhielt, zur Entscheidung weitergeleitet. Am 23. Juni endlich ordnete Serenissimus die Ausführung des Projektes nach dem 1783 von Euler gefertigten Plan Lit. H an.[790] Zu diesem Zeitpunkt war bereits ein Gremium mit weitreichenden Vollmachten zur Durchführung des Projektes eingesetzt. Diese sogenannte Karlstädter Baukommission hatte den

202

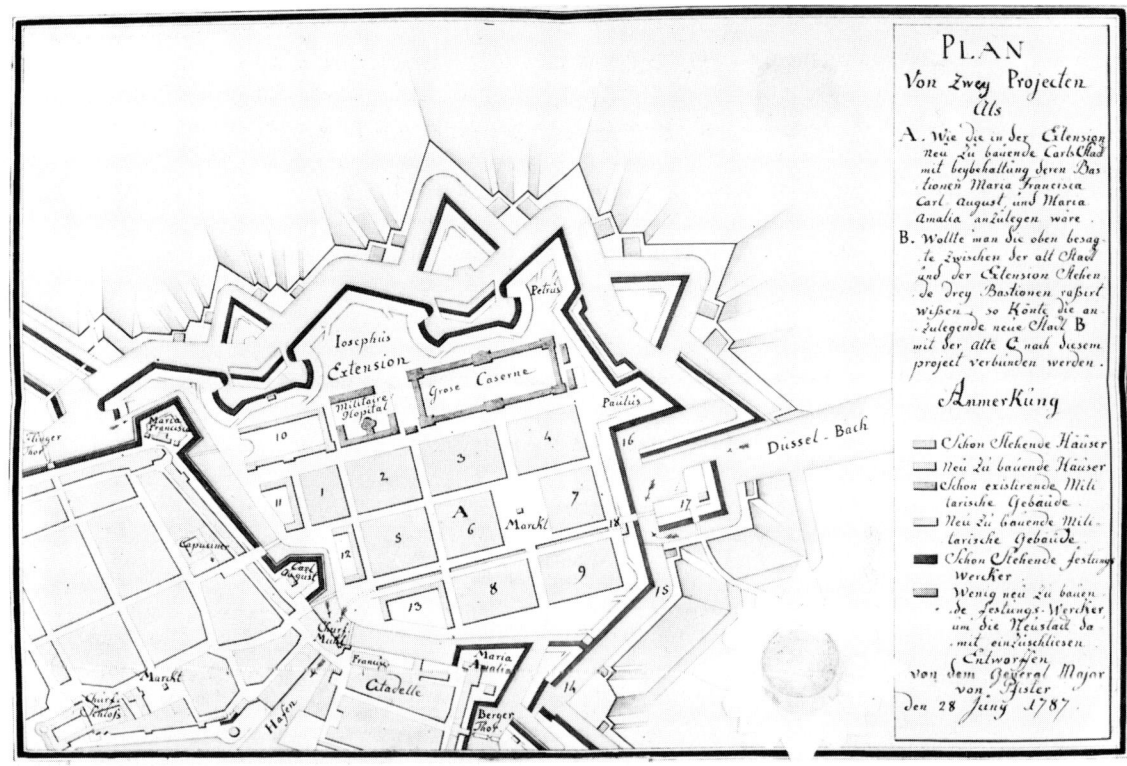

81 Gegenplan zur Einbeziehung der Extension unter Beibehaltung der Inneren Werke. Zeichnung von Ingenieurmajor v. Pfister, 1787

Auftrag, sich mit dem Militär zusammenzusetzen, um die Bebauung der Karlstadt gemeinsam zu überlegen.

Die militärische Abordnung, die von dem kommandieren General von Winkelhausen ernannt wurde, bestand aus dem Festungskommandanten Generalmajor von Kladt und dem Ingenieurmajor Regnier. Vertreter der Zivilbehörde waren die Geheimräte und Steuerreferendare von Palmer und von Grein. Diesen standen die Hofkammerräte Freiherr von Collenbach und Windscheidt zur Seite. Die von Ingenieurmajor Regnier angefertigten Protokolle der einzelnen Sitzungen sowie dessen ausführliche „Reflexions" über die technische Ausführung der Baumaßnahmen geben einen genauen Einblick in den Fortgang der Arbeiten.[791]

Regnier, der über außerordentlich reiche Berufserfahrungen verfügte und seine Vorschläge auf fachliche Überlegungen stützte, sah sich, wie sein Vorgänger, immer wieder Bürokraten und Intriganten ausgesetzt, die eine großzügige städtebauliche Lösung durch militärische Engstirnigkeit verhinderten. Da die Erfahrungen mit dem Hochwasser von 1784 gezeigt hatten, daß der Erfolg des Projektes vor allem von der richtigen Ausnivellierung der Straßenhöhen abhing, erhielt Regnier 1786 den Auftrag zur

Anfertigung eines neuen Höhenplanes.[792] Erst nach Vorlage des von Regnier ausgearbeiteten neuen Bebauungsplanes Lit. H. H., der allgemeine Zustimmung fand, nahmen die Streitigkeiten um die Maßnahmen zur Enklavierung ein vorläufiges Ende, so daß im Sommer 1786 die Beratungen über die technische Durchführung des Projektes beginnen konnten.

Die durch die Einplanierung des inneren Grabens bedingte Änderung der Ableitung des Wassers aus den Festungsgräben machte eine völlig neue Schleuse an der Oberrheinischen Festungsbranche erforderlich, denn der Batardeau vor der Bastion Thomas reichte wegen der Unterlassung der 1764 von dem Ingenieurhauptmann Bauer vorgesehenen Verstärkung nicht mehr aus, um den Wasserspiegel der Festungsgräben zu regulieren. Obwohl technische Unklarheiten hinsichtlich der Ausführung des Wasserbauwerks nicht bestanden, machte das Projekt, wie dem Schriftwechsel zwischen dem Kurfürsten und dem Geheimen Rat zu entnehmen ist, wegen der Finanzierungsfrage ebensowenig Fortschritte wie die Einplanierung der Inneren Werke und die Zuweisung der Bauplätze.[793]

Erst die Entscheidung des Kurfürsten vom 14. März 1787 machte allen Streitigkeiten ein Ende (Abb. 82). In diesem Beschluß wurde die Ausführung des Projektes nach dem Plan H. H. Regniers mit der Auflage gefordert, dem Wunsch des Magistrats entsprechend die Baublöcke geräumiger, die Straßen schmaler vorzusehen. Die Unkosten sollten, abgesehen von dem aus dem Verkauf der Bauplätze an Baulustige eingehenden Erlös, zur Hälfte aus der „aerario cameralis" und zur anderen Hälfte aus der „Civil Landes Caße" bestritten werden.

Die Kommission, die um den Freiherrn von Spiess erweitert wurde, erhielt den Auftrag, die Schleifung der Bastion Karl August und des anschließenden Walles umgehend einzuleiten. Regnier wurde auferlegt, seinen Plan Lit. H. H. dem Erlaß gemäß zu ändern.[794] Der bereits am 24. Juni 1787 mit einem ausführlichen Exposé vorgelegte geänderte Plan Lit. H. J. bildete die endgültige Grundlage zur Abpfählung der Grundstücke.[795] Nach diesem Bebauungsplan hatten die Baublöcke der Karlstadt, die größer als die neuen Bauquadrate in Mannheim waren, die gleiche Länge wie die Baublöcke der Zitadelle. Die Straßenhöhen hatte Regnier so angenommen, daß das Wasser ablaufen konnte. Der höchste Punkt lag am Kasernentor, zwar ein Fuß niedriger als der Hochwasserspiegel von 1784, jedoch über dem allgemeinen Hochwasser.

Da auch unter Karl Theodor immer noch der Gedanke wach war, die Altstadt mit der Neustadt zu verbinden, hatte Regnier in seiner Planung die Forderung erhoben, die Baublöcke an der Westseite der Poststraße freizulassen, um einen späteren Anschluß der Neustadt an die Altstadt und die Zitadelle zu ermöglichen. Die Düssel sollte dann durch einen Kanal in den Hafen eingeleitet werden, so daß dieser obschon etwas kleine Sicherheitshafen zum Nutzen der Stadt verbleiben konnte. Unverändert blieb nach den Vorstellungen Regniers die Flinger Bastion, die „die Stadt selbsten gut decket und für einen Cavalier dienet, besonders da diese Bastion über die davorliegende Festungswerke dominiert und wirklich seyn muß". Der Wallgang diente schon damals als Promenade.[796]

Am 7. September 1787 wurde der kurfürstliche Erlaß in den „Gülich und Bergischen wöchentlichen Nachrichten" bekanntgegeben.[797]

„Gleichwie zufolg Höchsthändigen gnädigsten Rescriptes vom 14ten May dieses Jah-

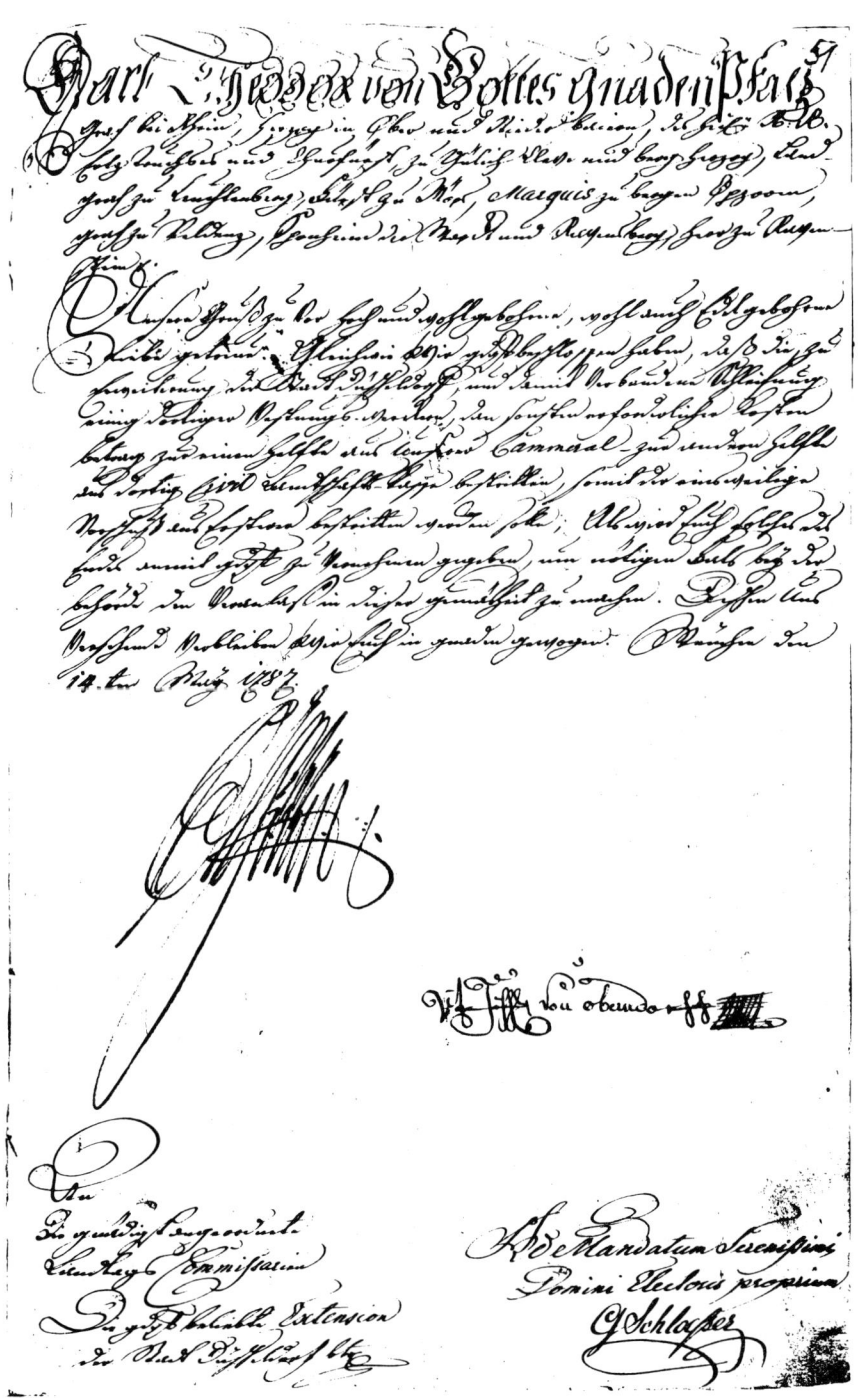

82 Erlaß des Kurfürsten Karl Theodor mit eigenhändiger Unterschrift, 14. Mai 1787

res, die hiesige Residenz-Stadt und Vestung Düsseldorf vermittels Schleifung des hinter der Wallstraße gelegenen Walls samt der Bastion dem in hiesiger Steuerkanzley, öffentlich angeftaten Plan gemäs erweitert, und jedem, welcher zu bauen Lust hat, zu Hinsetzung eines, als viel die Höhe und Zierlichkeit betrifft, zwar willkührlichen, dannoch aber anständigen Gebäudes, der Platz, gegen Erlegung eines Reichsthalers für jede Ruthe rheinischer Fußmaasse, unter Verleihung einer zwanzigjährigen vollkommenen Steuerfreyheit, mit dem ausdrücklichen Bedinge jedoch, gnädigst angewiesen werden solle, daß jeder Baulustige schuldig und gehalten seye, den ihme zum Bebauen angewiesene Platz, unter Verlust desselben, also fort zu bearbeiten, die Fundamenten, und Kellere noch vor Ende des Julius 1788, der vorgeschriebenen Straßenhöhe gleich, auszuführen: das völlige Gebäude aber in Zeit von drei Jahren, vom Tage der geschehenen Anweisung zu rechnen, darzustellen, und den District an der Straßen durch die Front des Gebäudes vollständig auszufüllen, keinesweg aber einigen Raum daselbst leer zu lassen, und durch die Hinsetzung einer blossen Mauer die Gassen zu verunzieren . . .‟

Sofort nach der Bekanntgabe wurde mit der Zuweisung der Bauplätze begonnen. Wenige Wochen später ließ die Baukommission die alten Pulvertürme auf den Inneren Werken sowie das Fruchtmagazin auf der Bastion Paul versteigern.[798] Trotz aller Eingriffe, insbesondere von seiten der Festungskommandantur und des Fortifikationsdirektors von Pfister, der erfolglos versuchte, seine Ideen zur Erhaltung des innerstädtischen Walles durchzusetzen (Abb. 81), machte das Werk unter der Leitung des Ingenieurmajors Regnier gute Fortschritte. Zur Ausführung wurden „arme Tagelöhner hiesiger Stadt gegen üblichen und billigen Lohn‟ herangezogen.[799]

Die immer größer werdenden Spannungen mit dem Steuerregistrator Custodis, der als Steuerauszahler für die Finanzen der Karlstadt verantwortlich war, bewegten Regnier schließlich, am 19. Dezember 1787 seinen Rücktritt einzureichen. Nach dem Ausscheiden des erfahrenen Ingenieurs wurde dem Generallandmesser Nosthoffen die technische Verwaltung übertragen.

Wichtiger als die Vorbereitung des Baugeländes selbst war die Sicherung der Wasserhöhe in den Festungsgräben. Wegen der Gefahr, daß das Wasser bei starkem Regen über den Batardeau in den Flinger Graben lief, blieb keine andere Möglichkeit als den Vorschlag Regniers aufzugreifen und die Düssel in den Kittelbach abzuleiten. Da Wasserbaumeister Bilgen, der das Werk Regniers fortsetzen sollte, von umfangreichen Flußregulierungen voll in Anspruch genommen war, mußte sich Freiherr von Spiess notgedrungen an die Hofbaumeister Wauters, Huschberger oder Flügel wenden, die von dem Ansuchen aber nicht sehr begeistert waren, denn nach dem Rücktritt Regniers machten die Militärbehörden bei der Durchführung der Arbeiten erst recht neue Schwierigkeiten. Kein Wunder, daß unter diesen Arbeitsbedingungen auch Nosthoffen sein Rücktrittsgesuch einreichte.

Der als Nachfolger von Palmers in die Baukommission eingesetzte Hofkammerrat von Kylmann beklagte sich darüber, daß nach dem Ausscheiden Nosthoffens und Regniers eine große Verwirrung und Unordnung in dem ganzen Karlstadtgeschäft herrschten. Da die ordnende Hand des sach- und fachkundigen Ingenieurs fehlte, sah Karl Theodor keinen anderen Ausweg, als den Ingenieurmajor wieder einzustellen und zum Baudirektor der Karlstadt zu ernennen. Auch unter der Leitung

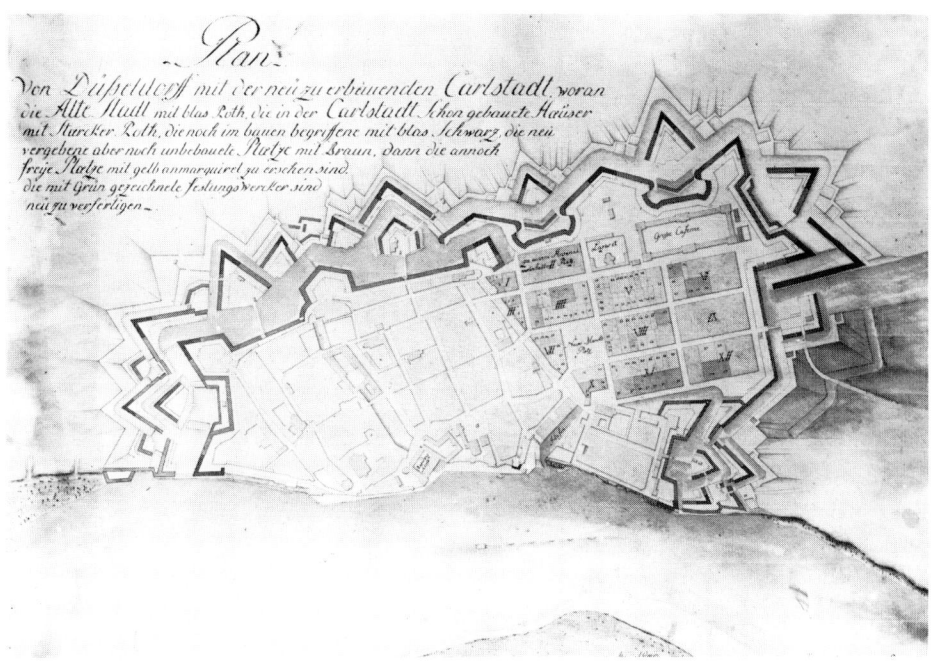

83 „Plan von Dusseldorf mit der neu zu erbauenden Carlstadt", 1791

Regniers gingen die Arbeiten nicht völlig reibungslos vonstatten, denn die beteiligten Behörden erhoben immer neue Vorwürfe. Die Schwierigkeit des Projekts lag einerseits in der Tatsache, „daß der Landesherr nicht wie in anderen Königreichen zu geschehen pflegt, um Pracht, Majestät und der Architektur aufzuführen, ungeheure Summen von schwerem Geld vorschießet . . ." Andererseits bestanden aber für die Fassadenausbildung weitgehende Gestaltungsvorschriften, die nur unter strenger Aufsicht eingehalten wurden.

Nachdem der Gegner des fachkundigen Ingenieurmajors, der geschäftstüchtige Steuerregistrator Custodis, 1789 ausgeschieden war, hatte Regnier freie Hand in der Führung der Baugeschäfte. Der Erfolg blieb nicht aus. Eine Reihe namhafter Persönlichkeiten ließ sich schon bald in der Karlstadt nieder; unter anderem die Posthalterinnen van Gehmen und Mauerbrecher. Der Freiherr von Grein, Professor Henoumont und der Zimmermeister Heffter bauten sogar mehrere Häuser. Allein 14 Grundstücke sicherte sich der Kaufmann Peter Adolf Reinartz. Starkes Interesse zeigten vor allem die Bauhandwerker. Der Hofmaurermeister Köhler soll Friedrich Benzenberg zufolge 16 Häuser für sich in der Karl- und Altstadt gebaut haben.[800]

1791 waren weite Teile der Karlstadt im Bau begriffen (Abb. 83), die den Karlplatz einschließenden Bauquadrate mit den Häusern des Hofmaurermeisters Köhler an der Nordseite, den Reihenhäusern des Freiherrn von Grein an der Westseite und den Bauten der Witwe Schöller und der Posthalterin Mauerbrecher an der Südseite. Die Bebauung der drei Baublöcke zwischen Kasernen- und Poststraße reichte im Süden bis an die Bastionstraße. Weiter südlich lag immer noch der das ausgeziegelte Gelände

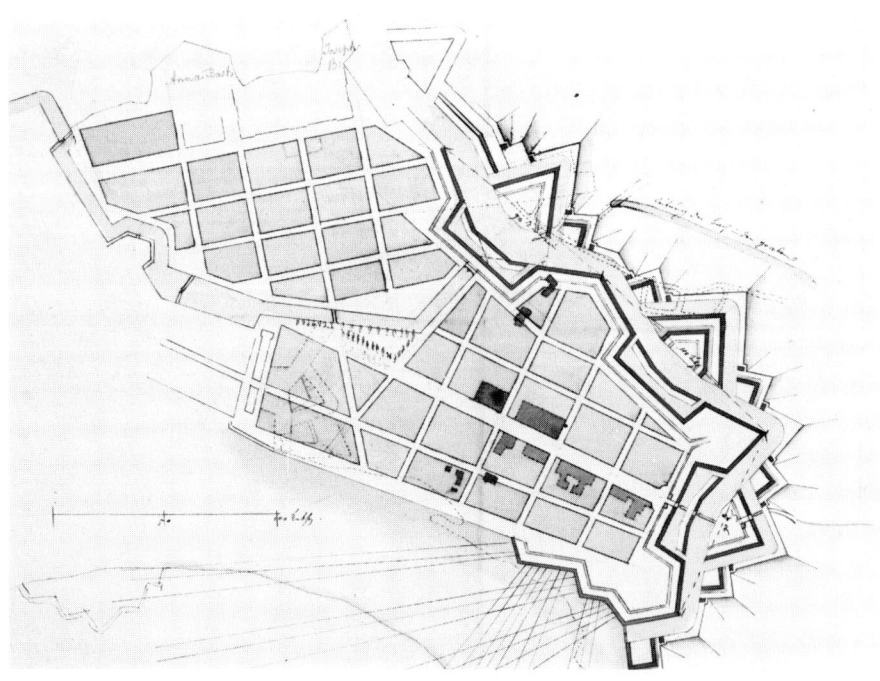

84 Bebauungsplan für die Neustadt. Projekt zur Einbeziehung der Extension, 1780

einnehmende Düsselteich (Flac d'eau), der erst nach der Entfestigung zugeschüttet und überbaut worden ist. An dieser Stelle hatte die Planung ursprünglich neue Kasernen vorgesehen.

Natürlich ließen sich bei einer so großen Baumaßnahme, wie es die Karlstadt war, die Auswüchse von Grundstücksspekulationen und Baupreissteigerungen trotz entschiedener Bekämpfung durch die Baukommission nicht verhindern. Der Zwang schnell zu bauen, aber auch schlechte Witterungsverhältnisse und Überschwemmungen, vor allem aber unzureichende Finanzierungsmittel der Bauherren führten zu nicht einkalkulierten Schwierigkeiten. Je nach Lage der Bauplätze mußten in dem teilweise angeschütteten Gelände bis zu 8 m tief gegründet werden. Einige Häuser wurden nicht fertiggestellt, andere drohten wegen fehlerhafter Gründung einzustürzen. Insgesamt gesehen machten die Bauarbeiten aber sichtbare Fortschritte. Am 19. Juni 1792 konnte die neue, nach den Entwürfen Krahes von Hofmaurermeister Köhler erbaute Synagoge an der Kasernenstraße eingeweiht werden.[801]

Als Regnier 1792 sein Amt dem Ingenieurhauptmann van Douwen übertrug, hatte man die größten Schwierigkeiten überwunden, so daß die Vollendung des Werkes gesichert war.[802] Immer häufiger fand die Karlstadt, die als ein Musterbeispiel der Städtebaukunst des ausgehenden 18. Jahrhunderts zu werten ist, in den Reisebeschreibungen eine sehr positive Beurteilung.[803]

Die Auswirkungen der französischen Revolution beeinflußten seit 1794 die weitere Entwicklung dieses Bauvorhabens. Hinzu kam 1795 die große Überschwemmungs-

208

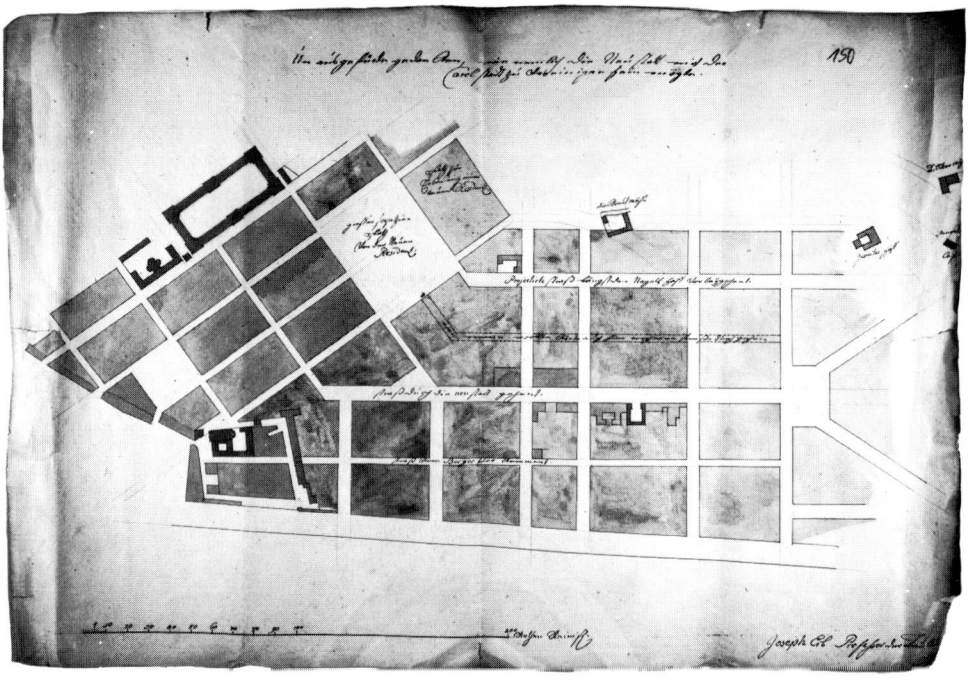

85 Bebauungsplanvorschlag von Akademieprofessor Erb für eine Verbindung der Neustadt mit
der Karlstadt, 1798

katastrophe. Die Stadt und die ganze Umgebung standen unter Wasser. In dieser
Zeit der Not kamen die Überlegungen zum Ausbau der Stadt wieder in Gang.
Stadtbaumeister Professor Erb griff ähnlich wie der Fortifikationsdirektor Pfister
den alten Gedanken zur Einbeziehung der Neustadt Johann Wilhelms wieder auf
und machte einen interessanten Bebauungsvorschlag (Abb. 84, 85). Die von ihm
geplanten Straßen der Neustadt sollten im Westen der Karlstadt an das neue Straßensystem angeschlossen werden. Zwischen den Verlängerungen der Hohestraße und
Bolkerstraße sollte die neue Residenz entstehen. Davor war, doppelt so groß wie der
heutige Schwanenmarkt, ein großer Spazierplatz geplant.
Zunächst wurde die Situation durch die Besatzung der Franzosen nicht besser. Diese
sahen in der unfertigen Karlstadt sogar eine militärische Gefahr. Aus diesem Gesichtspunkt heraus hatten sie eine Erweiterung der Festungsanlagen unter Einbeziehung der Neustadt erwogen (Abb. 73). Infolge der Hektik der politischen Entwicklung ist dieser Plan aber ebenso wie der Vorschlag von Erb nur eine Idee geblieben.
Aus Sicherheitsgründen mußte sogar das vom Hochwasser beschädigte Berger Tor sowie
das Extensionstor geschlossen werden. Für die wirtschaftliche Entwicklung der Karlstadt, in der bereits 1796 118 Häuser standen, war dieser Umstand ein gewaltiges
Hindernis. 1799 wurde immerhin das Berger Tor wieder provisorisch hergerichtet.
Nur gegen eine Abgabe von Lebensmitteln bei Ein- und Ausgang wurde Durchlaß gewährt, was zur Folge hatte, daß manche Bauern dem Markt fernblieben. Erst mit dem

Abzug der Franzosen, 1801, und der Überplanung des ehemaligen Festungsgeländes wurde der Ausbau der Karlstadt wieder ernsthaft weiterbetrieben.

Baubeschreibung

– Der Festungskranz der Stadterweiterung durch Johann Wilhelm –

Die unverhältnismäßig große Ausdehnung der Stadterweiterung durch Johann Wilhelm hat in der Vergangenheit mangels eindeutiger Belege zu manchen Irrtümern über den Verlauf der Enceinte dieser Erweiterung Anlaß gegeben.[804] Während 1958 in Unkenntnis der in Stockholm (Abb. 86), Berlin und Mailand[805] aufbewahrten Festungspläne die exakte Darstellung der Extension in der Medaille Nr. 51 bei Rapparini noch als „holdes Spiel der Phantasie" gewertet wurde,[806] läßt sich heute der Verlauf der betreffenden Befestigungsfront anhand der aufgefundenen Pläne eindeutig nachweisen.

Danach sollte die Neustadt in Nord-Süd-Richtung an die Altstadt anschließen. Der von Cagnon vorgesehene, 2,6 km lange neue Befestigungsgürtel beschrieb einen großen Bogen von der Flinger Bastion bis hin zum Rhein, etwa in Höhe der Karl-Theodor-Insel (Zollhafen). An dieser Linie sollten neun Bastionen entstehen, von denen die erste in Form einer die Flinger Bastion deckenden Kontergarde (Bastion Elisabeth) den Übergang von der alten Stadtbefestigung zur neuen Enceinte bildete. Südlich folgend, etwa in den Schnittpunkten Benrather Straße – Königsallee, Luisenstraße – Friedrichstraße, Reichsgasse – Reichsstraße, Kronprinzenstraße – Fürstenwall, Lorettostraße – Düsselstraße und im Bereich des Lahnweges (im 19. Jahrhundert Wallstraße) setzen sieben weitere, verschieden große Bastionen den Befestigungskranz zum Rhein hin fort. Diese der vaubanschen Befestigungsmanier entsprechenden Bastionen hatten Orillons und zurückgezogene Flanken mit Feueretagen. Ähnlich wie die Bastion Schaesberg (Niederrheinische Bastion) im Neuen Werk, sollte in Höhe der Brückenstraße eine Halbbastion den südlichen Abschluß zum Rhein hin bilden.

In dem die Enceinte umschließenden Hauptgraben waren vor den relativ kurzen, die Bastionen verbindenden, mit Brisuren versehenen Kurtinen spitzwinklige Ravelins zur besseren Bestreichung der Bastionsfacen ohne Flanken angeordnet. Parallel zur Kontereskarpe des trockenen Grabens verlief wie bei der alten Stadtbefestigung der sich in den einspringenden Winkeln zu Waffenplätzen ausweitende bedeckte Weg, begleitet von einem breiten Glacis. In den Kurtinen, in Höhe der Neußer Straße / Ecke Düsselstraße und im Bereich der Elisabethstraße, gegenüber dem Landtag, waren zwei neue Stadteingänge geplant. Die Rheinfront wies keinen besonderen Fortifikationsschutz auf. Hier war, wie auf der Medaille Nr. 129 bei Rapparini klar ersichtlich, eine altertümliche Stadtmauer mit einigen Torlücken vorgesehen. Im Bereich der Einfahrt des Berger Hafens hatte man schon damals ein kleines Hafenbecken geplant (Abb. 14). Während der Stockholmer Festungsplan als Darstellung der Planungsabsichten Johann Wilhelms zu werten ist, veranschaulicht der in Berlin aufbewahrte „Plan de Düsseldorf" den Stand der Festungswerke nach Einstellung der Bauarbeiten um 1716. Danach wurde der mit acht Bastionen und dazwischenliegenden Ravelins ausgestattete Befestigungsring des 17. Jahrhunderts durch die sich gegenseitig flankierenden Konter-

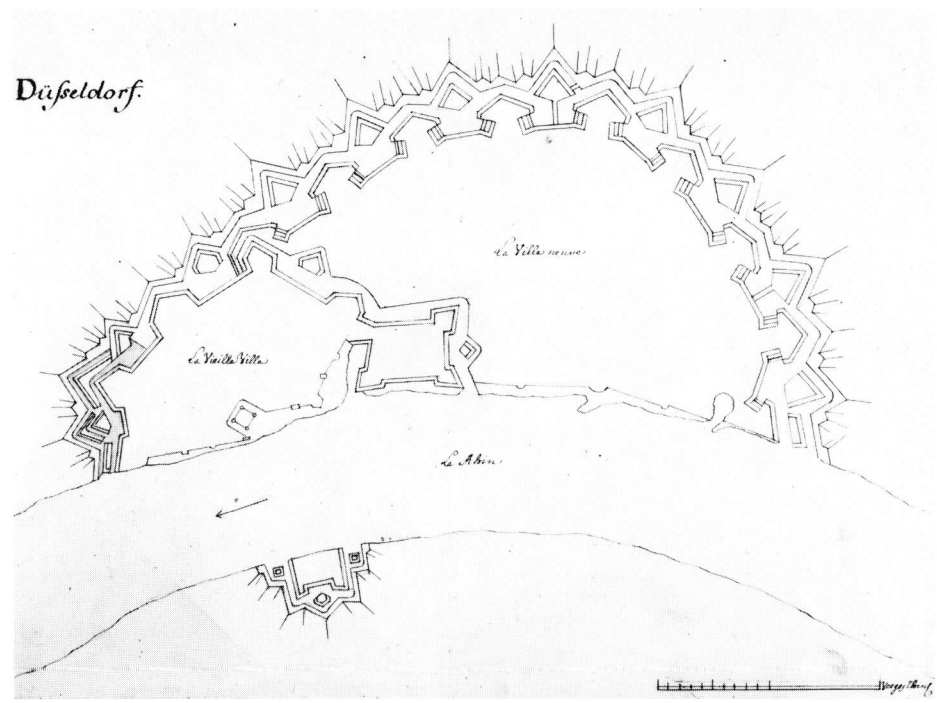

Düsseldorf.

86 Plan der Befestigung von Düsseldorf mit der projektierten Neustadt, um 1697

garden des Neuen Werkes und den vor der Berger Bastion, allerdings ohne Avantfossé, errichteten Halbmond Paul (Berger Kontergarde) charakterisiert. Von den
darüber hinaus vorgenommenen Ergänzungen fällt die inzwischen weitgehend fertiggestellte Kontereskarpe und der bedeckte Weg mit den ein- und ausgehenden Waffenplätzen besonders in Auge. Das Neue Werk hatte überdies eine Ergänzung durch zwei
Reduits (Niederrheinische Reduits) rechts und links der Niederrheinischen Kontergarde erfahren. Ein weiteres, später in die Oberrheinische Kontergarde einbezoge-
nes Reduit (linke Oberrheinische Lunette) flankierte das Oberrheinische Ravelin
(Berger Ravelin).
Die Zitadelle, an deren östlicher und westlicher Kurtine einschließlich der Bastion
Spee das Parapet fehlte, machte den unvollständigsten Eindruck. Auf der linken
Rheinseite besorgte das Fort Düsselburg bis 1720 die Deckung der westlichen Festungsflanke. Das als Brückenkopf ausgebildete Fort war ein einfaches Hornwerk
aus einem kasemattierten, 12 Fuß hohen Wall, den ein palisadierter Graben vom
Land trennte. In seinem Inneren barg das kleine Festungswerk, das am Rhein von
zwei Waffenplätzen flankiert und im Westen durch ein kleines Ravelin gedeckt war,
zwei Kasernen.[807] Wahrscheinlich hat man wegen der bekannten Schwierigkeiten mit
Kurköln bei der Planung der Stadterweiterung unter Johann Wilhelm von einer Vergrößerung des kleinen Hornwerks abgesehen. Jedenfalls hat das Fort bis zu seinem
Abbruch 1720/21 keine entscheidende Veränderung erfahren.

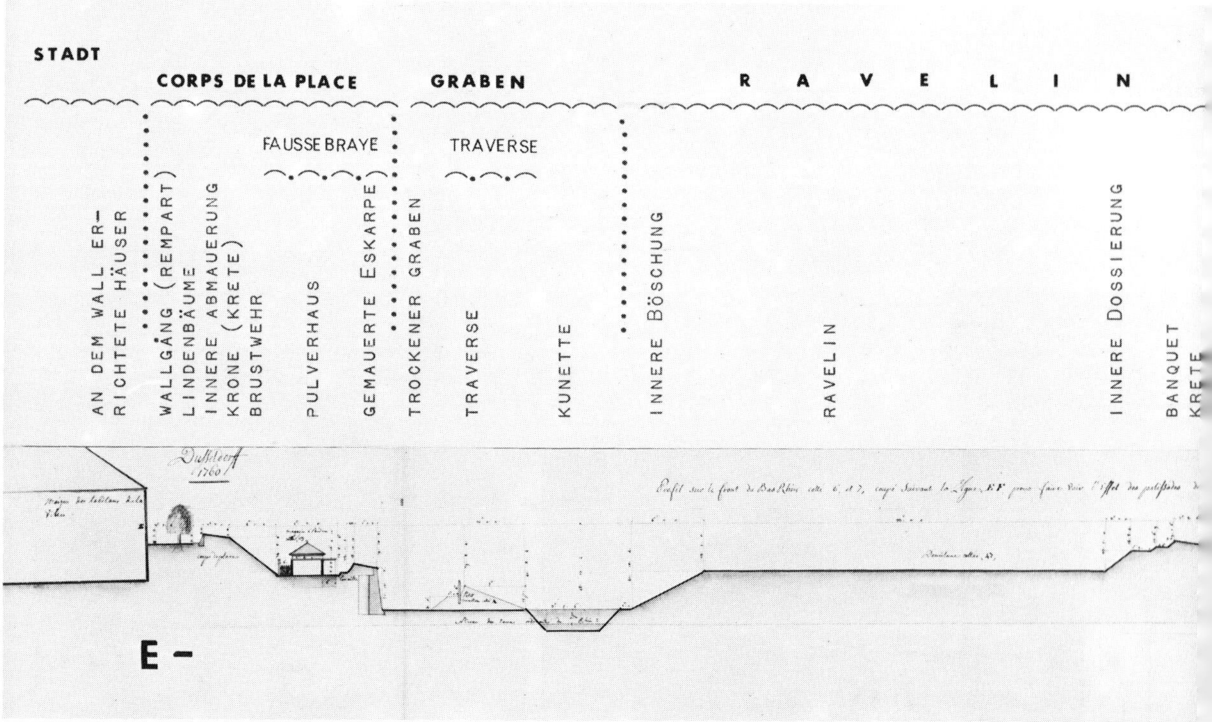

STADT
CORPS DE LA PLACE
GRABEN
R A V E L I N
FAUSSE BRAYE
TRAVERSE
AN DEM WALL ER-
RICHTETE HÄUSER
WALLGÄNG (REMPART)
LINDENBÄUME
INNERE ABMAUERUNG
KRONE (KRETE)
BRUSTWEHR
PULVERHAUS
GEMAUERTE ESKARPE
TROCKENER GRABEN
TRAVERSE
KUNETTE
INNERE BÖSCHUNG
RAVELIN
INNERE DOSSIERUNG
BANQUET
KRETE
Dusseldorf
1760
E –

87 Profilschnitt durch die Nordfront der Festung Düsseldorf. Zeichnung von Foucroy, 1760

A
A
F
E
B
B
C
C

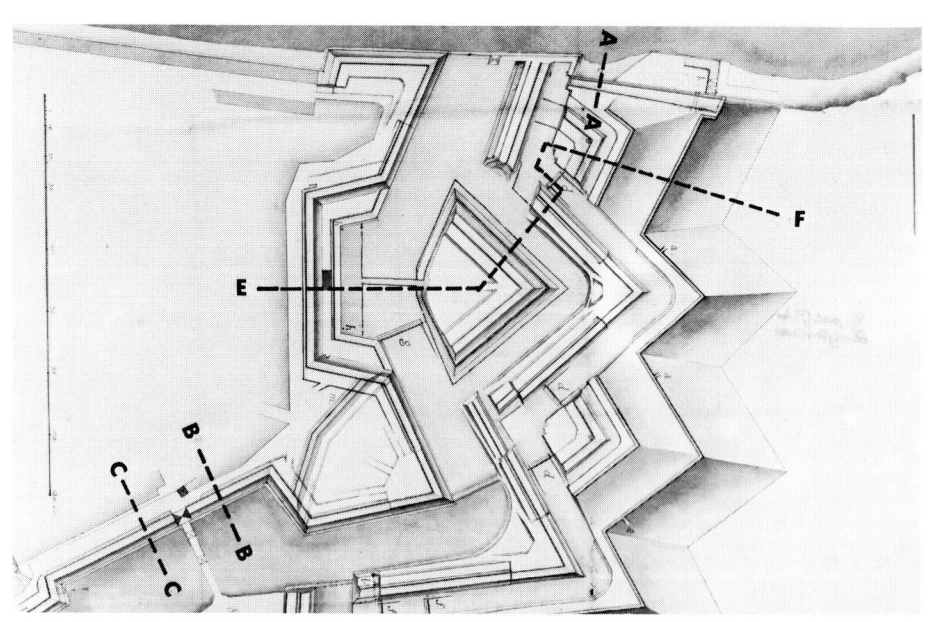

88 Plan der Nordfront von 1760 mit eingetragenen Schnittlinien zu obenstehenden Profilen

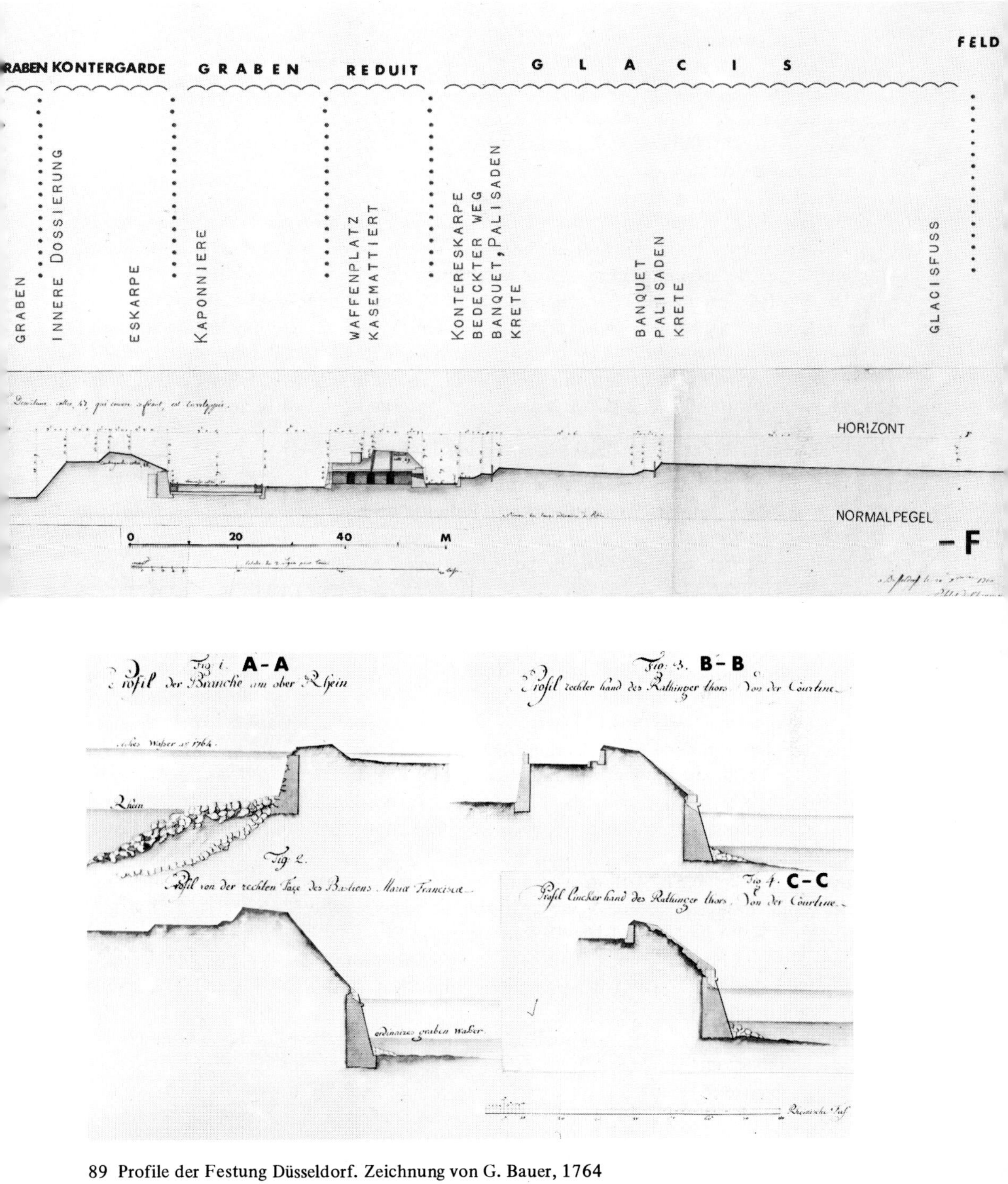

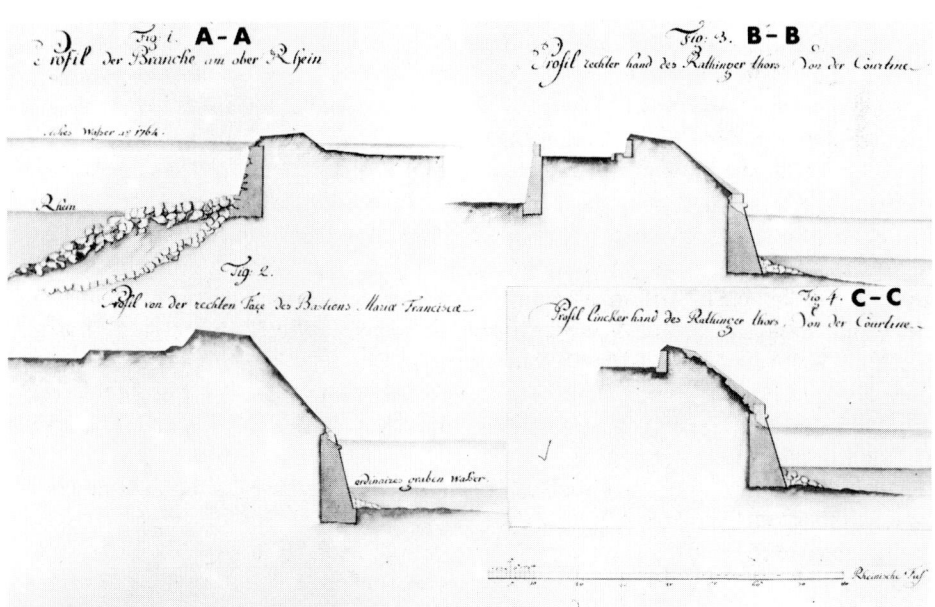

RABEN KONTERGARDE **G R A B E N** **R E D U I T** **G L A C I S** FELD

- GRABEN
- INNERE DOSSIERUNG
- ESKARPE
- KAPONNIERE
- WAFFENPLATZ KASEMATTIERT
- KONTERESKARPE BEDECKTER WEG BANQUET, PALISADEN KRETE
- BANQUET PALISADEN KRETE
- GLACISFUSS

HORIZONT

NORMALPEGEL

-F

0   20   40   M

Fig. 1 **A-A**
Profil der Branche am ober Rhein

Fig. 3 **B-B**
Profil rechter hand des Ratinger thors von der Courtine

Fig. 2
Profil von der rechten Face des Bastions Maria Francisca

Fig. 4 **C-C**
Profil linker hand des Ratinger thors von der Courtine

89 Profile der Festung Düsseldorf. Zeichnung von G. Bauer, 1764

213

Von der Enceinte der angefangenen Stadterweiterung war das Retranchement um 1716 in groben Zügen fertiggestellt, so daß ein nahezu geschlossener Graben mit Erdwällen das neue Stadtgebiet umschloß. Die Mauern der von der Flinger Bastion und vom Rhein ausgehenden, neu angelegten Bastionen, die sogenannte Circumvallationsmauer, bildeten südöstlich der Krautmühle noch keinen geschlossenen Ring. Am vollständigsten ausgeführt waren die drei neuen Bastionen hinter der Extensionskaserne sowie das die Neustadt im Süden umfassende Retranchement. An dieser Seite hatte man auch schon damit begonnen, ein Ravelin auszuwerfen. In den übrigen Abschnitten waren noch keine Außenwerke vorhanden. Die vorgesehene Kontereskarpe, das Glacis und der bedeckte Weg fehlten noch in dem gesamten neu angelegten Befestigungskranz. Während der Befestigungsabschnitt südlich der Flinger Bastion bei der Einschließung der Inneren Extension weiter Verwendung fand und die Enceinte südöstlich der Krautmühle einplaniert wurde, blieb das Retranchement am Rhein mit den beiden Bastionen und dem Ravelin bis ins 19. Jahrhundert unverändert.[808] Noch heute sind die Umrisse dieser Werke (Alte Wercker) entlang des Lahnweges und im Verlauf der Katastergrenzen ohne Mühe zu verfolgen (Taf. XV).

– Der Umkreis der Werke nach Einbeziehung der Extension –

Das ganze die Stadt umgebende Festungssystem war nicht nach einem einheitlichen Plan angelegt. Infolge der verschiedenen Projekte und der unterschiedlichen Auffassungen der Ingenieure war nach und nach, insbesondere durch die Verkürzung der Erweiterung durch Johann Wilhelm, ein völlig unregelmäßiges Tracé entstanden, dessen einzelne Werke, abgesehen von zahlreichen Fehlern in den Details der Ausführung, vor allem grundrißmäßig wenig aufeinander abgestimmt waren.

Nach 1726 zeigte die neue Festungsenceinte von Düsseldorf einschließlich des alten Befestigungsrings zwölf Bastionen, deren Flanken teils auf der Kurtine, teils auf den Defenslinien senkrecht standen. Die Bastionen waren außer der an der Rheinseite ganz revetierten Bastion Schaesberg, ähnlich wie die Wälle, bis auf halbe Höhe abgemauert. Die von der Flinger Bastion nach Süden verlaufende neue Befestigungsfront mit den Bastionen Elisabeth, Anna, Joseph und Karl folgte bis in Höhe des heutigen Graf-Adolf-Platzes der Linie der bereits unter Johann Wilhelm begonnenen Circumvallation. Die eigentlich neue Wallanlage begann an der Bastion Joseph. In der Pünte dieses als Halbbastion ausgebildeten Werkes knickte das Festungspolygon in einem spitzen Winkel nach Westen ab und bildete mit der Nachbarbastion (Halbbastion Karl) die Extensionsfront. Von der durch die nicht revetierte Kontergarde Karl gedeckten Halbbastion Karl, deren verlängerte rechte Flanke den weiteren Verlauf des Hauptwalls bestimmte, fand das einige Meter nördlich der Südstraße rechtwinklig abbiegende Polygon über einen doppelten bedeckten Weg den Anschluß an die Kontergarde Diementstein.

Diese neuen, die Extension einschließenden Festungswerke bildeten zusammen ein gedoppeltes, unregelmäßiges Kronwerk. Zur Deckung der Bastionsfacen waren drei den Kehlen des Hauptgrabens vorgelagerte, von einem Avantfossé flankierte Ravelins (Hospitalravelin, Kasernenravelin, Extensionsravelin) vorgesehen. Zwischen diesen Ravelins und den relativ kurzen Kurtinen hatte man zur besseren Grabenbestreichung vor der östlichen Befestigungsfront im trockenen Hauptgraben je eine

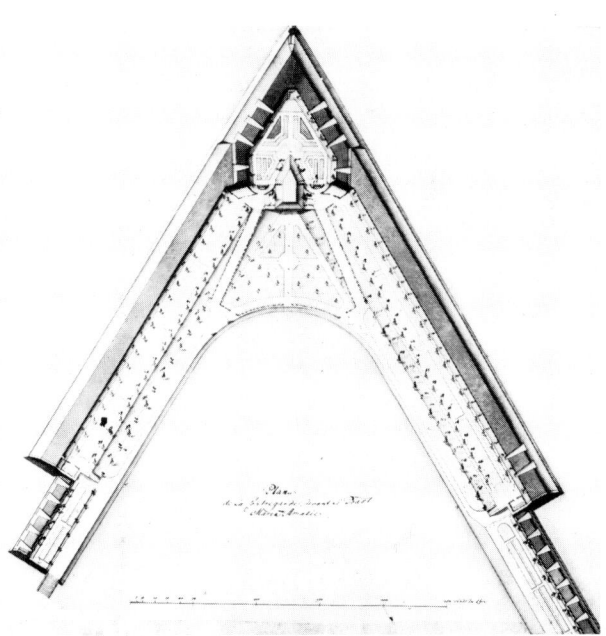

90 Plan der Kontergarde
Maria Amalia, um 1768

Grabenschere geplant. Vor der Extensionskurtine erfüllte eine kasemattierte Tenaille mit Flanken (Extentionstenaille) den gleichen Zweck. Der stadtseitig abgemauerte Hauptwall war zum Graben hin durch eine 15 Fuß hohe, teilweise mit Fraisen versehene Eskarpe ohne Berme revetiert. Über den die Futtermauer abschließenden Kordons erhob sich die 4,25 Meter hohe rasenbedeckte Böschung mit der an der Innenseite 1,50 Meter hoch abgemauerten Brustwehr.

Der vor der Ratinger Front bis zu 1,95 Meter, vor der Flinger und der Berger Front bis zu 1,10 Meter mit Wasser gefüllte Graben war im Bereich des Neuen Werkes und vor der Extension als trockener Graben angelegt. Ein in der Grabenmitte eingerammter, sieben Fuß hoher Palisadenzaun erschwerte jeden feindlichen Angriff (Abb. 89).[809]

Den äußeren Grabenabschluß bildete die im Bereich der Extension erst seit der Mitte des 18. Jahrhunderts abgemauerte Kontereskarpe, begleitet von dem bedeckten Weg und einer nach außen durch Palisaden abgetrennten Bankette. Zum freien Feld hin lag der in den einspringenden Winkeln zu Waffenplätzen ausgebaute Kommunikationsweg im Schutz eines breiten Glacis, das lediglich von den sich zum Kameralweiher und zur Landskrone ausweitenden Düsselarmen unterbrochen wurde. Der nach den Grundsätzen Coehorns ohne Traversen angelegte bedeckte Weg ist erst von den Franzosen zur Sicherung gegen Querfeuer vor den Waffenplätzen durch Querwälle unterteilt worden (Abb. 71)[810]

Das gesamte Corps de la place lag im Schutz einer starken Vorwerksbefestigung (Abb. 87, 77). Diese an der Bastion Schaesberg mit der Niederrheinischen Redute beginnende, aus den Kontergarden des Neuen Werkes (Niederrheinische Halbkontergarde, Niederrheinische Kontergarde) und den vorgelagerten kasemattierten Niederrheinischen Reduits (Lunetten) gebildete Enveloppe von Außenwerken fand über das

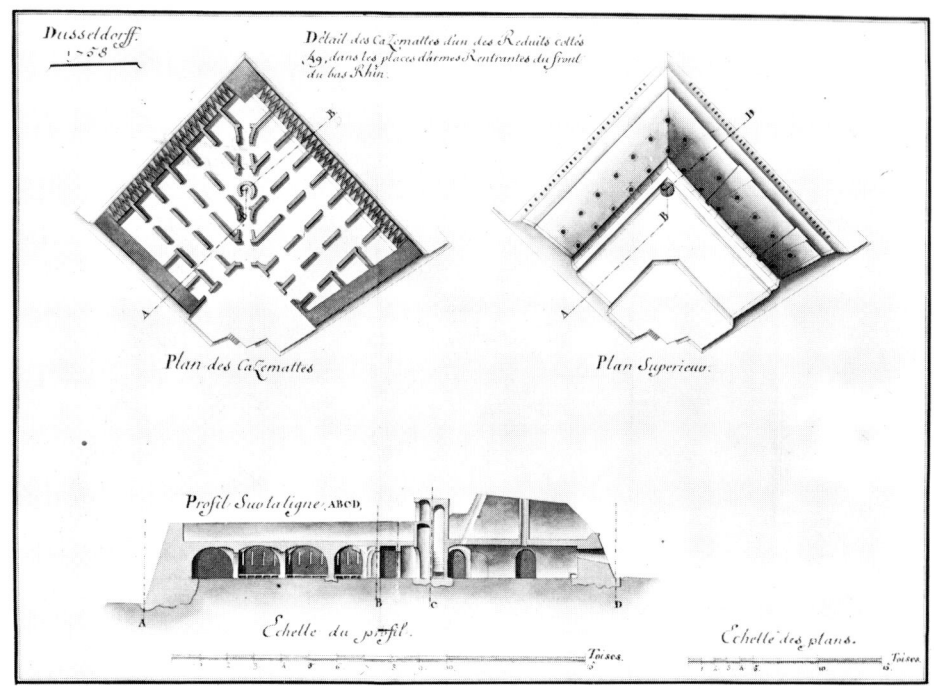

91 Detail der Kasematten eines der Niederrheinischen Reduits, 1758

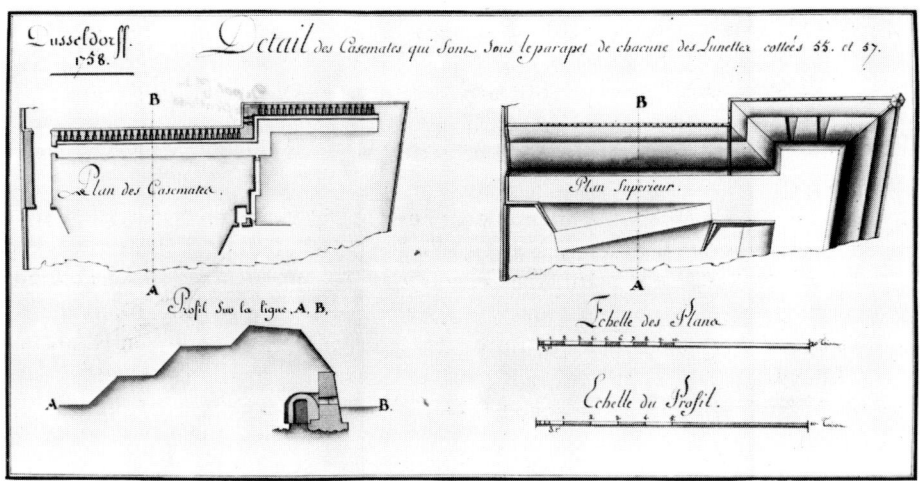

92 Detail der Kasematten der Mühlenlunetten, 1758

vergrößerte Ratinger Ravelin und die neuen Lunetten vor der Mühlenbastion (Mühlenlunetten) mit der dazwischenliegenden Schleuse ihre Fortsetzung in der 1738 vor dem Flinger Ravelin neu angelegten Flinger Kontergarde, deren südliche Face von der

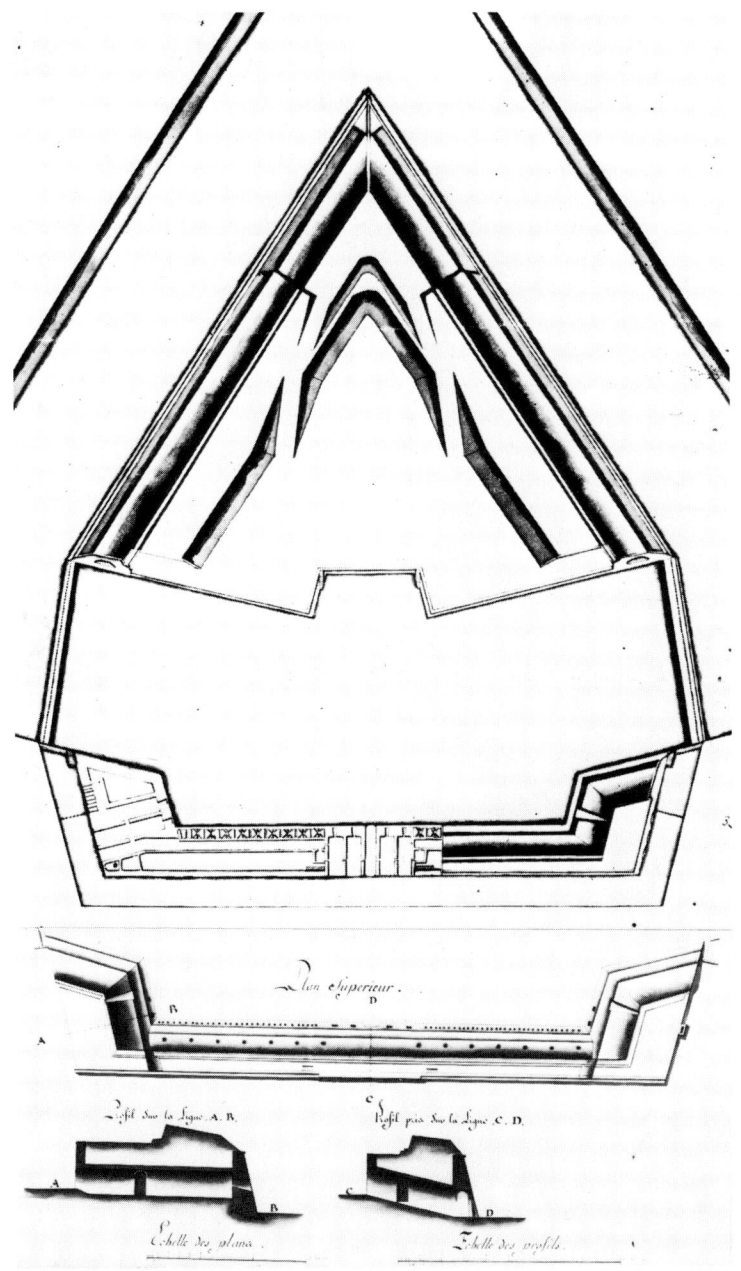

93 Ravelin und Tenaille der Extensionsfront, 1758

vor der Flinger Bastion als Kontergarde ausgebildeten Bastion Elisabeth flankiert wurde.

Während die drei neuen Ravelins der Extension nicht im Schutz einer Enveloppe von Vorwerken lagen, wurde das System der vorgelagerten Kontergarden an der Oberrheinischen Front konsequent weitergeführt. Dieser Abschnitt wurde durch die grasbedeckte Kontergarde Karl, die Kontergarde Maria Amalia (Abb. 90), die Oberrheinische Kontergarde und die Oberrheinische Halbkontergarde mit der darin angeordneten Oberrheinischen Lunette so gut gedeckt, daß die Einsicht von der Landseite unmöglich war.

Die zwischen alter Befestigung und Extension erhalten gebliebene Berger Front lag ebenfalls im Schutz einer durch das Ravelin Goldstein (Johannes), der Berger Kontergarde und die Franziskaner Lunette geschlossenen Vorwerksbefestigung.

Außer der Niederrheinischen Kontergarde und der Kontergarde Karl waren die Facen der mit einer Brustwehr versehenen Werke bis auf halbe Höhe revetiert. Die Spitzen der Außenwerke waren bonnetiert und mit Scharten versehen. Die Kehlen zeigten außer den Palisaden keinen besonderen Schutz. Zur Lagerung von Pulver und Festungsrequisiten, zur Kommunikation der Mannschaften und zum Ausfahren der Geschütze hatte man einzelne Festungswerke mit unterirdischen Gängen und Sammelräumen ausgestattet (Zusammenstellung Kap. VII, 7).[811]

Die an der Niederrheinischen Front angelegten kasemattierten Niederrheinischen Reduits (Abb. 91), die von den Franzosen durch ein weiteres Reduit (Ratinger Lunette) zwischen Ratinger Kontergarde und Ratinger Ravelin ergänzt wurden, hatten bombensichere Gewölbe, die etwa 500 Mann Besatzung aufnehmen konnten. Ähnlich wie die vor der Mühlenbastion mit Souterrains ausgestatteten Lunetten (Abb. 92) wurden auch diese allerdings zu hoch angelegten Reduits durch einen Graben und einen doppelt gedeckten Weg gesichert (Abb. 87). Die übrigen Souterrains in der Niederrheinischen Halbkontergarde, die Flinger Kontergarde, den Ravelins der Extension sowie den Orillons der Bastionen Joseph und Peter waren außer den Kasematten der Extensionstenaille nur kleine, nicht für Mannschaften geeignete Hohlbauten (Abb. 93).

Den Abschluß der Festung zum Rhein hin bildete, abgesehen von den beiden, die Zitadelle flankierenden Bastionen mit der dazwischenliegenden krenellierten Mauer, die turmumwehrte mittelalterliche Stadtmauer. Nur zeitweilig wurde diese Westliche Festungsflanke durch einen auf dem linken Rheinufer angelegten Brückenkopf gedeckt. Das 1738 auf den alten Fundamenten wiedererrichtete Fort Düsselburg war ein kleines, durch ein Ravelin gedecktes Hornwerk, das von einem 6 Toisen (11,7 m) breiten, mit Grundwasser gespeisten Festungsgraben umgeben war (Taf. XIII). Im Inneren des aus palisadierten Erdwällen errichteten, dem Hochwasser ausgesetzten Brückenkopfes lagen die beiden Fortkasernen mit einem Wachgebäude und zwei Pulvermagazinen.[812] Durch den rechten, am Rhein angelegten Waffenplatz führte der Weg zur Anlegestelle der Schiffsbrücke.

Nach der Demolierung des Forts 1748 sicherte der von den Franzosen 1759 weiter ausgebaute Brückenkopf der Hannoveraner (Abb. 76) die westliche Festungsflanke. Dieses auf Order des Marquis de Sourches entstandene Linksrheinische Retranchement (Abb. 77) war ein fünffaches Redan, bestehend aus einer Berme und einem mit Saucissons revetierten Parapet, das von einem acht Fuß tiefen und ca. zwölf Fuß breiten trockenen Graben mit einer in dessen Mitte eingerammten Barriere aus sieben Fuß langen Palisaden begleitet war. Da das Retranchement in der Hochwasserzone lag, war es trotz aller Erhaltungsmaßnahmen auf die Dauer als Verteidigungswerk wertlos.

Im Süden der Festung hatte die französische Garnison zur Verhinderung feindlicher Approchen in der Nähe der Krautmühle sowie im Verlauf der Gladbacher Straße drei Reduten (Reduten der Neustadt) sowie drei Batterien (Batterien der Neustadt), von denen sich zwei auf den verbliebenen Wällen des Retranchements der Neustadt befanden, als einfache Erdwerke angelegt.

Der Festungsring war auf der Landseite von drei Toren, dem Ratinger, Flinger und Berger Tor, durchbrochen. Ein weiterer Tordurchgang durchschnitt den zwischen der verlängerten Face der Bastion Karl und der Kontergarde Diemantstein abschließenden Wall der Extension. Neben den Toren, die auf das Rheinwerft führten, sind die beiden innerstädtischen, die Verbindung zur Extension herstellenden Inneren Extensionstore am Stadtbrückchen (westlich vom Wilhelm-Marx-Haus) und an der Franziskanerbrücke (gegenüber der Maxkirche) noch besonders zu erwähnen.

— Veränderung nach Schleifung der Inneren Werke —

Die im Zuge der Enklavierung der Karlstadt erfolgte Schleifung der Inneren Werke und die Übernahme der Festung durch die Franzosen hatte naturgemäß eine Verstärkung der Extensionsenceinte zur Folge gehabt (Taf. XI). Der mit einer Künette ausgestattete trockene Graben wurde vor den Schultern der Bastionen Christian, Joseph und Peter sowie vor der Extensionstenaille durch Traversen in sechs Hauptabschnitte geteilt. Der Avantfossé vor den Ravelins war ebenfalls durch Traversen vom Hauptgraben abgetrennt. Die Waffenplätze links und rechts dieser Außenwerke waren durch kleine, mit einem Vorgraben versehene Reduits verstärkt worden.

Die Front vor dem Hammer Tor, die bisher nur aus einem nicht revetierten Parapet aus Erde und einem 4 Fuß tiefen Graben bestanden hatte, wurde von 1796 an durch ein seit langem gefordertes Außenwerk (Hammer Ravelin) und den bis zur Kontergarde Paul verlängerten bedeckten Weg defendiert. Von den übrigen Polygonen zeigte vor allem die Nordfront einige Veränderungen. Der ehemals trockene Graben war unter Wasser gesetzt, die trockene Verbindung zwischen Niederrheinischer Tenaille und Niederrheinischem Ravelin wurde durch zwei breite Kaponnieren gesichert.

Auf dem linken Rheinufer beherrschte ein weit ausgedehnter Brückenkopf die Kehle der Festung.

Nach dem Hochwasser von 1799 zeigten die Festungswerke weitere Modifikationen (Taf. XIII). In dem Festungsgrundriß aus dieser Zeit tritt vor allem der breite Festungsgraben zwischen der Bastion Paul und dem Rhein in Erscheinung. Dieser ersetzte weitgehend die vor dem Hochwasser an dieser Front vorhanden gewesenen Außenwerke. Während man die Überreste der Oberrheinischen Kontergarde und der Oberrheinischen Halbkontergarde zu einem neuen Werk zusammengefaßt und aus den Resten des Oberrheinischen Ravelins die Oberrheinische Tenaille gebildet hatte, waren von dem erst 1796 angelegten Hammer Ravelin nach dem Hochwasser überhaupt keine sichtbaren Überreste mehr zurückgeblieben (Abb. 94). An der Rheinseite wurde der Wasserspiegel im Festungsgraben durch einen neu angelegten breiten Staudamm mit einem neuen Batardeau reguliert. Die Verbindung zum Stadtinneren erfolgte vor dem Berger Tor über eine lange Holzbohlenbrücke. Vor dem Hammer Tor hatte man zur Kommunikation einen Deich mit einer kleinen Brücke errichtet.

Die übrigen Fronten zeigten bis auf das Neue Werk nur geringfügige Veränderungen.

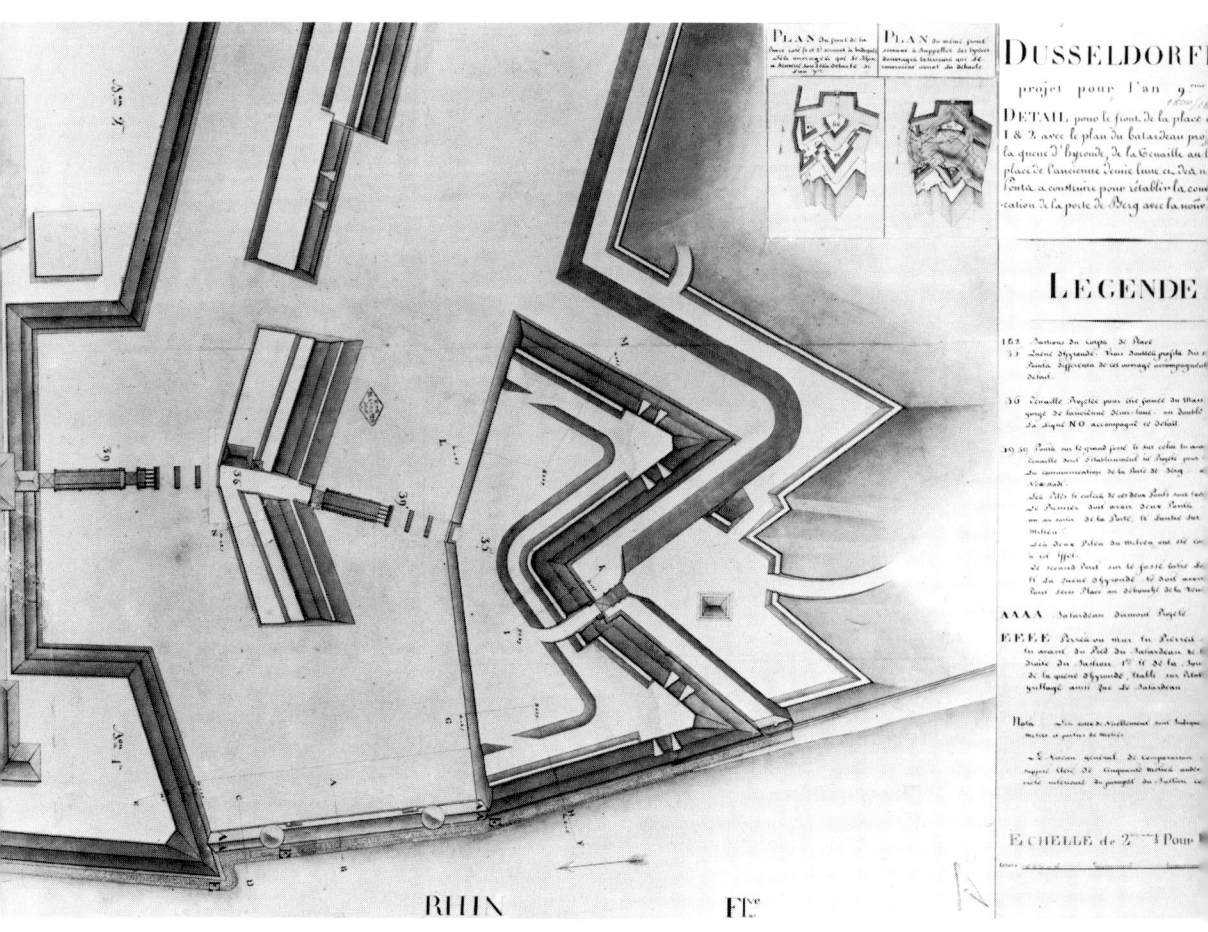

94 Detail zur Veränderung der Oberrheinischen Front vor dem Berger Tor, nach den Hochwasserzerstörungen von 1799. Entwurf von Descroix, 1800

Die Beseitigung des Staudammes vor der Ratinger Bastion machte es möglich, daß der Ratinger Graben und der Graben vor der Niederrheinischen Front als trockene Gräben fungierten. Durch eine von der Schleuse an der Mühlenbastion ausgehende, am Niederrheinischen Batardeau endende Künette waren die beiden Gräben miteinander verbunden.

Die in den ein- und ausspringenden Winkeln des bedeckten Weges angelegten Waffenplätze erhielten durch die neu aufgeworfenen Traversen zusätzlichen Flankenfeuerschutz.

— Außenbefestigung —

Die französische Position in Düsseldorf, welche diejenige von Mainz weit übertraf, stützte sich auf einen weiten Halbkreis von Verschanzungen, der sich in drei Felder gliedern läßt:[813]

1. das rechte Feld zwischen Rhein und Oberer Düssel
2. das Mittelfeld zwischen Oberer und Unterer Düssel
3. das linke Feld zwischen Unterer Düssel und Rhein.

Die Außenverschanzung, die den Hammer Bogen einschloß, stützte sich zwischen Flehe und dem „Neuhoff" (Wasserwerk Flehe) auf den Rhein (Taf. XII). Sie wurde flankiert von drei auf der linken Rheinseite gegenüber dem „Neuhoff" angelegten Batterien. Der südliche Abschnitt dieser Außenbefestigung, der aus zwei Reihen von insgesamt elf in Gewehrschußweite gegeneinander versetzten Reduten bestand, beherrschte ein Plateau, das etwa 4 bis 5 Fuß über der Ebene lag. Das Vorfeld, das ganz von der Oberen Düssel eingeschlossen wurde, konnte innerhalb eines Tages überschwemmt werden. Die einzelnen Reduten, die einen Umfang von 25 Toisen (ca. 48,72 m) hatten, waren quadratisch und in dem durch Barrieren abgeschlossenen Graben palisadiert. Das Innere dieser Reduten schloß drei Plattformen mit einer Barbette für die Artillerie und die notwendigen Munitions- und Pulvermagazine ein. Die hinter den beschriebenen Reduten gelegenen, nahezu parallelen Anhöhen wurden von vier detachierten Werken, die sich dem Geländeverlauf anpaßten, beherrscht. Das hinter diesen Werken sich ausbreitende sogenannte Reservefeld im Hammer Rheinbogen lag ganz außerhalb der Sicht des Feindes. Es stützte sich im Süden auf die Dörfer Flehe und Volmerswerth, im Norden auf das Dorf Bilk.

Vier Wege erschlossen das gesamte Terrain, das von seiner rechten Flanke bis Heerdt eine Ausdehnung von 3.000 Toisen (ca. 5,85 km), von der Neustadt bis nach Grimmlinghausen 2.000 Toisen (ca. 3,9 km) hatte. Die feldseitige Flanke mit der Verschanzung war dagegen nur 1.000 Toisen lang. Während die ersten drei Wege in Hamm endeten, führte der vierte, neu angelegte Weg zu dem Brückenkopf gegenüber Grimmlinghausen. Das als Kronwerk ausgebildete Retranchement hatte zwei auf einer geraden Linie angeordnete Fronten. Die Seiten wurden von zwei auf der linken Rheinseite angelegten Batterien flankiert. Das Tracé war wenig relieffiert. Am schwächsten war seine rechte Flanke.

Das Mittelfeld lehnte sich rechts an die Obere Düssel, links an die Untere Düssel an. Seine beiden Flanken wurden durch die Überschwemmungen gedeckt, die man mittels der beiden Düsselläufe bewirken konnte. Zwei Werke bildeten die Hauptfront, vier lagen vor dieser Front und neun zwischen dem rechten Feld und dem Dorf Pempelfort. Diese Werke reichten aus, um den Raum zwischen den beiden Düsselläufen zu verteidigen. Die übrigen Werke beherrschten verschiedene Anhöhen östlich von Pempelfort.

Die Form einiger dieser Werke war durch die Geländeform bestimmt worden, im allgemeinen hatten sie aber das Aussehen eines Ravelins. Alle diese Werke waren in der Grabenmitte und an den Kehlen palisadiert; der Eingang lag im Schutz einer doppelten Barriere. Das Innere, in dem sich auch die Munitionsmagazine befanden, war durch drei Plattformen mit einer Barbette gegliedert. In dem rückwärtigen Teil dieses Feldes, angrenzend an das Dorf Pempelfort, lagen auf den Anhöhen einige für leichte Artillerie bestimmte detachierte Werke. Da die natürliche Beschaffenheit des Geländes mit Wäldern und Anhöhen die Anlage feindlicher Batterien erleichterte, waren rechts und links der Mühlheimer Chaussee sowie auf der Lisière des Bilker Waldes einige Werke für die Vorhut angelegt.

95 Landseitige Ansicht des ehemaligen Berger Tores vor dem Abbruch, 1895

Das linke Feld, das sich mit seiner rechten Seite auf die Untere Düssel und mit seiner linken Seite auf den Rhein stützte, bestand, ebenso wie das Mittelfeld, aus zwölf Werken. Drei davon deckten den Kopf von Derendorf und verteidigten die Ratinger Chaussee (Nordstraße). Die übrigen neun bedeckten den Raum zwischen dem Rhein und den Höhen, die von Derendorf bis nach Kaiserswerth verliefen. Diese Werke lagen an zwei einen Winkel bildenden Geraden. Die nordöstlichen Werke beherrschten die verschiedenen Anhöhen, die nordwestlichen, versetzt angeordneten und sich gegenseitig in Schußweite flankierenden Schanzen sicherten die Ebene bei Golzheim. Die einzelnen Werke hatten die Form von detachierten Bastionen, ihre Kehlen waren mit Palisaden geschlossen, die im Eroberungsfall schnell entfernt werden konnten, so daß der Feind keinen Schutz in diesen Werken fand, wenn er Derendorf angreifen wollte. Die linke Seite des Feldes wurde von den drei auf dem linken Rheinufer angebrachten Batterien flankiert. Da die Höhenzüge zwischen Derendorf und Kaiserswerth der feindlichen Artillerie gute Möglichkeiten für eine Approche boten, mußten notwendigerweise in einigen dieser Werke, die von der Avantgarde verteidigt wurden, Fleschen zur Beherrschung der Anhöhen angeordnet werden. Diese vorgeschobenen Werke waren ähnlich wie die Schanzen des Mittelfeldes traciert.

Die drei Felder hatten untereinander durch verschiedene Brücken über die Düsselläufe eine gute Verbindung. Die gesamte Außenverschanzung, die sich in einer Länge von 5.000 Toisen von Flehe bis zur Dahle (Dahlacker) in einer Geraden und von dort in einem Halbkreis bis nach Golzheim erstreckte, schloß die Festung, die Neustadt und die sechs Dörfer Derendorf, Pempelfort, Bilk, Hamm, Volmerswerth und Flehe ein.

96 Stadtseitige Ansicht des ehemaligen Berger Tores vor dem Abbruch, 1895

— Berger Tor —

1751 erhielt der Ingenieurhauptmann van Douwen den Auftrag, das 1620 unter Wolfgang Wilhelm errichtete Neue Berger Tor um ein Obergeschoß aufzustocken.[814] Dieser Umbau bedingte, daß der zierliche Kuppelaufbau um eine plumpe Attika mit einem korbbogenförmigen Gesimsabschluß erhöht wurde, wodurch die wohlausgewogene Proportion der Fassade verlorenging (Abb. 95). Die Attika selbst war plastisch gestaltet. Sie trug ein von Löwenkopf und Löwenklaue gehaltenes, in Stein gearbeitetes Tuch mit dem Chronogramm:

> Ita sVrreXI pIe regnantIbVs VerIs patrIa parentIbVs serenIssIMIs CaroLo theoDoro et eLIsabetha aVgVsta.
> erbaVt zVr zeII, Wo Der erhabene fVerst CarL theoDor eIn Vater Der Vnterthanen, nebst seIner gattIn eLIsabeth aVgVsta regIerte (1751).[815]

An der Innenseite brachte die Aufstockung eine Erweiterung des Torgrundrisses um die stadtseitig vorgezogene Zimmerflucht mit sich. Daraus ergab sich im Aufriß die bis zu dem 1895 erfolgten Abbruch erhalten gebliebene siebenachsige Fassade, die an den Außenseiten kontrahiert war und durch ein breites Mittelfeld, das durch die rundbogige Toröffnung und das halbrund ausladende, kräftig profilierte Hausteingesims besonders hervortrat, betont wurde (Abb. 96). Dieser Gesimsbogen bildete an jeder Seite mit einem auf zwei Konsolen gestellten Flachpilaster einen klar begrenzten Rahmen für das mit reichem Reliefschmuck von Balthasar Späth hervorgehobene Mittelfeld.[816] Zu beiden Seiten des Mittelfensters bauten sich kriegerische Trophäen auf. Den oberen Abschluß bildeten zwei von dem Kurhut überragte Kartuschen mit dem Monogramm CT (Carl Theodor) und EA (Elisabeth Augusta). In dem Schriftband unter dem Fenster war die Inschrift READIFICATUM MDCCLI eingemeißelt.[817]

Im übrigen war der breit gelagerte Putzbau schlicht gestaltet. Das Bauwerk gewann seinen architektonischen Reiz aus dem Zusammenwirken des Mittelfeldes mit den Seitenfeldern. Diese waren durch Hausteingewände und ein in Geschoßhöhe durchlaufendes schlichtes Steinband gegliedert. Nach dem Umbau war das Tor bewohnbar; sein Obergeschoß diente bis zu seiner Niederlegung 1895 als Polizeigefängnis.[818]

— Ratinger Tor —

Von allen neuen Toren war das Ratinger Tor am reichsten gestaltet. Schon 1684 hatte Johann Wilhelm zu einem neuen Walltor südlich neben dem alten Torturm den Grundstein gelegt (Kap. II, 5). 1754 nahm die Stadtverwaltung den bevorstehenden Besuch Karl Theodors zum Anlaß, das Tor zu einem repräsentativen Stadteingang umzugestalten.

Die zu diesem Zweck von dem Ingenieurhauptmann van Douwen angefertigten Baupläne sind noch heute in den Stadtgeschichtlichen Sammlungen[819] und im Stadtarchiv[820] erhalten (Abb. 97). Der bei Clemen als Grundriß des abgerissenen Ratinger Tores abgebildete Plan (Abb. 98)[821] entspricht zwar dem Entwurf van Douwens, ist aber, wie die um 1800 entstandenen Zeichnungen beweisen, in der strengen Symmetrie nicht zur Ausführung gekommen.

Es mag sein, daß anfangs ein völliger Umbau der Toranlage von 1684 nach diesem Grundriß beabsichtigt war. Da die um 1800 entstandene Darstellung der ,,inwendigen Fassade" (Abb. 54) aber nicht mit dem viel reicher gestalteten Entwurf van Douwens übereinstimmt, ist anzunehmen, daß man bei dem Umbau 1754/55 Rücksicht auf die vorhandene Anlage genommen hat. Der Zugang zur Stadt und die inneren Erschließung bedingten es, daß das Tor unter Zurückstellung fortifikatorischer Gesichtspunkte 1684 neben dem alten Torturm errichtet wurde. Infolgedessen führte die ausmittige Lage der Ratinger Straße zur Kurtine dazu, daß Innen- und Außentor nicht in einer Achse, sondern versetzt angeordnet werden mußten, damit die Toranlage einerseits die richtige Lage zur Kurtine erhielt, andererseits den Zugang zur Ratinger Straße gestattete (Abb. 98).

Diese Situation, die einen nicht in der Achse verlaufenden Tortunnel zur Folge hatte, war vermutlich der Grund dafür, daß bei dem Umbau von 1754/55 nur das Außentor als Repräsentativeingang von Grund auf neu errichtet wurde,[486] während das Innentor, das rechts und links von eingeschossigen Wachstuben flankiert war,[822] in seiner Bausubstanz vorerst erhalten blieb.

Die von dem großen Wappen beherrschte zweigeschossige Innenseite entsprach in der Gliederung des Torschildes, von den Steinquadern abgesehen, im wesentlichen der Außenfassade des Neuen Berger Tores. Die Wachstuben schlossen im Norden an den zur Windmühle umgebauten Torturm des Alten Ratinger Tores an. Im Süden bildete eine steinerne, auf den Wall führende Außentreppe den Gebäudeabschluß. Die betonte Repräsentativfassade war die Außenseite des anstelle des landseitigen Ausgangs errichteten Torgebäudes (Abb. 99). Obwohl das Bauwerk, wie die Rückfront

97 Innenseite des Ratinger Tores. Entwurf von van Douwen, 1755

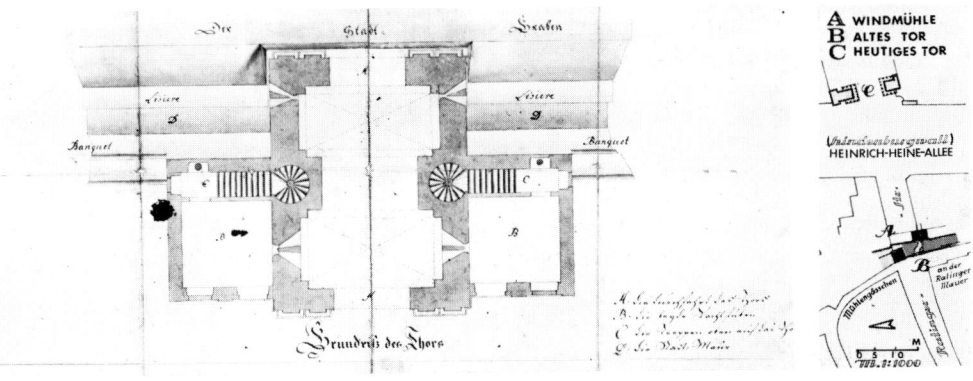

A WINDMÜHLE
B ALTES TOR
C HEUTIGES TOR

HEINRICH-HEINE-ALLEE

98 Ratinger Tor, Grundriß zum nicht ausgeführten Umbauplan. Entwurf von van Douwen, 1755, nebenstehend Lageplan

zeigt, im Inneren drei Geschosse hatte, war die Außenfassade nur zweigeschossig. Das Untergeschoß gliederte sich in die Toröffnung, die von dem kurfürstlichen Emblem CT (Carl Theodor) gekrönt war, und in zwei Seitenfelder, die von den von Querbändern durchzogenen Pilastern und einem darauf ruhenden Architrav eingerahmt wurden. Im zweiten Geschoß setzte sich die Gliederung in Pilaster mit zwischenliegenden Spiegeln fort.

99 Außenseite des Ratinger Tores. Zeichnung nach dem Entwurf von van Douwen, 1755

Die mit Inschriften versehenen Felder waren ornamentiert, die Pilaster dagegen glatt. Im Mittelfeld befand sich folgende Inschrift:

SERMO. PRJNCJPJ AC DOM. – DOM. CAROLO THEODORO – S. R. J. ARCHJTHESAURARJO – ET ELECTORJ & &cc – AETERNAE MEMORJAE – ANNO MDCCLV.

(Serenissimo principi ac domino domino Carolo Theodoro sacri Romani imperii archithesauratio et electori etc. etc. aeternae memoriae anno 1755)

Die Seitenfelder trugen die Worte PRJNCJPJS HONORJ und URBJS DECORJ. Das ganze Gebäude, dessen Mittelfeld seinen besonderen Akzent durch einen auf dem Hauptgesims aufliegenden Dreiecksgiebel erhielt, war von einem Walmdach gekrönt. Da das an seiner Schaufassade fensterlose Gebäude bis zum Abbruch, 1809, als Gefängnis diente,[823] reichten die Fenster an der Rückfront zur Belichtung aus.[824] Im

226

100 Ratinger Straße mit Ratinger Tor. Gemälde von Schreuer. (Historisierende Nachzeichnung)

Zuge der Veränderung des Ratinger Ravelins 1734 ist auch das Ratinger Vortor im Walleinschnitt der linken Face des Ravelins erneuert worden. Das Mittelfeld wurde von zwei Löwen geziert; der rechte mit dem Kurhut und dem Emblem Karl Theodors, der linke mit dem kurfürstlichen Wappen.[660] Vor dem Tor und auf der anderen Seite des Grabens, neben dem Schlagbaun, hatte man ebenfalls aus Stein neue Wachthäuser errichtet. Die Verbindungswege wurden mit Hausteinpflaster befestigt. Die Landstraße war schon 1712 bis zum „Jägerhaus" gepflastert worden. Zur gleichen Zeit haben auch die übrigen Torzugänge eine Steinpflasterung erhalten.[825]

– Neues Rheintor –

Mehr als Zollbarriere denn als Wehrbau fungierte das zierlich gestaltete Neue Rheintor, das 1725 den alten Torturm, der als Zugang zum Rheinwerft eine besondere militärische Bedeutung hatte, ersetzte.[191] Das 1695 zwischen Rheintor und Rheinort

227

101 Das Neue Rheintor, stadtseitige Ansicht, um 1800

neu errichtete Hofbrauhaus[826] sowie das seit 1710 den östlichen Hafenabschluß bildende Kriegskommissariat[479] hatten nicht nur den Berger Torhof, sondern auch die anschließende Stadtmauer mit dem Alten Rheinort überflüssig werden lassen (Abb. 101, 102).[827]

Wie in dem Plan zur Erweiterung der Extension von 1726 und in dem zu einer Eingabe des Bürgers Georg Adam Zam gehörigen Detailplan zu erkennen ist,[190] bot sich der zwischen Brauhaus, Kriegskommissariat und Werft neu entstandene Platz geradezu für eine Vorverlegung des Rheintores an. Das neue Corps de garde (Wachhaus) des schon unter Johann Wilhelm vorgesehenen Torneubaus setzte die von dem Kriegskommissariat bestimmte Bauflucht nach Nordwesten fort und leitete auf das mit seinem Durchgang in Ost-West-Richtung angeordnete kleine Torgebäude über. An der Hafenseite bewirkten zwei kleine Mauern die Anbindung an die rückwärtige Bauflucht der beiden Nachbargebäude.

In der für F. B. Custodis um 1800 angefertigten stadtseitigen Ansicht wird das zweigeschossige Torgebäude mit der Anschlußbebauung wiedergegeben. Im Gegensatz zu den erwähnten Grundrißplänen ist im Anschluß an das Hofbrauhaus noch eine kleine Wachstube dargestellt, die mit dem eingeschossigen südlichen Wachgebäude das in seiner Fassade minutiös gestaltete Tor flankiert. Die stadtseitige Fassade des kleinen, mit Dekorelementen aus Natursteinen verzierten Backsteinbaus entsprach im Aufbau

228

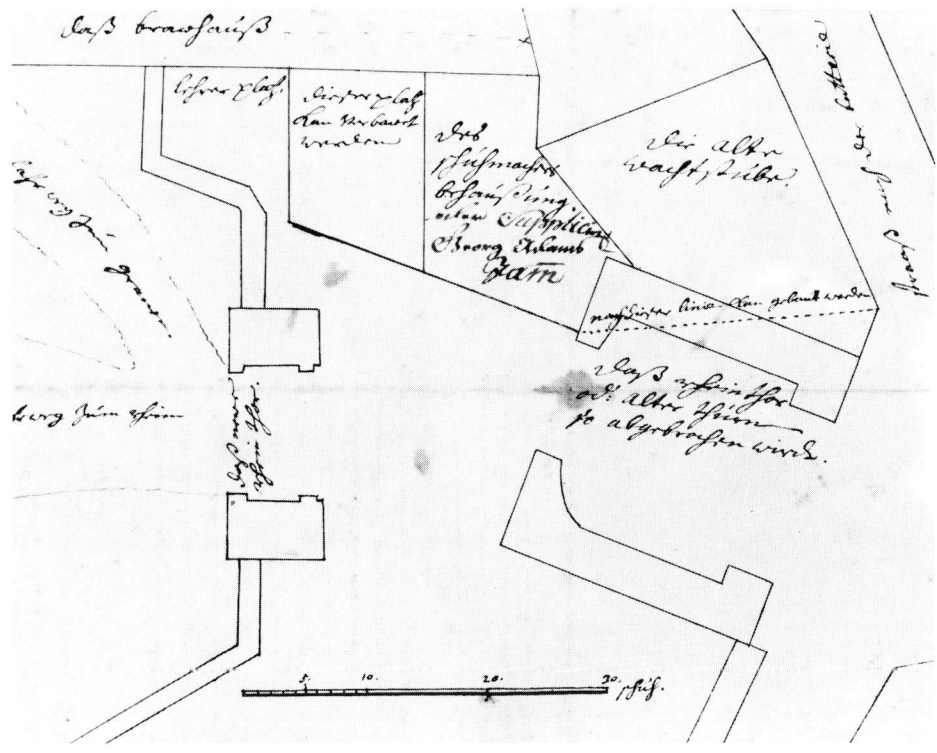

102 Grundriß des Neuen und des Alten Rheintores, 1725

der Fassadengliederung den Torschilden der bereits erwähnten Haupttore.

Der von einem Korbbogen überspannte, von Natursteingewänden eingefaßte Tordurchgang wurde auf beiden Seiten von je einem Pilaster, deren jonisierende Kapitelle ein kleines Gesims trugen, eingerahmt. Darüber baute sich ein Giebelfeld auf, das von einem über das Hauptgesims hinausragenden Segmentbogen überspannt wurde. Die Überleitung zu den aus dem Gesims neben den Pilastern aufsteigenden Viertelbögen bildete das Gewände von zwei an den Kehlen angeordneten Rundfenstern. Durch den volutenartig gestalteten Schlußstein des Torbogens, der eine bekrönte Kartusche mit den Insignien CT (Carl Theodor) trug, erhielt die Mittelachse eine besondere Betonung. Über dem Hauptgesims erhob sich das kuppelartig geschwungene barocke Dach, das in einer von einer Kugel gekrönten Spitze endete.

1833 ordnete der Oberbürgermeister eigenmächtig und ohne Genehmigung der vorgesetzten Behörde den Abbruch des angeblich baufälligen Tores an.

– Extensionstore –

Zu den genannten Stadttoren traten nach Ausführung der 1725 genehmigten Stadterweiterung die Tore der Extension, von denen nur das Äußere Extensionstor (Neues Extensionstor, Hammer Tor) als Stadttor im eigentlichen Sinne bezeichnet werden

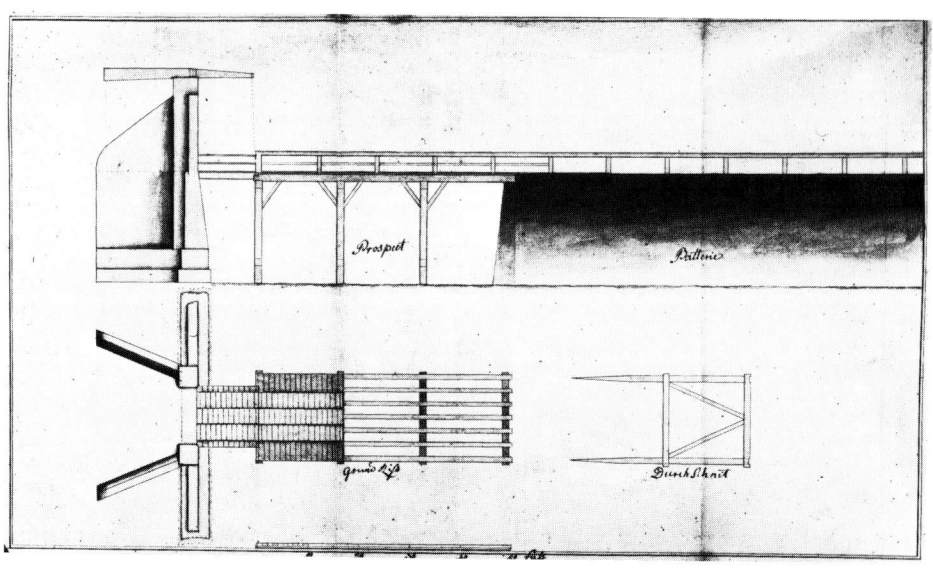

103 Karlstädter Tor mit Zugbrücke. Entwurf, 1799

kann. Denn die beiden Inneren Extensionstore waren lediglich einfache Tordurch-
gänge zur Herstellung der durch den Stadtwall unterbrochenen innerstädtischen
Kommunikation. Sie sind bei der Schleifung der Inneren Werke beseitigt worden.
Das Neue Extensionstor war kein Tunneltor herkömmlicher Bauart, sondern ein
schmaler Einschnitt in den Wall, der an dieser Stelle weder Hohlräume noch Torpfei-
ler besaß. Die Absperrung bestand nur aus einem einfachen Eisengitter und der über
den Graben führenden Holzbohlenbrücke (Abb. 103). Der Durchgang war so angelegt, daß diese Passage im Armierungsfalle sofort mit Erde verfüllt werden konnte,
um den Wallgang passierbar zu machen. Da das Tor unter dem Hochwasserspiegel lag
und mangels entsprechender Außenwerke auch nicht hinreichend militärisch gesichert war, wurde es nach Abzug der kaiserlichen Truppen wegen der Beschädigungen
durch das Hochwasser von 1795 kurzerhand durch die Franzosen gesperrt. Seit der
großen Überschwemmung war auch das Berger Tor unpassierbar, so daß die Bewohner der Zitadelle und der Karlstadt unangneehme Behinderungen in Kauf nehmen
mußten.
Der gesamte Verkehr aus der Karlstadt, in der 1796 schon 118 Häuser standen, mußte den Umweg über das Flinger Tor nehmen, um auf die nach Süden führenden Landstraßen zu gelangen. Die Einwohner der Karlstadt reichten daher bei den Behörden
mehrere Eingaben zur Wiederöffnung des am Ende der Bilker Straße gelegenen Tores ein. Da das Hochwasser von 1799 große Teile der Festungswerke der Südfront
zerstört und die Holzbrücken der Torzugänge weggeschwemmt hatte, sahen die Anwohner der Hohe- und Kasernenstraße eine Chance, eine Verlegung des Tores vom
Ende der Bilker an das Ende der Hohestraße durchzusetzen. In einer groß angelegten Unterschriftenaktion forderten sie, daß der durch die Überflutung völlig un-

230

brauchbar gewordene und außerdem viel zu nah am Berger Tor gelegene Zugang zum Extensionstor (Bilker Tor) durch den Bau eines massiven Karlstädter Tores am Ausgang der Hohestraße ersetzt würde.

Alle Bürgerinitiativen der Karlstädter zugunsten der Wiedereröffnung oder Neuanlage eines Tores im Extensionswall, durch das die Landstraße von Mühlheim nach Frankfurt verlegt werden sollte, blieben erfolglos. Immerhin wurde aber erreicht, daß das Berger Tor 1799 wieder provisorisch instandgesetzt wurde, womit die Erschließung der südlichen Stadtteile zunächst gesichert war.[828]

Bauorganisation und Festungsangelegenheiten

– Baufinanzierung –

1690 nahmen die Forderungen Johann Wilhelms „Pro militaria" ein bisher nicht dagewesenes Ausmaß an. Für Sold, Unterhalt, Anlage von Magazinen, Anschaffung von Musketen und für den Festungsbau in Düsseldorf und Jülich wurde eine Gesamtsumme von 489.324 1/2 Reichstalern veranschlagt. Dazu kamen noch 7.000 Reichstaler für den Bau des Fort Düsselburg.[829] Die enormen Steuerforderungen wurden indirekt noch erhöht durch die den Bauinteressenten in der Neustadt versprochenen Vergünstigungen. In den Aufrufen von 1684, 1699 und 1709 hatte der Kurfürst den sich in der Neustadt Ansiedelnden Steuerfreiheit für dreißig Jahre, Freiheit von der Wachtpflicht und von Einquartierung sowie von Real- und Personallasten zugesichert.[37]

Im 17. und 18. Jahrhundert waren derartige, den Finanzhaushalt stark belastenden Methoden auch in anderen Staaten durchaus üblich, um bei Stadt- und Festungsgründungen Bauinteressenten durch günstige Arbeits- und Verdienstmöglichkeiten anzulocken. Zum Beispiel gewährte Ludwig XIV. 1688 in einem Freiheitspatent für Fort Louis im Elaß zehnjährige Steuerfreiheit, Befreiung von der Einquartierungslast und völlige Gewerbefreiheit.[830] Zur Amplifikation von Berlin wurden ähnliche Freiheiten gewährt. Der Kurfürst kaufte das Gelände auf und verschenkte es an die Neuansiedler. Derartige Vergünstigungen waren erforderlich, um ein Äquivalent für die Unkosten der Umsiedlung und der Errichtung von neuen Häusern anzubieten.

Zur Amortisation der durch die Baulandbeschaffung verursachten Ausgaben wurde gleichzeitig von allen Einwohnern eine Verbrauchssteuer erhoben. In Düsseldorf wurde zu diesem Zweck die „Consumptions- und Nahrungssteuer" eingeführt, von der die Neuansiedler allerdings nur ein Drittel zu zahlen hatten. Die erhobenen Steuern reichten aber kaum aus, um den Finanzhaushalt, der durch die Ausgaben für die Stadterweiterung in einer bisher nicht dagewesenen Weise belastet wurde, abzudecken. Natürlich stellte die in der Gewerbefreiheit liegende Möglichkeit, mehrere Geschäfte gleichzeitig zu betreiben, ein System der freien Konkurrenz dar, das auch bedeutende Auswüchse zur Folge hatte. In Fort Louis gab es zum Beispiel 1770 bei 1.600 Einwohnern dreißig Wirtschaften und drei Apotheken.[830]

In diesen Jahren intensiver Bautätigkeit bis 1701 belief sich die gewöhnliche Steuerausschreibung für den Festungs- und Rheinbau von Düsseldorf auf 150.000 Reichstaler.[831] Die Arbeiter an den Festungswerken erhielten vielfach Unterstützung durch Straffällige, die ihre Strafen mit öffentlichen Schanzarbeiten abgelten mußten.[832]

Nach dem Haupt- und Deklarationsrezeß brauchten die Einwohner des Herzogtums Berg zwar keine Hand- und Spanndienste mehr zu leisten, sie waren aber verpflichtet, eine Ablösesumme von 12 Stüber pro Tag zu zahlen. Diese Ablösung wurde für Düsseldorf nach der Matrikularsteuer auf die bergischen Ämter, Städte und Freiheiten ausgeschrieben. Dabei wurde kein Unterschied gemacht, ob es sich um den Bau neuer Festungswerke oder um die Schleifung nicht mehr benötigter Befestigungsanlagen handelte. Für die Einebnung der nach Aufgabe der Stadterweiterung hinfällig gewordenen Wälle um die Neustadt wurde beispielsweise 1735 folgende Ausschreibung vorgenommen.[833]

Ämbtern:	Köpfe:	Stätte:	Köpfe:
Windeck	14	Lennep	4
Blanckenberg	39	Wipperfürth	5
Syberg	1	Rathingen	3
Levenberg	20	Rath vom Waldt	2
Lulstorff	4	Sohlingen	2
Steinbach	35	Gerresheim	1
Portz	14	Blanckenberg	1
Odendahl	4	Elverfelt	3
Scheiderhöhe	1		
Misenlohe	12	**Freyheiten:**	**Köpfe:**
Monheim	8	Mulheim	3
Richrath	2	Weslingen	1
Angermundt	27	Medtman	3
Lansperg	3	Monheim	2
Medtman	25	Greffrath	1
Ober-Medtman	1	Angermundt	1
Elverfelt	3	Huckeswagen	1
Sohlingen	14	Burg	1
Schüller	4		13
Hilden und Hahn	2		133
Beyenburg	10		154
Barmen	5		300
Bornefelt	12		
Huckeswagen	6		

Düsseldorf, den ersten Aprilis 1735

Kochs
Landtmatriculus

Im 18. Jahrhundert erhöhte sich der Militärhaushalt um beträchtliche Summen, die für den Kasernenbau sowie für die Einrichtung und Unterhaltung der Zeughäuser erforderlich waren. Dazu kamen die Kosten für die Unterhaltung der ständigen Festungswachen, ferner die Besoldung der Festungsingenieure, die, da sie zum Militär gehörten, keine Zahlungen aus der Landrentmeisterei erhielten. Aus der Fortifikationskasse mußten auch die Entschädigungen für die zum Festungsbau eingezogenen

Ländereien bestritten werden.[834] Eine Übersicht der Zahlungen, die von der Pfennig-meisterei allein zwischen 1732 und 1758 für die Fortifikation geleistet wurden, er-gibt sich aus folgender Aufstellung.[835]

		Rthlr.	Alb.	Hlr.
fortification	1732 in 1733	448,	–,	–
fortification	ferner	5 000,	–.	–
fortification	1733 in 1734	60 050,	68,	8
fortification	1734 in 1735	64 573,	31,	–
fortification	1735 in 1736	34 542,	35,	–
fortification	1736 in 1737	40 015,	–,	–
fortification	1737 in 1738	64 656,	72,	2
fortification	1738 in 1739	70 593,	62,	8
fortification	1739 in 1741	24 952,	42,	7
fortification	1741 in 1742	10 000,	–,	–
fortification	1742 in 1743	10 000,	–,	–
eingezogene Gärten	1743 in 1744	297,	18,	–
fortification		305,	4,	4
eingezogene Gärten	1744 in 1745	1 580,	48,	11
fortification		831,	2,	4
eingezogene Gärten	1745 in 1746	1 200,	–,	–
tortification		1 879,	69,	8
eingezogene Gärten	1746 in 1747	1 052,	65,	3
fortification		950,	31,	–
eingezogene Gärten	1747 in 1748	4 326,	64,	9
fortification		72,	31,	8
eingezogene Gärten	1748 in 1749	5 140,	45,	7
fortification		1 506,	2,	–
eingezogene Gärten	1749 in 1750	4 283,	27,	1
fortification		323,	1,	–
eingezogene Gärten	1750 in 1751	105,	2,	5
fortification		1 669,	16,	4
eingezogene Gärten	1751 in 1752	696,	35,	1
fortification		1 222,	32,	–
fortification	1752 in 1754	566,	79,	8
Rheinbatterien		2820,	59,	–
Wegänderung auf'm Wall		1 857,	27,	4
fortification	1754 in 1755	4 042,	56,	–
eingezogene Gärten	1755 in 1756	600,	–.	–
fortification		2 252,	26,	4
fortification	1756 in 1757	758,	5,	4
fortification	1757 in 1758	157,	35,	4

Da die Festung im Siebenjährigen Krieg den Franzosen als Stützpunkt zur Verfügung stand, übernahm der französische König vertragsgemäß die zu ihrer Erhaltung und Reparatur erforderlichen Kosten.[836]

Nach dem Abzug der Franzosen 1763 enthalten die bergischen Pfennigmeisterreirechnungen nur noch die Ausgaben für Materiallieferungen, Grundstücksentschädigungen sowie für Arbeits- und Fuhrlohn.[837] Die Besoldungen des Festungsgouvernements sind in dem kurpfälzischen Militäretat aufgeführt.[838] Erst 1779 hat man die Militärökonomie offiziell von der Zivilökonomie getrennt. Bis zu diesem Zeitpunkt wurden die Militärausgaben aus der jülichschen bzw. bergischen Pfennigmeisterei bestritten, ohne daß dem Kriegsrat die mindeste Einsichtnahme gestattet war.[839]

Mit der Verordnung vom 24. August 1778 wurden Kriegskassarechnungen eingeführt, für deren Begleichung der Hofkriegsrat verantwortlich war. Auf Anordnung von höchster Stelle mußten von der jülichschen bzw, bergischen Pfennigmeisterei alljährlich 65.000 fl. in monatlichen Raten, zu zwei Drittel von der jülichschen, zu einem Drittel von der bergischen Pfennigmeisterei der Kriegskasse angewiesen werden.

In den 14 Jahren zwischen 1779 und 1792 belief sich der Gesamtaufwand für die beiden „niederländischen" Festungen Düsseldorf und Jülich — ohne die Ausgaben für die Kasernen — auf 210.550 fl. Davon entfielen allein auf die Festung Düsseldorf 89.382 fl. Diese Summe überstieg bei weitem den in dem „Militair Exigenz Statu" von 1791 vorgesehenen Etat, der völlig unzureichend war.[840] Die ständigen Unterhaltungskosten, wie die Entschlammung der Gräben und die Reparatur des Taluts der Brustwehren, erforderte allein alljährlich 3.000 Reichstaler.

Während die Bau- und Unterhaltungskosten eine ständige finanzielle Belastung der Einwohner des Herzogtums darstellten, belebte die starke Bautätigkeit an den Festungswerken zumindest in Düsseldorf das städtische Handwerk und den Handel. Von dieser Belebung konnten die bergischen Städte, Ämter und Freiheiten, die ja ebenso ihren Beitrag für die Düsseldorfer Festungsbauten zu leisten hatten, nur wenig profitieren. Bei einem Vergleich des Lohn-Preis-Gefüges ist anhand der Fortifikationsberichte festzustellen, daß sich im Gegensatz zu unserem heutigen Kostengebilde das Verhältnis von Lohn- und Materialkosten zwischen 1 : 3 und 1 : 5 bewegte. Wenn man mit in Erwägung zieht, daß die Beteiligung von Pionieren und Sträflingen das Verhältnis zu Ungunsten des Lohns verzerrt, fällt aber immer noch das Übergewicht des Materialanteils als typisch ins Auge.[841]

Nach der Kapitulation von 1795 forderten die Franzosen von den Bürgern bis zur Schleifung der Anlagen nicht endende Dienstleistungen und Materiallieferungen. Dazu kam die Unterhaltspflicht für die während einiger Monate bis zu 50.000 Mann starken Besatzungseinheiten.[842]

— Bauleitung, Festungsingenieure —

Im 17. Jahrhundert setzte sich mit der immer komplizierter werdenden Befestigungstechnik allmählich eine Trennung von Architectura civilis und Architectura militaris durch. Das auf Erfahrung beruhende praktisch-technische Wissen der Baumeister reichte für die Aufgaben im Befestigungswesen allein nicht mehr aus. Theoretische Kenntnisse in Wehrtechnik, Geometrie und Mathematik, vor allem aber spezielle Kenntnisse in Hydraulik, den verschiedenen Gründungsmethoden, in Erd- und Gewölbebau gehörten zu dem geistigen Rüstzeug der Ingenieure im Festungsbau.

Hatte sich Karl Philipp schon 1671 um einen eigenen Festungsingenieur bemüht,[408] so leitete Johann Wilhelm mit seinem Dekret von 1681 zur Einstellung eines festangestellten Festungsingenieurs für alle Festungen die Trennung zwischen Zivil- und Militärwesen vollzogen. Im Norddeutschen Raum ist zur gleichen Zeit eine ähnliche Entwicklung in der Organisation des Bauwesens festzustellen.[843]

Etwas weiter war man bereits in Preußen. Hier hatte Friedrich III. durch ein am 16. 2. 1693 erlassenes Reglement den Versuch unternommen, das Festungsbauwesen in geregelte Formen zu bringen. Danach sollten die „Professionisten möglichst aus der Miliz entnommen werden".[844] Über die ausgeführten Arbeiten waren jährliche Berichte mit Kosten einzureichen.

Der in Düsseldorf unter Johann Wilhelm tätige Festungsingenieur Michael Cagnon war der letzte bedeutende Ingenieur, der, ohne die Militärlaufbahn absolviert zu haben, die Gesamtverantwortung für den Festungsbau in Düsseldorf trug.[566] Schon 1677, vor seiner offiziellen Ernennung zum Festungsbauingenieur am 11. 8. 1680, ist Cagnon bei einem Gehalt von 240 Reichstalern als Architekt in Düsseldorf tätig gewesen.[845] Er hat nicht nur ein umfangreiches architektonisches Oeuvre hinterlassen, zu dem der Plan für die Extensionskaserne, der Plan für die Neanderkirche, der Bau einer Reihe von Privathäusern in der Ritterstraße sowie das noch erhaltene eigene Wohnhaus Citadell- Ecke Bastionstraße gehören. Vielmehr ist er auch als Vermessungsingenieur tätig gewesen und hat die wesentlichen städtebaulichen Grundlagen für die Haupt- und Residenzstadt Düsseldorf erarbeitet.[846]

Neben verschiedenen Vorschlägen zur Verbesserung der Festungswerke (Abb. 48, 58) stammen von ihm die Pläne zur Einteilung der Bauplätze im Neuen Werk.[847] Auch der zusammen mit dem Festungsplan entworfene Bebauungsplan für die Neustadt, der vielfach Graf Matteo d'Alberti (1695 bis 1715) zugeschrieben wird,[848] ist eindeutig als Werk Cagnons zu belegen.[640] Er ist, was die Wissenschaft bisher noch nicht hinreichend gewürdigt hat, der Mann, dem das erste Grundkonzept für einen planmäßigen Städtebau in Düsseldorf zu verdanken ist.

Alberti, der übrigens nur selten in Düsseldorf weilte, genoß zwar den Ruf des kurpfälzischen Oberbaudirektors (supremus aedificarum director),[849] auch hatte er in Paris bei dem berühmten Marco-Vincenco Coronelli, der in einem seiner Bücher eine Zeichnung Albertis von der Düsseldorfer Festung veröffentlicht hat,[850] studiert. Diese Zeichnung ist aber ohne besonderen Wert, da sie eine Nachzeichnung der Pläne Cagnons von 1688 ist und nichts über den Planungsstand zur Zeit der Veröffentlichung aussagt. Obwohl Alberti wegen seiner Art „de fortifier les places" „Sergeant de Bataille" genannt wurde, läßt sich eine hervorzuhebende Tätigkeit im Düsseldorfer Festungsbau nicht nachweisen.[851] Während seiner Amtszeit war das Retranchement der Stadterweiterung bereits im Bau. Für diese Arbeiten zeichnete vielmehr der erwähnte Cagnon verantwortlich, der seit 1691 auch als Zeughausverwahrer und seit 1694 als „Architectus supremus" nachgewiesen ist,[845] 1698 Artillerieingenieur wurde[852] und am 19. März 1700 verstarb.[642]

Alberti, der als kurpfälzischer Oberbaudirektor für den gesamten Herrschaftsbereich Johann Wilhelms zuständig war, ist eher als Nachfolger des 1693 verstorbenen Oberingenieurs Reiner zu betrachten, der bis dahin die Oberaufsicht über alle fürstlichen Bauvorhaben führte, wobei er das Schwergewicht seiner Tätigkeit in den Zivilbau legte (Kap. II, 5). Neben den erwähnten Baumeistern wirkte der erstmals 1680 erwähnte Ingenieur Lillus in Düsseldorf. Diesem kam aber nur eine untergeordnete Bedeutung zu; er war als Bauleiter eingesetzt und wurde 1703 seiner Dienste enthoben.[853]

Der berühmte holländische Ingenieur Menno de Coehorn, der 1699 in Düsseldorf weilte, hat wahrscheinlich nur die Pläne Cagnons begutachtet,[641] bevor ihn Johann Wilhelm nach Mannheim verpflichtete.[854] Ebensowenig war auch der bekannte italienische Architekt Domenico Martinelli, dessen Nachlaß einen Plan zur Stadterweiterung Johann Wilhelms enthält, am Düsseldorfer Festungsbau beteiligt. Martinelli, der sich zwischen 1699 und 1701 mehrfach in Düsseldorf aufhielt, ist vielmehr damit beauftragt gewesen, Pläne für das kurfürstliche Schloß anzufertigen.[855]

Der in den Pfennigmeistereirechnungen erwähnte Oberingenieur Wolff war ebensowenig mit Festungsbauprohekten beschäftigt wie der 1695 bis 1707 nachgewiesene Ingenieur Aloys Bartoly. Während Wolff 1698 bis 1707 als Instruktor der Edelknaben (Offiziersanwärter) eingesetzt war,[856] arbeitete Bartoly als beratender Ingenieur im Zivilbau.[857]

104 Hofarchitekt Jakob Dubois. Medaillenentwurf, 1709

Als direkter Nachfolger des Oberingenieurs Michael Cagnon wird nicht der 1682 geborene Sohn, der Architekt Johann Constantin Cagnon,[858] sondern der Hofarchitekt und Ingenieur Jakob Dubois (Abb. 104) genannt.[859] Dubois, der nach dem Tode Johann Wilhelms entlassen wurde, tritt schon 1697, drei Jahre bevor ihm die Aufgaben Cagnons offiziell übertragen wurden, bei der Taxierung von Festungsgelände in bauleitender Tätigkeit auf.[649] Der offenbar sehr tätige, aber wenig schöpferische Architekt und Ingenieur, dem in Düsseldorf eine Reihe von Zivilbauten zugeschrieben wird,[860] konnte sich im Festungsbau nicht besonders entfalten, da der Ausbau der neuen Festungsenceinte, für die die Pläne bereits vorlagen, während des Spanischen Erbfolgekriegs bis 1709 zurückgestellt war. Bei der eigentlichen Ausführung nach der Grundsteinlegung 1710 dürfte sich seine Tätigkeit auf den Ankauf und die Taxierung von Festungsgelände im Auftrag der Hofkammer beschränkt haben,[648] denn 1710 wurde die Festungsbauleitung dem aus London stammenden, seit 1705 in Düsseldorf ansässigen Ingenieurmajor Abner Birth (Birdt) unterstellt.[861]

Nicht nur in der Beaufsichtigung, sondern auch in der Ausführung der Befestigungs-arbeiten hatte sich unter Johann Wilhelm eine Wandlung vollzogen. Zwar mußten die Bürger immer noch Hand-, Spann- und Schüppendienste leisten. Im 18. Jahrhundert ging man aber dazu über, neben den Pionieren auch Entrepreneure im Festungsbau zu beschäftigen.[862]

Von 1709 bis 1715 waren in Düsseldorf die Unternehmer Sarto, Drianne und Persee mit der Anlage des neuen Retranchements, insbesondere mit dem Bau der Circum-vallationsmauer beschäftigt.

Simon Sarto war der Surintendant Johann Wilhelms und hat mit seinen Kompagnons für den Kurfürsten vor allem im Zivilbau die Durchführung einer Reihe größerer Bau-maßnahmen — u. a. auch für Schloß Bensberg — übernommen. Der Tätigkeitsbereich dieser Unternehmer erstreckte sich bis in das Herzogtum Geldern. Johann Friedrich Graf von Schaesberg, der Hofkammerpräsident Johann Wilhelms, dem die finanzielle Abwicklung der kurfürstlichen Bauten oblag, waren die Meister aus ihrer Tätigkeit für den Kurfürsten bekannt. Der großzügige barocke Lebensstil seines Dienstherrn inspirierte den Hofkammerpräsidenten zu eigenen Bauvorhaben. In diesem Zusam-menhang schloß er mit Sarto, Drianne und Persee nicht nur einen Vertrag über den Bau seiner Stadtresidenz in Düsseldorf, sondern beauftragte diese außerdem mit Bau-arbeiten am Haus Krickenbeck, seinem geldernschen Stammsitz. Aus den Quittungs-büchern des Grafen Schaesberg von 1707 bis 1721 hat Peters eine Reihe von Details über die Tätigkeit von Sarto, Drianne und Persee an dem Umbau des Renaissance-schlosses Krickenbeck und an der Düsseldorfer Stadtresidenz ermittelt.[655] Der Vene-zianer Sarto, dem der Plan des Westbaues von Schwetzingen und der des Fürstenberg-schen Schlosses in Herdingen zugeschrieben wird, soll möglicherweise ein Schüler Matteo Albertis gewesen sein.

Sarto war offenbar die führende Persönlichkeit dieser „entrepreneurs". In den Quel-len des gräflich schaesbergschen Archivs erscheint Simon Sarto nahezu durchweg als Kompagnon von Drianne und Persee. Am 5. April 1708 quittierte Persee als „associée de Sarto et Drianne" über 1.000 Reichstaler für den Düsseldorfer Bau des Grafen Schaesberg. Für ihre Tätigkeit an der Circumvallationsmauer der Extension, die sie unter der Leitung des Hofarchitekten Jakob Dubois ausführten, erhielten sie 1715 ihre letzten Zahlungen.[655]

Die bei dem steigenden Umfang der Aufgaben im Militär- wie im Zivilbau immer dringlicher gewordene Ämtertrennung von Hofarchitekten und Militäringenieuren setzte sich, wie an den Besoldungsanteilen aus der Pfennigmeisterei und der Land-rentmeisterei festzustellen ist, immer mehr durch. Als Alberti, der als kurfürstlicher Oberbaudirektor offiziell immer noch die Oberaufsicht über alle kurfürstlichen Bau-vorhaben führte, 1715 starb,[863] wurde die mit der Ernenung Cagnons zum Festungs-ingenieur in der Praxis bereits vollzogene Ämtertrennung rechtsverbindlich.

Mit der Übertragung der Oberaufsicht über die Festungsarbeiten nach dem Tode des letzten für das Gesamtbauwesen zuständigen kurpfälzischen Oberbaudirektors, Graf d'Alberti, wurde der Festungsbau offiziell dem Militär unterstellt. Eine ähnliche Ent-wicklung hatte sich in Preußen vollzogen, wo 1729 durch ein Dekret die Trennung des Staatsbauwesens in Zivil- und Militärverwaltung bestimmt wurde.[864] Diese Tren-nung setzte eine von den Baumeistern unabhängige Ausbildung als Ingenieuroffizier

Ingenieurs Corps			
Chefs	Errichtungszeit	Standquartier	
Von Officier	Anno 1778	30	In allen Verrichtungen der Schild.

105 Fortifikationsdirektor von Pfister in Uniform des Ingenieurkorps, 1778

voraus, die in den im 18. Jahrhundert gegründeten Vorläufern der Ingenieurschulen erfolgte. Eine der Kadettenschule entsprechende Grundausbildung für Offiziersanwärter[865] erteilten die als Edelknabeninstrukture am Düsseldorfer Pagenhaus bereits seit 1698 tätigen, in den Pfennigmeistereirechnungen nachweisbaren Ingenieuroffiziere.

Mit dem Aufbau eines Ingenieurkorps seit 1744 wurde die Organisation des Militäringenieurwesens institutionalisiert.[866] Nur bei besonderem Bedarf sollten noch Ingenieure aus dem Zivilberuf zugezogen werden. Die Grundsätze für eine fortschrittliche Ingenieurausbildung wurden 1672 von dem Ingenieurmajor Karl von Pfister (Abb. 105) festgelegt.[867] Trotz der offiziell vollzogenen Trennung blieb zwischen Zivil- und Militärbauwesen eine Reihe von Berührungspunkten. So überschnitten sich beide Bereiche durch die Beschäftigung der gleichen Handwerker und durch die Heranziehung des Oberbaudirektors Nicolas de Pigage (Abb. 106) und der Hofbaumeister zu den verschiedensten Bauaufgaben: Nosthoffen arbeitete an der Hauptwache und an der Düsselschleuse, Kees am Zeughaus, an den Kasernen und am Marstall in der Mühlenstraße, Flügel und Wauters an den Extensionskasernen, um nur einige Beispiele zu nennen.

Bei all diesen Projekten leiteten die Ingenieuroffiziere die Planung, Materialbeschaffung und Arbeitsorganisation. Sie hatten vor allem die militärischen Funktionen und den Bauzweck im Auge, während die Baumeister und Handwerker für die techni-

238

106 Oberbaudirektor Nicolas de Pigage. Gemälde von Anna Dorothea Therbusch, 1763

sche und ästhetisch richtige Ausbildung des Details verantwortlich waren. Andererseits waren auch die Kompetenzen der Ingenieuroffiziere nicht ausschließlich auf den Militärbereich beschränkt. Wegen der besseren Ausbildung im Wege- und Wasserbau zeigte sich ihrer Einflußnahme im Zivilbereich vor allem bei städtebaulichen Maßnahmen, die, wie beispielsweise die Düsseldorfer Karlstadt, unter der Federführung eines Ingenieurmajors standen. Selbst kleinere städtebauliche Maßnahmen, wie die Verbreiterung der Liefergasse oder der Durchbruch Mittelstraße, wurden von den Militäringenieuren – in diesem Falle von dem Ingenieurmarjor van Douwen –[868] geplant und durchgeführt (Abb. 144).

Als erster offizieller Fortifikationsdirektor wird der von 1715 bis 1753 im Amt stehande Ingenieurmajor Fremelle in den Pfennigmeistereirechnungen aufgeführt.[862] Er war für alle kurpfälzischen Festungen zuständig. Der oberste in Düsseldorf ansässige Ingenieuroffizier war der Ingenieurmajor Hamberger. Er wurde 1736 von dem bis dahin in Jülich tätigen Ingenieurmajor Weixel abgelöst.

Die aus den Abrechnungen der Pfennigmeisterei und aus dem kurpfälzischen Militäretat zu entnehmenden, für ihre Tätigkeit in Düsseldorf besoldeten, in einem Ingenieurcorps zusammengeschlossenen[869] Militäringenieure, die sich als Wasserbaumeister und Wallinspektoren auf verschiedene Aufgaben spezialisiert hatten, sind in der in Kap. VII, 5 aufgeführten Tabelle zusammengestellt.

Trotz der Einschaltung von Unternehmern blieb die örtliche Bauleitung nach wie vor in den Händen des Bauschreibers, nach Einrichtung der Kriegsbauämter Kriegsbauaufseher genannt. Diesen unmittelbar dem Steuerrat untergeordneten Beamten oblag neben der Abrechnung mit den Lieferanten, den Entrepenneurs und Arbeitern die Aufsicht über den ganzen Baubetrieb, über das Brennen des Kalks und der Ziegel sowie über die Beschaffung des Holzes und der Faschinen.[870] Nach Schaffung der Kriegsbauämter, 1790, mußten alle Arbeiten ohne Hinzuziehung von Unternehmern vom Ingenieurcorps selbst ausgeführt werden.[871]

Die offizielle Trennung von Militär- und Zivilökonomie, 1779, brachte in der städtebaulichen Praxis viele Schwierigkeiten mit sich, denn jede der Behörden versuchte, ihre eigenen Pläne zu verwirklichen und ihren Fiskus bei der Finanzierung der einzelnen Projekte soweit wie möglich zu schonen. Besonders deutlich zeigten sich diese Schwierigkeiten bei der Anlage der Karlstadt. Obwohl zur Durchführung dieses Projekts eine eigene Kommission, die Karlstädter Baukommission, bestellt worden war, kam es immer wieder zu Kompetenzschwierigkeiten zwischen der Generalität, dem Steuerregistrator Johann Ferdinand Custodis und den Ingenieuren.[872] Die Auseinandersetzungen waren so heftig, daß der Ingenieurmajor Regnier 1787 und der Generallandmesser Johann Peter Nosthoffen 1788 ihre Rücktrittsgesuche einreichten. Nur durch das Einschreiten des Kurfürsten konnte eine Ausweitung des Konflikts vermieden werden. Mit der Übernahme der Festung durch die Franzosen 1795 traten die kurpfälzischen Ingenieure ihre Zuständigkeit für den Festungsbau an die französischen Militärs ab. Die Oberaufsicht über das Fortifikationswesen wurde jetzt dem in Mainz waltenden Festungsbaudirektor Léry übertragen. Die örtliche Oberaufsicht bis zur Schleifung der Werke oblag dem Ingenieurkapitän Descroix.

– Festungsverwaltung –

Die Instandhaltung der Festungen und die Beschaffung der Kriegsmunition hatte Johann Wilhelm dem von ihm 1703 eingesetzten, für die Militärökonomie einschließlich der Steuerausschreibung und Steuereinziehung verantwortlichen Generalkriegskommissariat aufgetragen. Diese Behörde war dem Hofkriegsrat, der seine Weisung direkt vom Kurfürsten erhielt, unmittelbar unterstellt.[873]

Die Verantwortung für die Sicherheit des Platzes, die Aufsicht über sämtliche Festungsgebäude, Magazine und Zeughäuser etc. hatte allein der Festungsgouverneur, dem auch der Garnisonswachdienst unterstand.

Einen Überblick über das Festungsgouvernement bis 1763 geben die Bergischen Pfennigmeistereirechnungen; von 1765 an der Kurpfälzische Militäretat. Nach den Pfennigmeistereirechnungen von 1705/06 besaß Düsseldorf einen Festungsingenieur (Edelknabeninstruktor Wolff), einen Schanzenwachtmeister, einen Wallinspektor, einen Ingenieurhauptmann (d'Orval), einen Mineurhauptmann und einen Ingenieurmajor (Birth).[874] Nach dem ältesten erhaltenen kurpfälzischen Militäretat (von 1765) hatte die Festung Düsseldorf einen Gouverneur (2.000 fl.), einen Kommandanten (1.500 fl.), zwei Platzmajore (900 fl.), einen Adjutanten (363 fl.), einen Sekretär (400 fl.) und als diesem Stabe unterstehendes Personal einen Proviantkommissär (300 fl.), einen Rüsthaus- und einen Zeughausinspektor (225 bzw. 281 fl.), einen Bauschreiber (450 fl.), einen Kasernenverwalter (354 fl.), einen Milizmedikus (399 fl.), einen Gouvernementsmedikus (195 fl.), einen Stabchirurgus (500 fl.), einen Kasernenpfarrer (210 fl.), einen Milizkaplan (123 fl.), einen Rüstmeister (478 fl. 30 Kr.), einen Passantenschreiber (145 fl. 30 Kr.), einen Schulmeister (110 fl. 30 Kr.), einen Krankenvisitator (62 fl. 4 Kr.), einen Portier (145 fl. 30 Kr.), einen Kasernenschneider (210 fl.), einen Gouvernementsprofos (96 fl. 23 Kr.). Der Gesamtbedarf an Gehältern schwankte in den letzten Jahrzehnten des 18. Jahrhunderts zwischen 9.946 fl. 17 Kr. 1 Hl. und 11.212 fl. 2 Kr.[875]

Mit der Zusammenlegung des kurpfälzischen und des kurbayrischen Heeres zur kurpfalz-bayrischen Armee, 1778, änderte sich auch die Verwaltung der Festungen. In Düsseldorf und Mannheim wurden Provinzialkommandos gegründet, die dem Münchener Hofkriegsrat unterstanden. Der Festungsgouverneur in Düsseldorf, Freiherr von Efferen, war gleichzeitig Leiter des Provinzialkommandos.[876]

Auch nach der Vereinheitlichung des Hofkriegsrats, 1788, führte das in Düsseldorf beim Provinzialkommando noch weiterbestehende Kriegskommissariat die Oberaufsicht über alle Militärbauten sowie über den Proviant- und Fourragekommissär, die Bauschreiber, Rüst-, Zeug- und Kaserneninspektoren. Das Kriegskommissariat vergab auch die Lieferungen von Lebensmitteln, Kriegs- und Baumaterial durch öffentliche Ausschreibung.[877] Die Errichtung neuer Festungsbauten, wie Militärgebäude, der Ankauf aller für militärische Zwecke erforderlichen Plätze und die Veräußerung von solchen unterlag nach wie vor der höchsten Genehmigung.[878]

1790 änderten sich die Verhältnisse mit der Einrichtung von Kriegsbauämtern in den größeren Standorten, München, Ingolstadt, Rothenberg, Mannheim, Düsseldorf und Jülich. Den Bauämtern, die einen eigenen Vorstand hatten, war auferlegt, daß alle Bauten in den Garnisonen durch das Ingenieurcorps selbst ausgeführt werden sollten, ohne daß Unternehmer Aufträge erhielten. Alle Bauten und Ausbesserungen in den Festungen, Kasernen, Lazaretten, Zeughäusern und Provianthäusern unterstanden diesem neugeschaffenen Amt, das eine eigene Amtskasse hatte.[871] Vorstand des Kriegsbauamtes in Düsseldorf war der Ingenieurkapitän Franz Hubert van Douwen.[879]

Die Zeugämter unterstanden unmittelbar dem 1788 geschaffenen, für das Armaturwesen verantwortlichen 3. Departement des Hofkriegsrates in München. Neben München und Mannheim beherbergte Düsseldorf als dritte kurpfalz-bayrische Landesfestung seit 1790 ein Hauptzeugamt. Diesem Amt oblag die Beschaffung und Lagerung des Pulvers, ferner die Aufsicht über die Pulvermühlen, das Armaturwerk und die Werkstätten für Gewehrreparaturen.[880]

Die Festungsgouvernements verloren nach dem Ersten Koalitionskrieg ihre Bedeutung. In Düsseldorf hatte schon nach dem Tod des Gouverneurs von Effern, 1781, der Festungskommandant von Kladt die Geschäfte des Gouvernements weitergeführt.[881] Von 1795 bis zur Schleifung war die Festung Düsseldorf in französischer Hand. Die pfalz-bayrische Militärgewalt wurde nur noch durch den Platzmajor vertreten.[882]

— Garnisonsangelegenheiten, Kasernen —

Die gewandelten Organisationsformen des Militärs und der Technik hatten die Errichtung zahlreicher militärischer Gebäude zur Folge. Neben dem Arbeitshof für die

107 Ansicht der Reuterkaserne vom Rhein. Zeichnung, um 1860

technischen Truppen und den Materiallagern verursachten vor allem die Wohnstätten
für die Garnisonen neue Probleme,

Die Einquartierungspflicht war nicht nur eine wirtschaftliche Belastung für die betroffenen Bürger, deren Familien oft genug unter der Zügellosigkeit der Soldaten zu
leiden hatten. Auch auf militärischer Seite waren die negativen Auswirkungen nicht
zu übersehen. Diese lagen vor allem in dem fehlenden disziplinierenden Zusammen-
halt und in den ewigen Streitereien bei der Verlegung neuer Einheiten.

Nachdem die endgültige Vereinigung der Länder Pfalz-Neuburg und Jülich-Berg Anfang des 17. Jahrhunderts zur Begründung eines stehenden kurpfälzischen Heeres geführt hatte,[844] und sich die Stärke der Garnison auf durchschnittlich 2.000 Mann
eingependelt hatte,[887] erwies sich der Bau einer großen Kaserne, nicht zuletzt im
Hinblick auf die Stadterweiterung, als unumgänglich. Während man anfangs noch
die Initiative den Bürgern überließ, durch den Bau von Hinterhofhäusern für Soldaten von der Einquartierungslast freizukommen oder, wie bei den Baracken im Neuen
Werk, den Bürgern die Ablösung von der Einquartierungslast durch einen einmali-
gen Baukostenbeitrag anbot,[885] sprachen aber bald militärische Gründe für eine
einheitliche Organisation des Kasernenwesens in großen Gemeinschaftsbauten.

Als erste größere Kaserne wurde 1697 in den 1685 auf dem Gelände des Neuen Werkes erweiterten Baracken von 1672/73[886] (Kap. II, 5) die Reuterkaserne eingerichtet (Abb. 107, 108).[887] Während die Kasernen den Militärs vorbehalten blieben, waren die in der Stadt einquartierten Landesschützen immer noch in Bürgerquartieren
untergebracht. 1701, unter der Bedrohung der Festung im Spanischen Erbfolgekrieg,
logierten 274 Landesschützen in der bergischen Hauptstadt.[888]

242

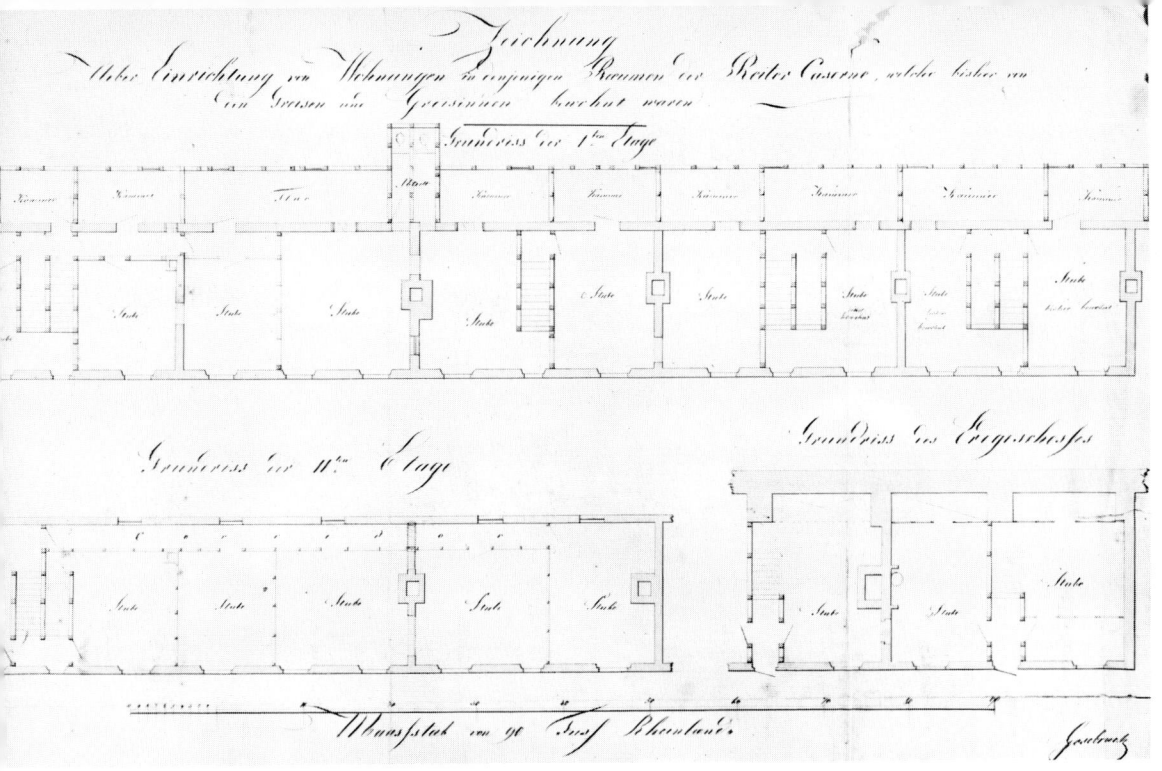

108 Grundriß der Reuterkaserne (Armenhaus). Tuschzeichnung, um 1800

Während dieser Zeit waren Düsseldorf und Jülich die größten Garnisonsstädte und wichtigsten Festungen am Niederrhein. Die politischen Umstände bedingten eine außergewöhnliche Truppenverstärkung, die den Bau einer Infanteriekaserne unumgänglich machte. 1701 wurde mit der Errichtung dieser Kaserne nach den Plänen des Ingenieurs Michael Cagnon in der Extension begonnen.[889] Das auf rechteckigem Grundriß mit einem großen Innenhof angelegte Gebäude bot Platz für zwei Regimenter. In den Eckpavillons sollten die Offiziere untergebracht werden.

Als man diese bei Rapparini noch auf quadratischem Grundriß dargestellte Kaserne (Extensionskaserne) (Abb. 109), die ein einfacher, in seiner Gliederung aber nicht eindrucksloser Putzbau ohne Fassadengestaltung war, fertiggestellt hatte, war die Garnison wesentlich kleiner als zur Zeit der Planung. Die Truppen dienten ständig im Dienst des Kaisers, so daß in der Festung nur die Leibgarde und ein geringer Truppenstamm verblieben.[890] 1709 zählte die Garnison nur 300 Mann, während die Kaserne bis zu 4.000 Mann aufnehmen konnte.[891] Aus diesem Grunde überließ Johann Wilhelm ein Viertel der Gebäude der Extensionskaserne dem Industriellen Wilhelm Marbais für eine Tuchfabrik.[892] Die von der Stadt selbst errichtete Interimskaserne an der Wallstraße, wo die Leibgarde zu Pferd einquartiert war, wurde der Kommune nach Fertigstellung der Extensionskaserne wieder überlassen.[893]

Als sich in den dreißiger Jahren die jülich-bergische Nachfolgefrage immer mehr zuspitzte, wurden auch die Kasernen wieder für volle Benutzung hergerichtet. Der Bautrakt und die Offizierspavillons im Anschluß an das Hubertushospital, die durch die Einlagerung von Holz und allerlei Requisiten ihrer eigentlichen Nutzung entfremdet worden waren (Abb. 110), wurden 1734 wieder ihrem ursprünglichen Zweck entspre-

109 Extensionskaserne. Medaillenentwurf, 1702

chend als Kaserne hergerichtet. Als Ersatz für die der Nutzung in den Kasernen entzogenen Lagerflächen errichtete man hinter dem Hospital ein Kohlen- und Brandmagazin, den späteren Artillerieschuppen.

Da die Extensionskaserne trotz aller baulichen Veränderungen in den Kriegsjahren nach 1734 für die Garnison nicht ausreichte, wurde auch der Neue Marstall zusammen mit der Hofoper zu Kasernen umfunktioniert (Marstallkaserne) (Abb. 116). Auch hatte man an dem auf dem linken Rheinufer wiedererrichteten Fort bombensichere Kasernenplätze für 500 bis 600 Soldaten vorgesehen (Taf. VIII). Ferner sollte die Reuterkaserne um 300 Plätze erweitert werden.[894]

Im Siebenjährigen Krieg waren die völlig überbelegten Extensionskasernen Domizil der französischen Garnison,[895] die durch ihre Forderungen wie durch ihr zügelloses Verhalten bei der Bürgerschaft zu manchem Ärgernis Anlaß gegeben hat.[896] Zahlreiche Soldaten mußten in Bürgerquartieren untergebracht werden.[847] Entgegen den bisherigen Gepflogenheiten wurden auch in den sonst von allen Lasten freien Kanonikerhäusern Militärs einquartiert.[366]

Nach dem Abzug der Franzosen regte Graf von Goltstein 1766 an, das 1712 neben der Kaserne fertiggestellte Hubertusspital[898] in den Baukomplex der Kasernen einzubeziehen (Abb. 113). Dabei sollte das Militärlazarett in das Hospital verlegt, letzteres aber in dem Militärmagazin und in der Kommißbäckerei, dem ehemaligen Judenhaus in der Neustadt (Neußer Straße 25), untergebracht werden (Abb. 112). Es ist das von Jakob Dubois entworfene Haus, das Joseph Jakob von Geldern, Heinrich Heines Urgroßvater und Hofagent Johann Wilhelms, für sich hatte errichten lassen.[899] Angrenzend lagen die Gebäude, die man seit mindestens 1757 bis zu ihrer Versteigerung, 1803, als Kavalleriekaserne benutzte.[900] 1770 erfolgte die kurfürstliche Genehmigung zur Verlegung des Hospitals in die Neustadt.[901]

244

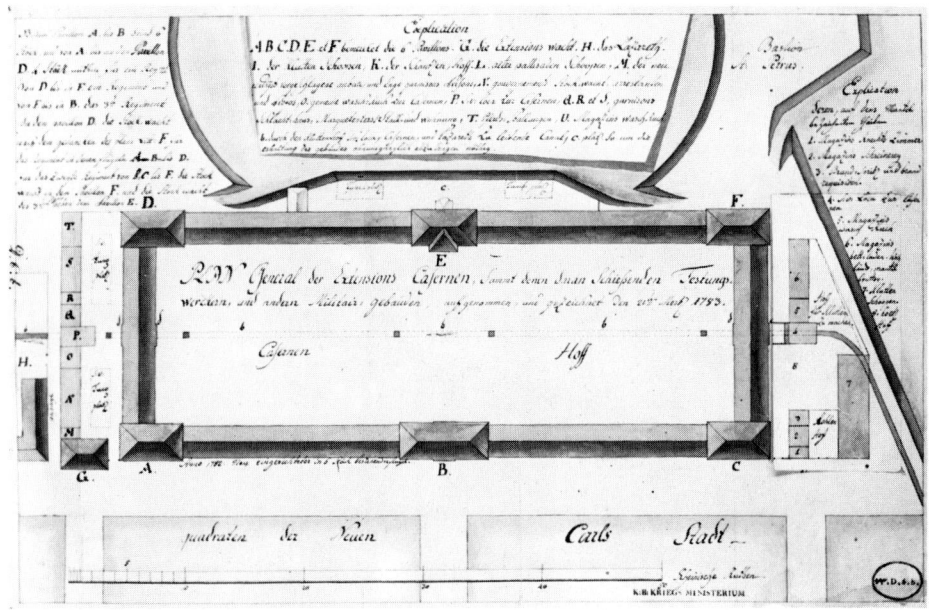

110 Extensionskaserne, Grundriß
mit Beschreibung, 1783

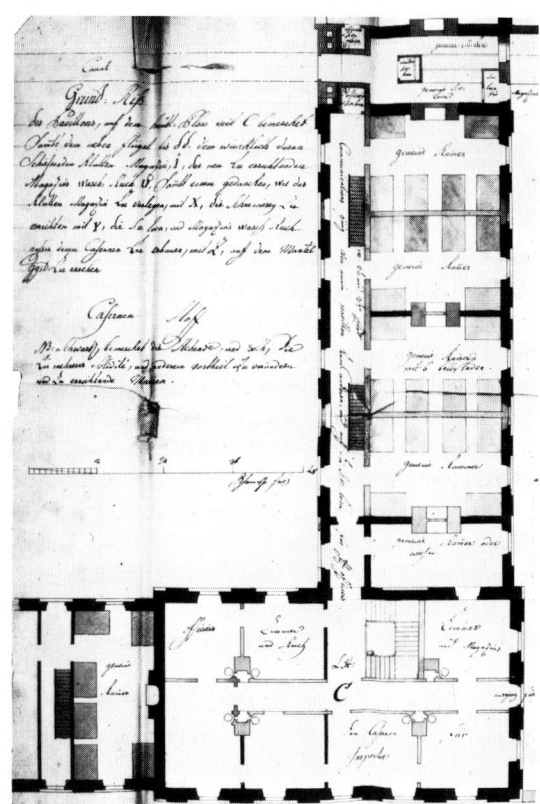

111 Extensionskaserne, Grundriß Eck-
pavillon, 1783

112 Hubertusstift, Neußer Straße 25 (Haus des Jakob von Geldern), Foto, 1977

Im selben Jahr unterbreitete der Ingenieurhauptmann Georg Bauer in Zusammenhang mit Bebauungsvorschlägen für die Karlstadt Pläne zur Neuordnung der Militärbauten in der Extension. Er entwickelte Vorschläge zur Instandsetzung und Erweiterung der Extensionskaserne (Infanteriekaserne), die die Alliierten 1763 in verwahrlostem und baufälligem Zustand zurückgelassen hatten,[902] und schlug den Neubau einer Artilleriekaserne (am Südende der Karlstadt), eines Zeughauses (nördlich des Extensionshospitals) und eines Pulverturmes (östlich des Hospitals) vor.[903] An der Extensionskaserne wurden zunächst keine Änderungen vorgenommen.

1781 fertigten die Ingenieure Caspers und van Douwen erneut Pläne für die Extensionskaserne an.[904] Erst 1783 wurde der Ausbau dieser Kaserne nach dem Plan des Ingenieurs Euler, der ein drittes Stockwerk vorsah, mit der Auflage bewilligt: „1. Quartiers für die Officiers, 2. die Regiments Postwachen, 3. die Gouvernements Prisonen, 4. die Gefängnisse für gefährliche Arrestanten und 5. die Latrinen anzulegen."

Da seit zehn Jahren nur „Flickarbeit" geleistet worden sei, schlug der Fortifikationsdirektor vor, ein Raumprogramm für die nächsten sechs Jahre aufzustellen. Die Kostenanschläge dazu fertigte der mit der Ausführung beauftragte Hofbaumeister Rutger Flügel an.[905]

113 Ehemaliges Hospital, Garnisonskirche und Wache an der Kasernenstraße. Foto, 1875

Erst nach dem Besuch Karl Theodors 1785 wurden die Arbeiten an den Kasernen forciert.[906] Wie aus dem Schriftwechsel zwischen dem Direktor aller Festungen, Obrist von Pfister, und dem Düsseldorfer Provinzialkommando hervorgeht, baute man mehrere Jahre an den Kasernenerweiterungen, wobei der Originalplan des Ingenieurs Euler aber in vielen Punkten Abweichungen erfahren hat (Abb. 110, 111).[905] Im Zuge dieser Umbauarbeiten erfolgte auch die Einrichtung von Zimmern in der 1743/44 in den Kasernen fertiggestellten Garnisonskapelle. Durch die Einbeziehung des Hospitals in die Kasernenbaulichkeiten, 1772, und die damit verbundene Übernahme der am 4. Oktober 1712 eingeweihten Hospitalkirche zur Garnisonskirche war die alte Kapelle überflüssig geworden.[907] Die neue Garnisonskirche hat ihre Funktion bis 1906 behalten (Abb. 113).[908] Von 1781 bis 1792 erforderte der Kasernenbau die beträchtliche Summe von mehr als 152.560 Reichstalern.[909] Der Zustand der Baulichkeiten nach den wesentlichen Umbauten ist in einem Bericht von 1794 beschrieben.[910]

Im 18. Jahrhundert bestand die Düsseldorfer Garnison in der Regel aus drei Regimentern Infanterie, einem Kavallerieregiment, der Artilleriekompanie und dem Ingenieurkorps. Nur selten wurde die im Normalfall 4.000 Mann starke Besatzung, abgesehen

Standestabelle (handschriftlich)

Regimenter	Compagnie												
Artillerie	v. ... 4te Compagnie												
Cavallerie				1				1	1				
4te Gren. Regmts	2te und 6te	1			1			1	1	1			
7tes Fuselier do	3te und 7te		1		1		1	1				1	
13tes do	1te Compagnie								1				
14tes do	4te 5te u. 8te		1					1	1	1			
	Summa =	1	2	1	1	1	1	2	3	3	2	1	

114 Standestabelle der in der Festung Düsseldorf stationierten Truppen, 1795

von Kriegszeiten, gewechselt.[57] Der stattlichen Zahl der Regimenter entsprach die Soll-Stärke der Garnison aber nur in den wenigsten Fällen (Abb. 114).[911] 1794, während des Ersten Koalitionskrieges, erhielt die aus einem Bataillon, vier Füselierregimentern, dem 7. und dem 13. Füselierregiment, zwei Kürassier- und vier Artilleriekompanien bestehende Stammgarnison in einer Gesamtstärke von nur 1.798 Mann, Verstär-

Die Tabelle enthält handschriftliche Einträge (Musterrolle) mit folgenden erkennbaren Angaben:

	Ober-Lieutenants	Unter-Lieutenants										Summa
	Sterner	.	1	1	2	4	1	.	.	6	40	57
Blanchard	Van V.	Eysenberg	2	2	4	8	2	.	16	88		131
	Gn. V. Seiffel	Von Weiße										
hmuth	Hausmann	V. Klaeber	2	2	4	8	4	4	2	16	156	211
nstein	Schöller	Bacher										
ff	Koch	Kummer	2	2	4	8	4	.	2	16	156	205
arny	Von Märcken	Töjck										
legen	Dupan	Höcker	1	1	2	4	2	.	1	8	78	101
macher	De Witte	Forlis										
Spauer	Von Brüggen	Von Clouth	3	3	6	12	6	4	3	24	234	308
auch	V. Horn	Von Hannel										
.	11.	10.	11	11	22	44	19	8	8	86	752	1013

kung durch vier österreichische Bataillone unter dem General von Kerpen. Auch mußte die Jülicher Besatzung zeitweise mit aufgenommen werden.

Die Einrichtung der Landesschützen blieb auch unter Karl Philipp und Karl Theodor unangetastet. In den Jahren 1726, 1729, 1739, 1740 wird von Musterungen berichtet. Im Siebenjährigen Krieg bewachten die Bürger sogar zeitweise allein die Fe-

115 Extensionskaserne mit Exerzierplatz. Foto, 1875

stung.[912] Für jedes Tor war ein Passantenschreiber und ein Portier vorgesehen. An allen Toren, auf den Bastionen und vorspringenden Festungswerken standen insgesamt zwanzig Schildwachthäuschen, die von Soldaten besetzt waren. An besonders brisanten Punkten waren den Soldaten Offiziere zugeteilt.[913]

Reibereien zwischen Bürgerwacht und Militär ließen sich nicht vermeiden. 1766 kam es zu einem Protest des Gouverneurs von der Osten gegen die Stadt Düsseldorf wegen Aufbewahrung der Stadtschlüssel. Die Beschwerde wurde dahin beschieden, daß die Hälfte der Torschlüssel auf dem Rathaus aufbewahrt werden sollte.[912] Gegen Ende des Jahrhunderts stand der Soldat in Düsseldorf noch weniger in Ehren als in Kurpfalz. Die Regierung in München sah sich bei der Rückkehr der Truppen nach Düsseldorf sogar genötigt, General von Zedwitz anzuweisen, nach Möglichkeit ein gutes Einvernehmen zwischen Bürgern und Soldaten herzustellen.[914]

Zur Erhaltung der Verteidigungsbereitschaft wurden von Zeit zu Zeit Festungsmanöver durchgeführt.[915] Der Garnisonsdrill spielte sich seit 1736 auf dem mit einer Mauer umfaßten und zum Paradeplatz umgebauten Mühlenplatz (Place d'Armes),[916] seit 1797 auch auf dem neu angelegten Karlplatz[743] ab. Auf diesem Platz wurden seit 1807 die vier Jahrmärkte abgehalten.

Nach der Schleifung der Festung schuf man für die erhalten gebliebene Extensionskaserne 1809 einen eigenen Exerzierplatz auf dem Gelände der ihr ehemals vorgelagerten Festungswerke.[917] Der Reitplatz der 5. Ulanen befand sich auf der anderen Seite der Kasernenstraße, an der Stelle, wo heute die Kreissparkasse steht. Das Militärlazarett hatte man aus dem ehemaligen Hospitalgebäude in einen Neubau an der

250

Ecke Hohe- und Bastionstraße verlegt. Die 1818 um Seitenflügel erweiterten Kasernengebäude nahmen 1872 mit dem Exerzierplatz einen Raum von 32 Morgen ein (Abb. 115). 1872 sollten die Baulichkeiten und das Gelände versteigert werden; vom Erlös wollte man eine Neue Kaserne außerhalb der Innenstadt bauen.[918] Der Plan wurde aber erst 1897 verwirklicht, als die Militärverwaltung die Kasernen an die Ulmenstraße verlegte und das Gelände der Stadt überließ.[919]

— Kurfürstliche Gebäude —

Zu den öffentlichen Gebäuden gehören neben den Militärgebäuden auch die von der Hofkammer unterhaltenen kurfürstlichen Bauten. In dem von de Frésier 1739 angefertigten Festungsplan (Abb. 116) sind die wichtigsten öffentlichen Gebäude besonders gekennzeichnet. Eine Übersicht über die Militär- und zugehörigen Verwaltungsbauten aus der Zeit nach der Belagerung von 1758 läßt sich aus der erwähnten Liste der kurfürstlichen Bauten von 1757 und aus den gleichzeitigen Festungsplänen zusammenstellen (Kap. VII, 7).

116 Plan mit den kurfürstlichen Gebäuden. Ausschnitt aus dem Projekt von de Frésier, 1739

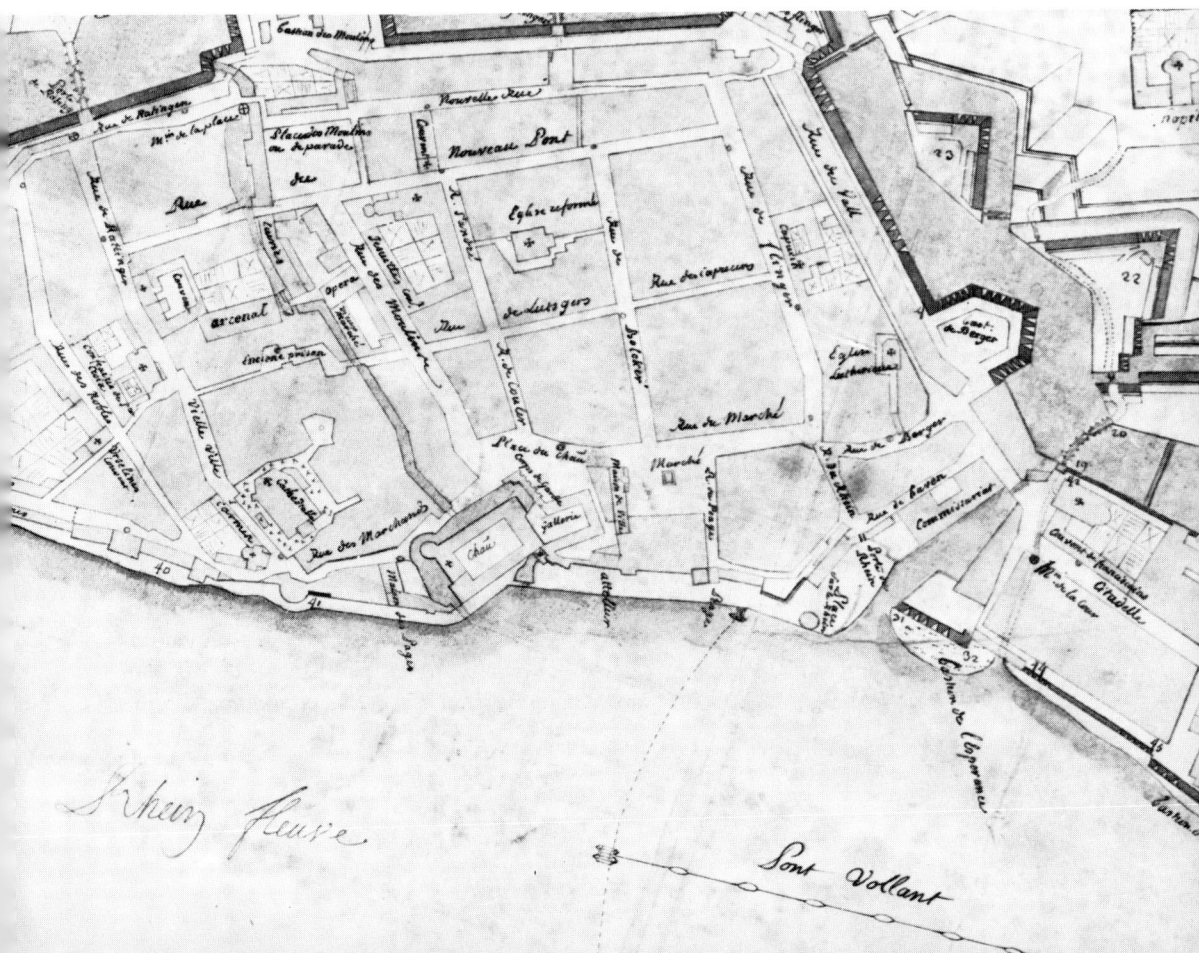

117 Die Hauptwache am Burgplatz. Zeichnung von Julius Kost, 1855

Die Hauptwache lag auf dem Burgplatz vor dem Schloß (Abb. 117). Sie ist 1733 von dem Hofbaumeister Nosthoffen errichtet worden.[920] Den Vorgängerbau hatte der Hofarchitekt Jakob Dubois noch 1714 repariert.[921] Außerdem gab es wie in allen anderen Festungen neben den Tor- und Kasernenwachen (Abb. 113) Schildwachthäuser auf den wichtigsten Festungswerken.

Im 18. Jahrhundert fand die Ausbildung des Militärnachwuchses in der 1695 von Cagnon umgebauten „Binsfeldschen Behausung" an der Krämerstraße statt.[846] Das ältere Pagenhaus (Edelknabenhaus) an der Mühlenstraße gegenüber dem Tummelhaus (Manege) war noch 1656 in Benutzung.[922] Schon seit 1664 wurde der Nachwuchs des jülich-bergischen Adels in dem erwähnten Gebäude an der Krämerstraße unterrichtet.[923] In der seit etwa 1697 unter der Leitung von Mathias de Roy (von 1704 bis 1721 Ober- und General-Auditor) nach dem Muster der Dresdner Kadettenschule geleiteten Adelsakademie erhielten max. zwanzig Pagen eine Ausbildung als Offiziersanwärter.[865] In den 1730er Jahren hat das Gebäude zeitweise als Waffenmagazin gedient, bevor es der Hofkanzler und Akademierektor Sizone bewohnte. 1802 wurde es Sitz der Armenverwaltung und 1825 der Leihanstalt und ersten Sparkasse.[927]

Das eigentliche Rüsthaus, in den Plänen als Salle d'armes bezeichnet, lag in dem rheinseitigen Bautrakt im Anschluß an die Reuterkaserne.[925] Es beherbergte die Bestände, die in dem 1669 in Verbindung mit dem Flinger Torturm errichteten Zeug- und Rüsthaus untergebracht waren. Die Gebäude neben dem Flinger Tor, in denen sich auch die Militärschmiede befand, spielten im 18. Jahrhundert nur noch eine untergeordnete Rolle (Abb. 71). In der Liste der kurfürstlichen Gebäude wurden sie 1757 zwar noch unter dem Namen „Artillerieschuppen am Stadtbrückchen" ge- führt.[926] In der Gebäudegruppe waren zu diesem Zeitpunkt aber schon neben den beiden Roßmühlen[927] die vier Handmühlen untergebracht. Ein Teil der Baulichkeiten wie das Alte Flinger Tor (Alter Pulverturm) mit dem dahinter zum Wall gelegenen Haus wurde 1785 meistbietend versteigert.[197]

Das eigentliche kurfürstliche Artilleriezeughaus oder Arsenal verlegte man 1737 in das ehemalige Tummelhaus. Die Pläne zu diesem 1695 anstelle des Alten Tummel- hauses von 1656 errichteten Gebäude[928] stammen von dem Oberingenieur Rei- ner.[565] Das Gebäude lag im Hintergelände zwischen Mühlen- und Ratinger Straße, nördlich der Düssel, gegenüber der Hofoper. Es schloß unmittelbar an die Gebäude des 1560 errichteten Alten Marstalls[929] an. Neben diesem kurfürstlichen Marstall stand das in fünf Monaten 1695 zur Hofoper umgebaute alte Komödienhaus an der Mühlenstraße.[928] Den westlichen Abschluß der Gebäudegruppe bildete der 1686 von Reiner entworfene, an der Düssel nördlich der Mühlenstraße errichtete Neue Mar- stall.[565]

Nach der Auflösung des Hofstaates Johann Wilhelms hatten die Gebäude ihre Be- stimmung verloren. Das bereits zum Zeughaus 1737 umfunktionierte Tummelhaus sollte 1738 zur Aufnahme des kleinen Gewehrs aus dem Rüsthaus aufgestockt wer- den. Das Rüsthaus am Rhein hätte dann als Kaserne für 300 Mann dienen können. Wegen der Kriegsgefahr infolge der Erbstreitigkeiten, aber auch aus technischen Gründen, wurden diese Pläne vorerst zurückgestellt und eine Nutzung der übrigen Marstallgebäude als Waffenmagazin geprüft. Die Zeitnot ließ keine andere Wahl mehr als noch 1738 in dem Neuen Marstall mit dem hohen Heusöller die notwendigen Kasernenplätze für das Bourscheidtsche Regiment einzurichten. In diesen Umbau wurden die an der Straße gelegenen Vorderhäuser und die ehemalige Hofoper mitein- bezogen.[930]

Für die Bestückung des neu hergerichteten Zeughauses bewilligten die Stände immer größere Geldbeträge.[931] Allein 1739 waren es 88.805 Reichstaler.[932] Als nach dem Verzicht des Preußenkönigs auf seine Erbansprüche an Jülich-Berg alle militärischen Vorbereitungen eingestellt werden konnten und berechtigte Hoffnung bestand, daß der neue Landesherr Karl Theodor seine Residenz nach Düsseldorf zurückverlegen würde, konnten die Marstallgebäude 1743 bis 1746 wieder ihrem ursprünglichen Zweck als Hofstatt für die kurfürstlichen Pferde zugeführt werden. In dem umge- bauten ehemaligen Opernhaus richtete man eine Reitschule ein.[993] Als Ersatz für das Opernhaus hatte Hofbaumeister Nosthoffen auf dem Grundstück des bergischen Kanzlers am Markt, zwischen Grupellohaus und Alter Kanzlei, das Komödienhaus errichtet (Abb. 125).[934]

Nach Abzug des Hofstaates nach Mannheim, 1747, wurden der Marstall und die ehe- malige, zur Reitschule umfunktionierte Hofoper wieder als Depot für Baumaterial und Festungsrequisiten benutzt. Das Tummelhaus diente weiter als Zeughaus. Erst mit der bei der Kapitulation 1758 geforderten Auslieferung der umfangreichen, in

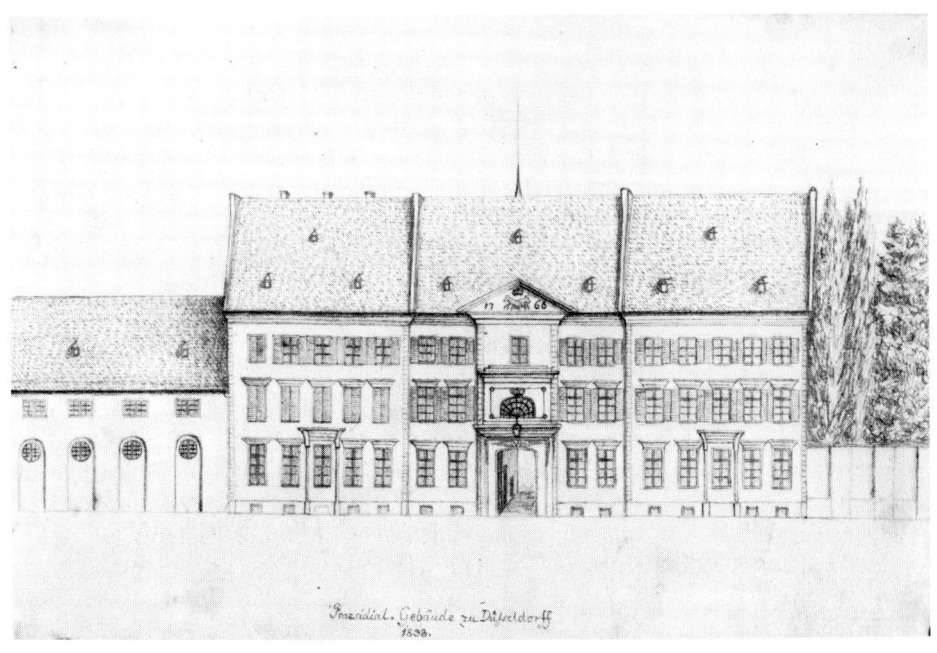

118 Das ehemalige Statthalterpalais (Präsidialgebäude) in der Mühlenstraße, Zeichnung, 1833

dem Verzeichnis von 1744 aufgeführten Zeughausbestände an die Hannoveraner (Abb. 132) verlor auch dieses Gebäude seine Bedeutung als Arsenal.[935]
Das mehrfach umgebaute Opernhaus und die immer wieder provisorisch hergerichteten Marstallgebäude, die während des Siebenjährigen Krieges wieder als Kaserne gedient hatten.[936] waren bei dem Abzug der Franzosen 1762/63 so stark verwahrlost, daß der gesamte Gebäudekomplex einschließlich des baufälligen alten Marstalles und des geräumten Zeughauses abgebrochen werden mußte. An ihre Stelle trat das Statthalterpalais (Corps de logis), im 19. Jahrhundert Sitz des Regierungspräsidenten (Regierungspräsidialgebäude) (Abb. 118). In dem 1764 bis 1766 von dem Hofbaumeister Kees errichteten Palais mit dem Prinzenmarstall an der Liefergasse und den weitläufigen Nebengebäuden und Remisen zum Paradeplatz[930] residierte als erster Statthalter Karl Theodors Graf von Goltstein. In der napoleonischen Ära verwaltete Beugnot von hier aus das Großherzogtum Berg.[937]
Das im architektonischen Detail vollständige klassizistische Gebäude mit Giebelvorbauten und Satteldach gewann durch die rhythmische Gliederung der siebenachsigen Flügelbauten zu beiden Seiten des mittleren Giebelrisalites seinen besonderen architektonischen Reiz. Das Zusammenfassen von je sieben Fensterachsen und die Betonung der Mitte durch höher- und tieferliegende Rahmen war ein typisches Motiv für die Fassadengestaltung der damals neu entstehenden Wohnhausbauten. Bei dem Mangel an Schmuckelementen ist die künstlerische Wirkung dieses schlichten Gebäudes vor allem in der rhythmischen Gliederung seiner Baumassen zu sehen.

254

119 Im Innenhof des Justizgebäudes an der Mühlenstraße – zusammengefügter Mittelrisalit des ehemaligen
Statthalterpalais. Zustand
1877. Oben Giebel des Mit-
telrisalits

Leider mußte dieses stattliche Bauwerk dem Neubau des Amtsgerichts zu Anfang dieses Jahrhunderts weichen. Im Innenhof des heutigen Justizgebäudes ist der Portal-
trakt des Statthalterpalais wieder zusammengefügt worden (Abb. 119). In dem ebenfalls wiedererrichteten Rückfrontportal halten zwei Medaillons die Erinnerung an das
1695 an gleicher Stelle errichtete Opernhaus wach.[938]

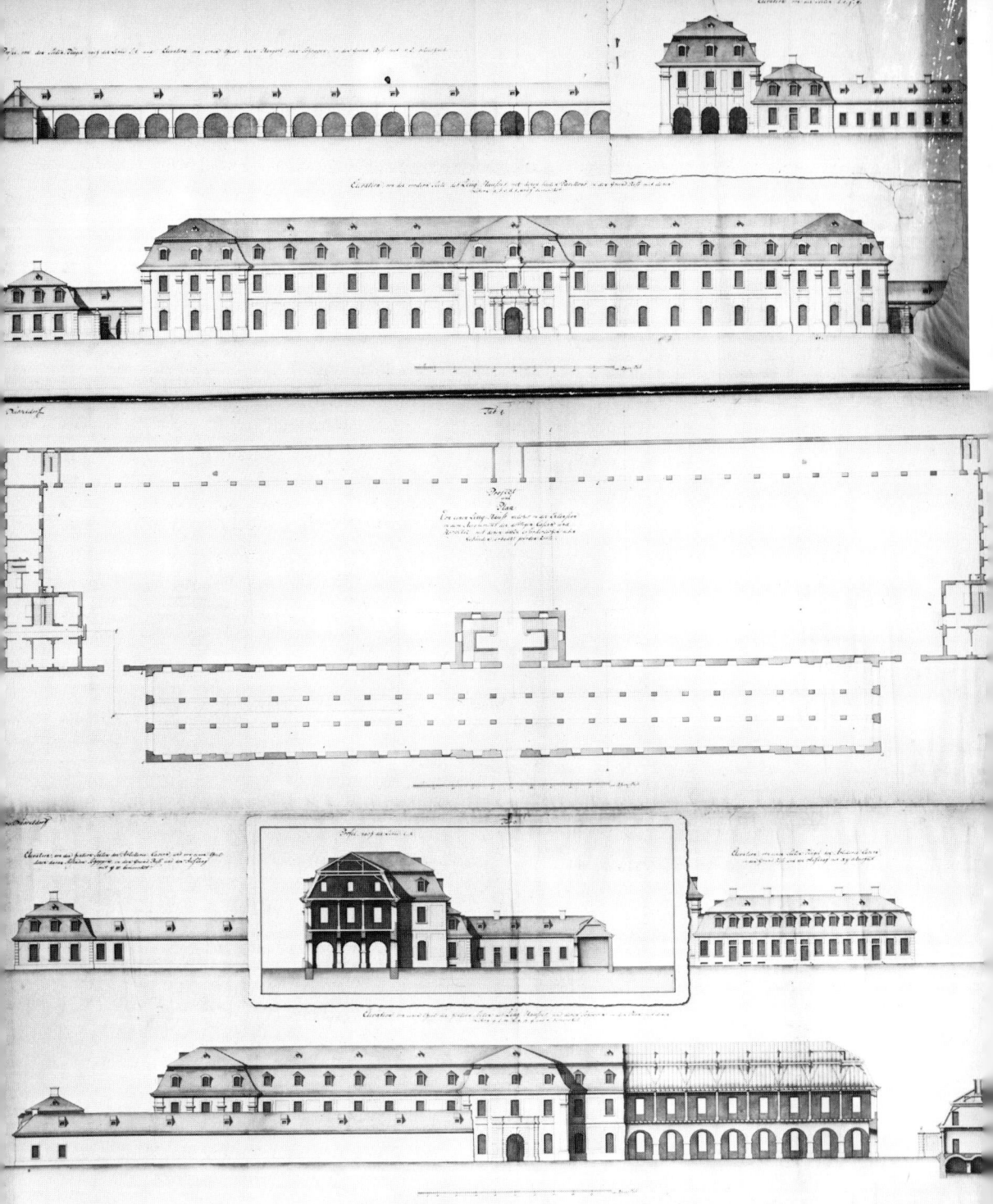

120 Originalentwurf von Ingenieurhauptmann Georg Bauer für ein Zeughaus, 1770

Ein 1770 von Ingenieurhauptmann Georg Bauer auf dem dafür vorgesehenen Gelände nördlich der Kasernen geplantes Neues Zeughaus in der Extension (Abb. 120) kam ebensowenig zur Ausführung wie der von ihm hinter dem Hospital geplante große Pulverturm (Abb. 129).[903] Man begnügte sich mit dem Pulverhaus hinter dem Hospital und stellte auf der Mitte der Kurtine, hinter dem geplanten Zeughaus, zwischen den Bastionen Christian und Anna, ein kleines Pulvermagazin auf, das erst 1802 abgebrochen wurde.

Der Plan des Zeughauses verdient immerhin eine kurze Betrachtung, da aus der Größenordnung des Gebäudes ein optischer Eindruck von dem Umfang der Festungsausrüstung gewonnen werden kann. Die Ansichten zeigen einen breitgelagerten zweigeschossigen verputzten Backsteinbau mit Mansarddach. Die Hauptfassade ist gegliedert durch ein dreiachsiges Mittelrisalit mit aufwendig gestaltetem Portal und durch zwei ebenfalls dreiachsige Eckrisalite mit je vier Halbsäulen. Interessant ist auch die Anordnung eingeschossiger Seitenflügel mit Wohnungen, an die sich ein Arkadengang anschließt, der den dem Hauptgebäude im Osten vorgelagerten Bauhof umschließt. Das Zeughaus selbst besteht aus einer großen erdgeschossigen Halle mit zwei Stützreihen, die sich im Obergeschoß als Holzstützen fortsetzen. Den Abschluß nach oben bildet das stützenfreie Mansarddach. Während die Obergeschosse in der Regel der Unterbringung der kleineren Requisiten und des Pferdegeschirrs dienten, war das Untergeschoß den Geschützen und Rüstwagen vorbehalten. Wegen dieser Nutzung sind in dem Plan an den Kopfseiten des Gebäudes je drei Einfahrten vorgesehen.

Da die nach der Kapitulation verbliebenen Zeughausbestände notdürftig in einem von den Franzosen westlich vor den Extensionskasernen errichteten Schuppen lagerten,[939] bemühte sich der Gouverneur von Efferen 1774 um die Zuweisung des Gym-

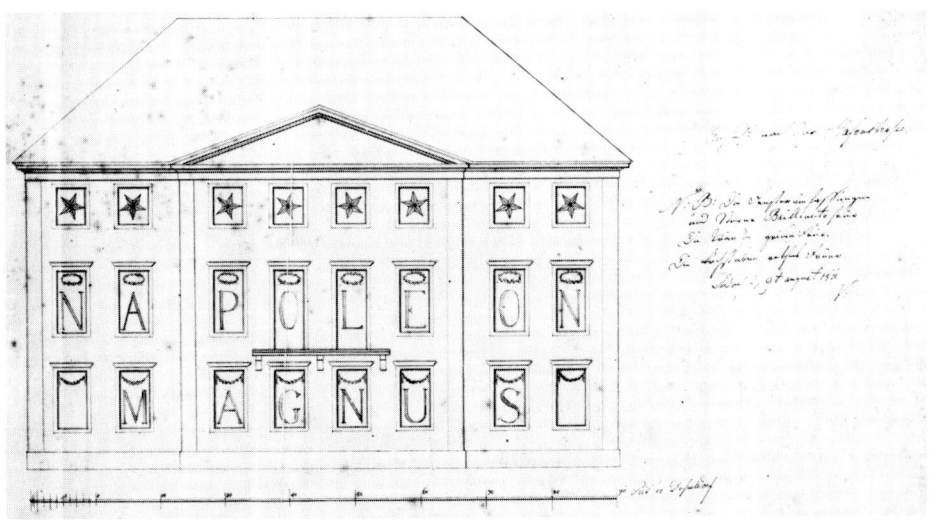

121 Das Generalkriegskommissariat (Palais Hundheim). Entwurf zur Illumination für Napoleon

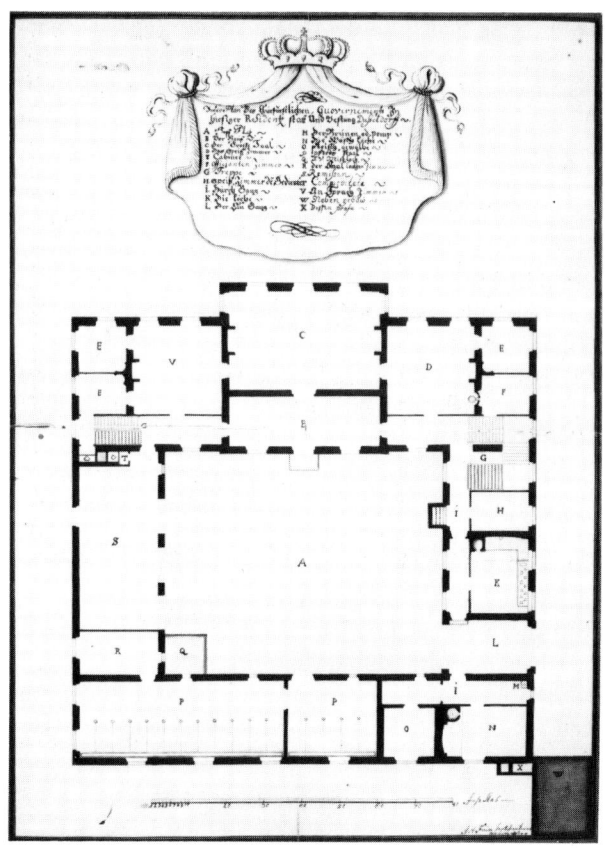

122 Das kurfürstliche Gouvernement, Grundriß. Zeichnung von Fortifikationsmaurermeister de Ferier

nasiums am Friedrichsplatz zur Einrichtung eines Zeughauses.[935] Auch dieser Vorschlag fand keine Resonanz.[940] Erst im Zuge der Kasernenneubauten entstand hinter dem Hospital ein großes Artilleriearsenal, das 1801 zu einem Treibhaus für den 1764 angelegten Botanischen Garten umgebaut wurde.[941]

Das Generalkriegskommissariat, der Dienstsitz des General-Oberkriegskommissars Freiherr von Hundheim, befand sich seit 1710 in einem Neubau am Hafen neben dem 1695 errichteten Hofbrauhaus (Abb. 64, 121). Die Kommißbäckerei, die, wie bereits erwähnt, in der Neustadt lag, sollte nach den Vorstellungen des Ingenieurs de Frésier 1739 auf den Platz neben dem Grupellohaus verlegt werden,[942] wurde aber erst 1772 in dem auf der Oberrheinischen Bastion erhalten gebliebenen Gebäudeflügel des ehemaligen Gouvernements untergebracht.[943]

Das zweigeschossige Gebäude hatte ursprünglich einen Innenhof (Cours d'honneur), wie dies für Patrizierhäuser dieser Epoche üblich war. Die Hofanlage mit den Seiten-

123 Das kurfürstliche Gouvernement auf der Oberrheinischen Bastion, Hauptfassade

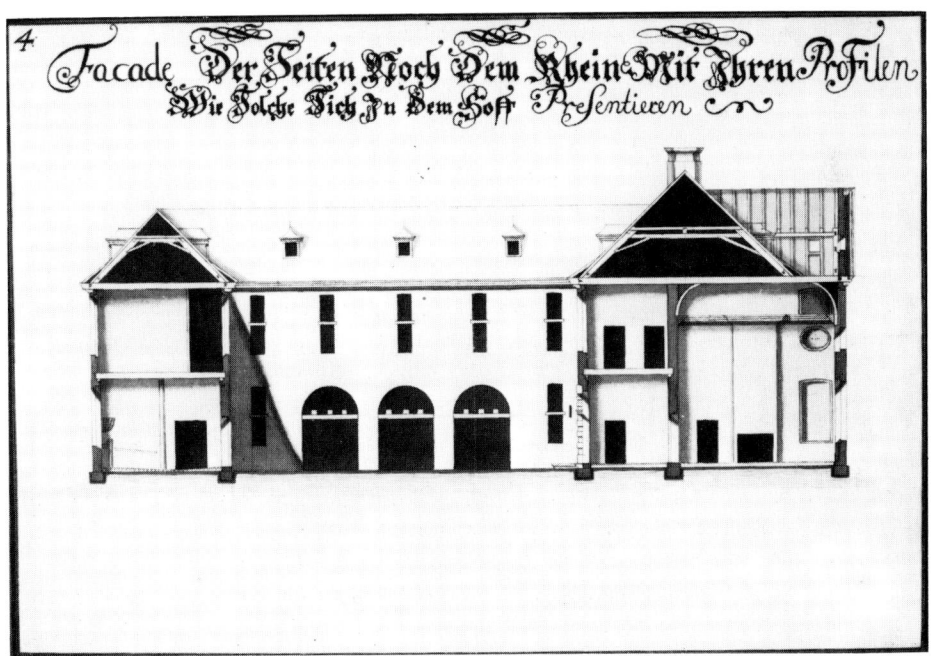

124 Das kurfürstliche Gouvernement, Innenhof und Schnitt durch die Seitenflügel

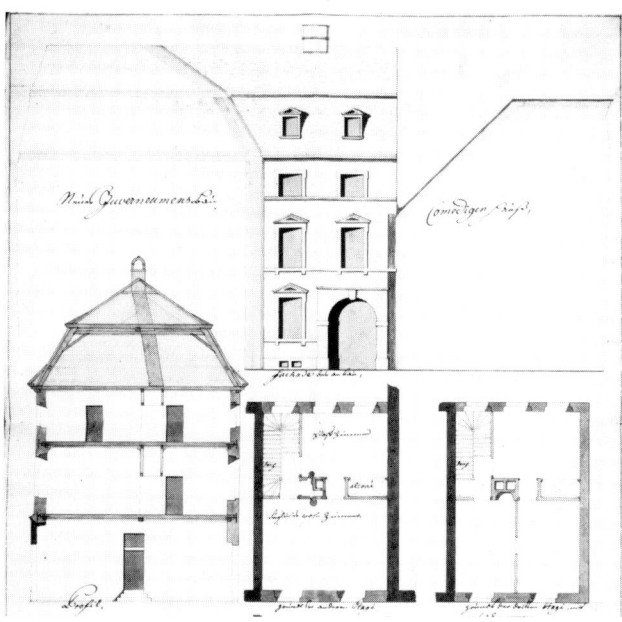

125 Der Marktplatz zu Düsseldorf mit dem Grupellohaus (Gouvernement), Theater und Rathaus. Zeichnung von Rawlandsen, 1791

126 Nicht ausgeführter Plan zur Erweiterung des Gouvernements am Markt um zwei weitere Fensterachsen um 1800

260

flügeln ist vollkommen symmetrisch durchgeführt (Abb. 122). Die von dem Fortifikationsmaurermeister J. H. Ferier stammenden Fassaden- und Schnittzeichnungen
im Stadtmuseum (Abb. 123, 124) zeigen ein achtachsiges zweigeschossiges, durch
einen Giebel mit reichem Trophäenschmuck betontes Gebäude. Die von einem Kurhut gekrönte Rokokokartusche des runden Fensterchens und der Giebel fassen die
drei Achsen des Mittelrisalites zusammen. Die Fenster selbst haben eine barocke Ein-
rahmung und den üblichen Stichbogen mit Schlußstein.

Ähnlich wie das später erbaute Statthalterpalais wurde auch das Gouvernement für
eine Reihe von Neubauten für höhere Staatsbeamte beispielgebend. So dürfte das
Vorbild für die Häuser Bilker Straße 5 und Hohestraße 6 in dem ehemaligen Gouver-
mentsgebäude auf der Thomasbastion zu suchen sein.

Die Franzosen hatten das für den Gouverneur Graf von Nassau-Weilburg Anfang des
18. Jahrhunderts errichtete Gebäude vor ihrem Abzug 1762 in Brand gesteckt. Der
Gouverneur mußte seitdem zur Miete wohnen. 1768 konnte das Gouvernement das
um drei Achsen erweiterte Grupellohaus am Markt[944] beziehen.

Der Kurfürst hatte das Haus auf eigenem Grund und Boden bauen lassen und 1708
dem Hofstatuarius Grupello zum Geschenk gemacht (Abb. 125 bis 127). Nach dem
Rückkauf durch Karl Theodor wurde das Gebäude Sitz des Gouverneurs. 1789
erfolgte ein erneuter Umbau. Die ursprünglich vorgesehene Erweiterung um zwei
weitere Achsen bis an das Kommödienhaus ist nicht ausgeführt worden. Von den
späteren Veränderungen ist die im Verhältnis zur Fassade wenig glückliche Giebel-
krönung über den barocken Fensterrahmen besonders auffallend. Auch scheint das

127 Plan des Marktplatzes zu Düsseldorf mit Verbesserungsvorschlägen von Pigage, 1757

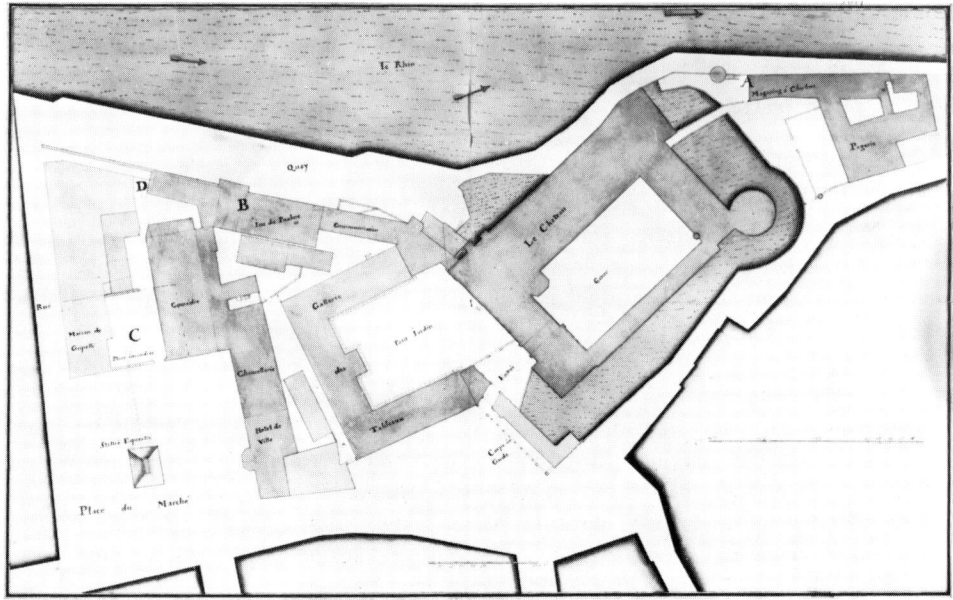

128 Die alte Stadt-Schlachthalle. Tuschfederzeichnung

gebrochene Mansarddach ebenfalls nicht dem ursprünglichen Zustand zu entsprechen. Seit 1822 diente das Gebäude als Hauptzollamt.

Außer dem Gießhaus (Atelier) hinter dem Markt am Rhein (Abb. 116, 127) stand 1718 ein Militärgießhaus gegenüber der Extensionskaserne. Das älteste Militärgießhaus lag auf der Zitadelle, gegenüber dem Berger Tor, östlich der Bäckergasse.

Das Militärrschlachthaus wurde 1676 östlich des beim Ausziegeln entstandenen Düsselteiches (Flac d'eu) — heute Schwanenmarkt — erbaut.[945] Es mußte 1794 gleichzeitig mit den Kasernenlatrinen der Bebauung der Karlstadt weichen.[946] Die städtischen Schlachthäuser sind in den Plänen von 1758 an der Reuterkaserne (Altes Schlachthaus seit 1697) (Abb. 128)[947] und südlich der Bastion Spee (Neue Fleischhalle seit 1712)[948] dargestellt.

— Pulverturm —

1732 wurde der Bau von zwei neuen Pulvertürmen angeordnet.[949] Wegen der Explosionsgefahr war ein großer Teil der Pulvervorräte im Frieden in der Umgebung der Festung sicher gelagert. Aus diesem Grunde hatte man, wie bei Hoyer gefordert,[950] auch die Pulvermühle (Krautmühle) außerhalb der Festung an der Oberen Düssel erbaut.[951] Nur ein kleiner Pulverbestand befand sich in den Pulvermagazinen, die, auf den vorgelagerten Festungswerken errichtet, weit genug von der städtischen Bebauung entfernt standen.

Von diesen Pulvermagazinen war nur das 1726 gebaute Pulvergewölbe auf der Franziskanerlunette,[654] das bei mittlerem Rheinspiegel allerdings ein Fuß unter Wasser stand, bombensicher (Abb. 129). Das Pulvermagazin auf der Kontergarde vor der Bastion Karl August, das 600 Zentner Pulver fassen konnte, war nur mit einem bleibedeckten Holzdach versehen. Die größte Lagerkapazität hatte das in dem Terreplein der Bastion Joseph angelegte Pulvermagazin. Das mit seinem nur ein Fuß dicken

262

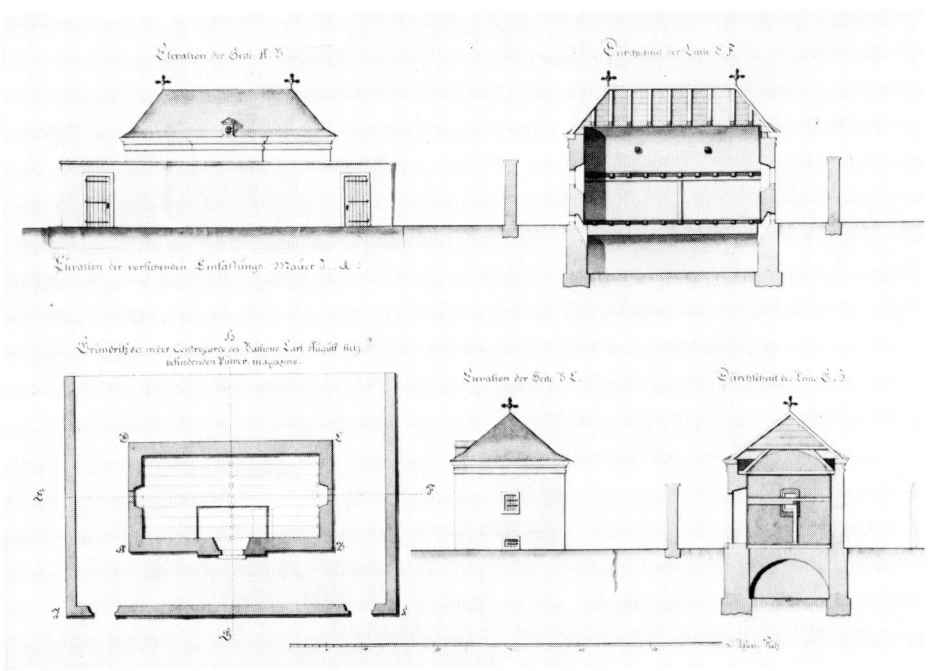

129 Pulvermagazin auf der Kontergarde der Bastion Karl August, um 1799

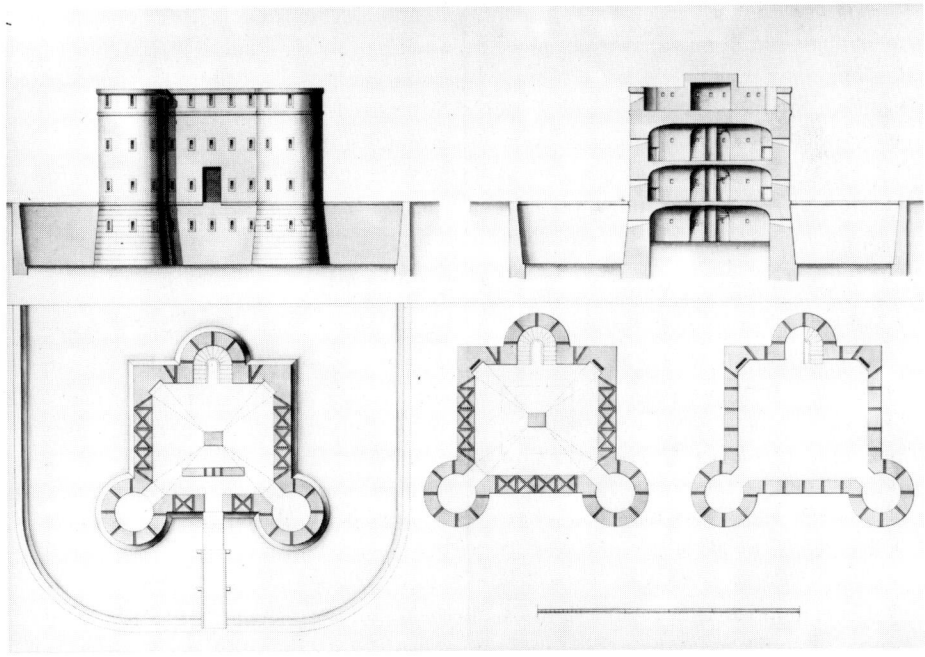

130 Entwurf für einen Pulverturm. Zeichnung G. Bauer, 1770

263

Gewölbe nicht als bombensicher anzusehende Gebäude ermöglichte eine trockene Lagerung von 1.000 Zentner Pulver.

Auf dem Wallgang der Branche der Bastion Paul und auf der Kurtine zwischen den Bastionen Christian und Joseph befanden sich zwei mittelgroße Magazine mit einem Fassungsvermögen von 600 Zentnern Pulver. Diese nur mit Brettern und Blei gedeckten Magazine, die hoch über das Corps de la place hinausragten und damit jeder Attacke ausgesetzt waren, hatten vor allem auch wegen ihrer Feuchtigkeit nur einen geringen Nutzwert. In dem Terre plein der Faussebraye zwischen den Bastionen Karl Theodor und Elisabeth Augusta (Niederrheinische Tenaille) befand sich ein einfach gebautes Magazin, in dem 600 Zentner Pulver trocken gelagert werden konnten (Abb. 87). Auch dieses Gebäude war denkbar ungünstig, weil es in der Gesichtslinie eines möglichen Angriffs lag und außerdem den Zugang zu den Poternen erschwerte.

Die in den Souterrains der Außenwerke eingerichteten Pulverkammern waren nur so groß bemessen, daß eine Verteidigung des betreffenden Werkes nur vier bis sechs Tage lang möglich war. Die kleineren bombenfreien Magazine der Berger Front, die ein Fassungsvermögen bis zu 100 Zentner Pulver hatten, zogen bei Hochwasser Feuchtigkeit und konnten deswegen nur kurzfristig benutzt werden (Abb. 129). Da die Pulveraufbewahrung für die Verteidigung der Festung unabdingbar war, unterbreitete der Ingenieurhauptmann Bauer verschiedene Vorschläge, die Pulvermagazine entsprechend umzubauen bzw. zu vervollständigen, insbesondere mit bombensicheren Gewölben zu versehen. Vor allem hielt Bauer den Bau eines Neuen Pulverturmes für erforderlich (Abb. 130).

Der einzige diesem Zweck entsprechende Standort in dem Corps de la place war die Mühlenbastion, denn von den übrigen Bastionen hatten die Bürgerhäuser ebensowenig den erforderlichen Sicherheitsabstand wie vom Hauptwall. In dem auf der Mühlenbastion projektierten Pulverturm ließen sich bis zu 1.200 Zentner Pulver unterbringen, so daß einschließlich der älteren Pulvergewölbe und -magazine ein Pulvervorrat von 3.800 Zentnern möglich war, was für eine Belagerung von 32 bis 36 Tagen ausreichte.[705] Wegen der ständigen Hochwasserbeschädigungen blieben für die Verbesserung der Pulvermagazine keine Mittel mehr übrig, so daß die Pulverlagerung in Düsseldorf keineswegs der Stärke der Festung entsprach.

– Festungsausrüstung, Festungsartillerie –

Die Verstärkung der Artillerie gegen Ende des 17. Jahrhunderts wirkte sich auf die Festungsausrüstung direkt aus. 1685 waren zur Verwaltung der Kriegsrequisiten Zeughauptleute, Leutnante, Zeugschreiber und Diener, Zeugschlosser und Wagner, Rüst- und Zeltmeister sowie Zeltwahrer angestellt.[952]

In den dreißiger Jahren des 18. Jahrhunderts gab die pfälzische Erbfolgekrise den Anlaß zur gehörigen Bestückung der Festung. Auf dem Landtag vom 22. Oktober 1737 forderte man einen Vorschuß von 1.900 Reichstalern für den Bau von zwei Roßmühlen.[927]

1738 waren in Düsseldorf 100 Mann Artillerie einquartiert (Abb. 131). Die Geschütze lagen noch teilweise unbrauchbar und ohne Lafetten auf den Wällen. Es fehlten allein 100 Kanonen, von den vorhandenen 66 mußten noch 24 montiert werden. Munition

131 Kurpfälzische Artillerie. Zeichnung aus dem Militäretat von Trierweiler, 1787

war kaum vorhanden.[953] Obwohl die Stadt seit etwa 1705 ein eigenes Gießhaus am Schloß[954] und ein Militärgießhaus auf der Zitadelle besaß, sah man sich 1739 unter diesen Umständen gezwungen, zwei Kaufleuten aus Mühlheim den Auftrag zu erteilen, 18 Stück „schwedisch eisern zwölfpfündige Canons neben zwey hundert Zentner bley" nach Düsseldorf zu liefern.[955]

Ein französischer Bericht von 1739 gibt von der Verteidigungsbereitschaft der Festung folgendes Bild: In den Magazinen lagen 3.000 Zentner Pulver und 180 Eisenkanonen, von denen dreißig wertlos waren. Die Festung hatte sechzehn Handmühlen und zwei Roßmühlen, die die Bevölkerung im Falle einer Belagerung mit Mehl versorgen konnten. Die Garnison war 5.000 Mann stark; weitere 1.000 Mann lagen in der Nachbarschaft. Es war möglich, innerhalb von acht Tagen die Festung für eine dreimonatige Belagerung einzurichten und den erforderlichen Festungsproviant aus den auswärtigen Depots in die Fruchtmagazine zu schaffen.[956]

Die Festung war 1744 gut bestückt (Abb. 132).[957] Sie barg 207 Kanonen vom 24-pfünder bis zur achtlötigen Feldschlange, 22 Mörser und 100 Handmörser; dazu die erforderlichen Kugeln, Bomben, Granaten, die notwendigen Lafetten und entsprechendes Artillerieholz. Das Zeughaus war gefüllt mit allen erforderlichen Festungsmaterialien, mit Pulver, Blei-Gießformen, Eisenstangen, Palisaden, Fahrzeugen etc. (Abb. 133). Zu den Rüsthausbeständen gehörten 2.613 gute und brauchbare Musketen, Karabiner, Pistolen, Säbel, Schwerter, Hellebarden, Sättel, Stiefel und dergleichen.[958] Das schwere Geschütz stand auf den Wällen. Bei der Kapitulation von 1758 mußten die Zeug- und Rüsthausbestände den Hannoveranern vollständig ausgeliefert werden.[694] Nach dem Abzug der hannoverschen Besatzung im August 1758 wurden, wie aus einer Inventarisierungsliste ersichtlich, die Zeughaus- und Artilleriebestände den Franzosen zurückübereignet.[959]

Die französische Bedrohung im Ersten Koalitionskrieg bedingte eine Revision der Festungsartillerie. Ein tabellarisches Verzeichnis vom 9. Oktober 1792 enthält alle zur Verteidigung der Festung erforderlichen Kanonen, Haubitzen und Mortiers mit dem zugehörigen Pulver-, Granaten- und Bombenbedarf. Danach fehlten 24 14pfündige, 71 18pfündige, 60 12pfündige und 67 6pfündige Kanonen. Von den insgesamt 324 erforderlichen 6- bis 24pfündigen Mörsern waren überhaupt keine vorhanden.

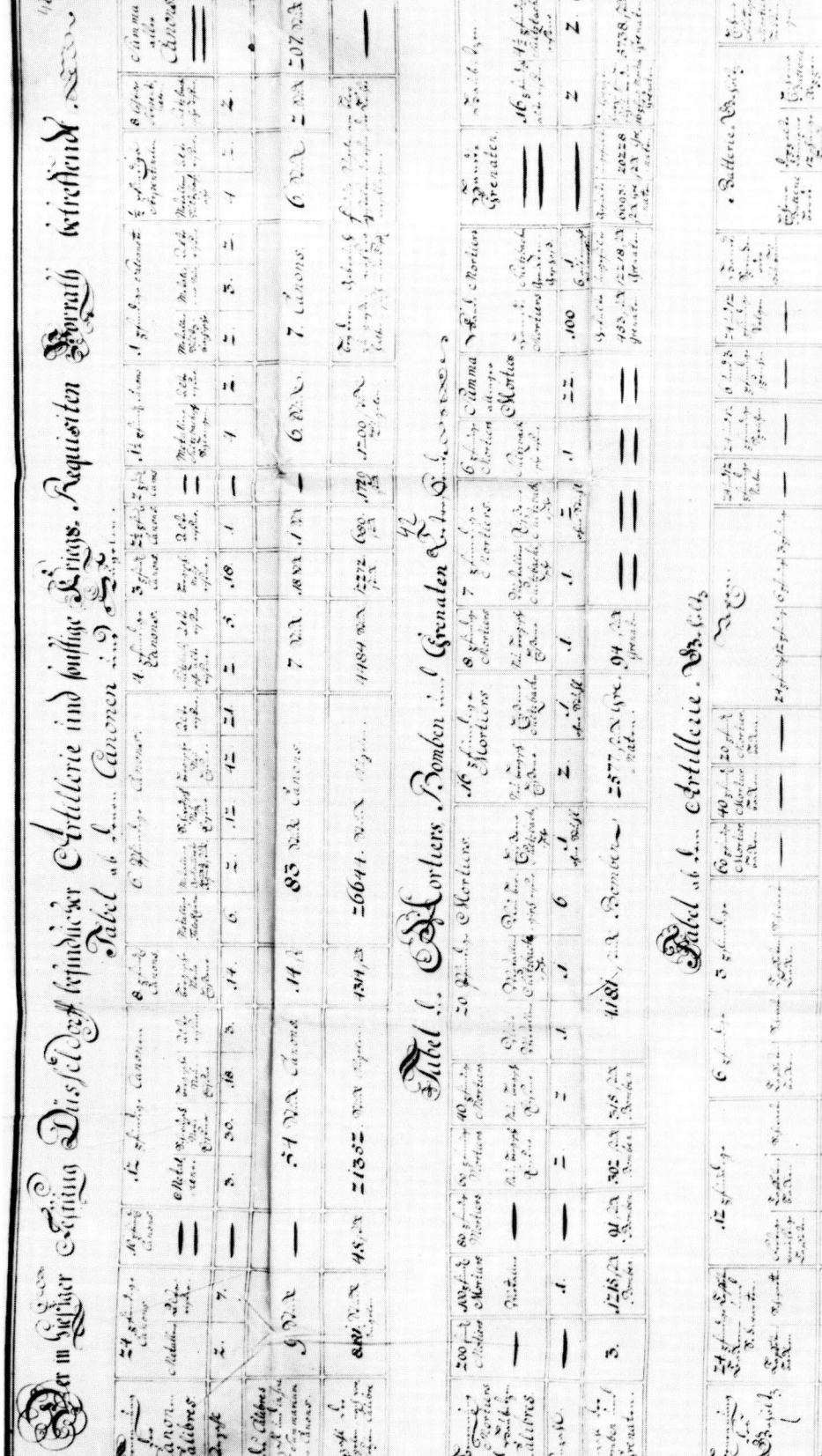

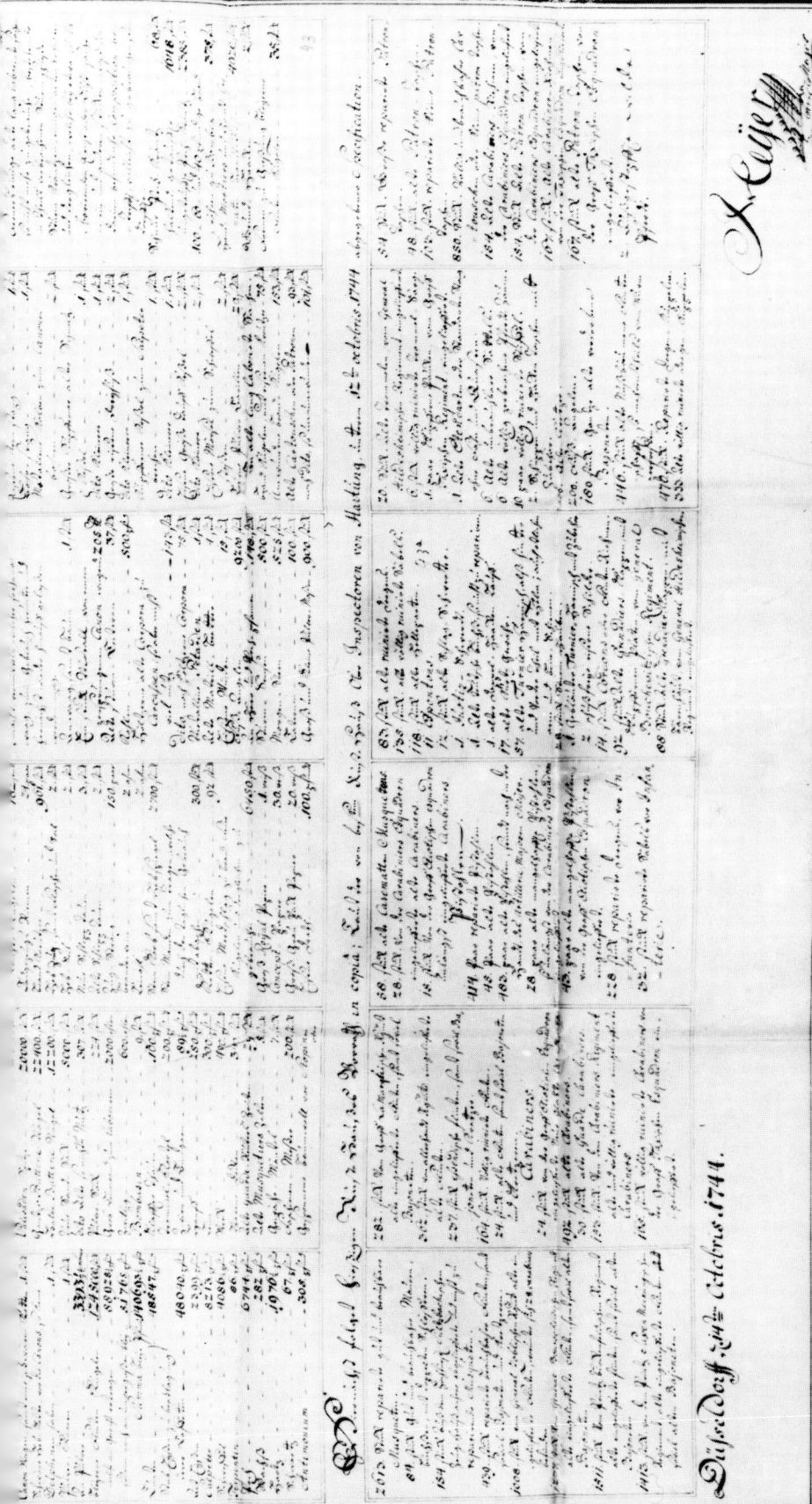

132 Tabellarische Zusammenstellung der Zeughausbestände in Düsseldorf, angestellt vom Zeughausverwalter Meyer, 1744

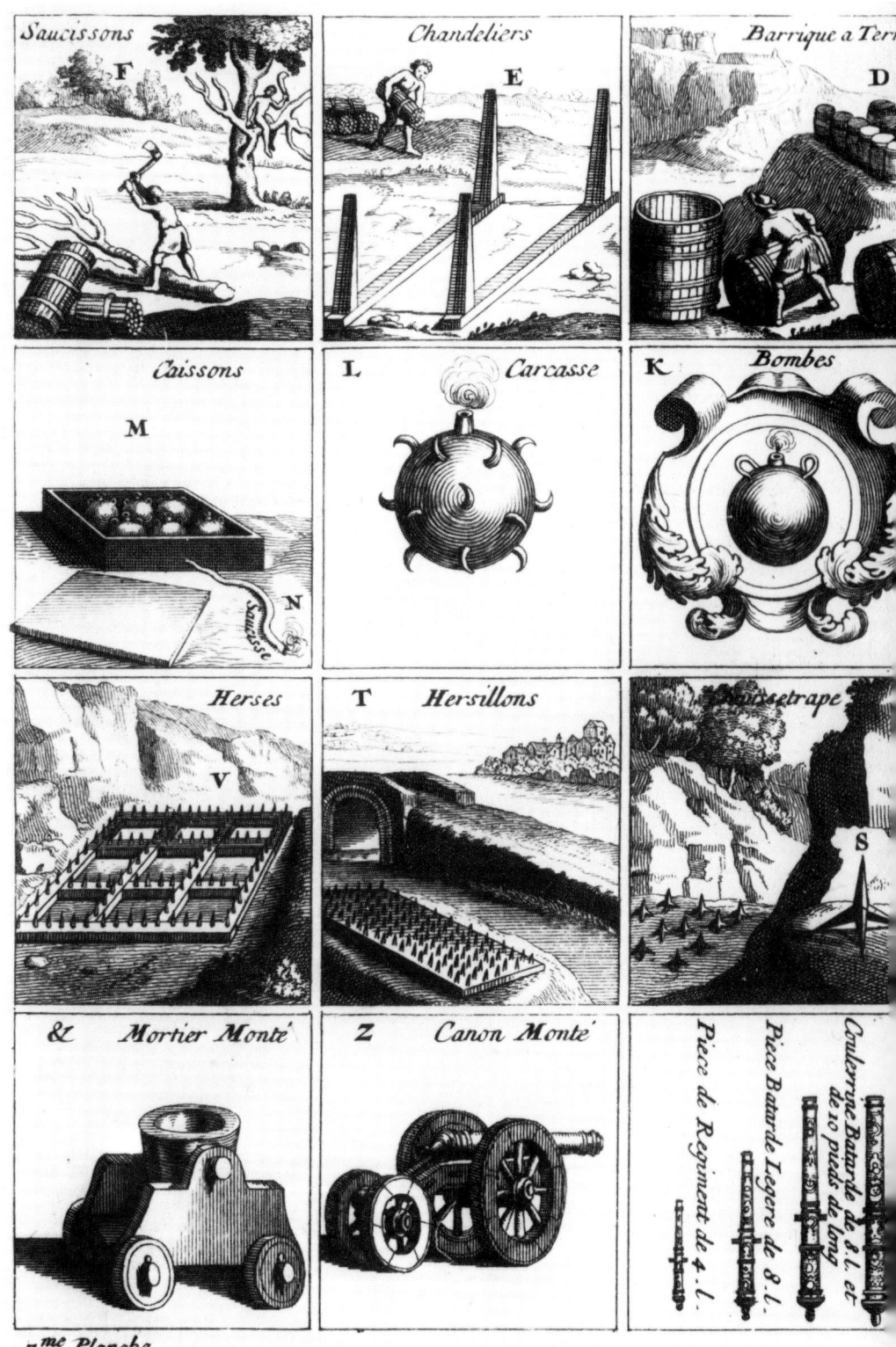

Saucissons F

Chandeliers E

Barrique a Terr D

Caissons M

L Carcasse

K Bombes

N Sausisse

Herses V

T Hersillons

Trousetrape S

& Mortier Monté

Z Canon Monté

Piece de Regiment de 4. l.

Piece Batarde Legere de 8. l.

Couleuvrine Batarde de 8. l. et de 10 pieds de long

7:me Planche

133 Festungsgerät und Kriegsmaterial. Kupferstich aus dem Werk von Nicolas de Fer (pag. 7), 1693

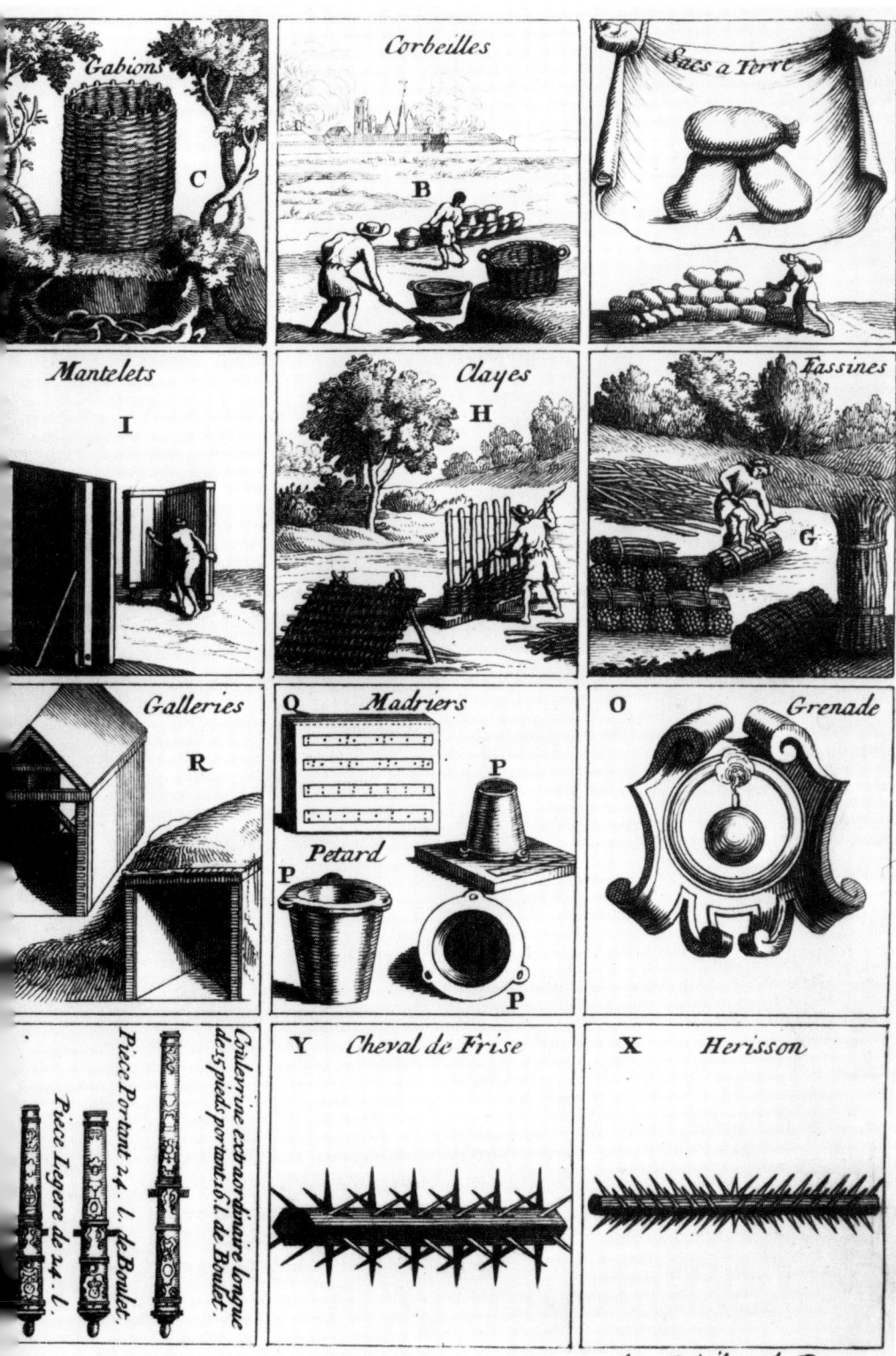

Gabions

Corbeilles

Sacs a Terre

C

B

A

Mantelets

Clayes

Fassines

I

H

G

Galleries

Madriers

Grenade

R

Q

O

Petard

P

P

P

Piece Legere de 24. L.

Piece Portant 24. L. de Boulet.

Couleurine extraordinaire longue de 15 pieds portant 16 l. de Boulet.

Y   Cheval de Frise

X   Herisson

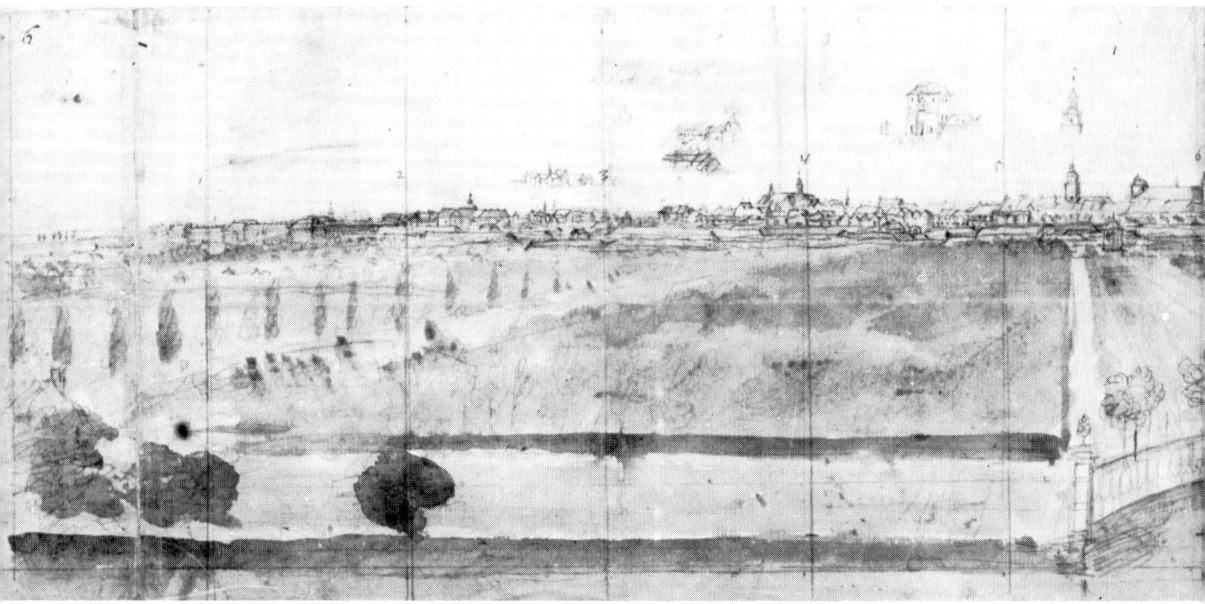

134 Düsseldorf von der Landseite mit dem Hofgärtnerhaus und den Gärten von Pempelfort und Derendorf. Zeichnung von Caspar Wolff (?), um 1790

Auch die Vorräte an Kugeln, Granaten und Handmörsern werden als völlig unzureichend bezeichnet. Im Falle einer Belagerung benötigten die Truppen 46.338 Pfund, die Artillerie 265.475 Pfund Pulver. Davon waren noch nicht acht Prozent vorhanden.[960]

Trotz aller Vorkehrungen war die Festung während des Bombardements durch die Franzosen 1794 nur mangelhaft ausgerüstet. Artikel 3 der Kapitulationsbedingungen sicherte den Franzosen alle Kanonen, die Artillerie mit der gesamten Kriegsmunition und die Schiffsbrücke zu.[733]

— Rayonbestimmungen —

Das unmittelbare Vorfeld der Festung mußte nach den allgemeinen Fortifikationsgrundsätzen von Einrichtungen des Hoch- und Tiefbaus freigehalten werden, da diese sich einem nahenden Gegner als Deckungsmöglichkeiten anbieten würden (Abb. 134). In Wien hatte man 1558 aus der Erfahrung bei der ersten Türkenbelagerung gefordert, daß alle Häuser in einer Entfernung von bis zu 50 Klaftern vom Graben nur aus Holz sein durften, damit sie im Belagerungsfall sofort entfernt werden konnten. Die Vorstädte sollten gemäß einer Festsetzung durch Rudolph II. 200 bis 1.000 Schritt vom Graben entfernt sein. Alle dazwischenliegenden Häuser standen auf der Abbruchliste, was bei fast 1.000 Bewohnern dieser Häuser natürlich unrealistisch war. Nach der Türkenbelagerung von 1683 wurde der Abbruch allerdings rigoros betrieben, da man im Schutz der Häuser schon bei 400 Schritt vor dem Stadtgraben den Laufgraben anlegen konnte.[961] In Braunschweig, wo man eine Beseitigung der Häu-

270

ser in den Vorstädten durchsetzte, verdoppelte sich die Wohndichte von 100 auf 200 Einwohner/ha.[962]

Nach Vauban, dessen Lehre noch bis ins 19. Jahrhundert Gültigkeit hatte, wurde, wie die Angriffsentwürfe von 1737 und 1760 zeigen (Abb. 67, 135), die erste Parallele in 550 Meter Entfernung, die zweite in 250 Meter Entfernung von der Brustwehr des bedeckten Weges angelegt, woraus sich die Breite des Rayongürtels ableitet.[963] 1758 forderte Riverson die Entfernung aller Gärten, die näher als 48 Toisen an das Glacis heranreichten.[964] In Düsseldorf hatte man diese Grundsätze bis zur Übernahme der Festung durch die Franzosen 1795 in der Praxis nur sehr oberflächlich beachtet. Trotz hartnäckiger Forderungen des Militärs dachte kein Mensch daran, die in der Neustadt mit großem Aufwand errichteten Häuser wieder abzubrechen.[676]

Weit einsichtiger zeigte man sich den Bestrebungen gegenüber, die Bebauung der Bastionen und Wälle einzuschränken. Gegen jede Regel der Fortifikation sprachen die Privatbauten (Rosenthalsche Behausung auf der Flinger Bastion,[965] des Gouvernement auf der Bastion Thomas sowie der eingefriedete Obstgarten des dirigierenden Ministers Oberndorff auf der Bastion Maria Amalia und die Gärten auf der Bastion Maria Anna). Streitigkeiten zwischen dem Militär und der Bürgerschaft gab es immer wieder wegen der in den Festungswerken angelegten Privatgärten. Grundsätzlich war es dem Gouverneur erlaubt, den Bürgern die Anlage von Gärten in den Außenwerken zu gestatten; allerdings mit der Auflage, die Festungsprofile zu erhalten und vor Beschädigungen zu schützen. Dabei war es strengstens untersagt, auf dem Festungsgelände Bäume oder Sträucher wahllos anzupflanzen. Der amtierende Ingenieur hatte darauf zu achten, „daß auf keiner Brustwehr oder Banquette, Talut, Rampe oder Auffahrt dann Bonnetierung gegraben, gepflanzt oder sonst gegen Vestungsgebrauch gearbeitet werden sollte".[966]

Da viele Gärten unter der Hand vergeben wurden, kam es immer wieder zu Ausschreitungen. Zur Beseitigung dieser Mißstände reichte von Pfister am 15. 1. 1781 beim Hofkriegsrat einen entsprechenden Verordnungsentwurf[967] ein, wonach:

„1. Gesetzte Bäume, wann solche zu nah an Profilen, Escarpen und Contre Escarpen, Mauren, oder Gewölben von denen Souterrains sowohl in dem Corps de la Place als Außenwerckern stehen, solche abhauen zu lassen, und nicht zu gestatten, andere darauf zusetzen.

2. Zu verbieten, einen festen Boden oder einen Souterrain zu einer Garten-Anlag aufzugraben.

3. Da auf denen Bonnetierungen und Rampen weder Gärten noch Bäume geduldet werden können, wann deren darauf erfindlich, solche zu demoliren.

4. die auf denen Banqueten befindliche Bäume herauszunehmen und ihren Fuß zu versetzen.

5. Wann die Wallgäng von denen Halben Monden, Contergarden und Lunetten bereit seyn, die Anlag der Gärten und Zwerchbäume dergestalten darauf zu gestatten, daß solche auf keine unterirdische Gewölber zu liegen kommen und diese Anlag 10 Schuh von denen Profils und Kehl-Mauren entfernt bleibe.

6. Die Anlag der Gärten in denen unteren Terre pleins von denen Aussenwerckern vorzüglich zu erlauben, nur müssen Gärten und Zwerchbäume 6 Schuh von dem Mauerwerck ihrer Kehlen entfernt stehen.

7. in denen Aussenwerckern lauter Zwerchbäume anzulegen, indeme die hochstämmige nur auf dem Wallgang vor dem Corps de la Place zugestanden werden.

8. Nicht zu gestatten, daß in denen bedeckten Wegen, aus- und eingehenden Waffenplätzen, auf denen Glacis und vorliegenden flechen oder sonstigen kleinen Werckern weder Gärten noch Bäume angelegt oder weniger etwas umgearbeitet, sondern alle diese Wercker in ruhigem Stand erhalten werden.

9. Ein für allemal zu verbieten, auf dem Corps de la Place und noch weniger in denen Aussenwerckern Sommerhäuser, Hütten, oder wie es sonst genannt werden mag, zu bauen.

10. Jenen die wirklich Gärten im Grund haben, aufzugeben, solche ohne besondere Concession nicht zu vergrößern, die hochstämmige Bäume abstümmeln und abgehen- und solche mit Zwerchbäumen ersetzen zu lassen.

11. Die Gartenbenutzer verbindlich zu machen, die Wercker der Territorii in ihrer eigentlichen Form und Profilirung auf eigene Kosten zu unterhalten.

12. Denen Vestungs- Commendanten nicht zu erlauben, einen Platz zur Anlag zu vergünstigen, sondern die Erlaubnis von dem Hofkriegs Rath zu erholen.

13. Die Ingenieur-Officiers zur Beobachtung dieser Verordnung anzuhalten.

14. Den Vestungs-Commendanten zu instruiren, daß er alle 3. Monath mit denen Ingenieur-Officiers eine Visite in denen Werckern mache, sohin bey

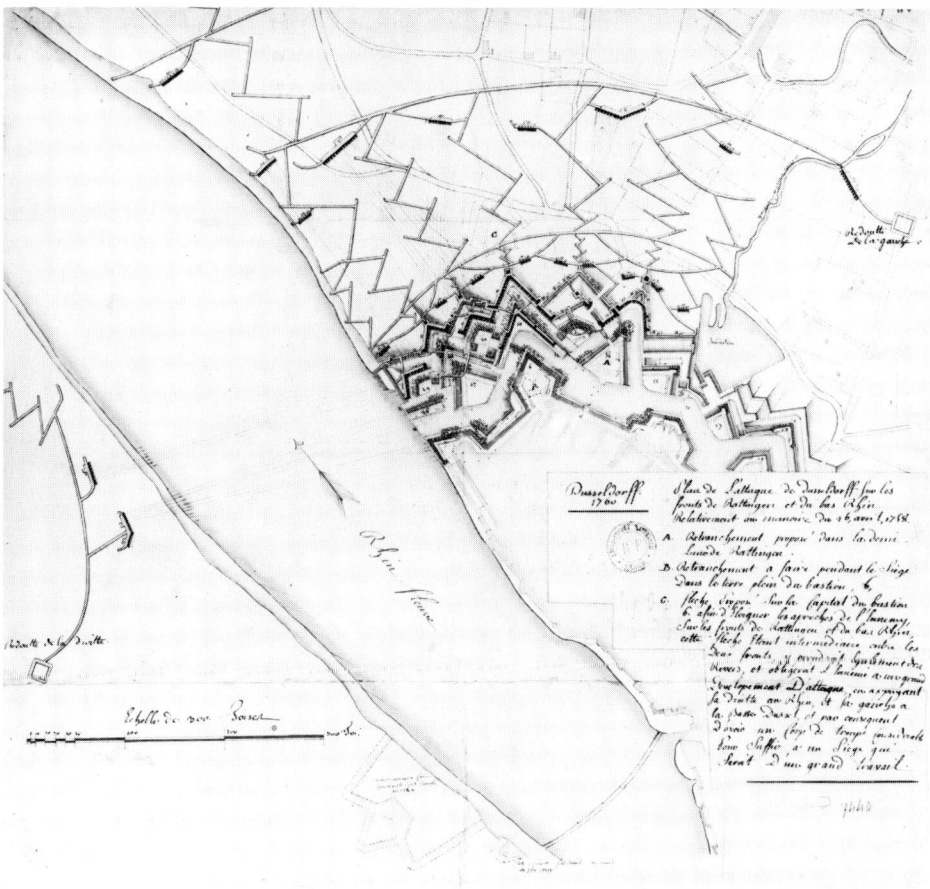

135 Französischer Angriffsplan auf die Ratinger Front, 1760

Erfund, da die besitzer an deren Werckern etwas verdorben, die Herstellung auf derselben Kosten zu veranstalten.

15. Denen Graßbeständern aufgeben zu lassen, daß sie bey dem abmähen von denen inneren und äußeren Taluds der Wercker, besonders von dem Corps de la Place Holtzeren Steigen gebrauchen sollen, damit die Böschungen erhalten werden.

16. Ganz allein auf dem Glacis und sonst in keinem Werck zu erlauben, Schaff oder Rindvieh weiden zu lassen."

Das Glacis diente seit seiner Aufwerfung gleichzeitig als Weide. Bis zur Schleifung der Anlagen wurde es alljährlich in neun Abschnitten als Festungsgraserei versteigert.[968] Bei der Aufhebung der Festungseigenschaft wandelte man den größten Teil dieser Flächen in öffentliches Grün um, das heute noch Bestandteil des die Innenstadt umziehenden Grüngürtels ist.

Mit dem Gesetz vom 10. Juli 1791 wurden für das über das Glacis hinausgehende Vorgelände der Festung exakt formulierte Vorschriften erlassen.[739] War die Errichtung von mehrstöckigen massiven Bauten im Festungsrayon, wie die Ablehnung der Baugenehmigung für ein Bürgerhaus vor dem Flinger Tor von 1790 zeigt,[969] schon früher untersagt, so sollte mit der neuen Verordnung jedwede Bebauung in diesem Gebiet unterbunden werden.

Die Franzosen, die nach der Übernahme Düsseldorfs umfangreiche Vorkehrungen zur Herstellung der absoluten Sicherheit der Festung trafen, ließen in einem Bereich von 250 Ruten von der Brustwehr des bedeckten Weges alle Gebäude und Gärten entfernen. Diese Anordnung traf viele Häuser, insbesondere aus den Dörfern Pempelfort und Derendorf, deren Höfe und Hecken teilweise bis an das Glacis reichten.[970] Da die französische Oberbehörde die Einhaltung dieser Bestimmung strikt verfolgte, sahen sich viele Einwohner gezwungen, ihre im Festungsrayon gelegenen Gärten und Häuser innerhalb von 24 Stunden zu demolieren, wenn sie den Abbruch durch die radikal vorgehenden französischen Pioniere verhindern wollten. Nur in seltenen Fällen wurde ein Ausstand gewährt.[738] Die aufgrund dieser Bestimmungen erwirkte Freihaltung der unmittelbar das Glacis tangierenden Flächen erwies sich bei der städtebaulichen Planung nach Schleifung der Festungswerke von großem Nutzen.

Fortifikatorische Wertung

— Politische und topographische Lage der Festung —

Den kritischen Betrachtungen zufolge, die einige französische Ingenieure über die Fehler und Schwächen der Festung Düsseldorf angestellt haben,[971] war die bergische Hauptstadt von ihrer topographischen wie politischen Lage her wenig als neuzeitliche Festung geeignet.

Da das Corps de logis mit seinen Häusern dicht am Ufer des in dieser Gegend leicht zu überschreitenden Rheinstroms lag, war es unumgänglich, auf dem Düsseldorf gegenüberliegenden feindlichen Ufer einige als Brückenkopf geeignete Anlagen zu besitzen, die gleichzeitig den Bau feindlicher Batterien hätten verhindern können. Diese Bedingung, die zum Beispiel bei den Festungen Wesel, Köln und Koblenz gegeben war, ließ sich in Düsseldorf nur mit Einschränkungen erfüllen, denn das kurzzeitig völlig widerrechtlich errichtete Fort Düsseldorf entsprach dieser Forderung nur unzureichend. Diese Situation brachte es mit sich, daß Düsseldorf ein leicht anzugreifender Platz war. Der attackierende Feind brauchte, wie die Belagerung von 1758 gezeigt hat, nur auf die linke Rheinseite überzusetzen, um von dort aus, im Schutz des Oberkasseler Rheindamms, das Feuer auf die Stadt zu eröffnen und die Übergabe der Festung zu erzwingen (Abb. 16, 136). Wagte der Feind keinen Rheinübergang, so konnte er den Bogen, den der Rhein vor der Festung machte, für seine Zwecke ausnutzen, indem er bei Golzheim Angriffsbatterien aufstellte.

Bei einem Angriff von der Landseite her erwies sich das fast ebene Gelände als Vorteil für die Sicherheit des Platzes (Taf. XI). Nur kleine Anhöhen, wie die Geisse (Geisten) im Osten der Stadt, und die hinter Derendorf liegenden Höhenzüge, die allerdings viel zu weit von der Stadt entfernt waren, hoben sich aus dem Gelände. Auch

274

die Anhöhen in der Umgebung von Bilk brachten dem Belagerer keine Geländevorteile, da sie außerhalb der Reichweite der Artillerie lagen. Dagegen hatte der Angreifer die Möglichkeit, aus den Düsselläufen einigen Nutzen zu ziehen. Da die Festungsgräben von der Düssel gespeist wurden, konnten sie durch Ableitung der Bachläufe in den Kittelbach bzw. Brückerbach leicht trockengelegt werden und dem Feind die förmliche Belagerung erleichtern. Darüber hinaus erwiesen sich die beiden Düsselarme bei den Approchen als Kommunikationsmöglichkeit ebenso vorteilhaft wie die vielen Hecken und Gärten, die teilweise in das Glacis hineinreichten. Vor allem die im Bereich der Neustadt durch das Ausziegeln des Terrains und das Aufwerfen neuer Festungswerke zurückgebliebenen Unebenheiten erleichterten dem Belagerer die auf diesem Gelände auch wegen der dort errichteten Neubauten besonders günstige Verschanzung. Durch die 1796 angelegte Außenbefestigung wurden diese Nachteile weitgehend ausgeschaltet.

– Defensionsfähigkeit nach Befestigung der Extension –[971]

Neben diesen in der topographischen und politischen Lage begründeten Mängeln zeigte das Tracé auch in der Anlage der einzelnen Befestigungsabschnitte beträchtliche Fehler (Taf. X bis XIII). Der Festung, die ganz den geschichtlichen Charakter eines sukzessive ausgeführten Baues trug, fehlte die sichere Einfachheit der Konstruktionen, die man bei Festungen findet, deren Anlagen nach einem einheitlichen, die verschiedenen Variationen von Festungswerken vermeidenden Bauplan erstellt wurden (Kap. VII, 3).
Manche mit hohen Kosten errichteten Werke waren wegen ihrer ungünstigen Zuordnung völlig überflüssig und standen sich sogar teilweise einander im Wege. Dieser Umstand bedingte, daß bis zur Schleifung in den einzelnen Bauphasen immer wieder neue Vorschläge mit dem Ziel unterbreitet wurden, Gleichgewicht zwischen den einzelnen Werken herzustellen.
Die wesentlichsten Mängel der Festung lagen, abgesehen von den drei nicht zur Verteidigung eingerichteten Bastionen der Zitadelle, vor allem in der unzweckmäßigen Anlage der Kontergarden. Die Oberrheinische Kontergarde und die Kontergarde Diemantstein waren viel zu klein, um die erforderliche Besatzung aufnehmen zu können. Die Kontergarden schützten zwar die Festung vor Einblicken vom Lande her; bei einem Verlust dieser Werke aber boten sich die in diesen Abschnitten größtenteils trockenen Gräben dem Feind als von der Festung nicht einsehbare Waffenplätze an. Die gleichen Fehler lassen sich an den innerstädtischen Vorwerken der Berger Front sowie an den Kontergarden der Niederrheinischen Front feststellen, nur mit dem Unterschied, daß die Werke der Berger und Oberrheinischen Front bei Hochwasser überdies bis zu einem Fuß tief unter Wasser standen, was sich vor allem für das Pulvermagazin auf der Franziskanerlunette von Nachteil erwies.
Die vor der Berger Front zwischen Extension und Altstadt fertiggestellten Außenwerke hätte man besser vor den Bastionen der Extension, die der schwächste Teil der ganzen Festungsenceinte war, angeordnet, denn da die von den Bastionen Joseph und Karl gebildete Befestigungsfront über keine ausreichenden Kasematten verfügte und überdies wegen ihrer exponierten Lage weder von den Werken der Zitadelle noch von der Ostfront aus flankiert werden konnte, bot sich dieser Abschnitt dem Belagerer

für eine Beschießung wie für eine in dem sandigen Gelände gut vorzutreibende Approche geradezu an.

Da der Verlust der Extension die unmittelbare Einnahme der Festung zur Folge hatte, hing die Sicherheit Düsseldorfs weitgehend von der Stärke der Festungswerke in diesem Befestigungsabschnitt ab. Bei kritischer Betrachtung der einzelnen Werke wird deutlich, wie wenig diese den fortifikatorischen Grundsätzen entsprachen.

Der rechte Flügel der Halbbastion Karl bildete mit dem nicht revetierten Verbindungswall zur Zitadelle einen toten Winkel. Dieser noch unfertige Wall bedurfte einer grundlegenden bautechnischen Verbesserung sowie der Ergänzung durch ein Außenwerk mit der Aufgabe, das in den Wall eingeschnittene Extensionstor zu decken. Der zugehörige Graben war nur zehn Fuß breit und von geringer Tiefe. Zur grundlegenden Verbesserung dieser Befestigungsfront hatte der fachkundige Ingenieur Bauer die Anlage eines neuen Polygons zwischen den Bastionen Paul und Maria Amalia vorgesehen. Zur Beherrschung der nicht einzusehenden Geländeteile war die schon von den Franzosen vorgeschlagene Errichtung einer Bastion détaché in der Kapitallinie vor der Bastion Peter beabsichtigt.

Neben diesen grundsätzlichen Fehlern wiesen die Werke der Extension auch im Detail wesentliche Mängel auf. Die Waffenplätze links und rechts des Extensionsravelins mußten neu konzipiert werden. Das Hospitalravelin war viel zu klein und wegen des Fehlens von Kontergarden ähnlich wie die Bastionen Anna und Joseph nur schlecht flankiert. Zu allen Ravelins der Extension fehlte die gedeckte Verbindung in Form von Kaponnieren. Da außerdem die mit neun Fuß angegebene Grabentiefe nicht den festungsbautechnischen Erfordernissen entsprach, empfahl Georg Bauer 8 bis 9 Fuß tiefe gemauerte Kunetten in dem trockenen Graben, dessen Kontereskarpe immer noch nicht abgemauert war, anzulegen.

Trotz aller Mängel im Detail waren die östlichen Befestigungsfronten, insgesamt gesehen, am sichersten gegen einen feindlichen Angriff. Der Belagerer konnte hier nur erfolgreich vorgehen, wenn er die von der Ratinger Bastion bis zur Bastion Joseph an einer geraden Linie liegenden vier Fronten gleichzeitig angriff. Wegen der Absurdität einer derartigen Belagerung hing das Gleichgewicht innerhalb der Festung vor allem von einer Verstärkung der südlichen Extensionsfront ab.

Die auf den ersten Blick am besten befestigte Niederrheinische Front, deren Angriff durch die von der Düssel und dem Rhein garantierten Kommunikationsmöglichkeiten begünstigt wurde, war trotz aller Vorzüge nicht frei von entscheidenden Mängeln, die vor allem in der Profilierung und Terrassierung der einzelnen Werke deutlich wurden (Abb. 87). Gegen alle Regeln der Fortifikationstechnik hatte man nämlich die beiden kasemattierten Niederrheinischen Reduits, an deren Schultern die Franzosen zur Deckung der Retiraden der Kontergarden Traversen aufgeworfen hatten, höher als die dahinter angeordneten Kontergarden und kaum niedriger als das Corps de la place angelegt, so daß sie leicht zu beschießen waren. Darüber hinaus hatte der Angreifer, wenn er im Besitz dieser beiden Reduits war, die Möglichkeit, alle Außenwerke des Neuen Werkes unter Kontrolle zu halten. Dieser entscheidende Fehler machte die mit großem Aufwand kasemattierten, jedoch für die zur Verteidigung erforderliche Besatzung viel zu klein bemessenen Niederrheinischen Reduits, die keine sichere Kommunikation mit ihren Gräben und den davorliegenden Werken hatten und die wegen der nur eineinhalb Fuß starken Gewölbe ohnehin nicht als bombensicher angesehen wurden, im Grunde wertlos.

Die Sicherheit der Nordfront hing in erster Linie also von einer Abstufung der beiden Außenwerke ab, zu deren Ergänzung in dem Waffenplatz zwischen Ratinger Kontergarde und Ratinger Ravelin ein weiteres, den Zugang zum Ratinger Tor deckendes Reduit (Ratinger Reduit) erforderlich war. Außerdem konnte der trockene Graben der Niederrheinischen Front wegen der schadhaften Batardeaux und des Fehlens einer Kunette im Bedarfsfall nicht ausreichend bewässert werden.

Wirft man einen Blick auf die Befestigung außerhalb des Grabens, so stellt man fest, daß die Disposition der Palisaden im Verlauf des bedeckten Weges den guten Regeln und Maximen der Befestigungskunst widersprach. Die Palisaden waren nämlich, abgesehen von ihrem schlechten Zustand, nicht nur beträchtlich höher als die Brustwehr des bedeckten Weges angeordnet, so daß sie von feindlichen Kanonen niedergeschossen werden konnten, sondern waren auch viel zu weit von der Krete des Parapets entfernt, als daß man dahinter die Vorkehrungen zur Beschießung der Belagerer hätte treffen können. Innerhalb des bedeckten Weges fehlte es an ausreichenden Traversen zur Flankenverteidigung. Die an einigen Stellen nur 12 Fuß breiten Brustwehren der Außenwerke können wegen ihrer Profilierung ebenso wie große Teile des Hauptwalles nicht als bombensicher angesehen werden.

Anders als im Österreichischen Erbfolgekrieg, in dem die einzelnen Werke noch viele Mängel im Detail zeigten, war die Festung im Siebenjährigen Krieg in relativ gutem Verteidigungszustand. Die Vervollständigung des Festungsgrundrisses und die Verbesserung der einzelnen Werke in den Details hatten Fortschritte gemacht. Zwischen allen Außenwerken bestanden gute Verbindungen vom Rhein bis zum Flinger Ravelin. Die Profile waren instandgesetzt und die bedeckten Wege wie die Torzugänge hinreichend palisadiert, so daß die Festung auf den ersten Blick sicher erschien.

Trotzdem waren alle Bemühungen, wie das Bombardement von 1758 gezeigt hatte, wertlos, solange es dem Feind gelang, die Festung Düsseldorf von der linken Rheinseite her, auf der immer noch kein ausreichend befestigter Brückenkopf bestand, anzugreifen. Das linksrheinische Hornwerk war völlig unzureichend, um die Festung und die Fliegende Brücke zu decken. Eine Verbesserung des nicht revetierten Erdwerks, dessen Fraises zumeist unterhalb der Berme standen, konnte nur durch den Ausbau zu einem Kronwerk bei gleichzeitiger Verstärkung der Wälle gegen Hochwasser erzielt werden.

Die nicht für Geschützstände eingerichtete, sondern bis an die Eskarpe zugebaute Zitadelle erwies sich weder von ihrer Lage und ihrer Armierung her dazu geeignet, die Stadt und das linke Rheinufer zu beherrschen, noch gewährte sie der Besatzung einen letzten sicheren Zufluchtsort. Da die Rheinfront demzufolge so gut wie keinen Feuerschutz hatte (Abb. 136), machte der Ingenieurhauptmann Bauer den Vorschlag, die Kurtine der Zitadelle zwischen der Bastion Spee und der nicht revetierten Bastion Thomas zur Deckung der Geschütze 5 bis 6 Fuß stark abzumauern und außerdem die Gorge der Stadt durch getrennte Werke so zu befestigen, daß man gegen die andere Seite hin den Feind sowohl en front wie en revers fassen konnte. Um dies zu erreichen, empfahl Bauer die Anlage einer neben der Alten Schlachthalle über das Werft hinausschießenden Bastion, deren rechte Flanke die ganze Niederrheinische Festungs-

136 Düsseldorf von der Rheinseite mit der Neustadt. Zeichnung von Caspar Wolff, um 1790

branche mit der Niederrheinischen Redute bestreichen konnte. Die linke Flanke er-möglichte die Defension der Rheinfront und bot außerdem gegen eine eventuell auf die linke Face der Bastion Thomas gerichtete feindliche Batterie genügend Feuer-schutz.

Die rechte Face der vorgesehenen Bastion wurde von der linken Face der Bastion Karl Theodor sowie von einer Seite der Niederrheinischen Redute gedeckt. Die linke Face sollte von einer neuen „Bastion plat" verteidigt werden, welche vor der Bastion Maria Anna projektiert war. Dieses Werk, das die Bestreichung der vorbeschriebenen Bastion sowie der Bastion Thomas sicherte, ermöglichte den Angriff auf eine feind-liche Enfilade-Batterie auf der linken Rheinseite.

Zwischen den beiden beschriebenen neuen Bastionen war südlich vor dem Schloß eine Art von Lunette vorgesehen. Das Feuer der rechten Face dieses Werkes deckte die linke Face der vor der Bastion Maria Anna vorgeschlagenen Bastion, ferner die linke Flanke der Bastion Thomas, den Strom und das Ufer. Die dazwischenliegende kleine Face sollte das Feuer gegen das jenseitige Terrain verstärken. In Zusammenhang mit diesen neuen Bastionen sah der Plan Bauers auch die Erweiterung des Werftes bis zum Kran vor. Die kleine Batterie Matthias hinter dem Kran war für die Verteidigung wertlos, weil eine einzige Bombe das Feuer dieser Batterie ausschalten konnte.

Infolge der Schleifung der Inneren Werke kam der Verteidigungsfähigkeit der Exten-sionsenceinte, die eine entsprechende Verstärkung erfahren hatte, eine besondere Bedeutung zu. Nach der Kapitulation 1795 war die Festung in einem denkbar schlech-ten Zustand. Der bedeckte Weg war deformiert und ohne Palisaden. Viele der Gräben vor der Front der Extension hatten keine Kontereskarpen mehr, so daß die Festung bei dem schlechten Verteidigungszustand der meisten Ravelins und Außenwerke dem Feind kein großes Hindernis entgegenstellte.

Der linksrheinische Brückenkopf, der sofort nach der Kapitulation auf dem Ober-kasseler Rheinufer angelegt wurde, war noch nicht vollständig und reichte außerdem nicht aus, um das Kräfteverhältnis um Düsseldorf ins Gleichgewicht zu bringen. Es wäre erforderlich gewesen, den Rheinbogen, in dem sich das Retranchement befand, bis zu den Heerdter Höhen durch eine Außenbefestigung zu schließen, um dem Feind dieses Terrain als Aufmarschfeld zu nehmen. Die Kommunikationsmöglichkeiten auf dem linken Rheinufer waren außerdem infolge der sich anbietenden Anlage feindli-cher Batterien bei Golzheim weitgehend bedroht.

278

Während der Hammer Rheinbogen sich geradezu für eine feindliche Position anbot, lagen an den östlichen Fronten die Dörfer Pempelfort und Derendorf viel zu nah am Glacis und erschwerten die Verteidigung der Festung. Düsseldorf ohne die Außenbefestigung war gegen Ende des 18. Jahrhunderts ein Platz, der im Handstreich genommen werden konnte. Die Arbeiten, die erforderlich waren, um die Festung den damaligen Ansprüchen gerecht werden zu lassen, wären für viele Bürger verhängnisvoll gewesen, ganz abgesehen von den Kosten und der nicht zu verantwortenden wirtschaftlichen Schwächung des Bergischen Landes, denn dieser Aufwand stand in keinem Verhältnis zu der aus der politischen Situation Preußen gegenüber sich ergebenden Notwendigkeit, den Platz zu befestigen.[744]

– Defensionsfähigkeit der Außenbefestigung –

Unter der französischen Herrschaft bekam die bergische Landesfestung als ein die französische Machtposition sichernder rechtsrheinischer Stützpunkt neue Aufgaben zugewiesen. Lag das Hauptgewicht der Landesfestung auf der gegenseitigen Deckung der einzelnen Festungswerke, so erhielt die Festung als Brückenkopf der Franzosen ihren militärischen Wert vor allem durch die 1796 neu angelegte Außenbefestigung, die den französischen Truppen die Sicherheit des Platzes, auch wenn die Verbindung zum linken Rheinufer abgeschnitten war, garantierte und außerdem die zur Sicherheit der Festung erforderliche Demolition der vor den Toren der Stadt im Rayon gelegenen Dörfer ersparte (Taf. XII).
Von den in einer Länge von 5.000 Toisen (ca. 9,7 km) angelegten Außenverschanzungen, die die Anhöhen der Umgebung und das Vorgelände weitgehend beherrschten, ließ sich eine Front von 3.000 Toisen (ca. 5,8 km) durch Überschwemmungen gut decken. Dem feindlichen Angriff war der nicht inundierbare Abschnitt von 2.000 Toisen, der zur einen Hälfte auf das Mittelfeld, zur anderen auf das linke Feld entfiel, zuerst ausgesetzt. Die Verteidigung gegen eine Attacke in diesem Abschnitt erforderte 20.000 Mann Infanterie, 3.000 Mann Kavallerie und 200 Kanonen.
Als einzige Straße, die für einen feindlichen Angriff mit dem Ziel, die Franzosen über den Rhein zu drängen, geeignet war, erwies sich die Mühlheimer Chaussee (Kölner Straße). Der für den Nachschub gedachte Brückenkopf gegenüber Grimmlinghausen, dessen Tracé nicht mit der Sorgfalt erstellt war, die dem Werk zukam, sicherte die

279

ungehinderte Truppenbewegung im Hammer Rheinbogen. Vor allem ermöglichte dieser Brückenkopf bei Volmerswerth einen Angriff en revers auf feindliche Belagerer.

Da sich der Angreifer gezwungen sah, die Außenbefestigung von mehreren Seiten gleichzeitig zu attackieren, glaubten die Franzosen ihre Erwartungen, die sie in das „camp retranché" gestellt hatten, weitgehend erfüllt. Wegen der Sicherheit, die die Außenbefestigung der französischen Position auf dem rechten Rheinufer gewährte, konnten es sich die Franzosen leisten, auf einen weiteren Ausbau der Festung selbst zu verzichten. Der durch die neue politische Konstellation bedingte Rückzug der französischen Truppen über den Rhein nahm der Außenbefestigung wie der Festung selbst ihre militärische Bedeutung, was sicherlich zur Schleifung der Anlagen führte.

Insgesamt läßt sich feststellen, daß die Befestigung des ständig hochwassergefährdeten Düsseldorf wegen der politisch-topographischen Situation und wegen der Anlage der einzelnen, wenig aufeinander abgestimmten Werke zueinander ein Mißgriff war. Die geringe Sicherheit, die die Festung bei einer Belagerung vor allem wegen ihrer ungedeckten Westflanke bot, stand in keinem Verhältnis zu den für den Festungsbau jährlich erforderlichen 30.000 Rtlr., die anderweitig besser hätten verwendet werden können.

— Hydrotektonik —

Während die Untere Düssel, die sich zu einem Teich (Landskrone) vor der Festung ausweitete, die Bewässerung der Ostfront besorgte, übernahm die Obere Düssel, die sich in dem Kameralweiher staute, diese Funktion für die Berger Front.

Ein kunstvolles System von Wasserbären (Batardeaux) regelte durch Grundschleusen die Wasserhöhe in den nassen Gräben und ermöglichte die Bewässerung der trockenen Gräben im Belagerungsfalle. So hatte der Batardeau vor der Spitze der Ratinger Bastion die Aufgabe, die Gräben vor dem Neuen Werk trocken zu halten und den Wasserstand der von den Franzosen angelegten Kunette zu regulieren. Den gleichen Zweck für die Gräben der Extension erfüllten die Wasserbären vor den Flanken der Bastionen Christian und Paul. Die durch Brustwehren gedeckte Schleuse vor der Mühlenbastion teilte die unter dem bedeckten Weg kanalisierte Düssel in zwei Arme.

1. In den Ratinger Graben und den die Altstadt durchfließenden alten Düssellauf, der die Platzmühle versorgte.
2. In den Flinger Graben, der durch einen Batardeau vor der Spitze der Mühlenbastion vom Ratinger Graben, der meist einen höheren Wasserspiegel hatte, getrennt wurde.[972]

Vor der Ratinger Front hatte die angestaute Wasserfläche im Graben bei höchstem Wasserspiegel eine Breite von rund 50 Metern. Die normale Wasserhöhe lag bei 1,95 Metern. An der Flinger und der Berger Front betrug die Breite des Wasserspiegels ebenfalls 50 Meter, die maximale Höhe 1,10 Meter. Bei der Anlage der Batardeaux vor der Mühlenbastion, 1734, hatte man auch die Möglichkeit berücksichtigt, die neue Landskrone und das tieferliegende Gelände von Pempelfort zu inundieren.[660]

Der Rhein lag bei normalem Wasserstand zu tief, um der Grabenbewässerung dienen zu können. Zum Schutz gegen eine Überflutung der Festungsgräben bei Hochwasser waren die Festungswerke an der Niederrheinischen Front in Verlängerung der Bastion Karl Theodor durch einen solide gebauten Batardeau mit einer Grundschleuse (Niederrheinischer Batardeau) zur Reinigung des Grabens vom Rheinufer abgetrennt. An der Oberrheinischen Front, unterhalb der Hauptbrücke des Berger Tores und in Verlängerung der Oberrheinischen Halbkontergarde, regulierte je ein Batardeau die Wasserhöhe vor der Berger Front (Gouvernementsbatardeau, Oberrheinischer Batardeau). Da die Festungsgräben in Düsseldorf keine Höhenunterschiede zu überwinden hatten, war die Bewässerung ohne besondere Staustufen relativ einfach zu bewerkstelligen. Die günstige Lage der Düsselläufe machte es möglich, auch das gesamte Vorgelände unter Wasser zu setzen. Andererseits hatte der ortskundige Belagerer auch die Möglichkeit, durch Ableitung der Unteren Düssel in den Kittelbach die Wasserzufuhr der Gräben und Mühlen zu behindern. Bei dem linksrheinischen Brückenkopf war die Bewässerung fortifikatorisch unbedeutend, da diese Werke im Überschwemmungsvorfeld lagen.

Nach der Umfunktionierung der Festungswerke durch die Franzosen spielten die Überschwemmungsmöglichkeiten des Geländes vor der Außenbefestigung für die Verteidigung eine größere Rolle als die Bewässerung der Festungsgräben.[736]

Zur Überschwemmung des Geländes vor dem rechten Feld und dem Mittelfeld genügt es, den Batardeau in dem Berührungspunkt der beiden Felder mit der Oberen Düssel zu schließen. Der von Benrath kommende Brückerbach, der mit einem Arm in der Nähe des Brückerhofes (Wasserwerk), mit einem anderen Arm bei Himmelgeist in den Rhein mündete, war bei Stoffeln mit der Oberen Düssel verbunden.

Die beiden Batardeaux an den Mündungen bei Himmelgeist und beim Brückerhof ermöglichten es, das Wasser dieser beiden Bachläufe einzudämmen. Der Zweck dieser Stauung war eine Überschwemmung rechts und links von beiden Ufern der Oberen Düssel im Stoffeler Wald und in der ganzen Umgebung, so daß ein 8 bis 10 Fuß tiefer, schwer zu durchschreitender See entstand.

Das Vorgelände des Mittelfeldes sowie das des linken Feldes konnte vermittels der Unteren Düssel leicht unter Wasser gesetzt werden. Diesem Zweck diente ein Batardeau in der Unteren Düssel, in der Nähe des Buscherhofes, und ein anderer im Kittelbach, in der Nähe der Kreuzung des Baches mit dem Wege von Golzheim nach Ratingen. Beide Batardeaux genügten, um das Gelände rechts und links der Ratinger Chaussee (Nordstraße), den umliegenden Wald und das Kloster Düsselthal bis zur Elberfelder Chaussee (Grafenberger Allee) sowie die Umgebung von Flingern innerhalb von 24 Stunden unter Wasser zu setzen und die wichtigsten Verbindungen abzuschneiden.

— Stadthygiene —

Die Gesundheitsverhältnisse in der durch die Festungsanlagen eingeschnürten Stadt waren in besonderem Maße abhängig von der Versorgung der Bevölkerung mit keimfreiem Trinkwasser und der Beseitigung der Abwässer. Zwar fehlte in Düsseldorf auch nach der Beendigung seiner Festungseigenschaft ein kanalisiertes Abwassernetz.[973] Im Vergleich zu anderen Städten, wie zum Beispiel Minden,[974] wo die Schmutzwasserentsorgung größtenteils auf die Festungsgräben angewiesen war, hatte Düsseldorf durch die beiden die Stadt durchquerenden bzw. anschneidenden Düsselläufe, die die Festungsgräben be- und entwässerten, eine weitgehend natürliche Abwasserbeseitigung. Das verbrauchte Wasser versickerte oder wurde über Gossen zusammen mit dem Straßenkot dem nächsten Festungsgraben, zum größten Teil aber auf direktem Wege den Düsselläufen zugeleitet.[975] Zur Vermeidung von Seuchen und Epidemien war es dringend notwendig, zwecks steter Entwässerung, von Zeit zu Zeit für eine Entschlammung der Festungsgräben zu sorgen,[976] denn in unmittelbarer Nähe der Wasserläufe standen auch die Pumpen, die die Stadtbewohner mit Frischwasser versorgten. Besonders im Belagerungsfalle waren die innerstädtischen Pumpen von entscheidender Bedeutung. Aus diesen Gründen sind auch in den Bauordnungen besondere Vorschriften zur Sauberhaltung der Straßen und Plätze enthalten. Nicht zu vergessen ist auch die Funktion der Gräben für das Feuerlöschwesen.

Bei den Überlegungen zur Einplanierung der Inneren Werke spielte die Beseitigung der Fäkalien eine weniger große Rolle als die Bewässerung der Hofmühle, die die Erhaltung des Speeschen Grabens zur Folge hatte. Da die Kasernen durch einen gemauerten unterirdischen Kanal mit dem von der Oberen Düssel gebildeten Flac d'eau (Teich) verbunden und somit von den Festungsgräben unabhängig waren,[977] konnte der enklavierte Festungsgraben bei Anlage der Karlstadt ohne weiteres entfernt werden (Kap. II, 6). Die in dem trockenen Graben um die Extension angelegte Kunette diente in erster Linie der Beseitigung von Tageswasser, denn die Fäkalien wurden auf direktem Wege in das fließende Düsselwasser geleitet. Die Wasserführung in den Festungsgräben wirkte sich naturgemäß auf den Wasserspiegel der Brunnen aus. Die Trinkwasserversorgung war 1736[978] durch 18 – 1811 durch 32[972] – öffentliche Straßenbrunnen in der Altstadt und vier Brunnen auf dem Kasernengelände sichergestellt.

– Bautechnik –

Die höheren Anforderungen, die im 18. Jahrhundert von der Wehrtechnik an die Bautechnik gestellt wurden, haben vor allem auf die Anlage der neuen Werke der Extension eingewirkt. Die Konstruktion dieser sehr solide gebauten neuen Umwallung bestand aus einer Folge von je zwei übereinander aus Ziegelsteinen gemauerten Tonnengewölben, die, wie sich bei der Freilegung der Bastion Petrus gezeigt hat (Abb. 137), einmal der Futtermauer als Widerlager dienten und somit das Breschieren erschwerten, zum anderen aber im Falle einer Zerstörung des Revetements, die Brustwehr vor dem Einsturz bewahrten.[980]

Man hob zuerst den Graben aus und schüttete die Wälle an. Der Aushub entsprach dem Erdbedarf für den Wall und das Glacis. Unter Berücksichtigung der Grabentiefe wurden die aus großen Basaltbrücken bestehenden Fundamente gelegt und darauf die Kasematten und Eskarpen hochgemauert. Die Innenseite dieser Futtermauern verfüllte man mit einer mörtelvermischten Steinpackung, bevor man den Zwischenraum zum Wall mit Erde anschüttete. Den oberen Abschluß der Futtermauern bildeten Kordonsteine, die den Druck des aufgehenden Erdreichs abfangen sollten. Diese Steine reichten sehr tief in den Wallbereich, damit sie durch Regen und Hochwasser nicht freigespült und weggedrückt werden konnten, wie das 1764 geschehen ist. Durch eine zwei Fuß hohe, in Traßmörtel aufgesetzte Ziegel- oder Bruchsteinmauer wurde die Festigkeit der Kordons an einigen Stellen zusätzlich verstärkt.

137 Bastion Petrus, Fundamentreste. Foto, 1962

Besondere Beachtung verdienen ferner die aus Erde aufgeschütteten Brustwehren. Der sehr sandige Düsseldorfer Boden eignete sich nur wenig zur Aufschüttung, da er der Erosion nachgab und einer Beschießung nicht genügend Widerstand leistete. Dieser Umstand hatte zur Folge, daß die teilweise nur 12 Fuß breite Brustwehr zur Vermeidung solcher Nachteile an der Innenseite abgemauert werden mußte. Die nicht gemauerten Festungswerke wurden zur Vermeidung von Erosionen gazoniert (mit Rasen bedeckt) (Abb. 89).

Mit relativ geringem Aufwand hatte man die Kasematten errichtet. Wie den kritischen Berichten französischer Ingenieure zu entnehmen ist, waren die Gewölbe nur so stark bemessen, daß sie sich selbst und das darüberliegende Erdreich trugen. Hierzu reichte im Bereich des Schlußsteines eine Steinstärke von eineinhalb Fuß aus. Bei dieser Dimensionierung war aber keinesfalls die Bombensicherheit der Gewölbe gewährleistet.[981]

Neben Sand, Ziegelstein und Erdreich wurde auch viel Holz verwendet, sei es für die zur Sicherung des Erdreichs eingebauten Faschinen oder in Form von Sturmpfählen und Palisaden, die an allen dem feindlichen Ansturm ausgesetzten Stellen der Festung eingerammt wurden. Da die meist aus Eichenholz gefertigten Pfähle ständig der Witterung ausgesetzt waren, wurden sie, abgesehen von den ununterbrochen palisadierten Torzuwegen, nur in Kriegszeiten eingerammt und danach wieder gezogen und in die Magazine verbracht.[689] Diese aus der Materialbeschaffenheit des Holzes resultierenden Maßnahmen verursachten einen großen Zeitverlust, wenn es hieß, die Festung

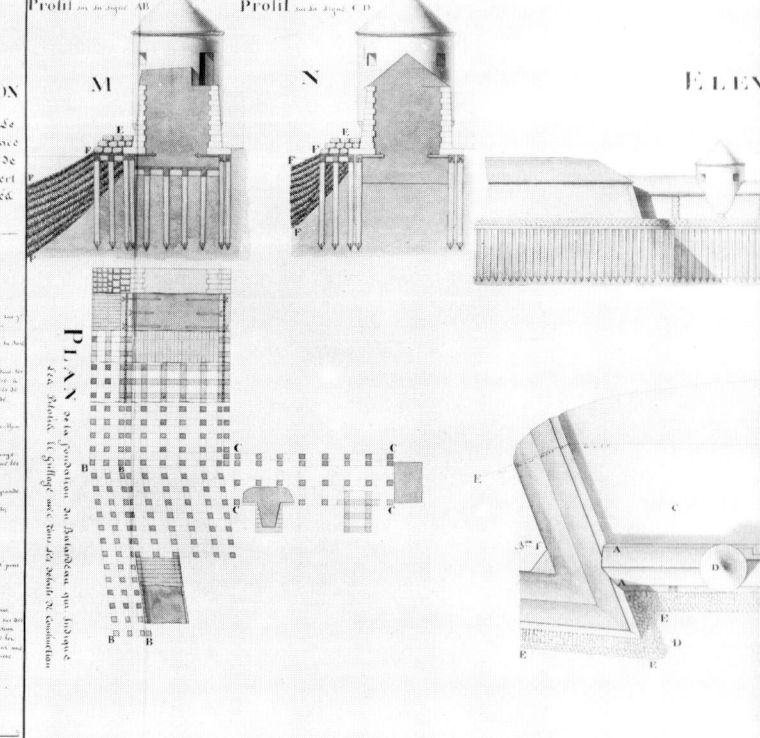

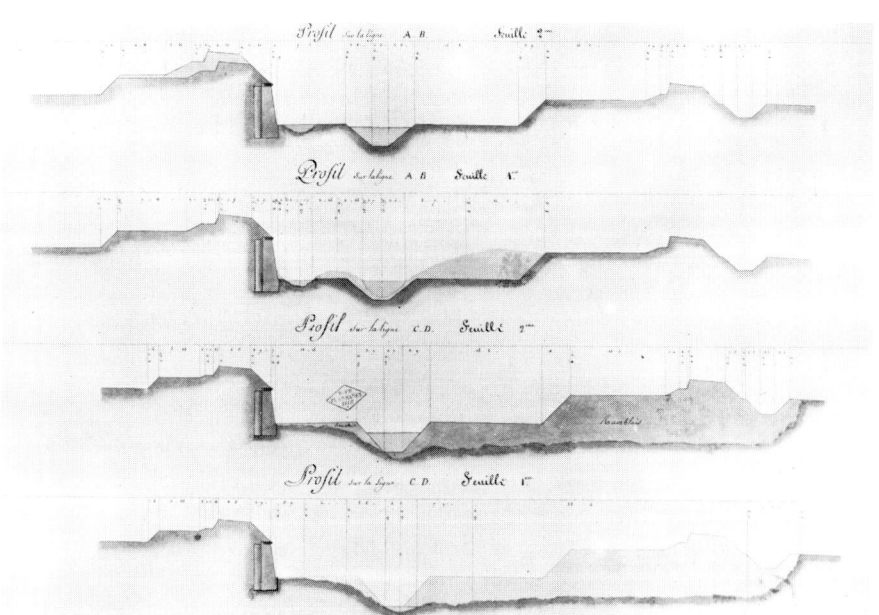

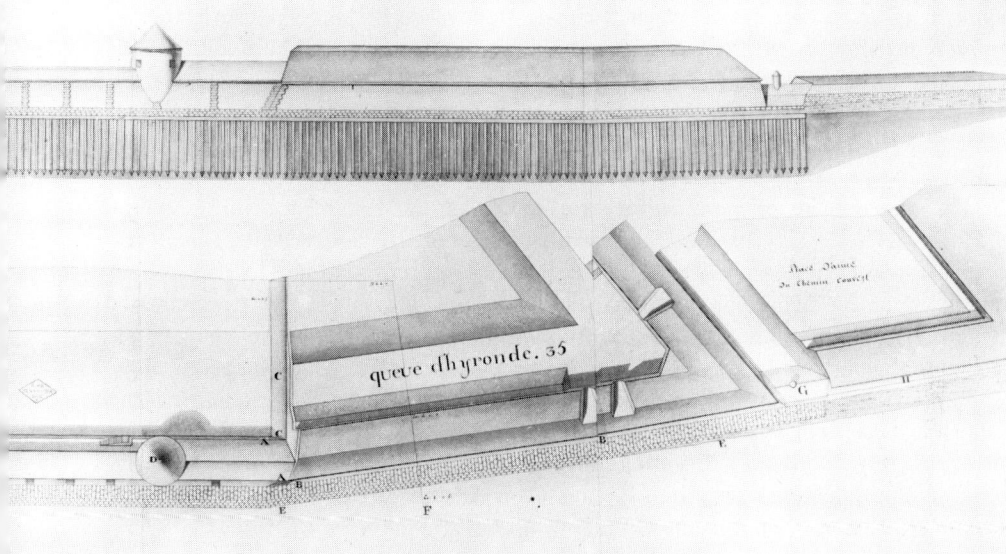

Des ouvrages projetés sur le bord du Rhin à l'amont

queue d'hyronde. 35

Rest Damé du chemin couvert

RHIN.

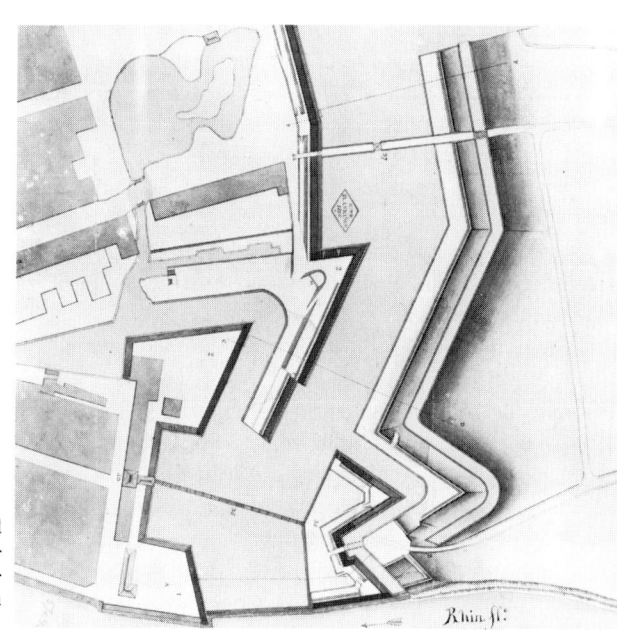

138 Grundriß, Schnitte und Übersichtsplan für die Wiederherstellung der Oberrheinischen Front. Zeichnung von Descroix, 1800

285

in Defensionsstand zu versetzen. Wegen der leichten Handhabung fanden die Palisaden, insbesondere an noch nicht fertiggestellten oder bereits verfallenen Teilen der Festung, zur vorübergehenden Sicherung Verwendung.[982]

Weit höhere Ansprüche als die landseitigen Festungswerke stellten die Anlagen am Rhein, die weniger auf Bombensicherheit als Hochwasserbeständigkeit ausgerichtet werden mußten, was bei ihrer Gründung und ihrem Revetement eine besondere Rücksichtnahme auf wasserbautechnische Gegebenheiten zur Folge hatte (Abb. 72, 138).

Im Gegensatz zu der Mauerwerksstruktur der Extensionsenceinte, die von im Verband angelegtem Ziegelmauerwerk bestimmt wurde, bestanden die rheinseitigen Werke aus unbearbeiteten Basaltblöcken (Unkelstein). Zwischen den einzelnen Steinblöcken ergaben sich teilweise größere Fugen, die an der Rheinfront, insbesondere bei Hochwasser, leicht ausgewaschen werden konnten, so daß, wie bei der Hochwasserflut von 1764, die Sicherheit der Festung bedroht wurde.[703] Von Pfister empfahl in einem Schreiben vom 12. Februar 1765, die Fugen des Revetements mit Traß gut auszuschmieren, um das Mauerwerk vor dem Wasser zu schützen.[705]

Die rheinseitigen Werke sind noch bis in die zweite Hälfte des 18. Jahrhunderts ohne besondere Gründungsmaßnahmen auf dem gewachsenen Erdreich aufgeführt worden, so daß sie häufig bei Hochwasser unterspült und bei Eisgang eingedrückt wurden. Ingenieurhauptmann Bauer sah sich daher veranlaßt, eine Konstruktion zu entwickeln, die den durch den Rhein gestellten Bedingungen entsprach. Der in den Plänen erhaltene konstruktive Aufbau sah eine Gründung auf einem Pfalrost vor (Abb. 72).

Die einzelnen Holzpfähle wurden fünf Fuß und drei Zoll unter dem allerniedrigsten Rheinwasser in den Kies getrieben. Bevor die drei Zoll starken eichenen Dielen darübergenagelt werden konnten und die Räume zwischen den Schwellen mit mauerwerk ausgefacht wurden, rammte man zwischen dem Rost weitere Pfähle ein, die, nachdem sie mit demselben vernagelt waren, ein Wegdrücken der Schwellen durch das Erdreich verhindern sollten. Vor den beiden äußeren Pfahlreihen rammte man darüber hinaus zusätzliche Pfähle zur Aufnahme der Rahmenschwellen (Palplanchers) ein. Der so entstandene Zwischenraum wurde gut ausgemauert und mit Dielen vernagelt. Auf diesem Grund konnte alsdann aus gut gebrannten Ziegelsteinen die Stützmauer angelegt werden. Zur besseren Verbindung der Rahmenschwellen wurden eiserne Klammern in die Pfähle unter den Palplanchers eingelassen. Die Verbindung der Palplanchers mit dem Mauerwerk erfolgte durch sechs Fuß lange Eisenanker mit Querbolzen, die in einem Abstand von sechs Fuß in das aufgehende Mauerwerk eingebunden wurden.

In Höhe der Rahmenschwellen legte man auf den beiden Außenbohlen, oberhalb der Palplanchers, Retrackten (Abstufungen) aus Haustein an. Jede der beiden Retrackten versprang um einen Fuß zum Mauerkern. Darüber erhob sich das zwölf Fuß hohe Mauerwerk, das an der Außenseite durch gehauene Quadersteine, die zu einem Drittel eingebunden wurden, revetiert war. Das übrige im Profil errichtete Mauerwerk bestand bis in Höhe der Kordons, außer an den Schulterwinkeln, aus Backstein. Alle Hausteine wurden in den einzelnen Lagen durch mit Blei vergossene Eisenklammern miteinander verankert. In einem Abstand von 8 bis 10 Fuß legte man 5 bis 6 Fuß lange, in den Haustein eingelassene Anker in die Hintermauerung. Das gesamte Mauerwerk mußte bis zu 10 Fuß oberhalb der Abstufung in Traßspeis gemauert

139 Ansicht der Stadt und Festung von Osten. Lavierte Federzeichnung, um 1765

werden. Das übrige Mauerwerk war nur von vorn 2 Fuß tief mit Traß, der Rest mit normalem Mörtel vermauert
Die Kordons bestanden aus 9 Zoll dicken Hausteinen. Die Hinterfüllung des aufgehenden Mauerwerks erfolgte gleichzeitig beim Mauern, soweit man unter dem Wasserspiegel arbeitete. Zur besseren Abbindung des Traßmörtels wurde die Stützmauer bis zur Höhe des Traßmauerwerks ebenfalls sofort hinterfüllt. Die Hinterfüllung geschah lagenweise. Jede Lage mußte gut gestampft werden. Oberhalb des Kordons wurde die Brustwehr in gutem Erdreich, ohne Steine, aufgeschüttet. Das äußere Talut erhielt eine Gazonierung (Rasenbekleidung). Das innere Talut der Brustwehr war wie das ganze Corps de la Place abgemauert. Vor dem Revetement wurde eine gute Risberme angelegt. Diese bestand aus einer Steinschüttung, die in Höhe des Wasserspiegels gepflastert war und zur Strömung hin eine zusätzliche Sicherung aus eingerammten Pfählen hatte. Die Dammpfähle lagen zur Konservation gegen Fäulnis unter dem Wasserspiegel. Zur weiteren Sicherung war diesen unter dem Wasser noch eine Battung (Bodenlegung) aus Faschinen vorgelegt.

Formale Betrachtung

War es schon schwer, von der Festung des 17. Jahrhunderts ein geschlossenes Bild zu gewinnen, so nahmen die Festungswerke infolge der Erweiterungen im 18. Jahrhundert eine Ausdehnung an, die es vollends unmöglich machte, die Stadt noch als geschlossene Einheit zu 'betrachten. Die Zweckbestimmung der einzelnen Stadtteile (Zitadelle, Extension, Wohnstadt) verdeutlichte sich besonders in der landseitigen Stadtansicht (Abb. 139).
Im Norden wurde die Stadtsilhouette von Düsseldorf durch die Türme der Altstadt,

287

im Süden durch den breitgelagerten, zweigeschossig über die Festungswerke hinausragenden Baukomplex der Extensionskasernen bestimmt. Dieser einfache, lediglich
durch Risalite gegliederte Putzbau mit einem gerade durchgezogenen Dach stand in
krassem Gegensatz zu der Vielfalt der versetzt gegeneinander stehenden Dächer und
geschwungenen Giebel der Altstadt.

Noch mehr als im 17. Jahrhundert traten die jetzt beträchlich vermehrten Festungswerke in den Vordergrund. Da sie in verschiedenen Höhen und Breiten angelegt waren, ergab sich durch die zahlreichen Überschneidungen ein lebhaftes Bild, das sich
schon bei einem geringen Standortwechsel des Betrachters stark veränderte.

War die Stadt durch die breit vorgelagerten Festungswerke dem Beschauer ohnehin
schon weit entrückt, so wurde ihre Silhouette durch die auf dem Wall gepflanzten
Lindenbäume noch undeutlicher gemacht. Dies hatte zur Folge, daß die Tore, der
einzige Schmuck der geometrisch nach den Grundsätzen der Wehrtechnik zugeschnit-
tenen Baumassen der Festungswerke, stärker in Erscheinung traten.

Im Stadtinneren war der Gegensatz zwischen den wuchtigen neuen Militärgebäuden
und den Wohnhäusern noch deutlicher zu spüren. Hatten die alten Wohnhäuser durch
eine strenge Bauordnung ihr einheitliches Gepräge erhalten, so wird bei den Militärbauten die reine Zweckbestimmung offensichtlich. Infolge dieses unterschiedlichen
Bau-Charakters kam keine Verschmelzung der alten und der neuen Stadtteile zustande; vielmehr entstand um die Kasernen eine von neuen Baugedanken geprägte
Stadt, die sogenannte Karlstadt. Auch nach Schleifung der Inneren Werke ließ sich
diese Trennung zwischen Altstadt und Karlstadt nicht verwischen, so daß der Unterschied im Formcharakter beider Stadtteile noch heute wahrzunehmen ist.

III. Die Auswirkungen der Befestigung auf die Stadtentwicklung bis zur Schleifung

1. Die mittelalterliche Stadt

— Altstadt, Vorstadt —

Die erste Befestigung von Düsseldorf hatte für die Entwicklung der Stadt zunächst nur rechtliche Folgen. Der Mauerbering grenzte den Bezirk, für den die Stadtfreiheit verliehen wurde, ein. Seine Größe bestimmte sich aus der Fläche, die erforderlich war, um den Bürgern und Außenbürgern mit ihrer Habe und ihren Viehherden im Kriegsfall als Zufluchtsstätte dienen zu können. Die Stadtfläche „intra muros" war im Verhältnis zu dem gesamten Stadtgebiet einschließlich der Außenbürgerschaften Flingern und Pempelfort relativ klein. Hinzu kommt, daß die Stiftsimmunität fast ein Achtel des ummauerten Stadtkernes einnahm. Diese Situation zwang im Laufe des 14. Jahrhunderts immer mehr Bürger, sich vor den Stadtmauern anzusiedeln, so daß am Weg nach Ratingen, dessen Richtung durch das Liebfrauentor vorbestimmt war (Ratinger Straße), die Vorstadt entstand.

— Erste und zweite Erweiterung, Neustadt —

Da die Stadtmauer im Mittelalter nur die für die rechtliche Sicherung und den Schutz der Bürger erforderliche Stadtfläche umfaßte, hätte im 14. Jahrhundert für die Bedürfnisse der Bürgerschaft eine Mauerumschließung der Vorstadt zunächst ausgereicht.

Infolge des Eingreifens Herzog Wilhelms in die kommunalen Verhältnisse war die Ummauerung der Neustadt nicht das Ergebnis einer städtisch-bürgerlichen Entwicklung, sondern eine städtebaupolitische Maßnahme, die zur Folge hatte, daß der neue Mauerring im Verhältnis zur vorhandenen Einwohnerzahl in seiner Ausdehnung völlig überdimensioniert war. Der Herzog mußte daher konsequenterweise die Freiheitsprivilegien auf weitere umliegende Bürgerschaften ausdehnen, was allerdings mit einigen Problemen verbunden war. Im Westen stellte der Rhein ein natürliches Hindernis für eine Erweiterung dar. Im Süden und Osten war die Stadt von weitausgedehnten Wäldern und Sümpfen umgeben. Diese topographische Situation hatte zwangsläufig zur Folge, daß das Gebiet der neuen Außenbürgerschaften sehr weit gefaßt werden mußte. Das so 1384 eingemeindete Gebiet umfaßte die Ortschaften Golzheim, Derendorf, Grafenberg, Bilk, Flehe, Stoffeln und Lierenfeld.

Bei der Vergrößerung der Stadtmauer 1394 wurde das Stadtgebiet durch die Ortschaft Hamm abgerundet. Im 15. Jahrhundert kam noch das Dorf Volmerswerth hinzu, wahrscheinlich nachdem der Rheinlauf seine heutige Lage eingenommen hatte und der Ort nicht mehr durch den Rhein als Insel (Werth) abgetrennt war. Während der weitläufige Mauerring die Entwicklung des Stadtbereiches „intra muros" für nahezu 300 Jahre bis zur Stadterweiterung Johann Wilhelms vorgezeichnet hat, ist durch das weitabgesteckte Gebiet der Außenbürgerschaft von 4.806 ha die bodenrechtliche und damit auch städtebauliche Voraussetzung für die gesamte Stadtentwicklung bis zur Großstadt geschaffen worden. Über 500 Jahre, bis zur Eingemeindung in den Jahren 1908/1909, reichte die Bodenfläche für die Bedürfnisse der Stadt aus. Die weiteren Eingemeindungen und Gebietsneuordnungen sind erst durch den enormen Bevölkerungsanstieg infolge der Industrialisierung erforderlich geworden (Taf. X, XX).

Der geradlinige Mauerverlauf, der die Stadtfläche bei der ersten Erweiterung bis zur Flingerstraße noch klarer als bei der Erweiterung von 1394 begrenzte, legte die Kontur der zukünftigen Residenzstadt fest. Durch die Anlage der Tore wurde die Führung der Straßen späterer Erweiterungen vorherbestimmt.

Da die Tore nicht gegenüberliegend, sondern versetzt zueinander angeordnet waren, ergab sich beim Ausfluchten der Straßen keine durchgehende, dominierende Straßenflucht, mit einem System von Hauptstraße und einmündenden Nebenstraßen, sondern eine rasterartige Einteilung der Stadtfläche mit von gleichberechtigten Straßen umgebenen Bauquadraten. Bei der fünffachen Größe der Neustadt gegenüber der Altstadt mit der Stiftsimmunität war genügend Raum vorhanden, um die Straßen in einer für mittelalterliche Verhältnisse bereits ansehnlichen Breite anzulegen. Die nicht mehr erforderlichen Kommunikationswege, die Ursulinen- und die Ritterstraße, blieben im Stadtgrundriß erhalten, während der südliche, parallel zur Düssel verlaufende Weg überbaut wurde, so daß der Mauerverlauf in diesem Bereich des Stadtgrundrisses keine erkennbaren Spuren hinterlassen hat.

So großzügig die Mauerumschließung auch war, so wenig stand sie in einem Verhältnis zur Einwohnerschaft, der die Unterhaltung und die Verteidigung der gesamten Stadtmauern oblag. Das Gebiet der Außenbürgerschaft war außerdem so weitläufig, daß man von dessen Einwohnern nicht erwarten konnte, daß sie sich alle ständig „intra muros" niederließen. So ist es zu erklären, daß die Einwohnerdichte 200 Jahre nach der Erweiterung von 1394, also zu einer Zeit, als in anderen deutschen Städten bereits eine große Wohnungsnot herrschte,[983] 100 Einwohner/ha noch nicht erreicht hatte (Kap. VII, 4).

2. Die Landesfestung

– Neustadt, Zitadelle –

Während die Stadt im Mittelalter fast beliebig erweiterbar und der Mauerverlauf, sofern er nicht durch die Geländetopographie bestimmt wurde, von der Verteidigung unabhängig war, bestimmte der Festungskranz, der ein kostspieliges Dauerbauwerk

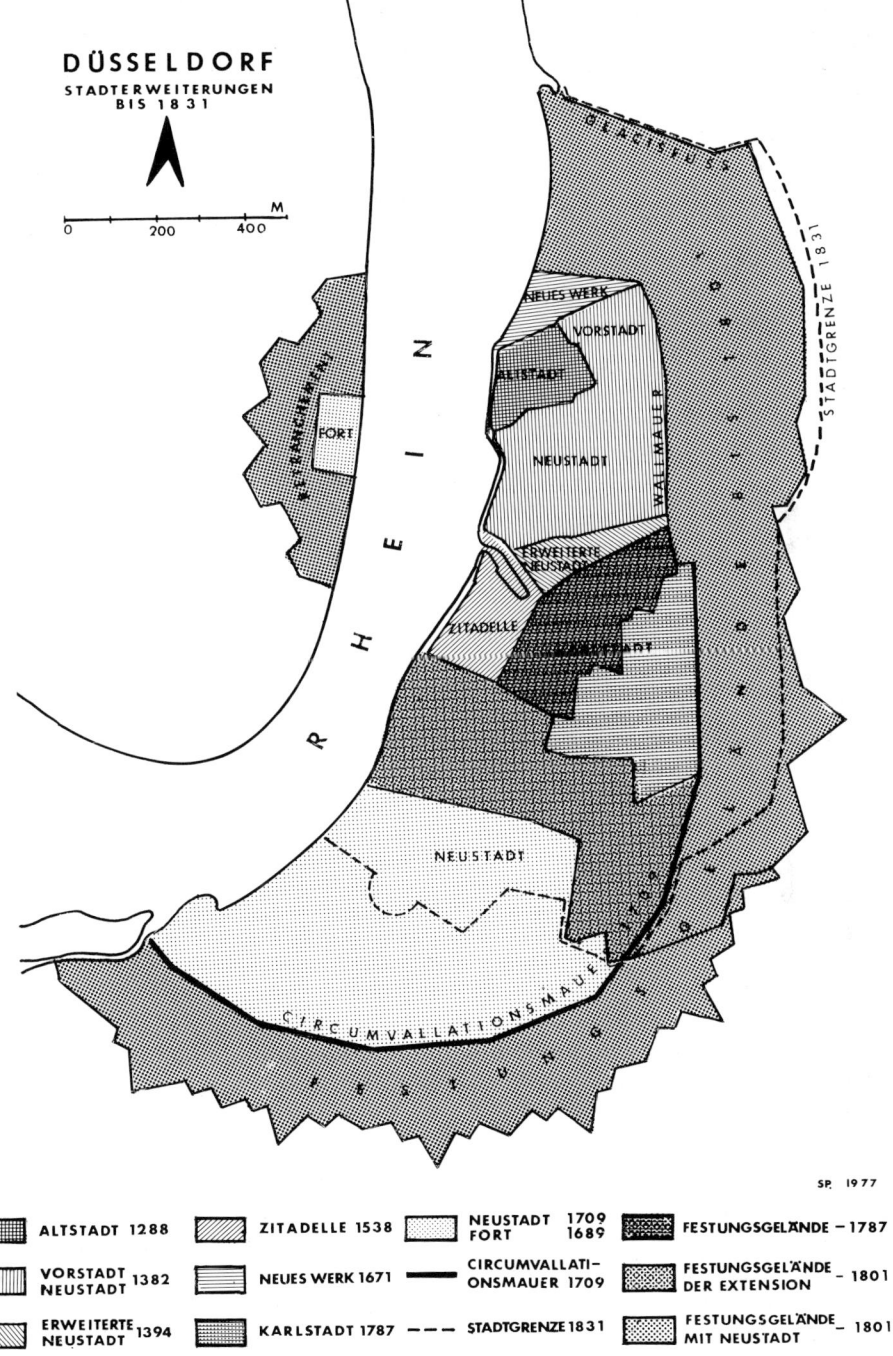

DÜSSELDORF
STADTERWEITERUNGEN
BIS 1831

M
0   200   400

R H E I N

NEUES WERK
VORSTADT
ALTSTADT
FORT
NEUSTADT

WALLMAUER

ERWEITERTE
NEUSTADT

ZITADELLE
KARLSTADT

NEUSTADT

CIRCUMVALLATIONSMAUER

FESTUNGS

STADTGRENZE 1831

SP. 1977

ALTSTADT 1288	ZITADELLE 1538	NEUSTADT 1709 / FORT 1689	FESTUNGSGELÄNDE – 1787
VORSTADT NEUSTADT 1382	NEUES WERK 1671	CIRCUMVALLATIONSMAUER 1709	FESTUNGSGELÄNDE DER EXTENSION – 1801
ERWEITERTE NEUSTADT 1394	KARLSTADT 1787	– – – STADTGRENZE 1831	FESTUNGSGELÄNDE MIT NEUSTADT – 1801

140 Stadterweiterungen bis 1831. Zeichnung des Verfassers nach historischen Plänen und eigenen Rekonstruktionen, 1977

141 Typische Düsseldorfer Giebel-
häuser in der Flinger Straße. Foto,
1935

darstellte, den unverrückbar festgelegten Stadtumfang, so daß eine Erweiterung nur
unter großen Schwierigkeiten und Kosten vorgenommen werden konnte.

Im 16. Jahrhundert gab es noch genügend Freiflächen innerhalb der ummauerten,
27,5 ha großen Stadt mit etwa 2.500 Einwohnern, so daß bei Anlage des Bastionärtracées keine Veranlassung bestand, die Wohnstadt erneut zu erweitern. Immerhin
war Düsseldorf, was die Größe der Stadtfläche anbelangt, gegenüber den größeren
deutschen Städten durchaus konkurrenzfähig. Da der neue Festungsgürtel genau der
alten Stadtmauer folge, konnte sich der Stadtgrundriß wie vorgesehen weiter entwickeln, ohne in das Schema einer nach rein militärischen Gesichtspunkten geplanten
Anlage gepreßt zu werden, wie dies bei den Renaissancefestungen häufig der Fall
war.[984] Allerdings ergab sich aus der Befestigungstechnik auch in Düsseldorf eine Verlegung der Tore und damit auch eine Veränderung der Stadtzugänge.

Die bastionären Festungswerke, die ein beträchtliches Ausmaß hatten, erschwerten
jede spätere Stadterweiterung. Eine Fläche, so groß wie das bewohnte Stadtgebiet,
wurde von der neuen geometrischen Umfassung eingenommen, so daß zahlreiche
Gärten vor der alten Stadtmauer den neuen Anlagen weichen mußten.

Der Ausbau der Festung bedingte nicht nur eine Veränderung des äußeren Stadt-
bildes. Entscheidend für die weitere Entwicklung waren vor allem die mit der Erhebung zur Festung verbundenen Verschiebungen der städtischen Rechtsgrund-

292

lagen, denn die Landesfestung verkörperte nicht mehr allein die Stärke der einwohnenden Bürgerschaft; sie war vielmehr Ausdruck der landesherrlichen Macht. Diese manifestierte sich nicht zuletzt auch in der Anlage der Zitadelle, die weder als selbständiges Verteidigungswerk noch als Zufluchtstätte für die Besatzung bei einer Belagerung gedacht war, sondern als sicherer Platz für den Wohnsitz des Landesherrn, der von hier aus die Stadt im Falle eines Bürgeraufstandes in Schach halten konnte.

Wie sich zur Zeit des Truchseßschen Kriegs herausstellte, war die Bürgerschaft zu schwach, um gegen die landesherrliche Obrigkeit aufzubegehren. Der Bau der Zitadelle wurde somit immer mehr vernachlässigt. Immerhin hatte man auf diesem Festungswerk die ersten Baracken (Kasernen) für die Leibgarde errichtet, so daß eine Schleifung der Anlagen, wie sie 1599 noch vorgeschlagen worden war, nun nicht mehr in Frage kam. Der Düsseldorfer Magistrat bemühte sich 1609, eine Bebauung der Zitadelle zu erreichen. Den entsprechenden Kostenanschlag fertigte Pasqualini an. Wolfgang Wilhelm gab aber erst in der Mitte des 17. Jahrhunderts das Gelände zur Bebauung frei.[985]

Die Anlage der Festungswerke und die Vorbestimmung von Straßenfluchten allein waren aber in einer Stadt wie Düsseldorf noch keine Garantie für eine städtische Bebauung, denn noch im 16. Jahrhundert stellte Düsseldorf ein Stadtgebilde dar, dessen Bau-Charakter von starken ländlichen Zügen geprägt war.

Die Sicherheit, die die Festung im Rahmen der Landesverteidigung bieten sollte, bildete die Grundlage für den Ausbau Düsseldorfs als ständige Residenz und Verwaltungssitz. Diese Aufwertung brachte der Stadt neben einem Bevölkerungszuwachs durch den Zuzug von Beamten, Offizieren und Soldaten auch eine Bereicherung des Gesellschaftsbildes. Die Folgen dieser Entwicklung waren zahlreiche städtebauliche Maßnahmen, die nicht zuletzt in der Düsseldorfer Polizeiordnung von 1554[19] und deren ergänzenden, das Bauwesen betreffenden Vorschriften[20] ihren Niederschlag gefunden haben (Kap. VII, 2).

Eine Reihe der in der neuen Bauordnung festgelegten Bestimmungen war von fortifikatorischen Gesichtspunkten geprägt. Dies gilt insbesondere für den Katalog der Brandschutzbestimmungen und die Vorschriften zur Errichtung von Steinbauten mit Ziegeldächern. Künftig mußten alle Bauten genehmigt werden. Schultheiß, Bürgermeister und Rat hatten dazu den Bauplatz zu besichtigen und zu vermessen. Hinter den Stadtmauern war ein Abstand von 16 Fuß (5,5 m) zu halten, die schmalen Gänge zwischen den Häusern waren ebenso verboten wie die Verengung der Straßen durch Vorbauten und Erker in den oberen Geschossen. Die Pflanzung von „Bäumen oder Weingärten auf den Straßen" war untersagt. Es wurde angeordnet, daß die Straßen gepflastert und mit einer „Gosse" in der Mitte und Bürgersteigen versehen werden sollten; sie mußten wenigstens 12 Fuß, die Wächterwege 6 Fuß breit sein. Für die Häuser waren Fluchtlinien und steinerne Giebelfassaden vorgeschrieben (Abb. 141). Ferner verbot die Bauordnung die Verwendung von Holz und Fachwerk sowie die Anlage von Scheunen an den Straßen. Da die Häuser nicht mehr mit Stroh gedeckt werden durften, ordneten die fürstlichen Räte 1557 an, daß die Pfannenbäcker wenigstens drei Jahre lang 125.000 Pfannen für die Düsseldorfer Bürger bereitstellen sollten.[986] Diese Menge reichte für 300 bis 400 Häuser aus, was dem damaligen Häuserbestand entsprach.

142 Typische Giebelfronten Düsseldorfer Bürgerhäuser. Zeichnung von P. Sültenfuß, 1921

294

295

143 Hunsrückenstraße 20 - 23, rückwärtige Bebauung. Foto, 1935

Die einzelnen Punkte der das Bauwesen betreffenden Verordnung waren so detailliert, daß diese die Grundlage für alle folgenden Bauordnungen wurde, die bis zur Mitte des 19. Jahrhunderts den Düsseldorf eigenen Bau-Charakter bestimmten (Kap. VII, 2).[987] Die Festungseigenschaft der Stadt bedingte insbesondere auch die Bestimmungen der Reinhaltung der Kommunikationswege an den Wällen. Auf den öffentlichen Plätzen und Wegen wurden keine Misthaufen geduldet, besonders nicht in der Nähe der Türme, die zur Salpeter- und Pulveraufbewahrung dienten. Man wollte durch dieses Verbot ein „Verfaulen der Mauern" verhindern und eine „Feuersgefahr wegen des Strohs" verhüten.

Eine ergänzende Verordnung aus den neunziger Jahren des 16. Jahrhunderts enthält in 25 Punkten weitere interessante Hinweise zum Stadtbau Düsseldorfs,[988] unter anderem eine Reihe von Verordnungen zur Verbesserung der sanitären Verhältnisse; Vorschriften zum Bau von Brandmauern, Bestimmungen über die Pflicht zur Anzeige von Bauvorhaben sowie eine Reihe von Anordnungen, die die öffentlichen Bauten und Anlagen betreffen.

Anstelle der Hofgüter, von denen aus die jenseits der Stadtmauer gelegenen Ländereien bewirtschaftet wurden, traten nun Stadthäuser, die infolge der strengen Bauvorschriften eine wohlproportionierte Fassadengestaltung erhielten (Abb. 142). Die Tiefe der teilweise noch landwirtschaftlich genutzten Grundstücke erlaubte den Bau von Werkstätten, Ställen und Lagerräumen (Abb. 143).

296

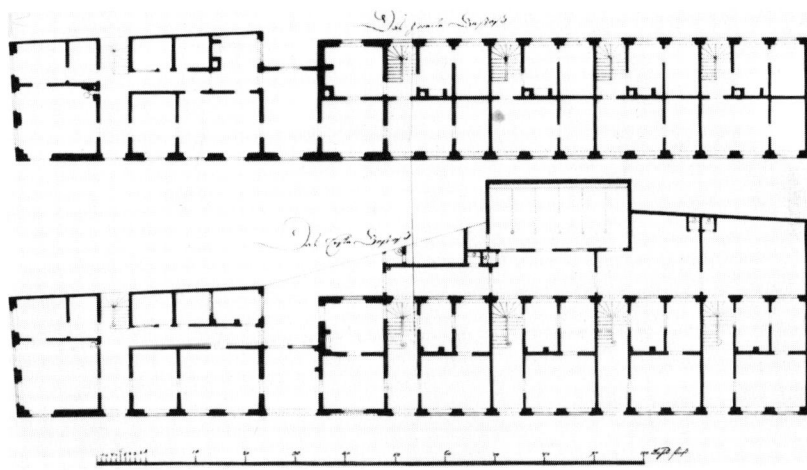

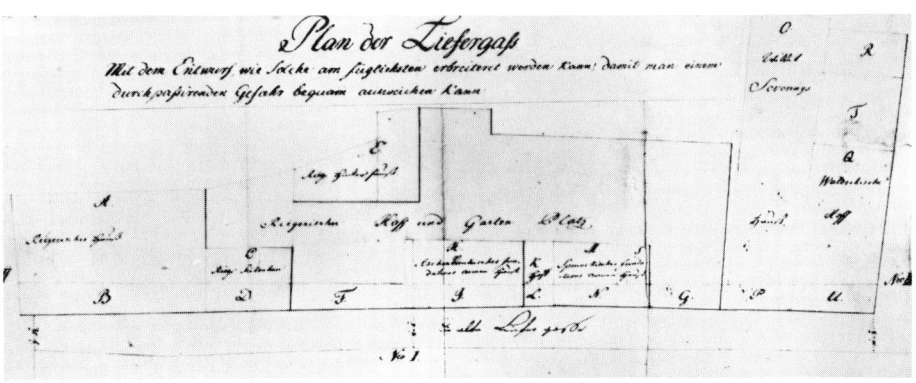

144 Bebauungsplan für die Verbreiterung der Liefergasse. Entwurf mit Lageplan von Ingenieurhauptmann van Douwen, 1792

Diese das Bauwesen betreffenden Verordnungen sind ein klarer Beweis dafür, daß die gleichzeitige Tätigkeit der Landesbaumeister im Zivil- und im Militärbau besonders anregend auf den Stadtbau wirkte. Noch bis zum 19. Jahrhundert wurden die wichtigsten städtebaulichen Maßnahmen von Militäringenieuren durchgeführt. So sind die Bebauungspläne für die Karlstadt (Kap. II, 6) von Militäringenieuren angefertigt worden. Die Pläne für die Verbreiterung der Liefergasse hat der Ingenieurmajor van Douwen entworfen (Abb. 144).

— Corps de logis, Zitadelle, Neues Werk —

Die Bebauung der Zitadelle war ebensowenig wie die Anlage des Neuen Werkes eine bevölkerungs- oder städtebaupolitische Maßnahme, sondern eine militärische Notwendigkeit. Die im Süden vor der Stadt liegende Zitadelle wurde nämlich aus fortifikatorischen Gründen seit der Mitte des 17. Jahrhunderts in den Bereich der Wohnstadt einbezogen,[989] weil sie als außerhalb der eigentlichen Hauptbefestigung gelegenes, unfertiges Werk bei einer eventuellen Belagerung dem Feind eine günstige Möglichkeit zur Verschanzung bot. Innerhalb der Stadt selbst gab es noch genügend Bauplätze, so daß sich die endgültige Bebauung dieses Außenwerkes noch bis 1672 hinzog, als Philipp Wilhelm erklärte, daß „genannte Citadell von hiesiger statt der Commercien halber nit separiert bleibe".[426]

Da die ehemaligen Bürgerumgänge um die Stadt durch die Anlage der Wallgänge der bastionären Front überflüssig geworden waren, bot sich das zwischen alter Stadtmauer und neuem Wall vorhandene, meist fiskalische Gelände zur Parzellierung an. So wurde 1669 der südliche,[178] 1675 der nördliche Abschnitt der Neustraße[990] aufgelegt. Seit 1681 folgte die Bebauung der ehemals zur Festung gehörenden nordwestlichen Seite der Ritterstraße[846] und die Mühlengasse. Als ergänzende Erschließungsmaßnahme, bedingt durch die Verlegung des Flinger Tores 1645 in die Mitte der Kurtine zwischen Flinger und Mühlenbastion,[388] forderte 1684 die anwohnende Bürgerschaft die Anlage der Kommunikationsstraße,[991] deren Ausbau aber erst 1775 erfolgt ist.[992] Die Straße war allerdings so schmal, daß sie für den Verkehr kaum benutzt werden konnte. Erst 1934 wurde sie auf die heutige Breite gebracht.

1784 erneuerte Johann Wilhelm ein Dekret seines Vaters, kraft dessen den Eigentümern unbebauter Plätze auferlegt wurde, „selbige in sicherer Zeit sub certa poena zu bebauen".[37] Für die Zitadelle, für die sich inzwischen zahlreiche Baulustige gefunden hatten, erließ der Kurprinz 1685 eine eigene Bauordnung, die stark von militärischen Erfordernissen geprägt war. Danach sollte die Zitadelle nur eine Hauptstraße ohne „Kreuzstraße" erhalten. Die Hauptstraße konnte dafür beidseitig bebaut werden (Abb. 71). Die Kommunikation mit der Stadt sollte durch die bereits 1672 geforderte, am Portmannsturm an die Stadtmauer anschließende Hafenabschlußmauer, die es erlaubte, daß das Tor zwischen Zitadelle und Stadt ständig offen blieb, verbessert werden.

Vor der Brustwehr am Rhein und vor dem Gießhaus sah man einen Weg von 24 Fuß Breite vor; für die Baracken sollten weitere 16 1/2 Fuß freibleiben.[29] Die Möglichkeit der Befreiung von der Einquartierungslast durch den Bau von steinernen Baracken (Soldatenhäusern) in den Privatgärten führte zu einer dichten Bebauung der Zitadelle mit teilweise typisierten Hinterhofhäusern für die Soldaten.

Da die Zitadelle als selbständiges Festungswerk konzipiert war, und da der Hafen zwischen der Altstadt und der Zitadelle eine starke Zäsur bildete, wäre es Zufall gewesen, wenn die Achse dieses Festungswerkes Bezug auf das in der Altstadt vorhandene Straßensystem genommen hätte. Die neu angelegte Hauptstraße (Citadellstraße), deren Richtung unter Johann Wilhelm für die Anlage der Straßen in der Neustadt maßgebend werden sollte, lag vielmehr in einem Winkel zu den Straßen in der Altstadt. In dieser Richtungsabweichung der alten und neuen Straßenachsen, die sich allein aus festungstechnischen und topographischen Gesichtspunkten bei der Absteckung der Zitadelle ergeben hatte, lag ein städtebaulicher Mangel, der bei allen späteren Erweiterungen des Straßennetzes in den Anschlußpunkten planerische Schwierigkeiten verursachte.

Als 1696 mit dem Ausbau der Wallstraße begonnen wurde, waren immer noch Reserveflächen zur Bebauung innerhalb der Stadt vorhanden, so daß für die Anlage des Neuen Werkes von der Einwohnerdichte her keine Notwendigkeit bestand.[993] Diese Erweiterung war vielmehr eine rein festungsbautechnische Maßnahme zur Verbesserung der Defension der Nordfront. Die ersten Überlegungen zu diesem Werk lassen sich, wie an dem Plan Speckles gezeigt, bis ins 16. Jahrhundert zurückverfolgen (Kap. II, 5). Die in diesem Werk gewonnenen Freiflächen boten sich in erster Linie für militärische und öffentliche Zwecke, wie die Reuterkaserne, das Rüsthaus und die Schlachthalle, an. Der große Freiraum, der sich nach der Schleifung dieser weiträumig angelegten Festungswerke ergab, erwies sich als der geeignete Platz für den Sicherheitshafen und den ausgedehnten Baukomplex der Kunstakademie.

— Extension durch Johann Wilhelm —

Als Johann Wilhelm 1688 den Ingenieur Michael Cagnon mit der Anlage von neuen Festungswerken im Süden der Stadt beauftragte,[635] zeigte es sich, daß die Erweiterungsabsichten des Kurprinzen nur teilweise von einer fortifikatorischen Notwendigkeit, am wenigsten aber von dem Gedanken an eine Verbesserung der inneren Verhältnisse angeregt waren, denn die alten Festungswerke erwiesen sich für die Entwicklung der Stadt immer noch nicht als Einschnürung. Die Erweiterung der Stadtfläche auf nahezu das Vierfache bedeutete vielmehr einen regulierenden Eingriff, der einer absolutistischen Bau- und Bevölkerungspolitik entsprach, die sich schon vorher in mehrfachen Aufrufen zur „Bebauung lediger Plätze", zuletzt in der Verordnung von 1684, geäußert hatte.[37]

Die alten Erweiterungsbestrebungen, die durch das Patent von 1699 durchgesetzt werden sollten,[45] eröffneten neue Perspektiven für die Stadt und Festung Düsseldorf. Im Gegensatz zum 17. Jahrhundert, als Stadt- und Festungsorganismus noch eine Einheit bildeten, sonderte sich die Garnison mit den zugehörigen Militärdependencen infolge der Einführung des stehenden Heeres als eine eigene Verwaltungseinheit innerhalb der Festung ab, die im Rahmen der Landesverteidigung ihre Aufgabe als militärischer Stützpunkt zu erfüllen hatte.

Zu diesem Zweck war eine ganze Reihe von Militärbauten, vor allem Kasernen, Vorrats- und Verwaltungsgebäude erforderlich, für die große Flächen beansprucht wurden, die gemäß den Grundsätzen der Festungstheorie teils an den neuralgischen Punkten der Festung lagen, wegen ihrer Ausdehnung auch einen eigenen Stadtbezirk

in Anspruch nahmen. Zu den Baugrundstücken kamen die Flächen für den Paradeplatz, Reserveflächen für neue Militärbauten, ferner Freiflächen zur Lagerung von
Bau- und Festungsmaterialien.[994]
Die innerhalb des Festungsringes für diese Zwecke vorhandenen Flächen waren viel
zu klein. Die ersten Baracken und das alte Gießhaus lagen auf der Zitadelle. 1671
war man mit neuen Gemeinschaftsbaracken in das Neue Werk ausgewichen. Ansons-
ten stand nur die Fläche zwischen der alten Stadtmauer und dem Wall als fiskali-
sches Gelände zur Verfügung. Hier hatte man teilweise unter Verwendung der alten
Stadtmauern im 17. Jahrhundert weitere Baracken für die Soldaten, aber auch Militärgebäude, wie die Artillerieschmiede neben dem Flinger Tor, errichtet. Die alten
Mauertürme dienten als Pulvertürme. Mit der Bebauung der ehemaligen Bürgerumgänge ergab sich zwangsläufig eine weitgehende Räumung dieses, dem Militär
vorbehaltenen Bereiches. Da das Neue Werk in Anbetracht der höheren Ansprüche
des Militärs nur einen bescheidenen Ersatz für diese ohnehin viel zu kleinen Flächen
darstellte, war es nicht zu umgehen, Ersatzgelände durch eine Erweiterung der Festung zu beschaffen.
In der von Johann Wilhelm vorgesehenen umfangreichen Stadterweiterung machten
die für militärische Zwecke vorgesehenen Flächen im Verhältnis zur Gesamtfläche
der Erweiterung aber nur einen kleinen Teil aus, denn der Kurfürst betrachtete bei
seinen Erweiterungsplänen die Beschaffung von Grundstücken für die Militärbauten
nur als Nebeneffekt; seine Erweiterungspläne beinhalteten vielmehr eine städtebaupolitische Maßnahme, die allerdings von völlig falschen Populationsprognosen, vor
allem aber von falschen wirtschaftlichen Voraussetzungen ausging.
So kam es, daß der ursprüngliche Bebauungsplan, der wie der dazugehörige Festungsplan auf den Ingenieur Cagnon zurückzuführen ist,[951] nicht ausgeführt wurde. Voraussetzung für die vollkommene Realisierung dieser Pläne wäre nicht zuletzt auch die
völlige Niederlegung der erst in den letzten vorhergehenden Jahren fertiggestellten
Befestigung der Zitadelle und der Berger Front gewesen. Da eine Schleifung dieser
Befestigungslinie ohne die Fertigstellung der neuen Festungswerke aber nicht möglich
war, blieb das Terrain der Extension von der eigentlichen Stadt im wesentlichen abgeschnitten. Städtebaulich folgte daraus, daß die neuen Straßen nur an zwei Stellen, am
Franziskaner Tor und am neu hergestellten Stadtbrückchen (Innere Extensionsbrücke),
an das Straßennetz der Altstadt angebunden werden konnten. So erklärt es sich, daß
die erweiterte Stadt nicht planmäßig als eine in sich geschlossene städtebauliche Einheit entstand, wie dies der Bebauungsplan wohl ursprünglich vorgesehen hatte.
Nach dem 1974 vom Stadtgeschichtlichen Museum erworbenen, um 1699 entstandenen Plan, der einen guten Eindruck der Planungsabsichten vermittelt, sollte die neue
Stadtfläche in große Bauquadrate aufgeteilt werden (Abb. 145). Die Hauptrichtung
der Straßen ergab sich aus einer geradlinigen Verlängerung der Citadellstraße nach
Süden. Die heutige Moselstraße bildete das Südende dieser Straßenachse. Parallel dazu ist im Stadtgrundriß als nächste Straßenflucht die Neußer Straße zu erkennen.
Weiter östlich, im Norden auf die Flinger Bastion auslaufend, im Süden etwa im Verlauf der Loretto- und Kavalleriestraße, setzte sich das System weiter fort. Es folgte
die eigentliche Hauptachse, eine der Königsallee ähnliche Doppelallee mit einem von
der Oberen Düssel gespeisten Mittelgraben. In Höhe der Bastionstraße bog diese Allee

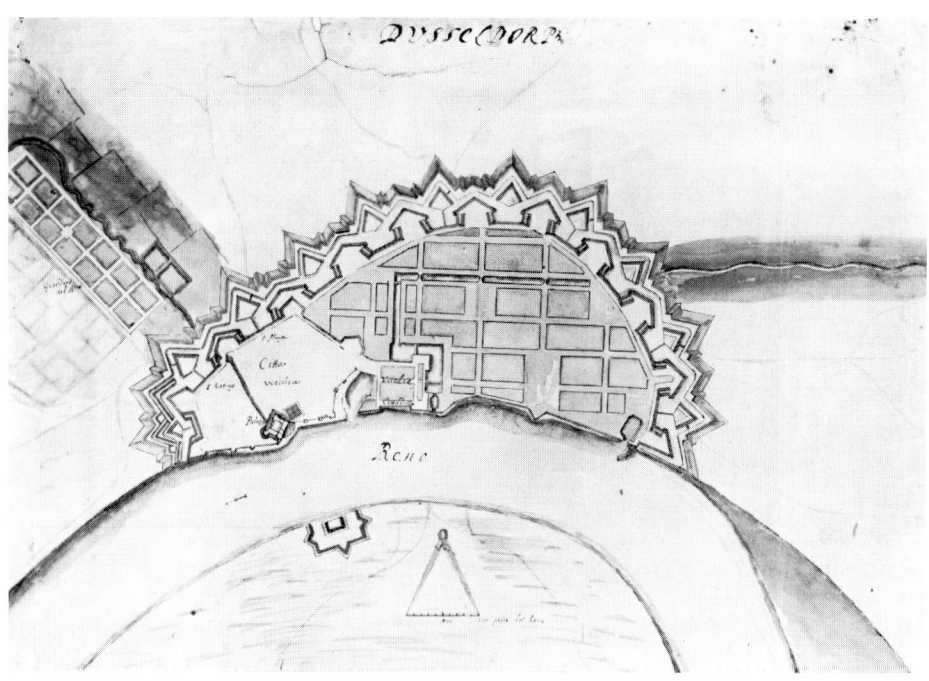

145 Projektplan für die Neustadt mit Bauquadraten, um 1699

rechtwinklig nach Westen ab, wo sich der Mittelgraben mit dem Graben der Zitadelle vereinigte. Südlich der Zitadelle wurden diese Straßenachsen von drei Querstraßen gekreuzt, von denen die Reichsstraße und der Fürstenwall im heutigen Stadtgrundriß noch erhalten geblieben sind. Außer diesen Straßen waren mehrere versetzt angeordnete Plätze vorgesehen. Ein größerer Platz, etwa begrenzt durch die heutige Reichs- und Hubertusstraße, entsprach nach Lage und Ausdehnung dem Freibereich der Kniebrückenauffahrt.

Während in der Neustadt, wie der Vergleich mit den heutigen Straßen gezeigt hat, die ersten Straßen in dem beschriebenen Raster angelegt worden sind, muß nach dem Aufruf zur Bebauung von 1709 eine Änderung in der Festlegung der Straßenachsen eingetreten sein, denn die beiden öffentlichen Gebäude, die Kasernen und das Hubertusspital, wurden nun nicht, wie ursprünglich geplant, parallel zur Citadellstraße, sondern streng nach militärischen Gesichtspunkten, parallel zur Richtung des Hauptwalls und damit in einem Winkel zu dem geplanten Straßensystem, errichtet. In der sich aus dieser Situation ergebenden Divergenz der Baufluchten lagen die Schwierigkeiten späterer Versuche zur Verknüpfung der Straßen beider Bereiche. So bildeten sich zunächst zwei voneinander unabhängige Stadtteile, die Neustadt oder Äußere Extension rechts und links der Neußer Straße (früher Kölner Landstraße) und der für die Militärgebäude vorgesehene Bereich südlich der Flinger Bastion, die Innere Exten-

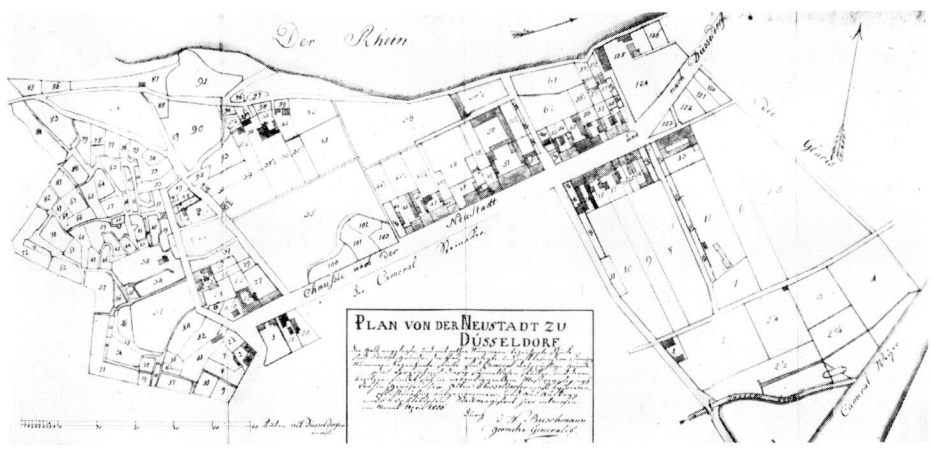

146 Bestandsplan der Neustadt. Zeichnung von Generallandmesser J. Buschmann, 1806

sion, später Karlstadt. Von den vorgesehenen Wohngebäuden in der Neustadt wurde trotz aller Vergünstigungen nur ein geringer Teil ausgeführt. Da nach dem Tode Johann Wilhelms keine Aussicht mehr bestand, daß die Festungswerke um die Neustadt vervollständigt wurden, ließ die Besiedlung dieses Stadtteils nach.

An der Neußer Straße wurden bis 1709 nur 2 bis 4, nach der Erneuerung des Aufrufs bis 1716 etwa 36 bis 38 Privathäuser fertiggestellt.[995] 1738 wohnten in dem gesamten Gebiet der Stadterweiterung 114 Familien, von denen 37 wegen ihrer Armut steuerfrei blieben.[996] Mit der geringen Besiedlung der Neustadt war die gesamte Stadterweiterung in Frage gestellt. Nach Fertigstellung der für die Stadt und Festung lebenswichtigen Kasernen und des Hospitals war es allerdings nicht mehr möglich, die zwar überdimensionierte Stadterweiterung dennoch ganz aufzugeben. Das Vorhandensein dieser kostspieligen öffentlichen Gebäude zwang somit mindestens zu einer Befestigung der Inneren Extension mit den Militärgebäuden. Während 1726 diese Befestigung in Angriff genommen und damit die Voraussetzung für die spätere Karlstadt geschaffen wurde, blieben die übrigen, die Neustadt einschließenden Erdwerke unvollendet liegen (Abb. 146, Taf. VII).

Alle späteren Versuche der Militäringenieure, die improvisierte Befestigungsfront der Inneren Extension durch eine Umwallung unter Einbeziehung weiter Teile der Neustadt fortifikatorisch zu verbessern, blieben ohne Erfolg. Solange aber der Festungsschutz fehlte, war das Denken an eine weitere Besiedlung dieses Gebietes aussichtslos.

Der unzureichend befestigte Platz war vielen Einwohnern zu unsicher, so daß zahlreiche Bauplätze wieder zu Gärten gemacht wurden, nachdem man die nicht mehr benötigten Festungswerke aus Sicherheitsgründen seit 1734 einebnete.[997]

Das Baugelände lag nämlich, solange ein funktionsfähiger Befestigungsring fehlte, im Festungsrayon, das, um einem möglichen Belagerer die Approche zu erschweren, von jeder Bebauung freizuhalten war. Aus diesen Überlegungen heraus wurden 1783 in Braunschweig die Vorstädte „rasiert", so daß sich die Wohnfläche erheblich verringerte und die Einwohnerdichte von 100 Einwohnern/ha auf 200 Einwohner/ha anstieg.[983] Derart extrem haben sich die Verhältnisse in Düsseldorf allerdings nicht entwickelt. Hier hatte sich die Einwohnerdichte in der Mitte des 15. Jahrhunderts auf durchschnittlich 140 Einwohner/ha eingependelt (Kap. VII, 4). Bei diesem Zahlenvergleich muß man allerdings berücksichtigen, daß die damaligen Häuser nur zwei-, maximal dreigeschossig waren, die Freifläche also wesentlich bescheidenere Ausmaße hatte als bei der heutigen hochgeschossigen Bebauung. Als sich der Bevölkerungszustrom gegen Ende des 18. Jahrhunderts wieder verstärkte, waren in der Karlstadt ausreichend Bauplätze vorhanden.

Außer den als Erdwerk vor der Neustadt bis ins 19. Jahrhundert liegengebliebenen Festungswerken (Alte Wercker) haben die um den Bereich der gesamten Extension angelegten Erdwerke und Circumvallationsmauern keine Spuren im Stadtbild hinterlassen. Der von Wasserbaumeister Wiebeking mit seinem vorläufigen Plan zur Erweiterung der Neustadt unternommene Versuch, die Bebauung in diesem Gebiet zu beleben, blieb ohne nennenswerten Erfolg.[998]

Nach der Schleifung verfügte man über soviel Gelände, daß die Bebauung der Neustadt weiter zurückblieb. Durch die Öffnung der Stadtfläche nach allen Seiten verlor die Neußer Straße ihren Charakter als Durchgangsstraße, so daß die dortigen Häuser in ihrem Wert um die Hälfte sanken.[999] Als man die Neustadt, die einst für die Anlage des Neuen Kurfürstlichen Schlosses als vornehme Patrizierstadt geplant war, im 19. Jahrhundert in die Stadt einbezog,[1000] hatte das inzwischen ziellos parzellierte und teilweise mit Fabriken bebaute Stadtgebiet seine städtebauliche Chance, eine großzügig geplante Wohnstadt zu werden, schon lange verloren (Taf. XIX).

– Karlstadt –

In der zweiten Hälfte des 18. Jahrhunderts machte die Konzentration der Militärgebäude in der Inneren Extension und der Bevölkerungsanstieg eine Stadterweiterung erforderlich. Grundlage der Planung war die bereits befestigte Umfassung der Inneren Extension, deren Umrißlinien eine unregelmäßige geometrische Figur bildeten (Tafel VIII). Diese ergab sich aus dem angefangenen Befestigungskranz der Extension Johann Wilhelms im Osten und dem daran anschließenden, durch den Kameralweiher abgegrenzten Verbindungsstück zu den Außenwerken der Zitadelle im Südosten. Da die militärischen Bauten und Flächen bereits als Baublöcke ausgewiesen waren, ergab sich der Plan für die Erweiterung durch eine Aufteilung der anschließenden Rechtecke. Infolge des durch den Berger Wall bedingten schrägen Verlaufs der Wallstraße konnte, wie die Zäsur in der Bebauung noch heute zu erkennen gibt, ein gerader Anschluß an die Bauquadrate der ersten Stadterweiterung nicht hergestellt werden. Die planmäßige Anlage des Karlplatzes auf dem Gelände der ehemaligen Berger Bastion ist auf den gegen den Willen der Militärs gefaßten Beschluß, die Inneren Werke zu schleifen, zurückzuführen.

Da die Straßen der Extension ohne Rücksicht auf die Lage der Festungswerke rechtwinklig angelegt waren, bestimmten die Baublöcke der Karlstadt auch den Maßstab für die Fortsetzung des Straßennetzes in der neu anzulegenden Friedrichstadt (Taf. XIX). Bei der Erweiterung der Stadt nach Osten gaben dagegen der Hofgarten und die vorhandenen Feldwege den Ausschlag für die spätere Stadtentwicklung.

Wegen der hohen Kosten für die Unterhaltung und die Verteidigung der Festungsanlagen hatte man innerhalb der Festung einschließlich der neu konzipierten Karlstadt keine Flächen für öffentliches Grün ausgewiesen, denn man war bestrebt, den
Festungskranz aus den bekannten Gründen so klein wie möglich zu halten. Dafür gab
der Hofgarten und das ausgedehnte Glacis ausreichende Möglichkeiten zum Prome-
nieren.

– Grüngürtel, Festungsrayon –

Mit dem Bau der Befestigungsanlagen steht vor allem auch die Gestaltung des Umlan-
des im sogenannten Festungsrayon in engem Zusammenhang. Wenn die Rayonbestimmungen in Düsseldorf auch nicht bis in die letzte Konsequenz beachtet worden sind
(Kap. II, 6), so verhinderten sie doch eine völlig unkontrollierte Besiedlung des ca.
300 bis 400 m breiten Sicherheitsstreifens vor dem Glacis rund um die Festung. Begünstigt wurde diese Entwicklung durch den glücklichen Umstand, daß es in der
Festung keine andauernde Überbevölkerung gegeben hat, die die Bürger veranlaßt
hätte, in großem Maße in den in unmittelbarer Nähe der Festungswerke liegenden
Gärten Notunterkünfte in Gartenhäusern einzurichten.
Ein weiterer Umstand, der indirekt zu einer Freihaltung großer Flächen geführt
hat, war die Anwendung der Ziegeltechnik im Düsseldorfer Festungsbau. Zur Herstellung der Backsteine mußten nämlich große Geländeteile des vor allem im Osten
und Süden der Festung vorhandenen lehmhaltigen Bodens ausgeziegelt werden. Bei
der Durchführung dieser Maßnahmen entstanden teilweise tiefe Senken und Abgrabungen, die großen Baugruben entsprachen. Infolge der verbliebenen, mit Wasser
ausgefüllten Geländeunebenheiten wurde im Westen, in den über das Festungsrayon
hinausgehenden Bereichen eine Bebauung verhindert. Damit wurde aber gleichzeitig
die Voraussetzung für die Anlage weitläufiger Grünanlagen geschaffen, von denen
der fiskalische Hofgarten bereits vor der Schleifung unter Graf von Goltstein entstanden ist. Die gleichzeitig in die Grünanlagen einbezogenen Weiher, wie die Landskrone
oder der Schwanenspiegel, sind überwiegend auf diese nach dem Ausziegeln mit
Wasser gefüllten Abgrabungen zurückzuführen.[1001]

IV. Die Entfestigung und ihre städtebaulichen Konsequenzen

1. Die Schleifung der Anlagen

Die Entwicklung, die der Zweite Koalitionskrieg genommen hatte, ließ dem dirigierenden Minister, dem Freiherrn von Hompesch (Abb. 147), keinen Zweifel daran, daß die Franzosen die Schleifung der Festung Düsseldorf fordern würden. Da eine unüberlegt durchgeführte Niederreißung der Festungsanlagen neben dem ohnehin unvermeidbaren volkswirtschaftlichen Verlust auch die Gefahr einer Bedrohung der Sicherheit der Stadt vor Überwemmungen in sich barg, machte von Hompesch sich rechtzeitig mit dem Gedanken der Schleifung vertraut und stellte Überlegungen an, wie die Demolierung der Festungswerke auch wirtschaftliche Vorteile, zum Beispiel durch die Anlage eines Neuen Hafens, bringen könnte.[1002]

Aus dieser Erkenntnis ließ von Hompesch noch im Januar 1801 einen die lebensnotwendigen Interessen der Stadt Düsseldorf berücksichtigenden Plan ausarbeiten. Die daraufhin von dem Ingenieurhauptmann van Douwen, dem Hofbaumeister K. A. Huschberger und dem Wasserbaumeister C. W. Bauer, denen die Düsseldorfer Verhältnisse aus ihrem Mitwirken bei der Anlage der Karlstadt wohlbekannt waren, ausgearbeiteten Schleifungspläne sollten die Grundlage der Verhandlungen mit den Franzosen bilden.[1003]

In Ergänzung zu dem Vertrag von Lunéville vom 9. Februar 1801, der die Besitzverhältnisse Frankreichs auf dem linken Rheinufer regelte und in Artikel VI den Wiederaufbau der Festung Düsseldorf untersagte,[1004] ordnete der französische Kriegsminister am 13. Februar 1801 den Vollzug der Schleifung der rechtsrheinischen Festungen Kehl, Ehrenbreitstein und Düsseldorf bis zum 31. März 1801 an.[1005] Napoleon hatte nämlich in seinem strategischen Konzept am Rhein nur zwei Festungen vorgesehen, die als Depot für seine Feldzüge dienen sollten: Mainz für die Operationen in Mitteldeutschland und Wesel für die Operationen in Norddeutschland. Später kam noch Straßburg für Süddeutschland hinzu.[1006] Die übrigen Rheinfestungen hielt Napoleon nicht für erforderlich.[1007]

Während sich die Landstände noch unter dem Vorwand, daß es sich bei der Schleifung der Festungswerke um eine Erweiterung und Verschönerung der Stadt Düsseldorf handele, über eine Kostenbeteiligung uneins waren, drängte von Hompesch in den Verhandlungen mit den französischen Militärs bereits darauf, alle die Stadt ge-

147 Bildnis des Freiherrn v. Hompesch, dirigierender Minister. Kupferstich, 1794

gen Eisgang und Hochwasser schützenden Anlagen zu schonen und nichts zu unternehmen, was der zukünftigen Entwicklung Düsseldorfs, insbesondere dem Ausbau des Hafens, entgegenstehen könnte. Da die dem Minister von Hompesch zugestellten Entfestigungspläne von van Douwen, Huschberger und Bauer unterschiedliche Vorstellungen hinsichtlich der Erhaltung einiger Festungswerke enthielten, wurden in einer kurzfristig einberufenen Sitzung gemeinsame Vorstellungen über die Zerstörung bzw. Erhaltung der Tracées entwickelt. Den guten Beziehungen, die von Hompesch zu dem französischen General Jacobé unterhielt, war es zu verdanken, daß die französische Schleifungskommission die Zerstörung der Rheinwerke vorerst zurückstellte, obwohl die Schleifung am Rhein beginnen sollte (Taf. XIV).[1008]

Zur Bewerkstelligung der Demolierung forderte die französische Kommission 4.000 Arbeiter, davon 200 Maurer, und einen Park von 400 Pferden, 100 zweirädigen Karren und 20 vierrädigen Wagen an. In dieser ausweglosen Situation sahen sich die Stände gezwungen, die erforderlichen Mittel für die Schleifung zu bewilligen. Zum letztenmal mußten die bergischen Ämter über 31.000 Taler, diesmal für die Zerstörung der Festung, aufbringen.[1009] Am 27. Februar wurde nach einer von der französischen Kommission gemeinsam mit von Hompesch vorgenommenen Besichtigung der Festungswerke mit deren Schleifung begonnen (Abb. 148, 149).[1010]

Als am 3. März der französische Fortifikationsdirektor Chambarlhiac die Leitung der französischen Schleifungskommission übernahm, traf er, ohne Rücksicht auf die von Jacobé gemachten Zusicherungen zur Erhaltung der Rheinfront, die Anordnung, die Rheinwerke zu zerstören. Durch eine direkte Intervention des Freiherrn von Hompesch beim Kriegsministerium in Paris konnte jedoch diese Düsseldorf in höchstem Maße schädigende Anordnung noch rechtzeitig widerrufen werden.[1011]

Natürlich brachte die Demolierung der Werke täglich neue Unannehmlichkeiten mit sich. In einem Schreiben an den Kurfürsten vom 1. März 1801 berichtet von Hompesch: „Die Zudringlichkeiten der hiesigen französischen Schleifungscommission werden täglich vermehret, über die Stellung der Arbeiter und Pferde ist zwischen dem Generaladjudant Lafontaine und der Regierung ein offen Fehde entstanden, Holz, Eisen und sonstige Materialien werden verschleppet, auf die Niederreißung der Rheinwerk wird wiederum ein neuer Anwurf gemacht, der zum künfftigen Hafen einzig dienende Graben will ohne Schonung zugeworfen werden, kurtz die Schleifung, wie sie jetzt behandelt wird, sieht einer völligen Zerstörung ähnlich, und der Drang der Umständ ist jetzt größer, als er jeh während des gantzen Kriegs gewesen sein mag . . .[1012]

Mit zunehmendem Fortschreiten des Zerstörungswerkes verschärften sich sogar die Maßnahmen der Schleifungskommission. Die Franzosen schleppten nicht nur alle Bau- und Festungsmaterialien fort, sondern drohten sogar damit, die Kasernen, Pulvertürme, Holzschuppen, kurz alles, was Militärgebäude genannt werden konnte, abzureißen oder zu verkaufen. Die Düsseldorfer Regierung sah daher keinen anderen Ausweg als den Franzosen einen Tauschhandel zur Sicherung der Militärgebäude anzubieten. Nach langwierigen Verhandlungen erklärte sich die Schleifungskommission endlich bereit, die in Frage stehenden Gebäude gegen 150 bis 200 Carolinen (1.200 bis 1.800 Rtlr.) der Regierung zu überlassen.[1013]

Am 20. März 1801 erhielt der französische Geniekommandant Descroix durch den Fortifikationsdirektor Chambarlhiac die vom Kriegsminister ausgestellte Genehmigung, die Schleifung der Rheinwerke am Berger Tor zum Schutz der Stadt gegen Eis und Überschwemmungen nach dem Hochwasserstand von 1784 und 1795 zu bemessen (Abb. 150). Indessen ließen die Zudringlichkeiten der französischen Militärs, insbesondere des Generaladjutanten Lafontaine, nicht nach. Palisaden, Eisenwerk, Ziegelsteine und alle Vorräte des Zeughauses wurden auf die linke Rheinseite geschafft, da diese Requisiten sich als vorzügliche Geldquelle für ihre Erbeuter erwiesen.[1014]

Von Hompesch gelang es schließlich, gegen Zahlung von zusätzlich 9.000 Livres (2.800 Rtlr.) mit der französischen Schleifungskommission und den Pionieren eine umfassende Vereinbarung zu treffen, die der Stadt Düsseldorf folgende Vorteile brachte:

1/ Die Belassung der zum Schutz der Stadt gegen Eisgänge und Überschwemmungen unentbehrlichen Rheinwerke auch an der Niederrheinischen Front.

2/ Die Erhaltung der Kasernen, Holzschuppen sowie aller übrigen Militärgebäude.

3/ Erhaltung der Ratinger Bastion, in welcher sich der für die Stadt wichtige Eiskeller befand.

4/ Die Benutzung der Materialien der größeren und kleineren Pulvertürme.

5/ Eine Verringerung der Anzahl der zu stellenden Arbeiter und Pferde bei gleichzeitigem Verzicht auf eine Einmischung in Stellung und Unterhaltung derselben.[1015]

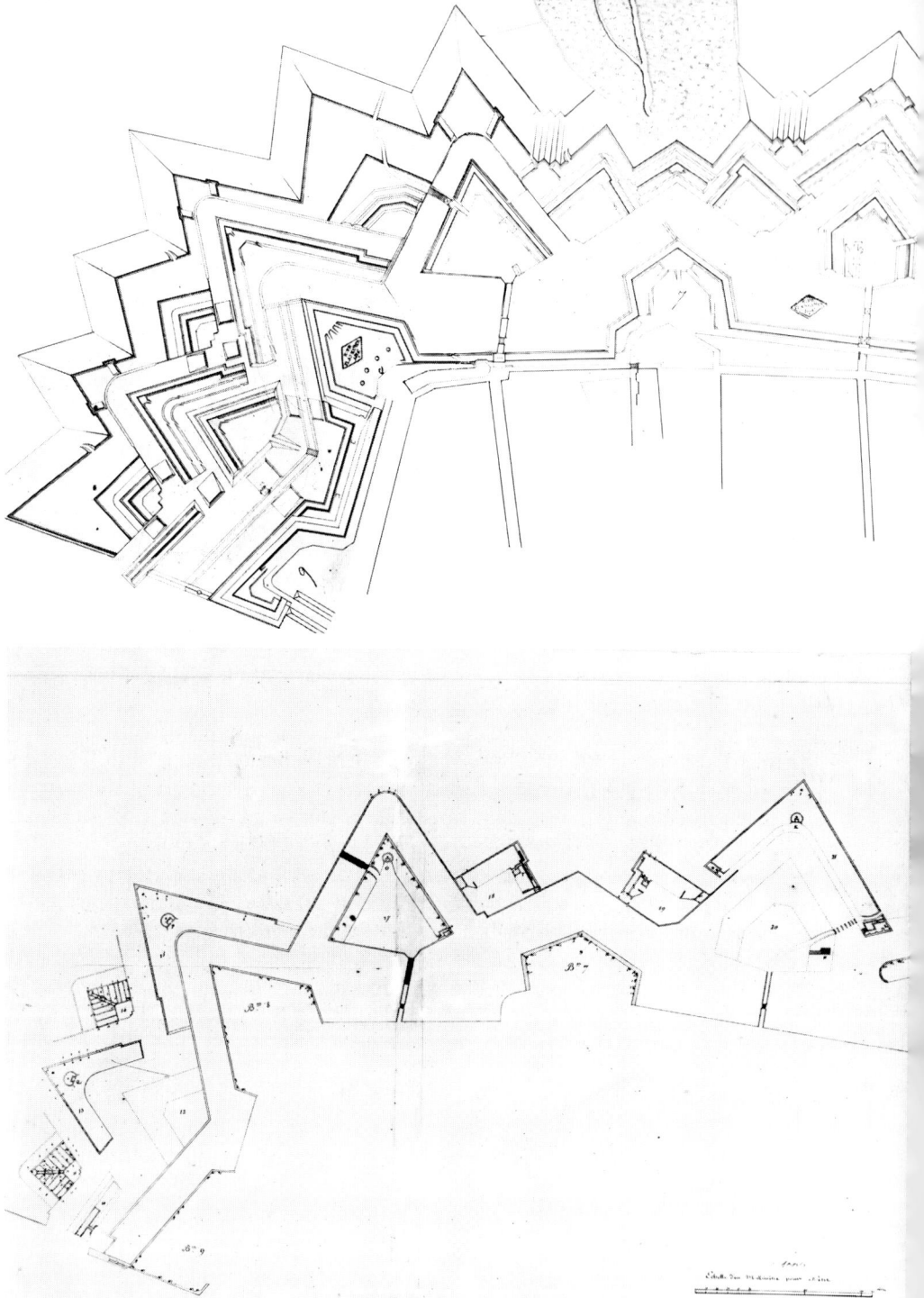

148 Bestandsplan der landseitigen Festungsfronten vor der Schleifung, 1801
149 Verminung der Festungswerke für die Sprengung der gemauerten Festungsabschnitte

308

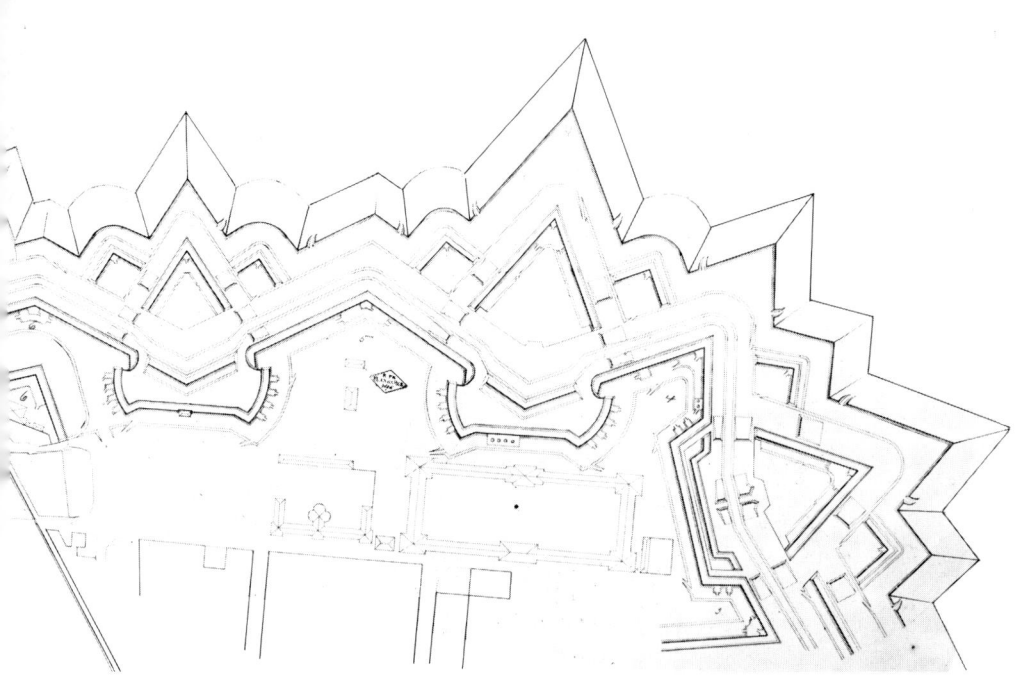

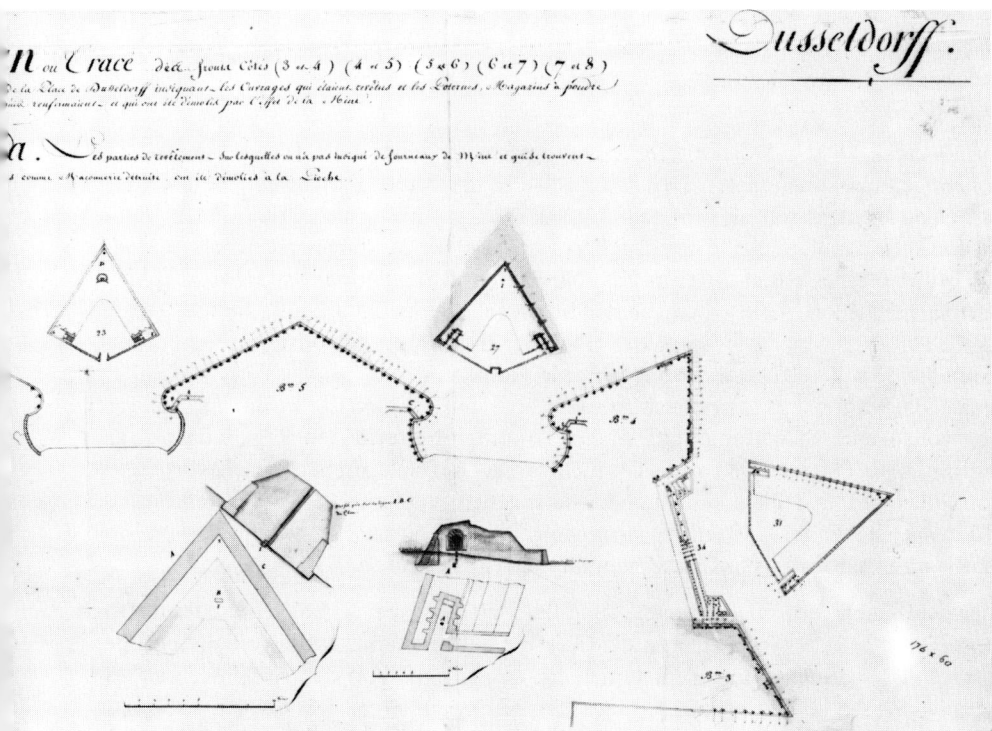

Dusseldorff.

309

150 Rheinansicht von Düsseldorf mit dem abgebrannten Schloß und der Fliegenden Brücke. Zeichnung von J. Carr, 1807

Am 20. April 1801 wurden die Demolierungsarbeiten eingestellt. Da der vom französischen Geniekommandanten Descroix nach Paris gesandte Bericht über den Vollzug der Schleifungsarbeiten die Vorstellungen des Kriegsministeriums erfüllt hatte, konnten die kommandierenden französischen Generale die Militärgewalt dem von Maximilian Joseph bestellten Interimskommandanten Obristleutnant Maillot la Traille übertragen. Die offizielle Übergabe der Stadtschlüssel erfolgte am 6. Juni 1801.[1016] Damit war Düsseldorf wieder in der Hand der bayrischen Kurfürsten. Einen Monat später, am 5. Juli 1801, wurde von Maillot la Traille und von dem aus Paris entsandten Genieoffizier Cirez ein offizielles Protokoll über den Zustand der Festung Düsseldorf nach vollzogener Schleifung unterzeichnet und den betreffenden Regierungen zugestellt.[1017] Aus Platzgründen kann das mehrseitige, in französischer Sprache abgefaßte Protokoll nicht in vollem Wortlaut wiedergegeben werden. Die wichtigsten Punkte sind in nachstehender Aufstellung zusmmengefaßt. Im übrigen sei auf die zu dem Protokoll von Descroix angefertigte Zeichnung verwiesen (Taf. XIX).

Oberrheinische Front   Die Terrassierung der Bastionen der Zitadelle und der dazwischenliegenden Kurtine hatte man bis auf die erhalten gebliebenen Futtermauern abgetragen. Von den Außenwerken waren nur geringe Reste übriggeblieben. Der Schutt wurde zur Einplanierung der Gräben verwendet.

Südfront der Extension   Die nicht bekleidete Kurtine seitlich des Kölner Tores hatte man einschließlich der Anschlußmauern zum Tor bis unter

310

das Niveau des Bauhorizonts weggeräumt. Das Talut der Bastione war bis auf Wallganghöhe entfernt, lediglich das Pulvermagazin auf der Bastion Paul stand noch. Die Facen und Flanken der Bastion Peter hatten den Minen nicht standgehalten. Die Extensionstenaille und das vorgelagerte Ravelin waren einschließlich der darin befindlichen Kasematten zerstört. Die Kurtine zwischen den Bastionen hatte keinen Schaden genommen. Die Kontergarde Paul wie die beiden zugehörigen Reduits waren lediglich bis auf Terrainhöhe abgetragen.

Ostfront der Extension Die Bastionen Anna und Christian waren stark beschädigt. Die beiden Poternen der Bastion Anna konnten nicht mehr benutzt werden, dagegen waren alle Kurtinen noch erhalten. Vom Pulvermagazin hatte man das Dach entfernt. Das Arsenal war verschont geblieben. Die Kasernenreduits wie die Kasernentenaille hatten die Franzosen auf Terrainhöhe abtragen lassen. Die Kasematten der beiden Ravelins waren weitgehend zerstört.

Flinger Front Der bedeckte Weg wies nur geringe Schäden auf. Die Brustwehren der Flinger Bastion hatte man bis auf das Niveau des Wallgangs abgetragen, ohne die Futtermauern zu beschädigen. Die Außenwerke an dieser Front waren bis auf die linke Flanke der Flinger Kontergarde einschließlich der Kasematten fast vollständig zerstört. Das abgefallene Steinmaterial hatte man zur Herstellung eines Übergangs im Graben verteilt. Die Brustwehr der Kurtine konnte nicht mehr wendet werden.

Ratinger Front Die Mühlenbastion hatte im Gegensatz zu der Kurtine und dem zugehörigen Glacis großen Schaden genommen. Von der Ratinger Bastion war nur die linke Face zerstört. Das zugehörige Ravelin wies auf allen Seiten große Breschen auf. Die Kasematten waren teilweise noch erhalten. In ähnlichem Zustand befand sich auch die Lunette vor der Mühlenbastion. Die Ratinger Lunette dagegen war bis auf die zerstörte Brustwehr unversehrt. Von der Ratinger Kontergarde hatte das kasemattierte Pulvermagazin keinen Schaden genommen, obwohl der größte Teil der Futtermauern zerstört war.

Niederrheinische Front Die Niederrheinische Bastion hatte man bis auf die Höhe der Futtermauern abgetragen. Das Pulvermagazin war noch intakt. Die beiden kasemattierten Reduits konnten nicht mehr verwendet werden. An den Kasematten der linken Seite der Niederrheinischen Halbkontergarde waren ebenso wie am Pulvermagazin keine nennenswerten Schäden entstanden. Die bedeckten Wege von dem Flinger Tor bis an den Rhein waren größtenteils abgetragen.

311

Zusammenfassend kann gesagt werden, daß sich die Demolierung durch die Franzosen auf die strategisch wichtigen Werke der Festung, wie die Bastionen, einen Teil der Außenwerke und die Souterrains beschränkte. Die Kurtinen und das Glacis hatte die Besatzungsmacht weitgehend unbeschädigt zurückgelassen. Dagegen waren vor Abzug der Truppen auch die wichtigsten Außenschanzen zerstört worden. die minder wichtigen hatte man den Grundeigentümern wieder überlassen. Diese sorgten, soweit die Anlagen auf wertvollem Boden lagen, selbst für den Abtrag. Die auf unfruchtbarem Gelände angelegten Schanzen dagegen überließ man dem allmählichen Verfall.[1018]

Die im Vertrag von Lunéville enthaltene Auflage, die Festungswerke nie wieder aufzubauen, war, sei es von den Militärs gewollt oder ungewollt, der Ausgangspunkt einer neuen städtebaulichen Entwicklung der ehemaligen Residenzstadt, die aufgehört hatte, Festung zu sein; denn mit dem Abbruch des die Stadtentwicklung hemmenden breiten Festungsgürtels fand das umschnürte Stadtgebiet den Anschluß an eine unbebaute Freifläche von nahezu der fünffachen Größe der ehemaligen Festung.

Noch bevor die französische Order zur Schleifung der Festung zugestellt wurde, hatte sich der weit vorausschauende von Hompesch anhand von Plänen des Hauptmanns van Douwen, des Hofbaumeisters K. A. Huschberger und des Wasserbaumeisters C. W. Bauer auf die neue Situation vorbereitet.[1019]

Bevor man sich in Düsseldorf aber konkret mit den aus der Schleifung sich ergebenden Konsequenzen befassen konnte, waren verschiedene Streitfragen zu entscheiden, die sich aus den besitzrechtlichen Ansprüchen an dem ehemaligen Festungsgelände ergaben. Da Hofkammer und Geheimer Steuerrat sich gleichzeitig als Eigentümer dieser Flächen betrachteten, war ohne obrigkeitsregelnden Eingriff eine spätere Stadterweiterungen nicht entgegenstehende Nutzung des freigewordenen Festungsgeländes in Frage gestellt.

Um eine der Entwicklung der Stadt schadende Kollision der verschiedenen Interessen zu verhindern, sah sich Kurfürst Maximilian Josef veranlaßt, in den Streit einzugreifen. Er bestimmte, daß die Eigentumsfragen solange offen bleiben sollten, bis durch ein umfassendes Gutachten geklärt sei, wie das Gelände am zweckmäßigsten genutzt werden könnte.[1020] Mit der Ausarbeitung dieses Gutachtens wurde der Hofbaumeister Kaspar Anton Huschberger betraut.[1021] Der erfahrene Städtebauer, der die Anlage der Karlstadt als Hofbauinspektor entscheidend mitbeeinflußt hat und der bereits vor der Schleifung zusammen mit dem Freiherrn von Hompesch ein erstes städtebauliches Konzept für Düsseldorf entwickelt hatte, verwaltete seit September 1801 auch den Aufgabenbereich des Kameralbaumeisters Flügel.[1022] Damit lag die Verantwortung für das gesamte Hofbauwesen in einer Hand, so daß auch die städtebauliche Entwicklung von Düsseldorf, die über hundert Jahre fast ausschließlich den Militäringenieuren anvertraut war, wieder in stärkerem Maße von Zivilbeamten beeinflußt werden konnte. Huschberger, der als Interessenvertreter der Zivilbehörden bei der Durchsetzung seiner Vorstellungen für die Karlstadt noch erhebliche Schwierigkeiten gegen das Militär zu überwinden hatte, konnte nun seine städtebaulichen Ideen voll durchsetzen.

2. Die Verschönerung und Erweiterung der Stadt nach der Schleifung

Die grundlegende Umgestaltung des Festungsgeländes nach den Plänen Huschbergers

Mit der Planung der Verschönerung[1023] und Erweiterung Düsseldorfs auf dem Gelände der ehemaligen Festungsanlagen hatte Hofbaumeister Kaspar Anton Huschberger eine umfangreiche, aber auch verantwortliche Aufgabe übernommen. Es galt einerseits, die großen Freiflächen vor der Stadt in den innerstädtischen Bereich einzubeziehen und für eine spätere Stadterweiterung zu öffnen, andererseits mußte der durch die Schleifung der Festung gleichzeitig entfallene Zoll- und Akzisering um die Stadt — zwischen den Wohnquartieren und dem Außenbezirk — so schnell wie möglich wiedererrichtet werden, wenn man die städtische Wirtschaft vor größerem Schaden bewahren wollte.[1024] Nicht zu unterschätzen waren auch die hygienischen Verhältnisse, denn solange Bach und Graben die Stadt umflossen, konnte man das Stadtgebiet nach allen Seiten entwässern. Ein Verfüllen der Festungsgräben bedeutete eine Gefährdung der Entwässerung, denn Rhein und Düssel reichten als Vorfluter für die 20.000 Einwohner zählende Stadt nicht aus.[1025]

Unter Berücksichtigung der aus diesen Erwägungen resultierenden Eingriffe in das Stadtgefüge der einstigen Festung erkennt man, daß es weitgehend von den Planungen Huschbergers abhing, welche Maßstäbe die zukünftige städtebauliche Entwicklung von Düsseldorf bestimmen sollten. Der Hofbaumeister, der schon seit 1783 als Jungrat in Düsseldorf nachzuweisen ist[1021] und sich große Verdienste um die Realisierung der Karlstadt erworben hatte (Kap. II, 6), legte schon wenige Monate nach der Schleifung, am 4. Oktober 1801, einen detaillierten Entwurf mit einem umfassenden Erläuterungsbericht dem bergischen außerordentlichen Kommissariat zur Stellungnahme vor. Leider ist der Originalplan zu diesem Projekt verlorengegangen, so daß die planerischen Absichten Hubschbergers nur noch nach dem glücklicherweise in mehreren Exemplaren erhaltenen Bericht beurteilt werden können.[1026]

Danach nahm die Plankonzeption die schon bei der Schleifung der Inneren Werke im Zusammenhang mit dem Plan für die Karlstadt erwogene Idee einer Gestaltung des Düssellaufs in konsequenter Durchführung wieder auf (Taf. XVI). Nach Einplanierung sämtlicher Wälle und Außenwerke sollte die Düssel als breiter Wassergraben in südöstlicher Richtung, parallel zum Stadtgraben von der Zitadelle bis zum Kameralweiher (Schwanenspiegel) und von dort unter 120° nach Nordosten geführt werden. In Richtung des ehemals trockenen Grabens verlief der geplante Stadtgraben an der Bastion Paulus vorbei, schräg über den heutigen Graf-Adolf-Platz und quer durch die Spitze der Bastion Petrus. Von deren linker Face aus setzte sich der Graben geradlinig nach Norden fort und mündete vor dem Flinger Ravelin in einem kleinen Bogen in die Wasserflächen der Landskrone ein. Von da aus sah der Plan im Verlauf des ehemaligen Grabens vor dem Ratinger Ravelin eine Verbindung bis zu dem vor der Niederrheinischen Front neu anzulegenden Hafen vor.

Parallel zum Graben war eine breite Allee geplant (Graf-Adolf-Platz, Ostseite der Königsallee, Hofgartenstraße), die an zwei Stellen (Elberfelder Straße und Benrather Straße) über eine Zug- bzw. Drehbrücke mit der Stadt in Verbindung stand. Eine dritte Brücke hatte man am Ende des Hafens in Verlängerung der Ratinger Straße vorgesehen. Nach den Vorstellungen des Hofbaumeisters sollten diese von Sperrhäusern (Wachhäusern) flankierten Übergänge die alten landseitigen Stadttore bis auf das Berger Tor ersetzen.

Huschberger hat es nicht versäumt, in der erwähnten „Übersicht zur Verschönerung und Vergrößerung von Düsseldorf"[1024] die Gründe für seine Planungskonzeption im einzelnen darzulegen. In dieser Denkschrift geht der Baumeister von der Überlegung aus, daß zur Vermeidung eines Wiederaufbaus der Festungswerke keine Reste der ehemaligen Anlagen mehr zurückbleiben sollten, „denn nichts sei leichter als die Brustwehren von Erde darauf aufzuwerfen, um gleich wieder eine nicht unbedeutende Brückenschanze[1027] zu haben". In der weit ausholenden Argumentation, die der Hofbaumeister mit einer ausführlichen Beschreibung der sechs historischen Stadterweiterungen und einer angehängten Übersicht über die verbliebenen öffentlichen und kirchlichen Bauten einleitet, weist Huschberger die für die Erhaltung der Wälle vorgebrachten Einwände mit überzeugenden Gegenargumenten zurück. Die Widerlegung der im einzelnen gegen seinen Plan vorgebrachten Gründe läßt sich wie folgt zusammenfassen:

1. Die Beibehaltung der Wälle als hochwasserfreie Zufluchtszone ist unsinnig. weil das natürliche Gelände, insbesondere am Ratinger Tor, vier Fuß über dem höchsten Wasserstand von 1784 und 1795 liegt.

2. Die Umgestaltung der Wälle in „reitzende Promenaden" wird sich wegen der teilweise sogar peinlichen Aussicht in die Hinterhöfe der unmittelbar am Wall liegenden Häuser der ärmeren Bevölkerung als unrealistisch erweisen. Ganz abgesehen davon, eignen sich die vorhandenen Reste der Wälle nach ihrer Lage zueinander kaum für eine geschmackvoll gestaltete Linienführung eines Spazierweges. Die vorgeschlagene Erweiterung des Hofgartens um die Landskrone herum bis zum Ratinger Tor sowie die Anlage eines Gartens auf dem Gelände hinter den Kasernen dürfte dagegen den Wünschen der Bevölkerung am ehesten entsprechen.

3. Der Abschluß der Stadt durch einen Wall erübrigt sich, weil der von Huschberger vorgesehene, um die Stadt geführte Düsselkanal eine ausreichende Trennung bewirkt.

Bevor der Hofbaumeister auf die Finanzierung der nach seinem Entwurf abschnittsweise möglichen Ausführung des Projektes eingeht, streicht er als besonderen Vorteil seiner Planung noch die Tatsache heraus, daß durch das Einplanieren der Wälle zusätzliche Bauplätze im Anschluß an die Bauquadrate der Karlstadt sowie um den vorgesehenen Sicherheitshafen erschlossen werden können. Dabei vergißt er nicht, die günstigen Möglichkeiten zu erwähnen, die der Düsselkanal für die Anlage von Mühlen bietet. Aufgrund der dargelegten Überlegungen kommt Huschberger zu dem Schluß, daß ein Betrag von 3.000 bis 4.000 Talern jährlich, über sechs bis sieben Jahre verteilt, ausreichen wird, um das Projekt, soweit der Landesfürst dafür zuständig ist, zu realisieren. Obwohl der Plan Huschbergers, wie die Argumente der Gegner zeigen, durch die Anlage der für das damalige Düsseldorf mehr als großzügig projektierten Alleen in manchen Forderungen sehr weitgehend, vielleicht sogar utopisch erschienen sein mag, konnte sich die Düsseldorfer Regierung den vielen Vorteilen dieser Konzeption nicht verschließen und meldete keine grundsätzlichen Bedenken gegen das Projekt an.

Trotzdem ließen die Vertreter der kurfürstlichen Kommission Wasserbauingenieur Christian Wilhelm Gottlieb Bauer[1028] einen Gegenvorschlag über die Begrenzung der Stadt durch einen Kanal ausarbeiten.[1029] Die in Bauers Projekt vorgetragenen Ideen eines „geschlängelten Grabens" im Verlauf der alten Festungswerke fand aber nur wenig Anklang, so daß der Entwurf Huschbergers mit einer befürwortenden Stellungnahme der Düsseldorfer Regierungsvertreter nach München gesandt werden konnte, nachdem die außerordentliche Kommission am 16. November 1801 folgenden Beschluß gefaßt hatte:[1030]

1. Die Einschließung der Stadt durch den Kanal
2. Die Anlegung des breiten Weges und der vierfachen Allee
3. Die Abpfählung der von Huschberger in seinem Plan vorgeschlagenen Lustanlagen an der Landskrone
4. Die Berichtigung der Grenzen des Glacis zu Nagels Gut durch den Ingenieurhauptmann van Douwen

Noch im selben Monat entschloß sich Kurfürst Maximilian Joseph, der den Bemühungen der außerordentlichen Kommission in Düsseldorf von Anfang an positiv gegenübergestanden hatte, ungeachtet aller Streitigkeiten, jedoch nicht zuletzt auch aus finanziellen Gründen, das Festungsgelände, der neuen Planung entsprechend, für private Zwecke nutzbar zu machen.[1031]

Damit war der Weg frei für eine Umgestaltung des Festungsgeländes ohne Rücksicht auf bestehende oder beanspruchte Besitzverhältnisse, allein nach ästhetischen und städtebaulichen Gesichtspunkten. Die Planung Huschbergers war so weitschauend, daß sie für die späteren städtebaulichen Maßnahmen, denen Düsseldorf seinen Ruf als Gartenstadt verdankt, bestimmend wurde.

Obwohl Bauer sich in einem ausführlichen Gutachten vom 10. März 1802 erneut gegen die geradlinige Führung des Düsselkanals aussprach und aus Gründen der Harmonie für einen „geschlängelten Lauf" des Grabens plädierte, wurden nach der Genehmigung durch den Kurfürsten vom 10. September 1802 Allee und Graben einschließlich des Hafens, gegen den Bauer schwerwiegende wasserbautechnische Bedenken vorgetragen hatte, von geringfügigen Änderungen abgesehen, so ausgeführt, wie sie Huschberger entworfen hatte.[1032]

Um die Durchführung der Vergrößerung und Verschönerung Düsseldorfs sicherzustellen, hatte Maximilian Joseph bereits am 28. Januar 1802 die bewährte, dem außerordentlichen Kommissariat unterstellte Karlstädter Baukommission durch eine besondere, für die Ausführung der Verschönerungsarbeiten verantwortliche Abteilung erweitert.

Diesem mit weitgehenden Vollmachten ausgestatteten Exekutivkomitee von Verwaltungsbeamten, Ingenieuren und Werksverständigen gehörten van Douwen als Militäringenieur, Huschberger als Architekt und Bauer als Wasserbauingenieur an.[1033] Die Kompetenzen dieser Fachleute galten aber nur für ihre einzelnen Fachbereiche. Die Schleifungskommission befaßte sich zunächst mit der Ausführung des Kanals um die Stadt, der für die allgemeine Sicherheit, zur Erhaltung der Mühlen und zur Verhinderung von „Zoll-, Malter- und Accisedefraudation" unentbehrlich und daher besonders vordringlich war.

Die hierzu erforderlichen Bauarbeiten wurden unverzüglich in Angriff genommen. Die ursprünglich für die Errichtung eines Zeughauses reservierten Grundstücke in dem Bauquadrat II, nördlich der Kasernen, wurden ebenfalls zur Bebauung freigegeben. 1803 konnten hier die ersten Bauplätze vergeben werden, ebenso in dem östlich dahinterliegenden Quadrat XXII (Benrather, Breite-, Grabenstraße, Königsallee Westseite) (Abb. 83). Die Bodenverhältnisse waren hier relativ günstig, weil die mittleren Bauplätze zwischen den von einem trockenen Graben umgebenen Bastionen Christian und Joseph lagen. Die als östliche Begrenzung der Bauquadrate neu angelegte Straße (Breitestraße) konnte aber zunächst nicht weiter nach Norden geführt werden, da die Flinger Bastion (Beuthsche Bastion), auf der der Wohnsitz des Hofkammerrates Beuth lag, im Wege stand.[1034] Die Erschließung weiterer Baugrundstücke im Süden der Karlstadt hatte man wie die „sonstigen Erweiterungs- und Vergrößerungsvorschläge" mit der Bemerkung zurückgestellt, „daß aber zugleich bei dieser einstweiligen Beschränkung die jetzige Einrichtung des Ganzen mit der nöthigen Vorsicht und so geschehe, damit die künftige Anlage des Hafens und die sonstige Erweiterung der Stadt, welche die Lokalbedürfnisse in der Folge nöthig machen dürften, zu ihrer Zeit ohne Hindernisse vorgenommen werden könne".[1035]

Der weitere Ausbau der Stadt unter G. A. Jacobi, A. von Vagedes und M. F. Weyhe

Die Übertragung des Herzogtums Berg durch den Kurfürsten Maximilian Joseph an seinen Schwager Herzog Wilhelm in Bayern (1752 – 1837) hatte einige Änderungen in der Organisation der Verwaltung zur Folge. Die Landesdirektion, die bisher für die Verschönerungsarbeiten zuständig war, wurde im März 1804 aufgelöst. An ihre Stelle traten der kurfürstliche Geheime Rat und die herzogliche Regierung. Die Arbeiten im Hofgarten unterstanden der Regierung, die Pflanzungen in den Festungsbauwerken und der botanische Garten gehörten in den Wirkungskreis des Geheimen Rates.

Im Zuge dieser Neuorganisation wurde die Schleifungskommission mit der Karlstädter Baukommission, deren Direktor bis 1804 der Ingenieurhauptmann van Douwen war, verschmolzen.[1036] Zum Präsidium dieser neuen Verschönerungskommission, in der der Wasserbaumeister Bauer die Oberaufsicht für die Kanal- und Wasserbaulichkeiten führte, der Hofbaumeister Huschberger für die Zivilbauten verantwortlich zeichnete und der Lenné-Schüler und neu ernannte Hofgärtner M. F. Weyhe die Verantwortung über die Pflanzungen und gärtnerischen Anlagen trug, gehörte auch der Geheimrat Georg Arnold Jacobi, der älteste Sohn Friedrich Heinrich Jacobis (Abb. 151).[1037]

Die Planung Huschbergers wurde durch die Ideen Weyhes sinnvoll ergänzt. Zu dessen Vorschlägen gehörte u. a. die Anlage der Allee vom Ratinger Tor zum Jägerhof mit Waldbuchen, die frühere Hofgartenstraße mit Platanen und Ahorn, die Landstraße vom Berger Tor zur Neustadt (Berger Allee), die Bepflanzung der großen Allee

151 Georg Arnold Jacobi, Generaldirektor der Verschönerungskommission seit 1811

(Königsallee) mit holländischen Linden und italienischen Pappeln, die Aushebung der Landskrone und die Anlegung einer Promenade zwischen Flinger und Ratinger Tor.[1038]

Während Bauer mit der Instandsetzung der Deiche und der Aufmauerung der Bastion Maria Amalia beschäftigt war, setzte sich Huschberger für die Anbindung der Karlstadt an die vorhandenen Landstraßen ein. Von den im Bereich der Königsallee über den Kanal vorgesehenen Überwegen wurde vorerst nur die im Zuge der Elberfelder Straße verlaufende Brücke ausgeführt. 1804 folgte der die wichtige Verbindung zur Karlstadt sicherstellende Brückenübergang in Verlängerung der Benrather Straße. Dieser konnte aus Ersparnisgründen nur in zimmermannsmäßiger Holzkonstruktion ausgeführt werden.[1039]

Die Finanzierung der bewilligten Baumaßnahmen führte zu ständigem Ärger mit den Landständen, die die Bereitstellung der erforderlichen Geldmittel verweigerten, weil sie die Verschönerung der Stadt Düsseldorf als städtische Angelegenheit betrachteten.[1040] Es blieb ihnen aber dennoch erspart, die in jedem Jahr fällige Tilgung der Kriegsschulden, einschließlich der für die Schleifung der Festung Düsseldorf erforderlichen 5.000 bis 6.000 Rtlr., zu leisten.[1041] Zur Förderung der Baulust auf den unbebauten Grundstücken der an die Altstadt anschließenden Bauquadrate gab man die noch verbliebenen Festungswerke zum Steinbrechen frei.[1042] Ende 1804 waren Stadtgraben und Allee (Königsallee und Hofgartenstraße) weitgehend fertiggestellt.

Das Glacis zwischen Blumen- und Reichsstraße wurde nach den Plänen des Generallandmessers Johann Wienand Buschmann in 32 Parzellen aufgeteilt, die in Erbpacht
vergeben wurden. Schwieriger als die Abteilung des Glacis und die Anlage der Königsallee erwies sich die Schleifung der Flinger Front. Die Kommission bemühte sich um
den Erwerb der Häuser zwischen Paradeplatz und Mühlenbastion und ermächtigte am
28. September 1805 den Regierungsdirektor Freiherr v. Kylmann und den Geheimrat
G. A. Jacobi, mit dem Hofkammerrat Beuth Verhandlungen wegen der Entschädigung für dessen Wohnsitz, der auf der Flinger Bastion lag, aufzunehmen. Nach langwierigen Gesprächen war man sich im Januar 1806 über den Abbruch des Anwesens
und der Bastion einig.[1043] Als Ersatz erhielt Beuth ein Grundstück an der Breitestraße neben dem Breidenbacher Hof.[1044]

Als die Franzosen Düsseldorf am 15. März 1806 zur Hauptstadt des neugegründeten
Großherzogtums Berg machten, bemühte man sich, die Bauarbeiten beschleunigt
weiterzuführen. Die Amtsgeschäfte des 1806 nach München versetzten Hofbaumeisters Huschberger,[1045] dem die wichtigsten Ideen für die städtebauliche Neuordnung
Düsseldorfs nach der Schleifung der Festungsanlagen zu verdanken sind,[1046] wurden
von dem an die Düsseldorfer Kunstakademie berufenen Professor der Architektur,
Karl Friedrich Schaefer, weitergeführt.[1047]

Bei den Verschönerungsarbeiten scheint Georg Arnold Jacobi, der 1811 zum Generaldirektor der Verschönerungskommission avancierte, bald die entscheidende Rolle
gespielt zu haben. In der Karlstadt wurden nun endlich — allerdings unter Kostenbeteiligung der Anwohner — die Straßen gepflastert. Der Wall östlich des alten Flinger Tores sollte bis zum Ratinger Tor abgebrochen werden.[1048] An seiner Stelle sollte
der Boulevard Napoleon (Lindenallee, Heinrich-Heine-Allee) entstehen. Auf dem
Platz des alten Seminars und der Mühlenbastion war das Palais des Großherzogs geplant (Abb. 154).[1049]

Mit Sicherheit war die Planung der neuen Allee wie die bereits mehrfach erwähnte
Projektierung des Hofgartens um die Landskrone Bestandteil des zweiten, ebenfalls
verschollenen Entwurfs von Huschberger, der bereits im Mai 1806 vorgelegen
hat.[1046]

Zum Glück sind aber verschiedene von Breitenstein nach Planunterlagen des französischen Ingenieurkapitän Gouffroi verlegte Kupferstiche von 1809 überliefert.[1050] die in
der Darstellung des Düsselkanals und in der Anordnung des Hafens im wesentlichen
mit dem zu dem Plan Huschbergers von 1801 verfaßten Erläuterungsbericht übereinstimmen (Tafel XVI). Die als Bestandteil der bis 1809 ausgeführten Verschönerungsarbeiten zu wertende erste Version des Kupfers dürfte, nach den unfertigen Anlagen
im Süden und den großen Freiflächen nördlich des Hafens zu urteilen, eine aktuali-
sierte Nachzeichnung des Plans von Huschberger in der Fassung von 1806 sein.
Dagegen sind die in Paris aufbewahrten Varianten von Gouffroi, wie aus dem zugehörigen Bericht zu entnehmen ist,[1051] Projektpläne, die bereits die von Maximilian
Weyhe vorgetragenen Gestaltungsvorschläge für die Gartenanlagen im Süden der
Stadt und auf dem von Huschberger für eine Bebauung freigehaltenen Gelände nördlich des neuen Hafens enthalten.[1052]

Die verschiedenen Versionen zusammen zeigen im Vergleich mit jüngeren Plänen, daß
die ursprünglich großzügig geplante Grabenanlage bei der Ausführung einige nicht un-

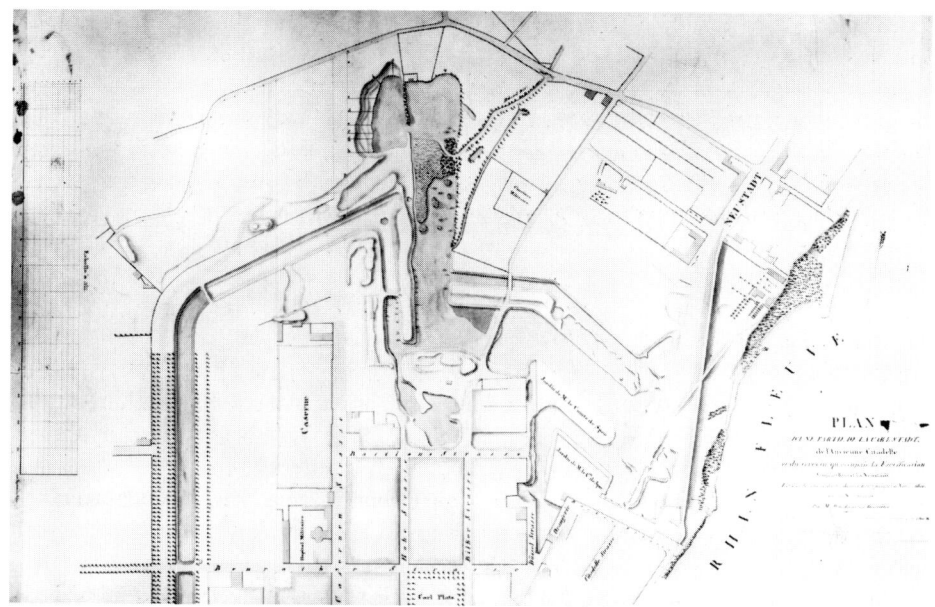

152 Plan zur Umgestaltung der ehemaligen südlichen Befestigungsfront, 1810

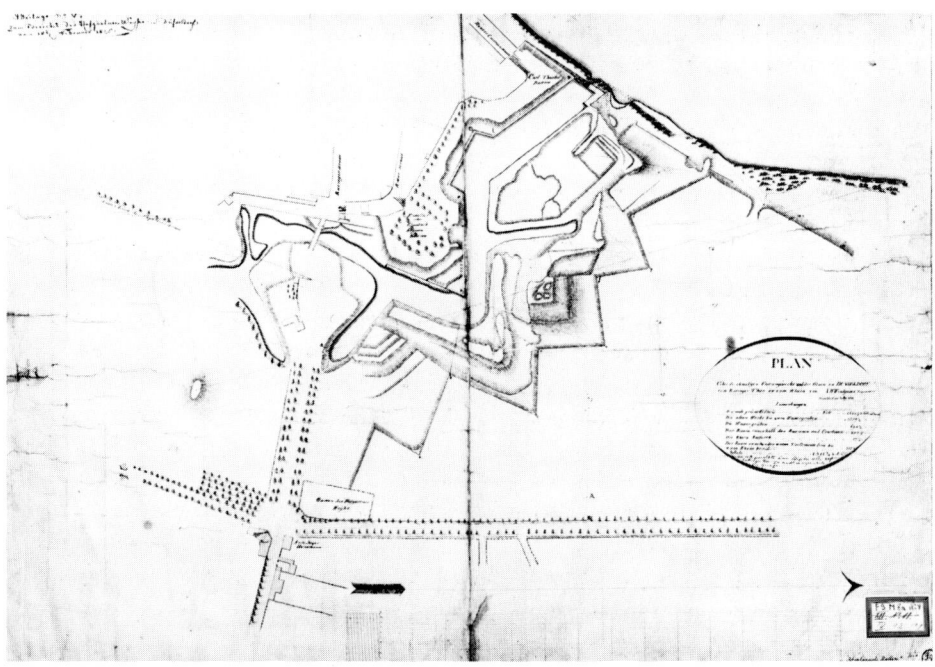

153 Plan zur Umgestaltung des Festungsgeländes vom Ratinger Tor bis zum Rhein, 1810

319

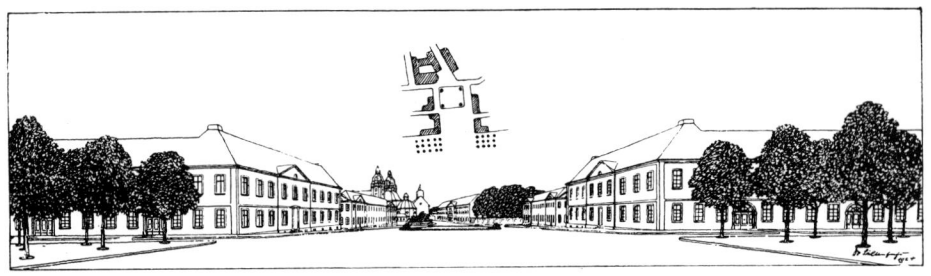

154 Rekonstruktion der von A. v. Vagedes geplanten Randbebauung des Mühlenplatzes (Grabbe-platz). Zeichnung von J. Sültenfuß, 1921

wesentliche Einschränkungen erfahren hat. Der Hafen wurde am Eiskellerberg ge-schlossen und seine Verbindung mit der Landeskrone unterbrochen, wodurch die Brücke am Ratinger Tor entfiel. Ebenso gab man die Weiterführung des Grabens vom Ende der Königsallee rings um die Stadt zum Rhein hin auf. Stattdessen entstanden Schwanenspiegel und Speescher Graben (Abb. 152). Immerhin war von den ehemali-gen Festungswerken 1809 nicht mehr viel zu sehen. Mit dem Düsselkanal hatte man einen Ring um die Stadt gelegt, der mit seinen Alleen im heutigen Stadtbild weniger als städtebauliche Zäsur denn als innerstädtisches Bindeglied zu werten ist.

155 Plan der 1810 von Cremer erbauten Wachhäuser am neuen Flinger Tor

Der seit 1806 immer häufiger in Düsseldorf nachgewiesene Architekt und Städtebauer aus Münster, Adolph von Vagedes, der 1809 in Düsseldorf fest angestellt wurde,[1053] erhielt den Auftrag, die angefangenen städtebaulichen Maßnahmen fortzuführen. Da die mit der Abräumung des ehemaligen Festungsgeländes und der Anlage des Düsselkanals verbundenen umfangreichen Tiefbauarbeiten bis auf den Ausbau des Hafens 1809 weitgehend beendet waren, konnte sich von Vagedes in Zusammenarbeit mit M. F. Weyhe in verstärktem Maße mit der Gestaltung und innerstädtischen Verzehnung der großen Freiflächen beschäftigen. Hand in Hand mit dieser Planung ging die Weiterführung des Boulevard Napoleon nach Norden und die Parzellierung für die Randbebauung dieser neuen dreireihigen Allee (Abb. 153).[1048]

Vagedes legte die Fassadengestaltung der Straßenfront bis ins Detail fest und entwickelte ein klares Konzept für die Neugestaltung des ehemaligen, jetzt auf die Allee ausgerichteten Paradeplatzes (Abb. 154). Unter seiner Leitung erfolgte auch die Errichtung der neuen Tore und Sperrhäuser, auf die die Behörden aus Steuer- und Sicherheitsgründen nicht verzichten konnten.[1054]

Die Wachhäuser des neuen Flinger Tores[1055] am Ausgang der Elberfelder Straße, neben dem Eingang zum Botanischen Garten, wurden 1810 nach den Plänen des seit 1807 bei der Düsseldorfer Regierung tätigen Kölner Architekten Johann Peter Cremer für 2.465 Rtlr. fertiggestellt (Abb. 155),[1056] Ein Jahr später legte von Vagedes seinen Schule machenden Entwurf für die Wachhäuser vor dem Ratinger Tor, am

156 Das nach Plänen von A. v. Vagedes 1811 erbaute Ratinger Tor. Foto, 1935

Ausgang der neuen, nach Osten führenden Allee (Maximilian-Weyhe-Allee), vor. Dies in Form von dorischen Tempelhäusern gestaltete, seit 1811 errichtete Tor[1057] ist das älteste Gebäude seiner Art in Deutschland (Abb. 156). Es war später für ähnliche Bauwerke, wie beispielsweise die 1818 von Schinkel in Berlin errichtete Neue Wache, richtungweisend.[1058]

Für die gesamten Bau- und Planungsmaßnahmen zur Verschönerung der Stadt waren im Budget des Innenministeriums von 1809 bis 1811 alljährlich 40.000 Francs (ca. 12.100 Rtlr.) eingeplant.[1059] Dazu kamen die Summen, die die Versteigerung und Verpachtung des Festungsgeländes einbrachten (Abb. 157, 158).[1060]

Als Napoleon 1811 zu einem offiziellen Besuch in Düsseldorf weilte, waren die nach den Plänen Vagedes' vor dem Berger Tor und an der Elberfelder Straße von Johann Peter Cremer errichteten Triumphbögen fertiggestellt (Abb. 20).[1061] Der französische Kaiser und Protektor des Rheinlandes würdigte die Arbeit der Verschönerungskommission, indem er die Idee, Düsseldorf zu einem französischen Brückenkopf auszubauen, endgültig aufgab[1062] und für die Verschönerung und den Ausbau der großherzoglichen bergischen Hauptstadt einen jährlichen Beitrag von 200.000 Francs in Aussicht stellte.[1063]

Großherzogthum Berg

Düsseldorf den 18ten Juny 1808.

Der Minister des Innern.

Um den Besitzern der abgegebenen Gartenplätze auf dem ehemaligen Glacis Gelegenheit zu geben, das volle Eigenthum dieser Gründe zu erwerben, soll denjenigen unter ihnen, welche sich bis zu dem 1ten October d. J. bey der Oberbaukommission zu der Ablöse des Grundzinses und Erledigung des Capital-Ertrages, innerhalb drey Monaten willig erklären, diese Ablöse in dem Verhältniß der Zinse zu dem Capital von 3 1/2 Procent gestattet werden.

Mit denjenigen, welche sich später zu der Ablöse melden sollten, wird besonders unterhandelt, dabey aber kein höherer Zinsfuß als 3 Procent angenommen werden.

Dieses ist demnach sowohl von den Kanzeln als durch das Wochenblatt zur öffentlichen Kunde zu bringen.

Graf von Nesselrode.

157 Dekret von 1808 zur Ablösung des ehemaligen Festungsgeländes

322

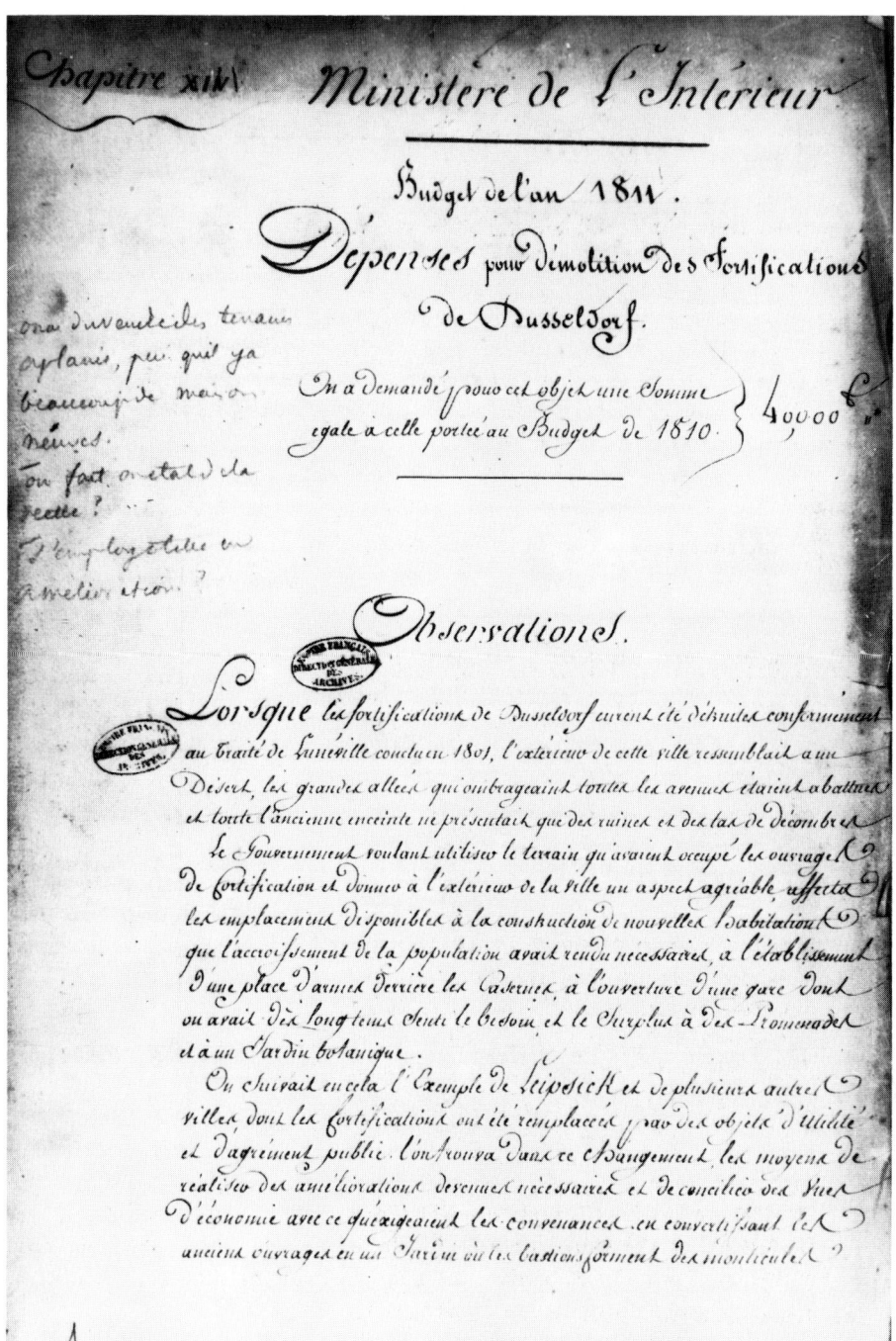

Chapitre XIV.

Ministère de l'Intérieur

Budget de l'an 1811.

Dépenses pour démolition des Fortifications de Dusseldorf.

On a demandé pour cet objet une Somme
égale à celle portée au Budget de 1810. } 40,000 f.

[marginal note, left:] on a vendu les terrains aplanis, puis qu'il y a beaucoup de maisons neuves.
on fait un état de la recette ?
S'employé t'elle en amelioration ?

Observations.

Lorsque les fortifications de Dusseldorf eurent été détruites conformément au traité de Luneville conclu en 1801, l'exterieur de cette ville ressemblait à un Désert, les grandes allées qui ombrageaient toutes les avenues étaient abattues et toute l'ancienne enceinte ne présentait que des ruines et des tas de décombres.

Le Gouvernement voulant utiliser le terrain qu'avaient occupé les ouvrages de fortification et donner à l'exterieur de la ville un aspect agréable, affecta les emplacements disponibles à la construction de nouvelles habitations que l'accroissement de la population avait rendu necessaires, à l'établissement d'une place d'armes derriere les Casernes, à l'ouverture d'une gare dont on avait dès longtems senti le besoin, et le Surplus à des Promenades et à un Jardin botanique.

On suivait en cela l'exemple de Leipsick et de plusieurs autres villes dont les fortifications ont été remplacées par des objets d'utilité et d'agrément public. l'on trouva dans ce changement les moyens de réaliser des ameliorations devenues necessaires et de concilier des vues d'économie avec ce qu'exigeaient les convenances en convertissant les anciens ouvrages en un Jardin où les bastions forment des monticules

158 Jahresbudget 1811. Akten des Nationalarchivs Paris

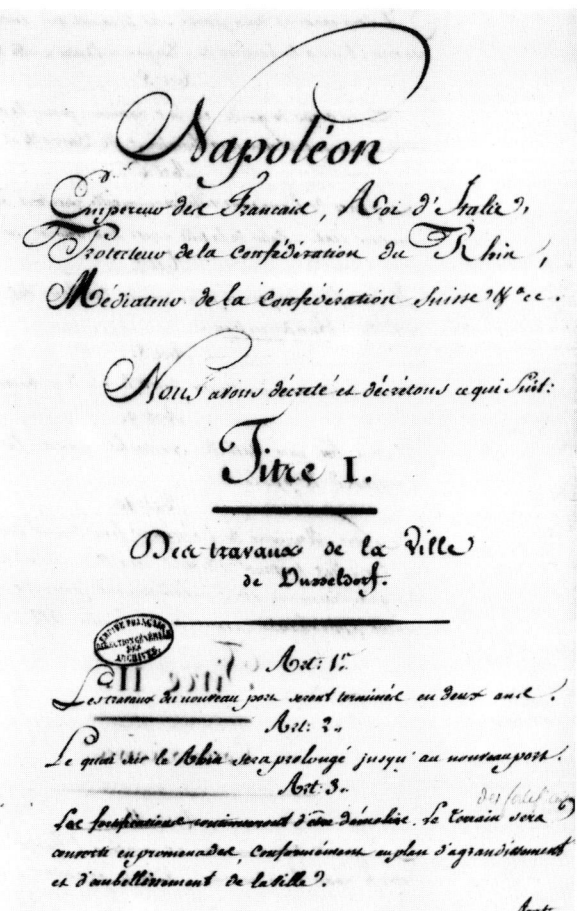

159 Entwurf des Verschönerungsdekrets von Napoleon, 1811.
Akten des Nationalarchivs, Paris

Sechs Wochen nach seinem Besuch, am 17. Dezember 1811, erließ Napoleon ein die
städtebauliche Entwicklung von Düsseldorf förderndes Dekret, das folgende Verschönerungsarbeiten bestimmte:[1064]

„Kaiserliches Dekret über die Verschönerung der Stadt Düsseldorf. Palast der
Tuilerien, den 17. Dezember 1811.

Art. 1 Die Arbeiten des Neuen Hafens zu Düsseldorf sollen in zwei Jahren voll-
        endet sein. Die Stadt wird für ihre Rechnung nach einem uns zur Genehmi-
        gung vorzulegenden Tarif das Hafengeld einnehmen lassen.
Art. 2 Das Rheinwerft soll bis zum Neuen Hafen fortgeführt werden.
Art. 3 Die alten Festungswerke und das Glacis werden der Stadt geschenkt, um
        nach dem Verschönerungsplan mit Bäumen bepflanzt und zu öffentlichen
        Spaziergängen eingerichtet zu werden.
Art. 4 Über den um die Stadt gehenden Kanal sollen zwei Brücken, nämlich eine an
        der Flinger und eine andere an der Benrather Barriere, erbaut werden.
Art. 5 Das Alte Schloß soll hergestellt, und es soll die Universität darin gelegt werden.

Art. 6　In der Napoleonstraße (Heinrich-Heine-Allee) soll ein neues Schauspielhaus erbaut werden.

Art. 7　Über die in Gemäßheit unseres gegenwärtigen Dekretes auszuführenden Arbeiten sollen die Pläne und Kostenanschläge uns zur Genehmigung vorgelegt werden.

Art. 8　Aus dem öffentlichen Schatz wird eine jährliche Summe von hunderttausend Franken gezahlt, welche jedes Jahr durch das Budget auf besagte Arbeiten anzuweisen ist.

Art. 9　Unser Minister und Staatssekretär des Großherzogtums Berg ist mit der Vollziehung des gegenwärtigen Dekretes beauftraget.

Napoleon"

Diese Verordnung Napoleons ebnete den Weg, die vorgesehene Erweiterung des Hofgartens bis zum Rhein in Angriff zu nehmen, die neue Allee (Königsallee), wie von Huschberger vorgeschlagen, nach Südwesten (über den Graf-Adolf-Platz) weiter fortzuführen[1065] und den Boulevard Napoleon (Heinrich-Heine-Allee) als Prachtstraße mit öffentlichen Gebäuden weiter zu bebauen.[1066] Zwar hatte man die für die Verwirklichung der Pläne ursprünglich vorgesehene Summe von 200.000 Francs auf die Hälfte reduziert, dennoch machten die Verschönerungsarbeiten unter der Leitung des vom „architecte du ministre de l'intérieur" 1812 zum Baudirektor der Verschönerungen der Stadt Düsseldorf beförderten Adolph von Vagedes[1045] gute Fortschritte.

160 Blick auf Düsseldorf von Norden mit der Heinrich-Heine-Allee, dem Eiskellerberg und dem Neuen Hafen. Kolorierter Stich von Petersen, 1816

Der Boulevard Napoleon wurde 1812 fertiggestellt (Abb. 160). Als die französische Verwaltung 1813 Düsseldorf verließ, gerieten die Verschönerungsarbeiten sofort ins Stocken. Die von Vagedes entworfene, im Bau befindliche steinerne Benrather Brücke mit den neuen Wachhäuschen wurde erst 1815 fertiggestellt. Während die Brücke an der Elberfelder Straße als Verkehrsbauwerk noch 1814 begonnen wurde, blieb die südliche Befestigungsfront ohne große Veränderung liegen. Die Instand-setzung des Schlosses für die neue Universität, der Bau des Neuen Theaters und des für den Finanzminister Beugnot vorgesehenen Palais wurde ebenso wie der Neubau des Gesellschaftshauses der Musikakademie zurückgestellt. An der neuen Allee ent-stand lediglich der Neubau des Breidenbacher Hofes. Dieser lag neben dem neuen Haus des Hofkammerrates Beuth am Anfang der Breitestraße.[1067]

Als Preußen 1815 endgültig die Macht über das Großherzogtum Berg erlangt hatte, erhielt Georg Arnold Jacobi, der seit 1811 Generaldirektor der Verschönerungs-kommission war, die Oberleitung über die städtebaulichen Arbeiten in Düsseldorf. Mit ihm blieben auch seine Mitarbeiter von Vagedes und Weyhe im Amt,[1068] so daß die Verschönerung von Düsseldorf, für die man von 1803 bis 1806 — ohne die für die Schleifung von 1801 bis 1803 bewilligten ca. 40.000 Rtlr. — bereits 155.438 Rtlr. ausgegeben hatte,[1069] kontinuierlich weiterbetrieben werden konnte.

Die unbefriedigende Wirtschaftslage des finanzschwachen Militärstaates Preußen bedingte eine weitgehende Einschränkung der Förderung kommunaler Planungs-maßnahmen, deren Durchführung durch die Zentralisierung der Bauverwaltung in Berlin und die damit verbundene Beschneidung der Vollmachten der Provinzial-beamten ohnehin schon stark behindert war. Für Düsseldorf bedeutet dieser Umstand eine Begrenzung der Planung auf das Stadtgebiet bis zur Königsallee und zur Kaiser-straße. In diesem Rahmen fand von Vagedes nur wenige Möglichkeiten, seine städte-baulichen Ideen zu verwirklichen, so daß der begabte Architekt und Städtebauer sein Arbeitsgebiet in Düsseldorf vorwiegend auf Einzelprojekte beschränken mußte.

Für den Gartenarchitekten M. F. Weyhe dagegen gab es in dem begrenzten Stadt-bereich, dessen Zollgrenzen an den Brückenübergängen seit 1816 aufgehoben wa-ren,[1070] umfangreiche Aufgaben zu bewältigen, die in zahlreichen Detail- und Über-sichtsplänen ihren Niederschlag gefunden haben.[1071] In diesen Plänen beschäftigt sich Weyhe vor allem mit der Erweiterung des Hofgartens zwischen Hofgartenstraße und Rhein, mit der Umwandlung des Speeschen Grabens, mit dem Ausbau der Berger Allee und deren Fortsetzung zum Rhein in einer Baumschule sowie mit der Ein-beziehung der Neuen Kavalleriekaserne in die Stadt. Die Gestaltung des sumpfigen Geländes im Süden der Karlstadt bereitete besondere Schwierigkeiten, wie auch die vielen Planvarianten von Vagedes, die sich teils mehr teils weniger an die Bauquadrate anlehnen, beweisen. Sehr überzeugend erscheinen diese Versuche in den Entwürfen von 1819[1072] und 1824 (Taf. XVII).[1073]

In der Version von 1824 ist die Form der gärtnerischen Anlagen auf eine Verzahnung der Bauquadrate zwischen Altstadt und einer möglichen Stadterweiterung abge-stimmt. Mit Rücksicht auf diese Quadratur wurde auch der dem ursprünglichen Festungsgrabenverlauf angepaßte südwestliche Abschnitt des Düsselkanals recht-winklig abgebogen. Der am 31. Dezember 1835 von Weyhe für die Neuordnung des Bereiches zwischen Speeschem Graben und Schwanenspiegel vorgelegte Plan wurde angenommen und ausgeführt. Darin wurde auf die Durchführung der Südstraße bis zur Berger Allee verzichtet. Dieser Plan bildete die Grundlage für die Bebauung des Schwanenmarktes, der 1841 aufgrund eines Vertrages mit den Anwohnern hergerichtet wurde. Für die Einplanierung des sumpfigen Geländes sind mehr als 4.200 Karren Schutt erforderlich gewesen.

So exakt Weyhe bei der Durcharbeitung gärtnerischer Details in seinen Plänen war, so wenig ging er aber über die seit Huschberger festgelegten Begrenzungslinien der Stadt hinaus. Seine Pläne waren, wie aus den Akten hervorgeht,[1074] weniger utopische Zukunftsvisionen als realistische, durch Kostenanschläge belegte Ausführungsvorschläge, die im Rahmen einer mehr oder weniger festgelegten Stadtplanung auf die Erfüllbarkeit der gestellten Aufgaben ausgerichtet waren.

Die vagedesschen Stadtbaupläne von 1822 bis 1831 und die genehmigten Stadterweiterungen bis 1854[1075]

Der einzige Planer mit Weitblick, der in seinen Vorstellungen zur Neuordnung von Düsseldorf weit über die Abgrenzung der Stadt von 1809 hinausging, war Adolph von Vagedes. Ohne auf den 1819 von Maximilian Friedrich Weyhe entworfenen „Plan der Stadt Düsseldorf und ihren nächsten Umgebungen", der sich streng an die realen Gegebenheiten hielt, Bezug zu nehmen, entwickelte von Vagedes für Düsseldorf ein großzügiges Stadterweiterungsprojekt, das, wenn es zur Ausführung gekommen wäre, Düsseldorf eine nur zu ahnende Weiträumigkeit verliehen hätte. Was die Kabinettsordre vom 4. Juni 1831 allerdings von diesem Projekt übrig ließ, ist ein Kompromiß, in dem aus finanzieller Rücksichtnahme großartige Ideen zugunsten einer Anpassung an die bescheidenen örtlichen Verhältnisse zurücktraten.

Wie aus dem Begleittext zu dem verschollenen Plan hervorgeht, sah von Vagedes, ungeachtet topographischer und städtebaulicher Zufälligkeiten, die aus der Situation des ehemaligen Befestigungsringes zwangsläufig gegebenen waren, die städtebauliche Entwicklung von Düsseldorf im Netz der großen überörtlichen Verkehrsverbindungen.

Um diese der Zeit weit vorauseilende Vision zu verwirklichen, legte er seinem Stadterweiterungsprojekt ein Achsenkreuz zugrunde, so daß sich zwangsläufig auch eine klare Gliederung der Stadtteile ergab. In der städtebaulichen Gesamtkonzeption war die Heinrich-Heine-Allee als große Nord-Süd-Achse vorgesehen. Der weitblickende Städteplaner schreckte nicht davor zurück, diese zur Hauptstraße bestimmte Allee in voller Breite quer durch den von Weyhe angelegten Hofgarten und ohne Rücksichtnahme auf den beim Ausheben des Hafens aufgeworfenen Napoleonsberg geradlinig nach Norden bis zur Ratinger Chaussee zu verlängern. Einer entsprechenden Weiterführung der Allee in voller Breite nach Süden standen die Kasernen als großes Hindernis im Wege. In der Verlängerung der Kasernenstraße sah von Vagedes immerhin eine Möglichkeit für die gewünschte geradlinige Wegführung bis nach Stürzelberg, wo durch eine Fähre die kürzeste Verbindung nach Köln geschaffen werden sollte; ein bis in unsere Tage bei der Brückenplanung immer wieder aufgegriffener Plan, der nunmehr mit dem Bau der Fleher Brücke in seiner Grundidee verwirklicht wird.

Als Ergänzung zu dieser Nord-Süd-Achse war in Verlängerung der Benrather Straße eine Verbindung nach Osten konzipiert, die den Anschluß an die östlich der Stadt verlaufende Überlandstraße von Köln nach Arnheim (Kölner Straße) herstellen sollte. Diese Querverbindung bildete gleichzeitig die Ost-West-Achse einer ostwärts geplanten zweiten Stadt mit dem Grundriß eines ausgedehnten Rechtecks. Dieses Castrum war nach dem Rechtecksystem in 13 Bauquadrate aufgeteilt. Der auf der Grundfläche von fast einem Quadratkilometer großzügig geplante Stadtteil sollte, ähnlich wie von der Königsallee im Westen, auch an den drei übrigen Seiten — in Verlängerung der Jacobi-, Harold- und Elberfelder Straße — von breiten Alleen mit einem Mittelgraben umschlossen werden. Inmitten dieses „Castrums", dessen Konzeption auf den in den Bebauungsplänen für Krefeld (Abb. 161) und Elberfeld entwickelten Ideen aufbaute, war ein weiträumiger Platz mit einer „nach den vier Weltgegenden" geöffneten Rotonde geplant. Die eigentliche städtebauliche Mitte von Düsseldorf bildete ein großes Odeon am südlichen Ende der Heinrich-Heine-Allee.

Zur besseren Eingliederung des ehemals von den Festungswerken eingeschlossenen Altstadtbereichs in den Gesamtplan hatte von Vagedes durchgreifende Sanierungsmaßnahmen auf dem Gelände zwischen Ratinger Straße, Hunsrückenstraße und Heinrich-Heine-Allee sowie am Rhein eingeleitet. Die geringsten Schwierigkeiten bereitete die Eingliederung der südlichen Stadterweiterung, denn die zum Abschluß der Bauquadrate der Karlstadt projektierte Haroldstraße ermöglichte eine unkomplizierte Anbindung der im Süden anschließenden neuen Stadtteile. Für die Schleifung der Festungswerke in diesem Bereich und die Unterhaltung der bereits fertiggestellten Anlagen standen 1833 mit 56.359 Rtlr. ausreichend Mittel zur Verfügung.[1076]

Der Wert der vagedesschen Planung, die von einem starken Ordnungssinn geprägt war, lag in der Entwicklung einer städtebaulichen Gesamtkonzeption, die, von einer klaren Form- und Funktionsanalyse ausgehend, zufällige topographische Gegebenheiten ebensowenig berücksichtigte, wie sie ungewisse Entwicklungstendenzen einkalkulierte. Die von Vagedes verfolgte Idee vom Gesamtorganismus der Stadt bedingte eine bis ins städtebauliche und architektonische Detail wirkende Planung, die zwangsläufig zahlreiche Vorschläge für architektonische Neuschöpfungen beinhaltete. Mit diesen Vorstellungen war Vagedes seiner Zeit zu weit vorausgeeilt, als daß die Behörden die Möglichkeit gehabt hätten, seine Ideen in vollem Umfang zu akzeptieren.

Die ständigen Reibereien zwischen dem in die Zukunft blickenden Städteplaner und der konservativen Berliner Verwaltung führten schließlich dazu, daß das von dem der Regierung unbequemen Vagedes verwaltete Bauressort in der Bezirksregierung 1830 dem regierungskonformen Koblenzer Wegebauinspektor Umpfenbach übertragen wurde.[1077] Was nach neunjährigem zähen Ringen von den vagedesschen Vorschlägen in dem „Bauplan der Stadt Düsseldorf" von 1831 beibehalten wurde, war ein Kompromiß mit „sehr verminderten Ansprüchen".[1078]

Zwar sicherte dieser Bauplan den Bestand der von Huschberger konzipierten Alleen und der von Weyhe fertiggestellten gärtnerischen Anlagen. Die von Vagedes entwickelten Ideen der Stadterweiterung aber blieben bis auf die Verbindung der Karlstadt mit der Neustadt, um die sich Weyhe seit Jahren vergeblich bemüht hatte, weitgehend

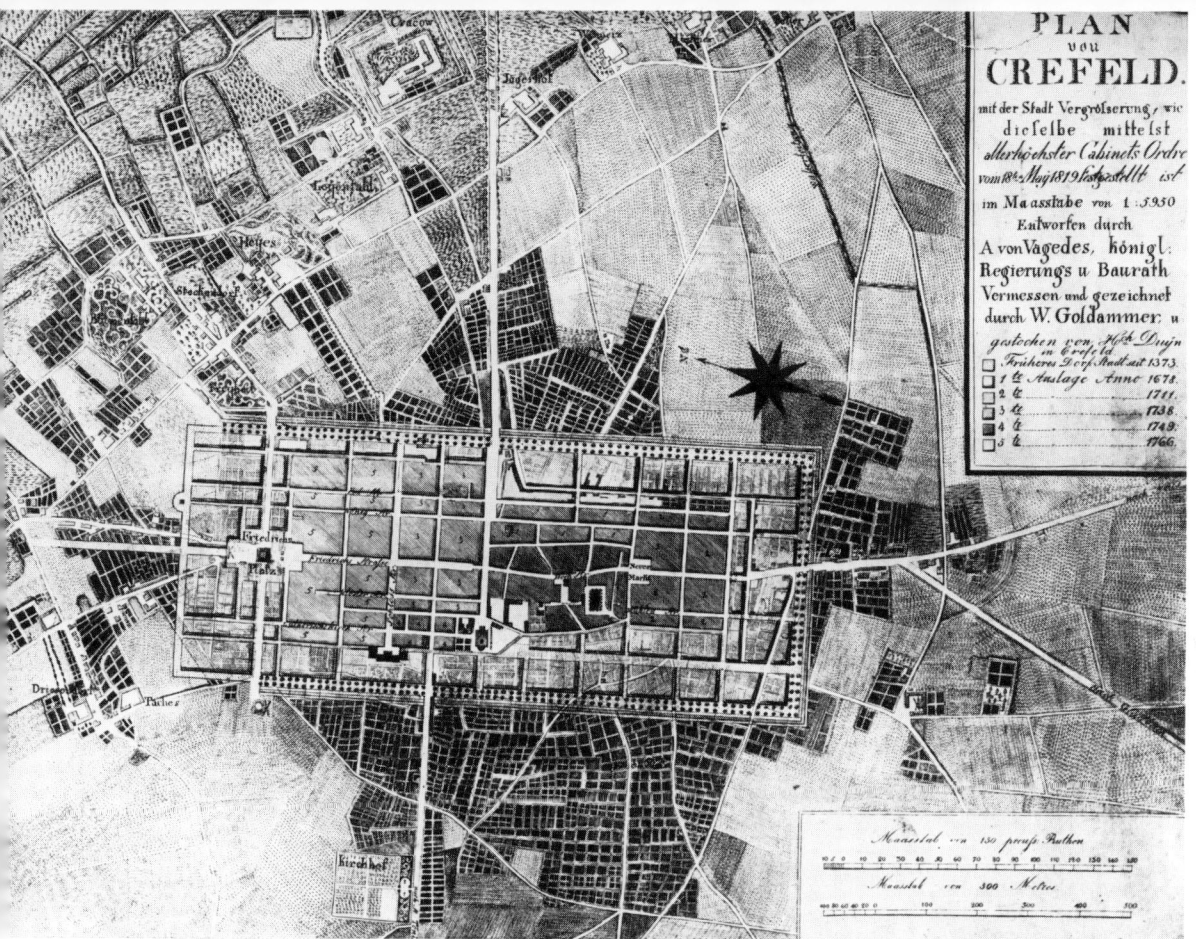

161 Plan von Vagedes für die Erweiterung von Krefeld, 1819

unberücksichtigt. Ein wesentlicher Mangel des genehmigten Bauplanes war auch das Fehlen verbindlicher Baulinien (Fluchtlinien) für die großen, die Stadt tangierenden bzw. zum Zentrum führenden Landstraßen, an denen sich eine lebhafte Bautätigkeit entwickelte.

Schon 1839 zeigte sich bei der Stadterweiterung nach Osten, daß der wenig zukunftsweisende, allzusehr den kleinbürgerlichen Verhältnissen angepaßte Kompromißplan den Ansprüchen der einen starken Aufschwung nehmenden Stadt nicht mehr genügte. Ebensowenig konnte sich der für das Gebiet östlich der Königsallee von Anton Schnitzler im März 1839 vorgelegte Stadterweiterungsentwurf, der sich noch stark an das vagedessche Raster anlehnte, als Gegenvorschlag gegen die von Umpfenbach eingereichten Pläne, die auf die bestehenden Besitzverhältnisse weitgehend Rücksicht nahmen, durchsetzen.[1079] Auch der bereits von der Stadtverordnetenversammlung gebilligte und von Umpfenbach revidierte gemäßigte zweite Erweiterungsentwurf Schnitzlers.[1080] fand nicht die erforderliche Billigung der Berliner Regierung, die sich gegen den „Vandalismus der Städtevierckigmacher" aussprach und den Plan mit der Verordnung, mehr auf die vorhandenen Feldwege Rücksicht zu nehmen, zurückwies.[1081]

Damit war auch die letzte Chance verpaßt, mit der Weiterführung des in der Karlstadt

329

erfolgreich erprobten Rechteckprinzips, zu der die Schleifung der Festungswerke den Anstoß gegeben hatte, die städtebauliche Entwicklung zwischen Königsallee und Klosterstraße (Pfannenschobbenstraße) befriedigend zu lösen. Obwohl Stadtverwaltung und Fachleute darin übereinstimmen, daß eine in die Zukunft gerichtete Stadtplanung die Bauquadrate der Karlstadt unter Einbeziehung der Landstraßen nach allen Seiten weiterführen müßte, hatte die Kommunalverwaltung keine rechtliche Handhabe, die nun im Osten der Stadt einsetzende unkontrollierte Bauentwicklung, deren Ergebnis ein Konglomerat seltsam verwinkelter Baublöcke war, einzudämmen.

Mit dem höchst unglücklichen Bau- und Nivellementsplan Düsseldorfs von 1854, der das Ergebnis einer von wirtschaftlichen Interessen geleiteten regierungsamtlichen Städtebaupolitik war,[1082] wurde deutlich, welche kaum wiedergutzumachenden Folgen die Verstümmelung der vagedesschen und schnitzlerschen Stadtentwicklungspläne hatte (Taf. XIX).[1083] Was man von den wohldurchdachten Straßenfluchten von Vagedes' übriggelassen hatte, war ein von der Zufäligkeit willkürlich geführter Feldwege bestimmtes Straßennetz ohne jedes städtebauliche Konzept. Lediglich die Ausdehnung der Friedrichstadt — benannt nach dem König Friedrich Wilhelm IV. — auf Teile des für die Erweiterung durch Johann Wilhelm vorgesehenen, weiträumig parzellierten Geländes der Neustadt, wurde, wie von Schnitzler beabsichtigt, in die amtliche Planung übernommen.

Die von der Regierung verfügte Rücksichtnahme auf bestehende Besitzverhältnisse — nach dem Prinzip, das Hauptaugenmerk auf die Kosten und nicht auf die Schönheit zu richten — hatte zur Folge, daß man im Bau- und Nivellementsplan von 1854 nicht nur auf eine ansprechende städtebauliche Konzeption und eine geschickte Verkehrsplanung im Osten der Stadt verzichtete, sondern auch eine organische Verbindung der einzelnen Stadtteile miteinander versäumte. Erst in unserer Zeit ist es gelungen, wesentliche Fehler dieses kleinlichen Bebauungsplanes durch den Nord-Süd-Durchbruch der Berliner Allee und die Ost-West-Verbindung der Benrather Straße mit dem Bahnhofsviertel auszugleichen (Abb. 1, 2). Der Vagedesplan dagegen hätte die Stadt von mancher Verkehrsnot befreit, da die von diesem Städteplaner gesetzten Maßstäbe noch heutigen Ansprüchen gerecht geworden wären.

3. Die Einwirkungen des ehemaligen Befestigungssystems auf das heutige Stadtbild

Der Einfluß des gesamten Befestigungsrings auf die Entwicklung des innerstädtischen Straßensystems

Anders als in den meisten ehemaligen Festungsstädten, in denen, wie beispielsweise in Wien oder München,[1084] ein Ringstraßensystem auf den Festungswällen entstanden ist, läßt sich im heutigen Stadtbild von Düsseldorf der ursprüngliche Festungscharakter kaum noch erkennen, da die frühere halbkreisförmige Umwallung nicht zu konzentrischen Straßen geführt hat. Die später entstandenen Ringstraßen, insbesondere die Duisburger Straße und die Oststraße, sind nicht durch die Topographie der Festungswerke bedingt. Sie wurden erst infolge einer inkonsequenten Weiterführung der Verschönerungspläne als Verbindung der voneinander getrennten neuen Stadtteile erforderlich. Die auf den ehemaligen Festungswerken entstandenen Straßen, die Heinrich-Heine-Allee, die Königsallee und die Haroldstraße, passen sich in ihrer Geradlinigkeit außerdem nur wenig dem ehemaligen Befestigungsring an (Taf. XV).

Das Unterbleiben einer konzentrischen Straßenentwicklung auf dem Festungsring in Düsseldorf ist in erster Linie den klar durchdachten Bauplänen von Huschberger zu verdanken, in denen die schon bei der Anlage der ersten Stadterweiterung 1384 geplante und bei der Erschließung der Karlstadt weitergeführte Einteilung der Stadtfläche in Bauquadrate durch geradlinige Alleen einen konsequenten Abschluß fand.

Diese Planung wurde dadurch begünstigt, daß die großen Landstraßen die Stadt nicht als Durchgangsstraßen durchquerten, sondern in einem Abstand von fast einem Kilometer tangierten. Die von außen in das Stadtinnere geführten Straßen bildeten weder einen als Hauptstraße zu bezeichnenden Durchmesser, noch endeten sie in einem gemeinsamen Schnittpunkt, den man als Stadtmitte hätte ansehen können. So ist es zu erklären, daß Düsseldorf schon seit dem Mittelalter mehrere Zentren, die Lambertuskirche, den Burgplatz und den Marktplatz, hatte.

Dementsprechend wuchs die städtische Bebauung nicht in Kreissektoren, die durch Radial- und Ringstraßen gebildet worden wären, organisch von innen nach außen, sondern entwickelte sich an einem durch die Stadteingänge vorgezeichneten Straßennetz. Die daraus resultierende Einteilung der Stadt in Bauquadrate begünstigte die Planung eines Straßensystems auf den ehemaligen Festungswerken, das auf die Rangordnung der innerstädtischen Straßen keine Rücksicht zu nehmen brauchte und daher eine völlig neue Eingliederung der Stadt in das überörtliche Verkehrsnetz ermöglichte.

War bei Huschberger die Königsallee mit dem Düsselkanal und die Heinrich-Heine-Allee noch die östliche Begrenzungslinie der Stadt, so versuchte Vagedes, diesen städtebaulichen Grundgedanken durch neue Straßenachsen weiterzuführen. Nach seinen Vorstellungen sollte der auf den Festungswerken angelegte Boulevard Napoleon (Heinrich-Heine-Allee) zu einer großen Nord-Süd-Achse erweitert werden. Das in der Gegend des Wilhelm-Marx-Hauses geplante Odeon mit dem um die Allee gruppierten Regierungsviertel sollte die neue Stadtmitte bilden.

Mindestens genauso bedeutend wie die Forderung der Schleifung der Festungswerke war das französische Zugeständnis, daß die Extensionskasernen erhalten bleiben konnten, denn diese Gebäude spielten wegen ihrer Lage eine nicht zu verkennende Rolle für die Entwicklung eines neuen Straßensystems. Sie verhinderten nämlich, daß die auf dem Festungsgelände angelegte Heinrich-Heine-Allee in voller Breite nach Süden weitergeführt wurde, so daß zunächst auch eine Verlängerung der Allee nach Norden unterblieb. Als Vagedes 1822 diesen Gedanken einer Nord-Süd-Achse klar formulierte, hatte Weyhe im Norden der Allee bereits den Napoleonsberg angelegt, weshalb das bei der Schleifung noch sehr aussichtsreiche Projekt nunmehr als Utopie erscheinen mußte.

Die mit dem Düsselkanal als Stadtgrenze geplante Königsallee lag zu weit im Osten der Stadt, als daß die Idee einer Nord-Süd-Achse auf sie hätte übertragen werden können. Außerdem bereiteten die 1822 bereits sehr weit fortgeschrittenen Anlagen um die Landskrone ähnliche Schwierigkeiten wie der Hofgarten im Norden der Heinrich-Heine-Allee.

Während mit der Friedrichstraße der Gedanke der Nord-Süd-Achse schon 1854 wenigstens teilweise verwirklicht wurde, war die Verbindung des Stadtinneren mit dem Norden vor dem Zweiten Weltkrieg noch mangelhaft, da der auf dem ehemaligen Glacis bis zum Rhein erweiterte Hofgarten keine Straßenverbindung mehr zuließ. Erst in den fünfziger Jahren dieses Jahrhunderts ist es gelungen, den bei der Schleifung entwickelten großzügigen Gedanken einer Nord-Süd-Verbindung durch die Schaffung der Berliner Allee zu verwirklichen, wodurch sich zwangsläufig das Stadtzentrum (City) aus dem ursprünglich von der Festung eingeschlossener Stadtkern weiter nach Osten verlagerte.

Da sich die Bauentwicklung während der Demolition zunächst noch innerhalb der Bauqaudrate der ehemaligen Festung vollzog, hatten die durch die Tore in die Stadt geführten Landstraßen nicht die städtebaufördernde Wirkung, wie dies bei den Radialstraßen in anderen ehemaligen Festungsstädten der Fall war. Zur Zeit der Entfestigung wäre es leicht gewesen, die außerhalb des unbebauten Glacis vor dem Flinger Tor entstandene Straßenkonzentration zu entflechten und in ein durch geradlinig geführte Alleen bestimmtes Rastersystem einzugliedern. Noch heute ist im Stadtgrundriß im Bereich des Jan-Wellem-Platzes dieses unglückliche, allerdings durch die Hochstraße wesentlich gemilderte Zusammentreffen der Landstraße von Gerresheim / Mettmann (Schadowstraße), Flingern (Klosterstraße) und Eller (am Glacis vorbeigeführter Weg zwischen Königsallee und Berliner Allee in Richtung Hüttenstraße) deutlich zu erkennen (Taf. XV).

Da die als Ausfallstraße nach Osten geplante Elberfelder Straße als Sackgasse am Schadowplatz endete, mußte man die bereits 1645 durch das Neue Flinger Tor überflüssig gewordene und in allen Stadtbauplänen bis 1880 nicht mehr enthaltene alte Verbindung des Flinger Steinwegs (Schadowstraße) mit der Flinger Straße, die heutige Theodor-Körner-Straße, wiederherstellen. Während der Zugang zum Ratinger Tor durch die Anlage der Maximilian-Weyhe-Allee in dem vorbestimmten Straßenraster Verwirklichung gefunden hat, macht sich das Versäumnis einer konsequenten Ost-West-Verbindung durch eine Anbindung der Elberfelder Straße an eine begradigte Schadowstraße im gegenwärtigen Stadtgrundriß immer noch bemerkbar. Der städtebauliche Mangel liegt vor allem in der — wenn auch erst nach dem Zweiten Weltkrieg entstandenen — unglücklichen Einbahnstraßenführung um den Fußgängerbereich der westlichen Schadowstraße, über die Blumenstraße bzw. über die Hofgartenstraße am Jan-Wellem-Platz vorbei. Dagegen konnte die ebenfalls bei der Entfestigung vom Neuen Benrather Tor in Richtung der Benrather Straße vorgesehene Verbindung nach Osten in den Nachkriegsjahren durch den Durchbruch der Steinstraße nachträglich realisiert werden.

Der Einfluß einzelner Werke auf den Stadtgrundriß [1085]

Die Neuordnung des Straßensystems infolge der Schleifung bewirkte, daß der Festungsring im gegenwärtigen Stadtbild keine bestimmende Rolle mehr spielt, sondern nur noch in Teilabschnitten, die der neuen Entwicklung nicht hemmend entgegenstanden, zu erkennen ist. Während sich die Hauptwallrichtung in der Begrenzung der heutigen Altstadt klar verfolgen läßt, hat das an die Quadratur der Extension angebundene Straßenraster die Grenzlinien der ehemaligen Festung stark verwischt.

— Stadteingänge —

Am deutlichsten haben sich naturgemäß die Ein- und Ausgänge der Festung im Stadtgrundriß erhalten. Wo die innerstädtische Verbindung zwischen Stadtausgang und altstädtischem Straßennetz noch fehlte, wie zwischen Hunsrücken- und Kasernenstraße, machte die durch die Entfestung bedingte Öffnung der Stadt ähnliche Straßendurchbrüche wie die in Zusammenhang mit der Karlstadt 1794 angeordnete Kapuzinerstraße (Mittelstraße)[1086] erforderlich. Die bereits 1684 als Verbindung zwischen Altstadt und Neuem Flinger Tor geforderte und 1775 aufgelegte Kommunikationsstraße[991] war nicht nur viel zu schmal, sondern auch wegen ihrer Ausrichtung auf die Torachse versetzt zur Bolkerstraße angeordnet. Erst in der Mitte der dreißiger Jahre unseres Jahrhunderts beseitigte man diesen unglücklichen Zustand durch eine Verbreiterung des Verbindungsweges bis in die Achse der Bolkerstraße.

Die geringsten Schwierigkeiten bereitete die Anlage der Ausfallstraßen quer durch das Festungsgelände, denn mit der Niederlegung der nach festungstechnischen Gesichtspunkten angelegten Stadttore fielen die in einem Bogen durch das Ravelin geführten Torzuwege fort, so daß eine geradlinige Weiterführung der innerstädtischen Straßen, ungeachtet der ehemaligen Walldurchgänge, möglich wurde.

Als derartige Stadtausgänge sind folgende Straßen anzusehen:

Maximilian-Weyhe-Allee	Ratinger Tor
Elberfelder Straße	Neues Flinger Tor
Theodor-Körner-Straße (nach 1880)	Altes Flinger Tor
Benrather Straße	Benrather Barriere (nach der Schleifung)
Kasernenstraße	Extensionstor am Stadtbrückchen
Bilker Straße (Nordseite)	Altes Berger Tor
Bilker Straße (Südseite)	Äußeres Extensionstor
Kavalleriestraße	Äußeres Extensionstor
Berger Allee	Neues Berger Tor

— Wallstraßen —

Da der Festungskranz sich in Düsseldorf nicht in Form von Ringstraßen erhalten hat, konnte im Verlauf der Wälle kein einheitliches Wallstraßensystem entstehen. Allerdings sind auf kurzen Strecken Anlehnungen an die alte Wallführung im Stadtgrundriß festzustellen.

— Wallinienstraßen —

Die an der Innenseite des ehemaligen Walls vorbeilaufenden, zugleich den Abschluß des innerstädtischen Straßennetzes bildenden Wallinienstraßen haben die Stadterweiterung wie die Schleifung ohne besondere Veränderung überdauert. Da man die Wälle der Neubefestigung nach dem bastionären System in geringem Abstand vor der alten Stadtmauer angelegt hat, sind die Wallinienstraßen der Neubefestigung bis 1614 mit den ehemaligen Bürgerumgängen identisch. Im Bereich der Extension haben sich keine Wallinienstraßen herausgebildet, weil die Wälle unmittelbar an das Militärgelände der Kasernen anschlossen, so daß für das Auffahren der Geschütze keine besonderen Straßen erforderlich waren. Die innere Enceinte der bastionären Befestigung wird noch heute durch folgende Straßen angezeigt:

Neubefestigung bis 1614 (ehemalige Bürgerumgänge)

Ritterstraße	Nordwestfront
Mühlengasse	Ratinger Front
Ratinger Mauer	Ratinger Front
Neustraße	Flinger Front
Wallstraße	Alte Berger Front
Hafenstraße	Hafen
Akademiestraße	Südfront
Bäckerstraße	Zitadelle Südfront
Bäckergasse	Zitadelle Ostfront
Schulstraße	Zitadelle Nordfront

Bastionärbefestigung nach 1671

Eiskellerstraße	Niederrheinische Front

— Wallgrundstraßen —

Die Wallgrundstraßen sind erst nach der Schleifung entstanden. Sie wurden auf dem Gelände des ehemaligen Walls angelegt und zeigen daher die Richtung der bastionären Enceinte nicht so deutlich an wie die Wallinienstraßen. Da man in Düsseldorf die Wälle bei der Demolierung völlig eingeebnet hat, lassen sich die Wallgrundstraßen nur mit Mühe im Stadtgrundriß verfolgen. Mit der Hauptwallrichtung stimmen folgende Straßen überein:

Neubefestigung bis 1614

Orangeriestraße	Zitadelle Ostfront
Rathausufer	Zitadelle Westfront

Erweiterungen nach 1688

Breite Straße	Extension Ostfront
Fürstenwall (westlicher Abschnitt)	Neustadt Südostfront
Lahnweg	Neustadt Südfront
Brückenstraße	Neustadt Südfront

— Glacisstraßen —

Bildeten die Wallstraßen die innere Begrenzung des Festungsrings, so deuten die Glacisstraßen im Stadtgrundriß die äußere Grenzlinie des Festungsgürtels an. Da in Düsseldorf kein Ringstraßensystem entstanden ist, sind auch die Glacisstraßen nur in einzelnen Abschnitten erhalten geblieben.

— Glacisfußstraßen —

Die am äußeren Glacisrand vorbeilaufenden Straßen heißen Glacisfußstraßen. Sie sind mit der Anlage des Glacis im 17. und 18. Jahrhundert entstanden und haben sich im Düsseldorfer Stadtgrundriß überall da erhalten, wo das Glacis in seiner ganzen Breite zu gärtnerischen Anlagen umgestaltet worden ist. Als reine Glacisfußstraßen zu bezeichnen sind:

Inselstraße . . . . Niederrheinische Front
Kaiserstraße (südlicher Abschnitt) . . . . Ratinger Front
Hofgartenstraße . . . . Flinger Front
Haroldstraße (westlicher Abschnitt) . . . Oberrheinische Front

Da die genannten Glacisfußstraßen nicht im Verlauf des bastionären Tracées, sondern geradlinig angelegt worden sind, konnte ihre Linienführung ohne Schwierigkeiten in die nach der Demolition aufgestellten Stadtbaupläne übernommen werden.

— Glacisverbindungsstraßen —

Anders als an der Ostfront der Stadt, wo die Glacisfußstraßen der Hauptrichtung der Festung folgten, war die Situation an der Südlichen Befestigungsfront. Hier sprang der äußere Scheitel der Extension weit nach Süden vor, so daß es am einfachsten war, den in der Quadratur der Friedrichstadt nicht mehr ablesbaren, um die Festung laufenden Weg unter Abkürzung des zur Zitadelle einspringenden Winkels geradlinig bis zum Rhein zu führen. Die damit entstandene, heute teilweise von der Brückenauffahrt der Rheinkniebrücke eingenommene Glacisverbindungsstraße ist im Verlauf folgender Straßenzüge wiederzuerkennen:

Reichsstraße . . . . Oberrheinische Front
Deichstraße . . . . Oberrheinische Front

— Glacisgrundstraßen —

Während die Glacisfußstraßen als um die Festung geführte Wege schon vor der Schleifung bestanden haben, sind die Glacisgrundstraßen erst nach der Entfestigung in der Hauptrichtung des bedeckten Weges entstanden. Da die Glacisgrundstraßen keine Rücksicht auf die winklige Führung der bastionären Werke nahmen, geben diese Straßen keinen Aufschluß über das Aussehen der ehemaligen Befestigungsfront, wie an folgenden Beispielen zu erkennen ist:

Oederallee . . . . Nordfront
Königsallee (Ostseite) . . . . Extension
Bürgerstraße . . . . Südfront Neustadt
Erftstraße (östlicher Abschnitt) . . . . . . Südfront Neustadt
Brückenstraße . . . . Südfront Neustadt

— Bastionsplätze —

Die von den Bastionen eingenommenen Flächen boten sich bei der Entfestigung für die Gestaltung von Freiplätzen an. Dabei hat sich in Düsseldorf die charakteristische

162 Blumentag auf dem ehemaligen Alleeplätzchen mit dem alten Musikpavillon vor Errichtung des Wilhelm-Marx-Hauses. Foto, 1912

fünfeckige Bastionsform in keinem Beispiel erhalten. Die Eingliederung der Plätze in das Straßensystem bedingte, daß die neu geschaffenen oder erweiterten Plätze teilweise über die Bastionsflächen hinausgingen oder aber den frei gewordenen Raum nicht ganz in Anspruch nehmen konnten. Derartige Platzanlagen sind:

Eiskellerberg . . . . Ratinger Bastion
(zur Hälfte vom Arbeitsamt überbaut)
Grabbeplatz (Ostseite) . . . . Mühlenbastion
(die Westseite ist der alte Paradeplatz)
Alleeplätzchen (Abb. 162) . . . . Flinger Bastion
(zur Hälfte vom Wilhelm-Marx-Haus überbaut)
Karlplatz . . . . Berger Bastion
(nach Süden verschobene Platzanlage)
Graf-Adolf-Platz . . . . Bastionen Peter und Paul
(nach Süden verschobene Platzanlage)

– Grabenstraßen –

Die Grabenstraßen konnten, da sie im Bereich der ehemaligen Grabenzone liegen, erst im Verlauf der Umgestaltung des Festungsgeländes entstehen. Bei ihrer Anlage wurde, ähnlich wie bei den Wall- und Glacisgrundstraßen, auf die Winkelführung der Kontereskarpe keine Rücksicht genommen, so daß im allgemeinen der Kurtinenverlauf ihre Richtung bestimmte, wie folgende Beispiele zeigen:

336

163 Blick von Norden auf die Königsallee. Foto, um 1935

Neubefestigung bis 1688
Hofgartenrampe (Sicherheitshafen) . . . Niederrheinische Front
Fritz-Roeber-Straße . . . . Niederrheinische Front
Heinrich-Heine-Allee . . . . Ratinger Front / Flinger Front
Grabenstraße . . . . Alte Berger Front
Poststraße . . . . Zitadelle

Erweiterung bis 1801 (Karlstadt)
Königsallee (Westseite / Canalstraße) . . Extension
Graf-Adolf-Platz . . . . Extension
Südstraße . . . . Extension

— Stadtgrabenanlagen —

Der ehemalige Festungsgraben hat sich nicht in einem geschlossenen Zug um die ganze
Stadt erhalten, wie dies ursprünglich Huschberger bei dem Düsselkanal vorgesehen
hatte. Ein Rest dieser Anlage ist der

Stadtgraben der Königsallee (Abb. 163)

Dieser planmäßig angelegte Graben ist eigentlich nicht auf einen bastionären Wassergraben zurückzuführen, da die Festung in diesem Bereich von einem trockenen Graben mit einer Kunette umgeben war. Von den ehemals nassen Gräben finden sich nur
noch Bruchstücke im heutigen Stadtgrundriß:

Westliche Landskrone . . . . Ratinger Front
Schwanenspiegel . . . . Berger Front
Speescher Graben . . . . Extension

337

164 Blick vom Süden auf die ehemalige Bastion Maria Amalia mit dem Palais Spee. Foto 1971

– Sichtbare Reste der Befestigung –

Die zur Beseitigung der Festungstrümmer in Düsseldorf eingesetzte Schleifungskommission hat das Gelände des ehemaligen Festungsrings nach einem grundlegenden Plankonzept städtebaulich neugeordnet, deshalb haftet dem heutigen Stadtgrundriß eher Planmäßigkeit als bastionärer Einfluß an. Neben dem Schloßturm, der als Nachfolgerbau der ehemaligen Burg an die mittelalterlichen Verteidigungsanlagen erinnert, lassen sich von dem bastionären Tracé daher im gegenwärtigen Stadtbild nur noch wenige sichtbare Reste nachweisen, wie folgende Beispiele zeigen:

Kontergarde Paul . . . . Halbinsel zwischen Schwanenspiegel
                                          und Kaiserteich
Kontergarde Maria Amalia . . . . Insel in Spees Graben
Bastion Maria Amalia (Abb. 64) . . . . . Garten des Stadtgeschichtl. Museums

Auf die Befestigung zurückgehende Ortsbezeichnungen

Wenn auch durch die städtebauliche Neuordnung nach der Entfestigung die Merkmale der ehemaligen Bastionärbefestigung in Düsseldorf nahezu völlig verwischt wurden, so zeugen doch heute noch zahlreiche Ortsbezeichnungen von den einstigen Anlagen. Neben den auf historische Personen bezogenen Namen haben sich vor allem auf die Topographie weisende Bezeichnungen bis in die Gegenwart erhalten. Im einzelnen lassen sich folgende Namen belegen:

338

Tore

Ratinger Tor	Altes Ratinger Tor
Ratinger Mauer	Stadtmauer am Ratinger Tor
Berger Straße	Altes Berger Tor
Berger Allee	Neues Berger Tor
Berger Hafen	Neues Berger Tor
Flinger Straße	Flinger Tor der ersten Erweiterung
Rheinstraße	Rheintor
Zollstraße	Zolltor
Karltor	Karltor der Extension

Bastionen — Zitadelle

Eiskellerberg	Eiskellerbastion (Ratinger Rondell)
Eiskellerstraße	Eiskellerbastion
Bastionstraße	Bastion Anna
Thomasstraße	Bastion Thomas
Citadellstraße	Zitadelle
Rheinort	Rheinort (Rheinbatterie)

Wälle

Fürstenwall	Wall der Neustadt
Wallstraße	Berger Wall
Südstraße	Südfront (Extension)

Gräben — Rhein

Stadtbrückchen	Verbindungsbrücke zur Extension
Grabenstraße	Graben vor der alten Berger Front
Spees Graben	Graben vor der Bastion Maria Amalia mit dem Speeschen Palais
Hafenstraße	Alter Hafen
Rheinwerft	Rheinwerft

Außenwerke

Schanzenstraße	Rheinschanze (Düsselburg)
Batterieweg	Weg zur Batterie (Brückenkopf Volmerswerth)
Alte Schanze	Schanze am Brücker Bach (Stoffeln)

Verwaltungs- und Militärbauten

Liefergasse	Lieferhaus (Lewenhaus)
Burgplatz	Burg
Schloßturm	Schloß
Schloßufer	Schloß
Orangeriestraße	Orangerie
Reuterkaserne	Reuterkaserne
Kasernenstraße	Extensionskaserne
Kavalleriestraße	Kavalleriekaserne
Bäckerstraße	Kommißbackhaus
Bäckergasse	Kommißbackhaus

4. U-Bahn-Planung im Bereich der ehemaligen Festungsanlagen

Für die Entwicklung des Düsseldorfer Stadtgrundrisses war es von entscheidender Bedeutung, daß die großen Überlandwege die Stadt nicht in Form von sich kreuzenden Hauptstraßen durchquerten, sondern die Stadt tangierten. Der breite, in Nord-Süd-Richtung gestreckte Festungsgürtel im Osten der Stadt bot sich daher für die Anlage großzügiger Straßenachsen an, in die die aus den verschiedenen Richtungen kommenden Wege tangential eingeführt wurden. Wegen der Kasernen im Süden und des im Hofgarten angelegten Napoleonsbergs war es gekanntlich nicht zu einer durchlaufenden Nord-Süd-Achse gekommen.

Die heutige Citylage des bei der Entfestigung an der Peripherie geplanten Straßensystems (Heinrich-Heine-Allee) führte zwangsläufig zur Beibehaltung des damals festgelegten Prinzips der tangentialen Zusammenführung von Verbindungswegen bei der U-Bahn-Planung, wenn man diese nicht völlig unabhängig von dem vorhandenen Stadtgrundriß betreiben wollte. So bestimmen die Wege zu den alten Stadttoren auch heute wieder die Trassierung der einzelnen U-Bahn-Linien, die innerhalb des

165 U-Bahn-Trassen im Bereich Heinrich-Heine-Allee. Zeichnung nach historischen Plänen und Unterlagen des U-Bahn-Amtes unter Verwendung der Deutschen Grundkarte 1 : 5000, 1977

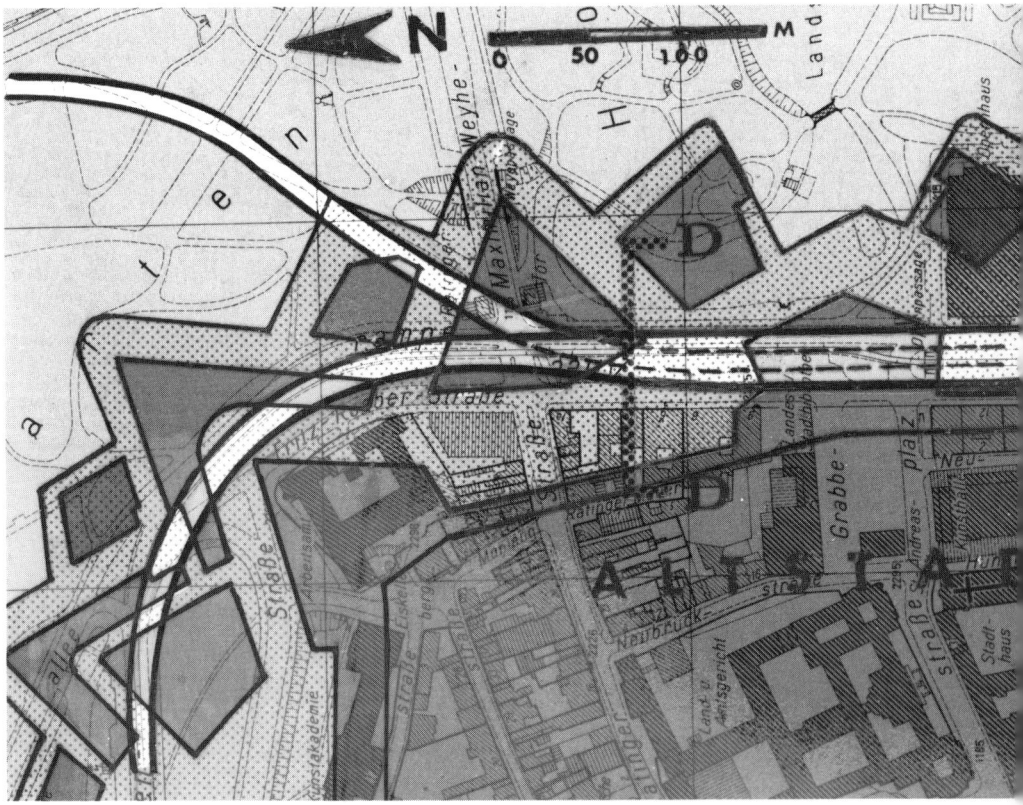

Festungsgürtels im Bereich der Heinrich-Heine-Allee nach dem Tangentialsystem miteinander verknüpft sind (Abb. 165 bis 169).

Von Norden kommend, in Richtung des alten Stadteingangs von Ratingen, verläuft eine Trasse diagonal auf das Ratinger Tor zu. Die nach Oberkassel führende Linie folgt genau dem alten Stadtgraben bis zum Rhein (seit 1811 Sicherheitshafen). Im Süden, vor dem Alten Flinger Tor, am Ende der Heinrich-Heine-Allee, teilt sich der U-Bahnhof Heinrich-Heine-Allee analog zu den beiden vor der Flinger Bastion zusammenlaufenden Stadtgräben. Die Ostlinie folgt dem ehemaligen Extensionsgraben etwa 250 m in südöstlicher Richtung und biegt dann nach Osten ab. Der der Hauptrichtung der Festungsanlagen entsprechende dominierende Nord-Süd-Verlauf der Straßen in der Düsseldorfer City einerseits und das Fehlen einer von Anfang an durchgeführten Anbindung der östlichen Stadtteile durch entsprechende Straßenachsen andererseits ließ auch den U-Bahn-Planern keine anderen Möglichkeiten offen, als mit der Ostlinie in die nach dem Krieg ausgebaute Steinstraße auszuweichen. Die nach Süden gehende U-Bahn-Linie hält sich zunächst an den nach Südosten gerichteten Stadtgraben, bevor sie in die Kasernenstraße einbiegt. Der heute nicht mehr vorhandene Gebäudekomplex der ehemaligen Extensionskaserne, der einer Weiterführung der Heinrich-Heine-Allee nach Süden im Wege stand, hat somit indirekt auch die Planung der in einem Bogen in die Kasernenstraße geführten U-Bahn-Linie beeinflußt.

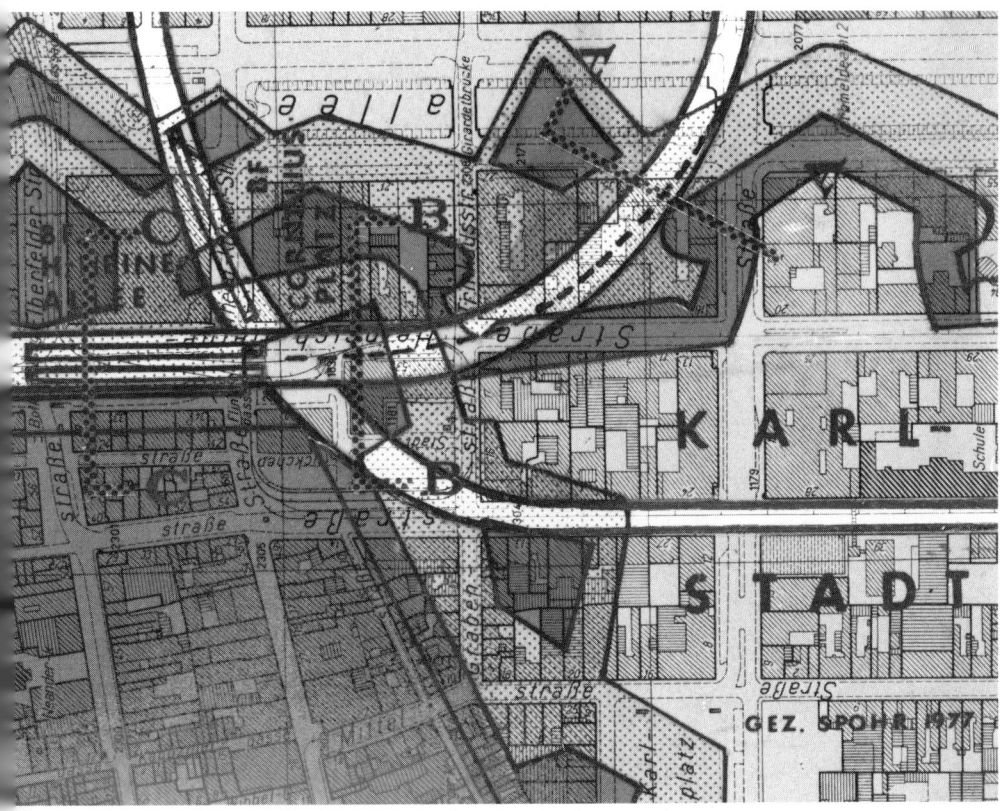

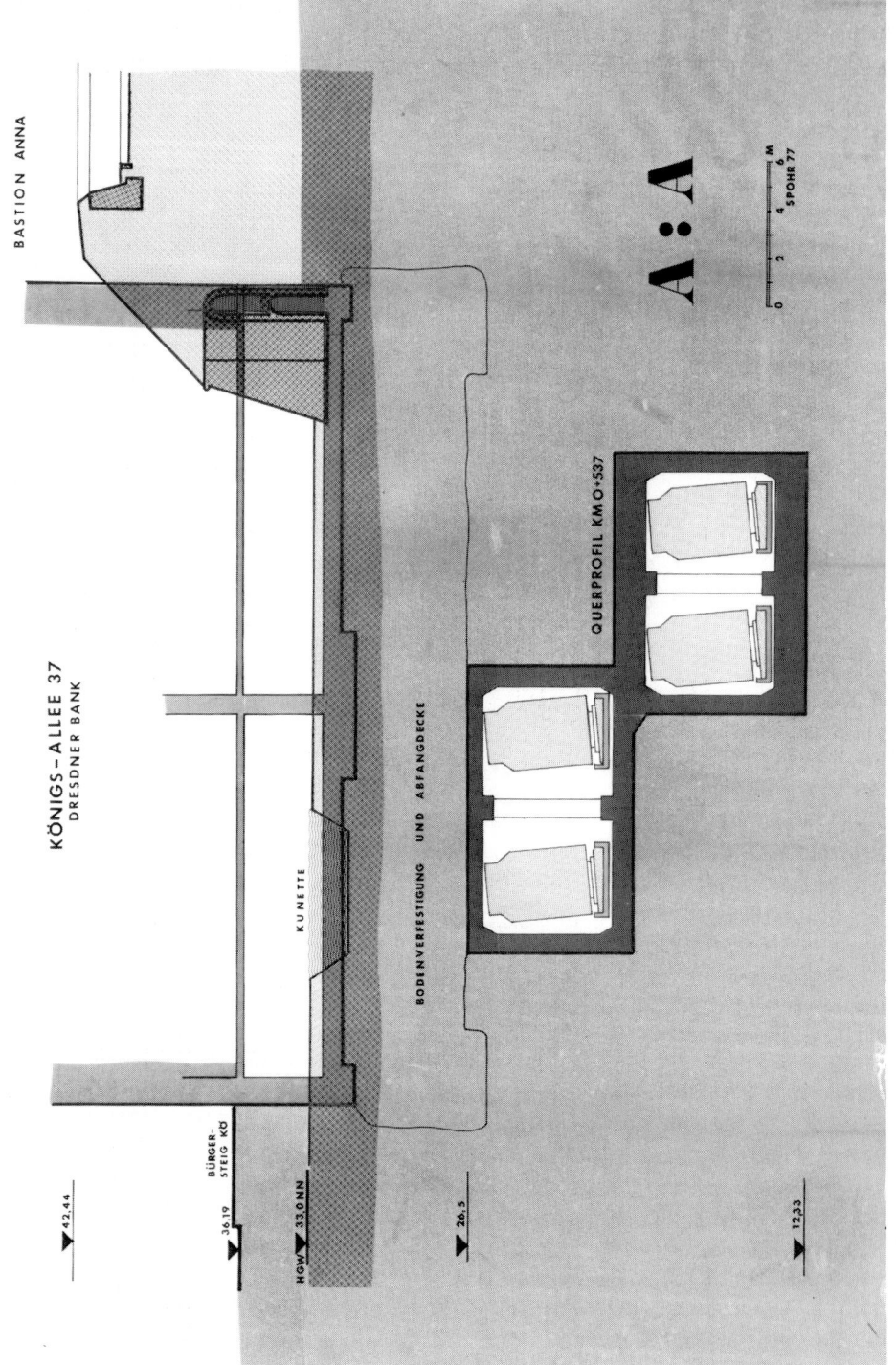

166 Geländeschnitt A — A mit U-Bahn-Trasse und Festungsprofil westlich der Königsallee durch das Gebäude der Dresdner Bank, 1977

342

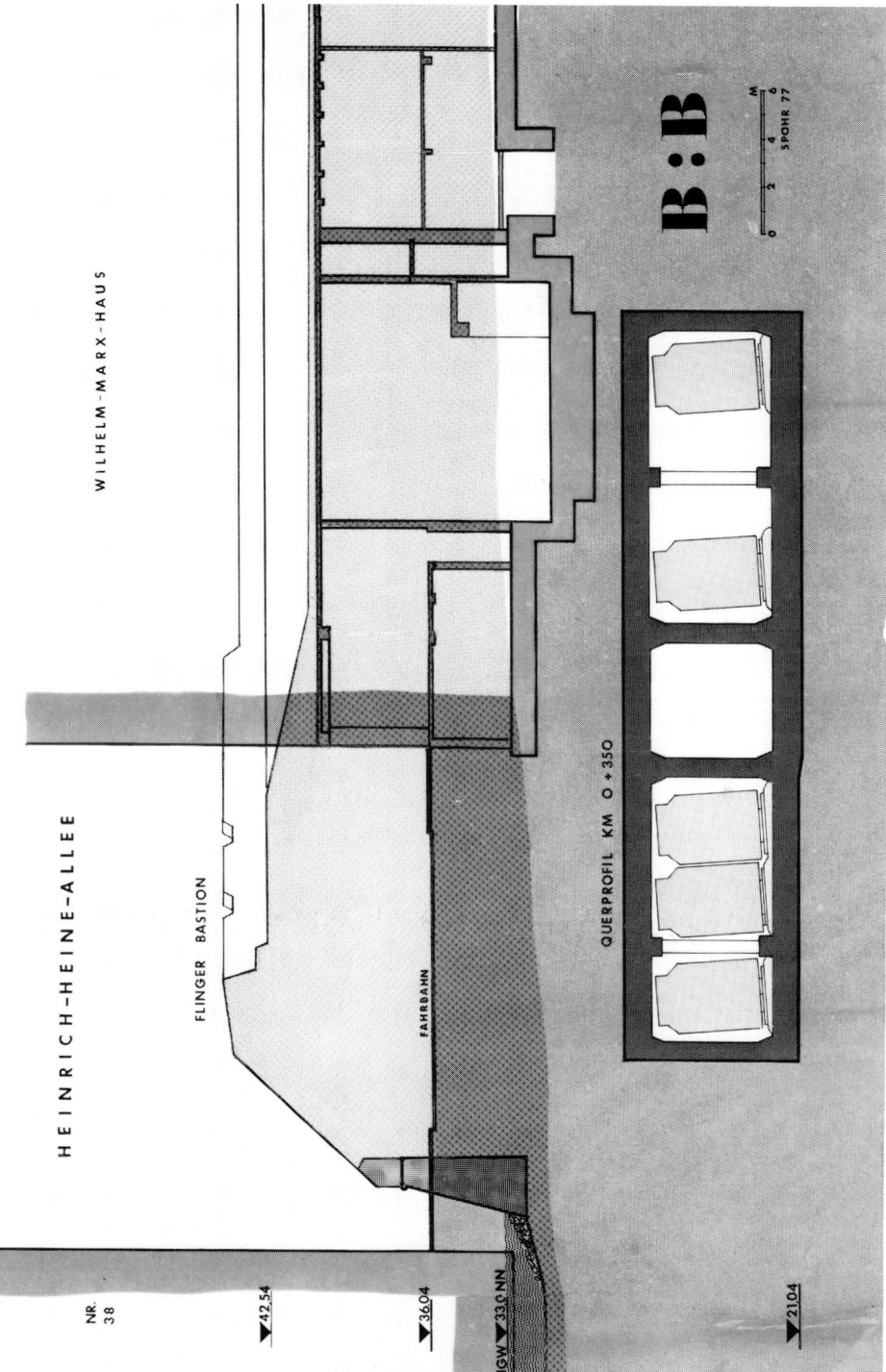

167 Geländeschnitt B – B mit U-Bahn-Trasse und Festungsprofil im Bereich der ehemaligen Flinger Bastion, heute Wilhelm-Marx-Haus, 1977

343

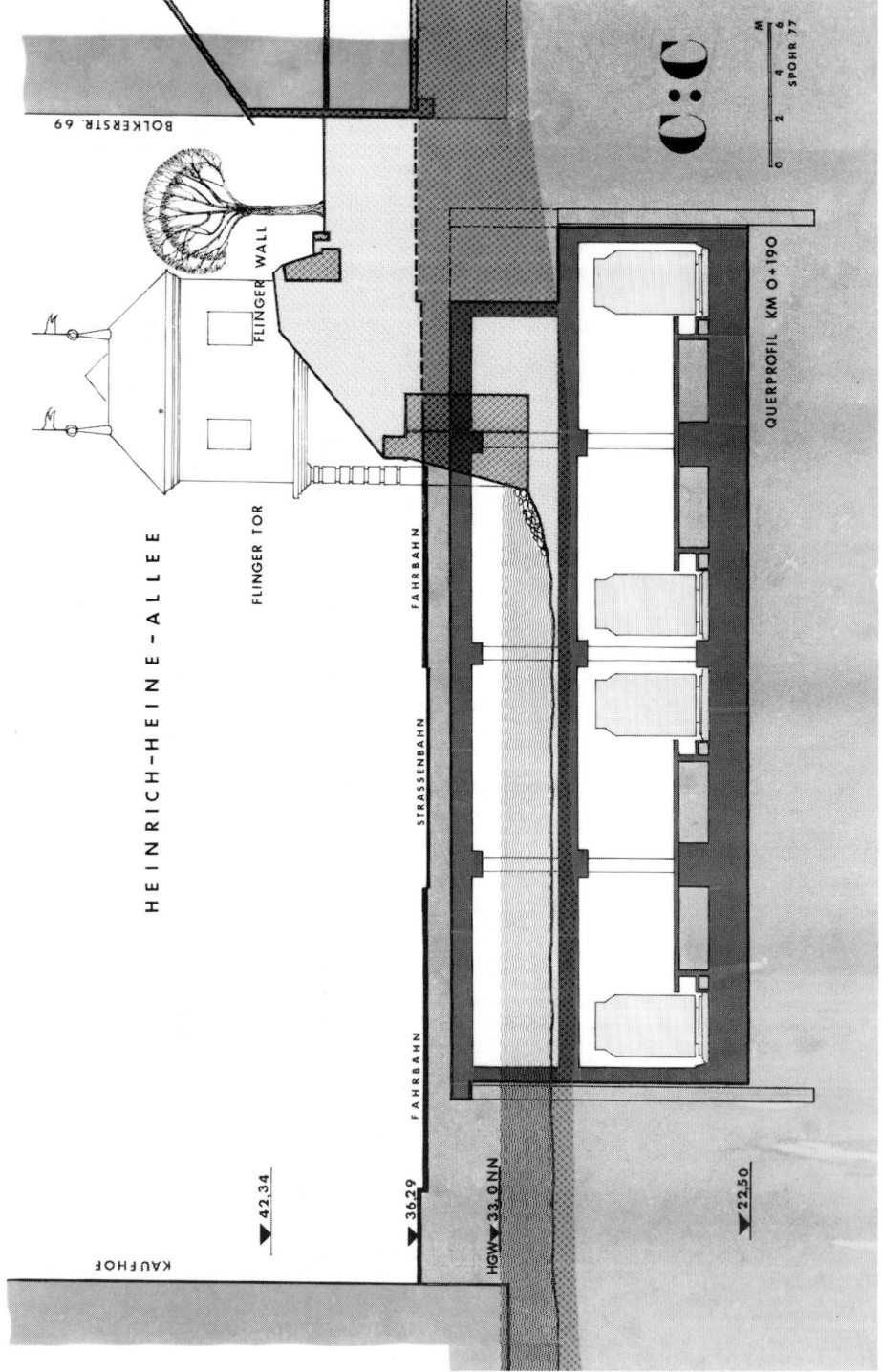

168 Querschnitt C – C durch den U-Bahnhof Heinrich-Heine-Allee und den ehemaligen Flinger Wall, 1977

344

169 Querschnitt D — D durch die U-Bahn-Trasse und das ehemalige Ratinger Ravelin südlich des Ratinger Tores, 1977

V. Das Verhältnis der Denkmalpflege
zu den Festungsbauten

1. Exkurs über die Niederlegung des Berger Tores im 19. Jahrhundert[1087]

Das Berger Tor ist die einzige Stadttoranlage, die nach der Schleifung der Festungswerke noch längere Zeit bestanden hat. Der geringen Achtung, die die Verwaltung
noch im vorigen Jahrhundert bei Verfolgung materieller Interessen unbequemen Bau-
denkmälern entgegengebracht hat, ist es zuzuschreiben, daß heute am Giebel des
Speeschen Hauses eine Gedenktafel mahnt (Abb. 170).

170 Tafel zur Erinnerung an das ehemalige Berger Tor, angebracht an der Giebelfront des Palais
Nesselrode, Berger Allee, Ecke Bäckergasse. Foto, 1976

Den ersten Vorstoß, dieses wertvolle Zeugnis fast zweihundertjähriger Festungsgeschichte zu zerstören, unternahmen 1845 einige Anwohner der Citadellstraße, die
sich durch den „Übelstand des Tores", das sie innerhalb der schönen Anlagen der
Neustadt als störend empfanden, benachteiligt fühlten. Die Ablehnung dieser Eingabe ließ der Verwaltung zwar einige Jahre Ruhe, doch 1873 mußte der Bürgermeister
Hammers neue Beschwerden wegen des Tores entgegennehmen. Diesmal hatte man
die Begründung mit dem Hinweis auf die „gefährliche Passage" des Tores geschickt
genug formuliert, um die auf den Kunstwert des Bauwerks zielenden Argumente der
Abbruchgegner zu entkräften.
Zwar verhinderte der Einspruch des Grafen von Spee, der den Unsinn dieses Zerstö-
rungsaktes rechtzeitig erkannt hatte, noch einmal die Vernichtung dieses Architektur-

denkmals; die Verhandlungen hatten aber gezeigt, daß die auf materiellen Vorteil bedachten Gegner des Tores immer neue Argumente suchten, um ihr Vorhaben zu verwirklichen.

Als die Stadtverordnetenversammlung 1877 erneut die Niederlegung des Tores beschloß, sah der Provinzialkonservator der Rheinlande keine andere Möglichkeit zum Schutz des Bauwerkes als der preußischen Behörde als Aufsichtsbehörde einen entsprechenden Bericht zu erstatten. Die Regierung verfügte daraufhin, daß das Tor wegen seines Wertes als Architekturmonument nicht abgebrochen werden durfte und empfahl, der Verkehrssituation durch die Herrichtung von Seitenwegen gerecht zu werden. Einen im Juli 1893 erneut eingereichten Antrag wies die Regierung ebenfalls ab, da „die Herren Minister des Inneren, der geistlichen, Unterrichts- und Medizinal-Angelegenheiten zwingende Gründe zur Niederlegung des altertümlichen Gebäudes nicht erkennen könnten".

Wenig später sah sich das Kultusministerium veranlaßt, „diesen letzten Rest der Düsseldorfer Befestigungen ausdrücklich als historisches Denkmal anzuerkennen und empfahl das Bauwerk zugleich der Fürsorge der Stadt Düsseldorf wie den in der Rheinprovinz bestehenden Organisationen zum Schutze, zur Pflege und zur Erforschung dieser Denkmäler".[1088]

Mit dieser Entscheidung erreichte die Regierung aber alles andere als eine Schlichtung des um das Bauwerk ausgebrochenen Streites. Die unmittelbaren Anlieger des Tores, die in der Verfügung, die Verkehrssituation durch zwei das Tor umgehende Seitenwege zu verbessern, eine Beeinträchtigung ihrer Rechte als Grundstückseigentümer sahen, machten ihren ganzen Einfluß geltend, um den Abbruch des Gebäudes mit allen Mitteln durchzusetzen. Es blieb nicht aus, daß die beteiligten Interessengruppen die Frage der Beseitigung „dieses fürchterlichen Verkehrshindernisses" zu einem Politikum hochspielten, so daß die Angelegenheit schließlich dem preußischen Abgeordnetenhaus zur Behandlung vorgelegt werden mußte.

Die Gegner des Tores begründeten ihre Forderung mit folgenden Argumenten:[1089]

> Da das Tor die Citadellstraße abriegelt, werden die Privatinteressen der Anwohner geschädigt. Eine Anlage von Seitenwegen ist nicht möglich, da die Inanspruchnahme von Privatgrundstücken eine Beeinträchtigung der Grundstückseigentümer darstellt.
>
> Für den infolge der Eröffnung des Neuen Hafens zu erwartenden, allerdings bis heute ausgebliebenen Verkehr ist das Tor ein Hindernis.
>
> Die durch die Verlegung des Hafens überflüssig gewordenen städtischen Lagerplätze zwischen Berger Allee, Haroldstraße und Rhein lassen sich günstiger als Hausplätze verkaufen, wenn die durch das Berger Tor gebildete Zäsur beseitigt wird.
>
> In der Durchführungsverordnung zum Stadtbauplan von 1831 war in Titel II, § 12 der Abbruch des Berger Tores empfohlen worden.

Für die Erhaltung des Tores wurden folgende Gründe ins Feld geführt:

> Das Gebäude besitzt einen hohen ideellen Wert als Architekturmonument und Kunstwerk.

171 Abbruch des Berger Tores. Foto, 1895

Mit dem Tor wird die Erinnerung an die Besitzergreifung Brandenburgs am
Rhein in Verbindung gebracht, weshalb dem Bauwerk der Rang eines historischen Monumentes zukommt.

Die Prognosen der Verkehrsexperten beruhen auf falschen Voraussetzungen, da
der zu erwartende Verkehrsstrom viel einfacher über die neu angelegte Rhèin-
uferstraße geführt werden kann.

Mit dem Abbruch ist für die Stadt eine zusätzliche finanzielle Belastung verbunden, da für das in dem Tor untergebrachte Polizeigefängnis ein Neubau erstellt
werden muß.

Die mit dem Tor verbundenen ideellen und materiellen Interessen machten es unvermeidlich, daß der öffentlich ausgetragene Streit immer polemischer, wenn nicht sogar
fanatischer wurde. Während die eine Seite das Kunstwerk „eine alte Scharteke“

348

nannte, prangerte die andere Seite den „Kunstvandalismus" ein. Da die Regierung ihre Haltung gegen den Abbruch des Bauwerks unverändert beibehielt, sah die von materiellen Interessen geleitete Stadtverwaltung in einer Überrumpelung der oberen Aufsichtsbehörde eine letzte Chance, ihren Willen durchzusetzen. Die Vertreter der Stadt, die rechtmäßiger Eigentümer des Tores war, beschlossen daher, im Gegensatz zu den Anordnungen der vorgesetzten Behörde, die sofortige Niederlegung des Berger Tores und ließen am 24. 4. 1895 die Abbrucharbeiten beginnen (Abb. 171).

Mit diesem Schildbürgerstreich wollte die Stadtverwaltung die Regierung vor vollendete Tatsachen stellen. Ein sofortiges Einschreiten von Mitgliedern des Geschichtsvereins bewirkte zwar, daß der Abbruch noch vor Ende des Monats bis auf weiteres gestoppt wurde. Trotzdem hatte die Stadtverwaltung mit diesem Überrumpelungsmanöver ihr Ziel erreicht, denn die innerhalb von zwei Tagen an dem Torgebäude verursachten Beschädigungen waren so erheblich, daß eine Wiederherstellung nur mit großen technischen Schwierigkeiten möglich war.

In dieser Situation versuchte der Provinzialkonservator Paul Clemen, wenigstens einen Teil des Monuments für die Kunstgeschichte zu retten. Sein in einem Schreiben an die Regierung in Berlin unterbreiteter Vorschlag, eine eventuell zu erteilende Abbruchgenehmigung mit der Auflage zu verbinden, das Tor in den nahegelgenen Anlagen als historisches Dekorationsstück wieder aufzustellen, fand in der Genehmigung vom 30. Mai 1895 tatsächlich Berücksichtigung. In der Hoffnung auf sofortige Erfüllung der regierungsamtlichen Auflage sprach der Architekt C. Engel, noch bevor das Tor völig abgebrochen war, die Anregung aus, das Monument abseits vom Ver-

172 Rest der von Balthasar Späth am ehemaligen Berger Tor angebrachten Bildhauerarbeiten, um 1935

173 Bauaufnahmen zur Restaurierung des Zitadellviertels, 1974

kehr in den Anlagen zwischen Haroldstraße und Berger Allee wiederaufzubauen. Erst 1900, fünf Jahre nach vollzogenem Abbruch, versuchte die Stadtverwaltung, die von der Regierung gestellte Bedingung, das Tor an anderer Stelle wiederaufzurichten, zu erfüllen. Vor der Haroldstraße, am Ende des Berger Ufers (Mannesmannufer), ließ man eine Atrappe aufstellen, die aber so unglücklich wirkte, daß sich die Verwaltung kurz darauf gezwungen sah, diese lächerliche Holzkonstruktion umgehend wieder abzubrechen.

Nach diesem mißglückten Anfang, ob beabsichtigt oder unbeabsichtigt, wurden verständlicherweise keine weiteren Überlegungen zum Wiederaufbau des Tores mehr angestellt. Die auf den städtischen Bauhöfen gelagerten Steinblöcke gerieten mehr und mehr in Vergessenheit, denn niemand dachte noch ernstlich an eine Wiederherstellung des alten Wahrzeichens.

Bei der Erhöhung der Rheinuferstraße fanden die großen Steinblöcke willkommene Verwendung. Übrig blieben allein die eindrucksvollen Bildhauerarbeiten von Balthasar Späth. Auch sie fielen bald der Vergessenheit anheim, konnten jedoch vor Ausbruch des Zweiten Weltkrieges wieder aufgefunden werden (Abb. 172), so daß sich, wie es Dr. Kauhausen 1934 vor den „Düsseldorfer Jonges" formulierte, berechtigte Hoffnung regte, „daß die künstlerischen Überreste des einstmals so stolzen Berger Tores wieder zu Ehren kommen". Der Zweite Weltkrieg machte auch diese Hoffnungen zunichte, das letzte, an die Festung erinnernde wertvolle Architekturmonument zu retten. Die Steinreste liegen heute vermutlich in einem Gewölbe nordöstlich des Hetjensmuseums.[1090]

2. Stadt und Festung in der modernen Denkmalpflege

War es im vorigen Jahrhundert noch möglich, daß trotz der Einsprüche des Provinzialkonservators das Berger Tor, eine der letzten Erinnerungen an die einstige Festung, abgerissen wurde, so hat die moderne Stadtbildpflege heute eine breitere Grundlage zum Schutz historisch wertvoller Bauten und Ensembles. Man hat inzwischen allgemein anerkannt, daß gerade in Düsseldorf infolge der wechselseitigen Beziehungen

350

zwischen Stadt- und Festungsbau bereits im 16. Jahrhundert eine für damalige Verhältnisse sehr detaillierte Bauordnung erlassen worden ist, die die städtebauliche Entwicklung von Anfang an in gerade Bahnen gelenkt hat. Somit waren rechtzeitig die gesetzlichen Grundvoraussetzungen für eine geordnete städtebauliche Entwicklung gegeben und es konnten so klar gegliederte Stadtbereiche wie das Zitadellviertel (Ende des 17. Jahrhunderts) und die Karlstadt (Ende des 18. Jahrhunderts) entstehen, für die übrigens noch weitergehende detaillierte Bauvorschriften bestanden.

Der relativ kurzzeitigen Bebauung beider Stadtviertel ist es zu verdanken, daß so einheitliche, für ihre Entstehungszeit typische Ensembles entstanden sind, die trotz der Kriegseinwirkungen auch heute in ihrer Gesamtwirkung noch gut erhalten geblieben sind (Abb. 173). Diese nahezu einmalige Situation des Vorhandenseins zweier homogener Stadtviertel aus verschiedenen Epochen in Düsseldorf ist von der Stadtbildpflege rechtzeitig erkannt worden. Der Landeskonservator hat beide Stadtteile als Ensemble in die Liste der denkmalgeschützten Bauten aufgenommen. Dabei ist nicht außer acht gelassen worden, auch das einzige noch erhaltene Festungswerk, die Bastion Maria Amalia, am Südostende der Zitadelle, heute Garten des Stadtgeschichtlichen Museums, mit dem alten Stadtgraben in das Denkmalverzeichnis aufzunehmen. Damit ist der Bestand der letzten sichtbaren Erinnerung an die Festung, die im weiteren Sinne auch Voraussetzung für die Entstehung des Zitadellviertels und der Karlstadt war, für die Zukunft gesichert. Noch liegen aber im Stadtgebiet unter dem Straßenpflaster weitere Teile der alten Festungsanlagen verborgen, auf die man bei der Fundierung von Neubauten immer wieder stößt, wie beispielsweise bei Errichtung des Hauses Berger Straße, Ecke Karlplatz oder bei der Herstellung der Gründung für die Erweiterungsbauten der Oberpostdirektion 1962 (Abb. 174). Allerdings sind die berührten Abschnitte meistens so klein, daß sich die Sicherung einzelner Bauteile nicht lohnt, zumindest sollten aber Bauaufnahmen angefertigt werden.

Eine einmalige Chance, umfangreiche Aufschlüsse über die Festungswerke zu erhalten, bietet sich nunmehr beim U-Bahn-Bau im Bereich der Heinrich-Heine-Allee, wo die U-Bahn-Trasse vom Ratinger Tor bis zur Steinstraße über eine Strecke von 700 m die alten Festungsanlagen durchschneidet (Abb. 165).

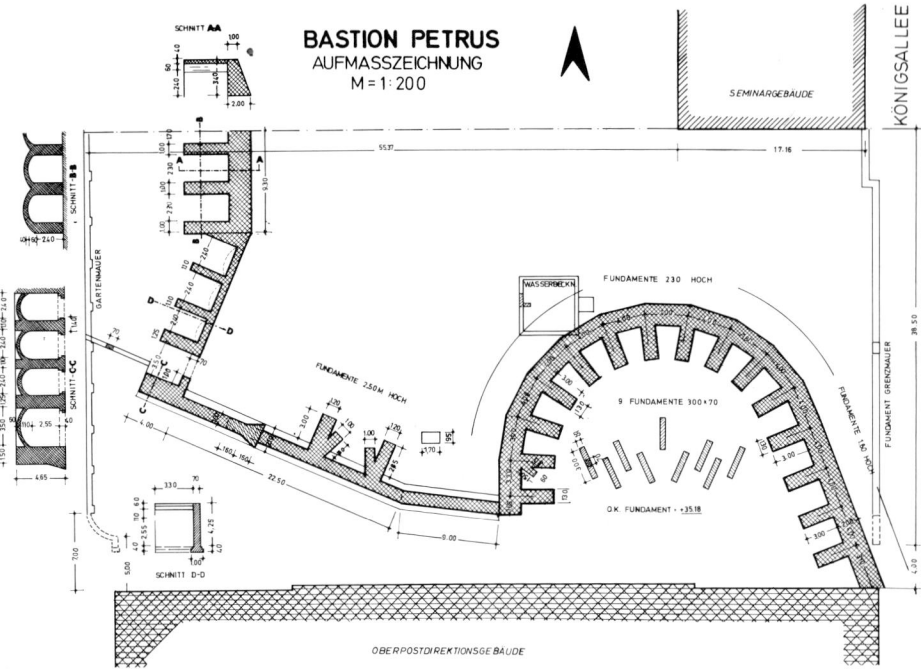

174 Bastion Petrus, Aufmaßzeichnung nach einer Vorlage von 1962

Ähnlich wie in Berlin kreuzt die U-Bahn in Düsseldorf die Festungsanlagen nicht nur an einigen Stellen, sondern tangiert sie außerdem über eine große Strecke. Allerdings sind in Berlin die Spuren der alten Anlagen durch spätere Neubauten und große Bahndämme nahezu ganz verwischt. Immerhin hat man aber alle Funde durch Bauaufnahmen sorgfältig festgehalten. Bereits 1911 wurden Schwellhölzer und Rammpfähle gesichert und von den Bodenfunden Modelle angefertigt, die im Archiv der BVG Aufstellung gefunden haben. Einige Reste, zum Beispiel ein Stück Böschungsmauer, sind rekonsturiert worden und erinnern an die alten Anlagen.[1091] Das Berliner Beispiel könnte für Düsseldorf eine Anregung sein, zumal das Verständnis für denkmalpflegerische Maßnahmen heute viel selbstverständlicher ist als vor 65 Jahren beim U-Bahn-Bau in Berlin. Zwar liegt der U-Bahnhof Heinrich-Heine-Allee unter dem Niveau der Festungsanlagen, so daß es technisch kaum möglich sein wird, Teile der alten Festungsmauern im Original zu erhalten (Abb. 167, 168). Zu überlegen wäre allerdings eine Translozierung guterhaltener Poternen oder Kasematten. Mit Sicherheit wird man aber auch eine Reihe baugeschichtlicher Einzelfunde machen. Auf Kordons ist man bereits beim Bau des Tunnels im Hofgarten vor dem Ratinger Tor gestoßen. Vielleicht kommen jetzt Reste der Eskarpen oder Teile der alten Walltore oder Vortore ans Tageslicht, die im zukünftigen U-Bahnhof Heinrich-Heine-Allee im Rahmen einer angemessenen zeitgeschichtlichen Dokumentation in attraktiver Form aufgestellt werden könnten. So würde, den Beispielen in Paris und Stockholm folgend, vom denkmalpflegerichen Wert der Erinnerung an 300 Jahre Festungsgeschichte einmal abgesehen, auch ein interessanter Gestaltungseffekt in der neuen großen Bahnhofshalle erreicht.

352

VI. Schlußbemerkungen

Die nach dem Sieg von Worringen von den bergischen Grafen privilegierte Siedlung an der Düsselmündung unterschied sich rein äußerlich nur wenig von anderen mittelalterlichen Städten. Dies änderte sich erst 1384 durch die Erweiterung der Stadtflächen „intra muros" auf das Fünf- und 1394 auf das Sechsfache (22,5 ha). Die Vergrößerung des Mauerberings und der Bau von fünf neuen Toren — Ratinger, Flinger, Berger, Rhein- und Zolltor — bei gleichzeitiger Beibehaltung der Mauer pforte am Rhein — Lindentrappenpforte — war nicht die Folge einer natürlichen, der Wirtschaftskraft der Stadt entsprechenden Entwicklung, sondern eine städtebau- und bevölkerungspolitische Maßnahme, geleitet von dem Bestreben, Düsseldorf das Aussehen einer Hauptstadt zu verleihen.

Den 1.250 Einwohnern brachte der im Verhältnis zur besiedelten Stadtfläche viel zu große Mauer- und Grabenring mit einer Länge von 1,8 km infolge der Bau- und Verteidigungspflichten eine unwillkommene zusätzliche Belastung, von der auch die eingemeindete Außenbürgerschaft betroffen war. Mit der Erweiterung des Stadtgebietes „intra muros" war nämlich eine Einbeziehung der umliegenden Dörfer und Höfe in das Stadtgebiet „extra muros" verbunden. Das davon betroffene Gebiet war so groß, daß es bis zur Eingemeindung von 1908/09 nahezu 500 Jahre für die Bedürfnisse der Stadt ausreichte (Taf. X). Die Abhängigkeit der bergischen Hauptstadt von den politischen Absichten der Landesherren zeigte sich in noch stärkerem Maße bei dem Ausbau Düsseldorfs zur Festung nach 1538; denn das Schicksal der Stadt als Landesfestung war eng mit dem politischen Schicksal des Herzogtums verknüpft. Der Schutz der Bürgerschaft trat jetzt zugunsten der strategischen Funktion des Platzes in den Hintergrund. Bei der Anlage des Bastionärtracées 1552 wurde die Stadt um die Zitadelle, die als gesicherter Platz für den Wohnsitz des Landesherrn gedacht war, erweitert. Da Bestrebungen der Düsseldorfer Bürger nach Unabhängigkeit von den Herzögen nie zu einer bedrohlichen Auflehnung geführt hatten, erübrigte sich nach Einführung einer Garnison, die den Bürgern die Selbständigkeit in der Bewachung ihrer Stadt genommen hatte, die Verlegung des Schlosses auf die Zitadelle, so daß das hierfür vorgesehene Gelände in der Mitte des 17. Jahrhunderts zur Besiedlung freigegeben werden konnte.

Das Tracé der infolge der Neutralitätspolitik Wolfgang Wilhelms von einer ernsthaften Belagerung verschont gebliebenen Festung, deren innere Enceinte allzu sklavisch dem mittelalterlichen Mauerverlauf folgte, machte mit ihren hinter der Entwicklung zurückgebliebenen Bastionen in der Mitte des 17. Jahrhunderts einen wenig fortgeschrittenen Eindruck. Erst 1671, mit der Anlage des in seinen Grundzügen schon 1620 geplanten Neuen Werkes, wurden wesentliche festungstechnische Mängel beseitigt.

Unter dem Druck der Bedrohung aus Frankreich sollte die Festung den militärischen Bedürfnissen weitgehend angepaßt werden. Die von Johann Wilhelm vorgesehene Stadterweiterung auf das nahezu Vierfache überstieg, abgesehen von der mangelnden fortifikatorischen Notwendigkeit, bei weitem die wirtschaftliche Leistungsfähigkeit der Stadt- und Landbewohner, so daß die Lieblingsidee des absolutistischen Herrschers — trotz vielversprechender Privilegien — eine Utopie geblieben ist. Lediglich das Hospital und die Kasernen, die infolge der mit ihrem Bau verbundenen Befreiung von der Einquartierungslast eine Erleichterung für die Bürgerschaft darstellten, konnten als eine der Zeit entsprechende Maßnahme verwirklicht werden. Dieser Torso einer maßlosen Stadterweiterung war die Keimzelle der 1726 auf realistischer Basis vorbereiteten und nach 1734 forcierten Anlage der Inneren Extension, die weitgehend den militärischen Erfordernissen der Zeit nachkam.

Während die Bevölkerung der ummauerten Stadt vorwiegend aus Besitzbürgern bestand, bestimmte im 18. Jahrhundert die Garnison das Bild der Landesfestung, die nicht mehr, wie die Mauerbefestigung, Ausdruck von Bürgerstärke war, sondern die politische Macht des Landesherrn verkörperte. Der Charakter der Landesfestung hatte sich seit 1614 mit der Verstärkung der Miliz völlig geändert. Besonders in den Jahren der französischen Besatzung, vor allem aber bei der Anlage der Außenbefestigung nach 1796 wurden die Bürger zu Schanzarbeiten gezwungen. Die Garnison mit meist fremden Soldaten hatte nur noch selten eine Beziehung zu den gesellschaftlichen Kräften, die über Jahrhunderte in der Residenzstadt Düsseldorf bestimmend waren. Soziale und wirtschaftliche Interessen wurden oft den militärischen Forderungen untergeordnet.

Während die zeitgenössische Bürgerschaft von der Eigenschaft ihrer Stadt als Festung meist nur Nachteile hatte, begünstigte die aus rein militärischen Erwägungen befestigte Innere Extension die städtebauliche Konzeption der Karlstadt. Diese wurde 1787 nach Schleifung der Inneren Werke angelegt. Eine durch den Rückzug der Franzosen über den Rhein bedingte Veränderung der politischen Situation in Europa brachte für Düsseldorf 1801 die endgültige Aufhebung der Festungseigenschaft mit sich.

Die städtebauliche Bedeutung der Schleifung, die für die Bürgerschaft das Ende der Schanzarbeiten bedeutete, liegt in Anbetracht der verhältnismäßig großen Außenbürgerschaft und der normalen Einwohnerdichte weniger in der Befreiung der Stadt von einem einengenden Panzer als in der Möglichkeit, ein großzügiges Städtebaukonzept zu entwickeln, das, von der Anlage neuer Hauptstraßen auf den alten Festungswerken ausgehend, den Maßstab für zukünftige Bebauungspläne setzte. Die Wahrnehmung einer solchen Chance, die von der bayrischen Regierung durch die Gründung der Verschönerungskommission gesichert und von der französischen Regierung durch das

Verschönerungsdekret Napoleons weiter verankert worden war, wurde durch die dirigistischen Eingriffe reaktionärer Städtebaupolitik seitens der Berliner Regierung mit Rücksicht auf bestehende Besitzverhältnisse bewußt vernachlässigt. Erst nach dem Zweiten Weltkrieg ist es gelungen, wesentliche Fehler dieser kleinlichen Planungsmaßnahmen durch den Nord-Süd-Durchbruch der Berliner Allee und die Ost-West-Verbindung der Karlstadt mit dem Bahnhofsviertel auszugleichen.

Zur Zeit erfolgen durch den U-Bahn-Bau wieder größere Eingriffe in die Stadtsubstanz. Bei diesem Jahrhundertbauwerk berührt man im Bereich der Heinrich-Heine-Allee über 300 Jahre Festungsgeschichte, das sind fast 500 Jahre Stadtgeschichte.

VII. Anhang

1. Bildtafeln

I	Düsseldorf um 1300. Rekonstruktion 1971/77
II	Düsseldorf nach 1382. Rekonstruktion 1971/77
III	Düsseldorf um 1500. Rekonstruktion 1971/77
IV	Planprojekt von Daniel Speckle, o. J. (1567)
V	Plan der Festung Düsseldorf von Antonio Serro, 1620 (Nachzeichnung)
VI	Plan der Festung Düsseldorf mit Verbesserungsvorschlägen von Cagnon, 1688
VII	Plan der Festung Düsseldorf mit der Neustadt, 1716
VIII	Plan der Stadt und Festung Düsseldorf von de Frézier, 1736/1739
IX	Plan von Düsseldorf, sign. Enbers, 1737/38
X	Plan des Rheinlaufs mit der Festung Düsseldorf und Umgebung, 1776
XI	Plan der Stadt und Festung Düsseldorf, 1795/96
XII	Plan von Düsseldorf mit dem Camps Retranchés, 1796
XIII	Düsseldorf nach dem Hochwasser von 1799
XIV	Plan von Düsseldorf nach Zerstörung der Festungswerke, 1801
XV	Düsseldorf, Entwicklung der Befestigungsanlagen von 1288 bis 1801, Rekonstruktion 1971
XVI	Düsseldorf mit seinen Umgebungen. Kupferstich von Gouffroi, 1809
XVII	Plan zur Vergrößerung der Stadt Düsseldorf von Maximilian Friedrich Weyhe, 1824
XVIII	Bauplan der Stadt Düsseldorf, 1831
XIX	Bau- und Nivellementsplan über die Erweiterung der Stadt Düsseldorf, 1854
XX	Düsseldorf, Stadt und Festung. Historische Entwicklung mit den Stadtbezirken bis 1976

356

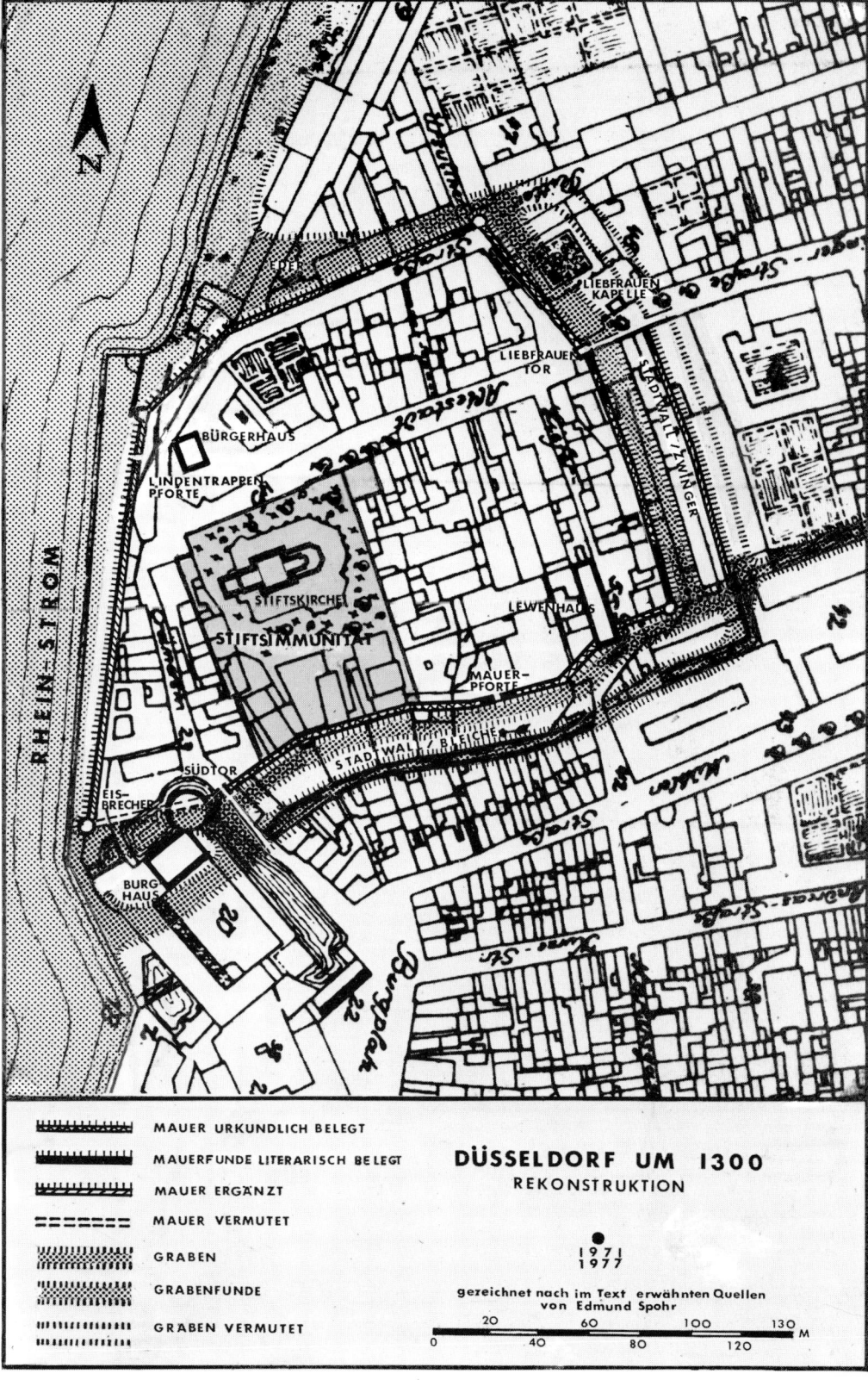

DÜSSELDORF UM 1300
REKONSTRUKTION

Ⅲ⊞Ⅲ⊞Ⅲ⊞	MAUER URKUNDLICH BELEGT
ⅢⅢⅢⅢⅢⅢ	MAUERFUNDE LITERARISCH BELEGT
ⅢⅢⅢⅢⅢⅢ	MAUER ERGÄNZT
══════	MAUER VERMUTET
ⅢⅢⅢⅢⅢⅢ	GRABEN
ⅢⅢⅢⅢⅢⅢ	GRABENFUNDE
ⅢⅢⅢⅢⅢⅢ	GRABEN VERMUTET

●
1971
1977

gezeichnet nach im Text erwähnten Quellen
von Edmund Spohr

0   20   40   60   80   100   120   130
M

I

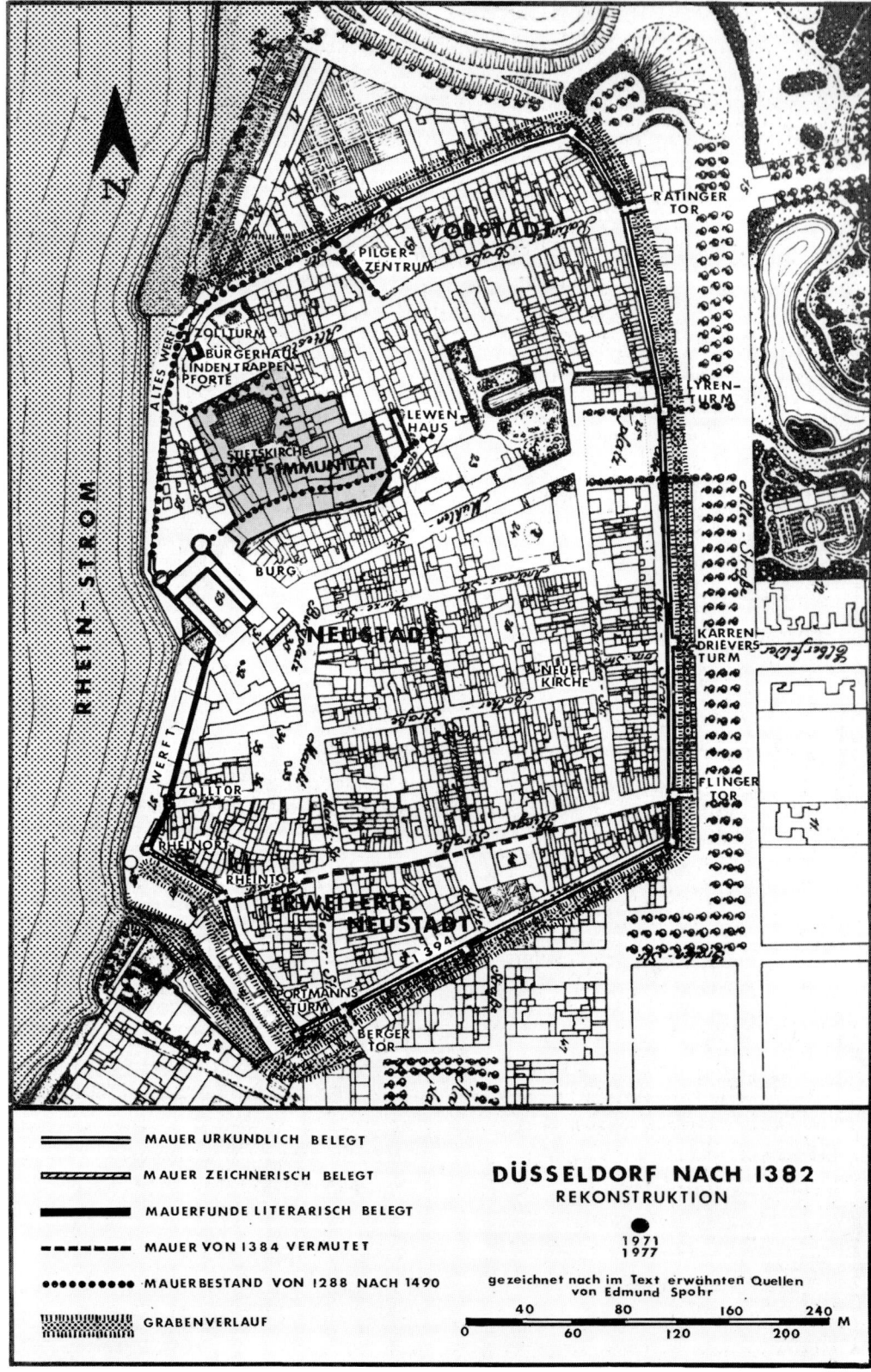

DÜSSELDORF NACH 1382
REKONSTRUKTION

MAUER URKUNDLICH BELEGT
MAUER ZEICHNERISCH BELEGT
MAUERFUNDE LITERARISCH BELEGT
MAUER VON 1384 VERMUTET
MAUERBESTAND VON 1288 NACH 1490
GRABENVERLAUF

●
1971
1977

gezeichnet nach im Text erwähnten Quellen
von Edmund Spohr

40   80   160   240
                                      M
0   60   120   200

II

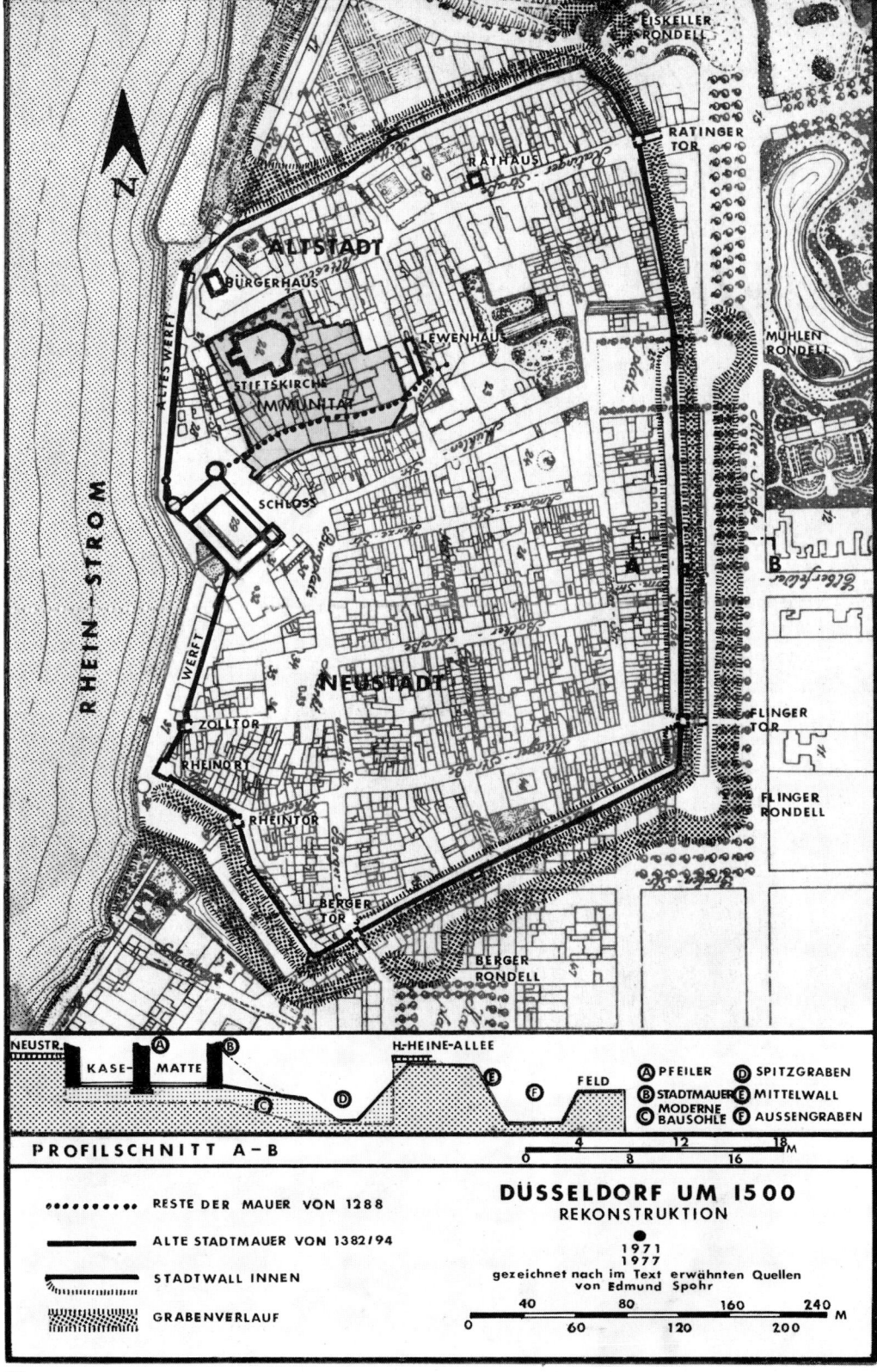

N

EISKELLER
RONDELL

RATINGER
TOR

RATHAUS

ALTSTADT

MÜHLEN
RONDELL

BÜRGERHAUS

LÖWENHAUS

ALTES WERFT

STIFTSKIRCHE
IMMUNITÄT

A

B

SCHLOSS

RHEIN-STROM

WERFT

NEUSTADT

ZOLLTOR

FLINGER
TOR

RHEINORT

FLINGER
RONDELL

RHEINTOR

BERGER
TOR

BERGER
RONDELL

NEUSTR.

H.-HEINE-ALLEE

KASE-MATTE

A   B

Ⓐ   Ⓓ

Ⓒ

Ⓑ   Ⓕ

Ⓐ PFEILER   Ⓓ SPITZGRABEN

FELD

Ⓑ STADTMAUER Ⓔ MITTELWALL

Ⓒ MODERNE
   BAUSOHLE   Ⓕ AUSSENGRABEN

PROFILSCHNITT A – B

0   4   8   12   18
                        M

•••••••• RESTE DER MAUER VON 1288

DÜSSELDORF UM 1500
REKONSTRUKTION

●
1971
1977

gezeichnet nach im Text erwähnten Quellen
von Edmund Spohr

────── ALTE STADTMAUER VON 1382/94

────── STADTWALL INNEN

▨▨▨▨▨ GRABENVERLAUF

0   40   80   120   160   200   240
     60   100   200   M

III

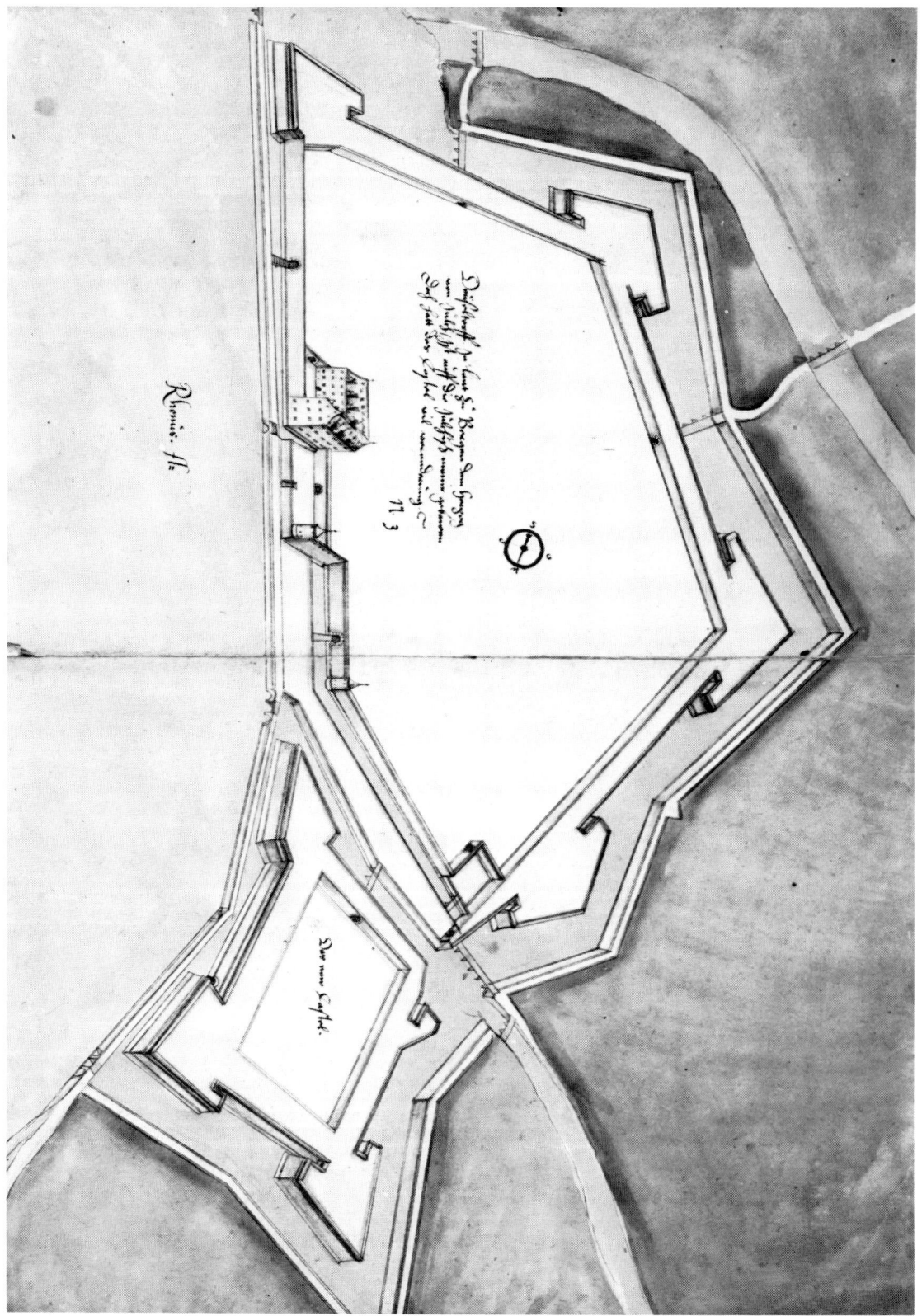

IV

V

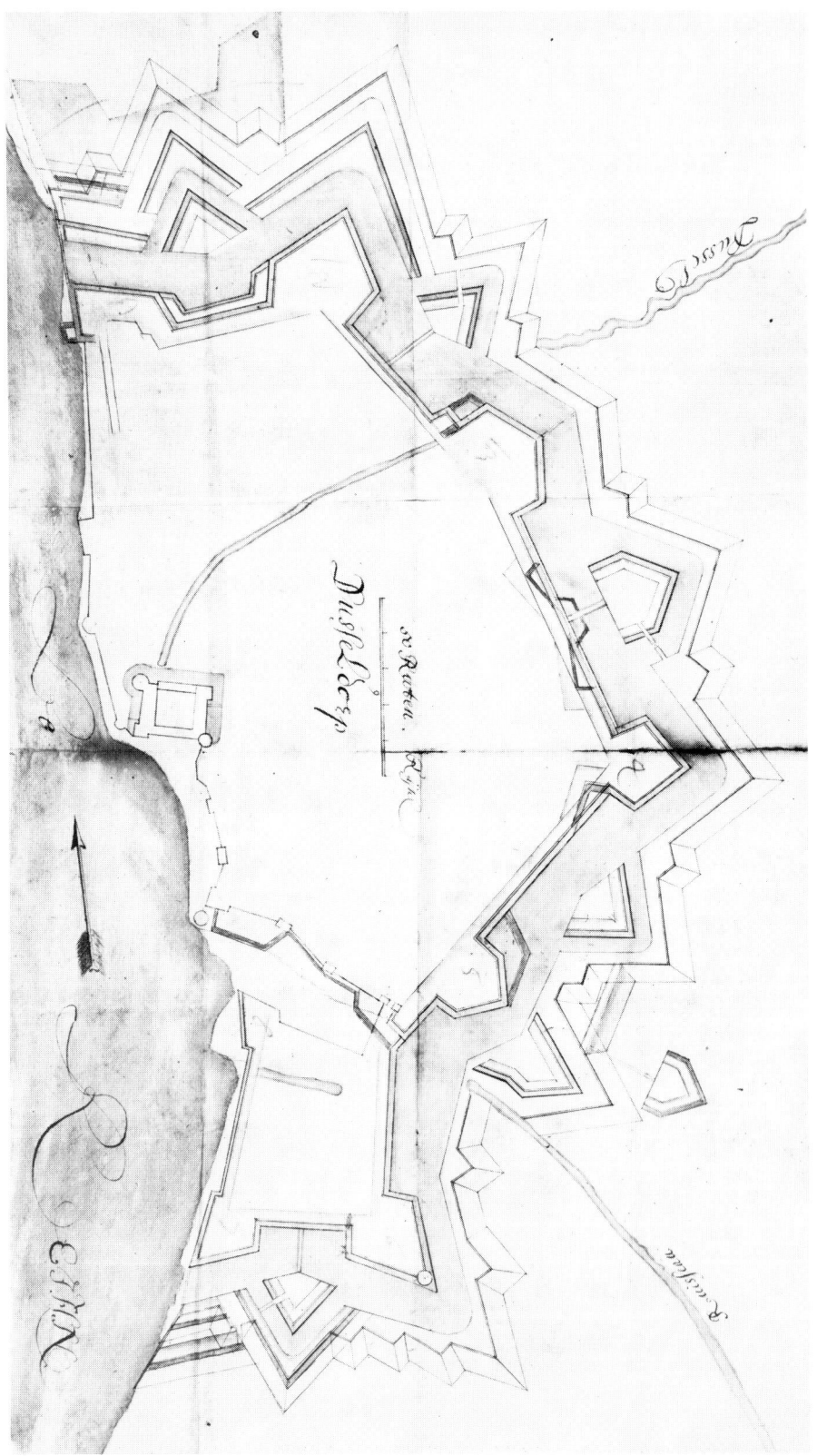

VI

VII

VIII

364

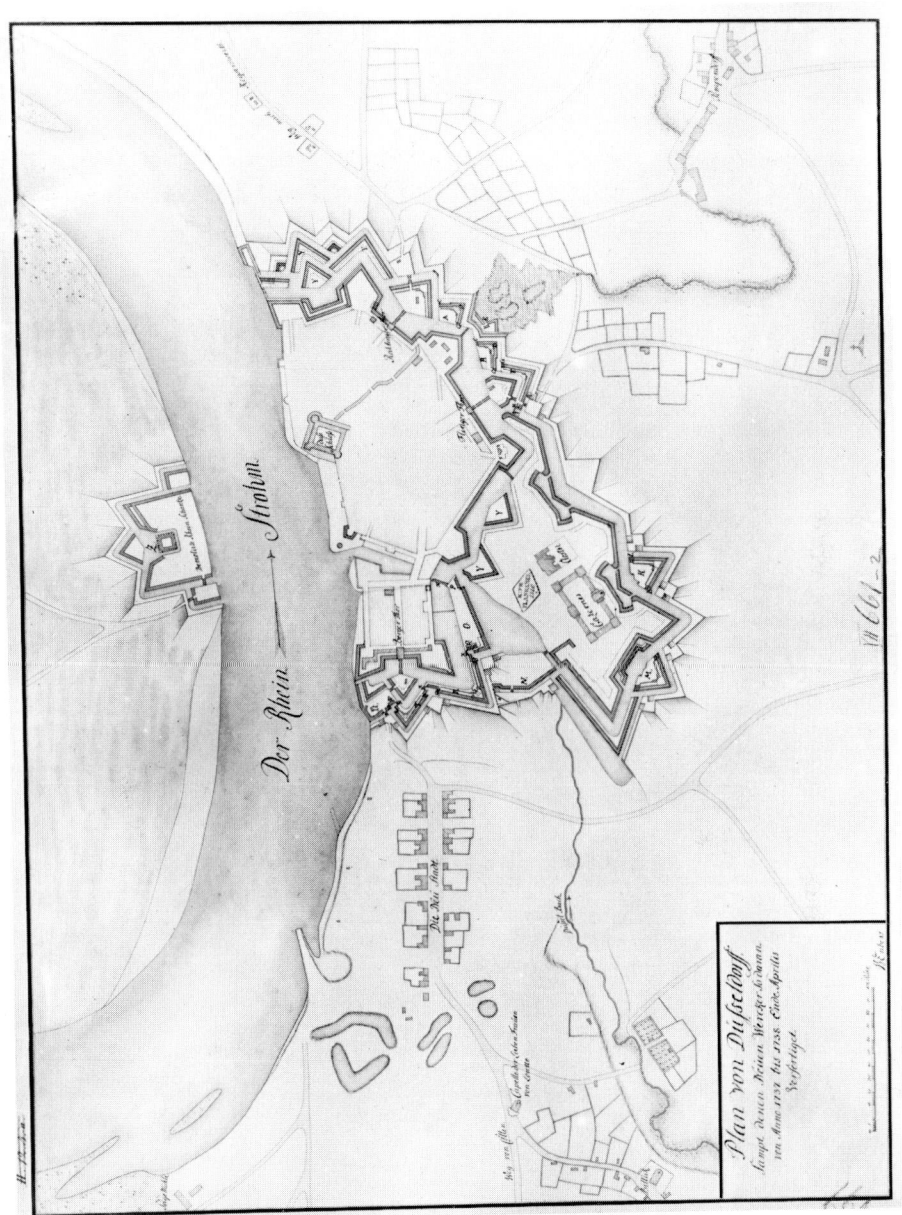

Plan von Düsseldorff
sampt denen neuen Werker; die davon
in Anno 1731 bis 1738 Ende Aprilis
verfertiget

Der Rhein ⟶ Strohm

Die Alte Statt

IX

365

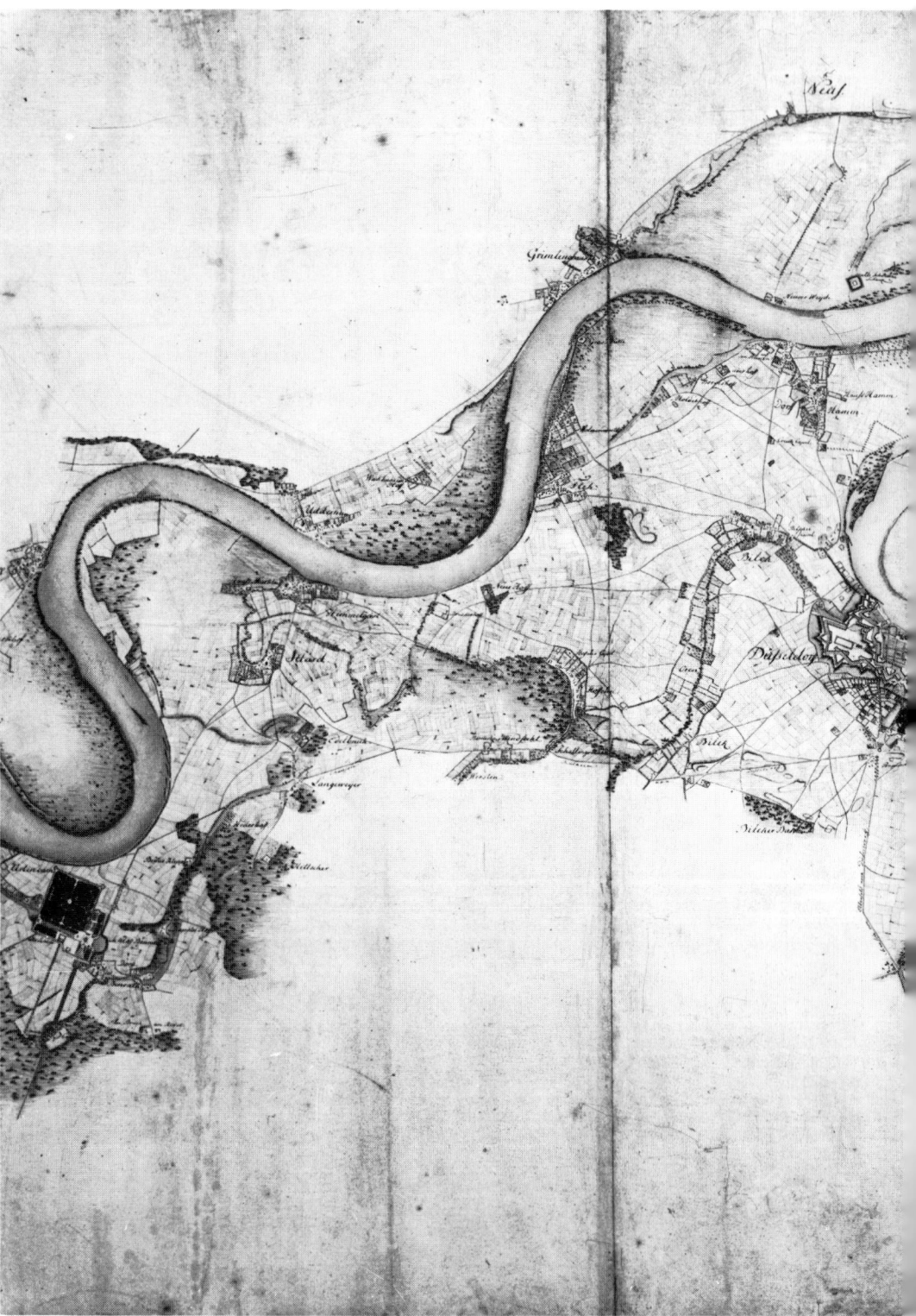

X

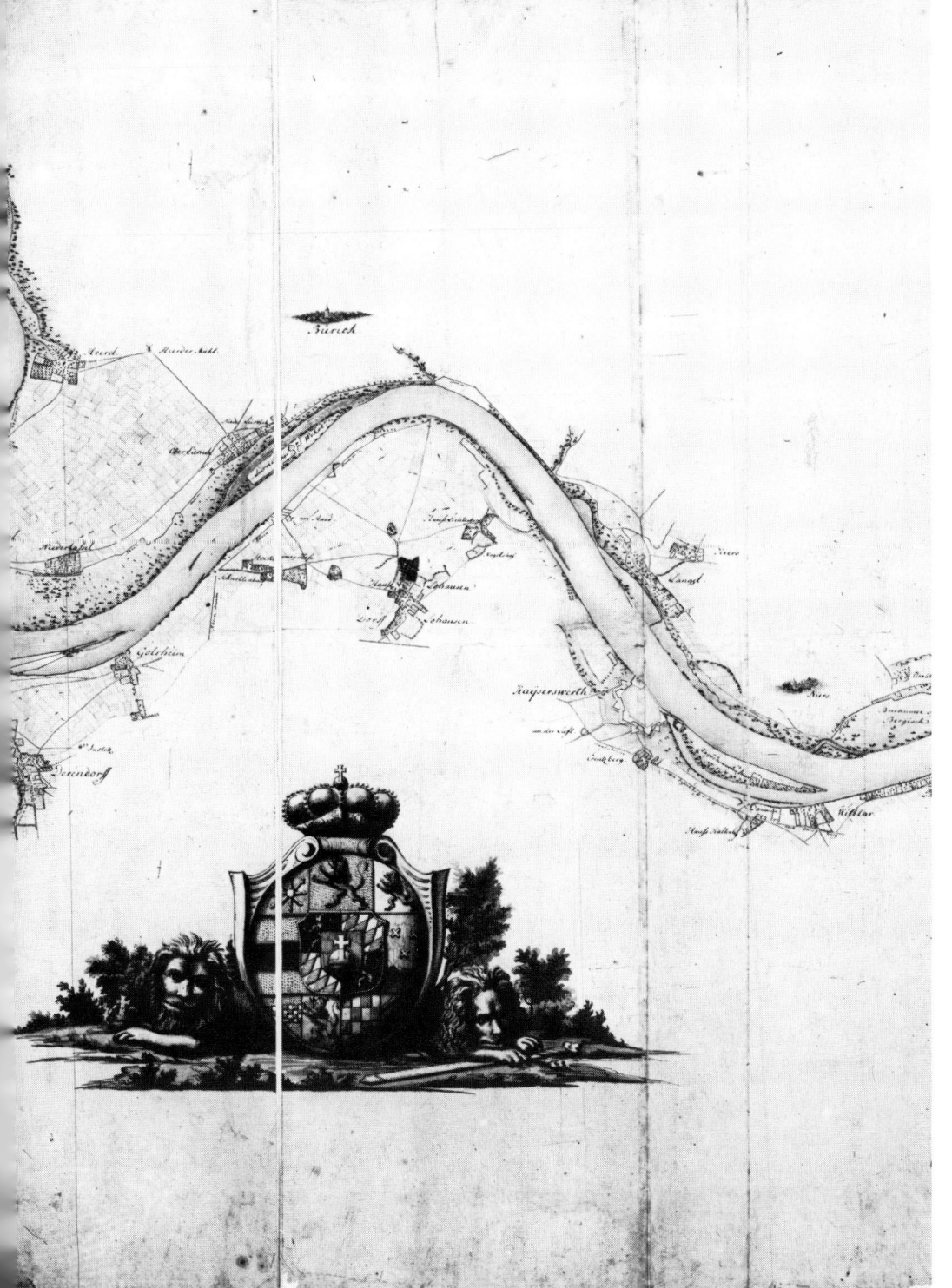

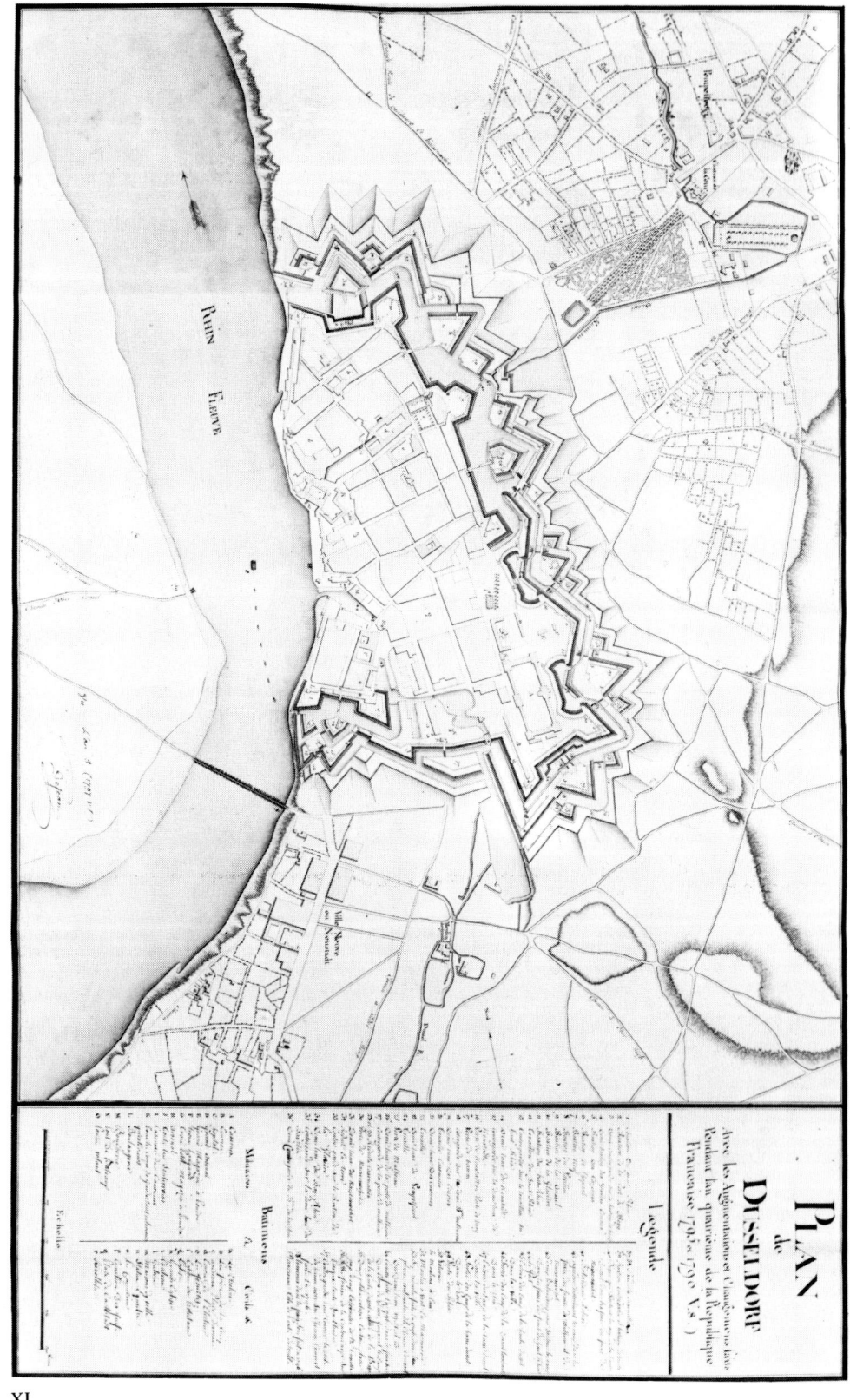

XI

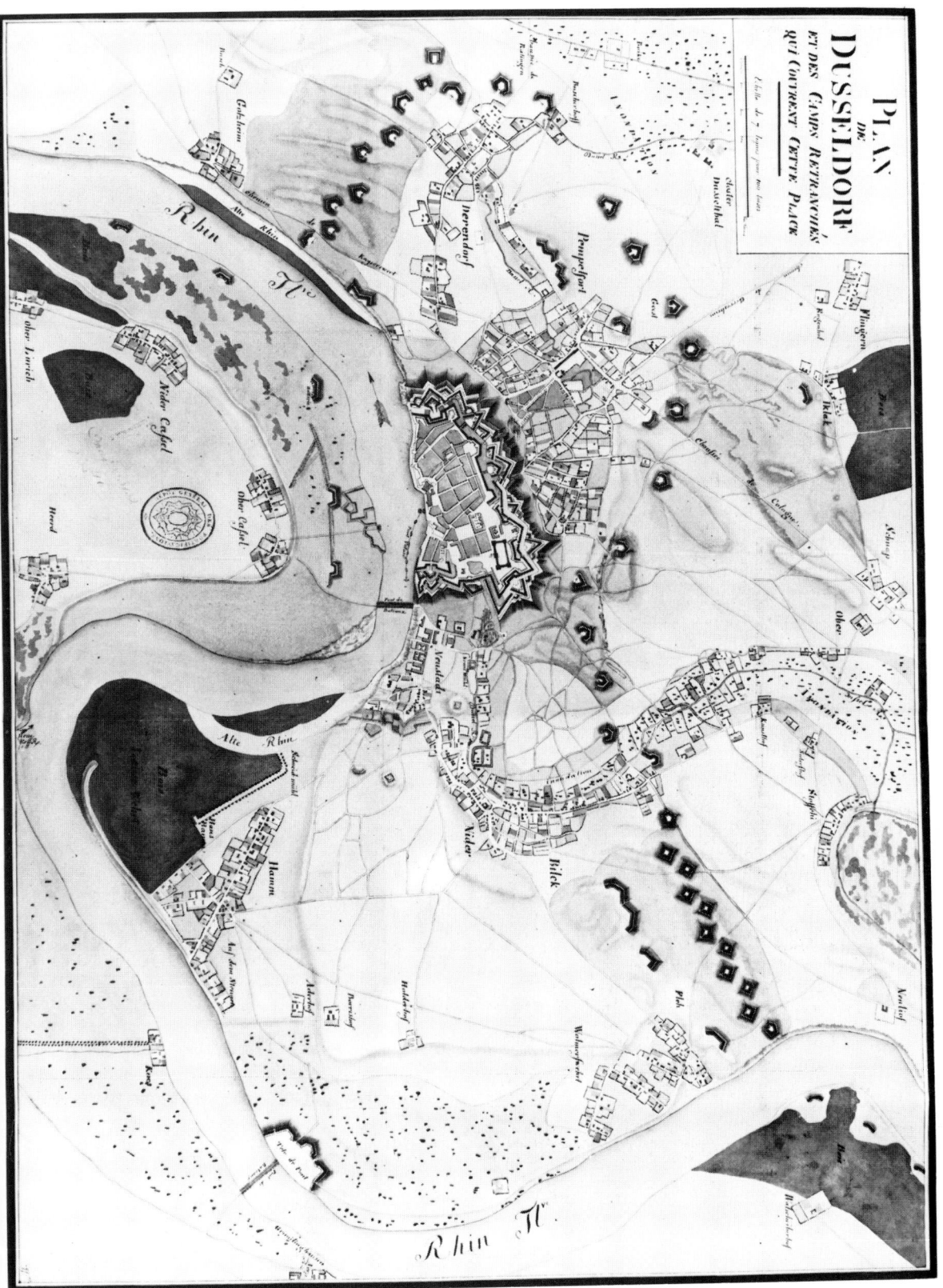

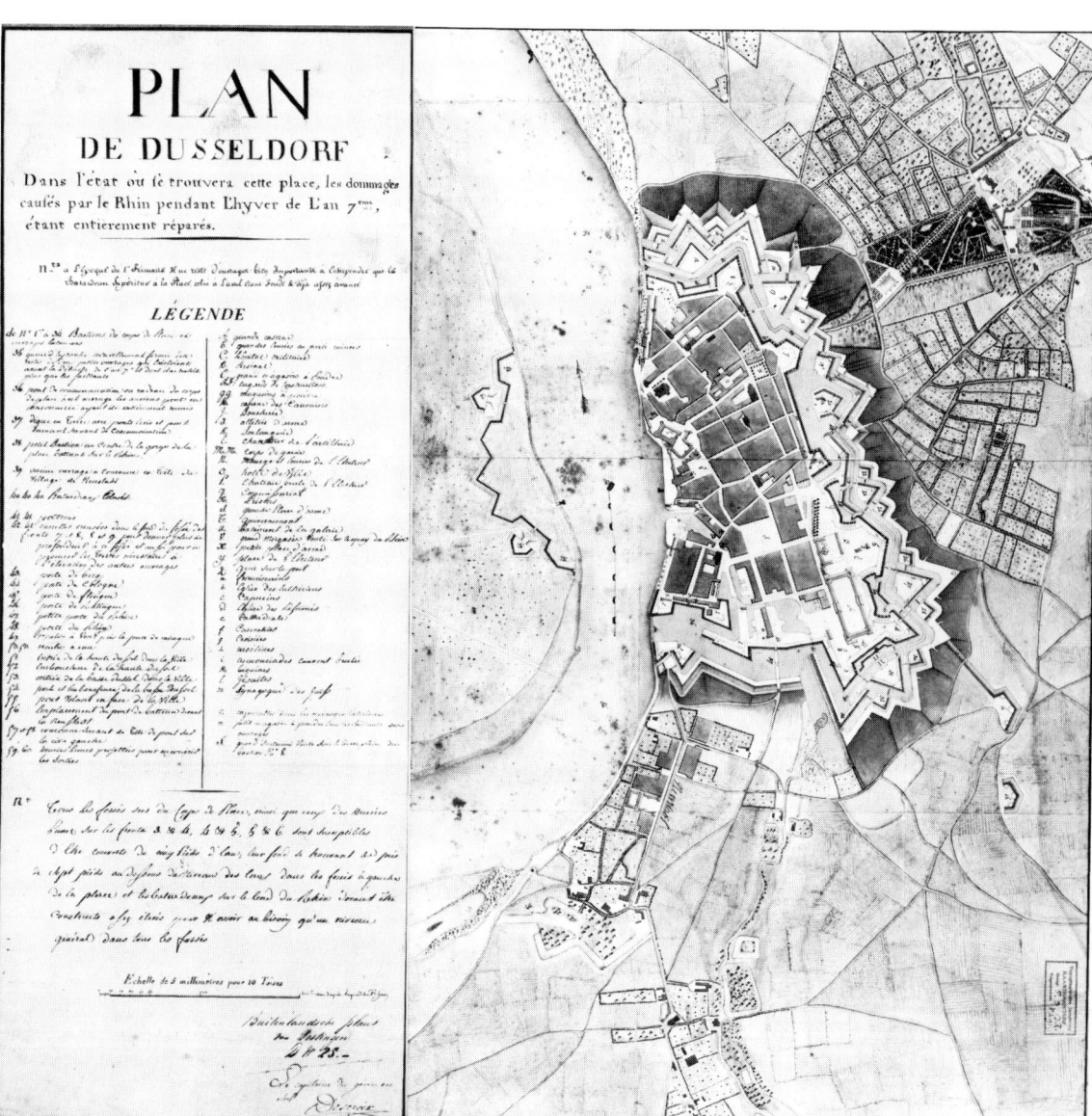

XIII

370

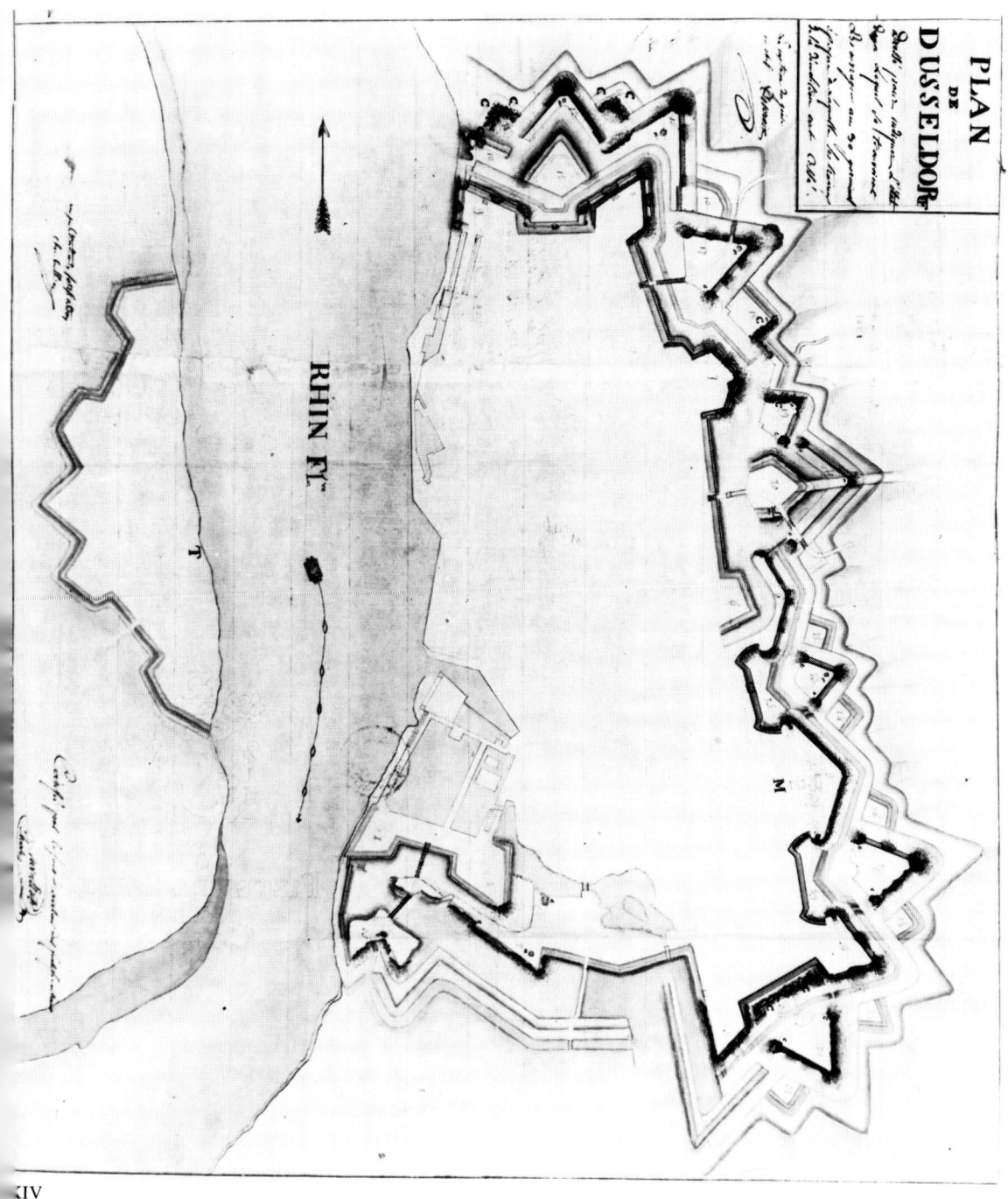

PLAN
DE
DUSSELDORF

RHIN Fᵗᵉ

M

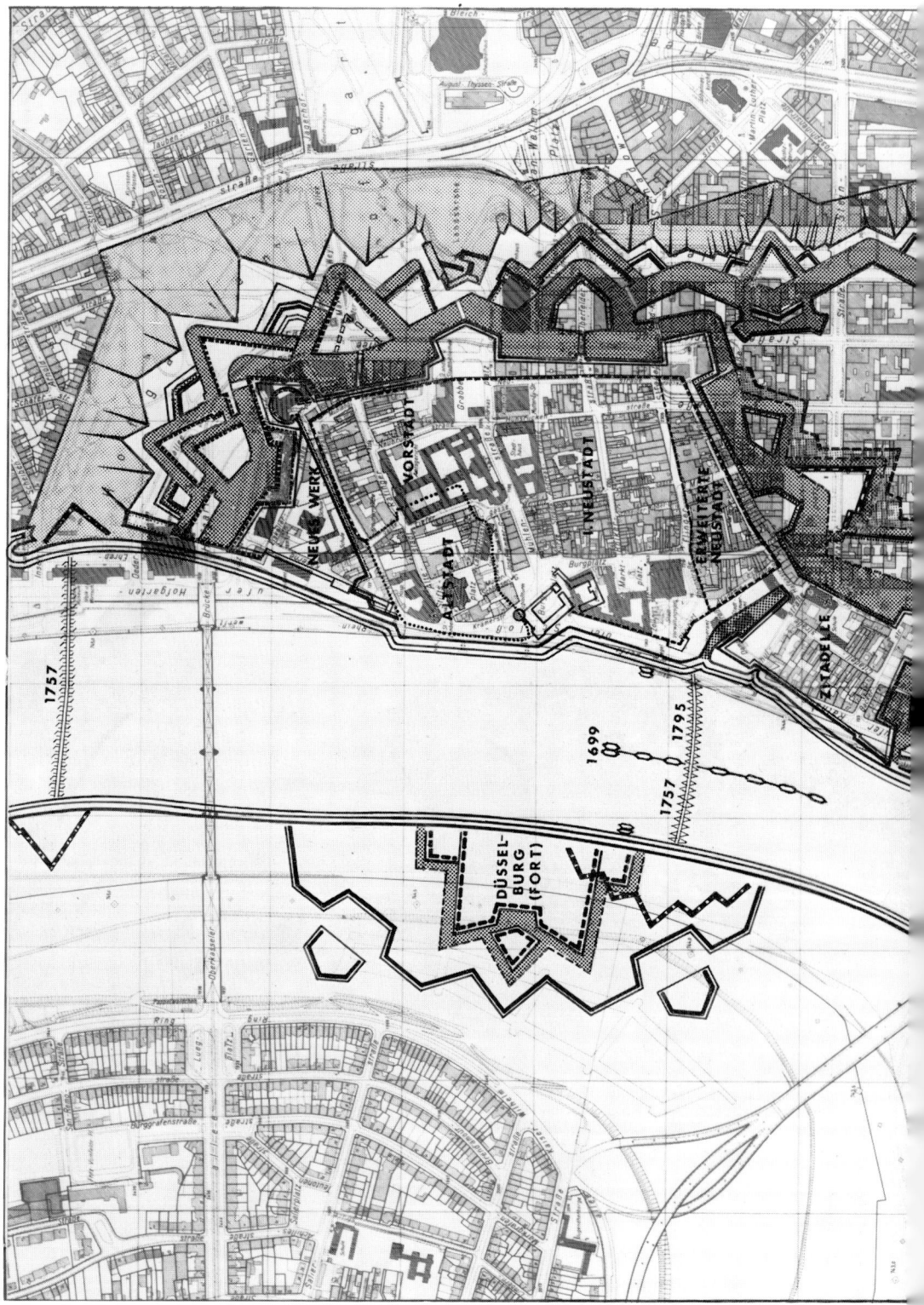

XV

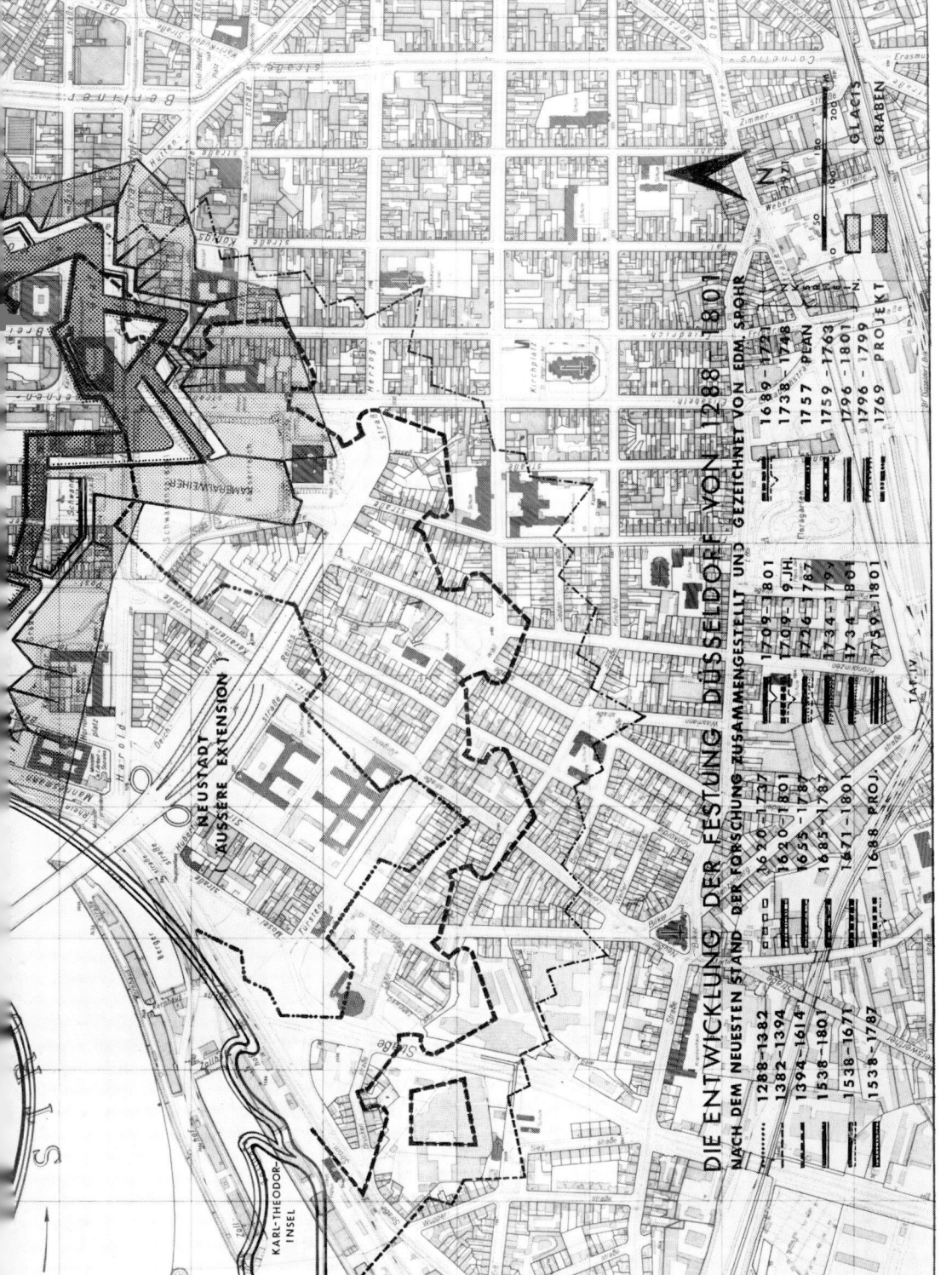

DIE ENTWICKLUNG DER FESTUNG DÜSSELDORF VON 1288 - 1801
NACH DEM NEUESTEN STAND DER FORSCHUNG ZUSAMMENGESTELLT UND GEZEICHNET VON EDM. SPOHR

1288 - 1382
1382 - 1394
1394 - 1614
1538 - 1801
1538 - 1671
1538 - 1787

1620 - 1737
1620 - 1801
1655 - 1787
1685 - 1787
1671 - 1801
1688 PROJ.

1709 - 1801
1709 - 9.JH.
1734 - 1787
1734 - 1801
1734 - 1801
1759 - 1801

1689 - 1721
1738 - 1748
1757 PLAN
1759 - 1763
1796 - 1801
1796 - 1799
1769 PROJEKT

NEUSTADT
(ÄUSSERE EXTENSION)

KARL-THEODOR-
INSEL

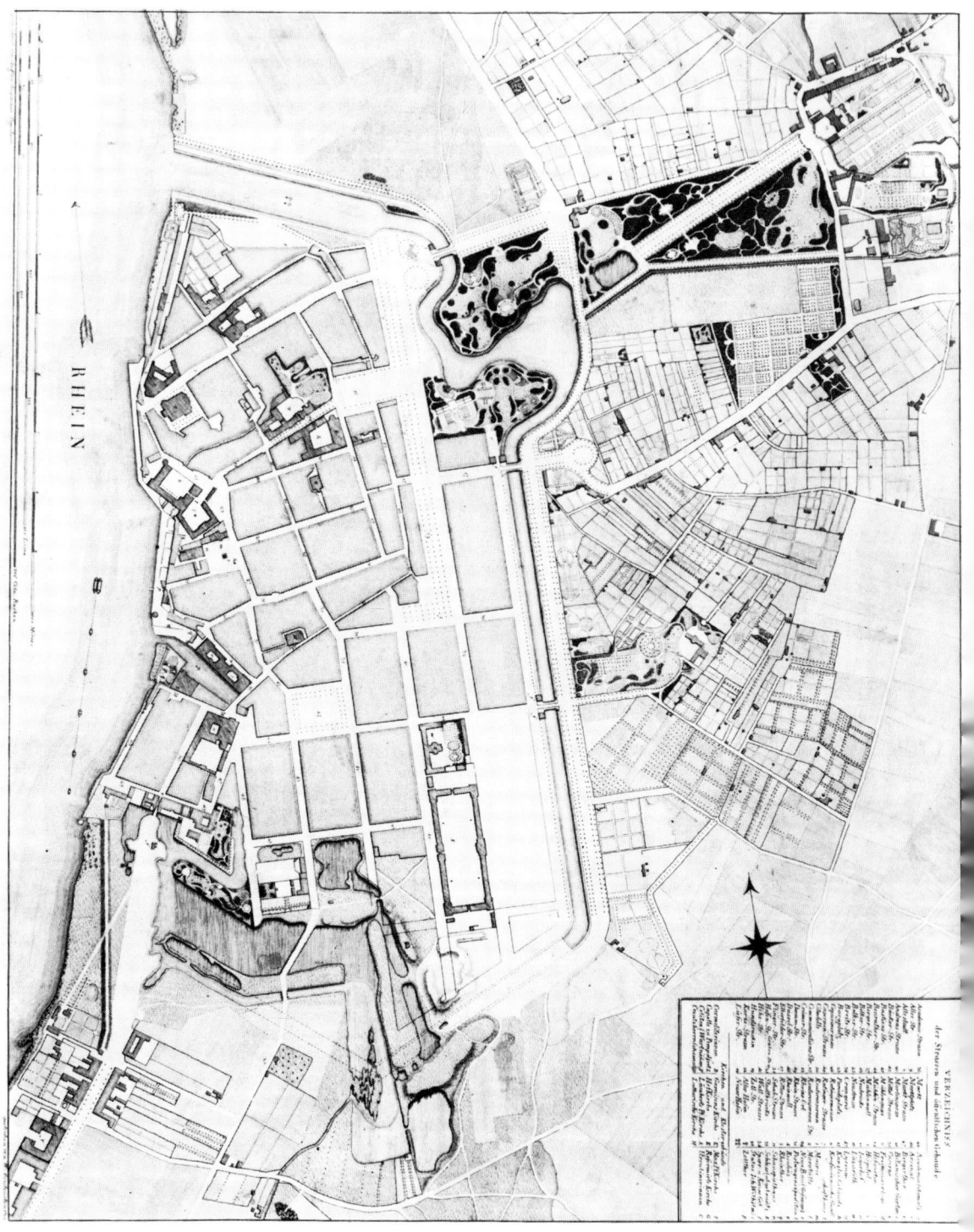

RHEIN

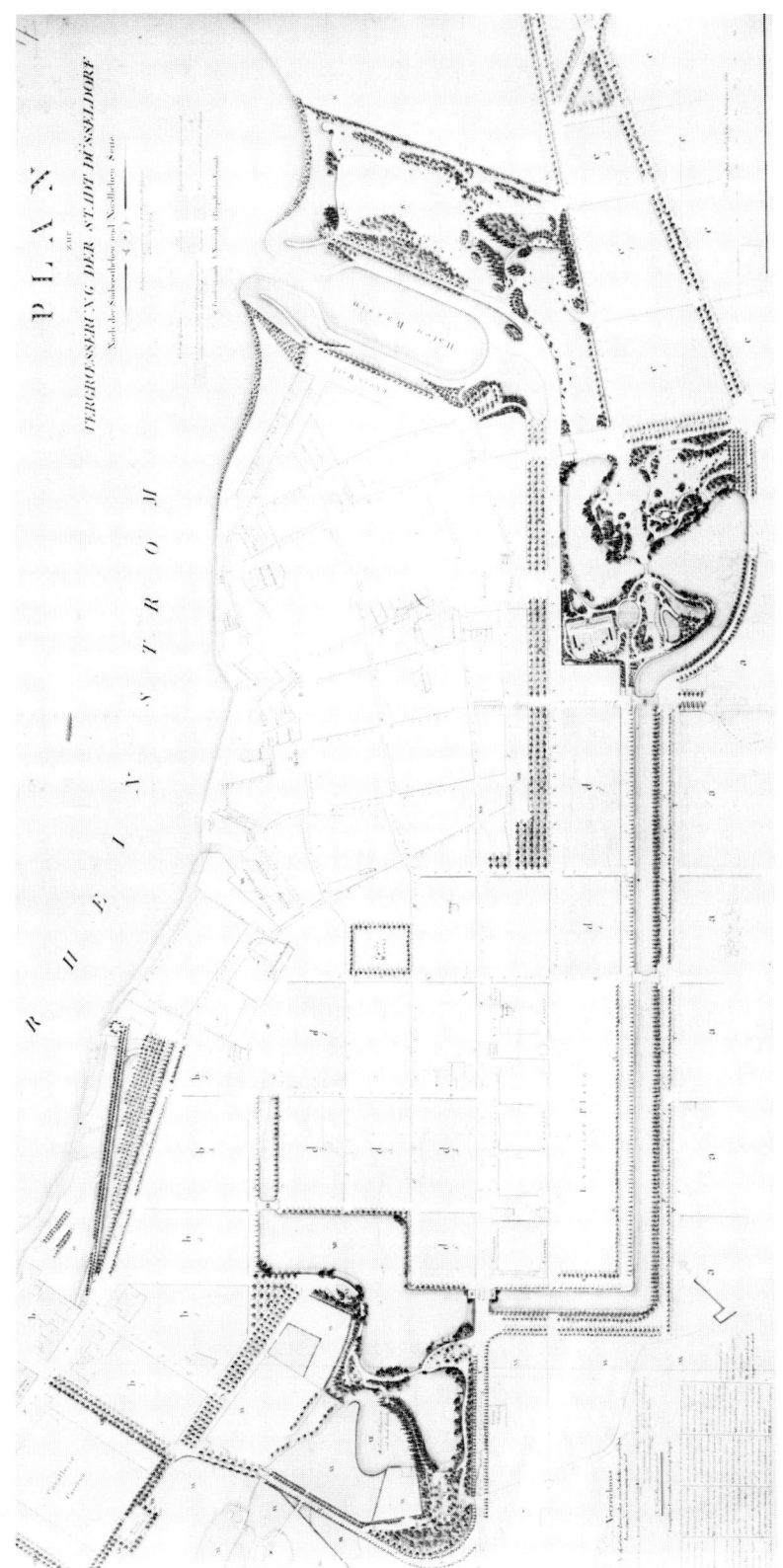

XVII

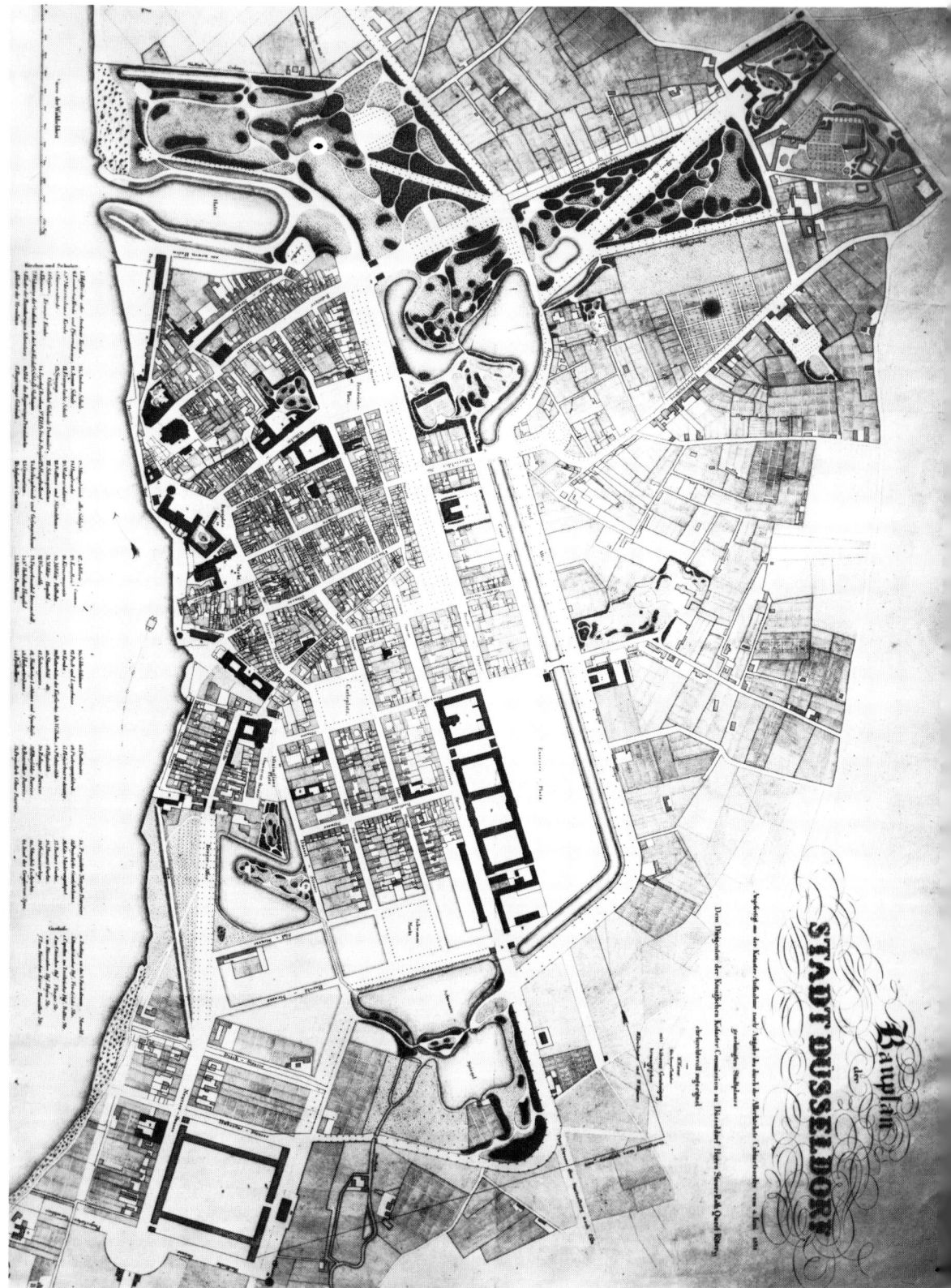

STADT DÜSSELDORF

XVIII

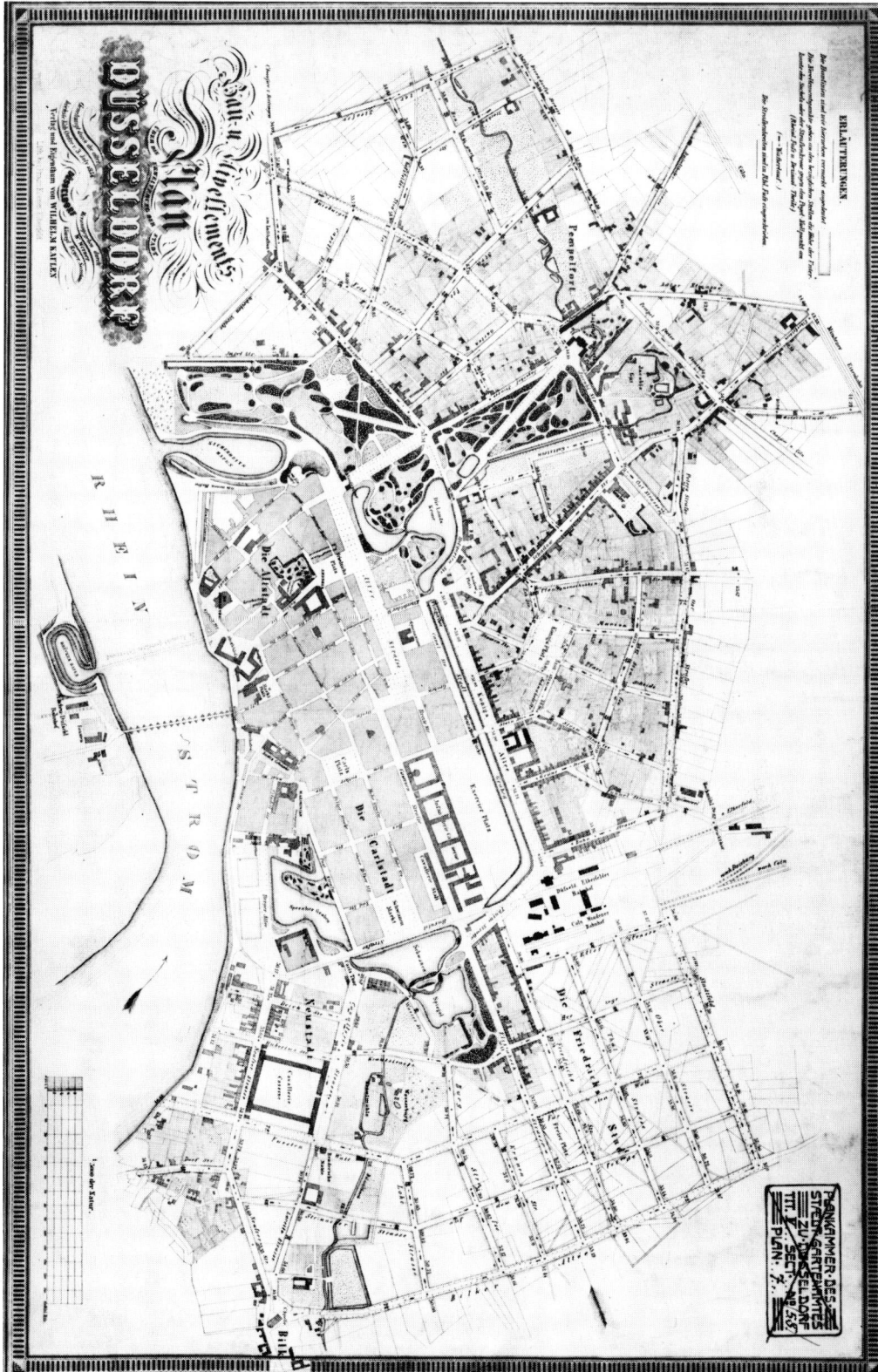

XIX

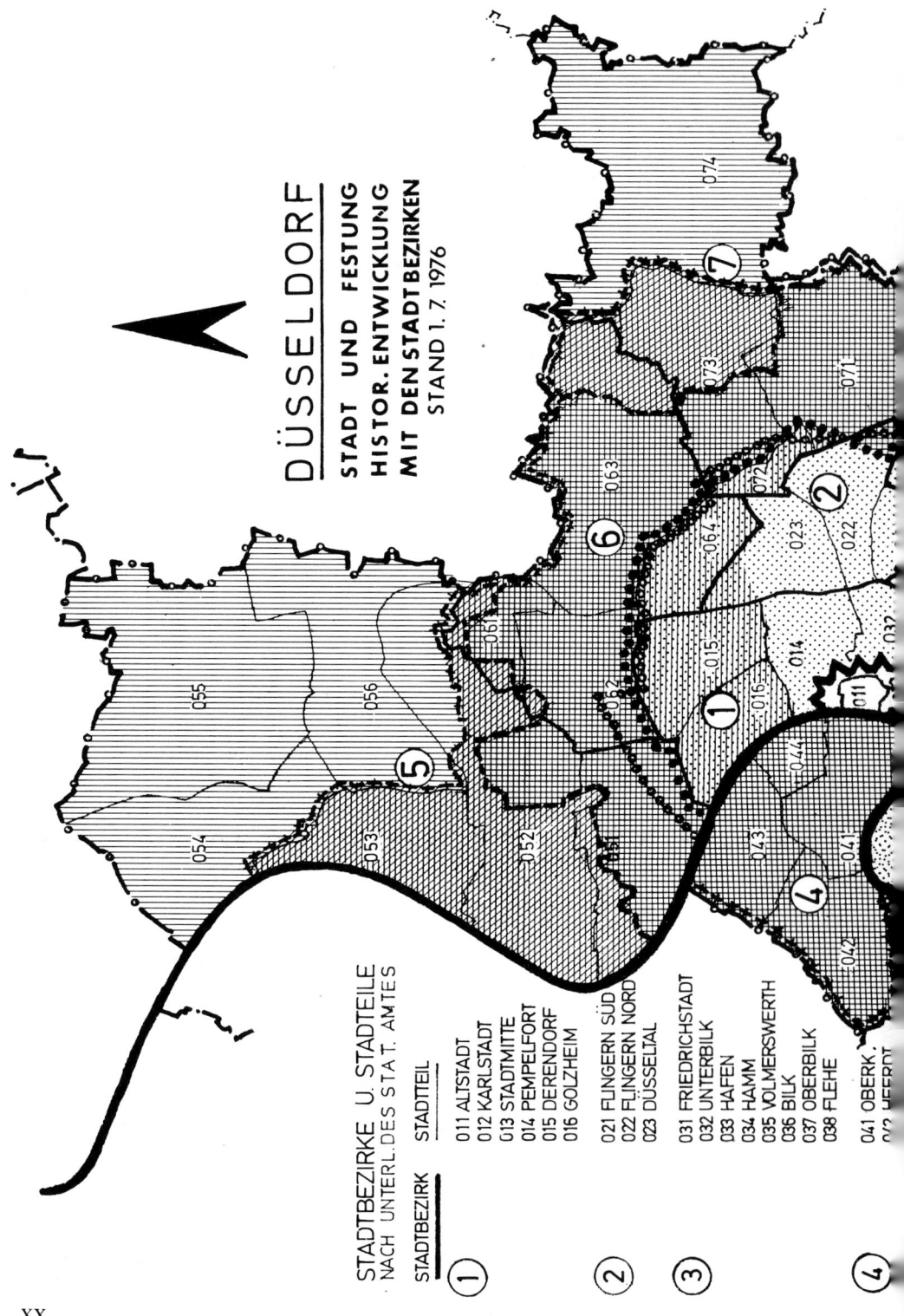

DÜSSELDORF

STADT UND FESTUNG
HISTOR. ENTWICKLUNG
MIT DEN STADTBEZIRKEN
STAND 1. 7. 1976

STADTBEZIRKE U. STADTTEILE
NACH UNTERL. DES STAT. AMTES

STADTBEZIRK   STADTTEIL

(1)   011 ALTSTADT
       012 KARLSTADT
       013 STADTMITTE
       014 PEMPELFORT
       015 DERENDORF
       016 GOLZHEIM

(2)   021 FLINGERN SÜD
       022 FLINGERN NORD
       023 DÜSSELTAL

(3)   031 FRIEDRICHSTADT
       032 UNTERBILK
       033 HAFEN
       034 HAMM
       035 VOLMERSWERTH
       036 BILK
       037 OBERBILK
       038 FLEHE

(4)   041 OBERK.
       042 HEERDT

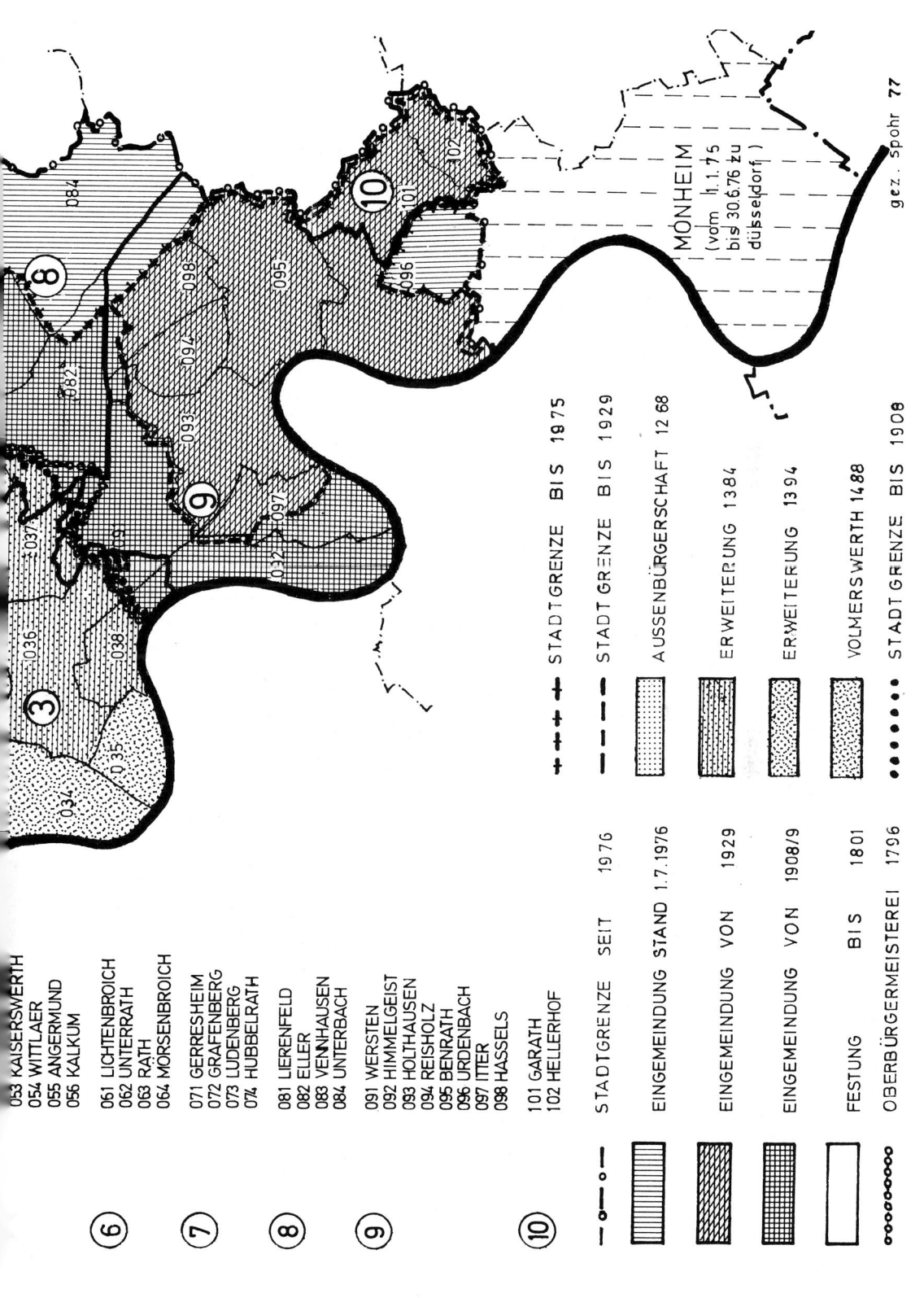

053 KAISERSWERTH
054 WITTLAER
055 ANGERMUND
056 KALKUM

061 LICHTENBROICH
062 UNTERRATH
063 RATH
064 MÖRSENBROICH

071 GERRESHEIM
072 GRAFENBERG
073 LUDENBERG
074 HUBBELRATH

081 LIERENFELD
082 ELLER
083 VENNHAUSEN
084 UNTERBACH

091 WERSTEN
092 HIMMELGEIST
093 HOLTHAUSEN
094 REISHOLZ
095 BENRATH
096 URDENBACH
097 ITTER
098 HASSELS

101 GARATH
102 HELLERHOF

⑥
⑦
⑧
⑨
⑩

STADTGRENZE SEIT 1976

EINGEMEINDUNG STAND 1.7.1976

EINGEMEINDUNG VON 1929

EINGEMEINDUNG VON 1908/9

FESTUNG BIS 1801

OBERBÜRGERMEISTEREI 1796

STADTGRENZE BIS 1975

STADTGRENZE BIS 1929

AUSSENBÜRGERSCHAFT 1268

ERWEITERUNG 1384

ERWEITERUNG 1394

VOLMERSWERTH 1488

STADTGRENZE BIS 1908

MÖNHEIM
(vom 1.1.75
bis 30.6.76 zu
düsseldorf)

gez. Spohr 77

2. (Bau-)Polizei-Verordnungen

Düsseldorfer Polizeiordnung 1554

Der große Stadtbrand von Jülich 1547, der anschließende Wiederaufbau und die Einflüsse neuer Städtebautheorien aus Italien waren die auslösenden Faktoren für den Erlaß einer Reihe von Baubestimmungen in der allgemein verbindlichen „Jülich-Bergischen Polizei-Ordnung" vom 10. 10. 1554.[18] In Ergänzung zu dieser allgemeinen Landesverordnung sind für Düsseldorf als Landeshauptstadt noch besondere Bestimmungen getroffen worden (§§ 18 bis 26 der Düsseldorfer Polizeiordnung von 1554[19] und § 7 der ergänzenden Verordnung[20]. In der Jülich-Bergischen Polizeiordnung ist für „Gebäude in den Städten" vorgeschrieben:

I. Wenn jemand einen neuen Bau anzulegen gewillt ist, soll er vorher unsern Richter, Vogt oder Schultheiß, ferner den Bürgermeister samt etlichen Schöffen auf den freien Platz führen, damit sie das Baugelände besichtigen und verordnen können, wie der beabsichtigte Bau nach der Leine in der Richte gezogen und aufgelegt werden soll.

II. Auch sollen unsere Befehlshaber und Bürgermeister darauf sehen, daß keine Straßen, Gassen oder öffentliche Plätze übersetzt (überkragt) werden und Besichtigung halten, ob das irgendwo geschehen wäre, damit das abgestellt oder verbessert werden möge.

III. Ebenso soll hinfort niemand nahe bei der Stadtmauer bauen, sondern zukünftige Bauten 16 Fuß weit davon gelassen werden da, wo kein Wall innerhalb der Stadtmauer ist, damit solche Gebäude, wenn ein Wall angelegt würde, nicht wieder abgebrochen werden müßten.

IV. Die Giebel oder Vorhäupter der Häuser, welche an die Straßen kommen, sollen nicht ganz, so doch 10 oder 12 Fuß hoch vom Grund auf mit Steinen ohne Übersätze gemacht werden. Doch soll man sich soviel wie möglich befleißigen, daß die Giebel vorne mit Steinen gemacht und in gleicher Höhe mit den andern Häusern gezogen und gebracht werden mögen.

V. Man soll auch nach Lage der Häuser und Plätze über das dritte und vierte Haus ungefähr soviel als möglich notdürftige Brandmauern mit Rat der Werkmeister legen und bauen lassen.

VI. Gleichfalls sollen zu besserer Verhütung des Feuers und Brandschadens alle Dächer in Zukunft mit Schiefer oder Pfannen und nicht mehr mit Stroh bedeckt werden. Die Scheunen und Ställe soll man nicht zu hart an die Häuser, sondern so weit als möglich davon bauen.

VII. Kein heimliches Gemach oder Prophat (Privat=Closet) soll nach der Straße oder öffentlichen Plätzen liegen oder überhängen, sondern, wer keinen Pütz (Senkgrube) dazu machen will, soll die heimlichen Gemächer inwendig auf seiner Miste oder Hofplatz, wo es ihm am besten gelegen ist, aber doch dermaßen anlegen, daß man den nächsten Nachbarn damit keinen Gestank bereite, auch ihnen an ihren Gebäuden und Mauern daraus kein Nachteil entstehe.

VIII. Ebenfalls sollen keine Ferkelställe und Miste auf der Straße und öffentlichen Plätzen, sondern innerhalb des Hofraumes dergestalt angelegt werden, daß durch das Halten und Großziehen der Schweine dem Nachbarn keine böse Luft und Gestank zugefügt werde.

IX. Ferner seien zwischen zwei Häusern keine Gassen zuzulassen, damit allerhand Unreinigkeit vermieden werde.

X. Es sollen auch die Bürgermeister und Räte die Verordnung erlassen, daß die Prinzipal-Straßen, durch die Fuhren und Frachtwagen fahren, mit Steinwegen und Paviment versorgt und die Gossen nicht längs der Häuser, sondern mitten in den Straßen angelegt werden. Das Anlegen der Steinwege und das Pavieren sollte jeder Bürger, soweit seine Besitzung sich erstreckt, bis zur Hälfte der Gosse bis zur Straße hinein selbst bezahlen. Das übrige aber durch den Magistrat mit guten Steinen, die das viele Befahren aushalten, gepflastert werden. Auch sollen die Frachtwagen und Karren mitten in der Straße und nicht an den Seiten fahren. Deswegen sollen auch die Straßen in der Mitte mit guten, harten Steinen durch den Magistrat gepflastert und unterhalten werden.

Übersichtlich zusammengefaßt und weitergeführt sind die baurechtlichen Bestimmungen der Düsseldorfer Polizeiordnung in den „Bedenken zur Bauordnung in Düsseldorf", die in einer Niederschrift aus dem Ende des 16. Jahrhunderts überliefert sind.[986] Diese im 16. Jahrhundert erlassenen Bestimmungen sind in den späteren Polizeiordnungen nur geringfügig geändert worden. Sie blieben daher bis zum Erlaß des Gesetzes über die Polizeiverwaltung vom 11. März 1850 Grundlage für die Regelung der baurechtlichen Belange.[987]

1. Alle Giebel, die an den Markt, den Burgplatz und die öffentlichen Straßen kommen, sollen aus Steinen gemauert und nicht übersetzt (überkragt) werden.
2. An den Eckhäusern sollen beide Giebel aus Steinen gemacht werden.
3. Zwischen den Häusern soll nur eine Wand oder Mauer, aber keine Gasse oder Traufe sein, und beide Teile sollen die Kosten dieser Mauer tragen.
4. An den Markt, den Burgplatz und die öffentlichen Straßen sollen keine Scheunen oder Stallungen an die Straßenfront gesetzt werden.
5. Alle Gebäude sollen in gleiche Richtung gebracht und keines soll vorgesetzt oder eingezogen werden.
6. Keine Ferkelställe, heimliche Gemächer oder Misten dürfen an den Straßen oder andern öffentlichen Plätzen liegen oder so angelegt werden.
7. Keine Leunen (Dachrinnen) sollen mit dem Dach übergesetzt werden.
8. Die Gossen sollen mit der Zeit und, wo es bequem so eingerichtet werden kann, mitten in den Straßen gelegt werden und nicht längs der Häuser, damit das Niveau der Straße an den Häusern höher sei; da aber, wo die Gossen an und bei den Häusern liegen, sollen dieselben gut und geräumig gemacht werden, damit sie bequem gefegt und gereinigt werden und mit dem Wasser und dem Regen ablaufen können.
9. Auch sollen die Straßen durchaus nicht stückweise oder das eine Straßenpflaster höher als das andere, sondern nach der allgemeinen Ordnung gemacht werden.
10. Die Dächer sollen nicht zu weit in die Straßen überhängen.
11. Künftighin solle nicht mit Stroh, sondern alles mit festem Dach gedeckt werden, auch solle nicht erlaubt sein, mit Stroh zu flicken.
12. Es sollen auch etliche Brandmauern verordnet werden.
13. Keiner solle bauen, ehe er es dem Verordneten angegeben habe, damit er Bescheid empfange, wie er sich ordnungsmäßig zu verhalten habe.
14. Allen Maurern und Zimmerleuten solle ernstlich geboten werden, keinen Bau in der Stadt anzufangen oder auszuführen, ehe derselbe durch die Verordneten besichtigt und zugelassen sei, wie er gemacht werden solle.

Polizei- und Taxordnung

Die Beachtung der Bauvorschriften wurde im 16. und 17. Jahrhundert allerdings nur sehr oberflächlich verfolgt. Dies kommt auch in der von Kurfürst Johann Wilhelm 1706 erlassenen, 1728 neu aufgelegten „Düsseldorfischen Polizei- und Tax-Ordnung" zum Ausdruck. In dieser Verordnung sind nämlich die Bestimmungen, daß kein Bau ohne Genehmigung begonnen werden sollte, nicht mehr enthalten.
Erst durch die Einsetzung einer Baukommission am 1. August 1807 konnte eine strikte Einhaltung der Baurechtsbestimmungen gewährleistet werden. Dieser die Bauaufsicht ausübenden Kommission gehören neben dem Polizeikommissar noch zwei Sachverständige, der Prof. Schaefer und der Hofmaurermeister Köhler, an. Von den 47 Artikeln der Polizei- und Taxordnung mit Anordnungen für alle Bereiche des öffentlichen Lebens sind die das Bauwesen und die Handwerkerlöhne betreffenden Abschnitte im Faksimile wiedergegeben.

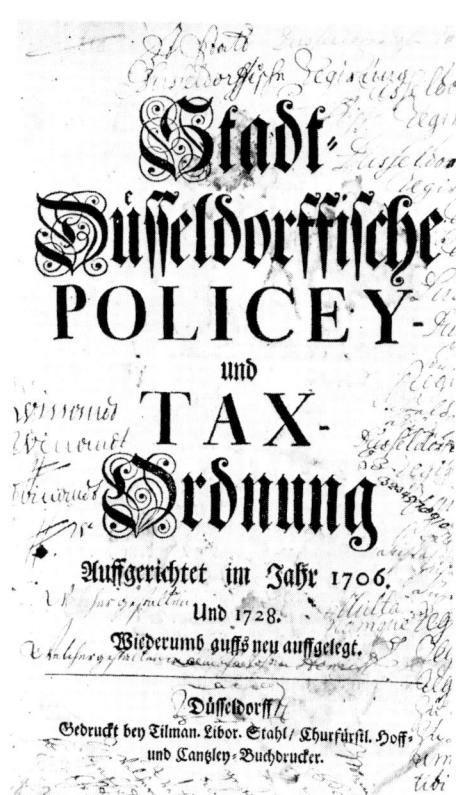

Stadt-Düsseldorffische
POLICEY-
und
TAX-
Ordnung

Auffgerichtet im Jahr 1706.

Und 1728.

Wiederumb gutts neu auffgelegt.

Düsseldorff,
Gedruckt bey Tilman. Libor. Stahl, Churfürstl. Hoff-
und Cantzley-Buchdrucker.

Von Gottes Gnaden Wir
Johann Wilhelm, Pfaltz-Graff bey
Rhein, des Heil. Röm. Reichs Ertz-
Schatzmeister, und Churfürst, in Bayern, zu
Gülich, Cleve und Berg Hertzog, Graff zu Vel-
dentz, Sponheim, der Marck Ravensperg,
und Mörß, Herr zu Ravenstein, rc. rc.

Thun kundt und fügen Unseren Beamb-
ten, Unter-Herren, Scheffen, Vorste-
heren, und gemeinen Unterthanen,
auff dem Landt, auch Bürgermeister
und Raht in denen Städten, Flecken und Freyheiten, beyder Unser Hertzogthümber Gülich und
Berg, forth Jedermänniglichen hiemit gnädigst
zuwissen:

Was Gestalten in hie niedrigen Unseren Gülich-
und Bergischen Landen bevorab in hiesiger Unserer Residentz-Stadt Düsseldorff eine wohl eingerichtete Policey-Ordnung, wornach in denen
Commercien und Handelungen, kauffen und verkauffen, der Preiß, mithin deren Handwerckeren,
Dienst-Botten und Tag-Löhner Belohnung, und
sonsten alles der Billigkeit nach reguliret werden
sollen, durch offenen Druck vormahls publicirt,
und obwohlen auch zu deren Festhaltung und stät-
ter Observantz verscheidene geschärpffte Verordnungen erlassen worden; So haben Wir dannoch
deme zuwider bißhero höchst-mißfällig vernom-
men,

men, zeiget es sonsten auch zu Jedermanns höchsten
Beschwehr, die tägliche Erfahrnüß, daß vorgemelte,
dem gemeinen Wesen und in einer wohl-regu-
lirter Stadt, so höchst-nöthige Verordnungen
einige Zeithero schlecht oder vielmehr gar nicht eingefolget, und observirt worden; Indeme ein jeder,
bevorab die Kauff- und Handwercks-Leute ihre
Wahren und verfertigte Arbeit, oder ihren daran
verdienten Lohn nach eigenen Wohlgefallen und
Belieben taxiret, und fast täglich zu nicht geringem
Beschwehr des gemeinen Wesens gesteigert; Die
Wein-Zäpffere ihre obwohlen schlechte, und viel-
mahls durch allerhand Zusatz verfälschte Weine,
ohnangesehen es seye der Wein theur, oder wohl-
feil, gut oder schlecht, dannoch in einem excessiven
und gleichen Preiß gehalten; Die Gast-Gebere
auch, wan schon die Frembde und Passanten von
ihnen gar schlecht bewirthet worden, dannoch in
der Rechnung ungebührlich überhoben; Die Hauß-
und Zimmer-Heur zu allgemeinen Jedermanns
höchstem Beschwehr von denen Eigenthümberen
nach eigenem Wohlgefallen fast alle Jahr verhö-
het, und zwarn unverantwortlicher Weise, baldt
unter diesem, baldt jenem Prætext so hoch getrieben worden, daß inner gar wenig Jahren fast
mehr an Heur gegeben, dan selbe anfänglich zu
erbauen, oder sonsten Einkauffs gekostet haben;
Wir aber diesen und dergleichen mehr hieselbst ein-
geschlichenen so schädlichen Mißbräuchen und Un-
ordnungen also länger nicht zusehen können, sondern aus Landts-Fürst-Vätterlicher Vorsorg selbe

in Zeiten vorzubiegen, und als viel gegenwärtige
Kriegs-Zeiten es erleiden, mit Nachdruck zu re-
mediiren gnädigst gemeint seyn; Als ist Unser
gnädigster und ernstlicher Befehl hiemit, daß gegenwärtige Unsere zu Jedermanns Wissenschafft in
offenen Druck herausgelassene Policey-Ordnung
worauff hiesiger Magistrat besser, als bishero geschehen, Achtung zu geben, und (da hierin das
geringste führohin vernachläßiget, oder conni-
vendo übersehen werden solte, dieselbe durch hiesigen Unseren geheimen Raht darzu nachtrücklichst
anzuweisen) in allen und jeden Puncten auffs ge-
naueste eingefolget, und bey der, bey einem jeden Articul gesetzter Straff, worinnen Wir die
Ubertrettere, sie seyen auch wer sie wollen, ohne
die allergeringste Consideration ohnnachläßig
ipso facto hiemit declariren, eingefolget werden solle.

A 2   in

ARTI-

Articulus VI.
Von Hauß und Zimmer-Hewr.

Nachdem Uns auch zu verscheidenen mahlen und annoch fast täglich höchst-mißfällig zu vernehmen vorkommt / was Gestalten von hiesigen Eingesessenen und Bürgeren / so Häuser / Stock-Wercker oder Zimmer in Hewr zu verlassen haben / selbe allzu excessivè und ohngebührlich anschlagen / auch zuweilen gantz ohnverantwortlicher Weise von einem Jahr zum andern / oder auch gar von Monath zu Monath nach eigenen Wohlgefallen so hoch steigeren / daß die auff solche Manier in die Enge getriebene Hewrlinge einwilligen und zahlen müssen / was nur immer / obwohlen höchst-unbillig / verlanget wird ; Als ist zu gäntzlicher Abstellung dergleichen so schädtlichen Mißbrauchs Unser gnädigster und ernstlicher Befelch hiemit / daß diejenige / so Häuser / Stock-Wercker und Zimmeren / oder auff beständige Jahren / oder aber auff Monath und Wochen Hewr zu verlassen haben / nach Proportion des Erbs / Gelegenheit der Gassen / nach Ertrag des Einbaws und Commodität der Zimmeren / da solche alt und Irregulier / oder aber neu / und wohl eingerichtet / die Hauß-Hewr bescheidentlich anschlagen / nicht aber / wie oberwehnter Massen sonst täglich geschehen / dieselbe fast doppelt hoher / als die Häuser sie gekostet / und das daran verwandtes Capital an gewöhnlichen Interesse ausbringen können / fordern / vielweniger von einer Zeit zu der anderer nach eigenen Wohlgefallen steigeren / und auff solche Weise die Mieth- oder Hewrlinge / wollen sie sonsten zu ihrer höchster Incommodität nicht allemahl verhaußen / zu Zahlung ohngebührlicher und excessiver Hauß-Hewr gleichfals zwingen sollen ; Da nun ein oder der ander dawider beschweret / und mit übermäßiger Hewr übernohmen werden wolte / derselbe hat sich bey denen zu solchem End von Uns gnädigst

C   an-

angeordneten Policey-Directoren und Räthen gebührend anzumelden / und eine unpartheyische Besichtigung / so von denselben mit Zuziegung zweyer Werck-Verständiger / auch da nöthig eines Ingenieurs vorzunehmen / auff des Unrechthabenden Kösten zu gesinnen / und dahe sich finden würde / daß die Hauß- oder Zimmer-Hewr ohnbilliger Weise / und zu hoch prätendiret worden / der Proprietarius alsdann nicht allein nach vorgangener billigmäßiger Taxirung seiner Hauß-Hewr in die Kösten condemniret / sondern auch benebens arbitrarie gestraffet werden solle.

Articulus VII.
Von Sauberhaltung der Gassen.

Damit auch das in hiesiger Unserer Residentz-Stadt mit grossen Kösten durchgehends neu angelegtes Pavement und Strassen desto besser unterhalten und gesaubert werden mögen / solle nach Anlaß Unserer hiebevoren unterm 26. Februarii jüngst erlassener gnädigster Verordnung führohin kein Schrodt / alter Leim / Mist / Stein-Kohlen-Aesch / und dergleichen Unflath auff denen Gassen hingeschüttet / vielweniger über Nacht allda gelassen werden / bey Straff 10. Goldgl.

Dan sollen hiesige Einwohnere sie seyen Geist- oder Weltlich / Fürnehmen und niederen Stands / wie sie auch Nahmen haben mögen / keine davon ausgescheiden / schuldig und gehalten seyn / zweymahl in der Wochen / vor ihren Clösteren und Häuseren / als weit sich ihr Erb erstrecket / einfolglich sich dessen anzunehmen schuldig / die Gassen säuberen / und den zusammen gekehrten Koth an die von denen Stadt-Dieneren angewiesene Oerthere hinschütten zu lassen ;

Und auff daß die / zu Ausführung des Strassen-Wusts / verordnete zwey Stadt-Karichen / welche von hiesigem Stadt-Rhentmeisteren oder sonsten unter arbitrari Straff zu nichts anders gebraucht werden sollen / solches desto besser bestreiten / und der zusammen gekehrter Unflat nicht lange da liegen bleibe / oder wieder auseinander getretten werden möge /

solle

solle hiesige Residentz-Stadt in drey Quartier ausgetheilet / und ein für allemahl angesagt werden / daß die Stadt-Karich den Tag in der Gegend / den anderen Tag aber in dieser Gegend kommen werde / den Koth auffzuladen / umb sich wegen des Zusammen-Kehrens darnach richten zu können ;

Da nun ein oder der ander / er seye wer er auch wolle / Geist- oder Weltlich sich hierin säumig / oder widerspennig bezeigen / und auff beschehene Erinnerung / so der Magistrat durch einen hierzu expressè verordneten Stadt-Diener thun lassen solle / dannoch nicht kehren / oder sonsten die Gassen Unserer Verordnung in ein oder anderen nicht nachleben würde / solle der Magistrat hieselbst auff des Saumigen / oder Ungehorsahmen Kösten von ihren Erb befindlichen Unflath alsoforth zusammen kehren und wegfahren lassen / Uns aber dieselbe zu gebührender Ahndung alsoforth ad Manus benennen ;

Wie Wir dan auch imgleichen / als viel hiesiges Schloß / den Marstall / und Liefer-Hauß / womit auch den übrigen Privat-Häuseren in diesem Punct gleich gehalten werden solle / betreffen mögte / die gemessene gnädigste Verordnung gehörigen Orths bereits ergehen lassen ;

Dan solle keinem / wer er auch immer seye / erlaubt werden / vom 1. May bis 1. Septembris die heimbliche Gelegenheiten / oder die an deren Platz brauchende stinckende Mist-Kaulen auslähren / und reinigen zu lassen / bey Straff 20. Goldglb. sonderen wan solches vorzunehmen die Noth erforderen würde / vom 1. Septembris bis Imà May und zwaren bey der Nacht von 10. bis des Morgens umb 7. Uhren geschehen solle ;

Was aber anderen gemeinen Pferd- oder Kuhe-Mist anlanget / solle gleichfals selbiger vor den ersten Junii ausgeführet werden ;

Da nun ein- oder ander nach dem ersten Junii bis den 1. Septembris annoch einigen Mist ausfahren lassen müste / solle demselben solches andrister nicht / als mit Erlaubnüß eines zeitlichen Burgermeisters von des Morgens frühe bis 8. Uhren vor anfangender Hitze / keinesweges aber die übrige Tags-Zeit über bey 10. Goldglb. Straff erstattet werden ;

C 2   Wie

Wie dan imgleichen ferner bey Straff 5. Goldgl. ernstlich und auffs schärffeste verbotten seyn solle / keine Seiff-Luder / Nacht-Geschier / und dergleichen Unsauberkeiten / als wordurch männiger Vorbeygehender an seiner Kleidung offtmahls beschädiget / und sonsten beschimpffet wird / aus denen Fensteren / es sey bey Tag oder bey Nacht / auff die Gassen auszuschütten / sondern wan ein- oder ander darüber ertappet / derselbe nicht allein in obgemelte 5. Goldgl. sondern auch in die durch dergleichen verbottenes Ausschütten verursachte Kösten / Schimpff / und Schaden Krafft dieses condemnirt seyn ;

Und damit auch es nicht allemahl / wie gemeinlich geschicht / auff die ohnvermögende Dienst-Botten geschoben werde / solle die Herrschafft / bey welchen sie dienet / und aus dessen Behausung / Stock-Werck oder Fenster der Schade geschehen / allenfals dafür angesehen werden / so sich alsdan selber beyzumessen / daß sie solch liederliches und unachtsahmes Gesindel in ihrem Dienst genohmen / oder nicht besser darauff Acht gegeben habe ;

Auff daß nun die Gassen und das neu angelegtes Pavement in gutem Standt stetshin gehalten werden möge / solle ein zeitlicher Stadt-Rhentmeister durch einen hierzu expressè bestelten Stein-Pflasterer desfals fleissige Obacht geben lassen / damit / wan hier oder dorten ein- oder ander Stein losgefahren / oder sonsten ermangele / selbes in Zeiten wieder repariret / keineswegs aber verstattet werde / daß / von welchem es auch immer seye / das Plaster propriâ authoritate hinführo aussgenohmen / und durch Einsetzung der Schroder-Buchsen / May-Bäumen oder dergleichen beschädiget / sonderen wer sich einer solcher Schroder-Buchsen zu bedienen willens / soll in der von Uns bereits per Decretum vom 15. May jüngst bestimmten drey Monathlicher Frist mit einem wenigst zwey Fuß breiten viereckigten Haustein / warin zu desto bequemer Oeffnung ein ander mit einem eingegossenen Eisen-Ring zu legen / versehen / und solchen auff sein des Eigenthumbers Kösten einsetzen lassen solle.

Ar-

Articulus VIII.

Von Auffbauung neuer Häuser.

WEr fürohin in hiesiger Unserer Residentz-Stadt zu bauen vorhabens/ solle gehalten seyn/ die Giebelen oder Faciata der Häuser nach der Strassen mit keinem Holtzwerck/ sondern mit lauter Steinen/ so viel thunlich/ hoch und seinem Nachbar gleich/ mit aller Zierde ohn einigen Ubersatz oder Ercker/ wodurch den Nachbaren der Prospect benommen werden mögte/ auffzuführen/ mithin sich/ die Seithen-Mauren zu mehrerer Verhütung des Feurs- und Brandt-Schadens gleichfals mit Steinen auffgebauet/ und wenigstens zwischen das dritte und vierte Hauß ein Brandt-Maur gefunden werde.

Zu Verhütung aber aller desfals zwischen denen Nachbaren gemeinlich entstehenden Streits/ wollen/ und befehlen Wir/ daß/ wofern einer dergleichen Brandt-Maur zu setzen Willens/ der Nachbar selbes nicht allein ohnweigerlich gestatten/ sondern auch vorgemelter Unser Policey-Director nach vorgangener Besichtigung summarie mit Abschneidung aller kostbahrer Weiterung demselben zu einer solcher gemeinschafftlichen Brandt-Maur nach Anlas der Bau-Rechten das Seinige beyzutragen anhalten solle.

Desgleichen alle Tächer mit Leyen oder Pfannen gedeckt/ die Pfannen auch nicht mit Strohe gedecket/ sondern mit Kalck eingeschmieret werden sollen.

Kein heimlich Gemach oder dergleichen stinckende Mist-Pfüble sollen nach der Gassen/ und gemeinen Plätzen ausgehen/ sondern ein jeder inwendig im Hauß oder seinen Hoff dergestalten anlegen lassen/ damit sein Nachbar dadurch nicht verstäncket/ noch sein Hauß und Erbe Schade geschehen möge/ Zu welchem Ende dergleichen an des Nachbahrs Erb anschiessende Mist-Kaulen oder Sencken mit Trass nothdürfftig ausgemauret/ und versehen werden müssen.

D   Ar-

Articulus IX.

Von der Brand-Ordnung und was bey dergleichen Fällen zu veranstalten.

DAmit auch alle Gefahr des so schäd- und verderblichen Brandts/ wofür der Allmächtige diese Stadt und Jedermänniglich ferner gnädigst behüten wolle/ so viel immer möglich vorgesorget werden möge/ sollen vorerst hiesige Einwöhnere und Bürgere auff ihre Domestiquen fleissige und sorgfältige Achtung geben/ damit wegen deren Unachtsahmkeit durch Fewr und Licht kein Schaden geschehe;

Dan solle auff denen Sölleren/ und in allen Stallungen oder sonsten/ wo Rauh-Futter und dergleichen vorhanden/ es sey in denen Herbergen oder Privaten Häuseren/ keiner des Abends mit einem blossen Licht/ und ohne wohl zugemachte Leuchte gehen/ vielweniger das Licht daraus nehmen/ und unachtsahmer Weise an denen Latier-Posten/ oder sonsten hin und her ankleben/ bey Straff 10. Goldgl. Brüchten/ oder dafern der Gutschier oder Dienst-Botte solches im Vermögen nicht hätte/ bey Straff 6. Wochentlicher Incarcerirung oder Schantzen-Arbeit.

Desgleichen an obgemelten Oertheren alles Taback-Rauchen/ wodurch manniches Unglück geschicht/ bey gleichmässiger Straff ernstlich verboten seyn solle;

Ferner sollen die Wirthe/ auch übrige Private Einwöhnere keinesswegs gestatten/ daß die bey ihnen logirende Frembde/ oder sonsten deren übrigen Kindere/ und Dienst-Botten ohne Leuchten oder Lampen mit blossen Kertzen/ oder Wachs-Lichteren/ welche zuweilen hier und dort angeklebet/ und bey überfallenden Schlaff brennendt vergessen werden/ nach ihren Schlaff-Cammeren gehen; und solle jeglicher Wirth oder Hauß-Vatter billig nicht ehender zur Ruhe gehen/ er habe dan zuvorn selbst/ oder durch jemand vertrautes visitiren lassen/ ob alles Licht in seinem Hauß dergestalten ausgelöschet/ damit kein Schade davon zubefahren.

Des-

15

Desgleichen keine heisse Asche oder Aemer auff Bretteren oder höltzen Gebühn/ da es Schaden verursachen könte/ hingeschüttet/ sondern anfänglich in eisenen oder steineren Gefäß biß sie völlig kalt worden/ hingesetzet werden solle;

Imgleichen solle besorget werden/ damit bey dem Mältzen auff den Esthen behutsahm umbgangen/ auch bey des Abends das Fewr wohl eingescharret/ verdecket/ und für Katzen und Hunde wohl verwahret werde;

Die Schornstein und Ofen-Pfeiffen sollen wenigstens alle Jahr zwey mahl/ und nachdeme selbe starck gebraucht/ mehrmahlen gereiniget werden;

Diejenige Krämer/ so mit Pulver handelen/ sollen hier in der Stadt nicht über 25. Pfund auff einmahl in ihren Häuseren/ und zwar solches in zwey oder drey läderen Säcken an solchen Oertheren halten/ allwo kein Fewr noch Licht darzu kommen und Schaden verursachen könne;

Dan sollen alle Thürn- und Nachts-Wächtere/ deren alle Nacht biß an den Morgen zwey durch die gantze Stadt gehen/ und die Stunden deutlich anblasen und ausruffen sollen/ darauff fleissige Achtung geben/ und dafern sie einiges Unglück oder Brandt verspühren würden/ nicht allein solches durch ohngewöhnliches Blasen alsoforth andeuten/ sondern auch an deren Benachbarten Häuser und Thüren anklopffen und Alarm machen/ auch die gewöhnliche Brandt-Glocke in Zeiten ziehen lassen;

Bey welcher Begebenheit dan der Commendant bey Tag alle Thoren wohl bewahren/ die Garnison aber zu Verhütung aller Desordre auch Rauben und Steblens durch den Trummenschlag mit ihrem Gewehr auff die ihnen angewiesene Sammel-Plätze zusammen beruffen lassen solle/ die Bürgerschafft aber alsdann diejenige/ so in dergleichen Begebenheiten zu helffen capables/ sollen sich alsoforth auffm Marck vorm Rath-Hauß versammlen;

Diejenige aber/ als alte Leuthe/ Weiber und Kinder/ so dabey nichts helffen/ sondern vielmehr nur Confusion und Hindernüß geben können/ sollen/ wie auch alle frembde und unbekandte Passanten sich in ihren Häusern halten/ und keineswegs auff denen Gassen einfinden lassen;

D 2   Bey

Bey solcher Begebenheit solle von einem jeden vor sein Hauß alsoforth eine Latern mit gnugsamben Lichteren ausgehäncket/ auffm Marck aber an denen grossen Plätzen aber Heerpfannen und Taar-Cräntze angezündet werden;

Diejenige/ so die Schlüsselen oder die Brandt-Sprützen/ Brandt-Leiteren/ Eymeren/ und dergleichen bewahr haben/ sollen sich am allerersten dabey einfinden/ damit durch ihre Abwesenheit und Abgang dergleichen so höchst-nöthigen Instrumenten der Brandt in Zeiten ohngelöschet nicht bleiben/ und umb sich fressen möge;

Diejenige/ so Pferde haben/ sollen gehalten seyn/ die bey denen Brunnen hin- und wieder auff denen Gassen stehende Wasser-Büdden/ wie auch die Brandt-Sprützen dem Brandt zuzuführen/ und damit ein jeder sich desto embsiger und geschwinder dabey bezeigen möge/ solle derjeniger/ so die erste Brandt-Sprütze beyführet/ 2. Rthlr. wie und die zweite/ 1. Rthlr. zur Recompens aus gemeinen Stadt-Mitteln alsoforth des anderen Tags ausgezahlet werden;

Dan solle der zeitlicher Stadt-Schultheiß/ wie auch Burgermeister und Raht bey dem Brandt sich einfinden/ die Leute zum Löschen und Herbeytragung nöthigen Wassers anweisen/ und solche Ordre stellen/ damit alle Confusion/ Tumult/ und übrige Inconvenientien vermittelt/ und verhütet werden mögen;

Wan in einem Hauß das Fewr dergestalten auffgehet/ daß zu befahren/ es mögte ferner umb sich reissen/ sollen die negst angelegene Häuser bevorab/ wo der Wind hinwehet/ alsobald abgedecket werden;

Zu welchem End dan hiesige Leyen-Decker/ Zimmer-Leuthe/ und dergleichen mit ihren in solchen Fällen nöthigen Sägen/ Fewr-Hacken und dergleichen Instrumenten/ bey fünff Goldgld. Brüchten-Straff alsobald sich dabey einzufinden haben;

Diejenige/ welche sich am ersten beym Brandt eingefunden/ sich am mehresten exponirt/ und als rechtschaffene Nachbaren und Bürgere getreulich wohl geholffen/ sollen/ dafern ihnen dadurch einiges Unglück und Schaden am Leib zugefüget würde/ von denen Partheyen und negsten Nachbaren

baren

baren des Brandts / oder auch aus gemeinen Stadt-Mitteln eine proportionirlich-billige Erstattung zugewarten haben;

Da hingegen wofern ein Nachbar in solcher Begebenheit sein Hauß und Brunnen sperren / oder auff andere Weise einige Verhinderung / wodurch das Fewr in Zeiten nicht gestillet / zu Werck richten würde / derselbe mit aller Schärffe / befindenden Dingen nach arbitrarie bestraffet werden solle;

Die aber bey dergleichen unglücklichen Begebenheiten das Allergeringste / wie wenig es auch seye / seinen in der Noth steckenden Nachbaren aus seinem Hauß nehmen / entfremdben / oder unterm Vorwandt des Flüchtens anderwerthlich vertragen / oder das bey ihme geflüchtetes Guth gefährlicher Weise verdunckelen / und verlaugnen würde / derselbe solle nicht allein nach aller Rigeur arbitrarie gestraffet / sondern gar befindenden Dingen ohne einige Gnad das Leben verwürcket haben;

Auff daß auch ein jeder auff Fewr und Licht in seinem Hauß desto fleissiger Obacht haben möge / solle der Einwöhner / in dessen Hause aus Wahrlosigkeit ein Fewr auffgehet / 20. Goldgld. zur Straff zu erlegen schuldig seyn / oder auch gestalten Sachen eine arbitrarie Straff zu gewarten haben;

Damit nun ein jeder bey dergleichen Fällen wissen möge / was zu thuen oder anzugreiffen / solle von hiesigem Magistrat einige zu denen Wasser-Spreuthen / damit selbe durch die dergleichen nicht kundige / nicht gelähmet und unbrauchbar gemachet / die andere aber zu Herbeytrag / Anlagung deren Brandt-Leiteren / und sonsten übiger nöthiger Veranstaltung benennet und verordnet werden;

Diese nun so höchstnöthige Brandt-Ordnung bey Männiglichen in frischer Gedächtnüß zu erhalten / sollen am Mittwochen nach Osteren alle Bürgere auff hiesigem Raht-Hauß citiret / selbe ihnen deutlich vorgelesen / und ein jeglicher dabey seiner ihme angewiesenen Function, Verrichtung und Pflichten erinnert / die Brandt-Spreuthen / Lederen Ehmeren und Leiteren / ob selbe in gutem Standt / oder Mangelhafft / fleissig visiret / und befindenden Dingen nach verbessert / und in brauchbahrem Standt gehalten werden.

Ar-

Articulus X.
Von Gast-Geberen und Herbergirer.

NAchdem Uns auch unter anderen höchst-mißfällig zu vernehmen vorkommen / was Gestalten hiesige Gast-Gebere nur ihre Bekandte zur Herberg einnehmen / die Unbekandte und Frembde Passanten aber / zuweilen von einem Hauß und Gassen zur ander hinverweisen / oder aber / wan selbe endlich angenommen worden / mit schlechten Zimmeren / Better / Speiß und Tranck bewirthet / in der Rechnung aber dergestalten überhoben werden / daß viele umb deß willen diese Unsere Residentz-Stadt zu meiden / und den Umbweg zu suchen veranlasset werden / solches an dem gemeinen Wesen so schädlich / als sonst disreputirlich ist;

Als befehlen Wir denen Gast-Geberen und Herbergirer hiemit gnädiast ernstlich / daß sie hinführo den ankommende und Herberg verlangende Frembde und Passanten / wan selbe bey ihnen annoch Platz finden und logiret werden können / nicht ab- und von einem Hauß zum anderen verweisen / sondern selbe nach Standts Gebühr mit aller Höfflichkeit einnehmen / mit wohl eingerichteten Betteren und Zimmeren versehen / mit gutem Speiß und Tranck wirthen / und sonsten mit aller Civilität bedienen und an Hand gehen sollen;

Und damit auch keine in der Rechnung überhoben werden können / solle nach Proportion deren Wirths-Häuseren / des Tractaments, und der Gästen / für die beste Taffel allwo 8. biß 10. wohl zugerichtete Speisen auffgesetzet werden / für jede Persohn einen halben Oberländischen Gulden / ohne den Wein / und für die bey sich habende Diener 10. Stüber / an den übrigen geringeren Taffelen aber 15. 10. und 7½. Stüber / nach Ertrag und Unterscheidt der Speisen und deren Accommodirung gerechnet werden / solte sich einer aber à parte und extra mit mehreren Speisen tractiren lassen wollen / hat derselbe sich desfals mit seinem Wirth zu vergleichen;

Dafern auch ein- oder der ander sich nicht mit zu Tisch setzen / sondern in denen geringeren Herbergen ein Stück Fleisch/

TAX-Ordnung.
Articulus XXII.
Von Taxirung derer Handwercker Lohn / und verfertigter Arbeit.

OBwohlen bey gegenwärtigen beschwärlichen Kriegs-Zeiten / welche eine allgemeine Theurung verursachen / keine eigentliche dem rechten Werht proportionirliche Tax-Ordnung eingerichtet werden kan / so haben Wir dannoch folgende der Billigkeit nach auff gegenwärtige theure Zeiten ad interim dergestalten einrichten / und alles höher / als es sonst bey Friedens- und wohlfeilen Zeiten billig gelten müste / taxiren lassen / damit die bishero verspührte übermässige Theurung nur abgestellet / der Frembder und Einkauffer überhoben / hiesige Handwercker hingegen auch gleichwohl dabey bestehen mögten;

Ist also bey gegenwärtiger Tax-Ordnung / keine andere Meinung / dan daß über den / einen jeden Stück vorgeschriebenen Tax nichts geforderet / nach bey arbitrarie Straff genommen / wohl aber darunter zu verkauffen erlaubet seyn solle;

Und weilen vorgemelte Tax-Ordnung schwärlich auff eine gewisse Müntz-Sort gestellet werden können / die Frembde und hiesiger Müntz-Sorten nicht kündige Passanten gleichwohl auch dadurch nicht geirret / sondern wissen was sie geben sollen / verstehen mögen / ist zu wissen : daß

  8. Schilling /
80. Albus Cöllnisch.
100. Albus leicht /
20. Blaffert / oder
11¼. Dahler Cöllnisch.

K

Ei-

Einen im Römis. Reich gangbahren Reichsthaler zu 60. Stüber oder 30. Kayser-Groschen gerechnet / ausmachen / auch wan von Albus gemeldet wird / solches auff Cöllnisch Albus zu verstehen seye / indeme die Albus leicht jedesmahl ad Distinctionem exprimirt worden.

Articulus XXIII.
Von denen / zu Erbauung der Häuser / nöthigen Handwerckeren und deren Tag-Lohn.

DAmit nun diejenige / welche in hiesiger Unserer Residentz-Stadt zu bauen / vorhabens / destomehreres favoriciret / und durch hiesige Handwercker / wie bishero geschehen / in ihrem angefangenen Bau nicht auffgehalten / oder auch gar durch ihre Unbescheidenheit / und unter ihnen vertheurten Arbeits-Lohn davon abgeschrecket werden mögen ; Wollen und verordnen Wir vorerst / daß / wofern einer zu bauen Lust trage / an hiesige Maurer / Zimmer-Leuthe / Schreiner / Pliesterer / Leyen-Decker / Schmide und dergleichen præcise, (obwohlen sonsten ein jeder hiesiger Mitt-Bürgeren vor anderen / bevorab Frembden und Ausländischen / solchen Verdienst lieber von selbsten gönnen wird) nicht gebunden seyn solle / sondern er anderer frembder in hiesiger Stadt eben nicht gesessener Handwercks-Leuthen zu seinem Vortheil und Menage so gut er könne / und Rath finde / sich bedienen möge / der gestalten jedoch / wan die Maurer / Zimmer-Leuthe und Schreiner / damit der Bau-Herr durch sie in unnöthige Köst- und Schaden nicht geführet werde / wie oben bey den 19. Articul gemeldet / ihre Wissenschafft und Capacität zuvor gezeiget haben werden ;

Welchem negst bey diesen theuren und beschwerlichen Kriegs-Zeiten / da bey verhoffentlich bald erfolgenden lieben Frieden und wohlfeile ein Näheres verordnet werden solle / denen Zimmer-Leuthen / Schreiner / Leyen-Decker / Pliestere / forth übrige im Tag-Lohn arbeitende Handwerckere
vom

vom 1. Aprilis bis Martini dem Meister selbsten 20. Stüber/ einem Meister-Knecht / so seine Sachen versteht / und da für passiren kan / 19. Stüber / einem ordinarien Knecht 17. Stüber / einem Lehr-Jungen im ersten Jahr 10. Stüber / im zweyten Jahr 12. Stüber / denen Maureren aber / welche die mehriste Zeit bevorab zur Winter- und nassen Sommer-Zeiten nicht arbeiten / einfolglich nichts / gleich denen anderen in ihren Häuseren oder in Trucken ihre Arbeit verrichtenden Handwerckeren verdienen können / solle denen Meister-Knechten täglichs 20. Stüber denen gemeinen Knechten 18. Stüber/ denen Lehr-Jungen 13. Stüber / denen Opffer-Knechten / so wohl bey denen Maurer als anderen Handwerckeren/so sich deren gebrauchen müssen 15. Stüber / den gewöhnlichen Tranck oder Bier-Groschen für Meister-Knechten und Jungen mit eingerechnet/vom Martini aber bis 1. Aprilis 2. Stüber weniger gereicht werden / dergestalten jedoch / und mit dem Beding/ daß die Knechte / wofür sie sich ausgeben / ihre Sachen verstehen / nicht aber wie gemeinlich zu geschehen pfleget / bey der Arbeit müssig stehen / sonderen selbe getreulich und fleissig verrichten / dabey auch keinen Brandenwein unter Verlust ihres Lohns pratendiren sollen / und wofern über obgemelte billig und hoch genug gestellte Tax einer mehr zu forderen oder auch zu geben / sich unterstehen würde / derselbe ipso facto in eine Brüchte von 6. Goldgl. verfallen / oder sonsten arbitrarie gestraffet werden solle;

Dan solle auch der/ zu nicht geringer Beschwehr deren Bauenden eingeschlichener Miß-Brauch / nemblich das die Meistere und Knechte bey Auffrichtung der Gebäu von Häuseren / Schäuren / und Stallungen / Schliessung der Keller-Gewölberen/ auch Einschlagung des ersten Nagels gar excessiven Tranck / oder den von ihnen also genennten Mey pratendiren dörffen / von nun an und ins künfftig hiemit gar abgestellet seyn und bleiben;

Und weilen auch zum öffteren geklaget worden / daß die Arbeits-Leuthe bisweilen ohne ihnen darzu gegebene Ursach gantz muthwilliger Weise von einem zum anderen Meister zur Arbeit hinlauffen/und dadurch den verlassenen Meister bevor

K 2   ab

ab denjenigen/ so in einem und zwaren eyligen Baw begriffen/ sowohl / als auch dem Bau-Herzen selbsten / gestalten Umbständen nach Schad und Ungelegenheit verursachen; So solle es hinführo damit also gehalten werden/ daß / wo ein Knecht bey dem Meister Arbeit begehret / so solle der Knecht/ bey dem Meister 14. Tage lang arbeiten / wofern es nun dem Meister und dem Knecht also ferner anständig / so sollen diese beyde sich über den Lohn vereinigen / und da es dan dem einem oder anderen von ihnen beyden länger nicht gefallen mögte / so solle der Knecht dem Meister / und hinwiederumb der Meister dem Knecht 14. Tage zuvor die Auffkündigung thuen;

Solte sich über dieses auch zutragen / daß / wan die Meistere mit der Arbeit etwa überladen wären / und die Knechte alsdan dem Meister aus einer liederlicher und gantz ohnbefügter Ursache die Arbeit auffkündigen thäten / auff solchem Fall solle keiner aus hiesiger Stadt-Meisteren unter Straff 10. Goldgl. alsolchen auffkündigenden Knecht zur Arbeit annehmen / vielweniger aber ein Meister dem anderen / wie es zuweilen geschicht / aus der Arbeit verführen;

Wie dan imgleichen kein Meister dem anderen in seiner Arbeit eingreiffen / noch einen Baw annehmen / welcher/ so von anderen bereyts verdungen gewesen / es seye dan/ daß der Bau-Herr wohlgefügte und erhebliche Ursachen habe / den vorigen Contract auffzuheben / und einen anderen Meister anzunehmen / welchenfals mit dem vorigen Meister richtige Abrechnung gepflogen / und derselbe zuvor contentirt werden solle;

Dahe auch zu mercklichem Schaden der Bauenden einige Jahren hero verspührt worden / daß die Ziegelstein-Beckere nicht die bißhero gewöhnliche Form halten / sonderen selbe von Jahr zu Jahr kleiner machen; Als sollen führohin keine Ziegel-Stein mehr gebacken / noch verarbeitet werden mögen / er seye dan nach Anlaß der bey hiesigem Magistrat befindlicher Maaß und Form ein Werck-Schuhe lang / auch deren 4. in die Kante gesetzet / ein Werck-Schuhe breit.

Ar-

Articulus XLVI.
Von Tag-Löhneren.

Ein Tag-Löhner auff seine eigene Kost verdienet zur Sommer-Zeit - - - 5. Blaf.
Im Winter - - - - 4. Blaf.

Für die Ruthe Garten-Land zu graben 4. biß 4½. Stüb.

Kalck-Kaulen zu graben / Weyer und Moerast auszuwerffen / die Ruthe - - 18. biß 20. Stüb.

Wan ihnen aber gewöhnliche Kost und Tranck gereicht wird/ im Sommer - - - 1. Schil.

Im Winter - - - - 2. Blaf.

Für einer Kahren-Geriß zum Klütten zu machen 8. Blaffert 1. Groschen Bier.

Für ein Maaß Holtz zu hawen - - 1. Schil.

Eine Maaß Holtz im Busch zu reiden 14. Alb. leicht.

Vom Fuder Schantzen in ihren eigen Gebänds
14. Alb. leicht.

Ein Frau-Mensch so im Gorten gerdet in ihrer eigen Kost - - - 3. Blaf.
In des Herren Kost - - - 5. Stüb.

Articulus XLVII.
Von Botten-Lohn.

Ein Botte solle von einer Meilen hin und her auff seine Kost- und Zehrung zu gehen haben 19. Alb.

Für eines Tages Warth-Geldt - 20. Alb.

Welches inner Lands 20. Meilen von hiesiger Stadt Düsseldorff in die Runde zu verstehen;

Solte der Botte aber weiter / oder in Feinds-Gebieth ver-

verschicket werden / hätte er sich desfals vorhin über den Lohn zu vergleichen;

In denen Herschafft Landt- und Parthey-Sachen aber/ solle es bey der hiebevoren ausgelassener Cantzeley-Botten-Ordnung sein Bewenden haben.

 Amit nun die aus Unserem gnädigsten Befelch dem gemeinen Wesen zum Besten neu eingerichtete Policey- und Tax-Ordnung zu Jedermanns Wissenschafft können / und observiret werden möge / solle solche nicht allein durch offenen Truck publiciret / und gewöhnlichen Orthen affigiret / sonderen auch von hiesigem Magistrat, welchen Wir allenfals dafür ansehen / darauff fest gehalten / die Ubertrettere und Contravenienten / befindenden Dingen nach zur wohlverdienter Brüchten / oder sonst anderer empfindlicher Straff ohne die allergeringste Connivenz und Absehen der Persohnen gezogen werden; Urkundt Unser eigenhändiger Unterschrift und vorgetruckten geheimben Cammer-Cabinets-Siegel. Geben in Unser Residenz-Stadt Düsseldorff den 7. Julii 1706.

Johann Wilhelm Churfürst.

L.S.

Vt. Freyherr von Giese.

3. Französische Denkschrift über die Festung Düsseldorf

Der Chefgeograph des französischen Königs, Le Rouge [1178] hat im Auftrag des Außenministers, Kardinal Fleury, eine Reihe von Denkschriften verfaßt. Über die Festung Düsseldorf sind mehrere Originalberichte aus den Jahren 1738 bis 1742 erhalten.[971] Seine Erkenntnisse über die Stadt Düsseldorf und eine fortifikatorische Wertung der Festungsanlagen sind in seinem Standardwerk „Le parfait aide de Camp" 1760 veröffentlicht.

§. PREMIER.

Duſſeldorff, Capitale du Duché de Bergue.

[*Pl.* 5 1e.] *Duſſeldorff*, Capitale du Duché de Bergue, Ville d'une moyenne grandeur, ſituée dans une contrée très-fertile ſur la droite du Rhin, à l'endroit où la petite riviere de Duſſel ſe décharge dans ce fleuve, après s'être gonflée des eaux de la riviere d'Erſt, qui paſſe à Nuiſſ.

En 1634. le feu du ciel tomba ſur un magaſin à poudre; ce qui fut cauſe de la ruine d'un grand nombre de Maiſons & d'Egliſes: Le Château même en a beaucoup ſouffert; il y a eu cent perſonnes de tuées, & autant de bleſſées.

L'Electeur Jean Guillaume aimoit beaucoup *Duſſeldorff*: il fit aggrandir le Château, embellir la Ville, & orner la grande place, d'un fort beau cheval de bronze, il fit élever une très-belle fontaine de la même matiére dans le milieu de la cour du Château, cette fontaine à près de quarante pieds de haut : ce qu'il a fait faire de plus remarquable, c'eſt la Galerie de Peintures, où l'on voit cinq ſalles remplies des plus beaux tableaux de grands Maîtres; cette Galerie eſt eſtimée plus de 1200000 liv.

Il fit bâtir un Château de chaſſe nommé *Bensberg*, aux environs de cette Ville: cette maiſon eſt auſſi d'une grande beauté.

Il y a auſſi une Collégiale à *Duſſeldorff*, un Collége de Jéſuites, & pluſieurs autres Couvens, un Temple pour les Luthériens, & un autre pour les Calviniſtes.

§. II.

Duſſeldorff eſt aujourd'hui bien fortifié.

Détail du Fort de cette Place.

Le Rhin rend Duſſeldorff inacceſſible du côté du couchant : du côté du midi, il y a pluſieurs contre-gardes devant les baſtions & des demi-lunes : du côté du levant, un grand front de fortification couvre le corps de la Place; & la riviere de Duſſel, après avoir formé quelques flaques d'eaux, baigne les murs de cette Ville: du côté du nord, les baſtions ſont couverts de contre-gardes.

1°. Le demi baſtion de Schaesberg eſt entierement revêtu de maçonnerie du côté du Rhin : le reſte de cette enceinte, de même que celle de l'extenſion, eſt à demi-revêtement : ce demi-baſtion eſt couvert d'une demi contre-garde (16.) revêtue de maçonnerie : le baſtion de la glaciere oppoſé à ce dernier eſt également couvert d'une contre-garde (10.) Ces deux baſtions ſont flanqués à lignes de défenſes raſantes : la demi-lune (13.) couvre les flancs de ces deux baſtions, & la courtine, qui eſt très-petite : cette demi-lune eſt contre-gardée (12.) de bonne maçonnerie. Les gorges des ouvrages 10. 12. 13. 16. ne ſont pas revêtus : leurs foſſés ſont ſecs juſqu'au batardeau y. L'on remarque ici de plus deux lunettes caſematées en 11. & 17. Elles ſont contreminées, & fort bien voûtées, à l'épreuve de la bombe; elles peuvent contenir 500. hommes : elles ſont environnées d'un petit foſſé ſec de 3. ou 4. toiſes de large ſur 4. pieds & demi de profondeur; ces ouvrages, leurs gorges, & leurs contre-eſcarpes ſont revêtues de maçonnerie; tout le mal qu'il y a, c'eſt qu'elles commandent les ouvrages intérieurs, inconvénient dont nous traiterons dans l'article du foible & des défauts de cette place.

En 19. il y a un batardeau de maçonnerie fort ſolide, avec un corps-de-garde au milieu.

Le baſtion de la glaciere eſt ſuivi de celui de Meulen ou du Moulin, où j'ai remarqué le flanc ſingulier V. qui y eſt arrondi, comme on le peut voir dans le plan, lequel peut ſervir à prolonger la défenſe; c'eſt ſur la Capitale de ce baſtion qu'un bras de la Duſſel ſe jette dans les foſſés, après avoir formé la flaque t. laquelle a 50. toiſes de largeur moyenne & 60. toiſes de long ſur 6. à 10. pieds de profondeur.

L'Ecluſe qui ſe trouve dans cet endroit eſt couverte de deux parapets, comme on le peut voir dans le plan, & comme le foſſé de la porte de Ratingen eſt plus haut que celui de la porte Flinger, on a conſtruit le battardeau Z afin de ſoutenir les eaux du premier, tant pour faire moudre les moulins en V, que pour en faire retomber une partie dans ce dernier foſſé; ces deux baſtions ſont encore flanqués à lignes raſantes, la porte de Ratingen eſt couverte d'une demi-lune 8 revêtue, laquelle tire ſa défenſe du flanc V & de la contregarde 10 & de la flaque & la demi-lune, il y a une grande lunette revêtue de maçonnerie, qui ſert de place d'armes retranchée : elle eſt d'une fort jolie conſtruction, couverte d'un foſſé & d'un double chemin couvert. L'Auteur de ces lunettes caſemattées 11. & 17. en avoit projeté une ſemblable en 9. mais juſqu'à préſent il ne paroît qu'une place d'armes ordinaire dans cet endroit.

Le

387

Le Baftion de Meulen eft flanqué de celui de Flinger à lignes fichantes, ce dernier eft couvert du Baftion de Sainte-Elifabeth, qui eft le premier de l'extenfion, & qui fert de contre-garde au précédent.

La porte de Flinger eft couverte d'une demi-lune revêtue de placage, laquelle eft munie d'une contre-garde revêtue de maçonnerie, qui tire fa défenfe du Baftion de Sainte-Elifabeth, & d'une lunette 6. pareille à l'autre marquée 7. Cette lunette eft également couverte d'un foffé, & d'un double chemin couvert.

Le Baftion de Flinger eft fuivi de celui de Berger, lequel eft couvert d'une contre-garde 24. & accompagné d'une demi-lune 25.

C'eft depuis le Baftion de Schasberg jufqu'au Baftion de Berger que le talut du parapet intérieur eft de briques : ici la courtine fait un angle rentrant de 130. dégrez, dont la petite partie fert à flanquer le Baftion du Diamant, lequel eft couvert d'une bonne contre-garde 31. La porte des Récolets 32. eft couverte d'une grande demi-lune irréguliere 26. laquelle eft environnée d'un foffé d'eau, d'un chemin couvert 43. & d'une flaque d'eau. Le Baftion du Diamant eft flanqué de celui du Gouvernement 38. lequel eft couvert d'une contre-garde retranchée 41. La porte de Berger eft couverte d'une demi-lune 39. & d'une contre-garde 40. munie de foffés d'eaux & de chemins couverts. En 44. il y a un batardeau de maçonnerie, les contre-gardes couvrent ces ouvrages tellement, qu'il eft impoffible qu'ils puiffent être vûs de la campagne.

Le Baftion du Gouvernement eft accompagné de celui de Spée 44. dont les flancs font très-petits, le tout n'étant couvert que d'un parapet de maçonnerie de deux pieds & demi d'épaiffeur ; cette partie de la Ville, compris les 3. derniers Baftions, & la porte des Récolets, fervoit autrefois de Citadelle : aujourd'hui le foffé 45.

d'un foffé d'eau, & d'un chemin couvert, l'on y remarque une petite porte pour communiquer de la campagne aux cazernes.

Le Pont volant 50. qui communique de la porte du Rhin au rivage gauche de ce fleuve, eft couvert d'un petit cornichon 51. très-proprement travaillé, dont les feux étant bien dirigés, font couverts d'une demi-lune environnée d'un foffé de 6. toifes, & d'un chemin couvert : l'on y remarque deux petits corps de cazernes, & un corps de garde ; (aujourd'hui l'on dit que ce cornichon eft rafé) l'enceinte de la Place eft d'une conftruction fort folide.

devient un port où l'on peut très-bien mettre les bateaux à couvert. L'on remarque ici la vieille enceinte, qui confifte dans un gros mur fort épais, percé de crénaux, qui regne jufqu'au Château 46. & de-là jufqu'au Baftion de Schasberg ; ce mur eft flanqué de plufieurs groffes tours à l'antique 21. 22. 27. & 28. Pour dire un mot de l'extenfion, cet ouvrage me paroît avoir été ajouté à la place pour enfermer les magafins, les cazernes, & autres chofes dont on a befoin en tems de Siéges.

Le Baftion de Sainte-Elifabeth eft flanqué de la demilune de Flinger & du Baftion de Sainte-Anne, qui eft fort fpacieux, ayant près de 100. toifes de demi-gorges : une tenaille revêtue de placage ; environnée d'un petit foffé d'eau couvre la courtine, qui l'eft auffi de la demi-lune.

Le Baftion de Sainte-Anne eft fuivi de celui de Saint-Jofeph, dont le flanc gauche eft concave & couvert d'un orillon, de même que celui des deux Baftions précédens : on remarque devant la courtine une tenaille femblable à la précédente, & une demi-lune.

Le Baftion de Saint-Jofeph eft flanqué de celui de Saint-Charles, lequel eft couvert d'une grande contre-garde, revêtue de placage, & d'une flaque d'eau qui reçoit l'autre bras de la Duffel, depuis l'angle flanqué du Baftion Saint-Charles, jufqu'à l'angle de l'épaule gauche du Baftion de Sainte-Elifabeth, les foffés font fecs, rafés d'une double tenaille 43. revêtue de Maçonnerie, dont les flancs font cafematés, laquelle eft couverte d'une demi-lune 2. Les Places d'armes 3. font enfermées d'un double glacis ; ces derniers ouvrages font très-propres à donner de revers fur les tranchées qu'on pourroit mener en 49.

Depuis la branche du Baftion Saint-Charles, jufqu'à la contre-garde 31. il y a un bout de rempart couvert d'un

19

L'on y remarque deux voûtes l'une fur l'autre, tant pour foutenir les contre-forts que le parapet : en forte qu'il eft très-difficile d'y faire une brèche, laquelle étant faite, il reftera toujours un parapet en l'air.

§. III.

Du foible & des défauts de cette Place.

[Pl. 34e. fig. 1e.] La première faute dont nous nous apperçûmes dans cette Place, étoit devoir que le parapet extérieur étoit fi élevé, que du point a. l'on ne pouvoit à peine découvrir le glacis b. encore moins le point d. dans les foffés fecs, par où l'Ennemi a coutume de déboucher : car le principe de la direction des feux porte, que de la crête du parapet il faut toujours pouvoir découvrir le chemin couvert b. c. dans les Places où il y a des foffés d'eau ; & même le pied de la contrefcarpe d. dans les Places où il y a des foffés fecs, afin de voir déboucher le Sapeur.

Il eft conftant que le cornichon 51. dont nous venons de parler n'ayant que 60. toifes de front, ne fuffit pas pour couvrir la Place & le pont du Rhin : il devroit être plus grand, tant pour contenir plus de monde, que pour être en état de tirer fa défenfe de quelques Baftions du corps de la Place : fon terre-plein devroit être plus élevé de 4. pieds, afin de ne point être fujet aux inondations, qui font fort fréquentes dans ce pays-là : car j'ai trouvé 3. pieds d'eau au-deffus du rez-de-chauffée du corps des cazernes ; auffi les Hanovriens le canonnerent-ils par-là dernierement.

Ce fort étant conftruit de terre eft de peu de durée ; il falloit employer des fafcines & du clayonnage en y faifant une berme de deux ou trois pieds, ce qui a été négligé, & qui fut caufe qu'une grande partie des terres s'ébouler dans le tems de la crue des eaux ; la gorge devroit être revêtue de maçonnerie, tant pour la fûreté, que pour réfifter au courant de la riviere : dans l'article des projets nous donnerons un moyen d'y tenir garnifon dans le tems des inondations.

Les contre-gardes 40. 41. 39. font trop petites : elles ne fçauroient contenir le monde néceffaire pour leur défenfe, de même que leurs foffés ; ils couvrent le corps de la Place & la demi-lune, de façon que rien ne peut être vû de la campagne : mais auffi faut-il remarquer que, lorfque les contre-gardes 40. & 41. font prifes, leurs foffés deviennent autant d'excellentes Places d'armes pour les Affiegeans, où ils peuvent faire tels amas de matériaux néceffaires pour le paffage du grand foffé, fans être vus du corps de la Place, ce qui eft un grand inconvénient, on peut remarquer le même défaut en 26. 24. 8. & en 12. Les terre-pleins des ouvrages 25. 24. 26. 31. 40. 41. font trop bas : j'ai

C ij   trouvé

trouvé un pied d'eau par-tout, inondation caufée par la crue des eaux du Rhin : il y avoit fix pouces d'eau dans le magafin à poudre 27.

On femble avoir voulu abandonner l'extenfion 42. difant qu'il faudroit trop de monde pour la défendre ; c'eft pour cette raifon qu'on a conftruit les ouvrages 25. 24. & 26. afin de bien couvrir le corps de la Place. Ces ouvrages auroient été mieux placés devant le Baftion de Saint-Jofeph , devant les demi-lunes 12. & devant le Baftion Sainte-Anne ; car l'extenfion une fois prife , il me femble que la Ville doit néceffairement capituler : les Places d'armes 3. font mal conftruites.

La demi-lune 4. eft trop petite.

La demi-lune de Flinger n'eft point revêtue ; elle tire prefque toute fa défenfe des flancs du Baftion de Meulen & de Flinger , grand inconvénient dans une fortification , parce qu'outre qu'ils font occupés à défendre la face du Baftion, ils ne peuvent voir la face de la demi-lune que fort obliquement : de plus cela donne lieu au canon de l'Ennemi de battre ce flanc aifément depuis l'efcarpe.

L'angle flanqué de la demi-lune 8. n'eft pas affez ouvert, n'étant environ que de 50. dégrés.

Les deux lunettes cafematées 11. & 17. font plus élevées que le corps de la Place, en forte que s'étant une fois emparé de ces deux ouvrages, on découvriroit de revers dans tous les ouvrages voifins 10. 12. 13. 16. comme vous l'indique le profil i. h. k. de la 3e. figure, planche 34.

La contrefcarpe prefque entiere n'eft pas revêtue.

§. IV.

Ouvrages projettés afin de mettre de l'égalité dans le corps de la Place.

Si les Siéges & la prife des Places nous rendent maîtres des Provinces , la fortification nous en affure la poffeffion , & peut les garantir ; mais pour mettre cette Ville en état de défenfe , il faut , felon moi , commencer par revêtir la contrefcarpe , afin d'ôter à l'Ennemi la facilité de paffer le foffé : les terres ferviront à hauffer le chemin couvert.

[*Pl.* 52.] 2°. Il faut rafer les lunettes 11. & 17. de quatre ou cinq pieds , afin de leur ôter par-là le commandement qu'elles ont fur la Place, chofe qui ne s'eft jamais vûe dans la fortification ; peut-être que les cafemates en foufffiront : mais de deux maux il faut éviter le pire ; ces ouvrages découvrent de revers de tous côtés , & leurs toffes ferviront d'excellens retranchemens aux Affiegeans.

Comme la riviere du Duffel peut être faignée à une lieue de 'a Ville , & que par conféquent la flaque T. peut fe trouver à fec , il eft à propos de faire un Baftion détaché , ou un pâté dans le milieu , avec une communication à la Place d'armes , qui tirera fa défenfe des deux chemins couverts voifins.

Le Baftion Sainte-Elifabeth paroît un peu foible : pour remédier à cela , l'on peut faire un double chemin couvert , comme l'on peut voir dans le plan.

La demi-lune 4. étant trop petite , il faut la couvrir d'une contre-garde , qui tirera fa défenfe des deux Baftions voifins.

Le Baftion Sainte-Anne étant entierement découvert , il faut le couvrir d'une contre-garde , qui tirera fa défenfe de deux demi-lunes voifines ; ce qu'il faudra faire néceffairement devant le Baftion Saint-Jofeph , qui eft auffi découvert que les autres : toutes ces contregardes

gardes peuvent avoir huit toifes de bafe , un foffé de huit toifes , & un chemin couvert à l'ordinaire ; & comme l'on fera obligé de prendre les demi-lunes avant les contre-gardes , du moins par 4. & en 8. il eft bon d'y conftruire des réduits , dont l'angle flanqué foit fort obtus , qui auroient un foffé d'une toife , afin de défendre plus long-temps les demi-lunes. Ces réduits peuvent tirer leurs défenfes des Baftions voifins , mais il faut obferver qu'ils pourront fervir d'un excellent retranchement aux Affiégeans , lorfqu'ils feront maîtres de la demi-lune ; c'eft pourquoi mon avis ne feroit pas de faire la dépenfe de ces ouvrages-là. Car quoiqu'il puiffe arriver que les Affiégés détruifent quelques hommes au moyen de ce retranchement , il faut convenir auffi que les gens qui ne fe rebutent point , & qui chaffent enfin des Affiégés de ce petit endroit , gagnent confidérablement , & ont un très-grand avantage fur ceux-ci , puifqu'ils auront toute la demi-lune à eux , & feront parfaitement à couvert , tant pour tirer fur la courtine & les flancs , que pour enfiler & détruire ce qui fe trouve dans les contre-gardes voifines , fans être vûs.

Il faut néceffairement quelques caponnieres dans les foffés entre les tenailles & les demi-lunes , avec des communications couvertes.

Le chemin couvert peut être changé à la Françoife , avec des Places d'armes & des traverfes : quoique les Allemands difent qu'ils ne font que fervir d'épaulement au logement qu'on fait en tems de Siége dans les Places d'armes , l'expérience nous a trop fait voir par les fruits qu'on en a tirés qu'ils font plus utiles que nuifibles.

Un Baftion détaché feroit d'une grande utilité en 28. pour couvrir la porte qui fe trouve dans cet endroit.

Comme les crues extraordinaires des eaux du Rhin inondent fouvent la tête du pont , & comme il en couteroit des fommes pour hauffer le terre-plein dudit ouvrage , il me femble qu'une tour à machecouli feroit un bon effet en 51. avec un petit magafin au-deffous pour contenir les munitions néceffaires : on peut conftruire des galeries de mines depuis le Baftion de Sainte-Elifabeth jufqu'à celui de Saint-Charles.

Comme le magafin à poudre A. eft de planches , & que celui en 27. n'eft pas affez élevé , l'on en peut fort bien faire un dans le Baftion d'Eiskeller & dans celui de Berger , en creufant un peu lefdits Baftions.

L'on a projetté des fours en B. C. D. fous des perches : il me femble qu'on feroit mieux d'en mettre un fous le flanc droit du Baftion de Berger , lequel n'eft pas vû de la campagne , & les autres fous les courtines E. F. afin d'être à l'abri de la bombe. Voilà je crois les augmentations qu'on peut faire à Duffeldorff , pour mettre cette Place en état de foutenir un Siége de trois mois. Les munitions confiftoient en 180. piéces de canons de fer , un certain nombre de mortiers , environ 400. milliers de poudre , 16. moulins à bras , un moulin à chevaux ; il y avoit des munitions de bouches néceffaires ; il y avoit 5000. hommes de bonnes troupes réglées à Duffeldorff , & mille dans les environs.

Maniere d'attaquer & de défendre Duffeldorff.

Defcription des environs de cette Place.

Les environs de Duffeldorff font fort unis, il n'y a que la petite hauteur nommée Die Geiffe, depuis laquelle l'on découvre quelques flancs.

Il y a une autre hauteur derriere le Village de Derendorff, mais elle eft trop éloignée de la Ville ; il y a de plus quelques petites hauteurs aux environs de Bulig, mais elles font également éloignées de la Ville ; il faut donc pour entreprendre le fiége de cette Place commencer par faigner la petite riviere de Duffel à une lieue de la Ville, & s'emparer de la hauteur nommée Die Geiffe, des Villages de Derendorff, Golsheim, Obercaffel & Niderbulig : la circonvalation peut régner de l'un à l'autre, s'il eft néceffaire d'en faire une.

Le lit de la petite riviere de Duffel étant à fec peut fervir de tranchée jufqu'au Village de Pempelfort où l'on commencera la premiere parallele vers la gauche ; le même lit de la riviere peut fervir de communication à la 2e. ou 3e. parallele que l'on peut aifément prolonger par les jardins qui touchent les bords du glacis. Je fuppofe même qu'ils feroient rafés en attaquant la Place dans l'état où elle eft aujourd'hui.

L'on peut faire une fauffe attaque fur la Capitale du Baftion de S. Anne & forcer le Baftion voifin, qui fert de contre-garde au Baftion de Flinger en attachant le mineur, faifant deux mines, dont la ligne de moindre réfiftance de l'une tende vers la campagne, & l'autre vers le Baftion de Flinger. L'explofion de ces mines pourra facilement combler le foffé du corps de la Place, & celui du Baftion S. Elifabeth tout à la fois ; cette contre-garde n'ayant que neuf toifes de large, il eft facile après d'établir les batteries qu'il faut pour battre en brèche. Je fuppofe que l'on foi maître de la contre-garde 5. & des demi-lunes voifines, au lieu que le Baftion Saint-Elifabeth étant contre-gardé de même que la demi-lune 4. l'Ennemi aura plus de peine, & fera obligé de commencer par les contre-gardes, lefquelles les arrêteront autant qu'un Baftion ; l'on peut auffi attaquer par différens autres endroits, comme par le front 3. 3. ou 29. 49. ce dernier eft très-propre à cela ; l'on y trouve de larges foffés à mettre 3. & 400. hommes à couvert, qui feront autant de parallèles toutes faites : l'on y trouve de plus des entonnoirs tout faits fur les bords du glacis.

Les maifons du Fauxbourg, qui font à 70. toifes de la Place, font très-propres à découvrir dans les ouvrages de la Place ; il faut donc, pour remédier à tout cela, commencer par combler les foffés & les entonnoirs, rafer les maifons & les jardins qui font le plus près de la Place.

Il n'eft pas difficile de s'emparer du cornichon qui couvre le pont. On peut l'attaquer par les branches, qui ne peuvent être trop bien défendues du corps de la Place, étant hors de la portée du moufquet, & les coups de canons étant trop incertains, ils pourront fort bien enfiler le talut intérieur du parapet, au lieu du foffé.

Cet ouvrage fe peut auffi prendre par la gorge, furtout quand les eaux font baffes, n'y ayant que de fimples paliffades : Or, pour s'en garantir, il faudroit
aggrandir

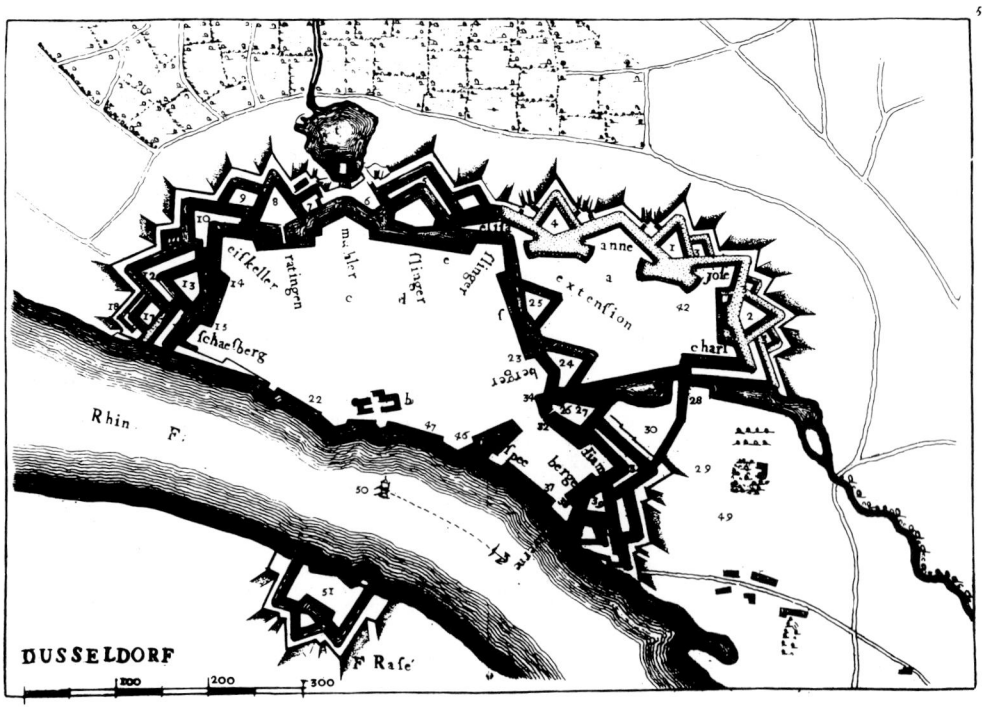

DUSSELDORF

agrandir ce fort, en faire un quarré, qui puiſſe tirer ſa défenſe de lui-même, & revêtir la gorge de maçonnerie, afin de la mettre hors d'état d'être inſultée; cependant de telle ſorte que le corps de la Place puiſſe toujours découvrir le terre-plein dudit ouvrage. Il faudroit auſſi une épaulement ou une eſpéce de port pour mettre le pont volant à couvert des batteries que l'on peut placer en K.

§. VI.

Devis approchant des fortifications qu'on pourroit ajouter à Duſſeldorff.

Pour revêtir la contreſcarpe par-tout où elle eſt marquée par de petites lignes ſur 14. pieds de haut, compris les fondations, 6. pieds de large en terre, 5. pieds au niveau du foſſé, & 3. pieds de large en haut, avec le déblai des terres, & pour les porter ſur le glacis, à raiſon de 225 liv. la verge courante de 15. pieds du Rhin, 721 verges; les contreſcarpes des ouvrages projettés compriſes, même ſans leſquelles il n'y en aura guere moins, parce que je ne compte point de revêtement pour les gorges; leſquelles, ſans les ouvrages projettés, deviendroient la contreſcarpe,

deviendroient la contreſcarpe,	162225
Une contre-garde coutera 30000 livres,	
les trois qui ſont projettées couteront	90000
Le Baſtion détaché 28. pourra couter,	24375
Le pâté dans la flaque T.	24375
La lunette 9. pourra couter,	11250
Les réduits dans la demi-lune,	22500
Le machecouli 51.	5625
Pour changer le chemin couvert à la Françoiſe,	33750
Les fours & les magaſins pourront couter,	60000
	434100 livres.

4. Zahlentabellen

Stadtentwicklungstabelle

	Epoche	Erweiterung (intra muros) Stadtteil	Fläche (ha)[6]		Erweiterung (extra muros) Stadtteil
			Erweiterung	Gesamtfläche	
Mittelalterlicher Mauerbering	vor 1288				
	1288 – 2384	Altstadt	–	3,8	Pempelfort Flingern Golzheim, Derendorf, Mörsenbroich,
	1384 – 1394	Vorstadt 1. Neustadt	16,2	20,0	Grafenberg, Bilk, Stoffeln, Lierenfeld
	1394 – 1538	Erweiterte Neustadt	2,5	22,5	Hamm, Steinen, Volmerswerth (1488 ?)
Neuzeitliche Festung	1538 – 1614	Zitadelle	5,0	27,5	
	1614 – 1688	Außenwerke Neues Werk	3,0	30,0	
	1688 – 1735	Gesamt- extension Düsselburg	88,5	128,5	
	1726 – 1787	Innere Extension Düsselburg	13,5	44,0	
	1787 – 1801	Karlstadt	8,5	52,5	
Bezirkshauptstadt	1801 – 1908	(ehemalige Festung) Altstadt, Karl- stadt, Stadt- mitte West	(ehemaliges Festungsgelände)		
	1909 – 1929				Wersten (1908), Stockum, Rath, Gerresheim, Ludenberg, Vennhausen, Eller, Himmelgeist, Heerdt, Lörick, Oberkassel
	1929 – 1974			124,0	Kaiserswerth, Lohausen, Ludenberg, Holthausen, Hassels, Itter, Reisholz, Benrath, Garath, Urdenbach
Landes- hauptstadt 1949	1975 – 1976				Monheim (bis 30. 6. 1976)
	1976, 30. 6.				Wittlaer, Angermund, Hasselbeck, Schwarzbach, Hubbelrath, Unterbach, Baumberg N.

392

Fläche (ha)[1107]		gesamte Stadt-fläche (ha)[1107]	Umfang des Befestungs-rings (m)	Fläche der Ver-teidi-gungs-anlagen (ha)	Verhältnis Verteidigungs-anlagen zur Stadtfläche
Erweiterung	Gesamtfläche				
876,2	1.251,2	375,0 1.255,0	800	0,9	2/9
2.593,8	3.845,0	3.865,0	1.800	2,2	1/9
790,0	4.632,5	4.655,0	1.900	2,3	1/10
213,0	4.845,5	4.868,0			
	4.840,5		2.600	28,0	1/1
	4.837,5		3.100	32,0	5/3
	4.749,0	4.868,0	9.250	104,0	5/6
	4.824,0		5.800	88,0	2/1
	4.805,5		5.800	79,5	5/3
	4.744,0	4.868,0	(ehemaliges Festungsgelände heute)		
6.247,0	10.991,0	11.115,0			Brückenrampe Heinrich-Heine Allee Hofgarten, Landskrone Königsallee Graf-Adolf-Platz Ständehauspark Schwanenspiegel
4.710,0	15.701,0	15.825,0 (15.829,7) (31. 12. 1974)			Kaiserteich Haroldstraße Spees Graben Garten des Palais Spee (Stadtgeschicht-liches Museum)
8.170,0	23.876,0	24.000,0			Berger Allee
5.858,0	21.564,0	21.688,0			

	Jahr	Einwohner		Gesamt-einwohner (Zivilisten)	Garnison ohne Frauen, ohne Kinder	Kasernen-plätze
		intra muros	extra muros			
Mittelalterlicher Mauerbering	nach 1288	(400)	(100)	(500)	–	–
	nach 1394	(750)	(500)	(1.250)	–	–
	1424					
	1431[10]	1.250	850	2.100	–	–
Neuzeitliche Befestigung	1590				50[578]	
	1596[576]	2.500	1.200	3.700		
	1617			4.400[25]	822[26]	50[1093]
	1625				440[586]	60[1094]
	1632[211]	3.400	1.600	5.000	570[589]	(120)
	1658/63[30]	(3.900)	1.200	5.100	(1.200)	(150)
	1672				1.421[597]	
	1689[44]	4.200	2.000	6.200	(1.500)	(250)
	1703	5.500	3.000	8.578[43]	(2.000)	(1.100)
	1709[891]				300	4.000
	1724					
	1738/40			8.800[993]	6.000[1095]	5.500[1096]
	1746	5.850	3.248	9.098		
	1758				6.000[54]	7.047[1097]
	1775	8.208[1098]	5.500	13.708	2.000[1099]	
	1787	8.764[1098]				
	1792				1.799[1100]	
	1794			(19.500)	5.698[57]	
	1801[1098]	12.102	7.430	19.532	4.000[57]	
		Altstadt, Karl-stadt, Stadt-mitte West	übriges Gebiet			
Hauptstadt	1827[1102]	17,287	9.777	27.064	2.825	
	1875			80.695		
	1909[1103]			350.000		
	1929			477.000		
	1939			535.753[1104]		
	1945			370.000		
	1948			466.000		
	1962			707.000		
	1971[1105]	7.576	646.749	654.325		
	1975 1. Jan.			675.437	incl. Monheim	
	1976 1. Juli			620.369		

Wohnhäuser intra muros	Einwohnerdichte E/ha	
	intra muros	Stadtgebiet
(40)	105,3	0,5
(70)	33,4	0,3
149[12]		
	55,6	0,5
	91,0	0,9
648	130,0	1,3
	(incl. Neustadt)	
	32,7	1,6
(700)		
1.260[995] (ges. Stadt)	125,0	2,2
734[995]	133,0	3,1
	186,0	2,9
766[1098]	167,0	3,0
950[1101] gesamtes Stadtgebiet	230,0	4,8
	145,0	6,2
		16,6
		31,5
		30,2
		34,0
		23,6
		29,5
		44,5
50.467[1105]	61,0	41,3
		28,1
		28,6

Uebersicht der Veränderungen in der Civil-Bevölkerung in der Sammtgemeinde Düsseldorf im Jahre 1840 (ausschließlich des Militairs, der Militairfrauen, Kinder und Dienstleute.)

Stand der Bevölkerung am Schlusse des Jahres 1840.

Nach dem Geschlecht:

Männliche	16,478
Weibliche	17,793
	34,271

Nach der Confession:

Katholiken	28,638
Evangelische	5,206
Juden	423
Mennoniten	4
	34,271

Nach dem ehelichen Verhältniß:

Berechtigte	10,328
Unberechtigte	23,943
	34,271

Nach den einzelnen Ortschaften:

Düsseldorf und Neustadt	22,477
Pempelfort	3,316
Derendorf	1,480
Golzheim	266
Mörsenbroich	863
Grafenberg	520
Oberbilk	238
Oberbilk	719
Gerresheim	182
Lierenfeld	240
Volmerswerth	404
Flehe	302
Hüls	1,320
Hamm	1,854
	34,271

Hierzu die Familienmitglieder und Dienstleute der Aeltern Militairs, welche früher immer mitgezählt worden sind: 447

34,718

Düsseldorf den 4. März 1841.

Der Oberbürgermeister: v. Fuchsius.

Geburten (1312):

Knaben	Eheliche	639
	Uneheliche	33
Mädchen	Eheliche	600
	Uneheliche	40

Gestorben (929):

Unter 14 Jahren	462
Von 15 bis 60 Jahren	282
Ueber 60 Jahre	185

Gestorben (929):

Knaben und Junggesellen	288
Männer und Wittwer	179
Mädchen und Jungfrauen	284
Frauen und Wittwen	198

Eingewanderte (3084):

Knaben und Junggesellen	1640
Männer und Wittwer	98
Mädchen und Jungfrauen	1251
Frauen und Wittwen	95

Ausgewanderte (3102):

Knaben und Junggesellen	1604
Männer und Wittwer	58
Mädchen und Jungfrauen	1411
Frauen und Wittwen	29

Zuwachs (459):

Geborene	Männlich	225
	Weiblich	158
Eingewanderte	Männlich	76
	Weiblich	—

Abgang (94):

Ausgewanderte	Männlich	—
	Weiblich	94

Zuwachs überhaupt 365

395

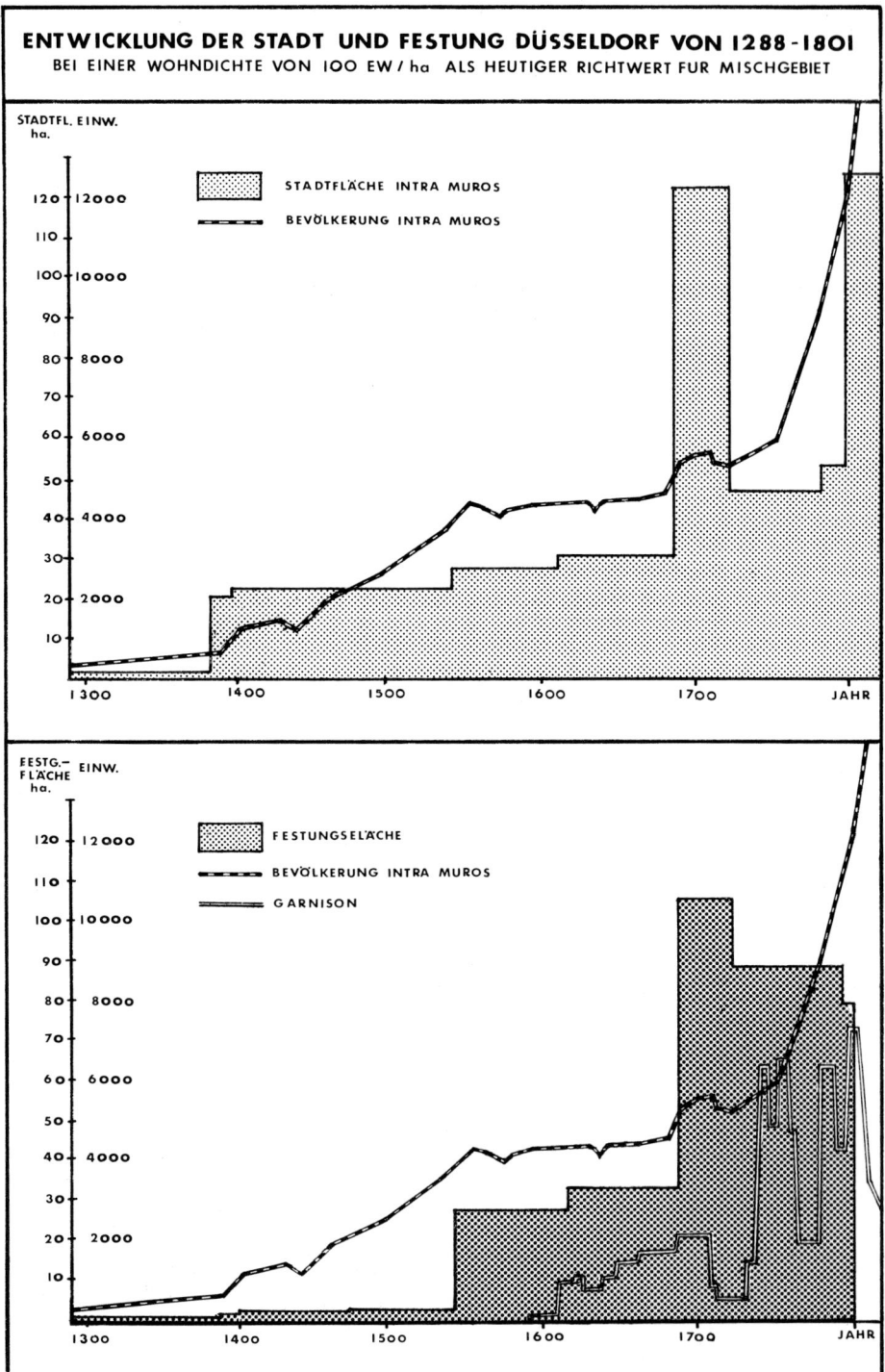

ENTWICKLUNG DER STADT UND FESTUNG DÜSSELDORF VON 1288-1801
BEI EINER WOHNDICHTE VON 100 EW/ha ALS HEUTIGER RICHTWERT FUR MISCHGEBIET

STADTFL. EINW.
ha.

STADTFLÄCHE INTRA MUROS
BEVÖLKERUNG INTRA MUROS

FESTG.-
FLÄCHE EINW.
ha.

FESTUNGSFLÄCHE
BEVÖLKERUNG INTRA MUROS
GARNISON

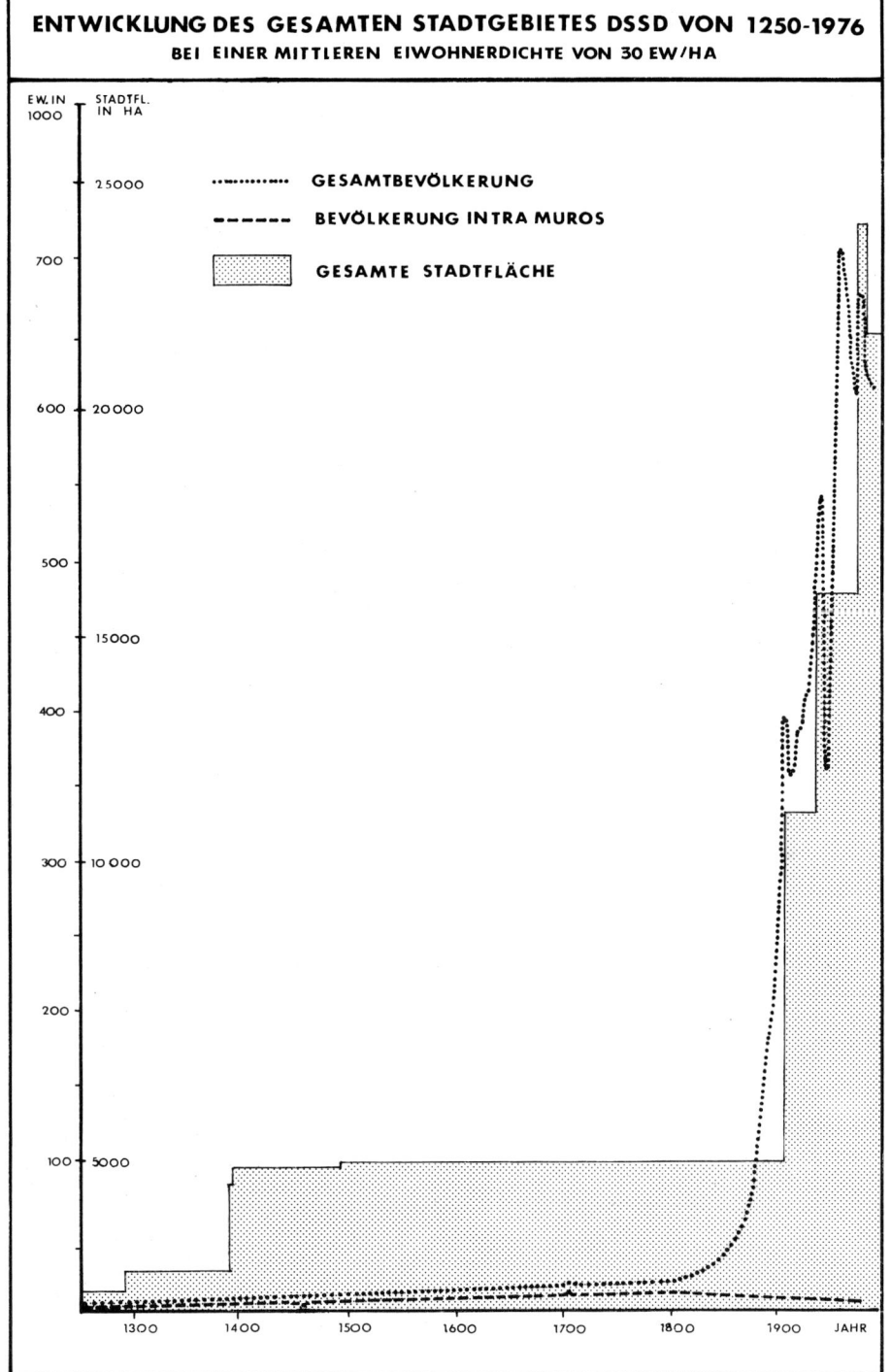

ENTWICKLUNG DES GESAMTEN STADTGEBIETES DSSD VON 1250-1976

BEI EINER MITTLEREN EIWOHNERDICHTE VON 30 EW/HA

EW.IN 1000 / STADTFL. IN HA

·····──····· GESAMTBEVÖLKERUNG

------ BEVÖLKERUNG INTRA MUROS

GESAMTE STADTFLÄCHE

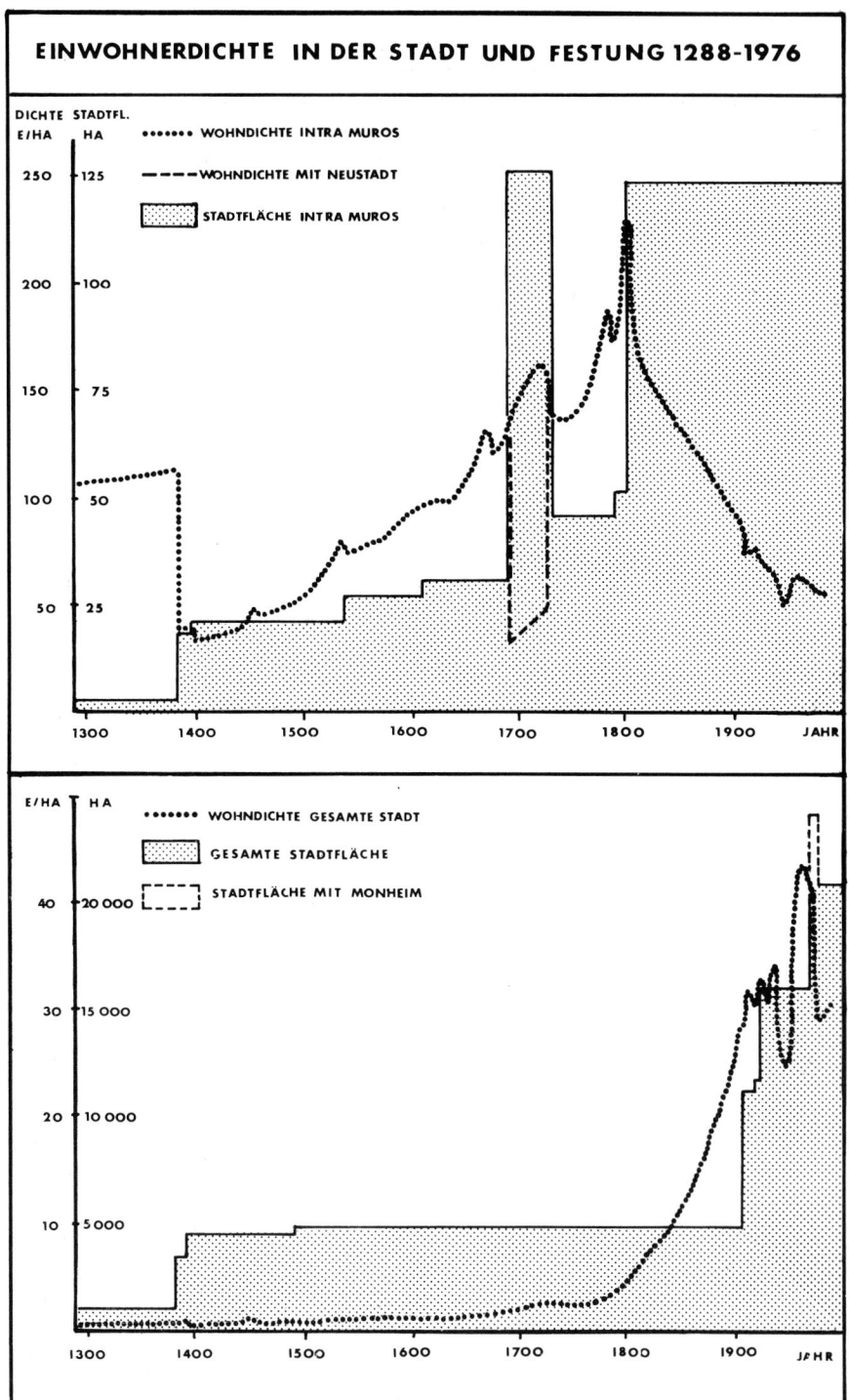

EINWOHNERDICHTE IN DER STADT UND FESTUNG 1288-1976

DICHTE STADTFL.
E/HA HA

∙∙∙∙∙∙ WOHNDICHTE INTRA MUROS

--- WOHNDICHTE MIT NEUSTADT

STADTFLÄCHE INTRA MUROS

E/HA HA

∙∙∙∙∙∙ WOHNDICHTE GESAMTE STADT

GESAMTE STADTFLÄCHE

STADTFLÄCHE MIT MONHEIM

In Düsseldorf wurden in der Regel die kölnischen Gewichte und Feldmaße angewendet.[1109]

1 Meile = 1.200 Ruten, 1 Rute = 2 Klafter = 6 Ellen = 12 Fuß = 144 Zoll = 1728 Linien

	Meter	rhein. Linie	rhein. Zoll	rhein. Fuß	rhein. Elle	rhein. Klafter	rt.ein. Rute	Baufuß	Dssd. Fuß	große Dssd. Elle	Dssd. Rute	Paris. Linie	Toise
1 Meter	1,000	458,926	38,2438	3,1862	1,5931	0,53117	0,2656	3,3582	3,4770	1,4594	0,2175	443,296	0,51300
1 rheinische Linie	0,00218	1,000	0,083	0,0069	0,0035	0,00011	0,00057	0,0073	0,0076	0,0035	0,0047	0,966	0,00112
1 rhein. Zoll	0,02615	12,000	1,000	0,083	0,416	0,0014	0,0069	0,0878	0,0909	0,0382	0,0057	11,59	0,0134
1 rhein. Fuß	0,31385	144,000	12,000	1,000	0,500	0,0167	0,833	1,0540	1,0912	0,4580	0,0683	139,13	0,0161
1 rhein. Elle	0,62771	288,000	24,000	2,000	1,000	0,3334	0,1667	2,1078	2,1826	0,9161	0,1365	278,26	0,3220
1 rhein. Klafter	1,88264	864,000	72,000	6,000	3,000	1,000	0,5000	6,3222	6,5460	2,7475	0,4094	834,56	0,0658
1 rhein. Rute	3,76647	1728,00	144,000	12,000	6,000	2,000	1,000	12,6486	13,0960	5,4968	0,8192	1669,66	1,9322
1 Baufuß	0,29778	136,67	11,38	0,948	0,4744	0,0158	0,0791	1,000	1,0353	0,4346	0,0648	132,00	0,0153
1 Dssd. Fuß (Köln. Fuß)	0,28760	131,98	10,99	0,916	0,4582	0,0153	0,0764	0,9658	1,000	0,4197	0,0625	127,49	0,0148
1 große Dssd. Elle	0,68521	314,46	26,21	2,183	1,0916	0,3640	0,1820	2,3011	2,3825	1,000	0,1820	303,75	0,3515
1 Dssd. Rute (Köln. Rute)	4,59829	2110,27	175,85	14,651	7,3255	2,4423	1,2212	15,4420	16,000	6,7107	1,000	2038,40	2,3589
1 Pariser Linie	0,00266	1,035	0,086	0,0071	0,0036	0,00012	0,00069	0,0075	0,0078	0,0033	0,00049	1,000	0,00116
1 Toise (franz. Klafter)	1,94903	894,461	74,538	6,209	3,1049	1,0353	0,5177	6,5452	6,776	2,8444	0,4239	864,000	1,000

deutsche Werteinheiten zu Beginn des 19. Jahrhunderts (Taler)
1 Reichstaler (Rtlr.) = 60 Stüber (Stbr.) = 80 Alben (Alb.) = 90 Kreuzer (Xr.)
1 Stüber = 4 Pfennige klevisch oder = 16 Heller (Füchse)

Einheiten	Reichstaler[1111]	goldene Karolin[1112]	edictm. bergisch	coursmäß. bergisch	dt. Conv. Geld
1 Rtlr.[1116]	1,000	0,125	0,942	0,991	0,788
100 Frs.	32,911	4,220	31,000	32,632	25,834

Umrechnung der Kaufkraft von 1 Rtlr.[1117]

$$\text{1 Lb. Butter} - 1810 = 22 \text{ Xr.} \quad = \frac{0,24 \text{ Rtlr.}}{4,80 \text{ DM}} = \frac{1,00 \text{ Rtlr.}}{20,00 \text{ DM}}$$
1 Lb. Butter − 1977

$$\text{1 Litr. Bier}^{1118} - 1810 = 2,3 \text{ Xr.} \quad = \frac{0,026 \text{ Rtlr.}}{1,30 \text{ DM}} = \frac{1,00 \text{ Rtlr.}}{50,00 \text{ DM}}$$
1 Litr. Bier − 1977

$$\text{1 Lb. Brot} - 1810 \quad = \frac{0,09 \text{ Rtlr.}}{0,90 \text{ DM}} = \frac{1,00 \text{ Rtlr.}}{100,00 \text{ DM}}$$
1 Lb. Brot − 1977

$$\text{1 Lb. Kalbfleisch} - 1810 = 9 \text{ Xr.} \quad = \frac{0,10 \text{ Rtlr.}}{13,00 \text{ DM}} = \frac{1,00 \text{ Rtlr.}}{95,00 \text{ DM}}$$
1 Lb. Kalbfleisch − 1977

Verhältnis der Kaufkraft von 1 Rtlr. Anfang des 19. Jahrhunderts zur Kaufkraft der DM in 1977

Verbrauchs- und Produktionsgüter	Butter	Bier	Brot
Gegenwert in DM für 1 Rtlr.	20,00	50,00	100,00

			franz. Werteinheit 1 Livre = 20 Sous 1 Franc = 100 Cent.		Holländ. Gulden = 20 Stüber (Sous)
preuß. Gold	preuß. Courant[1113]	köln. Mark[1114]	franz. Franc[1115]	Livre (tournoise)	Gulden Courant
0,784	0,857	0,064	3,291	3,250	1,497
25,897	28,259	1,924	100,000	101,249	49,261

- -

Jahresgehalt eines ltd. Baubeamten – 1810 $= \dfrac{45,0,00 \text{ Rtlr.}}{54.000,00 \text{ DM}} = \dfrac{1,00 \text{ Rtlr.}}{120,00 \text{ DM}}$
Jahresgehalt eines ltd. Baubeamten – 1977

Jahresmiete vergleichbarer Wohnungen – 1830[1119] $= \dfrac{22,00 \text{ Rtlr.}}{2640,00 \text{ DM}} = \dfrac{1,000 \text{ Rtlr.}}{120,00 \text{ DM}}$
Jahresmiete vergleichbarer Wohnungen – 1977

cbm-Preis vergleichbarer Wohngebäude – 1830[1120] $= \dfrac{2,60 \text{ Rtlr.}}{195,00 \text{ DM}} = \dfrac{1,00 \text{ Rtlr.}}{75,00 \text{ DM}}$
cbm-Preis vergleichbarer Wohngebäude – 1977

1 Mp. Stahl[1121] – 1810 $= \dfrac{81,30 \text{ Rtlr.}}{813,00 \text{ DM}} = \dfrac{1,00 \text{ Rtlr.}}{10,00 \text{ DM}}$
1 Mp. Stahl – 1977

- -

Kalbfleisch	Jahresgehalt eines lt. Baubeamten	Jahres- Wohnungs- miete	cbm-Preis für vergleichbaren Wohnneubau	Stahl
130,00	120,00	120,00	75,00	10,00

Französischer Revolutionskalender[1122]

Der französische Revolutionskalender wurde durch Konventionsdekret vom 5. Oktober 1793 mit Wirkung vom 22. September 1792 eingeführt und ab 1. Januar 1806 wieder abgeschafft.
Jahreseinteilung: 12 Monate – davon 11 Monate à 30 Tage, letzter Monat im Jahr 34 Tage, alle vier Jahre (Schaltjahr) 35 Tage.
Monatseinteilung: 30 Tage in 3 Dekaden (Wochen) zu je 10 Tagen
Tageseinteilung: 10 Stunden zu 100 Minuten à 100 Sekunden

Jahr		Automne (Herbst)				Hiver (Winter)	
		Vendémiaire (Weinmonat) September – Oktober	Brumaire (Nebelmonat) Oktober – November	Frimaire (Reifemonat) November – Dezember	Nivôse (Schneemonat) Dezember – Januar	Pluviôse (Regenmonat) Januar – Februar	Ventôse (Windmonat) Februar – März
I	1792/93	22. – 21.	22. – 20.	21. – 20.	21. – 19.	20. – 18.	19. – 20.
II	1973/94	22. – 21.	22. – 20.	21. – 20.	21. – 19.	20. – 18.	19. – 20.
III	1794/95	22. – 21.	22. – 20.	21. – 20.	21. – 19.	20. – 18.	19. – 20.
IV	1795/96	23. – 22.	23. – 21.	22. – 21.	22. – 20.	21. – 19.	20. – 20.
V	1796/97	22. – 21.	22. – 20.	21. – 20.	21. – 19.	20. – 18.	19. – 20.
VI	1797/98	22. – 21.	22. – 20.	21. – 20.	21. – 19.	20. – 18.	19. – 20.
VII	1798/99	22. – 21.	22. – 20.	21. – 20.	21. – 19.	20. – 18.	19. – 20.
VIII	1799/1800	23. – 22.	23. – 21.	22. – 21.	22. – 20.	21. – 19.	20. – 20.
IX	1800/01	23. – 22.	23. – 21.	22. – 21.	22. – 20.	21. – 19.	20. – 21.
X	1801/02	23. – 22.	23. – 21.	22. – 21.	22. – 20.	21. – 19.	20. – 21.
XI	1802/03	23. – 22.	23. – 21.	22. – 21.	22. – 20.	21. – 19.	20. – 21.
XII	1803/04	24. – 23.	24. – 22.	23. – 22.	23. – 20.	22. – 20.	21. – 21.
XIII	1804/05	23. – 22.	23. – 21.	22. – 21.	22. – 21.	21. – 19.	20. – 21.
XIV	1805/06	23. – 22.	23. – 21.	22. – 21.	22. – Ende 31. 12. 1805		

Printemps (Frühling)   Eté (Sommer)

Germinal (Keim-monat) März – April	Floréal (Blüte-monat) April – Mai	Prairial (Wiesen-monat) Mai – Juni	Messidor (Ernte-monat) Juni – Juli	Thermidor (Hitze-monat) Juli – August	Fructidor (Fruchtmonat) August	September		
21. – 19.	20. – 19.	20. – 18.	19. – 18.	19. – 17.	18. – 16.	17. – 21.		
21. – 19.	20. – 19.	20. – 18.	19. – 18.	19. – 17.	18. – 16.	17. – 21.		
21. – 19.	20. – 19.	20. – 18.	19. – 18.	19. – 17.	18. – 16.	17. – 21.		22.
21. – 19.	20. – 19.	20. – 18.	19. – 18.	19. – 17.	18. – 16.	17. – 21.		
21. – 19.	20. – 19.	20. – 18.	19. – 18.	19. – 17.	18. – 16.	17. – 21.		
21. – 19.	20. – 19.	20. – 18.	19. – 18.	19. – 17.	18. – 16.	17. – 21.		
21. – 19.	20. – 19.	20. – 18.	19. – 18.	19. – 17.	18. – 16.	17. – 21.		22.
22. – 20.	21. – 19.	20. – 18.	19. – 18.	19. – 17.	18. – 17.	18. – 22.		
22. – 20.	21. – 20.	21. – 19.	20. – 19.	20. – 18.	19. – 17.	18. – 22.		
22. – 20.	21. – 20.	21. – 19.	20. – 19.	20. – 18.	19. – 17.	18. – 22.		23.
22. – 20.	21. – 20.	21. – 19.	20. – 19.	20. – 18.	19. – 17.	18. – 22.		
22. – 20.	21. – 20.	21. – 19.	20. – 19.	20. – 18.	19. – 17.	18. – 22.		

jours complémentaires (Schalttage)

La sans-cullottide (Revolutionstag im Schaltjahr)

403

5. Personenkatalog

Herrschergenealogie mit Zeittafel[1123]

Epoche	Herrscher	Erbfolge
~900 – 1180	Edelherren von Tyvern	Erwerb durch Engelbert I. Graf von Berg
1180 – 1218	Grafen von Berg	altbergisches Haus seit Adolf I.,~1068
1218 – 1247	Heinrich von Limburg	∞ mit Irmgard, Tochter Adolfs III.
1247 – 1259	Graf Adolf IV.	Sohn Heinrichs von Limburg
1259 – 1296	Graf Adolf V. von Berg	Sohn des Grafen Adolf IV.
1296 – 1308	Graf Wilhelm von Berg	Bruder von Adolf V.
1308 – 1348	Graf Adolf VI. von Berg	kinderlos, Ende des Hauses Limburg
1348 – 1360	Graf Gerhard von Jülich	Sohn des Wilhelm von Jülich ∞ mit Margarete von Ravensberg, Schwester Adolfs VI.
1360 – 1380	Graf Wilhelm II. von Berg	Sohn des Grafen Gerhard
1380 – 1397	Herzog Wilhelm I. von Berg gest. 1408	1380 Verleihung der Herzogswürde seit 1397 Verwaltung durch dessen Söhne
1408 – 1423	Herzog Adolf von Berg	Sohn des Herzogs Wilhelm I.
1423 – 1437	Herzog von Jülich und Berg	Urenkel Wilhelms von Jülich
1437 – 1460	Herzog Gerhard von Jülich-Berg gest. 1475	Neffe des Herzogs Adolf seit 1480 Verwaltung durch Sophie, Herzog Gerhards Mutter
1475 – 1481	Herzog Wilhelm II. von Jülich-Berg, gest. 1511	Sohn des Herzogs Gerhard seit 1481 Mitverwaltung durch Johann II., Herzog von Kleve, Enkel des Herzogs Adolf
1511 – 1521	Johann II. von Kleve	∞ 1490 mit Maria von Berg,
1521 – 1539	Herzog von Jülich-Kleve-Berg	Tochter des Herzogs Wilhelm II.
1539 – 1592	Herzog Wilhelm III. (der Reiche) von Jülich-Kleve-Berg	Sohn des Herzogs Johann II. ∞ mit Maria von Habsburg
1592 – 1609	Herzog Johann Wilhelm von Jülich-Kleve-Berg	Sohn Wilhelms III. ∞ mit Jakobe von Baden

Limburg *(Zeitraum 1218 – 1348)*

Jülich-Berg *(Zeitraum 1348 – 1481)*

Jülich-Kleve-Berg *(Zeitraum 1511 – 1609)*

Privilegien / Gesetze / Verordnungen	Herrschaftsbereich	Hauptstadt
	im Keldagau (Kittelbach)	Dorfsiedlung
1206 (?) Düsseldorf eigene Pfarrei	Deutzer Gau, Ruhrgau	Graben und Staketen
1263 ständige Fährstelle nach Neuß	Grafschaft Berg	
1288 Stadterhebungsurkunde		Wall- und Graben-befestigung, Mauer
1324 Erste Zollerhebungs-ermächtigung		Schutz der Außen-bürgerschaft
	Grafschaft Berg	Düsseldorf Hauptstadt
1371 Erneuerung und Erweiterung der Stadtprivilegien	Grafschaft Ravensberg durch Heirat	neben Lennep, Wipper-fürth
1372 Maß- und Wiegegeld	Erwerb von Hardenberg	
1373 Zollstätte		
1377 Münzstätte	Erwerb von Blankenberg	
1403 allgemeine Akzise (Warenabgabe)	Erwerb von Löwenberg	Düsseldorf herzogliche Hauptstadt
Grut (Bierbrauabgabe)		1384 Erweiterung durch
Fischerei in den Stadtgraben		Vorstadt, Neustadt
1437 Bestätigung der Stadtprivilegien, Recht der Rheinschiffahrt, Werftgeld	Erbe des Herzogtums Jülich, Vereinigung von Jülich und Berg 1437	1392 Mauerbefestigung um die erweiterte Stadt
1440 Zollfreiheit im gesamten Herrschaftsgebiet		
1451 Verzicht auf Mühlenpacht der Kornmühle		
Erlaubnis zur Errichtung einer Windmühle		
1482 Erweiterung des Markt-privilegs		1475 Mauerverstärkung von innen durch Wälle
1489 Bestätigung der zinsfreien Erb-pacht der Kornmühle und der Rompelsmühle in Bilk		1491 Ausbau des Schlosses
Überlassung des Rheinkrans und der Rheinfischerei		
1515 Konzession für die Windmühle		
	Vereinigung von Jülich-Berg	1538 Landesfestung
1545 erste Landesschule	mit Kleve-Mark-Ravensberg	neben Jülich
1546 Marktordnung	Erbanspruch auf Geldern	Bastionärbefestigung
1554 Jülich-Bergische Polizeiordnung	(1539 – 1543)	1552 Anlage der Zita-delle
Düsseldorfer Polizeiordnung		Düsseldorf Verwaltungs-
1567 Rathausneubau am Markt		sitz der vereinigten
1583 Wachtordnung		Herzogtümer seit der
1585 Verordnung zur Deckung der Wohnhäuser mit Dachziegeln		Mitte des 15. Jahr-hunderts
1590 Bedenken zur Bauordnung		
1596 Wachtordnung (Rottzettel)		
1598 Errichtung des Rheinkrans		

	Epoche	Herrscher	Erbfolge
gemeinsame Verwaltung Pfalz-Neuburg, Brandenburg	1609 – 1613	Markgraf Ernst von Branden-burg, Herzog von Preußen	Bruder des Kurfürsten Sigismund von Brandenburg ∞ mit Anna, Tochter von Maria Eleonore von Kleve und Enkelin des Herzogs Wilhelm III.
	1613 – 1614	Kurprinz Georg Wilhelm von Brandenburg	Sohn des Kurfürsten Sigismund
	1609 – 1614	Wolfgang Wilhelm von Pfalz-Neuburg	Sohn des Pfalzgrafen Philipp Ludwig von Neuburg, gest. 1613 ∞ mit Anna von Kleve Tochter des Herzogs Wilhelm III.
Pfalz-Neuburg	1614 – 1653	Pfalzgraf Wolfgang Wilhelm Herzog von Bayern	∞ mit Magdalene von Bayern Statthalter: Barthold von Wonsheim
	1653 – 1679	Pfalzgraf Philipp Wilhelm seit 1685 Kurfürst von der Pfalz, gest. 1690	Sohn Wolfgang Wilhelms seit 1679 Regentschaft durch Sohn Johann Wilhelm
	1690 – 1716	Kurfürst Johann Wilhelm seit 1708 Kurfürst von Bayern	∞ 1679 mit Maria Anna Josepha Erzhin v. Österreich, gest. 1689 ∞ 1697 mit Anna Maria Louisa von Toskana, gest. 1743
	1716 – 1742	Kurfürst Karl Philipp	Bruder Johann Wilhelms seit 1716 Vertretung in Düsseldorf durch einen Stadtdirektor 1742 Verzicht Friedrichs II. auf Jülich-Berg
Pfalz-Sulzbach	1742 – 1799	Kurfürst Karl Theodor seit 1777 Kurfürst von Bayern	Enkel von Karl Philipp Statthalter: Graf v. Goltstein (1768 – 1776) seit 1786 Verwaltung durch Polizei- und Akzisekommissar
Zwei-brücken-Brikenfeld	1799 – 1806	Kurfürst Maximilian Josef von von Bayern seit 1805 König von Bayern	Statthalter: Freiherr von Hompesch seit 1803 Herzog Wilhelm in Bayern Schwager Maximilian Josefs
Franzosen	1806 – 1808	Joachim Murat Großherzog von Berg	Schwager Napoleons 1808 König von Neapel
	1808 – 1813	Napoleon	Formell als Großherzog der 3jährige Neffe Louis Napoleon Verwalter: Claude de Beugnot Statthalter: Minister Nesselrode
Preußen	1813 – 1815	Friedrich Wilhelm III. König von Preußen	Generalgouverneur: Justus Gruner
	1815 ff.	Preußenkönige	

406

Privilegien / Gesetze / Verträge	Herrschaftsbereich	Ausbau der Hauptstadt
1606 Wachtordnung	Kleve-Mark, Ravensberg	Düsseldorf Regierungssitz
1614 Vertrag von Xanten Teilung der Herzogtümer Jülich-Berg von Kleve-Mark	Jülich-Berg	1614 Neustraße, Parade-platz 1622 Bau von Ravelins 1642 Ritter-, Wall-, Hafenstraße
1636 Rumor- und Brand-ordnung 1641 Kranenordnung Glockengeläutordnung 1655 Zunftordnungen Brandordnung 1672 Haupt- und Deklarations-rezess (Regelung der Rechte der Stände) 1684 1. fürstliche Kundmachung zur Bebauung der Stadt 1685 Aufruf zur Bebauung der Zitadelle 1699 2. Privileg für Neuansiedler 1703 Einschränkung des Kölner Stapelrechtes Ausschaltung der Landstände 1706 Zunftbriefe 1709 3. Privileg für die Neustadt 1729 französische Besitzgarantie von Jülich-Berg zugunsten Pfalz-Sulzbachs	Jülich-Berg Nebenland von Pfalz-Neuburg Bayern 1708 Erwerb der Oberpfalz und Grafschaft Cham 1709, Verlust der bayrischen Kurwürde und der Neu-erwerbungen 1714	Düsseldorf Haupt- und Residenzstadt 1634 Pulverturmexplos. 1666 Citadellstraße 1671 Neues Werk mit Reuterkaserne 1687 Neustadt (Exten-sion) 1689 Fort Düsselburg linksrheinisch 1690 Düsseldorf kurfürst-liche Residenz 1699 Fliegende Brücke 1701 Extensionskasernen 1709 Hubertusspital 1716 Residenz nach Hei-delberg, später nach Schwetzingen und Mann-heim, Düsseldorf Haupt-stadt von Jülich-Berg 1726 Extension 1733 Ausbau der Festung
1758 Kapitulation der Stadt 1787 Bauvorschriften für die Bebauung der Karlstadt 1796 Kapitulation der Stadt	Jülich-Berg, Neuburg, Pfalz-Sulzbach Bayern 1777	1770 Fiskalischer Hofgarten 1777 Residenz nach München 1787 Karlstadt
1801 Vertrag von Lunéville	Jülich-Berg, Neuburg Pfalz-Sulzbach Zweibrücken-Birkenfeld Bayern	1801 Festungsschleifung planmäßiger Stadtausbau Hofgartenerweiterung
1811 Verschönerungsdekret Napoleons	2 rechtsrheinische Départements (Ruhr, Rhein, Sieg)	1806 Hauptstadt des Großherzogtums Berg 1804 Königsallee 1811 Ratinger Tor 1812 Heinrich-Heine-Allee (Boulev. Napoleon)
	Provinz Jülich-Kleve-Berg Provinzhauptstadt Köln	Düsseldorf Regierungs-bezirkshauptstadt 1839 Schiffsbrücke 1856 Ausbau der Friedrichstadt

Festungsgouverneure und Kommandanten[1124]

Jahr	Gouverneure
1610[579]	Wonsheim, Statthalter[1125]
1619[1126] bis 1621[1127]	Rheins, Rheinhard
1622[1128]	Bremers, Carl von
(1634)[1129]	Spiering zu Tüschenbroich, Franz Freiherr von, Feldmarschall
1634 bis 1641[1130]	Norprath, Obrist von
1641 bis 1648	Die Gouverneurstelle war unbesetzt[1131]
1648[1132] bis 1664[1133]	Goltstein, Johann Wilhelm Graf von, Obrist
1664[1136] bis 1681[606]	Virmund, Adrian Freiherr von, General aller Miliz
1676[1137] bis (1696)[1138]	Schellaert, Graf von, Feldmarschall
(1697)[1139]	Hostel, Comte de
1698[1140] bis (1704)	Nassau-Weilburg, Johann Ernst Graf von, Generalfeldmarschall
(1704) bis 1721	Die Gouverneurstelle war unbesetzt
1721[1146] bis 1735[1147]	Hatzfeld-Wildenburg, Edmund-Florenz-Cornelius Graf von, General
1735[1151] bis 1743[1152]	Efferen, Franz-Wolf Graf von, General
1743[1153] bis 1756[1154]	Harscamp, Jacob Heinrich Graf von, General
1756[1154] bis 1758[1155]	Styrum, Alexander Graf von, Generalleutnant
1758, 7. 7. bis 8. 8.	Die Militärgewalt wurde 33 Tage von den Hannoveranern ausgeübt
1758[1157] bis 1762[1158]	Isselbach, Ferdinand Wilhelm Freiherr von, Generalleutnant
1762[1159] bis 1767[1160]	Osten, Christian Georg Freiherr von der, Generalleutnant
1767[1161] bis 1781[1162]	Efferen, Johann Josef Wilhem Graf von, General
1781 bis 1795	Das Amt des Gouverneurs wurde 1781 nach dem Tod des Grafen von Efferen abgeschafft. Die Aufgaben übernahm der Kommandant.[1163]
1794 bis 1795	Die oberste Militärgewalt hatten die Österreicher inne.[1164]
1795 bis 1801	Die oberste Militärgewalt wurde von den Franzosen, denen das kurpfälzische Militär unterstand, ausgeübt.[1165] Kommandant Duplan[1164]

Jahr	Vice-Gouverneure, Kommandanten als Interims-Gouverneure
1585[570]	Formacher, Ambrosius
1595	Caterbach, Hauptmann
	Lauff, Hauptmann der Leibgarde

1651[1134]	Dickhoff und Hülhofen, Johann, Herr zu, Generalleutnant
1656[1135]	Neiland, Adrian Freiherr von, Generalleutnant

(1703)[1141] bis 1707[1142]	Aubach, Ernst Philipp Freiherr von, Generalleutnant
1708[1143] bis 1719[1144]	Überacker, Graf von, Generalmajor
1719[1144] bis 1736[1145]	Violetta, Dominikus de, Gouverneur und Kommandant
1726 bis 1727[1148]	Norprath, Franz Freiherr von, Interimsgouverneur, General
1727[1149] bis (1734)[1150]	Frankenberg, Friedrich-Adolf Graf von, Interimsgouverneur, General-leutnant
	Hardenberg, von, hannoverscher Generalmajor[1156]

1781 bis 1785	Kladt, Karl von, Generalmajor
1785 bis 1794	Merken, Daniel von, Generalmajor
1794 bis 1795	Riese, von, kaiserlicher Generalmajor[1166]
1795 bis 1796	Dalwigk, Friedrich Freiherr von, Generalmajor[1167]
1796 bis 1801	Maillot de la Traille, Oberstleutnant[1163], Platzmajor, Interims-kommandant

Landes- und Festungsbaumeister bis zum Anfang des 18. Jahrhunderts[1168]

Jahr	Landesbaumeister	Leitende Festungsbaumeister	sonstige Baumeister, Berater
			Meister Heinrich Maurermeister 1485
1533 – 1549	Zündorf, Bertram von herzoglicher Baumeister		
1549 – 1599	Pasqualini, Alexander Landesbaumeister von Jülich-Kleve-Berg	(1543) – 1572 Meister Johann Maurermeister, Baumeister	
1559 – 1568	Pasqualini, Maximilian Landesbaumeister von Jülich-Kleve-Berg		Speckle, Daniel Festungstheoretiker, Baumeister von Straßburg (1567, 1577)
1569 – (1580)	Pasqualini, Johann Landesbaumeister von Kleve-Mark (1568 – 1569) von Jülich-Kleve-Berg	Meister Wilhelm von Isselstein Maurermeister 1572	
1580 – 1586	Meister Niclaes (Nickel) kommisarischer Landesbaumeister	Meister Burchardt von Orsoy Maurermeister 1583	
1586 – 1615	Pasqualini, Johann d. J. „Generalbaumeister" von Jülich-Kleve-Mark		Meyer, Johann von, Geograph, 1596
		1608 – 1623 Pasqualini, Alexander[326] Bauaufseher	
			Mehrheim, Rutger von Maurermeister, 1620, 1628 Caster Bauschreiber, 1620
1621 – 1637	Kamp, Adolf von Hofschreiner, Bauinspektor Rheinzöllner, Landesbaumeister	1620 – 1623 Serro, Antonio[1169] gen. Krauss Baumeister aus Neuburg	Kirchherten, Johann von Baumeister, 1622

Jahr	Landesbaumeister	Festungsingenieure	Sonstige Baumeister, Berater
1631 – 1667	Sadeler (Sadelerey), Johann-Lollio Architekt, Ingenieur, Kriegsrat, Oberingenieur, Kammerrat		Kamp, Theodor Dietrich von Rheinbauinspektor, Wasserbaumeister, Rheinzöllner 1634 – 1651
		Rahl Ingenieur 1657	
1669 – 1672	Doctor, Dominikus[1170] Hofarchitekt, Geheimer Rat	1664 – 1671 de Roy Ingenieurhauptmann	Doctor, Jeremias[1170] Architekt, neuburgischer Hofbaumeister, 1669
		Französischer Ingenieur von Neuß[420] 1671	
		Virmund, Freiherr von Gouverneur (1664 – 1681) 1671 Planverfasser	
		Faulhaber Ingenieur 1671	
1672 – 1693	Reiner, Johann-P. Architekt, Ingenieur, Oberingenieur, Burggraf		
		Cagnon, Michael Architekt, Ingenieur 1677 1680 – 1700 Zeughausbewahrer, Oberingenieur, Hofkammerat	Lilius Ingenieur 1680 – 1703 Schubert Bauinspektor, 1685
1695 – 1715	Alberti, Matteo Graf von Architekt, Festungsingenieur, Cosmograph, kurfürstlicher Oberbaudirektor		Martinelli, Domenico Baumeister, Schloßbauentwürfe 1699, 1701 Coehorn, Menno de Festungstheoretiker, 1699
		1700 – 1716 Dubois, Jakob Hofarchitekt, Ingenieur gest. 1722	Bartoly, Aloys beratender Ingenieur im Zivilbau 1695 – 1714

| 1715 | Trennung von Zivil- und Militärbauwesen | | |

	Jahr	Festungsdirektoren	Jahr	Leitende Ingenieure
Kurpfälzische Ingenieure[1172] 1698 – 1778	1705 – 1717	Birth (Birdt), Abner Ingenieurmajor	1705 – 1723	D'Orval Ingenieurhauptmann
	1715 – 1753	Fremelle Ingenieurmajor, Obristleutnant Fortifikationsdirektor	1724 – 1736	Hamberger[665] Ingenieurmajor
			1736 – 1745	Weixel (Weigel) Ingenieurmajor
			1746 – 1759	Douwen (Douvree), J. Hubert van gest. 1784 Jülich
Kurpfalz-bayrische Ingenieure[1173] 1778 – 1801	1759 – 1766	Pfister zu Burgdorf[1175] Karl von Ingenieurmajor	1759 – 1761	Egger Ingenieurhauptmann gest. 1761 Düsseldorf
	1766 – 1800	Direktor sämtlicher Festungen gest. 1800 München	1761 – 1777	Bauer, Georg Ingenieurhauptmann gest. 1783
			1778 – 1782	Caspers, Karl von Ingenieurhauptmann
			1782 – 1785	Euler, Heinrich von Ingenieurhauptmann
			1785 – 1787	Regnier, Wilhelm von Ingenieurmajor, Karlstädter Baudirektor gest. 1802 München
			1790 – 1804	Douwen, F. H. von Ingenieurhauptmann Kriegsbauamtsvorst. Karlstädter Baudir. (1792 – 1802) gest. 1813 München
Französische Génieingenieure[1165] 1738 – 1762[1174]			1738 – 1739	Frésier (Fraizier) de ingénieur en chef
	1758	Vialis	1758 – 1762	Noblet de Chermont ingénieur en chef
			1758	Tarde, ingénieur en chef de compte
1795 – 1801	1795 – 1800	Léry, Francois Joseph[1178] chef de Brigade du génie directeur des fortifications	1795 – 1801	Descroix ingénieur capitaine chef du génie
	1801	Chambarlhiac, Dominicus Andreas[1179], directeur de fortification, colonel	1795 – 1801	Beaufort sousdirecteur de fortification

Jahr	Ingenieure, Instruktoren	Kadetten	Sonstige Ingenieure
1698 – 1708	Wolff, Ingenieur Edelknabeninstruktor		
1707 – 1712	Flemalle Ingenieurhauptmann Edelknabeninstruktor gest. 1712		Sarto, Drianne, Persee Festungsbauunternehmer[655]
1713 – 1716	Koesfeldt Ingenieurhauptmann, Edelknabeninstruktor		
1723 – 1724	Ullmann Ingenieurleutnant	Pfister zu Burgdorf, Karl von	Walrave, Gerhard-Cornelius[674]
1728 – 1743	Rivelot Ingenieurhauptmann	Kadett seit 1738	Obrist des preußischen Ingenieurcoprs, Direktor
1742 – 1758	Mansfeldt, E. F. Ingenieurleutnant	Pfeiffer Jun. Leutnant 1758	aller Festungen Angriffsentwurf 1737
1750 – 1759	Egger Ingenieurkonduktor	Buttet	Enbers[50,666] preußischer Ingenieur-
1759 – 1761	Bauer, Georg Ingenieurleutnant	Kadett 1760	major, Bestandspläne der Festung,
1761 – 1778	Regnier, Wilhelm von Ingenieurleutnant	Reibeld Planverfasser 1769	gest. 1799 in Glogau
1778 – 1790	Douwen (Douvree), Franz Hubert van[1177]		
1778 – 1783	Inceo (Inzeo), Philipp de Ingenieurobristleutnant Leiter der Düsseldorfer Kadettenschule (1772 – 1777)		
1783 – 1784	Riederauer, Karl von Unterleutnant gest. 1785 Amberg	Euler, Johann von Kadett bis 1783 Bauer, C. W.	
1784 – 1794	Hainz (Hayntz), Leopold Ingenieurobristleutnant gest. 1794 in Düsseldorf	Kadett 1791 Gorsgreven (Gaugreben) Kadett 1791	
		Maudave 1739	Le Rouge[1178] Geographe du Roi 1742, 1748
1758	Fourcroy	Filley 1758	Riverson 1758
1758	Ramsault de	Villonge 1758	Lanaver 1758
1796	Cazals ingénieur capitaine	Gonville ingénieur capitaine	Déjean 1796
1795 – 1797	Maletrez Garde du génie	Cirez officier du génie 1801	

413

Zivilbaumeister und Ingenieure im 18. Jahrhundert[1180]

Jahr	Kurpfälzischer Oberbaudirektor	1. Hofbaumeister	2. Hofbaumeister	Hofbauinspektor 3. Hofbaumeister
1695 – 1715	Alberti, Matteo Graf von			1695 – 1714 Bartoly, Aloys Architekt
		1700 – 1716 Dubois, Jakob Hofarchitekt und Ingenieur gest. 1722		
		1716 – 1730 Hochstein, Philipp Wilhelm Hofbaumeister und Generallandmesser		
– 1752	Hauberat, Wilhelm von	1733 – 1757 Nosthoffen (Nosthoven)[1182] Johann Heinrich, Hofbaumeister		
1752 – 1796	Pigage, Niclas de geb. 1723, gest. 1796 seit 1749 kurpfälzischer Intendant über die Gärten, 1756 Hofkammerrat, Mitglied der Akademie St. Lucca in Rom, Mitglied der königlichen Bauakademie in Paris	1757 – 1781 Kees, Ignatius[1185] Hofbaumeister, Wegekommissar	1771 – 1782 Wauters, Franz[1189]	1757 – 1782 Huschberger, Joh. Heinrich[1186] Hofbauinspektor 1773 – 1778 Flügel, Rutger[1189] Hofbauinspektor (Mühleninspektor vor 1773 – 1783) seit 1778 3. Hofbaumeister
1781	Lespilliez kurpf. Hofoberbaudir. Akademieprof. in Düsseldorf	1782 – 1795 Wauters, Franz	1782 – 1783 Huschberger, Joh. Heinrich 1783 – 1799 Flügel, Rutger	1783 – 1795 Huschberger, Kaspar Anton[1192] Hofbauinspektor, Mühleninspektor, seit 1784 3. Hofbaumeister und Jungrat
1784 – 1786	Krahe, Peter Josef[1188] jülich-bergischer Oberbaudirektor gest. 1840 in Braunschweig	1795 – 1801 Huschberger, Kaspar Anton		

Zusammenlegung der Hofbaumeisterstellen

| 1801 – 1806 | | Huschberger, Kaspar Anton[1192] seit 1803 Altrat beim Magistrat | | |

Generallandmesser	Wasserbaumeister	Sonstige
		Cagnon, Johann Constantin, Ingenieur, Architekt geb. 1682
1716 – 1730 Hochstein, Philipp Wilhelm[1181] Hofbaumeister und Generallandmesser	1719 – 1734 Cagnon (Canong) Johann Wilhelm Leopold Fortifikations- und Rheinbauinspektor	
1730 – 1751 Frick, Georg[681, 1183] Generallandmesser	– 1746 Douwen, Johann Hubert Wasserbaumeister[1177]	Nosthoffen, Johann Fortifikationszimmer- meister[1184], 1735 Dieckerhoff (Dyckerhoff), Jacob Arnold Wasserbau- und Kribben- inspektor, Oberrheinbau- und Chausseedirektor 1749, 1756
1751 – 1788 Nosthoffen, Johann Peter[682] Generallandmesser	– 1761 Dieckerhoff, Johann Friedrich Wasserbaumeister	
	1761 – 1806 Bilgen, Chr. Wilhelm[1187] 1. Wasserbaumeister	Couven, Johann Joseph Architekt (Jägerhof) gest. 1763
		1768 – 1787 Dieckerhoff, Johann Jacob Oberrheinbau- und Chausseedirektor
		Pigage, Bernhard Ludwig Landkarteningenieur 1770, 1794
1788 – 1805 Buschmann, Johann Wienand Generallandmesser	1786 – 1796 Wiebeking, Georg Heinrich Christian Karl Friedrich[1190] 2. Wasserbaumeister	Dieckerhoff, Friedrich Christoph 1. Krippenknecht, 1787
1795 Aleff, Friedrich Forstgeometer	1787 Regnier, Wilhelm[1191] Ingenieur 3. Wasserbaumeister	Köhler, Peter Hofmaurermeister 1787, 1801
		Flügel, Bernhard[1189] Hofbauinspektor, 1799
1805 – Windgassen, Wilh.[1193] Oberlandmesser geb. 1778	1794 – 1819 Bauer, Christian Wilhelm Gottlieb[1187, 1194] seit 1806 1. Wasserbmstr.	Erb, Professor 1775 – 1819

Jahr	Stadtplaner, Regierungsbeamte	Jahr	Fachingenieure
1784 – 1806	Huschberger, K. A.[1192] Jungrat, Hofbaumeister gest. 1822 in München	1794 – 1819	Bauer, C. W.[1194] 1. Wasserbaumeister seit 1806, Oberdeichinspektor 1815, Oberbaurat 1819
1806 – 1808	Schaefer, Karl Friedrich[1197] Akademieprofessor Kommissarischer Hofbaumeister, gest. 1837 in Düsseldorf	1803 – 1846	Weyhe, Maximilian-Friedrich[1037] Gartenbauinspektor, Gartenbaudirektor seit 1833
1806 – 1816	Lehmann, Franz Andreas[1198] großherzoglich bergischer Oberbaudirektor		Stadt- und Kreisbaumeister[1202]
1816 – 1833	Vagedes, Adolf von[1053] seit 1809 fest angestellt, großherzoglich bergischer Baudirektor 1811, preußischer Regierungsbaurat 1816, teilpensioniert 1830, gest. 1842	1827 – 1830	Gosebruch, Kommunalbaukonduktor
		1831 – 1835	Westphalen, Kreisbaumeister, seit 1833 kommissarischer Stadtbaumeister
1833 – 1851	Umpfenbach, Franz-Anton[1077] ernannt 1830, preußischer Reg. Baurat seit 1833, gest. 1852	1841 – 1844	Bergius[1203] erster Stadtbaumeister
1851 – 1867	Müller[1205] preußischer Regierungsbaurat	1844 – 1847	Westphalen[1202] Kommissarischer Stadtbaumeister
1867 – 1873	Krüger, Karl[1206] preußischer Regierungsbaurat, gest. 1875	1847 – 1888	Westhofen, Eberhard[1204] Stadtbaumeister gest. 1892
1873 – 1881	Borggreve[1207] preußischer Regierungsbaurat	1888 – 1901	Peiffhoven, Stadtbaumeister
	Technische Dezernenten[1208]		Amtsleiter Stadterweiterungsamt[1213]
1901 – 1921	Geusen, Karl, techn. Beigeordneter, 1924 OB[1210]	1912 – 1933	Deneke, Albert[1214] Stadtoberbaurat, Leiter der Baupolizei bis 1937
1921 – 1929	Schilling, Balduin, techn. Beigeordneter		Zusammengelegte Ämter für Stadterweiterung, Vermessung und Bauberatung als neues Stadtplanungs- und Vermessungsamt (50)
1930 – 1939	Meyer, Robert[1215], vorher Leiter des Hochbauamtes	1933 – 1938	Buchs, Arthur[1217], Reg.-Bmstr., Leiter der zusammengel. Ämter
1940 – 1942	Schaper[1216], kommissarischer Beigeordneter	1938 – 1946	Riemann, Karl, Stadtbmstr., seit 1939 Stadtbaudirektor[1218]
1943 – 1947	Köngeter, Walter, Dr.-Ing., komm. Beigeordneter	1946 – 1949	Düttmann, Dr.-Ing., Amtsleiter, Reg.-Baumeister
1947 – 1960	Schreier, Dr.-Ing., Beigeordneter, 1954 Dezernatsteilung	1949 – 1954	Tamms, Friedrich, Prof. Dr.-Ing., Leiter des Planungs-, Vermessungs- und Katasteramtes
1954 – 1972	Tamms, Friedrich, Professor, Dr.-Ing., Baudezernent		Stadtplanungsamt (61)
		1954 – 1974	Draesel, Hans-Wolfgang Dipl.-Ing. Oberbaudirektor
1972	Recknagel, Rüdiger, Dr.-Ing., Baudezernent	1975	Schmidt, Kurt, Dipl.-Ing., Oberbaudirektor

Verschönerungskommission, Baukommission	Sonstige Architekten	Bebauungspläne, Bauordnungen
	Köhler, Peter[1195] Hofmaurermeister 1787 – 1819	Entfestigungspläne Huschbergers, 1801
1792 – 1805 Douwe, Franz[1177] Ingenieurhauptmann, Karlstädter Baudirektor 1792 – 1802	Felderhoff, Friedrich[1196] Landbauinspektor 1817 geb. 1779 Stadtrat seit 1829	Verschönerungsplan Huschbergers 1806 Verschönerungsdekret 1811
1804 – 1845 Jacobi, Georg Arnold[1037] Direktor des Straßen- und Wasserbauwesens, Direktor der Verschönerungskommission, 1811 Generaldirektor	Schnitzler, Anton sen.[1201] Baumeister in Düsseldorf 1778, gest. 1823 Cremer, Johann Peter[1200] Architekt	Erweiterungsentwürfe Weyhes 1819, 1824 Erweiterungsentwurf v. Vagedes 1822 Erster Stadterweiterungs- plan 1831
	Schnitzler, Peter Heinrich Gregor Anton jun. geb. 1796, gest. 1873 Baumeister, ca. 1825 – 1873	Erste Bauverordnung für Düsseldorf, 1835 Revidierter Bebauungs- plan Umpfenbachs, 1840
	Custodis, Josef[1199] Hofbaumeister 1830 gest. 1885	Zweiter Stadterweite- rungsplan 1854, Bauordnung 1855
Ämterteilung[1209], weitere Stadtbaumeister		Preußisches Fluchl- liniengesetz 1875 Ortsstatut zur Bebau- ung 1876
1874 – 1890 Buch 2. Stadtbaumeister Müngersdorff 1888 – 1901 3. Stadtbaumeister	freiberufliche Städtebauer	
1890 – 1909 Tharandt[1211] Stadtbaumeister, Regierungs- baumeister für Wege- und Straßenbau	Stübben, geb. 1845[1212] gest. 1936	Bebauungsplan von Stübben 1885[1212]
1912 Rogg, Stadtbaumeister	Schmitz, Bruno Prof. Dr., geb. 1756, gest. 1823	1. Preis Wettbewerb Groß-Düsseldorf 1912 Verkehrsplan 1913 Überarbeiter Bebau- ungsplan 1918
weitere Ämterteilung in Hochbau, Tiefbau, Baupolizei	Muesmann, Prof. 1918	Bauordnung 1931 Gesetz über die Auf- schließung von Wohn- gebieten 1933 Altstadtsanierung 1935 Von 1875 bis 1942 über 820 Fluchtlinienpläne Von 1948 bis 1957 477 Fluchtlinienpläne Neuordnungsplan 1950
	Machtemes, Aloys Prof. Dipl.-Ing. 1957	Leitplanerläuterungen 1957 Bundesbaugesetz 1960 Leitplan 1961 übergelei- teter Bebauungsplan

417

6. Bezeichnung der Festungswerke

Der Wandel im technischen Bereich lief parallel zu dem gesellschaftlichen. Immer stärker nahmen bedeutende Persönlichkeiten auf den Festungsbau Einfluß, was sich auch in der Änderung der Namen für die einzelnen Festungswerke, die anfangs alle ortsspezifisch waren, niedergeschlagen hat. Schon in der Mitte des 17. Jahrhunderts wurde das neu angelegte Ravelin zwischen Berger und Flinger Bastion nach dem Festungsgouverneur Graf von Goltstein benannt. Andere Werke erhielten die Namen von Evangelisten und Heiligen. Vor allem im 18. Jahrhundert traten dann neben die damals übliche Benennung nach dem Kurfürsten und seinen Familienmitgliedern Bezeichnungen nach einflußreichen Adeligen, deren Wohnsitz auf den Festungswerken lag oder die sonst mit dem Festungsbau zu tun hatten (Bastion Schaesberg, Bastion Spee, Bastion Diemantstein).

Neben diesen neuen Namen sind die alten, auf die Lokalität bezogenen Bezeichnungen bis zur Schleifung der Werke weiterverwandt worden. Während anfangs die alten Ortsnamen auch auf die im Graben neu angelegten Festungswerke übertragen wurden, haben sich bei den Ende des 17. Jahrhunderts neugeschaffenen, auf das persönliche Engagement des Kurfürsten Johann Wilhelm zurückgehenden Bastionen die hin und wieder in den Plänen vorkommenden Ortsbezeichnungen (zum Beispiel Kasernenbastion) gegenüber den neuen Personennamen nie richtig durchgesetzt. Lediglich bei den Toren konnten sich nahezu ausschließlich die alten Ortsnamen behaupten.

Die einheitliche Verwendung ortsbezogener Namen im Text ist daher nur zum besseren Verständnis übernommen worden. Die Bezeichnungen nach Personennamen sind nämlich dem Generationswechsel entsprechend laufend verändert worden, so daß gleiche Namen in verschiedenen Epochen für unterschiedliche Festungswerke vorkommen. Zwischen den Namen und den Festungswerken bestand schon nach einer Generation keine Beziehung mehr. Rangbezeichnung und Familiendenken kennzeichneten die sich häufig ändernde Benennung. Teilweise wurden die Namen auch auf die Stadtteile übertragen (Karlstadt).

Bei Vornamen handelt es sich, unabhängig von den Bezugspersonen, in der Regel immer um Heiligennamen. Es müßte also zum Beispiel statt Bastion Paul „Bastion St. Paul" heißen. Aus Gründen der Übersichtlichkeit sind aber nur die Namen angegeben.

Bezeichnung nach Adeligen

Ravelin Goltstein	(alte Berger Front)	Graf von Goltstein, Gouv. (1648 – 1664)
Bastion Schaesberg	(Niederrheinische Bastion)	Johann Friedrich Graf von Schaesberg, Hofkammerdirektor (geb. 1663), (gest. 1723)[1219]
Bastion Rosenthal	(Flinger Bastion)	Johann Heinrich von Rosenthal 1702 in Diensten des Großherzogs Cosimo von Toskana, dem Schwiegervater des Kurfürsten Johann Wilhelm. Der Wohnsitz lag auf der Bastion.[1220]
Bastion Beuth	(Flinger Bastion)	Hermann Josef Beuth, Hofkammerrat (geb. 1773 – gest. 1819) Der Wohnsitz lag auf der Bastion.[1221]
Bastion Diemantstein Kontergarde Diemantstein	(Zitadelle Südost) (Zitadelle Südost)	Graf von Diemantstein, kurpfälzischer Obersthofkämmerer (gest. 1730) Der Wohnsitz lag auf der Bastion; heute Palais Spee, Stadtgeschichtl. Museum
Bastion Velbrück	(Zitadelle Südost)	Graf Adam von Velbrück, Graf Karl von Velbrück, Erben des Grafen Diemantstein, 1742[1222]
Bastion Spee	(Hafenbastion)	Bertram von Spee (geb. 1681, gest. 1736) Sohn des Hofkammerdirektors Friedrich Christian von Spee, wohnte seit 1723 neben der Schlachthalle an der Bastion zur Miete[1223]

418

Bezeichnung nach Familienmitgliedern des kurfürstlichen Hauses[1224]

Bastion Karl Theodor	(Niederrh. Bastion)	Kurfürst von der Pfalz (1742 – 1799)
Kontergarde Karl Theodor		
Bastion Elisabeth Augusta	(Ratinger Bastion)	erste Gemahlin Karl Theodors,
Ravelin Elisabeth Augusta		geb. 1721, gest. 1792
Kontergarde Elis. Augusta		
Bastion Friedrich	(Mühlenbastion)	Friedrich Michael von Pfalz-Zweibrücken, kaiserlicher Generalfeldzeugmeister (1724 – 1767)
Bastion Maria Franziska	(Flinger Bastion)	Maria Franziska Dorothea von Pfalz-Sulzbach (1724 – 1794), Schwester der Elisabeth Augusta, Gemahlin des Prinzen Friedrich Michael; beide begleiteten Karl Theodor 1746 nach Düsseldorf
Ravelin Maria Franziska		
Bastion Karl August	(Berger Bastion)	Karl August (geb. 1746), Sohn von Friedrich Michael und Maria Franziska
Ravelin Karl August		
Bastion Maria Amalia	(Zitadelle Südost)	Maria Amalia, Schwester der Kurfürstin Elisabeth Augusta
Kontergarde Maria Amalia		
Bastion Maria Anna	(Hafenbastion)	Maria Anna Amalia, Schwester der Kurfürstin Elisabeth Augusta

Extension

Bastion Christian	(vor der Flinger Bastion)	Christian III. von Pfalz-Zweibrücken, Vater von Friedrich Michael
Bastion Elisabeth	(vor der Flinger Bastion)	Tochter Josephs von Pfalz-Sulzbach
Bastion Joseph	(Kasernenbastion)	Erbprinz Joseph Karl von Pfalz Sulzbach
Ravelin Joseph	(Ravelin Petrus)	∞ Elisabeth Augusta, Tochter Karl Philipps
Ravelin Sulzbach		Haus Pfalz-Sulzbach (Karl Theodor)
Ravelin Philipp	(Hospitalravelin)	Karl Philipp, Kurfürst von der Pfalz (1716 – 1742)
Bastion Karl	(Bastion Paulus)	Erbprinz Joseph Karl von Pfalz-Sulzbach ∞ Elisabeth Augusta, Tochter Karl Philipps
Ravelin Karl	(Ravelin Paulus)	Karl Philipp, Kurfürst von der Pfalz (1716 – 1742)

Bezeichnung nach Heiligen

Ravelin Markus	(Niederrhein. Ravelin)	Evangelist
Ravelin Johannes	(alte Berger Front)	Evangelist
Lunette Lucas	(Franziskaner Lunette)	Evangelist
Bastion Petrus	(Extension)	Apostel
Bastion Paulus	(Extension)	Apostel
Bastion Thomas	(Gouvernement)	Apostel
Kontergarde Paulus	(vor der Berger Bastion)	Apostel
Batterie Andreas	(Zitadelle)	Apostel
Batterie Matthias	(Rheinort)	Apostel
Ravelin Jakob	(Extension)	Apostel
Bastion Anna	(Extension)	Annakapelle im Hospital

Bezeichnung der Festungswerke in den verschiedenen Epochen

1535 – 1614	1614 – 1688	1688 – 1801		
		1688 – 1742	1742 – 1787	1787 – 1801
Ratinger Tor	Ratinger Tor	Neues Ratinger Tor	Ratinger Tor	Ratinger Tor Kaiserswerther Tor
Flinger Tor	Altes Flinger Tor Neues Flinger Tor	Alter Puverturm Flinger Tor	Alter Pulverturm Flinger Tor	Flinger Tor Mühlheimer Tor Elberfelder Tor
Berger Tor Berger Torhof	Altes Berger Tor Berger Torhof	Neuer Berger Torhof		
Rheintor	Rheintor	Rheintor Neues Rheintor	Neues Rheintor	Rheintor
Zolltor	Zolltor	Zolltor	Zolltor	Zolltor
Lindentrappenpforte	Lindentrappenpforte Mühlenpforte	Lindentrappenpforte	Lindentrappenpforte	Lindentrappenpforte
	Zitadelltor Neues Berger Tor	Berger Tor	Berger Tor	Berger Tor Neustädter Tor Neußer Tor
			Äußeres Extensionstor	Extensionstor Karlstädter Tor Hammer Tor Bilker Tor Kölner Tor

Äußere Tore

Innere Tore			Franziskanertor Stadtbrückentor	Franziskanertor Inneres Extensionstor I Porte des Recolets Stadtbrückentor Inneres Extensionstor II	Franziskanertor
Bastionen	Ratinger Rondell	Niederrheinische Bastion Ratinger Rondell Ratinger Bollwerk	Niederrheinische Bastion Bastion Schaesberg Ratinger Bastion Eiskeller Bastion	Niederrheinische Bastion Bastion Schaesberg Bastion Karl Theodor Ratinger Bastion Eiskeller Bastion Bastion de la Glacière Bastion Elisabeth Augusta	Niederrheinische Bastion Bastion Karl Theodor Ratinger Bastion Eiskeller Bastion Bastion de la Glacière Bastion Elisabeth Augusta
	Mühlenrondell Mühlenbollwerk	Mühlenbastion	Mühlenbastion	Mühlenbastion Bastion du Moulin Bastion Friedrich	Mühlenbastion Bastion du Moulin Bastion Friedrich Düsselbastion
	Flingerrondell Flinger Bollwerk	Flinger Bollwerk Flinger Bastion	Flinger Bastion Rosenthalsche Bastion	Flinger Bastion Bastion Maria Franziska Rosenthalsche Bastion	Flinger Bastion Bastion Maria Franziska Pavillonbastion Beuthsche Bastion
	Berger Rondell Berger Bollwerk	Berger Bollwerk Berger Bastion	Berger Bastion Bastion Diemantstein	Berger Bastion Bastion Karl August Bastion Diemantstein Bastion Maria Amalia	Berger Bastion Bastion Karl August Bastion Velbrück Bastion Maria Amalia

1535 – 1614	1614 – 1688	1688 – 1742	1742 – 1787	1787 – 1801
	Oberrheinische Bastion	Oberrheinische Bastion Gouvernementsbastion	Oberrheinische Bastion Gouvernementsbastion Bastion Thomas	Bastion Thomas Rheinbastion
	Hafenbastion			
		Bastion Spee	Bastion Spee Bastion Maria Anne (Bastion Marianne)	
		Bastion Elisabeth	Bastion Elisabeth Bastion Christian	Bastion Christian Neue Bastion
		Bastion Anna	Bastion Anna Bastion Joseph	Bastion Joseph Hospitalbastion
		Bastion Joseph	Bastion Joseph Bastion Peter	Bastion Peter Kasernenbastion
		Bastion Karl	Bastion Karl Bastion Paul	Bastion Paul Bastion am Stall
		Extensionsbastion	Extensionsbastion Extensionswall	Extensionswall
		Bastionen der Neustadt	Bastionen der Neustadt Alte Wercker	Alte Wercker

Bastionen

				Oberrheinische Batterie
Rheinbatterien			Oberrheinische Batterie Batterie Andreas	
			Batterie Rheinort Batterie Mathias	Batterie Rheinort Batterie Mathias
			Niederrheinische Batterie	Niederrheinische Batterie
Batterie Rheinort	Batterie Rheinort	Batterie Rheinort		
Ravelins	Niederrheinisches Ravelin	Niederrheinisches Ravelin	Niederrheinisches Ravelin Ravelin Marcus	Niederrheinisches Ravelin Ravelin Marcus
	Ratinger Halbmond	Ratinger Ravelin	Ratinger Ravelin Ravelin Elisabeth Augusta	Ratinger Ravelin Ravelin Elisabeth Augusta
	Flinger Halbmond	Flinger Ravelin	Flinger Ravelin Ravelin Christian	Flinger Ravelin
	Ravelin Goltstein	Ravelin Goltstein Ravelin Johannes	Ravelin Johannes	Ravelin Johannes
	Berger Halbmond	Berger Ravelin	Berger Ravelin Oberrheinisches Ravelin	Berger Ravelin Oberrheinisches Ravelin Neustädter Ravelin
		Ravelin Philipp	Ravelin Philipp Hospitalravelin	Ravelin Philipp Hospitalravelin Pempelforter Ravelin
		Kasernenravelin	Kasernenravelin Sulzbacher Ravelin Ravelin Maria	Kasernenravelin Sulzbacher Ravelin
		Extensionsravelin	Extensionsravelin Ravelin Augustus Ravelin Jakob	Extensionsravelin Ravelin Augustus Ravelin Jakob
				Hammer Ravelin (Kontergarde)

	1535 – 1614	1614 – 1688	1688 – 1742	1742 – 1787	1787 – 1801
Lunetten (Réduits)				Linke Niederrheinische Lunette (Reduit)	Linke Niederrheinische Lunette (Reduit)
				Rechte Niederrheinische Lunette (Reduit)	Rechte Niederrheinische Lunette (Reduit)
					Ratinger Lunette
			Linke Mühlenlunette	Linke Mühlenlunette	Linke Mühlenlunette
			Rechte Mühlenlunette	Rechte Mühlenlunette	Rechte Mühlenlunette
		Halbmond St. Paul	Halbmond St. Paul		
			Berger Lunette (Kontergarde)	Berger Lunette	Berger Lunette
			Franziskanerlunette	Franziskanerlunette Lunette Lucas	Franziskanerlunette Lunette Lucas
			Linke Oberrheinische Lunette		
			Rechte Oberrheinische Lunette (Reduit)	Rechte Oberrheinische Lunette (Reduit)	Rechte Oberrheinische Lunette (Reduit)
					Linkes Hospitalreduit
					Rechtes Hospitalreduit
					Linkes Kasernenreduit
					Rechtes Kasernenreduit
					Linkes Extensionsreduit
					Rechtes Extensionsreduit

Tenaillen	Niederrheinische Tenaille	Niederrheinische Tenaille	Niederrheinische Tenaille	Niederrheinische Tenaille
		Hospitalgrabenschere	Hospitalgrabenschere	Hospitalgrabenschere
		Kasernengrabenschere	Kasernengrabenschere	Kasernengrabenschere
		Extensionstenaille	Extensionstenaille	Extensionstenaille
				Oberrheinische Tenaille
Kontergarden	Niederrheinische Halbkontergarde	Niederrheinische Halbkontergarde	Niederrheinische Halbkontergarde Kontergarde Karl Theodor	Niederrheinische Halbkontergarde Kontergarde Karl Theodor
	Niederrheinische Kontergarde	Niederrheinische Kontergarde	Niederrheinische Kontergarde	Niederrheinische Kontergarde
		Ratinger Kontergarde	Ratinger Kontergarde Kontergarde Elisabeth Augusta	Ratinger Kontergarde Kontergarde Elisabeth Augustua
		Flinger Kontergarde	Flinger Kontergarde Kontergarde Maria Franziska	Flinger Kontergarde Kontergarde Maria Franziska
	Halbmond St. Paul	Berger Kontergarde	Berger Kontergarde (Berger Lunette)	Berger Kontergarde (Berger Lunette)
		Kontergarde Diemantstein	Kontergarde Diemantstein Kontergarde Maria Amalia	Kontergarde Diemantstein Kontergarde Maria Amalia
		Kontergarde Karl	Kontergarde Paul	Kontergarde Paul
		Oberrheinische Kontergarde	Oberrheinische Kontergarde	Oberrheinische Kontergarde Neustädter Kontergarde
		Oberrheinische Halbkontergarde Gouvernementskontergarde	Oberrheinische Halbkontergarde Gouvernementskontergarde Kontergarde Thomas	Oberrheinische Halbkontergarde Kontergarde Thomas

	1535 – 1614	1614 – 1688	1688 – 1801		
			1688 – 1742	1742 – 1787	1787 – 1801
linksrheinisches Tracé			Fort Düsseldorf Brückenkopf	Retranchement der Hannoveraner Linksrheinische Schanze Tête du Pont à Batteaux	Linksrheinisches Retranchement Linksrheinische Batterien der Franzosen
Environnement				3 Redouten der Neustadt 3 Batterien der Neustadt	3 Redouten der Neustadt 3 Batterien der Neustadt 62 Redouten und Batterien im Environnement Brückenkopf Volmerswerth (Grimmlinghausen)

7. Einzelne Bauten und Bauteile[1225]

Souterrains

– Kasemattierte Schildwachen –

1 unter dem Batardeau an der Oberrheinischen Halbkontergarde
1 unter dem Ende der linken Face der Ratinger Kontergarde
2 unter den Enden der Facen der Flinger Kontergarde
2 unter den Enden der Facen des Hospitalravelins
2 unter den Enden der Facen des Ravelin Johannes
1 unter dem Profil des Eingangs zur Berger Lunette (Kontergarde)
1 unter der mittleren Flanke der Berger Lunette (Kontergarde)
1 unter dem Profil des Eingangs zur Franziskanerlunette
2 unter den niederen Flanken der Kontergarde Diemantstein
2 unter den niederen Flanken der Oberrheinischen Kontergarde
1 in der linken Face der Gouvernementskontergarde

– Poternen –

2 in den Flanken der Niederrheinischen Tenaille
2 unter der Batterie Andreas
2 in der linken Flanke der Bastion Joseph (Anna)
1 in der linken Flanke der Bastion Peter (Joseph)
1 in der Kurtine zwischen den Bastionen der Extensionsfront
1 unter der Brustwehr des bedeckten Wegs, der durch die Niederrheinische Batterie abgeschnitten
    wurde (für Kanonen)
1 unter der Oberrheinischen Batterie, in dem Graben endend
1 mit Balken abgedeckte Poterne unter der verlängerten Face der Ratinger Kontergarde
2 unter der linken Mühlenlunette, davon eine für Kanonen
2 unter der rechten Mühlenlunette, davon eine für Kanonen
1 zwischen oberer und unterer Flanke der Franziskanerlunette (für Kanonen)
1 unter der Oberrheinischen Halbkontergarde

– Souterrains für verschiedene Lagerzwecke –

1 unter der Ratinger Bastion (unterteilt zur Verwendung als Eiskeller und zu verschiedenem Fe-
    stungsbedarf)
1 unter der Oberrheinischen Halbkontergarde
2 unter den gesamten Oberrheinischen Reduits
1 unter dem gesamten Ratinger Reduit
1 unter der rechten Face der linken Mühlenlunette
1 unter der linken Face der rechten Mühlenlunette
2 unter Teilen der Facen des Kasernenravelins
2 unter Teilen der Face des Extensionsravelins
1 unter der gesamten Extensionstenaille

– Souterrains als Lagerräume für Munitionen und für den täglichen Batteriebedarf –

1 unter der Barbette der Ratinger Bastion
2 unter der Batterie Andreas (hochwassergefährdet)
1 unter der Barbette der Ratinger Kontergarde
1 unter der Barbette der Niederrheinischen Kontergarde
1 unter der Barbette der Ratinger Kontergarde
1 unter der Barbette des Ratinger Ravelins
1 unter der Barbette der linken Mühlenlunette
1 unter der Barbette in der Mitte der rechten Flanke des Flinger Ravelins
1 unter der Barbette des einspringenden Winkels der Flinger Kontergarde

1 unter der Barbette des Hospitalravelins
1 unter der Barbette der Kontergarde Diemantstein

Schildwachhäuschen

1 in der Hauptwache auf dem Burgplatz (für Offiziere und Soldaten)
2 in der Kasernenwache innerhalb der Extension zwischen Hospital und Kasernen
1 in der Pünte der Gouvernementsbastion
1 im Winkel der Bastion Diemantstein (für Bedarfsfälle)
2 im Berger Tor (für Offiziere und Soldaten)
1 am inneren Extensionstor am Stadtbrückchen
1 im Flinger Tor
2 im Ratinger Tor (für Offiziere und Soldaten)
1 auf dem Niederrheinischen Batardeau
2 im Rheintor (für Offiziere und Soldaten)
1 im Zolltor
1 auf dem Glacis vor dem Ratinger Reduit
1 im Ratinger Ravelin
2 im Flinger Ravelin (für Offiziere und Soldaten)
1 neben dem Extensionstor
1 im Ravelin Johannes (für Bedarfsfälle)
1 im bedeckten Weg vor der Kontergarde Diemantstein
1 im Oberrheinischen Ravelin
1 in der Gouvernementskontergarde
1 im bedeckten Weg vor der Gouvernementskontergarde

Verwaltungs- und Militärgebäude im 18. Jahrhundert[1215]

Kanzlei,[1226] Schloß und Pagenhaus[923]
Marstall (zwischen 1724 und 1745 Kaserne)
Corps de logis anstelle der Marstallgebäude (nach 1763)
Kriegskommissariat[1227] am Hafen, westlich davon seit 1752 das Gefängnis[1228]
Gouvernement auf der Oberrheinischen Bastion, seit 1768 im Grupellohaus[1229]
Hauptwache[1230] neben der Galerie,[1231] Kasernenwache (seit 1734)[1232]
18 Schildwachen an den Toren und in den Festungswerken
Extensionskaserne mit Garnisonskirche und Hospital (seit 1770 Lazarett)[1233]
Reuterkaserne im Neuen Werk
Fortkasernen (Düsselburg) 1669 bis 1720, 1738 bis 1748[1234]
Kavalleriekaserne (Neustadt)[1235]
Gießhaus zwischen Ballhaus und Galerie am Rhein (seit etwa 1705)[942]
Militärgießhaus auf der Zitadelle
Rüsthaus an der Reuterkaserne
Zeughaus (Arsenal) im Tummelhaus hinter dem Marstall (1734 bis 1672)
Artillerie- und Fruchtmagazin in der Extension (1757 noch Stall)[798, 926]
2 Artillerieschuppen auf der Mühlenbastion
Artillerieschuppen (Schmiede) am Flinger Tor (bis 1787)
Arsenal hinter dem Hospital (seit etwa 1784)
Laboratorium auf dem Flinger Tor[484]
Laboratorium auf dem Ratinger Tor
Pulverturm auf der Bastion Anna hinter dem Hospital
Pulvergewölbe auf der Franziskaner Lunette (Bleiche)[949]
Pulvermagazin auf der Niederrheinischen Tenaille

Pulvermagazin auf der Halbbastion Paul[1236]
Pulvermagazin zwischen den Bastionen Christian und Anna
Pulvermagazin auf dem Fort Düsselburg (1738 bis 1748)
2 Kohlenmagazine links und rechts neben den Extensionskasernen
2 Holzmagazine hinter dem Pulverturm auf der Bastion Anna
1 Holzmagazin rechts neben den Kasernen
1 Holzmagazin auf der Flinger Bastion (Rosenthals Schuppen)
2 Roßmühlen und 4 Handmühlen neben dem Alten Flinger Tor (seit 1737)[927]
Hauptmühle mit 14 Handmühlen auf der Berger Bastion
Neue Mühle mit 2 Wassermühlen
Kommißbäckerei in der Neustadt, 1770 auf der Oberrheinischen Bastion[942]
Militärschlachthaus in der Extension (seit 1765)
Schlachthaus auf der Zitadelle (seit 1712)
Schlachthaus an der Reuterkaserne (seit 1697)

Wasserbauwerke, Dämme

– Festung –

Niederrheinischer Batardeau
Staudamm Ratinger Bastion
Schleusen Einmündung Untere Düssel
Staudamm Mühlenbastion
Staudämme Bastion Christian
Staudamm Bastion Paul (Karl)
Oberrheinischer Batardeau
Gouvernementsbatardeau

– Außenbefestigung rechtes Feld –

Batardeau in der Oberen Düssel bei Stoffeln
Batardeau der Brückerbachmündung in Himmelgeist
Batardeau der Brückerbachmündung am Brückerhof

– Außenbefestigung linkes Feld –

Batardeau in der Unteren Düssel, am Buscherhof
Batardeau im Kittelbach vor Golzheim

Fliegende Brücken, Schiffsbrücken

Zivile Fliegende Brücke 1699 bis 1839 (gegenüber Zolltor)
Militärische Schiffsbrücke der Franzosen 1757 (gegenüber Rheinterrasse)
Militärische Fliegende Brücke der Hannoveraner 1758 (gegenüber Rheintor)
Militärische Schiffsbrücke der Franzosen anstelle der Fliegenden Brücke 1795
Militärische Schiffsbrücke der Franzosen 1795 bis 1799 (südlich der Festung gegenüber der Staatskanzlei)
Militärische Schiffsbrücke der Franzosen bei Volmerswerth 1796 bis 1801

VIII. Anmerkungen

Quellenzitate ohne besonderen Druckhinweis sind unveröffentlicht. Bei Quellenangaben mit nachgestelltem Druckhinweis wurden die Originalakten eingesehen und die neuen Signaturen festgestellt. Quellenzitate mit dem Zusatz „gedruckt nach" sind der Literatur entnommen.

1 Lacomblet U. B., Lacomblet Archiv IV, V; Lau U. B., Lau Düsseldorf, Schönneshöfer, Vollmer in DJb, Bd. 40 (1938), S. 243 – 262; Weidenhaupt. Zur Beurteilung der verfassungsrechtlichen Stellung Düsseldorfs aus heutiger Sicht freundliche Hinweise von Herrn Dr. G. Fischer.

2 HStA, Slg. Guntrum II, 116 (Aufzeichnungen); HStA, Jülich-Berg II, 3822/3823 (Stadtprivilegien); Boos, Eschbach in BtrGHNrh, Bd. 4/5/7 (1889/90/92); Festschrift 1888, BtrGNrh, Bd. 3 (1888); Kessel U. B., Kieber, Klapheck Baukunst Niederrhein, Lacomblet Archiv I bis IV, Lacomblet U. B., Lau Düsseldorf, Lau U. B., Mosler in BtrGNrh, Bd. 21 (1906/07); Schaumburg, Schönneshöfer, Strauven, Sültenfuß in HbJanW, 1926, Nr. 1, S. 18 – 20; Weidenhaupt, Wilhelmi.

3 Zu den Schreibweisen vgl. Lau U. B., Nr. 12, Anm. 4, 6. Zur Geschichte des Wortes „Dorf" vgl. Foerste in Studium Generale 1963, Nr. 7, S. 422 ff.

4 Der „Loehoff" wird im 18. Jahrhundert erwähnt, KrAM, Alter Bestand (Alt. Best.) C I, Bund 22, 29 Jan. 1757; vermutlich lagen in der Nähe auch die Güter „die zwei Berge", Ferber II, S. 29.

5 Erst als 1586 Alexander Farnese im Kölner Krieg Neuß eroberte und bis auf einige Häuser durch Feuer zerstörte, erlitt das Wirtschaftsleben einen Zusammenbruch. Mit dem Übergang von der Stadtwirtschaft zur Volkswirtschaft verlor Neuß seine wirtschaftliche Bedeutung und sank zu einer bescheidenen Kleinstadt herab; vgl. Ewald in Neuß, S. 24.

6 Die Maßeinheiten sind graphisch ermittelt.

7 Miscellen in BtrGNrh, Bd. 8 (1894), S. 246 – 248.

8 Greb verlegt die Entstehung aufgrund neuester Forschungen in das Jahr 1200; vgl. Greb, Gnadenbilder, S. 139, S. 142.

9 Zu diesem Zeitpunkt gab es etwa 3.000 Städte in Deutschland. Von diesen zählten 2.800 kaum 1.000 Einwohner. Nur 50 Städte hatten eine Einwohnerzahl von über 3.000 bis 5.000. Davon waren etwa 15 mit 5.000 bis 30.000 Bewohnern wirkliche Großstädte; vgl. Aders in HbJanW, 1959, Nr. 10, S. 148.

10 Die Einwohnerzahl ergibt sich aus der Hebeliste des Schoßes 1431; StA Gasthausarchiv, fol. 2a ff.; Druck bei Lau in QuFGNrh, Bd. 1, S. 227 ff.

11 HStA, Jülich-Berg I, 1328.

12 1424 sind in der Neustadt einschließlich der Vorstadt 101 zinspflichtige Häuser nachgewiesen, während die Altstadt 48 Häuser zählte; Schaumburg, S. 17, 18.

13 In den Düsseldorf betreffenden Akten ist der Begriff „Werft" nur als Neutrum zu finden.

14 HStA, Slg. Guntrum II, 116; HStA, Lenzen, Nachlaß Nr. 3; KrAM, Hs 1617; Aders in DHb, 1955, Nr. 8/9; Aders in HbJanW, 1958, Nr. 4, S. 8 – 18; Baumgarten in BtrGNrh, Bd. 18 (1903), S. 30 – 133; Below, Reihe I, Bd. 1/2; Bezzel 4.1, 4.2, 4; Ewald in Neuß, S. 19 bis 26; Graminäus, Farmbacher in ZsBVG, Bd. 42 (1909), S. 35 ff.; Festschrift 1888, Kieber, Küch in BtrGNrh, Bd. 12 (1897); Kühn-Steinhausen in DJb, Bd. 39/40 (1937/38); Lacomblet Archiv, Lacomblet U. B.; Lau Düsseldorf, Lau Köln, Lau in DJb, Bd. 31 (1920 bis 1924); Lau in QuFGNrh, Bd. 1; Lau U. B., Levin in BtrGNrh, Bd. 19/20/23 (1904/ 55/11); Loewe in BtrGNrh, Bd. 15 (1900), S. 165 ff.; Müller August, Rapparini, Redlich in

430

BtrGNrh, Bd. 10/11 (1885/96); Ritter, Rümmler in HbJanW, 1954, Nr. 1, S. 7 – 11, Rümmler in Katalog Kunstmuseum 1971, S. 21 – 29; Schaumburg, Schaumburg in ZsBGV, Bd. 8 (1872), S. 1 – 80; Schönneshöfer, Weidenhaupt, Wentzke in HbJanW, 1933, Nr. 4/5, S. 69 ff.; Wiebeking Rheinübergang, Wilhelmi.

15 HStA, Jülich-Berg I, 1349, fol. 20 ff.

16 „im Lande Berg ist der festung und boung och van noeden und daruf gedacht, das benede im Lande Duisseldorf vast gemacht werd"; Auszug bei Below I, 1, S. 261 – 262; gedruckt nach HStA, Kleve-Mark, XXI, 257 (Kriegsverlust). Befestigung Heinsbergs vgl. Corsten in Heimatkalender Heinsberg, Nr. 6, 1956, S. 25 ff.

17 Schönneshöfer, S. 205.

18 HStA, Hs L II, Nr. 7 I, Druck bei Scotti I, Nr. 46.

19 BSB, Cgm 2213 (Slg. Redinghoven), Bd. V, fol. 377a ff. Druck bei Lau U. B., Nr. 329. Übertragung ins Hochdeutsche nach Sültenfuß (Kap. VII, 2), S. 33 ff. Ergänzende Verordnung: BSB, Cgm 2213 (Slg. Redinghoven), Bd. V, fol. 383b; Druck bei Lau U. B., Nr. 330.

20 HStA Slg. Guntrum II, 115, vgl. Anm. 121.

21 1292 war die Stadt an Kleve, 1293 an Kurköln, 1306 an Jülich, 1395 wieder an Kleve und 1424 an das Stift Köln gekommen.

22 Lau Düsseldorf, S. 102; zitiert nach HStA, Jülich-Berg II, 5167; desgl. HStA, NW Kreisarchiv IX, 79, fol. 9; die Zahlenangabe ist übertrieben, da die Garnison gegen den Willen der Stadt verstärkt werden sollte.

23 U. B., D. R. 4739, I (4e) Ink.

24 Erst am 19. September 1666 wurde die Teilungsfrage nach ständigen Auseinandersetzungen vertraglich geregelt. 1672 garantierte ein Zusatzvertrag die Religionsfreiheit in beiden Landesteilen.

25 Die Einwohnerzahl (in- und auswendige Bürgerschaft) ist ermittelt aus den in der Rottliste von 1596 aufgeführten etwa 3.700 und den etwa 5.000 aus dem Landsteuerbuch von 1632 errechenbaren Einwohnern; Rottliste: Lau U. B., Nr. 344, gedruckt nach HStAM, Pfalz-Neuburg 786 (Kriegsverlust); Landsteuerbuch: StM, Uk. Nr. C 1; Druck bei Ferber, Landsteuerbuch.

26 StA, I 206; Auf die 1.722 Garnisonsangehörigen entfallen etwa 900 Frauen und Kinder.

27 ÖStA, Kriegsakten, 1630, fol. 24.

28 HStA, Jülich-Berg II, 3060, 3104, 3167.

29 HStA, Jülich-Berg II, 3248, fol. 79.

30 KrsAK, Roosen 97, fol. 76.

31 Die Zahl setzt sich zusammen aus etwa 3.900 Zivilisten, 1.200 Militärs mit ungefähr der gleichen Anzahl Frauen und Kinder; zur Militärbevölkerung zählen demnach insgesamt 2.400 Personen, wovon etwa 150, die in den Baracken untergebracht waren, abzurechnen sind.

32 Bayerle, zitiert nach HStA, Stift Düsseldorf (Stift Dssd.); vgl. Städtebuch III, 3, Rheinland, S. 106.

33 HStA, Jülich-Berg II, 3848, fol. 21; vgl. Anm. 1170.

34 HStA, Jülich-Berg II, 4327, fol. 51 – 53.

35 HStA, Jülich-Berg II, 5013, fol. 78.

36 HStA, Jülich-Berg II, 5480, fol. 21/39. Auch in anderen Fürstentümern beklagten sich die Stände über die anhaltenden Geldforderungen. In Bonn wurde daher 1697 die völlige Schleifung der Festung gefordert; Aders Gebhardt, S. 94.

37 HStA, Jülich-Berg II, 6128, fol. 94a; HStA, Hs L II, Nr. 7 IV, fol. 188; Druck bei Scotti, Nr. 711.

38 StA, Uk. Nr. 133.

39 StM, Uk. Nr. D. 39.

40 HStA, Berg. Landst. V, 27 (1), 1679/82.

41 Weitere Angaben s. StA, Kühn-Steinhausen, Hofhaltungsrechnungen.

42 1690: HStA, Jülich-Berg II, 5009; 1703/04: HStA, Jülich-Berg III R, Landrentmeisterei; vgl. Rümmler in Katalog Kunstmuseum 1971, S. 24.

43 HStA, Jülich-Berg IV, 632.

44 Pfarrarchiv St. Martin, Kriegssteuerhebebuch; Druck bei Schubert in DJb, Bd. 25 (1912), S. 138; vgl. Kapitationssteuerliste von 1663, HStA, Berg. Landst. V, 34 III.

45 HStA, Jülich-Berg II, 6557, fol. 21; Druck bei Lau U. B., Nr. 373.

46 DZA, Rep. 63, Nr. 64a, fol. 114.

47 HStA, Jülich-Berg II, 6557, fol. 25/26; Druck bei Lau U. B., Nr. 385.

48 Durch den Rastätter Frieden, 1714, ging Johann Wilhelm der bayrischen Kurwürde und seiner neuen Besitzungen wieder verlustig. Auch Kaiserswerth, das nach Schleifung der Werke dem Kurfürsten geschenkt worden war, wurde dem Kölner Erzstift 1714 wieder zurückgegeben. Ritter, S. 31.

49 HStA, Jülich-Berg IV, 491 und 492.

50 Bonin, S. 43, Pläne von Enbers DSB Sx $\frac{23254}{2}$ (Taf. IX).

51 Die Ingenieurkapitäne Enbers und von Balbi und der Fortifikationsdirektor Walrave waren seit 1733 häufig beurlaubt. Sie hatten die Genehmigung, auch außerhalb Preußens tätig zu sein. Neben der Auskundschaftung feindlicher Festungen führten sie auch Reparaturen an den Festungen Philippsburg und Kehl aus. 1735 sind sie auch in Mainz nachweisbar, Bonin, S. 296.

52 Rümmler in Katalog Kunstmuseum, Nr. 103, S. 190.

53 StA, I, 207; Lau Düsseldorf, S. 49, nach HStA Landtagsprotokolle 1746, fol. 101a.

54 Bezzel 4.2, S. 396; Anm. 1, S. 397.

55 StA, I, 372.

56 StA, I, 207; KrAM, Alt. Best. C I, Bund 22.

57 1.698 Mann Stammgarnison, 100 Mann der Jülicher Besatzung und 3.000 Österreicher, KrAM, Alt. Best. C, Bund 20, 14. April 1795; ÖKrA, AFA 1794-13-36, Fasz. 437, vgl. Lau, Düsseldorf, S. 67.

58 Bellinghausen, S. 228 ff.; Lau Düsseldorf, S. 80 ff.

59 ANF. AF IV, 1166 Dossier 1; vgl. Lautzas, S. 136, ebd. Angaben über die Ausbaupläne von Neuß und Kaiserswerth; über Marescot ebd., S. 160.

60 Koenen in Neuß, S. 3.

61 Zimmermann, S. 9.

62 D. M. S. A. in AnNrh, Bd. 7 (1859), S. 148 ff.

63 Lau U. B., Nr. 4; gedruckt nach StAK, Schreinskarte von St. Laurenz Nr. 2.

64 Kaiserswerth wird 700 erwähnt, Bilk 799 und Gerresheim 870; Weidenhaupt, S. 15 ff.

65 Stadterhebungsurkunde, Original verschollen, beglaubigte Abschrift StASp. Lateinische Abschrift gedruckt bei Lau U. B., Nr. 12; Übersetzung gedruckt in MsVGAD, 1881, Nr. 3, S. 22; zeitgenössisch übersetzt und kommentiert bei Fischer in DHb, 1975, Nr. 8.

66 Düffel, S. 40. Auch von anderen niederrheinischen Städten ist belegt, daß bis zur Errichtung der Stadtmauern eine Umwehrung als Befestigung diente. In einer Urkunde von 1257 betreffend Rinteln an der Weser heißt es bezüglich der Stadtbefestigung:,,plancas (Palisaden) sive murum", Vogt, S. 8.

67 1322: HStA, Stift Dssd., Uk Nr. 11; Druck bei Lau U. B., Nr. 20, 1365 erwähnt als DOR DA MYN UYT GEYT TO RATINCGEN WERT; HStA, Stift Dssd., Uk. Nr. 38; Druck bei Lau U. B., Nr. 45. 1395 erwähnt als UNSSER LIEVEN VROUWEN PORTE; HStA, Kreuzbrüder Düsseldorf (Krzbr. Dssd.), Uk. Nr. 5; Druck bei Lau U. B., Nr. 87. Die Quellen machen keinen Unterschied in der Anwendung der Begriffe ,,Tor" und ,,Pforte", vgl. Greb, Gnadenbilder, S. 140.

68 Renard in MsRhVDH, Jg. II (1908), S. 148; die Quelle konnte nicht ermittelt werden; eine genaue Quellenangabe bei Renard fehlt.

69 Mainzer, S. 234; vgl. Anm. 66, 68.

70 Düffel, S. 41.

71 Lau Düsseldorf, S. 99.

72 HStA, Stift Dssd., Uk. Nr. 87; Druck bei Lau U. B., Nr. 92.

73 HStA, Krzbr. Dssd., Uk Nr. 75; vgl. Lau U. B., Nr. 275.

74 Im Mittelhochdeutschen war Eder die Bezeichnung für ein Holzgeflecht, weiterhin für eine Gemarkungsgrenze; vgl. Lexers, Mittelhochdeutsches Wörterbuch. In Düsseldorf verstand man ursprünglich unter Eder wohl nur die holzgeflochtene Uferbefestigung der nördlichen Rhein-

bucht. Später wurde der Name für den gesamten Uferbereich üblich, für dessen Befestigung und Unterhaltung das „Eddergelt" erhoben wurde, StA, II 197, fol. 1 ff.

75 HStA, Stift Dssd., Akt. Nr. 19; desgl. Jülich-Berg I, 809; gedruckte Auszüge bei Strauven in MsVGAD, 1881, Nr. 2, S. 14/15; desgl. Lau U. B., Nr. 236.

76 HStA, Stift Dssd., Uk. Nr. 30; Druck bei Lau U. B., Nr. 37.

77 Strauven, S. 4.

78 Pfarrarchiv St. Lambertus. Uk. Nr. 29; Druck bei Lau U. B., Nr. 108.

79 HStA, Karte Nr. 1013; vgl. auch Karten Pfarrarchiv St. Lambertus.

80 Bestandsaufnahme von 1796, StM, VIIa, 87; Bestandsplan 1288, StM, VIIa, 2; Schaumburg, S. 11; Pfarrarchiv St. Lambertus, Akte 493, 494.

81 Schaumburg, S. 10.

82 HStA, Stift Dssd., Nr. 227.

83 Boschheidgen, S. 11/12.

84 Marwede, S. 32; Abb. bei Ebe-Jahn, S. 25, Abb. 4; S. 40/41, Abb. 8.

85 Zeichnung Düsselbauten 1953, StM, 7450.

86 Strauven, S. 19. Zur Familie v. Knoyden (Knode): Stöcker, S. 29 ff.

87 Fundamentaufnahme 1958: StM, 76/1970.

88 „ind darzo eyn deilll des gravens ind muren van der ALDER STAT, as an van dem orde des huyss, darop die vurs. hoefstat van dem egenannten Heinrich gebuwet is, dem vurs. onsem LEWENHUYSE alreneist zu der NUER STAT wert gelegen, bis op da naeste ort der Alder Stat muren, and vort van demselven orde der vurs. muren seven roeden lanck vort opperwart zu messen zo Onsser VRAUWENPORTZEN wert, so wie die grave ind mure yetzont gelegen is"; HStA, Jülich-Berg, Rep. Hs. Nr. 20, fol. 76; Druck bei Lau U. B., Nr. 109.

89 Mindel, S. 52; die Numerierung der Häuser wurde im 19. Jahrhundert mehrmals geändert.

90 Ferber I, S. 26.

91 Rennefeld in HbJanW, 1956, Nr. 1, S. 7.

92 Urkunde erwähnt (ohne Quellenangabe) bei Strauven, S. 19.

93 Auf den beiden Wällen vor dem Liebfrauentor lastete ein Benutzungsrecht (Weiderecht). In der Bestätigung dieses Rechts werden die Wälle 1365 erwähnt; HStA, Stift Dssd., Uk. Nr. 38; Druck bei Lau U. B., Nr. 45.

94 von Schaumburg, S. 14.

95 Aders in HbJanW, 1957, Nr. 4, S. 7, nach dem Original auf Schloß Herrnstein bei Winterscheidt/Siegkreis.

96 Zons: Clemen 3.3, S. 118; Abb. in MsRhVDH, Jg. II, 1908, S. 149.

97 Ratingen: Clemen 3.1, S. 161.

98 In Geldern hießen die beiden Wälle „schutwal" und „uiterster wal"; Marwede, S. 32.

99 In Moers, wo eine ähnliche Anlage nachweisbar ist, war der äußere Graben in Friedenszeiten trocken und diente als Tummelplatz für die ritterlichen Spiele; Boschheidgen, S. 12.

100 StM, Uk. Nr. C 1, pag. 2; Druck bei Ferber Landsteuerbuch.

101 HStA, Jülich-Berg II, 5012, fol. 6.

102 Reskript vom 26. 2. 1632, erwähnt (ohne Quellenangabe) bei Ferber I, S. 25.

103 Ebe-Jahn, S. 35, Abb. 5a. Die These Fischers, die Darstellung in dem ersten Stadtsiegel sei die Wiedergabe eines Stadttores, scheint wegen der Gestalt der Tore wenig überzeugend, abgesehen davon, daß auch in Düsseldorf der Westbau der romanischen Lambertuskirche profanen Zwecken gedient haben muß, vgl. DHb 1973, Nr. 3.

104 Strauven, S. 4.

105 Lau in DJb, Bd. 31 (1920 – 1924), S. 138 ff. / 144.

106 Lacomblet Archiv II, S. 339.

107 Lacomblet U. B. III, Nr. 199. Ausführliche Angaben zum Rheinzoll bei Mosler in BtrGNrh, Bd. 21 (1906/07), S. 97 ff.

108 Strauven, S. 6; die Datierung bezieht sich auf in den Kellergewölben der Burg gefundene Scherben mit dem Ravensberger Wappen.

109 Lacomblet U. B. III, Nr. 806.

110 Erwähnt (ohne Quellenangabe) bei Strauven, S. 12. Die Bezeichnung „Burch" (Burg) dürfte die älteste sein. Der Begriff „Sloss" (Schloß) kommt schon in der von Strauven erwähnten Urkunde vor. Unter Gerhard II. finden beide Namen gleichzeitig Anwendung; HStA, Stift Dssd., Uk. Nr. 824; Druck bei Lau U. B., Nr. 203. Die Bezeichnung „Burg" findet sich noch 1571; HStA, Jülich-Berg I, 60, fol. 25.

111 1382 erwähnt unter dem Namen „Levenhuys": HStA, Jülich-Berg I, 1328, fol. 19b, oft auch Löwen- oder Lieferhaus genannt. Im Mittelhochdeutschen bedeutet „lewere" soviel wie „zahlen in Naturalien". Das Haus dürfte also Sitz des Kellners gewesen sein; vgl. Nachtrag von Lau bei Schumacher in BtrGNrh, Bd. 28 (1916), S. 103.

112 Lewenturm in Heinsberg: HStA, Jülich-Berg III, 812; vgl. Corsten in Heimatkalender Heinsberg, Nr. 6, 1956, S. 32, Anm. 47.

113 Rennefeld in HbJanW, 1956, Nr. 1, S. 6.

114 Strauven in MsVGAD, 1881, Nr. 2, S. 14, 15.

115 Spohr Edmund in DHb, 1977, Nr. 4, S. 62 ff; ders. in DHb. Nr. 6, S. 112 ff.

116 StA, Gasthausarchiv, Hebeliste des Schoßes von 1431, fol. 6b; Druck bei Lau in QuFGNrh, Bd. 1, S. 231, vgl. ebd., Anm. 9.

117 StA, Gasthausarchiv, Stadtrechnung 1443, fol. 11b; Druck bei Lau in QuFGNrh, Bd. 1, S. 251. Nutzung des Alten Zollhauses als Rathaus 1438 / 1441 und 1448; Nutzung des Bürgerhauses 1463 / 1470; Lau U. B., Nr. 224.

118 Lau Düsseldorf, Anm. S. 115.

119 Lau Düsseldorf, S. 115.

120 Karmelitessenchronik, fol. 42; auszugsweise veröffentlicht bei Rümmler in HBJanW, 1963, Nr. 5 ff. (Abb. 24).

121 HStA, Krzbr. Dssd., Uk. Nr. 48; Druck bei Lau U. B., Nr. 245; vgl. Lau Düsseldorf, S. 115. Das Haus zum Schwarzen Horn hat nur bis 1544 als Rathaus gedient. Danach fanden die Ratssitzungen in einem Haus am Markt statt, etwa an der Stelle, wo 1567 das heutige Rathaus erbaut worden ist; vgl. Lau, S. 115.

122 StA, II, 197, fol. 11.

123 StM, Uk. Nr. C 1, pag. 2; Druck bei Ferber Landsteuerbuch, S. 2, vgl. ebd., Anm. 3. Die auch von mir noch 1973 vertretene Ansicht Ferbers, Schützenhaus und Rathaus seien ein Gebäude gewesen, ließ sich nicht aufrecht erhalten; vgl. Spohr Edmund in DHb, 1977, Nr. 4, S. 62 ff.; Greb Theresienhospital, S. 6; Greb ist eine Nachricht bekannt, nach der der trennende Bürgerumgang überbaut gewesen sein soll. Frdl. Hinweis von Herrn Dr. Greb.

124 StA, I, 260, fol. 9. Auch in Koblenz hieß die Pforte neben dem Zollhaus, an der Mosel, Lindentrappenpforte, Michel, S. 57.

125 Greb in Schützenzeitung 1974, Nr. 4, S. 17 ff. Ebd. Angabe der Originalquellen.

126 Bär, S. 2.

127 Marwede, S. 7.

128 Marwede, S. 8.

129 Kessel, Nr. 11.

130 Marwede, S. 11.

131 In Köln wird schon 1366 ein Blidenmeister erwähnt; Lau Köln, S. 265.

132 Boos, S. 14.

133 Die Reeser Stadtmauer von 1289 war aus Ziegelstein; Düffel, S. 42/43.

134 Renard in MsRhDVH, Jg. II (1908), S. 141.

135 Mainzer, S. 280.

136 HStA, Jülich-Berg II, 3822, fol. 12b; Druck bei Lau U. B., Nr. 65; Herchenbach in ZsDGV, 1883, Nr. 6, S. 129.

137 Miscellen in BtrGNrh, Bd. 8 (1894), S. 246 – 248. Pfarrarchiv St. Lambertus, Urk. 33.

138 Die verwaltungsmäßige Trennung von Alt- und Neustadt war im Mittelalter durchaus üblich.

139 Vgl. Korn in DJb, Bd. 47 (1955), S. 15/16.

140 StA, Uk. Nr. 1; Druck bei Lau U. B., Nr. 83.

141 1400 unter dem Namen VLYNCGERE PORTZE; HStA, Stift Dssd., Hs. 2, fol. 39b; Druck bei Lau U. B., Nr. 107; 1411 erwähnt als NUWE PORTZE AN DER NUWER STAT ZO

DUSSELDORP DA MAN HEEN GEIT ZO GERISHEIM; HStA, Stift Dssd., Uk. Nr. 116a; Druck bei Lau U. B., Nr. 133.

142 HStA, Krzbr. Dssd., Uk. Nr. 6; Druck bei Lau U. B., Nr. 94.

143 StA, Uk. Nr. 12; Druck bei Lau U. B., Nr. 170.

144 StA, Gasthausarchiv, Steuerliste 1443, Nr. 6b, fol. 2b; Druck bei Lau in QuFGNrh, Bd. 1, S. 251 ff.

145 HStA, Jülich-Berg I, 1059, fol. 7.

146 HStA, Krzbr. Dssd., Uk. Nr. 60; Druck bei Lau U. B., Nr. 257.

147 Eine grobe Beschreibung vermittelt Redinghoven in HStA, Hs N I, Nr. 1p, fol. 3.

148 1664 erwähnt in einem Kostenanschlag; HStA, Jülich-Berg II, 5029, fol. 147; noch 1689 im Kriegssteuerhebebuch unter dem Namen „hinder der maweren" aufgeführt; vgl. Schubert in BtrGNrh, Bd. 25 (1912), S. 146.

149 Rennefeld in HbJanW, 1959, Nr. 9, S. 132; vgl. Bestandsplan StM, VIIa, 106.

150 Ferber I, S. 9; wahrscheinlich nach Quellen aus ASpee.

151 HStA, Stift Dssd., Hs 2, fol. 71b; Druck bei Lau U. B., Nr. 97.

152 1428 erwähnt als „Ratinger Portze", StA, Uk. Nr. 10; Druck bei Eschbach in BtrGNrh, Bd. 5 (1890), S. 20.

153 Original, StM, VIIa 6.

154 Ferber I, S. 84; Bayerle, S. 132.

155 Rennefeld in HbJanW, 1959, Nr. 9, S. 133.

156 Druck bei Strauven, S. 13; Original nicht nachweisbar.

157 Rennefeld in HbJanW, 1959, Nr. 9, S. 131.

158 Schaumburg, S. 21.

159 Als „Portmannstorn" erwähnt 1585; HStA, Jülich-Berg II, 4931, fol. 81/86.

160 Als „Rinporz" erwähnt 1494; HStA, Jülich-Berg I, 51; Druck bei Lau U. B., Nr. 285.

161 Als „Zollporz" erwähnt 1585; HStA, Jülich-Berg II, 4931, fol. 89.

162 1591 erwähnt; HStA, Jülich-Berg II, 4931, fol. 103; vgl. Ritter, S. 7.

163 HStA, Stift Dssd., Hs 2, fol. 92b; Druck bei Lau U. B., Nr. 167.

164 In Ratingen lassen sich von den bei Redlich, S. 203, erwähnten Torburgen schon 1362 das Obertor (Kessel, S. 38) und das Lintorfer Tor (Kessel, S. 43) nachweisen; vgl. Renard in MsRhVDH, Jg. II (1908), S. 145 ff. Neuere Untersuchungen über Tortypen im Rheinland bei Mainzer, S. 14 ff.

165 Sültenfuß in HbJanW, 1926, Nr. 1, S. 19; 1709 wurde Groenwaldt zum Bau der Windmühle verpflichtet; Lau U. B., Nr. 384, § 1; gedruckt nach StA Wetzlar, G 706/2363 f.

166 StA Mairie Protokoll 1811 – 1813, fol. 9b.

167 HStA, Jülich-Berg II, 5012, fol. 16.

168 Vgl. Renard in MsRhVDH, Jg. II (1908), S. 142.

169 Original der Zeichnung: HStA, Karte (Kriegsverlust), Nachzeichnung: StM VIIa, 140 (Abb. 36).

170 Unter diesem Namen 1585 in HStA, Jülich-Berg II, 4931, fol. 89.

171 Stadtrechnungen von 1540/41, StA I 260, fol. 9b.

172 In der „Beschreibung derer Fürstlich Güligscher Hochzeit" sind zwei Darstellungen mit dem Berger Tor enthalten: Nr. 1 (B 11) Einzug der Jakobe von Baden und (A 11) Einzug des Pfalzgrafen Philipp Ludwig. Das hier nicht abgebildete Blatt mit der Signatur A 11 ist keine Zeichnung eines früheren Zustandes, sondern vielmehr eine idealisierte Darstellung, die mit der wirklichen Topographie von Düsseldorf so gut wie nichts gemein hat. Das Berger Tor mit der Stadtmauer ist in diesem Blatt nur Kulisse für die Darstellung des Einzuges, ähnlich wie in der Zeichnung des Marktes Nr. 34 die Häuser nur zeichnerischer Hintergrund sind, während die Wiedergabe des Marktes in Nr. 31 der Wirklichkeit ziemlich nahekommt. Ein Stilvergleich der topographisch falschen Blätter läßt übereinstimmende Merkmale in der Strichtechnik erkennen. Auch die beiden der Wirklichkeit entsprechenden Blätter Nr. 1 und Nr. 31 weisen übereinstimmende Stilmerkmale auf. Es liegt daher die Vermutung nahe, daß die ungenauen Blätter aus Hogenbergs Sammlung der Geschichtsblätter stammen und nur als Duplikate dem in sich geschlossenen Werk der „Güligscher Hochzeit", das nach Bachmann Städtebilder,

435

Nr. 6, ebenfalls der Werkstatt Hogenbergs entstammt, beigegeben wurde. Die ungenaue Topographie läßt sich dadurch erklären, daß es bei den „Geschichtsblättern", die eine Art Flugblätter waren, mehr auf die aktuelle Darstellung der Ereignisse als auf die richtige Wiedergabe des Hintergrundes ankam. Ein ähnlicher Vergleich läßt sich an den beiden, nach Bachmann Städteansichten I, S. 6, ebenfalls zu der Sammlung der Geschichtsblätter gehörenden Kupfer der „Wahrhafftigen deschription und beschreibung der Statt Neuß" bei Aitsinger 1585, fol. 704/5, und Aitsinger 1588, fol. 394/95, anstellen. Auf diesen Blättern ist Düsseldorf am oberen Rand zu erkennen. Fol. 394/95 ist die genauere Darstellung (Abb. 7). Die nach den Stichen bei Graminäus angefertigte, im Stadtmuseum aufbewahrte lavierte Federzeichnung „Südseite mit dem Berger Tor" (StM, VIIIa, 8) muß, wie das Gegenstück „Ansicht der Festung von der Rheinseite" (StM, VIIIa 7) beweist, eine Nachzeichnung des 18. Jahrhunderts sein. In dieser Rheinansicht ist die nicht bei Graminäus dargestellte Front nördlich des Schlosses durch die Kirche der Kamelitessen ergänzt. Der 1634 explodierte Pulverturm fehlt, während der südliche Abschnitt bis ins Detail eine genaue Wiedergabe des bei Graminäus dargestellten Zustands der Rheinfront des ausgehenden 16. Jahrhunderts ist.

173 StA, I, 239, fol. 34.
174 StA, Uk Nr. 80a.
175 HStA, Jülich-Berg II, 4931, fol. 84; vgl. Ritter, S. 6.
176 HStA, Berg. Lehen, Nr. 15b, fol. 11.
177 HStA, Jülich-Berg II, 3841, fol. 27 ff.
178 Jülich-Berg II, 5012, fol. 43.
179 StA, Uk. Nr. 126; Druck bei Lau U. B., Nr. 362.
180 HStA, Jülich-Berg II, 3903, fol. 60; Neustraße 44, Ferber II, S. 39.
181 StA, Gasthausarchiv; Druck bei Lau in QuFGNrh, Bd. 1, S. 216 ff.
182 Schaumburg, S. 21; Moeller in BtrGNrh, Bd. 3 (1888), S. 359.
183 HStA, Stift Dssd., Uk Nr. 108; Druck bei Lau U. B., Nr. 125.
184 StA, Gasthausarchiv, Steuerliste von 1448, fol. 19a; Druck bei Lau in QuFGNrh, Bd. 1, S. 261.
185 HStA, Jülich-Berg II, 4931, fol. 86 ff.
186 Reuleaux, S. 13.
187 Kallen in Neuß, S. 37.
188 In den Stadtrechnungen von 1540 wird die Hammei als schlecht bezeichnet; sie kann daher nicht zur Neubefestigung gehören; StA, I, 260, fol. 12.
189 Marwede, S. 36.
190 Vgl. Pläne StM, VIIa, 111, und StA, F 6, M 8, Nr. 288 (Abb. 102).
191 Der Abbruch sollte zur Freimachung eines am 30. 8. 1712 von Johann Wilhelm zugesagten Bauplatzes erfolgen. Die Eingabe zur Freimachung wurde am 2. 5. 1725 erneut vorgelegt; vgl. Dorsualvermerk auf der Rückseite des Planes StM, VIIa, 111. An dem neuen Tor stand die Jahreszahl 1725; Lau Düsseldorf, S. 101, Anm.
192 Jahresangabe: HStA, Slg. Guntrum II, 116; vgl. Schaumburg, S. 16: Die Einnahme des Werftgeldes wurde der Stadt erst 1446 endgültig verbrieft; StA, Uk. Nr. 1; Druck bei Lau U. B., Nr. 192.
193 Strauven, S. 9; die Angabe ist nicht mehr nachprüfbar, da die Werftakten heute unvollständig sind; vgl. Lau Düsseldorf, S. 120, Anm.
194 Vollmer in DJb, Bd. 47 (1955), S. 1 ff.
195 Merian, Topographia Westphaliae, pag. 21.
196 Janssonius, Praecipuarum urbium Germaniae superioris Iconismi et effigies; benutztes Exemplar, HStA Hamburg: Druck bei Bachmann Städteansichten I, 2, Abb. 152 (Abb. 28).
197 HStA, Jülich-Berg III, 27, fol. 67; Abschrift: HStA, Jülich-Berg II, 6128, fol. 13. Der Umbau stand sicher mit dem Ausbau des Werfts 1628 in Zusammenhang.
198 HStA, Slg. Guntrum II, 116; 1619, 1628.
199 Im Zolltor wurden 1620 und 1648 reformierte Gemeindemitglieder in Arrest gehalten; ZsBGV, Bd. 34 (1898), S. 18, 34, 44. Im Plan DSB, Sx $\frac{23254}{5}$ (um 1716), findet sich für das Zolltor die Bezeichnung „Porte pour les gens à pied" (Abb. 116).

200 HStA, Jülich-Berg II, 3845, fol. 20.

201 StA, II, 454; 1785, HStA, Jülich-Berg II, 3845, fol. 1 ff.

202 StASp, Geh. Rat, Jülich-Berg A 7/663.

203 Das Tor mußte 1809 einem Haus mit offener Durchfahrt – dem von Vagedes errichteten Massetschen Haus – weichen. HStA, Slg. Guntrum II, 116.

204 Die Nachbarn der Altestadt und Krämerstraße hatten schon 1602 um Wiedereröffnung der Pforte gebeten; HStA, Jülich-Berg II, 5178, fol. 21b.

205 HStA, Jülich-Berg II, 3823, fol. 43/44; Druck bei Eschbach in BtrGNrh, Bd. 7 (1893), S. 58.

206 HStA, Jülich-Berg II, 2378, fol. 185b; Druck bei Lau U. B., Nr. 342.

207 HStA, Jülich-Berg II, 4931, fol. 113.

208 HStA, Jülich-Berg II, 3823, fol. 50; Druck bei Eschbach in BtrGNrh, Bd. 7 (1893), S. 62.

209 Becker in BtrGNrh, Bd. 25 (1912), S. 43.

210 Schumacher in DJb, Bd. 28 (1916), S. 97.

211 StM, Uk. Nr. C I; Druck bei Ferber, Landsteuerbuch.

212 HStA, Jülich-Berg II, 4931, fol. 110; vgl. Sültenfuß in HbJanW, 1926, Nr. 1, S. 19.

213 Renard in MsRhVDH, Jg. II (1908), S. 150; Bär, S. 27.

214 Zons: Renard in MsRhVDH, Jg. II (1908), S. 147, Abb. 14.

215 Geldern: Marwede, S. 38.

216 Klapheck I, S. 58.

217 Riemann in HbJanW, 1933, Nr. 4, S. 68.

218 Strauven, S. 5 ff., Strauven waren die Mauerreste noch aus eigener Anschauung bekannt.

219 Lau in DJb, Bd. 31 (1920 – 1924), S. 149.

220 HStA, Stift Dssd., Hs 2, fol. 92b; Druck bei Lau U. B., Nr. 167.

221 Lau in DJb, Bd. 31 (1920 – 1924), S. 150.

222 1587 erwähnt in HStA, Jülich-Berg II, 4931, fol. 91; 1624, HStA, Jülich-Berg II, 5012, fol. 65.

223 HStA, Jülich-Berg I, 1439, fol. 20, 22, 25, 27, 28; HStA, Jülich-Berg I, 1335, fol. 14, 16, 17; Lau in DJb, Bd. 31 (1920 – 1924), S. 146, Anm. 2.

224 Spätestens seit 1501 befand sich die Kanzlei auf dem Schloß, HStA, Jülich-Berg, Uk. Nr. 1788; vgl. Lau Düsseldorf, S. 113, Anm. Ein eigenes Kanzleigebäude wurde 1559 errichtet.

225 HStA, Jülich-Berg I, 1349, fol. 25; Druck bei Lau U. B., Nr. 283.

226 HStA, Jülich-Berg I, 150, fol. 32.

227 „Item in demselven Jair (1510) op den 23 ten dach December brande die alde Borch to Dusseldorp gans aff"; vgl. Duisburger Chronik in Deutsche Städtechroniken, Bd. 24, S. 225; Schloßbrand: HStA, Jülich-Berg I, 60, fol. 25, und HStA, Jülich-Berg I, 1351a, fol. 27.

228 Bauarbeiten 1522: HStA, Jülich-Berg III, 1631, fol. 5/9.

229 Lau in DJb, Bd. 31 (1920 – 1924), S. 146.

230 HStA, Jülich-Berg IIIR, Wehrmeisterei, 3, fol. 292.

231 HStA, Jülich-Berg II, 812, vgl. Corsten in Heimatkalender Heinsberg, Nr. 6, 1956, S. 25 ff.

232 HStA, Hs A II, Nr. 5, fol. 14b: „Meister Bertram van Zydendorff ist angenommen für einen bouwmeister"; Druck bei Lau in DJb, Bd. 31 (1920 – 1924), S. 146.

233 Alexander Pasqualini, geb. am 5. 5. 1423 in Bologna; 1530 bis 1537 Bau des Turmes der Stiftskirche zu Ijsselstein, 1543 bis 1545 Bau von Schloß Büren. Weitere Angaben zur Tätigkeit in den Niederlanden und eine kunstgeschichtliche Würdigung des Oeuvres bei Wolff-Metternich in Rheydter Jahrbuch, Bd. 1 (1953), S. 1 – 29; ders. in Historisches Jahrbuch, Bd. 72 (1953), S. 332 – 348. Dienstantritt in Jülich, ebd., S. 339. Zur Familiengeschichte s. Lau in BtrGNrh, Bd. 31 (1920 – 1924), S. 96 – 137. Eine Stammtafel der Familie bei Herkenrath in Rheinische Lebensbilder, Bd. II (1966), S. 110; bibliographische Hinweise ebd., S. 124. Weitere Hinweise zu den Pasqualinis im 17. Jahrhundert bei Koltz, S. 321, 326 Anm. 1.

234 In den Jahren 1550 und 1551 reiste Pasqualini „des bouwes halven des Schlos" nach Düsseldorf; HStA, Jülich-Berg IIIR, Jülich 3, fol. 91; vgl. Kuhl II, S. 304.

235 Mattenclot; Druck bei Lacomblet Archiv V, S. 233; weitere Angaben bei Lau in DJb, Bd. 31 (1920 – 1924), S. 140.

236 HStA, Jülich-Berg, Uk. Nr. 824; Druck bei Lau U. B., Nr. 203.

237 StA, II, 197, fol. 11a; dort heißt es 1612: „langs i. f. g. itziges Zollhaus und Katsbahnen"; die K. bestand seit 1545; vgl. Strauven, S. 29.

238 Arbeiten 1618: HStA, Jülich-Berg II, 5012, fol. 1 ff.

239 HStA, Jülich-Berg III, 2810. Am 7. 1. 1744 wurde mit den Arbeiten begonnen. 1748 erbaute Nosthoffen eine Schäl- und Schneidmühle am Schloß, für die er 1.074 Rtlr. Entschädigung verlangte.

240 HStA, Jülich-Berg III, 40, fol. 13 ff.; Druck bei Redlich in DJb, Bd. 10 (1895), S. 103 ff. Das Inventar des Schlosses und die Liste der Beschädigungen durch das Bombardement geben einen ausführlichen Überblick.

241 Über die Befreiung von diesen Steuern s. StA, Uk. Nr. 1; Druck bei Lau U. B., Nr. 66.

242 Schoß s. Lau in QuFGNrh, Bd. 1, S. 216 – 218.

243 BSB, Cgm 2213 (Slg. Redinghoven), Bd. V, fol. 336b; Druck bei Lau U. B., Nr. 51.

244 Zur Bede im Herzogtum Kleve s. Liesegang, S. 351.

245 StA, Uk. Nr. 4; Druck bei Lau U. B., Nr. 89.

246 BSB, Cgm 2213 (Slg. Redinghoven), Bd. V, fol. 334b; Druck bei Lau U. B., Nr. 119.

247 StA, Uk. Nr. 12; Druck bei Lau U. B., Nr. 170.

248 Lau in QuFGNrh, Bd. 1, S. 218.

249 StA, Uk. Nr. 1; gedruckter Auszug bei Lau U. B., Nr. 199.

250 StA, Uk. Nr. 1; gedruckter Auszug bei Eschbach in BtrGNrh, Bd. 5 (1890), S. 35.

251 StA, II, 197, fol. 3.

252 Marwede, S. 12.

253 StA, Uk. Nr. 1; gedruckter Auszug bei Lau U. B., Nr. 162.

254 Lau in QuFGNrh, Bd. 1, S. 220; zu den Stadtrentmeistern vgl. auch Lau Neuß, S. 125/126; zu den herzoglichen Aufsichtsbeamten vgl. Anm. 539.

255 In Ratingen werden 1433 als allgemeine Lasten eines Ratinger Bürgers aufgezählt: „schetzinge, gravene, ingstreckinge, wachen ind porten hoeden"; Dresen in Alt Düsseldorf, S. 76.

256 In Mainz wurden die beamteten Torwächter „Burggrafen" tituliert, vgl. Boos, S. 29; ebenso in Köln, wo sie auf den Toren wohnten, vgl. Lau Köln, S. 263. Die in dieser Funktion tätigen Burggrafen waren meist bürgerlicher Herkunft, denn seit dem späten Mittelalter wurde der Grafentitel vielfach nicht als Adelsprädikat verliehen, sondern als Amtsbezeichnung für genossenschaftliche oder von Territorialherren eingesetzte Beamte in bestimmten Funktionen verwendet, vgl. Bayer, S. 189.
    In Düsseldorf war die Amtsbezeichnung und der Wirkungskreis der Burggrafen anfangs nur an die alte Herzogsburg, für deren Bewachung und Instandhaltung sie verantwortlich waren, geknüpft. Der erste nachweisbare Düsseldorfer Burggraf, Franz Pillmann aus Sittard, trat 1544 seinen Dienst an, vgl. Lau in DHb, 1934, Nr. 6, S. 105 ff. Die Schaffung der Burggrafenstelle dürfte durch die größere Bauaktivität des Herzogs, mit der auch die Berufung neuer Baumeister, wie beispielsweise Alexander Pasqualini, in Zusammenhang steht, erforderlich geworden sein, vgl. Anm. 233.
    Bis zur Schaffung der Burggrafenstelle hatten besonders vertraute Beamte, wie zum Beispiel der Schloßkaplan Heinrich von Friemersheim (um 1490), die Bauverwaltung inne, vgl. Anm. 233.

257 StA, I, 260.

258 Lau Köln, S. 264.

259 Zur Wehrverfassung in Köln (Einteilung in Gaffeln) vgl. Zander, S. 17 ff.

260 Aders in HbJanW, 1959, Nr. 10, S. 148.

261 Schönneshöfer, S. 166.

262 Vgl. Lau Neuß, S. 96.

263 Strauven in Volksblatt 1872, Nr. 72; vgl. Lau Düsseldorf, Anm. S. 101.

264 Wehrgänge im Altertum, Eberhardt, S. 16; Wehrgänge um 1200 zum Beispiel in Köln. Für

die Koblenzer Stadtmauer, die 1276 begonnen wurde, ist auf dem Wehrgang eine Brustwehr mit Zinneneinschnitten nachgewiesen, Bär, S. 28.

265 Delbrück IV, S. 29; die Dornebussen sind 1368 auch im Arsenal von Kaiserswerth nachgewiesen, Riemann in DHb, 1940, Nr. 7, S. 135.

266 Müller, H., S. 6 ff.

267 Pfarrarchiv St. Lambertus, Uk. 33; vgl. Anm. 137.

268 HStA, Jülich-Berg I, 1059, fol. 7.

269 Marwede, S. 43.

270 StA, Gasthausarchiv, Steuerliste 1448, fol. 19b; Druck bei Lau in QuFGNrh, Bd. 1, S. 262.

271 Abb. bei Renard Flugschrift, 1913, S. 6.

272 StA, Gasthausarchiv, Zahlungsliste des Schoßes 1444, fol. 15b; Druck bei Lau in QuFGNrh, Bd, 1, S. 258.

273 HStA, Jülich-Berg I, 145; Druck bei Lau, Nr. 277; vgl. auch StA, I, 260, fol. 6.

274 Angaben nach Delbrück 4, S. 39 ff.

275 Feuerwaffen: Müller, S. 4 ff.

276 Angriff: Müller, S. 10 ff.

277 Eberhardt, S. 14.

278 Jähns Kriegswissenschaft 1, S. 429.

279 Jähns Kriegswissenschaft 1, S. 774.

280 Bonin, S. 4.

281 1535 beschrieben und abgebildet bei Solms Festungsbau, Kap. „underricht eines vesten baws anzulegen"; vgl. auch Pläne Ingolstadts, wo Solms tätig war, Fuchs, S. 33.

282 Menne, S. 15.

283 Eberhardt, S. 19.

284 Dürer, besonders pag. CII ff.

285 Waetzold, S. 22 ff.

286 Reuleaux, S. 22.

287 Zu den Fachwörtern vgl. Kap. X.

288 Meyer, S. 28; in Wien stellte man seit 1544 italienische und spanische Baumeister an. Domenico Illalio aus Kärnten, Francesco di Poco aus Mailand (1544), Don Alberto aus Spanien (1546), Schieri, S. 26.

289 Über die Tätigkeit in Jülich und Düsseldorf vgl. Lau in DJb, Bd. 31 (1920 – 1924), S. 96 ff.

290 Das Handexemplar Speckles enthält zahlreiche Notizen des Meisters; GLAKa.

291 Kabza, S. 56.

292 Kabza, S. 10.

293 Kahlenberg, S. 78.

294 Zur Definition des Begriffs „Festung" vgl. Menne, S. 15.

295 Kahlenberg, S. 79, Anm. 3; vgl. Anm. 492.

296 Kahlenberg, S. 79, Anm. 2.

297 Zum Beispiel 1557; AnHVNrh, Bd. 136 (1940), S. 81, Anm. S. 57 ff.

298 HStA, Slg. Guntrum II, 116.

299 Schönneshöfer, S. 186.

300 HStA, Jülich-Berg II, 2919, fol. 34.

301 StA, I, 260/261.

302 Below I. 1, S. 262, 347.

303 Zu den Städten: Lau in DJb, Bd. 31 (1920 – 1924), S. 98.

304 1608: HStA, Jülich-Berg II, 3840, fol. 18; 1619: HStA, Jülich-Berg II, 5012, fol. 25.

305 HStA, Jülich-Berg II, 6557, fol. 13.

306 Mattenclot, Druck bei Lacomblet Archiv V, S. 238, erscheint das Berger Bollwerk 1552 unter der Bezeichnung „munimentum ante portam montanam illud quod vulgo Rondeel vocant". Gegen Ende des 16. Jahrhunderts ist die Bezeichnung „Bollwerk" am häufigsten. Wolfgang Wilhelm spricht 1632 von der „Pastey" an der Zitadelle. GStAM, Kasten blau 53/8. Die Bezeichnung Bastei hat sich in Düsseldorf aber nicht durchgesetzt; seit dem Drei-

ßigjährigen Krieg ist meistens von „Bastionen" die Rede. Zu der Bezeichnung in Geldern vgl. Ebe-Jahn, S. 72.

307 Jülich: Lau in DJb, Bd. 31 (1920 – 1924), S. 103 ff.

308 Lau Düsseldorf, S. 100, zitiert nach HStAM, Pfalz-Neuburg 786 (Kriegsverlust). Lau stützt seine Angaben auf die in diesem Bund enthaltenen Akten und Berichte von 1595/97, die, was die Genauigkeit der Datierung anbelangt, nicht unbedingt als zuverlässig anzusehen sind.

309 Landtagsabschied vom 20. September 1552; gedruckt bei Goldschmidt in ZsBGV, Bd. 45 (1912), S. 45, 106; gedruckt nach StAK Farragines, Gelenii, Bd. XI, pag. 470/71.

310 Landtagsabschied vom 28. April 1554; HStA, Jülich-Berg II, 5134, fol. 6; gedruckter Auszug bei Below I. 1, S. 694.

311 Landtagsabschied vom 5. Juli 1560; HStA, Jülich-Berg II, 5133, fol. 329; gedruckter Auszug bei Below I. 1, S. 784

312 Beschwerden der bergischen Stände vom 8. Oktober 1563, § 9; HStA, Jülich-Berg II, 5137, fol. 97b; gedruckter Auszug bei Below I. 2, S. 18.

313 Below, I. 2, S. 253.

314 HStA, Jülich-Berg II, 4931, fol. 80.

315 Ebd., fol. 79.

316 Auf den Landtagen vom 17. September, 2. Dezember und 19. Dezember wird wegen der Zitadelle verhandelt; HStA, Jülich-Berg II, 5145, fol. 144, 147, 157, 161; vgl. Below I. 2, S. 498, 505.

317 Die Resolution ist in einer Abschrift an Wirich von Dhaun enthalten; HStA, Herrschaft Broich, 1154.

318 „da schallen Trummet und herpock ahn, Hort man schießen vnd feuerwerck schlan Vom bolwerk starck vnd Citadell Daß es aller Hertze wolgesell", Graminäus, B 11.

319 HStA, Jülich-Berg II, 4931, fol. 88.

320 Wachtordnung: HStA, Jülich-Berg II, 2958, fol. 531 ff.; vgl. Anm. 571.

321 Ebd., fol. 543.

322 Weinsberg 3, S. 252/297.

323 HStA, Jülich-Berg II, 4931, fol. 103 – 104; vgl. Ritter, S. 6/7.

324 Ebd., fol. 105 – 107; vgl. Ritter, S. 6/7.

325 Zustand der Wälle: HStA, Jülich-Berg II, 2378, fol. 185b; Druck bei Lau, Nr. 342; vgl. Anm. 324.

326 HStA, Jülich-Berg II, 5164, fol. 148. Alexander d. J., geb. 1567, ist später als Bauaufseher in Düsseldorf nachweisbar. Er wirkte u. a. in Neuburg a. D. im Festungsbau und am dortigen Rathaus 1603 – 1609. Zimmer, S. 26 ff., S. 65, 66.

327 GStAM, Kasten blau, 335, fol. 574.

328 Bedenken zur Bauordnung, undatiert, wahrscheinlich zwischen 1594 und 1596; StA, Nr. 73; Abschrift StM, Uk. Nr. 51; Druck bei Eschbach in BtrGNrh, Bd. 5 (1890); ältere Verordnung vgl. Anm. 20.

329 HStA, Jülich-Berg II, 4931, fol. 121; vgl. ZsBGV, Bd. 19 (1883), S. 48, Anm. 1.

330 Ebd., fol. 115, 122.

331 Ebd., fol. 109.

332 Ebd., fol. 110 – 114.

333 Ritter, S. 8.

334 HStA, Jülich-Berg II, 4931, fol. 124.

335 Ebd., fol. 123.

336 Ebd., fol. 126.

337 HStA, Jülich-Berg II, 4931, fol. 92/93 (Rechnungen der Fuhrunternehmer).

338 Ebd., fol. 97.

339 HStA, Jülich-Berg II, 5617, fol. 156.

340 HStA, Jülich-Berg II, 5167, fol. 197 ff.

341 HStA, Jülich-Berg II, 5172, fol. 7/8.

342 HStA, Jülich-Berg II, 5171, fol. 511.
343 HStA, Jülich-Berg II, 5172, fol. 142.
344 HStA, NW Kreisarchiv IX, 79, fol. 70.
345 HStA, Karte Nr. 2378.
346 HStA, Jülich-Berg II, 4931, fol. 102.
347 Ebd., fol. 98/99.
348 StA, II, 197, fol. 12.
349 StA, Uk. Nr. 80b.
350 HStAM, Jülich-Kleve-Berg, Fasz. LXXIX, 220, fol. 72.
351 1618: HStA, Jülich-Berg III, 27; 1619: HStA, Jülich-Berg II, 5012, fol. 6 ff.
352 In den Quellen sind beide Termini ,,Bastion‘‘ wie ,,Bollwerk‘‘ gleichzeitig zu finden, vgl. Anm. 306. Der besseren Übersicht wegen wird im Folgenden der immer häufiger werdenden Bezeichnung ,,Bastionen‘‘ der Vorrang eingeräumt.
353 HStA, Jülich-Berg II, 5012, fol. 8.
354 Ebd., fol. 18.
355 Ebd., fol. 21 – 25.
356 HStA, Jülich-Berg II, 5012, fol. 28.
357 HStA, Jülich-Berg II, 5012, fol. 27.
358 Ebd., fol. 32.
359 Ebd., fol. 33/34. Batar d'eau, Bär von mittellateinisch berum = Staudamm, Eichberg, S. 212.
360 Ebd., fol. 37/38.
361 Ebd., fol. 43 ff.
362 Die Ausführung der Nordfront erfolgte erst fünfzig Jahre später; vgl. Anm. 467.
363 HStA, Jülich-Berg II, 5012, fol. 44.
364 HStA, Jülich-Berg II, 5012, fol. 44 – 46.
365 Die Brücke vor dem Flinger Tor wurde erst 1620 in Stein ausgeführt; HStA, Jülich-Berg II, 5012, fol. 52. Nach HStA, Guntrum II, 116, soll schon 1596 an den Steinpfeilern für diese Brücke gearbeitet worden sein.
366 Ebd., fol. 54.
367 Ebd., fol. 57 – 59; zu Caster als Baumeister, KrsAK, Tannheim 1562c.
368 Ebd., fol. 64.
369 Ebd., fol. 60 – 63.
370 HStA, Slg. Guntrum II, 116.
371 HStAM, Jülich-Kleve-Berg, Fasz. XXXII, 36, fol. 269, 267.
372 HStA, Jülich-Berg II, 5012, fol. 68.
373 Plan: StA, F 4, M 5, Nr. 211.
374 HStA, Jülich-Berg II, 5012, fol. 71 – 75; desgl. Jülich-Berg II, 5931, fol. 120.
375 HStA, Jülich-Berg II, 4280, fol. 1.
376 HStA, Stift Dssd., Uk. Nr. 241; Pfarrarchiv St. Lambertus, Uk. 107.
377 HStA, Jülich-Berg II, 3060, fol. 100, 196.
378 HStA, Jülich-Berg II, 3056, fol. 63b; desgl. HStA, Jülich-Berg II, 3060, fol. 197 – 197, und Jülich-Berg II, 3105, fol. 18.
379 HStA, Jülich-Berg II, 3104, fol. 56.
380 HStA, Jülich-Berg II, 3060, fol. 106; Jülich-Berg II, 3104, fol. 106.
381 HStA, Jülich-Berg II, 3120, fol. 2, 7, 13, 117; vgl. Küch in BtrGNrh, Bd. 12 (1897), S. 8.
382 GStAM, Kasten blau 53/8, fol. 72.
383 Ebd., fol. 57, 58; gedruckter Auszug bei Levin in BtrGNrh, Bd. 19 (1904), S. 196.
384 Die Zahlung der Landrentmeisterei für dieses Land stand noch 1636 aus; HStA, Jülich-Berg II, 6128, föl. 24 – 26; 1656 mahnten die Erben erneut ihre Forderung für die ausstehende Zahlung an; HStA, Jülich-Berg II, 5361, fol. 46 – 49.
385 Kopie des Vertrages: HStA, Jülich-Berg II, 3244, fol. 1 – 11.
386 Düsselburg: HStA, Jülich-Berg II, 3248, fol. 79.
387 HStA, Berg. Landst. V, 29, Pfennigmeisterei 1636, fol. 30, 31.
388 HStA, Jülich-Berg II, 3841, fol. 29 ff.

389 Ebd., fol. 47/48.
390 HStA, Jülich-Berg II, 5336, fol. 19a; mit den „nötigen Ravelins" müssen die Futtermauern dieser Werke, die schon als Erdwerke aufgeworfen waren, gemeint sein.
391 HStA, Jülich-Berg II, 6128, fol. 45/46; die Forderung für die Landabtretung stand noch 1688 aus, Jülich-Berg II, 5521, fol. 182.
392 HStA, Jülich-Berg II, 3698, fol. 3/5.
393 Ebd., fol. 17.
394 Monconys, S. 191 – 192.
395 HStA, Jülich-Berg II, 3968, fol. 32/35. Das Haus des Adelsgeschlechtes de Roy war in der Ratinger Straße Nr. 5; Ferber I, S. 27/28. Seit 1737 gehörte der Familie der „Goldene Ring".
396 HStA, Jülich-Berg II, 5015, fol. 6 ff.
397 Ähnliche Forderungen sind in einem zweiten Memorial enthalten; HStA, Jülich-Berg II, 5015, fol. 7 – 8.
398 Ebd., fol. 11.
399 Ebd., fol. 15.
400 Ebd., fol. 19.
401 StA, I, 243.
402 HStA, Jülich-Berg II, 5427, fol. 51 – 53; vgl. Baumgarten in BtrGNrh, Bd. 18 (1903), S. 111.
403 HStA, Berg. Landst. V, 29, Pfennigmeisterei XXVI.
404 HStA, Jülich-Berg 5428, fol. 298.
405 Ebd., fol. 303.
406 HStA, Jülich-Berg II, 3728, fol. 299.
407 HStA, Jülich-Berg II, 5428, fol. 305.
408 HStA, Jülich-Berg II, 3724, fol. 29, 30. Vermutlich handelt es sich um Gabriel Comte de Vecchia, der nach Bewerbung an mehreren deutschen Fürstenhöfen 1671 aus venezianischen in kaiserliche Dienste trat. Über sein Wirken an der Festung Bonn vgl. Aders Gebhard, S. 50.
409 Ebd., fol. 47, 49.
410 Ebd., fol. 73.
411 Ebd., fol. 98, 132.
412 Ebd., fol. 71, 130, 180, 197, 220, 239. Die Anstellung kam wegen des evangelischen Bekenntnisses nicht zustande; HStA, Jülich-Berg II, 3721, fol. 74.
413 HStA, Jülich-Berg II, 3724, fol. 174, 180.
414 Ebd., fol. 182.
415 Ebd., fol. 16.
416 Ebd., fol. 197, 220.
417 Dieser Alternativvorschlag ist der einzige überlieferte Plan von der Anlage des Neuen Werkes.
418 HStA, Jülich-Berg II, 3724, fol. 239.
419 HStA, Jülich-Berg II, 3724, fol. 74; bei Lau Düsseldorf, S. 101, Anm., fälschlich als Ingenieur von Urne bezeichnet.
420 HStA, Jülich-Berg II, 3726, fol. 128, 149, 166. 1672 war in Neuß ein französischer Ingenieur namens Dofhues (Doffus) mit dem Bau der Zitadelle beschäftigt; vgl. Lange, S. 159. Über Doffus an kurkölnischen Festungen vgl. Aders Gebhard, S. 22.
421 HStA, Jülich-Berg II, 3726, fol. 188; Jülich-Berg II, 3727, fol. 197, 204, 206.
422 HStA, Jülich-Berg II, 3727, fol. 213, 214.
423 Ebd., fol. 237, 253, 283.
424 Baracke war in der Militärsprache die allgemeine Bezeichnung für eine Soldatenunterkunft, im Englischen werden Kasernen noch heute „barracs" genannt; vgl. Poten 2.
425 HStA, Jülich-Berg II, 3724, fol. 324.
426 HStA, Jülich-Berg II, 3727, fol. 227.
427 HStA, Jülich-Berg II, 3728, fol. 248, 340.
428 Die noch nicht erbaute Mauer wurde 1685 erneut gefordert, StM, Uk. Nr. D 39.
429 HStA, Jülich-Berg II, 3727, fol. 227, 255.
430 HStA, Hs L II, Nr. 7 III, fol. 313; Druck bei Scotti, Nr. 581.

442

431 HStA, Jülich-Berg II, 6128, fol. 68, 71.

432 HStA, Jülich-Berg II, 5364, fol. 21.

433 HStA, Jülich-Berg II, 5364, fol. 88; Palisadenausschreibung 1678: HStA, Hs L II, Nr. 7, IV, fol. 68; Druck bei Scotti Nr. 642.

434 HStA, Jülich-Berg II, 5004, fol. 14 – 15.

435 HStA, Jülich-Berg II, 6128, fol. 91; ebenso Stift Dssd., Akt 44, fol. 7.

436 HStA, Jülich-Berg II, 5480, fol. 21, 39; diese Forderung wurde 1682 wiederholt, HStA, Jülich-Berg II, 5496, fol. 237, 238.

437 HStA, Berg. Landst. V, 27, Pfennigmeisterei I, fol. 26.

438 HStA, Jülich-Berg II, 5483, fol. 26.

439 HStA, Berg. Landst. V, 18, Pfennigmeisterei I, fol. 4, 104.

440 HStA, Jülich-Berg II, 5496, fol. 68.

441 Ebd., fol. 87, 105, 124, 125, 237, 238.

442 Die aus Anlaß der Grundsteinlegung am Neuen Ratinger Tor angebrachte Gedenktafel, die nach dem Abbruch des Tores im Flur des Hauses Ratinger Straße 43 eingemauert wurde, ist verlorengegangen; vgl. Schaumberg in ZsBGV, Bd. 8 (1872), S. 89; 1672: Delvos, S. 43: HStA, Jülich-Berg II, 3737, fol. 128.

443 HStA, Berg. Landst. V, 16, Pfennigmeisterei, fol. 1b.

444 Filley hatte dem Marquis de Soudis die erforderlichen Pläne von Düsseldorf 1688 nach Paris geschickt. SvHist. Série A, 820, fol. 30.

445 HStA, Jüliche Landst. V, 12.

446 ASpee, N 2, 19.

447 Waetzold, S. 21.

448 Geisberg, S. 116.

449 Ebc-Jahn, S. 67.

450 Corsten in Heimatkalender Heinsberg, Nr. 6, 1956, S. 25.

451 Boschheidgen, S. 12 ff.

452 Münster: Geisberg, S. 113, Abb. 60.

453 1596 ist von den „kleinen Gräben so sich innwendig allernest bei den Brustwehren befinden" die Rede; HStA, Jülich-Berg II, 4931, fol. 110, vgl. Anm. 329. Am 8. Dezember 1563 erließ der Herzog eine Verordnung über die Größe der Ziegelsteine, BtrGNrh, Bd. 4 (1889), S. 101.

454 HStA, Jülich-Berg III, 27, fol. 33.

455 HStA, Jülich-Berg II, 3840, fol. 18.

456 HStA, Jülich-Berg II, 3840, fol. 10; desgl. Jülich-Berg II, 5005, fol. 11 – 13.

457 HStA, Jülich-Berg II, 4931, fol. 111.

458 Ebd., fol. 100.

459 HStA, Jülich-Berg II, 3840, fol. 8.

460 HStA, Jülich-Berg II, 3840, fol. 20.

461 HStA, NW Kreisarchiv IX, 79, fol. 10.

462 HStA, Jülich-Berg II, 5012, fol. 42, 43.

463 Plan: StA, F 4, M 5, Nr. 711. Die zurückgezogenen Flanken müssen wie das Orillion in der westlichen Kurtine der Zitadelle beim weiteren Ausbau fortgefallen sein, da sie in dem Plan von Cagnon (Taf. VI) wie in allen späteren Plänen nicht mehr enthalten sind.

464 HStA, Jülich-Berg II, 5015, fol. 9; vgl. Anm. 391.

465 Kabza, S. 50.

466 Teile der Kasematten wurden in zwei Bauaufnahmen festgehalten: Federzeichnung von 1850, StM, VII a, 82; Aufnahme von 1950, StM, 77/1970. Eiskeller vgl. HStAZw, Reg. Dssd., Domänen 4914.

467 HStA, Jülich-Berg II, 3727, fol. 237.

468 Müller, H., S. 35: Abbildungen der Festungsgrundrisse dieser Städte in Geöffnete Festung, S. 18, Fig. 3; Bodenehr, pag. 38.

469 HStA, Jülich-Berg II, 3727, fol. 196.

470 Mit dem Bau des Berger Bollwerkes wurde am 1. 9. 1552 begonnen. An diesem Tage ließ man das Tor schließen; Mattenclot: Druck bei Lacomblet Archiv V, S. 238.

471 HStA, Slg. Guntrum I, 8.

472 Am 25. 8. 1585 wurde der Bau dieser Mauer zwischen Berger Tor und Portmannsturm vorgeschlagen; HStA, Jülich-Berg II, 4931, fol. 81, 86.

473 Am 5. 8. 1585 wurde das Tor wieder zugemauert; HStA, Jülich-Berg II, 5031, fol. 6.

474 HStA, Berg. Landst. V 29, Pfennigmeisterei LI, fol. 101 ff.

475 Merian, pag. 21; Abb. bei Clemen, 3.1, S. 22.

476 In keinem der mir bekannten Pläne, außer bei Speckle, ist das Tor enthalten.

477 Die Situation ist in den Plänen Cagnons deutlich zu erkennen (Abb. 58).

478 StM VIIa, Nr. 93.

479 Rümmler in Katalog StM 1971, Nr. 294.

480 HStA, Jülich-Berg II, 3841, fol. 42 – 44.

481 Ebd., fol. 46, 47; zur Schreibweise des Namens vgl. Anm. 551.

482 Ebd., fol. 31.

483 Die Situation ist zu erkennen in dem Plan StA, F 7, M 23, Nr. 330 d; vgl. Plan DSB Sx $\frac{23256}{5}$ Blatt 3 (13).

484 Laboratorium 1744: KrAM, Alt. Best. C I, Bund 22, 3. Aug. 1793, 21. Jan. 1794; StASp, Geh. Rat, A 7/681. In dem Tor war schon 1758 ein Laboratorium eingerichtet; HStA, Jülich-Berg II, 3905, fol. 28.

485 Zivilgefängnis 1710: ZsBGV, Bd. 10 (1874), S. 105; Zivilgefängnis 1801: HStA, Großherzogtum (GrHztm) Berg, 5631. Über die Düsseldorfer Haftanstalten vgl. Düsseldorf und sein Landgericht, S. 164 ff.

486 Über den Neubau des Außentores: HStA, Berg. Landst. V, 29, Pfennigmeisterei LIV, fol. 105b; ebd., LV, fol. 353 ff. Darin wird ausdrücklich von den Kosten „Wegen auswendiger Renovation des Ratinger Tores" berichtet.

487 Landtagsabschied vom 21. Januar 1557; HStA, Jülich-Berg II, 5133, fol. 214, 310.

488 Landtagsabschied vom 17. Juni 1570; HStA, Jülich-Berg II, 5159, fol. 13; gedruckter Auszug bei Below I. 2, S. 148; vgl. ebd., S. 253.

489 Landtagsabschied vom 19. Dezember 1583; HStA, Jülich-Berg II, 5145, fol. 161; Auszug bei Below I, 2, S. 502.

490 HStA, Jülich-Berg II, 4931, fol. 108.

491 Landtagsverhandlungen; HStA, Jülich-Berg II, 5172 – 5178.

492 Gieraths, S. 8; vgl. Anm. 295.

493 Umfangreiche Angaben über Festungsarbeiter in Ingolstadt bei Fuchs, S. 38; Löhne ebd., S. X.

494 Baumgarten in BtrGNrh, Bd. 18 (1903), S. 37, 111.

495 1647 wies Wolfgang Wilhelm Kaiser Ferdinand III. auf seine diesbezüglichen Verpflichtungen hin; HStA, Jülich-Berg II, 3570, fol. 6, 37.

496 HStA, Jülich-Berg II, 5407, fol. 12.

497 Haupt- und Deklarationsrezeß § 9; Druck bei Schönneshöfer, S. 290.

498 HStA, Hs L II, Nr. 7, IV, fol. 78; Druck bei Scotti, Nr. 642.

499 Aders in DJb, Bd. 48 (1956), S. 104. Eine Haussteuer als direkte Schanzen- und Defensionssteuer, wie sie seit 1644 in Wien bestand, ist in Düsseldorf nicht erhoben worden; Schierer, S. 35.

500 HStA, Hs L II, Nr. 7, IV, fol. 159; Druck bei Scotti, Nr. 690.

501 HStA, Berg. Landst. (16), Pfennigmeisterei.

502 HStA, Berg. Landst. (18), Pfennigmeisterei I, fol. 4, 80b, 104.

503 HStA, Berg. Landst. (17), Pfennigmeisterei.

504 HStA, Jülich-Berg II, 5518, fol. 117.

505 HStA, Jülich-Berg II, 5510, fol. 46; HStA, Jülich-Berg II, 6557, fol. 113; HStA, Jülich-Berg II, 5510, fol. 79.

506 Weitergehende Angaben zur Umlegung am Beispiel Braunschweigs bei Wolff, S. 28.

444

507 1636 waren es 78 Reichstaler pro Morgen; HStA, Jülich-Berg II, 6128, fol. 26; vgl. Tabelle Währungseinheiten, Kap. VII, 4.

508 Vgl. Schaumburg in ZsBGV, Bd. 8 (1972), S. 107, Anm. 1.

509 Lau in DJb, Bd. 31 (1920 – 1924), S. 101, 107.

510 Lau in DJb, Bd. 31 (1920 – 1924), S. 108.

511 Lau in DJb, Bd. 31 (1920 – 1924), S. 115.

512 HStA, Hs A I, Nr. 4, fol. 295b; vgl. Kuhl, S. 304.

513 Lau in DJb, Bd. 31 (1920 – 1924), S. 117. In Düsseldorf ist 1583 nur von „unserem" Baumeister die Rede; vgl. Anm. 314.

514 StAMr, A VIII, Nr. 177, Bd. 4, pag. 120; vgl. Geisberg I, S. 176.

515 StAMr, A II, Nr. 20, Bd. 13a, pag. 10; vgl. Geisberg I, S. 177.

516 StAMr, A III, Nr. 277, Bd. 4, pag. 151; vgl. Geisberg I, S. 177.

517 StA, I, 260, fol. 10b; Im Germanischen Nationalmuseum in Nürnberg befinden sich Baurechnungen der Festung Lichtenau von 1598 und ein Plan der Zitadelle von Jülich, die „Nicolaus Vrischlein, Baumeister zu Gülch" zugeschrieben werden. Eine Identität mit dem Düsseldorfer Baumeister Niclaes Fisselin liegt auf der Hand. Frdl. Hinweis von Herrn Neumann in Jülich.

518 HStA, Jülich-Lehen, Nr. 244, fol. 113 ff.; gedruckter Auszug bei Lau in DJb, Bd. 44 (1947), S. 244.

519 Lau in DJb, Bd. 31 (1920 – 1924), S. 117 ff.; die bei Lau angegebenen Daten beziehen sich auf die Jahre 1581 bis 1585.

520 Below I. 2, S. 253, Anm. 2; gedruckt nach HStA, Hs. 8, 34 f f, fol. 228b.

521 Speckle, fol. 16.

522 Vgl. Lau in DJb, Bd. 31 (1920 – 1924), S. 102, Anm. 5.

523 Vgl. Kabza, S. 55.

524 HStA, Herrschaft Broich, Akt. Nr. 567, fol. 1b; vgl. Lau in DJb, Bd. 44 (1947), S. 244; nach Jähns Kriegswesen, S. 1191, baute Meister Johann 1550 in Jülich und 1557 in Düsseldorf nach dem „italienischen Style" Defensionskasematten.

525 Der Baumeister sollte die Räte bei den Besichtigungen von Festungen, Landwehren etc. unterstützen; vgl. Below I, 2, S. 601, Anm.

526 AnNrh, Nr. 82, S. 177.

527 HStA, Jülich-Berg II, 3826, fol. 1.

528 HStA, Jülich-Berg III, 27, fol. 10 ff. KrsAK, Tannheim 1562c. Adolf von Kamp wurde 1632 mit einem Haus in der Flinger Straße belehnt; HStA, Berg. Lehen 15,3.

529 Jülich-Berg II, 3823, fol. 48.

530 Ausführliche Angaben bei Lau in DJb, Bd. 31 (1920 – 1924), S. 119; desgl. bei Adelmeier in Jülicher Heimatkalender, Jg. 19 (1969), S. 62, 63.

531 Lau in DJb, Bd. 31 (1920 – 1924), S. 135, 136.

532 Eimer, S. 141.

533 Bruns-Rahtgens, Bd. 1, S. 87.

534 HStA, Jülich-Berg II, 2798. Pasqualini wurde am 6. November 1604 von den Räten wieder nach Düsseldorf zurückbeordert.

535 1604: Kabza, S. 18/56; 1608: Michel, S. 59.

536 1592 nachgewiesen in HStA, Jülich-Berg II, 4931, fol. 201.

537 Fuchs, S. 56.

538 Neumann Modell, S. 1 ff., ebd., Modellbeschreibung mit Fotobeilagen.

539 Jülich: Lau in DJb, Bd. 31 (1920 – 1924), S. 125.

540 Bauschreiber wurden schon 1535 empfohlen: „der bawmester soll haben ein bawschreiber der auff in warth, rechnen und messen wol künd, und auch fleißig bey dem baw sei"; vgl. Solms Festungsbau, Kap. „Ämter und Personen".

541 Burchart Pillmann wird 1585 mit Bezug auf das Jahr 1583 genannt, vgl. Anm. 314.

542 Solms Festungsbau, Kap. „Besoldung der Knecht".
Graf Philipp v. Solms führte 1610 die Oberaufsicht über die Bauten in Kleve. Als Gehilfe war ihm Alexander von Pasqualini zugeordnet; Lau in DJb, Bd. 44 (1944), S. 245.

445

543 HStA, Jülich-Berg II, 4931, fol. 94.

544 HStA, Jülich-Berg II, 5012, fol. 50, 51, 55; HStA, Jülich-Berg II, 4931, fol. 95.

545 HStA, Berg. Landst. V, 29, Pfennigmeisterei 1636.

546 KrsAK, Roosen 97.

547 Klarmann, S. VII.

548 Ähnlich war die Organisation in Berlin; vgl. Schieri, S. 33.

549 HStA, Jülich-Berg II, 3969, fol. 215.

550 Sein Arbeitsgebiet lag vorwiegend im südlichen Gebiet des Pfalzgrafen; Lau in DJb, Nr. 44 (1944), S. 239.

551 Sadellerius, Sadelin, Sattler, Sadeler; vgl. Lau in DJb, Bd. 47 (1947), S. 240, Anm. 5; Levin in BtrGNrh, Bd. 19 (1904), S. 151, 152.

552 HStA, Jülich-Berg II, 2115, fol. 44, 57, 62, 67; vgl. Vollmer Gisela in DJb, Bd. 47 (1955), S. 38; dort weitere biographische Angaben.

553 HStA, Berg. Landst. V, 29, Pfennigmeisterei, fol. 19b; Vollmer Gisela in DJb, Bd. 47 (1955), S. 38; nach Lambertus-Kirchenregister am 3. 12. 1634 als Ingenieur erwähnt.

554 HStA, Jülich-Berg III, 2, fol. 42; vgl. Vollmer Gisela in DJb, Bd. 47 (1955), S. 38.

555 HStA, Jülich-Berg IIIR, Born-Sittard, 30, fol. 27; der Titel Oberingenieur und Ingenieur wechselt in der Folgezeit; vgl. Vollmer Gisela in DJb, Bd, 47 (1955), S. 38.

556 HStA, Jülich-Berg IIIR, Born-Sittard, 45; vgl. Vollmer Gisela in DJb, Bd. 47 (1955), S. 38. Das Wohnhaus Sadelers lag auf dem Grundstück Altestadt 6 (erbaut ca. 1660); vgl. Greb Theresienhospital, Plan 4 (Abb. 23).

557 Vgl. Lau in DJb, Bd. 44 (1947), S. 241; vgl. HStA, Jülich-Berg II, 5015, fol. 18.

558 HStA, Jülich-Berg II, 3841, fol. 33, 48.

559 Vollmer Gisela in DJb, Bd. 47 (1955), S. 38.

560 Michel, S. 28, 59.

561 HStA, Jülich-Berg II, 5028, fol. 303; HStA, Jülich-Berg II, 3724, fol. 239; er war Ratsmitglied; HStA, Jülich-Berg II, 3728, fol. 248.

562 Lau in BtrGNrh, Bd. 26 (1914), S. 243.

563 HStA, Jülich-Berg II, 3728, fol. 358. Dieser Baumeister ist nicht identisch mit Johann Alexander Reiner, kaiserlicher Ingenieur, gest. 1684; Aders Gebhard, S. 54.

564 Lau in DJb, Bd. 44 (1947), S. 241, 242.

565 Reiners Pläne vgl. Lau in DHb, 1934, Nr. 6, S. 105 ff.; Lau in DJb, Bd. 44 (1947), S. 241, 242; Levin in BtrGNrh, Bd. 20 (1905), S. 153.

566 Am 11. 8. wurde Cagnon gegen monatlich 20 Rtlr. in Dienst genommen; HStA, Berg. Landst. V, 27, Steuerwesen, fol. 256, 35b. Laut Verfügung vom 19. 6. 1682 wurde das Gehalt auf 30 Rtlr. monatlich erhöht.

567 Ausführliche Angaben zur Wehrverfassung bei Nahmer, S. 3.

568 HStA, Jülich-Berg II, 6128, fol. 12.

569 Ritter, S. 5.

570 HStA, Jülich-Berg II, 4931, fol. 88 – 89.

571 Von dieser Wachtordnung ist ein Entwurf vom 20. Oktober 1585 erhalten; HStA, Jülich-Berg II, 2958, fol. 531 ff.; vgl. Anm. 320. Lau war nur die ein Jahr jüngere ergänzende Wachtordnung bekannt; HStA, Jülich-Berg II, 3910, fol. 54 – 59; Druck bei Lau U. B., Nr. 340.

572 HStA, Jülich-Berg II, 3910, §§ 1 bis 5; Druck bei Lau U. B., Nr. 340.

573 HStA, Jülich-Berg II, 2958, fol. 534.

574 HStA, Jülich-Berg II, 3910, §§ 6 bis 22; Druck bei Lau U. B., Nr. 340.

575 Ebd., § 26.

576 Lau U. B., Nr. 344; gedruckt nach HStAM, Berichte Moroldts, Pfalz-Neuburg, 786 (Kriegsverlust); vgl. Anm. 308.

577 Quartiereinteilung: Engelbert in DJb, Bd. 45 (1951), S. 289.

578 Lau Düsseldorf, S. 102, Anm.; zitiert nach HStAM, Jülich-Kleve-Berg, Fasz. I, fol. 189a; vgl. Anm. 22.

579 Lau Düsseldorf, S. 102.

580 HStA, Jülich-Berg II, 5005, fol. 2/3.

581 HStA, Jülich-Berg II, 5012, fol. 5

582 HStA, Krzbr. Dssd., Uk. Nr. 145; vgl. Fahrmbacher in ZsBVG, Bd. 42 (1909), S. 91.

583 StA, Uk. Nr. 80b.

584 Ferber I, S. 5; Karmelitessenchronik.

585 Karmelitessenchronik, fol. 42; vgl. Greb, Theresienhospital, S. 8.

586 HStA, Jülich-Berg II, 3008, fol. 2b.

587 Bezzel 4.1, S. 136.

588 Neutralität Düsseldorfs: HStA, Jülich-Berg II, 3060, 3104, 6128, fol. 16; vgl. Anm. 377.

589 HStA, Jülich-Berg II, 5056, fol. 76/77.

590 HStA, Jülich-Berg II, 3292, fol. 79; vgl. Bezzel 4.1, S. 140.

591 HStA, Jülich-Berg II, 3375, fol. 4 ff.

592 HStA, Jülich-Berg II, 3570, fol. 6, 37.

593 Fahrmbacher in ZsBGV, Bd. 42 (1908), S. 44.

594 KrsAK, Roosen 97, fol. 76.

595 HStA, Jülich-Berg II, 3724, fol. 131; über die Einrichtung 1672: HStA, Jülich-Berg II, 3726, fol. 184; vgl. Anm. 424.

596 Neues Werk: HStA, Jülich-Berg II, 3728, fol. 342; vgl. Zeichnung von 1687, Jülich-Berg II, 3847, fol. 14; Zitadelle: HStA, Jülich-Berg II, 3827, fol. 248, 332, 340.

597 Lau Düsseldorf, S. 102; HStA, Jülich-Berg II, 3847, fol. 5.

598 HStA, Jülich-Berg II, 5013, fol. 78.

599 Bürgerwachen im Jahre 1662: Jülich-Berg II, 3994, fol. 59.

600 Lau U. B., Nr. 351; gedruckt nach HStA, Edikte.

601 1649 war Jacob Offenberg Stadtwachtmeister, HStA, Jülich-Berg II, 3968, fol. 1.

602 HStA, Jülich-Berg II, 3743, fol. 3. September 1676: HStA, Jülich-Berg II, 3750.

603 Fahrmbacher in ZsBGV, Bd. 42 (1909), S. 83; vgl. Güthling in DJb, Bd. 39 (1937), S. 288.

604 Angaben nach Bezzel 4.1, S. 286.

605 Die Bezeichnung Gubernator war im 17. Jahrhundert vorherrschend.

606 Fahne II, S. 174, Virmund gest. 15. Juli 1681.

607 Proviantierung um 1475, HStA: Jülich-Berg II, 1059; eine genaue Proviantliste aus der Zeit um 1578: Solms Festungsbesatzung, Turnierbuch, Kap. V.

608 StA I, 260, fol. 7.

609 Anschaffung einer großen Büchse für das Lewenhaus: HStA, Jülich-Berg I, 1059, fol. 7; Kanonen 1492: Lau Düsseldorf, S. 104, Anm.; gedruckt nach HStA, Lüninck Memorialien, Beilage.

610 Sültenfuß in HbJanW, 1926, Nr. 1; 1554 erwähnt in der Düsseldorfer Polizeiverordnung; vgl. Anm. 19.

611 HStA, Stift Dssd., Uk. Nr. 198; vgl. Lau Düsseldorf, S. 104.

612 HStA, Jülich-Berg IIIR, Eschweiler, 5, fol. 116; vgl. Lau Düsseldorf, S. 104, Anm.

613 HStA, Jülich-Berg II, 4931, fol. 106, §§ 13/14; Artilleriehaus 1629; vgl. Anm. 197.

614 1614: HStA, Slg. Guntrum II, 116.

615 1613 wurden im Gießhaus zwei Kanonen gegossen; Kleve-Mark IV, 26, fol. 37/38.

616 Reparatur 1596 vgl. Anm. 338; Gießhaus 1619 vgl. Anm. 324.

617 HStA, NW Kreisarchiv IX, 79, fol. 9 – 10.

618 HStA, Jülich-Berg II, 5012, fol. 9 – 10.

619 HStA, Jülich-Berg II, 5012, fol. 16.

620 Bezzel 4.1, S. 145. 1651 wurden 800 Musketen angeschafft; HStA, Jülich-Berg II, 3665, fol. 111b.

621 HStA, Jülich-Berg II, 5365, fol. 1; 1664: HStA, Jülich-Berg II, 5015, fol. 8, § 12.

622 HStA, Jülich-Berg II, 5015, fol. 4/5.

623 StA, Uk Nr. 126; Druck bei Lau U. B., Nr. 262. Das Gelände des alten Artilleriehauses wurde 1675 überbaut; HStA, Jülich-Berg II, 6128, fol. 79.

624 Fahrmbacher in ZsBGV, Bd. 42 (1909), S. 79.

625 HStA, Jülich-Berg II, 5428, fol. 285.

626 HStA, Jülich-Berg II, 3968; vgl. Fahrmbacher in ZsBGV, Bd. 42 (1909), S. 81.

627 HStA, Jülich-Berg II, 5025, fol. 145/147.

628 Das Inventarium des Zeug- und Rüsthauses Neuburg war 1654 noch vollständig; HStAM, Pfalz-Neuburg, Nr. 128.

629 Reuleaux, S. 21.

630 Lau U. B., Nr. 347. Gedruckt nach HStA, Edikte Düsseldorf 1606; Hammei vor dem Zolltor: HStA, Jülich-Berg II, 4931, fol. 98 – 102.

631 Angriff und Verteidigung nach Müller H., S. 28.

632 Speckle, pag. 9.

633 Eberhardt in Arbeitshefte des Landeskonservators Rheinland 1977/78, Plan Düsseldorf.

634 1684: Eschbach in BtrGNrh, Bd. 4 (1889), Uk. Nr. 27, S. 134; 1688.

635 HStA, Jüliche Landst. V, 12; die gesamte Vergrößerung nahm eine Fläche von etwa 350 Morgen ein; vgl. Tabelle Kap. VII, 4.

636 HStA, Kurköln II, 2713 I; Druck bei Mosler in QuFGNrh, Bd. 2, Nr. 117, 118.

637 Koetschau-Adriani, Nr. 6, S. 6. HStA, Krzbr. Dssd., Akt. Nr. 17/7, fol. 40.

638 HStA, Jülich-Berg II, 5525, fol. 84.

639 Coronelli, S. 18, 19.

640 Rapparini, fol. 137.

641 Staatsarchiv Florenz, Med. filza, 5837, Nr. 21; vgl. Kühn-Steinhausen in DJb, Bd. 40 (1938), S. 206.

642 HStA, Jülich-Berg IIIR, Landrentmeisterei, 7, fol. 174b, 294a.

643 Koetschau-Adriani, Nr. 22.

644 HStA, Hs. L II, Nr. 7, V, fol. 183, 185, 186; Druck bei Scotti Nr. 914, 915.

645 Ebd., fol. 203; Druck bei Scotti, Nr. 929.

646 Rapparini, fol. 307, 308.

647 HStA, Krzbr. Dssd., Ak. Nr. 16/7, fol. 1 – 6.

648 HStA, Krzbr. Dssd., Akt. Nr. 17, fol. 26.

649 HStA, Krzbr. Dssd., Akt. Nr. 16/7, fol. 24, 40.

650 Eine Abbildung der Mauern und Tore bei Rapparini, Medaille Nr. 129 (Abb. 14).

651 HStA, Berg. Landst. V, 29, Pfennigmeisterei V, fol. 13.

652 HStA, Berg. Landst. V, 29, Pfennigmeisterei V., fol. 15, 65.

653 HStA, Jülich-Berg II, 6657, fol. 44.

654 Ritter, S. 10.

655 Die letzten Zahlungen an die Unternehmer Sarto und Persee erfolgten 1715; Berg. Landst. V, 29, Pfennigmeisterei XIV, fol. 13b. Zur Auftragsabwicklung für die Grafen von Schaesberg, freundlicher Hinweis von Herrn Dr. Peters in Kempen. Detaillierte Quellenangaben bei Peters in Rheinische Heimatpflege, Neue Folge 1974, S. 130 – 133.

656 Nach der Beschreibung von Ploennies vom 1. Mai 1715 waren die Circumvallationsmauern zu diesem Zeitpunkt bereits weitgehend fertiggestellt.

657 HStA, Jülich-Berg III, 1860.

658 Die Zahlung der für den Ausbau eingezogenen Gärten erfolgte erst 1761; HStA, Berg. Landst. V, 29, Pfennigmeisterei LXI, fol. 323.

659 HStA, Berg. Landst. V, 29, Pfennigmeisterei XXVI, fol. 33b.

660 KrsAK, Tannheim 1370 – 1374, 1379. Dienstakten des Hofkammerdirektors Johannn Friedrich von Schaesberg (1663 – 1723); ihm oblag die finanzielle Abwicklung der Kunstliebhabereien des Neuburgers vgl. Peters, S. 188 ff.

661 HStA, Jülich-Berg IIIR, Düsseldorf, 4, fol. 226b.

662 Lau in DJb, Bd. 31 (1920 – 1924), S. 72.

663 HStA, Jülich-Berg III, 36.

664 HStA, Berg. Landst. V, 29, Pfennigmeisterei, XXXIII, fol. 46.

665 KrsAK, Tannheim 1370, 9. September 1734.

666 Bonin, S. 43, 296; 1737/38 Pläne von Enbers DSB Sx $\frac{23254}{2}$ (Taf. IX).

667 SvHist, Mémoires et Reconnaissances (M. R.) 1517, Nr. 39, fol. 16.

448

668 InGen A 14-102, Nr. 3, fol. 5.

669 HStA, Berg. Landst. V, 29, Pfennigmeisterei XXXVII, fol. 39 – 40.

670 InGen A 14-102, Nr. 1; KrAM Dssd., Nr. 2; Abb. in Katalog Kunstmuseum 1971, Abb. 1; Erläuterungen vgl. Anm. 2, ebd.

671 De Frésier war als Gutachter 1738/39 in Düsseldorf; HStA Berg. Landst. V, 29, Pfennigmeisterei XXXVIII, fol. 41/42.

672 InGen A 14-102, Nr. 3, ebd. Nr. 3ter.

673 „Patte" (Tatze) im übertragenen Sinn für ein vorgeschobenes Außenwerk.

674 Weitere Angaben zur Person Walraves vgl. Wolfrom, S. 36; Bonin, S. 43 ff.

675 Die Einplanierung war 1741 noch nicht abgeschlossen, HStA, Jesuiten Dssd., Akt. 16, fol. 40.

676 HStA, Jesuiten Dssd., Akt. 16, fol. 7 – 9; ebd. Kontrakte mit den Ziegelbrennern (Entreprenneurs), KrsAK, Tannheim, 1372.

677 HstA, Berg. Landst. V, 29, Pfennigmeisterei LIII, fol. 100 ff.

678 Bepflanzung an der Zitadelle 1753: HStA, Berg. Landst. V, 29, Pfennigmeisterei LVI, fol. 326 ff., Bepflanzung 1741: HStA, Berg. Landst. V, 29, Pfennigmeisterei L, fol. 174b.

679 HStA, Berg. Landst. V, 29, Pfennigmeisterei XLII, fol. 175 – 196; Berg. Landst. V, 29, Pfennigmeisterei L, fol. 195 – 208.

680 HStA, Jülich-Berg IIIR, Düsseldorf 4, fol. 108b, 111b, 206b.

681 HStA, Jülich-Berg III, 30, fol. 21.

682 HStA, Jülich-Berg III, 24, fol. 6; Hofkalender 1789, S. 350.

683 HStA, Berg. Landst. V, 29, Pfennigmeisterei XLII, fol. 162.

684 Kostenanschläge: KrAM, Alt. Best. C I, Bund 22, 17. Dezember 1756; Bericht:HStA, Jülich-Berg II, 5059, fol. 175; Pläne der zerstörten Batterie: StA, F 6, M 8, Nr. 292; InGen A 14-102, Nr. 18.

685 HStA, Karten Nr. 1594. Die Datierung des Planes in der Kartei des HStA in das Jahr 1713 ist falsch. Das Blatt gehört, wie die Anmerkungen in dem Plan zeigen, zu einem Bericht vom 19. April 1757; vgl. KrAM, Alt. Best. C I, Bund 22, 19. April 1757 (Abb. 69).

686 HStA, Berg. Landst. V, 29, Pfennigmeisterei LVII, fol. 330b.
KrAM, Alt. Best. C I, Bund 22, Januar bis März 1757, mit einem Plan (Nr. 17); ausführliche Angaben über die Sicherung des bergischen Ufers bei Wisplinghoff in DJb, Bd. 33 (1968), S. 231 – 275; Piette, S. 35, 39 ff.

688 GStAM, Kasten blau 116, fol. 239, 240; Text der Konvention:SvHist., Série A 3517, fol. 27.

689 InGen A 14-102, Nr. 18 ff.

690 StA, I, 207; HStA, Jülich-Berg II, 5059, fol. 174; desgl. SvHist., Série A, 3429, fol. 113.

691 KrAM, Alt. Best. C I, Bund 22, 12. März 1757.

692 InGen A 14-102, Nr. 13.

693 InGen A 14-102, Nr. 12.

694 Kapitulation: StA, Uk. Nr. 145; desgl. HStA, Hs. N I, 2 I, fol. 189 – 192; Druck bei Kohtz in BtrGNrh. Bd. 3 (1888), S. 434 – 439.

695 Pläne der Retranchements: InGen A 14-102, Nr. 17 (Abb. 76).

696 InGen A 14-102, Nr. 29, ebd., Nr. 37.

697 InGen A 14-102, Nr. 32.

698 SvHist. M. R. 1518.

699 InGen A 14-102, Nr. 13, ebd., Nr. 37 – 39; Berg. Landst. V, 29, Pfennigmeisterei LIX, fol. 311, 337 ff.

700 Vorschläge für die Extension vgl. Plan StM, VIIa, 50.

701 HStA, Jülich-Berg II, 3906, fol. 2.

702 KrAM, Alt. Best. C I, Bund 22, 16. März 1764.

703 Ebd., 22. März 1764.

704 14. April 1764: KrAM, Hs. 1466.

705 KrAM, Alt. Best. C I, Bund 22, 12. Februar 1765.

706 KrAM, Alt. Best. C I, Bund 22, 19. Januar 1765, 12. Februar 1765; Pläne: StA, F 6, M 8, Nr. 213b; ebd. Nr. 293a; StM VIIa, 1725.

707 KrAM, Alt. Best. C I, Bund 22, 25. Januar 1765; ebd., 6. März 1766.

708 Ebd., 31. März 1766.

709 HStA, Karte Nr. 3159.

710 KrAM, Alt. Best. C I, Bund 22, 30. Juni 1766.

711 Ebd., 5. März 1767.

712 Ebd., 3. Juli 1768.

713 StA, I, 207; Abb.: Plan StA, F 6, M 8, Nr. 293 c.

714 Plan StA, F 6, M 8, Nr. 292, InGen A 14-102, Nr. 18.

715 HStA, Jülich-Berg II, 5098; KrAM, Alt. Best. C I, Bund 21, 20. Januar 1781.

716 HStA, Berg. Landst. V, 29, Pfennigmeisterei LXIX ff.

717 KrAM, Alt. Best. C I, Bund 22, 29. Juni 1781, 1. August 1793.

718 Ebd., 22. Januar 1780.

719 Ebd., 20. April 1791.

720 Ebd., 20. Dezember 1791; vgl. Plan StM, VIIa, 22.

721 Ebd., 12. Oktober 1791.

722 Ebd., 12. Oktober 1791, dazu gehört Plan Nr. 13, Kostenanschläge dazu: HStA, Jülich-Berg IV, 6.

723 Wiebeking Wasserbaukunst, UB, K 143. Ähnliche Überlegungen zur Verlegung des Wasserlaufs bei einer Festung sind auch von der Weser bei Rinteln bekannt, Vogt, S. 59.

724 HStA, Jülich-Berg IV, 6; Verhandlungen KrAM, Alt. Best. C I, Bund 22, 30. Juni 1790.

725 Plan StM VIIa, 22, HStA, Jülich-Berg II, 4011, fol. 30.

726 HStA, Jülich-Berg II, 4011, fol. 3, fol. 26, HStA, Berg. Landst. V, 29, Pfennigmeisterei XCII, fol. 99.

727 KrAM, Alt. Best. C I, Bund 22, 22. Juli 1792.

728 11. Oktober 1792, 22. Oktober 1792, HStA, Jülich-Berg II, 5803.

729 HStA, Jülich-Berg III, 54, Verproviantierung: Hs LII, 7 XII, Druck bei Scotti Nr. 2400.

730 KrAM, Alt. Best. C, Bund 20, 16. Oktober 1792; Alt. Best. C I, Bund 22, 15. Oktober 1792.

731 GStAM, Kasten schwarz 10629, fol. 1b.

732 ÖKrA, AFA, 1793 – 12 – 11.

733 Kapitulation: HStA, Hs. N I, 2, I, fol. 254 – 255, HStA, Hs. L II, 7, XIII, Druck bei Scotti Nr. 2448. Über die groß angelegte Offensive der Armee Sambre-Meuse (Jourdan) vgl. Lautzas, S. 100.

734 Wiebeking Rheinübergang, S. 59/60.

735 KrAM, Alt. Best. C, Bund 20, 6. September 1795; HStA, Jülich-Berg II, 3874, fol. 9 – 10.

736 InGen A 14-103, Nr. 2, fol. 1.

737 Über die französischen Feldzugspläne aus dem Raum Düsseldorf / Neuwied, Lautzas, S. 101.

738 InGen A 14-103, Nr. 2, fol. 3 ff.

739 StA 217.

740 Schnorrenberg, S. 113.

741 GStAM, MA 4385, fol. 9. ff.

742 Kohtz in BtrGNrh, Bd. 3 (1888), S. 449.

743 HStA, Jülich-Berg II, 3845. Ebenda Angaben über die Marktverlegung in die Karlstadt.

744 InGen A 14-102, Nr. 7; KrsAK, Bestand Krickenbeck E 42, Bericht zum Hochwasser.

745 InGen A 14-104, Nr. 6.

746 SvHist. M. R. 1570, fol. 31.

747 InGen A 14-103, Nr. 3.

748 InGen A 14-103, Nr. 10.

749 Pläne DSB, Sx $\frac{23256}{1}$ bis $\frac{23256}{5}$, 23257, 23258, Blatt 1 ff.

750 HStA, Jülich-Berg IV, 6.

751 GStAM, MA 4385, fol. 15, 87.

752 HStA, Jülich-Berg IV, 7.

753 Ausführliche Angaben bei Mosler in QuFGNrh, Bd. 2, S. 85 ff.

754 Zum Beueler Fort vgl. Aders Gebhard, S. 63, Anm.; S. 111 ff.

755 HStA, Kurköln 2713 I, gedruckte Auszüge bei Mosler in QuFGNrh, Bd. 2, Nr. 119, 120.

756 HStA, Kurköln 2713 I, gedruckte Auszüge bei Mosler in QuFGNrh, Bd. 2, Nr. 121, 122.

757 HStA, Kurköln 2713 I, gedruckte Auszüge bei Mosler in QuFGNrh, Bd. 2, Nr. 123.

758 HStA, Kurköln 2713 I, gedruckter Auszug bei Mosler in QuFGNrh, Bd. 2, Nr. 125.

759 HStA, Kurköln 2713 I, Druck bei Mosler in QuFGNrh, Bd. 2, Nr. 126, 128.

760 HStA, Kurköln 2713 I, gedruckte Auszüge bei Mosler in QuFGNrh, Bd. 2, Nr. 129 bis 133.

761 HStA, Kurköln 2713 II, Druck bei Mosler in QuFGNrh, Bd. 2, Nr. 134.

762 KrsAK, Tannheim 1372.

763 HStA, Kurköln 2713 II, Druck bei Mosler in QuFGNrh, Bd. 2, Nr. 135; desgl. GStAM, Kasten schwarz 1134, fol. 5 – 12, 31 – 35.

764 HStA, Kurköln 2713 II, Druck bei Mosler in QuFGNrh, Bd. 2, Nr. 136.

765 InGen A 14-102, Nr. 5.

766 HStA, Kurköln 2713 II, gedruckter Auszug bei Mosler in QuFGNrh, Bd. 2, Nr. 137.

767 ZsBGV, Bd. 15 (1879), S. 119 ff., GStAM, Kasten schwarz 1134, fol. 35 – 52.

768 HStA, Kurköln 2713 II, gedruckter Auszug bei Mosler in QuFGNrh, Bd. 2, Nr. 140.

769 HStA, Kurköln 2713 III, gedruckter Auszug bei Mosler in QuFGNrh, Bd. 2, Nr. 141, 142; SvHist, Série A 3044, Nr. 84, ebd., Série A 3094, Nr. 74.

770 HStA, Kurköln 2713 III, Druck bei Mosler in QuFGNrh, Bd. 2, Nr. 143.

771 HStA, Berg. Landst. V, 29, Pfennigmeisterei XLV, fol. 130 ff., HStA, Berg. Landst. V, 29, Pfennigemeisterei XLVII, fol. 162, HStA, Kurköln 2713 II, Druck bei Mosler in QuFGNrh, Nr. 146.

772 HStA, Kurköln 2713 III, Druck bei Mosler in QuFGNrh, Bd. 2, Nr. 147 bis 149.

773 Historische Nachrichten: KrAM, Hs. 1617.

774 Der 1757 errichtete kleine Brückenkopf der zeitweilig nach Norden verlegten Schiffsbrücke war kein eigentliches Festungswerk. Die von dem Comte de Gisor errichtete Anlage ist zu erkennen in den Plänen SvHist, Série A 3431, Nr. 88, InGen A 14 102, Nr. 1, ebd., Nr. 29; DSB, Sx 23255, Nr. 7; BNF Ge CC 2510 (Abb. 75).

775 InGen A 14-102. Nr. 11;

776 HStA, Guntrum II, 116.

777 Wiebeking Rheinübergang, S. 45 ff.

778 1769: KrAM, Alt. Best. C I, Bund 22, 5. August 1769; 1755/56: StA I, 207, 1764: Anm. 704.

779 Ausführlicher Bericht nach HStA, Jülich-Berg II, 3852 – 3903, bei Riemann in DHb, 1931, Nr. 1, S. 1 – 42.

780 KrAM, Alt. Best. C I, Bund 22, 18. August 1769; 7. November 1769; Pläne: KrAM, Alt. Best. C I, Bund 22, Plan Nr. 5. Der Plan entspricht dem Entwurf von 1764.

781 StA, 207; Kopie KrAM, Alt. Best. C I, Bund 22, 5. Juni 1772.

782 KrAM, Alt. Best. C I, Bund 22, 28. Januar 1780; Pläne StM VIIa, 101; StA, F 4, M 5, 214 a – b.

784 Ebd., 23. Oktober 1780.

785 KrAM, Alt. Best. C I, Bund 22, 17. Juli bis 24. August 1781.

786 Hofkalender 1782, S. 41, Nachtrag.

787 StA, F 4, M 5, Nr. 116; F 4, M 5, 215a; F 4, M. 5, Nr. 16.

788 Erläuterungen StA II, 361, fol. 11 – 15; desgl. KrAM, Alt. Best. C I, Bund 22, 6. November 1782, Pläne StM VIIa, 22; VIIa, 23 a – d; VIIa, 33; VIIa, 97; VIIa, 98; VIIa, 99.

789 StA II, 361, fol. 56 ff.

790 KrAM, Alt. Best. C I, Bund 22, 25. Juni 1785.

791 HStA, Karte 2126; StA, F 6, M 9, Nr. 300.

792 Plan und Exposé, HStA, Jülich-Berg II, 3852, fol. 58.

793 KrAM, Alt. Best. C I, Bund 22, 1. März 1787.

794 Ebd., 14. März 1787.

795 Ebd., 25. Juni 1787.

796 KrAM, Alt. Best. C I, Bund 22, 24. Juni 1787.

797 Nachdruck bei Scotti Nr. 2267; desgl. Ferber II, S. 90.

798 KrAM, Alt. Best. C I, Bund 22, 25. Oktober 1787.

799 Ebd., 29. Juni 1787 ff. Der weitere Schriftwechsel ist für die folgenden Ausführungen benutzt worden.

800 Rümmler Karlstadt, S. 10.

801 Katalog Heine, Nr. 32, Inventar Nr. 6050, 6054, Abb. der Zeichnungen bei Sültenfuß, S. 110/111.

802 Riemann in DHb, 1937, Nr. 1, S. 137.

803 Bemerkungen über Düsseldorf, S. 21 ff.

804 vgl. Lau in DJb, Bd. 31 (1920 – 1924), S. 67.

805 Castello Sforzesco, Mailand, Raccolta Martinelli, Vol. III, fol. 16, Abb. bei Gamer in „Alberti" (in Vorbereitung). Der Plan von Martinelli, der im Prinzip mit den Plänen in Stockholm und Berlin übereinstimmt, ist wegen der groben Wiedergabe der Festungsdetails weniger als Festungsplan denn als Lageplan für das von Martinelli zu fertigende Schloßprojekt zu werten; vgl. Koetschau-Adriani, Nr. 9.

806 Koetschau-Adriani, Nr. 6, S. 7.

807 HStA, Kurköln 2713 I, Bericht vom 5. März 1699.

808 vgl. Plan DSB 23266, Blatt (19).

809 InGen A 14-102, Nr. 19, ebda., Nr. 37, 3 bis.

810 InGen A 14-102, Nr. 9 – 12; SvHist., Série 3 A, Nr. 246, fol. 3.

811 InGen A 14-102, Nr. 22.

812 SvHist, M. R. 1517, Nr. 39, fol. 7.

813 InGen A 14-103, Nr. 2; vgl. DJb, Bd. 5 (1890), S. 144.

814 Der Obergeschoßgrundriß ist in einem für die Wiedergabe ungeeigneten Zustand erhalten: StA, F 1, M 4, Nr. 57; 1751, vgl. Anm. 474

815 Bayerle, S. 177.

816 Clemen 3.1, S. 57.

817 Zahlreiche Abbildungen bei Kauhausen in DHb, 1934, Nr. 7, s. 133 ff.

818 Das Zivilgefängnis wurde nach dem Abbruch des Flinger Tores (1806) in das Berger Tor verlegt; HStA, GrHtzm. Berg, 5631; Niederlegung: HStA, Reg. Dssd., Fach 439, Nr. 4, AI O 176.

819 Fassaden: StM VIIIc, 10; 11.

820 Grundriß: StA, F I, M 4, Nr. 75.

821 Clemen 3.1, S. 58, Fig. 18.

822 Die Wachstuben wurden 1757 erweitert; HStA, Berg. Landst. V, 29, Pfennigmeisterei LVII, fol. 232.

823 Pfarrarchiv St. Lambertus, Akten 22.

824 StA II, 455; HStA, Jülich-Berg II, 4011, fol. 60; HStA, Slg. Guntrum II, 116.

825 HStA, Jülich-Berg II, 3842, fol. 13.

826 KrsAK Tannheim 1361a, vgl. Peters in DJb, Bd. 55 (1975), S. 105 ff.;. ebd. Pläne abgebildet.

827 1712 hatte Johann Wilhelm einigen Bürgern die durch die Verlegung des Tores freiwerdenden Bauplätze versprochen. Dorsualvermerk auf dem Plan StM, VIIa, 111 (Abb. 102).

828 HStA, Jülich-Berg II, 3862, fol. 316 ff., ebd., fol. 320, enthält eine Zeichnung der vorgeschlagenen, nicht ausgeführten Toranlage mit einer Zugbrücke.

829 Schaumburg in ZsBGV, Bd. 8 (1872), S. 152.

830 Siefert, S. 45 ff., S. 48.

831 HStA, Hs. L II, Nr. 7, V, fol. 202; Druck bei Scotti Nr. 928.

832 HStA, Hs. L II, Nr. 8; Druck bei Scotti Nr. 1259, 1268, 1322, 1383.

833 KrsAK Tannheim 1372, 1. April 1735.

834 HStA, Berg. Landst. V, 29, Pfennigmeisterei, I – LXII.

835 StASp. Geh. Rat, Jülich-Berg A 7/56; eine Übersicht von Braunschweig über die Ausgaben von 1695 bis 1700 als Diagramm zum Vergleich s. Wolff, S. 27.

836 SvHist., Série A, 3517, fol. 27, StA, I, 207, 30. April 1759.

837 HStA, Berg. Landst. V, 29, Pfennigmeisterei LXIII ff.

838 KrAM, Hs. 1610 ff.

839 HStA, Jülich-Berg II, 5806, fol. 47 – 55, tabellarische Aufstellung: KrAM, Alt. Best. C I, Bund 22, 28. Januar 1793, 3. Februar 1793.

840 KrAM, Alt. Best. C I, Bund 22, 23. Januar 1793.

841 Angaben zum norddeutschen Raum vgl. Eichberg, S. 189.

842 GStAM, MA 4835, fol. 9 ff.

843 Eichberg, S. 186.

844 Bonin, S. 21.

845 Seit 1677 war Cagnon in Düsseldorf ansässig, Lau in BtrGNrh, Bd. 26 (1914), S. 243, Vollmer-Beucker in DJb, Bd. 47 (1959), S. 1 ff.

846 Neanderkirche: Ferber I, S. 96. 1788 wurde Cagnons Haus für 1.050 Rtlr. verkauft, GBergWN, Nr. 20 vom 6. 5. 1788; freundlicher Hinweis von Frau Rümmler; vgl. Lau in Alt Düsseldorf 1924, Nr. 3, S. 5. Über die Arbeiten als Architekt am Pagenhaus vgl. KrsAK, Tannheim 1361a. Zur Tätigkeit als Vermessungsingenieur im Wasserbau vgl. Wisplinghoff, S. 243.

847 HStA, Jülich-Berg II, 6557, fol. 4, HStA, Jülich-Berg II, 3847, fol. 15; Ferber, S. 9; Elsner, S. 90, 91; StA, Uk. Nr. 132.

848 Koetschau-Adriani, Nr. 7

849 Levin in BtrGNrh, Bd. 20 (1905), S. 135. Portraitdarstellung bei Rapparini, Medaille Nr. 52.

850 Coronelli, S. 21, 22.

851 Auch Dr. Gamer ist bei seinem umfangreichen Studium über Alberti nichts von einer derartigen Tätigkeit bekanntgeworden. Freundlicher Hinweis von Herrn Dr. Gamer, Heidelberg.

852 Bezzel 4.1, S. 174.

853 HStA, Jülich-Berg IIIR, Landrentmeisterei 10, fol. 332, 422; Jülich-Berg II, 5483, fol. 20, 26.

854 Über die Tätigkeit in Mannheim, vgl. Bezzel, 4.1, S. 282.

855 Weldner, S. 38; Levin in BtrGNrh, Bd. 20 (1905), S. 134, 150 ff; Lau in BtrGNrh, Bd. 26 (1914), S. 242; Rümmler in Katalog Kunstmuseum 1971, S. 29, Anm. 10; vgl. Anm. 805, 846.

856 HStA, Berg. Landst. V, 29, Pfennigmeisterei III, fol. 37.

857 Levin in BtrGNrh, Bd. 20 (1905), S. 156, Klapheck II, S. 39.

858 Lau in BtrGNrh, Bd. 20 (1905), S. 156.

859 HStA, Jülich-Berg IIIR, Landrentmeisterei, 8, fol. 134; vgl. Anm. 651.

860 Lau in BtrGNrh, Bd. 26 (1914), S. 244; vgl. Anm. 643.

861 HStA, Berg. Landst. V, 29, Pfennigmeisterei VII, fol. 15/65; 1705: Bezzel 4.1, S. 278. Birth war bis 1715 im Amt; HStA, Berg. Landst. V, 29, Pfennigemeisterei XIV, fol. 31.

862 Bezzel 4.1, S. 280.

863 HStA, Berg. Landst. V, 29, Pfennigmeisterei XIV, fol. 57b.

864 Bonin, S. 35.

865 Fischer in DHb, 1976, Nr. 4, S. 64 ff. Edelknabeninstruktoren, vgl. Militäringenieurverzeichnis.

866 Klarmann, S. X. In Preußen war Gerhard Cornelius Walrave mit der Organisation eines Ingenieurcorps beauftragt, Bonin, S. 33.

867 KrAM, Alt. Best. A, Serie II, Bund 11.

868 Liefergasse: HStA, Jülich-Berg II, 3846; Mittelstraße: HStA, Jülich-Berg II, 3860.

869 Bezzel 4.1, S. 277; HStA, Berg. Landst. V, 29, Pfennigmeisterei XI ff.

870 HStA, Jülich-Berg II, 6606.

871 Bezzel 5, S. 92.

872 Über das Verhältnis der Festungsingenieure zur Kommandantur, vgl. KrAM, Alt. Best. C, Bund 20, 24. August 1782.

873 Bezzel 4.1, S. 165/204.

874 Bezzel 4.1, S. 286.

875 Erster Trierweilerscher Militäretat: KrAM, Hs. Nr. 1610; vgl. Bezzel 4.1, S. 285.

876 Bezzel 5, S. 30.

877 Bezzel 5, S. 29/52.

453

878 Bezzel 5, S. 31.

879 Klarmann, S. 22.

880 Bezzel 5, S. 34/81.

881 Bezzel 5, S. 186.

882 Bezzel 5, S. 188; zur französischen Militärverwaltung vgl. Lautzas, S. 157, 162; zur Militärverwaltung in Köln vgl. Zander, S. 45; in Mainz vgl. Lautzas, S. 102.

883 Bezzel 4.1, S. 278; Lau Düsseldorf, S. 102.

884 Allgemeine Angaben über die Sollstärke einer Festungsbesatzung nach Vauban bei Hoyer Lehrbuch II, S. 66; danach werden für jedes Bollwerk 500 Mann Besatzung gerechnet.

885 In Stade wurden ähnliche Methoden, nicht zuletzt auch im Hinblick auf bevölkerungspolitische Erwägungen, angewandt. Auf diese Art waren etwa die Hälfte der Bürger von Einquartierungen befreit. Eichberg, S. 152.

886 HStA, Jülich-Berg II, 5525, fol. 503; Baracken 1676: HStA, Jülich-Berg II, 3750, fol. 67; 1698 wurden 7.000 fl. zum Bau bewilligt; vgl. Bezzel 4.1, S. 279.

887 Seit 1798 diente die Reuterkaserne u. a. als Armenhaus, StASp. Geh. Rat, Jülich-Berg A 7/61; HStA, Jülich-Berg II, 4768; vgl. Lau Düsseldorf, S. 223, S. 190, Anm.; ein Teil der Gebäude wurde 1802 als Fabrik umgebaut; HStA, Jülich-Berg II, 3748.

888 HStA, Depos. Nesselrode-Ehreshoven, LA 920; vgl. Güthling in DJb, Bd. 39 (1937), S. 288.

889 Der bei Rapparini, fol. 145, mit 1702 angegebene Baubeginn ist ungenau; vgl. HStA, Hs. L II Nr. 7, V, fol. 203; Druck bei Scotti, Nr. 929; Abbildung der Kaserne: UB G 82, Rapparini, Medaille Nr. 57; Fotos um 1890, StM VIIIc, 261 und 265; die Pläne werden von einigen Forschern Johann Constantin Cagnon zugeschrieben; Koetschau-Adriani, Nr. 10; vgl. Vollmer in DJb, Bd. 49 (1959), S. 181, Anm. 30.

890 1705 war die Garnison aus Düsseldorf abgezogen worden, HStA, Jülich-Berg II, 4030, fol. 94.

891 Koetschau-Adriani Nr. 10; vgl. Lau Düsseldorf, S. 42, Anm.

892 1717 wurde auf dem Landtag eine Beschwerde vorgetragen, Marbais die Pacht zu kündigen; HStA, Jülich-Berg II, 5553, fol. 136 ff.; Druck bei Lau U. B. Nr. 389, § 7.

893 Interimskaserne (1713 bis 1720): HStA, Jülich-Berg IV, 491, fol. 3a; vgl. Lau Düsseldorf, S. 103, 151.

894 KrsAK, Tannheim 1374.

895 SvHist, Série A 3517, fol. 27.

896 StA, Ratsprotokolle 1760 – 1762; gedruckte Auszüge bei Kohtz in BtrGNrh, Bd. 3 (1888), S. 440 ff.

897 Einige Häuser verdienter Bürger hatte man von der Einquartierungslast freigestellt, Andere Gebäude waren freigekauft. HStA, Jülich-Berg II, 3724, fol. 24.

898 Das Spital befand sich seit 1709 im Bau; vgl. Kohtz in BtrGNrh, Bd. 3 (1888), S. 430.

899 Rümmler in Katalog Heine, S. 25.

900 KrAM, Alt. Best. C I, Bd. 22a, 1803, Febr. 9.

901 HStA, Jülich-Berg II, 3911, fol. 1 ff.; vgl. Lau Düsseldorf, S. 52.

902 Schriftwechsel über die französische Kostenbeteiligung: InGen A 14-102, Nr. 36; für die Reparatur wurden 4.500 Rtlr. gefordert; HStA, Jülich-Berg II, 3906, fol. 49.

903 StAK, Plankammer (Plank.) 625, Bl. 2/3/18; (der Bauplatz des Zeughauses ist in einem Festungsbauprojekt von 1764 enthalten; StM, VIIa, 85). Die in dieser Sammlung enthaltenen Pläne einer Infanteriekaserne beziehen sich nicht auf Düsseldorf, wie in der Kartei des StAK angegeben, sondern waren, wie aus den Bastionen zu erkennen ist, für Mannheim bestimmt.

904 HStA, Karte Nr. 3109.

905 KrAM, Alt. Best. C I, Bund 21.

906 Arbeiten zwischen 1787 und 1788: HStA, Jülich-Berg II, 3903, fol. 161, 384 ff.; desgl. KrAM, Alt. Best. C I, Bund 22. Umbaupläne von dem Ingenieurleutnant Hayentz zur Einrichtung von Zimmern in der Garnisonkapelle: HStA, Karte 3115, 3116, 3117.

907 KrsAK, Tannheim 1379; HStA, Jülich-Berg II, 3911, fol. 10; Lau Düsseldorf, S. 104. 1743/44 wurde die Inneneinrichtung der Kapelle fertiggestellt. Beim Bau der Kasernen, 1701, hatte man bereits eine kleine Annakapelle errichtet. StA, Hofhaltungsrechnungen.

907 KrsAK, Tannheim, 1379, HStA, Jülich-Berg II, 3911, fol. 10, Lau, S. 104.

908 Die Garnisonskirche wurde erst 1906 niedergelegt, Kohtz in ZsDGV, 1883, Nr. 1, S. 7; Bayerle, S. 190 ff.; Lau Düsseldorf, S. 103, Anm.

909 HStA, Jülich-Berg II, 5806, fol. 49.

910 KrAM, Alt. Best. B, Bund 28; Kasernen 1795/96: ebd., Bund 283.

911 Lau Düsseldorf, S. 104.

912 Bezzel 4.1, S. 306, S. 410.

913 InGen A 14-102, Nr. 23.

914 KrAM, Alt. Best. B, Bund 2, Serie XI, fol. 4; HStAM, Jülich-Berg, Fasz. IX, fol. 332; Bezzel 5, S. 467 ff.

915 KrAM, Alt. Best., Bund 22, 1796.

916 HStA, Berg. Landst. V, 29, Pfennigmeisterei XXXVI, fol. 49b; vgl. Plan InGen A 14-102, Nr. 1.

917 Kohtz in ZsDGV, 1883, Nr. 1, S. 9.

918 Kohtz in ZsDGV, 1883, Nr. 1, S. 21.

919 Weidenhaupt, S. 144.

920 1734 hatte der Schloßbaumeister 50 Rtlr. aus der Kriegs- und Fortifikationskasse für das neue Gebäude erhalten; KrsAK, Tannheim 1371.

921 HStA, Jülich-Berg II, 6557, fol. 46; Jakob Dubois arbeitete auch an der Galerie; KrsAK, Tannheim, 1371.

922 HStA, Jülich-Berg II, 6557, fol. 2.

923 Seit 1695 in dem von Binsfeldschen Haus; KrsAK, Tannheim, 1361a.

924 Ferber I, S. 64.

925 In den Plänen seit 1757 aufgeführt: InGen A 14-102, Nr. 13 ff. 1801 Gesuch zur Einrichtung als Arbeitshaus: KrAM, Alt. Best. C I, Bund 22, 6. Oktober 1801; Waffenmagazin: HStA, Jülich-Berg III, 2810.

926 Artillerieschuppen, um 1704 kurfürstliche Artillerie genannt: KrAM, Alt. Best. C I, Bund 22, 29. Januar 1757; vgl. Ferber II, S. 25; von Schaumburg, S. 47.

927 HStA, Jülich-Berg II, 5600, fol. 316.

928 Zeughaus: bereits 1736 in dem Planprojekt InGen A 14-102, Nr. 1, enthalten; 1737: HStA, Berg. Landst. V, 29, XXVI, fol. 49, desgl. HStA, Jülich-Berg IIIR, Dssd., Nr. 4, fol. 130b; HStA, Jülich-Berg IIIR, Düsseldorf, Nr. 5, fol. 116a; die Angaben bei Lau, S. 105, sind ungenau; altes Tummelhaus erbaut 1656, HStA, Jülich-Berg II, 3847, fol. 1; Erneuerung 1695: HStA, Jülich-Berg II, 613, fol. 56 ff.; für den Umbau des Tummelhauses und des Theaters (altes Komödienhaus, Hofoper) wurde 1695 die Summe von 3.999 Reichstalern aufgewendet, KrsAK, Tannheim 1361 a; auch Nachrichten von 1695 zum Bau der Hofoper, der Orangerie, des Edelknabenhauses in der Binsfeldschen Behausung. Zur Hopoper s. HStA, Jülich-Berg IIIR, Eschweiler 5, fol. 124a, vgl. Anm. 660.

929 1564: HStA, Jülich-Berg IIIR, Wehrmeisterei, fol. 333; 1611: KrsAK, 1562c wird für Nägel „zu behuf i. O. e. f. g. Marstall und Reigenshauß" 5 Rtlr. abgerechnet; ebd. Holzlieferung für dieselben Gebäude. Weitere Hinweise: HStA, Jülich-Berg IIIR, Eschweiler 5, fol. 124a; vgl. Anm. 660.

930 Ferber I, S. 83, 84; HStA, Jülich-Berg III, 817, fol. 1 ff.

931 HStA, Jülich-Berg II, 5601, fol. 50; HStA, Jülich-Berg II, 5600, fol. 80.

932 HStA, Jülich-Berg II, 5604, fol. 31.

933 HStA, Jülich-Berg IIIR, Düsseldorf 5, fol. 116 ff.

934 Rümmler in Katalog Kunstmuseum, Nr. 103, 104, S. 190 ff.; HStA, Jülich-Berg III, 2810.

935 HStA, Jülich-Berg III, 57, fol. 1; HStA, Jülich-Berg II, 3912, fol. 1 – 6.

936 KrsAK, Tannheim 1372; Lau Düsseldorf, S. 285, S. 115.

937 Rümmler in Katalog StM, S. 25.

938 Abbildung in Düsseldorf und sein Landgericht, S. 179.

939 Pläne: InGen A 14-102, Nr. 13; ÖKrA G I, A 141.

940 Das Gymnasium blieb noch bis zu seinem Abbruch 1809 bestehen; HStA, GrHztm. Berg, 10566, fol. 1 ff.

941 HStA, Jülich-Berg II, 3903, fol. 396 ff., ebd. Pläne des Umbaues.

942 1739 sollte die Kommißbäckerei an die Stelle neben dem Grupellohaus (InGen A 14-102, Nr. 1) verlegt werden; InGen A 14-102, Nr. 3, fol. 8a; vgl. Rümmler in Katalog Kunstmuseum 1971, Anm. 72.

943 HStA, Jülich-Berg II, 3911, fol. 1 ff. Die Pläne zu dem neuen Kommißbackhaus fertigte der Ingenieur Bauer 1770; KrAM, Alt. Best. C I, Bund 22, 11. Juli 1770.

944 HStA, Jülich-Berg III, 47, fol. 35 ff.; vgl. Katalog Kunstmuseum 1971, Nr. 131. Das Haus wurde 1789 umgebaut, KrAM, Alt. Best. C I, Bund 22, 22. August 1789.

945 Ebd., 7. November 1769.

946 Ebd., 28. Januar 1794.

947 SvHist, Série A, Nr. 2875, fol. 42, Nr. XXVII: vgl. Rümmler in Katalog StM, 1971, Nr. 31.

948 HStA, Jülich-Berg II, 6557, fol. 1; vgl. HStA, Jülich-Berg IV, 491, fol. 4b.

949 HStA, Jülich-Berg II, 5583, fol. 192/193. Die beiden Pulvermagazine (auf der Bastion Joseph und auf der Franziskanerlunette) sind im Plan von 1736, InGen A 14-102, Nr. 1, enthalten; bereits 1722 sollte die Stadt in der Extension einen neuen Pulverturm errichten, Lau U. B., Nr. 390; gedruckt nach HStA, Hofkammer Reskriptenbuch; in den Plänen von 1726 (Abb. 64/65) ist noch kein neuer Pulverturm dargestellt.

950 Hoyer, Lehrbuch II, S. 429.

951 Ein Ausschnitt des Planes von Jakob Dubois mit dem Gelände der Krautmühle aus dem Jahre 1709 s. HStA, Krzbr. Dssd., Akt. Nr. 16, fol. 26; 1738: Karte 3179.

952 Bezzel 4.1, S. 267 ff.

953 Bezzel 4.1, S. 270.

954 Rümmler in Katalog Kunstmuseum 1971, S. 28.

955 HStA, Kleve-Mark XII, 56 IX, fol. 165.

956 SvHist, Série A, 2904, fol. 205; Anlage des Fruchtmagazins 1793: HStA, Jülich-Berg II, 54.

957 Allgemeine Angaben über die Festungsartillerie bei Hoyer Lehrbuch II, S. 53.

958 HStA, Jülich-Berg II, 5047, fol. 42, 43.

959 HStA, Jülich-Berg II, 3905, fol. 27 – 29; Übergabe der Requisiten bei Abzug der Franzosen: HStA, Jülich-Berg II, 3906, fol. 4.

960 Tabelle und Bericht vom 21. November 1792: KrAM, Alt. Best. C I, Bund 22; Artillerieliste die Bestückung der Festungswälle betreffend: Alt. Best. C, Bund 20, 16. Oktober 1792.

961 Schieri, S. 69, 91, 120.

962 Wolff, S. 41.

963 Vauban, Atlas de l'attaque.

964 SvHist, M. R. 1518, fol. 17; InGen A 14-102, Nr. 11.

965 Plan StM VIIa, 71; vgl. Rümmler in DJb Bd. 56 (1978).

966 KrAM, Alt. Best. C I, Bund 22, 13. Juni 1782.

967 Ebd., 28. Januar 1781.

968 HStA, Jülich-Berg II, 4011, fol. 70; Jülich-Berg IV, 3; StA I 207, 14. Juli 1791.

969 KrAM, Alt. Best. C I, Bund 22, 10. August 1790.

970 Ebd., 21. April 1764; InGen A 14-102, Nr. 4.

971 InGen. A 14-103, Nr. 1 – 3; SvHist, M. R. 1796, Nr. 7; ebd., 1517, Nr. 39; SvHist, Série A, Nr. 2875, fol. 42; ebd., 2890, fol. 39; ebd., 2904, fol. 105.

972 Vgl. Plan StM VII 22; Details des Batardeau: HStA, Karte Nr. 2126.

973 HbJanW, 1928, Nr. 5, S. 170.

974 Meinhardt, S. 101.

975 Noch 1677 leiteten die Bewohner der Altestadt ihre Abwasser in den Edergraben, Karmelitessenchronik.

976 KrAM, Alt. Best. C I, Bund 22, 7. März 1764.

977 KrAM, Alt. Best. C I, Bund 21, Mai 1783; HStA, Jülich-Berg II, 4011, fol. 31 – 33.

978 StASp, Geheim. Rat. Jülich-Berg A 6/681; vgl. Anm. 670.

979 Lau Düsseldorf, S. 132.

980 Skizze und Beschreibung: SvHist, Série A 2904, fol. 105; SvHist, M. R., 1796, Nr. 7, fol. 8.

981 SvHist, M. R., 1517, Nr. 39, fol. 4, 9.

982 KrAM, Alt. Best. C I, Bund 22, 13. März 1757.

983 Wolff, S. 41; noch 1395 betrug die Einwohnerdichte in Braunschweig 200 Einwohner/ha.

984 Waetzold, S. 53.

985 Bittschrift des Magistrats, gedruckt in BtrGNrh, Bd. 7 (1893), S. 60 ff.; zur Zitadelle: Lau in Alt Düsseldorf, 1924, Nr. 3, S. 3 ff.

986 HStA, Verordnungen; Druck bei Goecke in ZsBVG, Bd. 19.

987 Die Düsseldorfer Bauordnung war im Vergleich zu anderen Bauordnungen, zum Beispiel der Ingolstädter Bauordnung von 1541, sehr detailliert, Fuchs, S. IX.

988 StA, Uk. Nr. 73; Abschrift StM, Uk. Nr. 51; Druck bei Lau U. B., Nr. 346. Kapitel III, 2 Text ins Hochdeutche übertragen nach Sültenfuß, S. 37.

989 Anweisung zum Bau eines Hausplatzes 1641: HStA, Jülich-Berg II, 3836, fol. 62; Erlaubnis zum Bau einer Walkmühle 1650: HStA, Krzbr. Uk. Nr. 160; 1650 ff.: HStA, Franziskaner Nr. 2.

990 HStA, Jülich-Berg II, 6128, fol. 78, 79.

991 GStAM, Kasten blau 375.

992 Ferber II, S. 52.

993 Lau Düsseldorf, S. 107.

994 Hoyer Lehrbuch II, S. 418.

995 Lau in DJb, Bd. 31 (1920 – 1924), S. 70. Das gesamte Amt Düsseldorf umfaßte 1724 1.260 Häuser, GStAB Clarenbeck, Abb. Düsseldorf.

996 StM, Kopfsteuerbuch 1738; vgl. Aders in DJb, Bd. 48 (1956), S. 104 ff.

997 HStA, Jülich-Berg IIIR, Düsseldorf 4, fol. 22.

998 StA, F 4, M 5, Nr. 34.

999 Lau in DJb, Bd. 31 (1920 – 1924), S. 73.

1000 HStA, Jülich-Berg II, 6557, fol. 25/26; Bebauungsplanentwurf von Prof. Erb: HStA, Jülich-Berg II, 3862, fol. 150; vgl. dazu Plan von Generallandmesser J. W. Buschmann, HStA, Karte Nr, 813 und Bebauungsplan von 1840; HStA, Karte Nr. 320.

1001 Ausziegeln 1662; Lau U. B. Nr. 358; KrsAK, Tannheim 1373, 1374.

1002 Wegen der kommerziellen Vorteile war die Schleifung schon 1795 von Wiebeking gefordert worden, Wiebeking Rheinübergang, S. 59/60; 1799 hatte Kurfürst Maximilian Joseph „die Schleifung der Festungswerke wie auch zu mehrerer Beförderung des Commerces die Anlegung eines Hafens daselbst" zu bewilligen versprochen, StASp. Geh. Rat. Jülich-Berg, A 7 – 56, 7. Januar 1799; 6. März 1799; zum Hafenprojekt vgl. auch den Plan Lit. H von Euler, Abb. 41.

1003 GStAM, MA 4383, fol. 1 – 4.

1004 Vertragsbedingungen gedruckt bei Martens, S. 541.

1005 ANF, AF IV, 30, pl. 168.

1006 Camon, S. 3, 51 ff.

1007 Bleibtreu, S. 14.

1008 GStAM, MA 4383, fol. 5, 6.

1009 HStA, Jülich-Berg II, 3868, fol. 85.

1010 Ebd., fol. 17 – 18.

1011 Ebd., fol. 44 – 48.

1012 GStAM, MA 4383, fol. 19 – 21.

1013 Ebd., fol. 22 – 25.

1014 GStAM, MA 4381, fol. 56/57.

1015 Ebd., fol. 81/82.

1016 KrAM, Alt. Best. C I, Bund 20, 6. Juni 1801.

1017 Zeitgenössische Kopien des Berichts: KrAM, Alt. Best. C I, Bund 20; desgl. GStAM, MA 4382, fol. 69 ff., und InGen A 14-103, Nr. 13.

1018 HStA, RWZ 13, 2; BergWN 1806, 28. Januar.

1019 GStAM, MA 4883 fol. 4.

1020 StASp, Geh. Rat. Jülich-Berg 7/56, Juli 1801.

1021 Weitere Angaben zur Person Huschbergers bei Zebisch, S. 46; Weyres / Mann, S. 58; Hof-kalender 1783 ff. Spohr in DHb 1978, Nr. 6.

1022 StASp, Geh. Rat, Jülich-Berg A 7/683, 25. September 1801; Jülich-Berg III, 811, fol. 206.

1023 Der analog zu dem französischen städtebauliche Terminus „embellissement" gebildete deutsche Begriff „Verschönerung" umfaßt alle Maßnahmen einer über das Detail hinaus-gehenden städtebaulichen Neuordnung.

1024 StA, II, 82, fol. 10 ff.

1025 Erst 1871 wurde ein Entwässerungsprojekt ausgearbeitet. 1880 schaffte man die Brunnen ab; HbJanW 1928, Nr. 5, S. 170.

1026 Abschrift: HStA, Slg. Guntrum II, 116; gedruckte Auszüge bei Zebisch, S. 49 ff.

1027 Gemeint ist Düsseldorf als Brückenkopf der Franzosen.

1028 C. W. Bauer ist am 20. 6. 1774 als Sohn des Ingenieurhauptmanns Georg Bauer in Düssel-dorf geboren, GBergWN 28. 6. 1774; 1800 Wasserbaumeister, 1806 Oberaufseher der Dämme und Uferarbeiten, 1815 Oberdeichinspektor mit 6.000 Frs. Gehalt, 1819 Oberbau-rat in Düsseldorf, später in Berlin; Wachter in DJb, BtrGNrh, 7, S. 226 ff.; vgl. Rümmler in DJb 56 (1978).

1029 StA, II, 82; vgl. Zebisch, S. 54 ff.

1030 StA, II, 82, fol. 72b.

1031 StASp, Geh. Rat. Jülich-Berg A 7/56, 29. November 1801.

1032 StASp, Geh. Rat. Jülich-Berg A 7/56, 28. Januar 1802.

1033 StASp, Geh. Rat. Jülich-Berg A 7/56, 29. November 1802.

1034 HStA, GrHtzm. Berg, 4535, fol. 1; auf dieser Bastion stand das Haus des kurfürstlichen Ra-tes Beuth, HStA, Jülich-Berg IV, 3; vgl. Aquarell StM VIIIa, 137.

1035 Schreiben vom 10. März 1802, StA II, 82; StASp, Geh. Rat. Jülich-Berg A 7/56.

1036 Rümmler in DJB, Bd. 56 (1978), Anm. 31, 32.

1037 Most, S. 201, Zebisch, S. 54, Weyres / Mann, S. 111. Im November 1803 hatte Jacobi an Kurfürst Maximilian Joseph einen Antrag zur Einstellung Weyhes als Hofgärtner gestellt. Am 26. 11. reichte er ein Gutachten über den neu eingestellten Hofgärtner ein, StASp. Geh. Rat. Jülich-Berg A 7/456. Zu Jacobi: HStAZw; Präsidialabt., Personalia 2.

1038 Rümmler Karlstadt, S. 18.

1039 StA II, 82, fol. 66; vgl. Zebisch, S. 37, fol. 94.

1040 Schleifungsgelder 1803/05: HStA, Hs. L II, Nr. 7, XIV; 1802: HStA, Jülich-Berg II, 5857, fol. 35 – 38; 1803: HStA, Jülich-Berg II,

1041 HStA, Hs. L II, XIV; Druck bei Scotti, Nr. 2698; Zahlungen 1805: HStA, Jülich-Berg II, 5815, fol. 228 – 232/262.

1042 HStA, Jülich-Berg IV, 4; 2. November 1803; 14. März 1805.

1043 Rümmler in DJb, Bd. 56 (1978), Anm. 34 ff.

1044 Vgl. Entwurf von Vagedes, StM VIIa, 83 (Kopie?).

1045 Weyres / Mann, S. 58.

1046 HStA, GrHztm. Berg, 4180, fol. 163.

1047 Weyres / Mann, S. 88.

1048 Rümmler in DJb, Bd. 56 (1978), Anm. 62, Großherzogtum Berg. Wöchentliche Nachrich-ten Nr. 48 vom 28. 11. 1809.

1049 Parzellierung der an die Heinrich-Heine-Allee anschließenden Grundstücke 1808: StA, II 454; Ausbau des Paradeplatzes 1801: ANF, AF 1837, d 4.

1050 StA, F 3, M 14, Nr. 113; ANF, AF 1837 – d 5, fol. 15/16.

1051 ANF, AF IV, 1837 – d 5, fol. 15/16.

1052 Vgl. Klapheck Baukunst Rheinprovinz, S. 249 ff.

1053 Vagedes übte seit 1806 eine Beratungstätigkeit für Düsseldorf aus, 1809 wurde er fest-angestellt und 1812 zum Baudirektor der Verschönerung der Stadt Düsseldorf befördert, 1815 hatte er als Baudirektor ein Gehalt von 3.000 Frs., Wachter in BtrGNrh, 7 (1893), S. 235. Weitere Daten: Weyres / Mann, S. 105; Klapheck Baukunst Rheinprovinz, S. 252.

1054 StA, II, 455.

1055 Die Häuser wurden 1860 ohne triftigen Grund abgebrochen, Kordt, S. 45; Ansicht bei Kordt, Abb. 43.

1056 HStA, GrHztm. Berg, 6981, Rümmler in DJb, Bd. 56 (1978), Anm. 65, Weyres / Mann, S. 38.

1057 StA, II, 455, Ermächtigung zum Bau des Tores.

1058 Klapheck Baukunst Rheinprovinz, S. 253; Weyres / Mann, S. 105; Ansicht: Gouache von Weyermann, StM, VIIc, Nr. 12; weitere Abbildungen bei Kordt, Abb. 44 – 47.

1059 ANF, AF 1837 – d 5, fol. 2/3.

1060 StA, Uk. Nr. 12; über die Verpachung des Festungsgeländes s. HbJanW, 1928, Nr. 5, S. 158.

1061 Triumphbogen am Berger Tor: HStA, GrHztm. Berg 5658; Triumphbogen Elberfelder Straße: Kordt, S. 43: Stich von Petersen: StM IV, 10, 144; Abb. 20.

1062 Bleibtreu, S. 114.

1063 ANF, AF 1837 – d 5, fol. 12.

1064 Verschönerungsdekret: HStAZw, Bulletin des Lois du Grand Duché de Berg Nr. 16; danach Zebisch, S. 61, Anm. 31; deutschsprachige Abschrift: HStAZw, Reg. Dssd. Präsidialabt. 962, fol. 7; Entwürfe zu diesem Dekret: ANF, AF 1837 – d 5, fol. 5 – 10.

1065 Rümmler in DJb, Bd. 56 (1978), Anm. 34.

1066 Entwurfsplan von Vagedes für die Bebauung der Allee: StM, VIIa, 83.

1067 Rümmler in DJB, Bd. 56 (1978), Anm. 70, 71, 72, 73, 74.

1068 Weyres / Mann, S. 105, 111.

1069 HStAZw, Reg. Dssd., Präsidialabt. 962, fol. 6a; 1812 wurden von der französischen Verwaltung 161.510 Frs. (54.000 Rtlr.) zugewiesen.

1070 Zebisch, S. 62. Spohr in DHb 1978, Nr. 3, S. 41.

1071 Pläne StA, F 3, M 14, Nr. 121; F 9, M 8a, Nr. 348a – h; F 6, M 8, Nr. 287.

1072 StM, Leihgabe Rathaus; Druck bei Weidenhaupt, S. 88.

1073 StA, F 9, M 7, Nr. 6; Druck bei Riemann in DHb 1940, Nr. 2, S. 29.

1074 HStAZw, Reg. Dssd., Präsidialabt. 962, fol. 1/14.

1075 StA, II, 361a; HStAZw, Kommunalabt. 772 – 775; DZA, Rep. 93, D 71, XXVI; Riemann in DHb, 1940, Nr. 4, S. 26 ff.; Kordt, S. 65 ff.; Klapheck Baukunst Rheinprovinz, S. 248 ff.; Spohr Heinrich, S. 32.

1076 LaHAKo, Best. 403, Nr. 4272, fol. 1 ff. Bewilligung der Mittel für die Anlagen an der Südseite Düsseldorfs.

1077 Weyres / Mann, S. 105, 244, 256; Kordt, S. 88 – 90.

1078 Kordt, S. 66. Abbildung des Bauplanes von 1831 in Düsseldorf und seine Bauten, Abb. 12, S. 21.

1079 HStAZw, Reg. Dssd., Präsidialabt. 962, Nr. 773; vgl. Pfeffer, S. 46 ff.; über die Nachteile für den Verkehr vgl. Spohr Heinrich, S. 37 ff.

1080 HStA, Karte Nr. 320; Nachzeichnung bei Pfeffer, S. 47, Abb. 3.

1081 Pfeffer, S. 51; Kordt, S. 69.

1082 HStAZw, Reg. Dssd., Präsidialabt., 775.

1083 Spohr Heinrich, S. 58 ff.; ausführliche Beschreibungen über die Veränderung im Stadtbild bis 1881, vgl. Spohr Heinrich, S. 64 ff.

1084 Werner, S. 21 – 23; Betz; Schieri.

1085 Die in diesem Abschnitt aufgeführten Begriffsbezeichnungen wurden nach Werner übernommen.

1086 HStA, Jülich-Berg II, 3860.

1087 HStAZw, Reg. Dssd., Fach 439, Nr. 4, Akte I, o 176; Reg. Dssd., Präsidialabt. 962; StM, Uk. Nr. 63; vgl. Kauhausen in DHb, 1834, Nr. 7, S. 133 ff.

1088 Clemen in einem Schreiben vom 26. Januar 1894 an den Düsseldorfer Geschichtsverein, StM, Uk. Nr. 64.

1089 Die Begründungen sind aus dem Protokollen zusammengefaßt; vgl. Anm. 1087.

1090 Kauhausen in DHb, 1934, Nr. 7, S. 156. Sie sollen sich noch dort befinden. Freundlicher Hinweis von Frau Rümmler.

1091 Schierer, S. 38; Rekonstruktion, ebd., Abbildungen ebd. S. 55 – 58, Abb. 9 – 12. In Berlin tangierte ie U-Bahn die Festungsanlagen über 300 m. Spohr in DHb 1978, Nr. 5.

1092 Angaben in Klammern, ohne Fußnoten, sind nach Vergleichszahlen vorausgehender oder nachfolgender Jahre geschätzt. Angaben ohne Klammern und Fußnoten sind aus der hinter der vorausgehenden Jahreszahl zitierten Quelle ermittelt, bzw. durch Addition errechnet. Die in der Literatur, insbesondere bei Lupp, S. 22, angegebenen Einwohnerzahlen sind grobe Schätzwerte, die für eine Auswertung unbrauchbar sind, da anscheinend die Garnison und die auswendige Bürgerschaft teilweise mitgerechnet wurde. Bei den Häuserzahlen ist zu berücksichtigen, daß die steuerfreien Häuser, insbesondere die Stiftshäuser, nicht mitgerechnet sind. Übersicht 1840 nach HStA Nachlaß Lacomblet, 16. Übersicht = Andruck aus A. Schreiber, Handbuch für Reisende am Rhein, Düsseldorf 1841.

1093 HStA, Jülich-Berg II, 6128, fol. 10; vgl. Anm. 578.

1094 HStA, Berg. Landst. V, Steuerwesen Nr. 43; vgl. Bezzel 4.1, S. 135.

1095 Bericht des preußischen Kriegs- und Domänenrates Müntz; Druck bei Loewe in BtrGNrh, Bd. 15 (1900), S. 168.

1096 Die etwa 660 Plätze der nur kurzzeitig bestehenden Fortkasernen sind nicht mitgerechnet, SvHist, M. R. 1517, Nr. 39, fol. 23.

1097 InGen A 14-102, Nr. 23; die angegebene Zahl ist die im Krieg maximal mögliche Belegung.

1098 Wilhelmi, S. 68; detailliertes Zahlenmaterial, vgl. Spohr Heinrich, S. 12 – 14.

1099 Die Sollstärke der Stammgarnison von 3.500 bis 4.000 Mann wurde oft unterschritten; vgl. Brückner in HbJanW 1930, S. 23.

1100 Bezzel 5, S. 467.

1101 Die Häuserzahl ist ermittelt aus den Angaben in Pauls in ZsBGV, Bd. 39 (1906), S. 188. Angaben für 1802 in Hofkalender 1802, S. 284, ebd. 1387 Feuerstätten angegeben; extra muros 759 Feuerstätten.

1102 Wilhelmi, S. 69, vergleichende Angaben zu Köln, vgl. Spohr Heinrich, S. 12.

1103 Weidenhaupt, S. 145, 165, 196, 197. Verwaltungsberichte Düsseldorf.

1104 Volkszählungsergebnis. Nach Unterlagen des Amtes für Wahlen und Statistik.

1105 Zahl der Wohngebäude am 31. 12. 1971; dazu sind 16.813 Nichtwohngebäude einschließlich 2.858 Nichtwohngebäude mit Wohnungen (bewohnte Nichtwohngebäude) zu rechnen. Dem gegenüber stehen 250.342 Wohnungen. Nach Unterlagen des Statist.-Amtes.

1106 Tabelle GrHztm Berg 10227, fol. 1.

1107 Die Fläche des gesamten Stadtgebietes, einschließlich Pempelfort und Flingern, ist ermittelt nach den Stadtflächen der heutigen Bezirke: Altstadt 60 ha, Karlstadt 46 ha, Stadtmitte 172 ha, Pempelfort 269 ha, Flingern Süd 150 ha, Flingern Nord 270 ha, Düsseltal 298 ha = insgesamt 1255 ha. Die Flächen der Stadtbezirke nach Unterlagen des Amtes für Wahlen und Statistik, Stand 1. 1. 1976. Teilflächen nach historischen Plänen.

1108 Tabelle zusammengestellt nach Alberti; Mindel, S. 47, 48.

1109 Noback, S. 227, 228; Mindel, S. 47. Die Franzosen hatten 1795 das metrische System bei sich eingeführt. Deshalb sind alle französischen Pläne aus dieser Zeit mit Maßstäben in cm angegeben. Nach der Übernahme durch Preußen wurden die alten Maße 1818 wieder eingeführt, bevor sie 1782 im Deutschen Reich endgültig abgeschafft worden sind. Neumann Brückenkopf, S. 55.

1110 Tabelle zusammengestellt nach Jollivet, S. 36 ff. und Scotti III, Nr. 3100, 3200, 3466; Währungsverhältnisse und Geldwert vor 1820 s. Irle, S. 25 ff., sowie Beissel, S. 71 ff.

1111 Der „Reichsthaler" blieb bis 1907 als Zahlungsmittel in Kraft, Noback, S. 34.

1112 Auch Sonnenpistole genannt, Jollivet, S. 7.

1113 Diese Währungseinheit wurde 1824 in Düsseldorf gesetzlich eingeführt, Noback, S. 231.

1114 Eichberg, S. 283.

1115 Der Franc ersetzte 1795 das Livre; seit 1803 wurde der Franc als Währungseinheit definitiv eingeführt, Noback, S. 795.

1116 Umrechnungsverhältnis: Noback, S. 227.

460

1117 Preise für 1 Lb. (Libra = Pfund) von 1810 vgl. Irle, S. 16 ff. Lebensmittelpreise 1790/93 vgl. Kalender auf das zweite Jahr der französischen Republik, Köln 1793, Exemplar StM; Preise 1977 nach eigenen Ermittlungen.

1118 Der Preis für Bier wurde nach Irle, S. 17, wie folgt errechnet: 1 Maß (= 1,52 Ltr.) = 3,5 Xr. 1 Ltr. = 2,3 Xr.; vgl. Benzenberg Verzehr, S. 12.

1119 Preise von 1830: Irle, S. 17. Wohnungswert 1977 reduziert um den Wert des verbesserten Wohnungsstandards.

1120 Der cbm-Preis von 1825/30 wurde nach Benzenberg,Verzehr, S. 4 − 6, für ein Haus in der Hohestraße wie folgt ermittelt:

Umbauter Raum:

Grundfläche: 30 x 32 Fuß (9,42 m x 10,0 m)   = 94,20 qm

Höhe: drei Stockwerke bei teilweiser Unterkellerung und nicht ausgebautem Dachgeschoß i. M. 12,0 m.

Kubus: 94,20 qm x 3,25 m x 3 Geschosse   = 918,45 cbm

               94,20 qm x 2,80 m x 1 Keller   = 263,76 cbm

               94,20 qm x 5,00 m x 1/3 Speicher = 78,50 cbm insges. = 1.260,71 cbm

Grundstück:

Grundstückslänge = Haustiefe: 32 Fuß + Hof und Garten: 99 Fuß, insges. 131 Fuß (41,1 m) Fläche: 41,1 m x 10,0 m = 411 qm. In der Karlstadt rechnete man für eine rh. Quadratrute (14,2 qm) 1 Tlr.; Preis für 411 qm = 30 Tlr.

Preis / cbm umbauten Raumes:

Objektwert 3.300 Tlr. ./. Grundstück 30 Tlr. = 3.270,0 Tlr.

3.270,0 Tlr.: 1.270, 71 cbm = 22,60 Tlr./cbm.

Bei der Festlegung des Wertes von 1977 wurde ein vergleichbares Ausbauverhältnis (ohne Heizung, Sanitär- und Elektroinstallation) unter Berücksichtigung der im 19. Jahrhundert niedrigeren Baunebenkosten zugrunde gelegt. Weitere Angaben zu den Baupreisen in Düsseldorf vgl. Benzenberg Baupreise, S. VIII, S. 34 ff.; Irle, S. 17. Angaben über den Prozentualanteil der einzelnen Gewerke vgl. Benzenberg Baupreise, S. 50.

1121 Der Preise für Stahl wurde nach Irle, S. 17, wie folgt ermittelt: 1 Karre (= 984 Lb.) Stahl = 40 Rtlr., 2.000 Lb. = 1 Mp = 81,30 Rtlr.

1122 Schwan, S. 34 ff.

1123 Lau Düsseldorf, S. 9 ff., Niepmann, S. 95.

1124 Die Liste erhebt keinen Anspruch auf Vollständigkeit d   Namen. Die Rangbezeichnungen beziehen sich auf die letzte Beförderung. Nicht als Dienstantritt oder Pensionierung zu belegende Jahreszahlen sind in Klammern gesetzt. Bei unbesetzter Gouverneursstelle sind, soweit bekannt, die Namen der Kommandanten gesondert angegeben.

1125 HStA, Jülich-Berg II, 5005, fol. 9; vgl. HStA, Jülich-Berg II, 4931, fol. 109 ff.

1126 HStA, Jülich-Berg II, 5012, fol. 27, 32; vgl. Anm. 357.

1127 HStA, Jülich-Berg II, 3957, fol. 14b; HStA, Jülich-Berg II 3954, fol. 16b.

1128 HStA, Jülich-Berg II, 3957, fol. 28.

1129 HStA, Jülich-Berg II, 5290, fol. 22 − 23, als Jülicher Marschall und Amtmann in Sinzig und Remagen nachweisbar; ebd., fol. 32; als Neuburger Statthalter: HStA, Jülich-Berg II, 3292, fol. 3; vgl. Fahrmbacher in ZsBGV, Bd. 42 (1909), S. 41.

1130 HStA, Berg. Landst. V, 29; 1636: fol. 18b; 1641: Jülich-Berg II, 4836, fol. 62.

1131 HStA, Jülich-Berg II, 3500, fol. 13.

1132 Anstellungsgesuch: HStA, Jülich-Berg II, 3500, fol. 13 ff.; Anstellung am 11. 7. 1648, HStA, Jülich-Berg II, 3666, fol. 17, 143.

1133 Fahne I, S. 117.

1134 Fahrmbacher in ZsBGV, Bd. 42 (1909), S. 73, ebd. als Gubernator aufgeführt.

1135 Fahne I, S. 307 als Gubernator aufgeführt.

1136 HStA, Jülich-Berg II, 3968, fol. 14; erwähnt als Nachfolger des Gouverneurs von Goltstein, Februar 1664.

1137 HStA, Jülich-Berg II, 3750, fol. 67.

1138 HStA, Jülich-Berg II, 3969, fol. 13.

1139 Coronelli, pag. 24.
1140 GLAKa, Pfalz-Generalia 77/8577; vgl. Bezzel 4.1, S. 285, Anlage 28; seit 1704 kaiserlicher Generalfeldmarschall, GLAKa, Pfalz Generalia 77/7412, fol. 47, fol. 86.
1141 Bezzel 4.2, S. 186.
1142 HStA, Berg. Landst. V, 29, II, fol. 56.
1143 HStA, Berg. Landst. V, 29, III, fol. 37b.
1144 HStA, Berg. Landst. V, 29, XVIII, fol. 36.
1145 HStA, Berg. Landst. V, 29, XXXV, fol. 49b.
1146 HStA, Berg. Landst. V, 29, XX, fol. 30. In Berg. Landst. IV, 491, 1820, fol. 22b, als Gouverneur bezeichnet.
1147 HStA, Berg. Landst. V, 29, XXXV, fol. 46; seit 1735 in Jülich als Gouverneur, später Generalfeldzeugmeister; vgl. Neumann, S. 137; gest. 1757, Stöcker, S. 38.
1148 HStA, Berg. Landst. V, 29, XXIV, fol. 32b.
1149 HStA, Berg. Landst. V, 29, XXVI, fol. 32b, fol. 33, als Nachfolgeder des von Norprath erwähnt; 1730: Berg. Landst. V, 29, XXX, fol. 46b.
1150 Die Pfennigmeistereirechnungen zwischen 1732 und 1735 lagen nicht vor; in den späteren Rechnungen ist der Name nicht mehr enthalten; 1735 wurde von Frankenberg zum Generalleutnant befördert, Bezzel 4.1, Anlage 28; KrsAK Tannheim 1353.
1151 HStA, Berg. Landst. V, 29, XXXV, fol. 47b; 1735 noch nicht in der Pfennigmeisterei aufgeführt.
1152 HStA, Berg. Landst. V, 29, fol. 43b; bei Bezzel 4.1, S. 187, wird von Efferen 1739 als Gouverneur von Jülich genannt. Diese Behauptung fand sich in den Quellen nicht bestätigt. Von 1735 war von Hatzfeld Gouverneur von Jülich; vgl. Anm. 1148.
1153 HStA, Berg. Landst. V, 29, XLIV, fol. 40.
1154 HStA, Berg. Landst. V, 29, LVI, fol. 93; Hofkalender 1758, S. 44.
1155 Lau Düsseldorf, S. 52.
1156 HStA, Berg. Landst. V, 29, LVIII, fol. 102.
1157 HStA, Berg. Landst. V, 29, LVIII, fol. 102, fol. 93.
1158 HStA, Berg. Landst. V, 29, LXIII, fol. 32.
1159 HStA, Berg. Landst. V, 29, LXII, fol. 25.
1160 HStA, Berg. Landst. V, 29, LXVII, fol. 21.
1161 HStA, Berg. Landst. V, 29, LXVII, fol. 22; HStA, Jülich-Berg III, fol. 2; Almanach Electoral, Jahrg. 1768, S. 15.
1162 Bezzel 4.1, Anlage 28.
1163 Bezzel 5, S. 186 ff.; ebd. die Angaben zu den Gouverneuren; Hofkalender 1782, S. 116.
1164 Bezzel 5, S. 470, 471; KrAM, Alt. Best. C II, Bd. 20, Übergabe der Stadtschlüssel vom französischen Kommandanten an Maillot de la Traille.
1165 InGen A 14-103, Nr. 1 – 15.
1166 Bezzel 5, S. 478.
1167 Bezzel 5, S. 473.
1168 Die Belege zu den Angaben s. Kap. II, 5; zu Adolf von Kamp, Theodor Dietrich von Kamp, Rutger von Mehrheim und Sadeler vgl. Lau in ZsRhVDH 1927, Nr. 2, S. 76, 78, 80 ff. Daten der Baumeister nach HStA, Hofkammer Reskriptenbuch I, fol. 12a, 53a; vgl. Lau in BtrGNrh. Bd. 26 (1913/14), S. 239 ff.
1169 Über Serro in Neuburg, Zimmer, S. 43, 134 ff.
1170 Zur Tätigkeit der Architekten Doctor in Neuburg, Zimmer, S. 65, ebd. auch Angaben über den Vorgänger Sigmund Doctor. Vgl. Anm. 33.
1171 Das Verzeichnis erhebt keinen Anspruch auf Vollständigkeit, sondern ist eine Zusammenfassung der im Text erwähnten Ingenieure.
1172 Die Jahresangaben beziehen sich auf die Dienstzeit in Düsseldorf. Die Daten basieren, soweit im Text oder im folgenden keine weiteren Quellen angegeben sind, auf den Berg. Pfennigmeistereirechnungen, HStA, Berg. Landst. V, 29, I ff, und Bezzel 4.1.
1173 Kurpfälzischer Militäretat, KrAM, Hs. 1610 ff.; Klarmann, S. 19 ff., Bezzel 5.
1174 InGen A 14-102, Nr. 1 – 39.

462

1175 Ausführliche biographische Angaben in Mannheimer Geschichtsblätter, Jahrg. XXVII, 1926, S. 66.

1176 Bezzel 5, S. 13, 1777 nach Mannheim versetzt.

1177 KrAM, Alt. Best. C I, Bund 22, 17. September 1766. Karlstädter Baudirektor 1792, HStA, Jülich-Berg II, 3864 fol. 148; Planungen in der Altstadt, Jülich-Berg II, 3860, 3861.

1178 Le Rouge: Lautzes, S. 14, Anm. 12; Léry in Mainz, vgl. Lautzas, S. 159, Anm. 24, S. 157, Anm. 19.

1179 Dominikus Andreas Chambarlhiac, Kriegsingenieur seit 1775, war schon viele Jahre in Fort Louis ansässig, als er am 8. 11. 1792 zum Leutnant Colonel vorrückte. Am 21. 3. 1795 wurde er zum Chef de Brigade – directeur des fortifications – ernannt. Am 26. 11. 1796 Chef de brigade à l'armée d'Italie, Sieffert, S. 156.

1180 Daten zusammengestellt nach Hofkalender 1748 ff. und NW-Kreiskalender 1759 bis 1802, Ergänzungen nach Thieme-Becker.

1181 HStA, Jülich-Berg II, 5579, fol. 23.

1182 HStA, Jülich-Berg IIIR, Landrentmeisterei 12, fol. 230.

1183 HStA, Berg. Landst. V, 29, XVII.

1184 KrsAK, Tannheim 1374, 20. 4. 1735.

1185 Schirmer in DHb, 1967, Nr. 4, S. 147 ff.

1186 HStA, Jülich-Berg IIIR, Landrentmeisterei 13, fol. 231.

1187 Wisplinghoff, S. 258. 1806 trat Bilgen in den Ruhestand; gleichzeitig wurde C. W. Bauer bei einem Gehalt von 1.500 Rtlr. zum Nachfolger ernannt, BergWN Nr. 42 vom 21. 10. 1806.

1188 1802 Baudirektor in Trier, Hofkalender 1802.

1189 HStA, Jülich-Berg III, 811, fol. 31, 186, 190, 199, 206.

1190 Güthling in DJb, Nr. 40 (1959), S. 313; G. BergWN, 3. 10. 1811.

1191 HStA, Jülich-Berg II, 5791, fol. 16, 38; HStA, Jülich-Berg II, 5846, fol. 1 ff.; Regnier vgl. Wißplinghoff, S. 270. Wiebeking war zeitweise 2. Wasserbaumeister, Wißplinghoff, S. 969.

1192 Tätigkeit 1801: StA II, 361, fol. 69; Zebisch, S. 30 ff., S. 46; Weyres / Mann, S. 58. Ernennung zum Jungrat, BergWN, Nr. 1, vom 6. 1. 1784, Altrat beim Magistrat 1803, Jahrbuch der Armenversorgungsanstalt 1804, S. 50, 53. Spohr DHb 1978, Nr. 6.

1193 Wachter in BtrGNrh, Bd. 7 (1893), S. 226 ff.

1194 C. W. Bauer getauft 1774, GBergWN Nr. 26 vom 28. 6. 1744; bis 1791 Kadett; 1794 Dienstantritt, Wachter in BtrGNrh, Nr. 7 (1893), S. 253. 1806 1. Wasserbaumeister bei einem Gehalt von 6.000 Frs.; vgl. Anm. 1087

1195 Weyres / Mann, S. 61.

1196 Weyres / Mann, S. 46; vgl. Anm. 1193, Most, S. 41.

1197 Rümmler Karlstadt, S. 18. Weyres / Mann, S. 88; vgl. Anm. 1193.

1198 Weyres / Mann, S. 68; Wachter in BtrGNrh, Bd. 7 (1893), S. 235. Das Gehalt Lehmanns als Oberbaudirektor betrug 6.000 Frs.

1199 Weyres / Mann, S. 41.

1200 Weyres / Mann, S. 38.

1201 Weyres / Mann, S. 94; Pfeffer, S. 56, 51.

1202 Die Erfüllung städtebaulicher Aufgaben lag bis im 19. Jahrhundert bei der Regierung. Neubauten für kommunale Zwecke waren zu Anfang der Preußenzeit nicht vorgesehen. Daher hatte die Stadt zunächst keine eigenen technischen Beamten. Die Überwachung und Abwicklung der Baugeschäfte oblag dem Stadtrentmeister. 1827 wurde als erster städtischer Beamter der Kommunal-Baukondukteur Gosebruch eingestellt. Die Vereinigung des Kreises Düsseldorf mit dem Kreistag bedingte, daß die Bauaufgaben dem Kreisbaumeister unterstellt wurden. Dieser hatte anteilig auch die Aufgaben in Düsseldorf wahrzunehmen. Seit 1853 war Düsseldorf berechtigt, einen eigenen Stadtbaumeister zu unterhalten. Mangels einer geeigneten Person führte der Kreisbaumeister Westphalen kommissarisch gegen gesonderte Bezahlung bis 1841 die Geschäfte des Stadtbaumeisters. Most, S. 120 – 122; Pfeffer, S. 146; Weyres / Mann, S. 110.

1203 Weyres / Mann, S. 32.

1204 Pfeffer, S. 146; Weyres / Mann, S. 109.

1205 Weyres / Mann, S. 76, 244.

1206 Pfeffer, S. 105. HStA zur Präsidialabt. Personalia 9.

1207 Weyres / Mann, S. 34, 244.

1208 Daten nach Düsseldorfer Adreßkalender und Verwaltungsberichte der Stadt Düsseldorf.

1209 Nach Erlaß der Preußischen Fluchtliniengesetze, 1875, wurden die Technischen Ämter, die unter Westhoven noch in einer Hand waren, geteilt. Die Daten zu den einzelnen Stadtbaumeistern ab 1875 sind den Verwaltungsberichten und Adreßbüchern sowie Notizen der Tageszeitungen entnommen. Sie wurden unter freundlicher Mithilfe von Herrn Dr. Weidenhaupt zusammengestellt. 1890/91 erfolgte eine Neuorganisation der Bauverwaltung in Hoch- und Tiefbau. Bis 1914 wurden neben den drei Stadtbaumeisterstellen vier weitere Planstellen geschaffen. Krämer, S. 127.

1210 Gemäß Ratsbeschluß vom 24. 4. 1900 wurden 1901 zwei technische Beigeordnete eingestellt. Krämer, S. 69, Anm. 37a. Die Baukommission I leitete der Königl. Baurat Radtke. Geusen war Leiter der Baukommission II, in deren Zuständigkeit die städtebaulichen Belange fielen.

1211 vgl. Pläne StA, Abb. 50.

1212 Weyres / Mann, S. 101. Abb. Stübbenplan: Düsseldorf und seine Bauten, S. 31, Abb. 15.

1213 Das Stadterweiterungsamt übernahm die Aufgaben zur Durchführung des Bebauungsplanes „Groß-Düsseldorf", der anläßlich der Städtebauaustellung als Wettbewerb ausgeschrieben worden war.

1214 StA, Personalia V 58643.

1215 Rheinische Post, 7. 8. 1963.

1216 Adreßbuch 1941/42.

1217 StA, Personalia V 10064.

1218 Düsseldorfer Nachrichten, 13. 10. 61.

1219 Peters, S. 182 ff., vgl. Anm. 660.

1220 Rümmler in DJb, Bd. 56 (1978), Anm. 14.

1221 HStA, GrHztm. Berg 4535.

1222 Riemann in DHb, 1936, Nr. 6, S. 143 ff.

1223 ASpee 01, Mietvertrag zwischen den Vormündern der Kinder Leerodt Degenhard mit Bertram v. Spee, 1723; freundlicher Hinweis von Frau Rümmler.

1224 Rümmler in DJb, Bd. 56 (1977), Anm. 12.

1225 KrAM, Alt. Best. C I, Bund 22, 29 Januar 1757.

1226 Die Situation ist sehr übersichtlich dargestellt in dem Plan von Pigage zum Neubau der Kanzlei: HStA, NW Kreisarchiv IX, 17, II, fol. 118/19; (Abb. 127).

1227 Seit etwa 1710: Rümmler in Katalog StM 1971, S. 21; Ansichtsfotos um 1890: VIIIc, 204 und 202.

1228 Moeller in BtrGNrh, Bd. 8 (1888), S. 379.

1229 Das Gouvernement wurde für den Gouverneur von Nassau-Weilburg gebaut; HStA, Jülich-Berg II, 3911; Ansichtszeichnung um 1750: StM, VIIb, 2 (Abb. 122 – 124), vgl. Anm. 876.

1230 Hauptwache 1714 repariert, HStA, Jülich-Berg II, 6557; 1735 erneuert (Abb. 117).

1231 Galerie 1709 nach den Plänen von Jakob Dubois von den Unternehmern Sarto und Persee erbaut; Lau Düsseldorf, S. 204, Anm.; 1715 waren die Unternehmer noch mit dem Bau der Galerie beschäftigt, HStA, Berg. Landst. V, 29, Pfennigmeisterei XIV, 1794 ist die Galerie mit dem Schloß abgebrannt.

1232 1734 fertiggestellt: KrsAK, Tannheim 1353.

1233 HStA, Jülich-Berg II, 3911, fol. 36.

1234 Vgl. Kap. II, 6, insbesondere Anm. 807.

1235 1803 versteigert; KrAM, Alt. Best. CI, Bund 22, 1803.

1236 Das Pulvermagazin wurde 1793 zur Pulveraufnahme wiederhergerichtet und mit einem „Wetterableiter" versehen, HStA, Jülich-Berg II, 4011, fol. 36, 66, 67.

IX. Quellenverzeichnis

1. Standortverzeichnis

Archive und Sammlungen

	Allgemeen Rijksarchief, Den Haag
ANF	Archives Nationales de France, Paris
	Archivio di Stato, Florenz
ASpee	Gräflich Speesches Archiv, Heltorf
BNF	Bibliothèque Nationale de France, Département de cartes, Paris
	British Museum, Maproom, London
BSB	Bayrische Staatsbibliothek, München
	Raccolta delle stampe Achille Bertarelli, Castello Sforzesco, Mailand
DmAB	Denkmalarchiv des Landeskonservators, Bonn
DSB	Deutsche Staatsbibliothek, Kartenabteilung, Berlin (Ost)
DZA	Deutsches Zentralarchiv, Merseburg
GLAKa	Generallandesarchiv, Karlsruhe
GHsAM	Bayrisches Hauptstaatsarchiv, Abteilung III (Geheimes Hausarchiv), München
GStAB	Geheimes Staatsarchiv, Preußischer Kulturbesitz, Berlin (West)
GStAM	Bayrisches Hauptstaatsarchiv, Abteilung II (Geheimes Staatsarchiv), München
	Haerensarkiv, Kopenhagen
	Hessische Landes- und Hochschulbibliothek, Kartenabteilung, Darmstadt
HStA	Hauptstaatsarchiv, Düsseldorf
HStAM	Bayrisches Hauptstaatsarchiv, Abteilung I (Allgemeines Archiv), München
HStAZw	Hauptstaatsarchiv, Düsseldorf, Zweigarchiv Kalkum
InGen	Ministère des Armées, Inspection du Génie, Paris
	Kunstmuseum Düsseldorf
KrAM	Bayrisches Hauptstaatsarchiv, Abteilung IV (Kriegsarchiv), München
	Klosterarchiv Theresienhospital, Düsseldorf
	Krigsarkivet, Stockholm
KrsAK	Kreisarchiv Viersen, Kempen
	Kurpfälzisches Museum, Heidelberg
LHAKo	Landeshauptarchiv, Koblenz
ÖKrA	Österreichisches Kriegsarchiv, Wien
ÖNB	Österreichische Nationalbibliothek, Kartenabteilung, Wien
ÖStA	Österreichisches Staatsarchiv, Wien
OPD	Oberpostdirektion, Bauabteilung, Düsseldorf
	Pfarrarchiv St. Lambertus, Düsseldorf
	Pfarrarchiv St. Martin, Düsseldorf
	Privatsammlung Conzen, Düsseldorf
RhLM	Rheinisches Landesmuseum, Köln
	Staatsarchiv, Hamburg

StA	Stadtarchiv, Düsseldorf
StAK	Historisches Archiv der Stadt Köln
	Stadtarchiv, Krefeld
StAMs	Stadtarchiv, Münster
Stat. Amt	Amt für Wahlen und Statistik, Düsseldorf
	Stadtarchiv, Neuß
StASp	Staatsarchiv, Speyer
StM	Stadtgeschichtliches Museum, Düsseldorf
SvHist.	Ministère d'Etat chargé de la Défense Nationale, Etat Major de l'Armée de terre, Service Historique
	U-Bahn-Amt, Düsseldorf
UB	Universitätsbibliothek, Düsseldorf
VuK	Vermessungs- und Katasteramt, Düsseldorf

Fotosammlungen

BA/LBS	Landesbildstelle Rheinland, Düsseldorf
BA/Moog	Walter Moog, Luftbildreportagen, Kettwig
BA/OPD	Oberpostdirektion, Bauabteilung, Düsseldorf
BA/Rh	Rheinisches Bildarchiv, Köln
BA/Söhn	Fotosammlung Söhn im Stadtarchiv Düsseldorf
BA/StA	Bildarchiv des Stadtarchivs, Düsseldorf
BA/StM	Bildarchiv des Stadtgeschichtlichen Museums, Düsseldorf
BA/Vf.	Fotosammlung des Verfassers

2. Urkunden und Akten

Hauptstaatsarchiv Düsseldorf (HStA)

— Das jülich-bergische Landesarchiv —

Urkunden

| Jülich-Berg, Uk. Nr. 824 | Lambert von Beverssen wird Amtmann (1451) |
| Jülich-Berg, Uk. Nr. 1446 | Haus am Markt und Ratinger Tor (1482) |

Lehen

| Berg. Lehen Nr. 15b | Kellnereirechnung (Flinger Tor 1635) |
| Jülich-Lehen Nr. 224 | Schriftwechsel des Johann von Hoengen mit Herzog Wilhelm (1555) |

Handschriften, Materialsammlungen

Jülich-Berg Rep. Hs. Nr. 20	Kopialbuch von Urkunden und Briefen Wilhelms von Jülich (Lewenhaus, Stadttore)
Jülich-Berg Rep. Hs. Nr. 33	Pfandverschreibungen, Konzessionen, Reversalien (Zitadelle 1648)
Hs. A I, Nr. 4	Causarum Juliacensium Ducis Wilhelmi Liber quartus (1555 bis 1578)
Hs. A II, Nr. 5	Causae Montenses
Hs. E II, Nr. 1	Topographia Ducatus Montium von E. Ph. Ploennies
Hs. E II, Nr. 4	Beschreibung der zur fürstlichen Oberkellnerei zu Düsseldorf gehörenden Werder, Höfe, Schlösser, Gärten und Gefälle mit Situationsplänen 1771, Verfasser Brosii

Hs. L II, Nr. 7, I – XIV	Quellenwerk A zu Scotti, Sammlung der Gesetze und Verordnungen von Jülich-Berg
Hs. L II, Nr. 8	Quellenwerk A zu Scotti
Hs. N I, Nr. 2 I	Materialsammlungen, Urkunden zur Landeshistorie (Kapitulation von Düsseldorf 1758 und 1795)
Hs. N I, Nr. 1 p	Sammlung Redinghoven, Materialsammlungen (geschichtliche Ausführungen in lateinischer Sprache über Stadt und Stift Düsseldorf

Nachlässe

Lacomblet Kollektaneen	Stadtprivilegien, s. Jülich-Berg II, 3822 bis 3823
Lau Nachlaß, Nr. 16	Überschwemmungen des Rheins
Lenzen Nachlaß, Nr. 3	Aufzeichnungen zur Düsseldorfer Stadtgeschichte
Nachlaß Custodis	Aufzeichnungen zur Düsseldorfer Stadtgeschichte, s. Sammlung Guntrum II, 116
Sammlung Guntrum I, 3	Miszellen, Hofhaltung und Kellnereirechnungen; s. Jülich-Berg III, 1636
Sammlung Guntrum I, 6	s. Jülich-Berg II, 4931, 4999 bis 5009
Sammlung Guntrum I, 8	s. Jülich-Berg I, 809, Jülich-Berg II, 4931, 5024, 5027 bis 5031
Sammlung Guntrum II, 75	Frauenklöster Düsseldorf
Sammlung Guntrum II, 87	Literalien über die Reuterkaserne 1721 bis 1813
Sammlung Guntrum II, 116	Notizen Düsseldorf betreffend, größtenteils von Custodis
Allgemeine Zentralbehörden F 24/I	Beamtenlisten

Altes Landesarchiv

Jülich-Berg I, 51	Landesverwaltung (Gesundheitszustand in Düsseldorf 1494)
Jülich-Berg I, 60	Landesverwaltung (Schloßbrand 1510)
Jülich-Berg I, 145	Landesverwaltung (Mühlenbau 1491)
Jülich-Berg I, 150	Landesverwaltung (Schloßbau 1501)
Jülich-Berg I, 809	geistliche Sachen (Notizen des Stifts 1467)
Jülich-Berg I, 811	geistliche Sachen (Burgkapelle 1479)
Jülich-Berg I, 1037	Städte und Ämter (Stadtgraben 1511)
Jülich-Berg I, 1059	Kriegs- und Fehdesachen (Büchsenlieferungen 1471/1479)
Jülich-Berg I, 1060	Kriegs- und Fehdesachen (Büchsenlieferungen 1479/1500)
Jülich-Berg I, 1328	Finanzverwaltung (Kellnereirechnung 1382, Schützen 1476)
Jülich-Berg I, 1335	Finanzverwaltung (Schloßbau 1493)
Jülich-Berg I, 1349	nutzbare Hoheitsrechte (Schloßbau 1491 bis 1506)
Jülich-Berg I, 1351a	nutzbare Hoheitsrechte (Schloßbrand 1513 bis 1515)
Jülich-Berg I, 1422	nutzbare Hoheitsrechte (Zollbeamte ca. 1487)

Geheime Kanzlei, Geheimer Rat

Jülich-Berg II, 277	geistliche Sachen (Befestigung 1630)
Jülich-Berg II, 613	geistliche Sachen (Tummelhaus, Zeughaus 1755 bis 1756)
Jülich-Berg II, 2378	Regierungsantritt (Huldigungsschreiben 1595)
Jülich-Berg II, 2798	Tätigkeit Johann Pasqualinis in Mainz (1604)
Jülich-Berg II, 2919	Beziehungen zu den Niederlanden (Düsseldorfer Stadtbau 1540)
Jülich-Berg II, 2958	Der Kampf um die geistlichen Fürstentümer 1546 bis 1588 (Wachtordnung von 1585)
Jülich-Berg II, 3008	Akten des Kämmerers und Rates J. H. Schall (Garnison in Düsseldorf 1625)
Jülich-Berg II, 3056	Akten des Marschalls Scheidt, genannt Weschpennik (Schleifung der Außenwerke 1631)

Jülich-Berg II, 3060 bis 3063	Brandenburg und Generalstaaten, Provisionalvergleich von 1629 (Schleifung der Außenwerke 1631)
Jülich-Berg II, 3084 – 3120	Kaiser und Liga (Schleifung der Außenwerke, Neutralitätsverhandlungen 1631 bis 1634)
Jülich-Berg II, 3164 bis 3167	Brandenburg und Generalstaaten (Festungen in Jülich-Berg 1594, 1631)
Jülich-Berg II, 3244 bis 3250	Spanische Niederlande und Krone Spanien (Festung Düsseldorf und Garnison 1634 bis 1637)
Jülich-Berg II, 3290 bis 3993	Das Kurpfälzische Militär (Soldaten in Düsseldorf 1634 bis 1636)
Jülich-Berg II, 3375	Kaiser und Liga (Unterhaltung der Düsseldorfer Garnison)
Jülich-Berg II, 3414 bis 3417	Spanische Niederlande und Krone Spanien (Garnison Düsseldorf 1642)
Jülich-Berg II, 3475 bis 3536	Schweden, Konföderierte Staaten, Hessen (Schanze auf den Steinen 1644, 1648)
Jülich-Berg II, 3570	Landstände (Beihilfe für die Befestigung Düsseldorfs 1647)
Jülich-Berg II, 3665 bis 3666	Brandenburg und Generalstaaten (Ernennung von Goltsteins 1648, Ingenieur Sadeler 1652)
Jülich-Berg II, 3669	Das Pfalzgräfliche Militär (Gubernator Schellaert 1679)
Jülich-Berg II, 3698	Politische Begebenheiten (Fortifikationsbau 1655 bis 1657)
Jülich-Berg II, 3719	Spanische Niederlande und Krone Spanien (Ingenieur Dominico Doctor 1671)
Jülich-Berg II, 3721 bis 3724	Der zweite Raubkrieg 1671 bis 1678 (Fortifikationsbau 1671)
Jülich-Berg II, 3627 bis 3728	Das Pfalzgräfliche Militär
Jülich-Berg II, 3734 bis 3743	Pfalzgraf Philipp Wilhelm (Kriegsverhandlungen 1672, Landesschützen 1676)
Jülich-Berg II, 3750	Das Pfalzgräfliche Militär (Kasernen 1676)
Jülich-Berg II, 3874	Politische Begebenheiten (Kapitulationsakten 1795/96)
Jülich-Berg II, 3821	Militärwesen (Bewilligung der bergischen Landstände zum Fortifikationsbau 1683)
Jülich-Berg II, 3822 bis 3823	Städte (Stadtprivilegien, Kollektaneen von Lacomblet 1288 bis 1665)
Jülich-Berg II, 3826	Militärwesen (Johann von Pasqualini 1608)
Jülich-Berg II, 3836	Verwaltungssachen (Bauplätze auf der Zitadelle 1641)
Jülich-Berg II, 3840	Mühlen, Berg (Windmühle am Ratinger Tor 1602 bis 1608)
Jülich-Berg II, 3841	Bauwesen (Neubau des Flinger Tores 1645)
Jülich-Berg II, 3842	Wegebau (Pflasterung der Straßen 1712)
Jülich-Berg II, 3845 bis 3846	Bauwesen (Zolltor 1800, Liefergasse)
Jülich-Berg II, 3847 bis 3848	Verwaltungssachen (Konzession zu Hausplätzen, Brandordnung)
Jülich-Berg II, 3849 bis 3850	Städte (Stadbrand 1669, Bebauung auf dem Hundsrücken 1681)
Jülich-Berg II, 3852 bis 3903	Bauwesen (Anlage der Karlstadt, Mittelstraße, Karlstädter Tor, Schleifungsgelder, Protokolle der Karlstädter Kommission, 1788 bis 1803)
Jülich-Berg II 3905 bis 3907	Das Pfalzgräfliche Militär (Düsseldorfer Garnison 1645 bis 1680)
Jülich-Berg 3905 bis 3907	Politische Begebenheiten (Hannoveraner in der Stadt, Düsseldorfer Garnison, Rheinbau 1791)
Jülich-Berg II, 3910 bis 3912	Militärwesen (Nachträge zur Wachtordnung 1586, Lazarett 1707 bis 1770, Zeughaus 1774, Gouverneur 1774)
Jülich-Berg II, 3918	Städte (Stadt Düsseldorff, Policey- und Taxordnung 1706)
Jülich-Berg II, 3921	Bauwesen (Baupolizeiordnung 1782)

Jülich-Berg II, 3922	Verwaltungssachen (Schützengesellschaft 1683)
Jülich-Berg II, 3957 bis 3961	Militärwesen (Servisrechnungen 1622)
Jülich-Berg II, 3968 bis 3994	Militärwesen (Garnison in Düsseldorf 1662, Fortifikation 1683)
Jülich-Berg II, 4002 bis 4011	Bauwesen (Umwandlung des Glacis 1804 bis 1807, Kasernen 1792 bis 1794)
Jülich-Berg II, 4028 bis 4030	Militärwesen (Garnison 1702 bis 1706)
Jülich-Berg II, 4031 bis 4033	Militärwesen (Garnison 1707 bis 1765)
Jülich-Berg II, 3280	Städte (Stadt Düsseldorff, Polizey und Taxordnung 1706, Neuauflage 1726)
Jülich-Berg II, 4748	Handel und Gewerbe (Reuterkaserne 1802)
Jülich-Berg II, 4791	Politische Begebenheiten (1788)
Jülich-Berg II, 4931 bis 5013	Militärwesen (Festungsangelegenheiten 1583, 1618 bis 1624, 1677)
Jülich-Berg II, 5014	Militärwesen (Schützenordnung ca. 1600)
Jülich-Berg II, 5015	Bauwesen (Bau der Stadtmauer 1664)
Jülich-Berg II, 5017 bis 5036	Militärwesen (Festung 1597, Festung 1664, Wachtordnung 1635, Quartierliste 1625, Artillerieliste 1664, Nachtwachen 1610)
Jülich-Berg II, 5056	Vorbehalt der Besetzung der Pfarrei (1637)
Jülich-Berg II, 5059	Wasserbau (Rheinbatterie 1757)
Jülich-Berg II, 5098	Militärwesen (Bastionen Elisabeth Augusta und Friedrich 1769)
Jülich-Berg II, 5133 bis 5837	Landtagsverhandlungen 1554 bis 1801
Jülich-Berg II, 5836	Landesregistratur (Rheinbau 1787)
Jülich-Berg II, 6128	Verwaltungssachen (Stadtmauern, Zitadelle 1629)
Jülich-Berg II, 6557	Bauwesen (gedruckte Dekrete verschiedener Jahrgänge)
Jülich-Berg II, 6606	Beamte (Instruktion an den Bauschreiber 1795)
Hofkammer	
Jülich-Berg III, 22	Beamte (Gouverneur von Efferen 1767)
Jülich-Berg III, 24, 25	Stadt und Amt Düsseldorf (Extension)
Jülich-Berg III, 27	Wasserbau (Mauern und Türme 1629)
Jülich-Berg III, 29, 30, 35, 37	Stadt und Amt Düsseldorf (Extension und Neustadt)
Jülich-Berg III, 40 bis 41	Bauwesen (Schloßbrand 1704, Inventar 1798 bis 1802)
Jülich-Berg III, 47	Stadt und Amt Düsseldorf (Grupellohaus, Gouvernement 1708 bis 1799)
Jülich-Berg III, 54	Militärwesen (Fruchtmagazin 1793 bis 1801)
Jülich-Berg III, 57	Stadt und Amt Düsseldorf (Tummelhaus)
Jülich-Berg III, 682	Reskriptenbuch 1722
Jülich-Berg III, 811	Bauwesen (Hofbaumeister Flügel, Übergabe der Dienstgeschäfte an K. A. Huschberger 1801)
Jülich-Berg III, 812	Bauwesen (Festung Heinsberg)
Jülich-Berg III, 817	Bauwesen (Corps de Logis 1767 bis 1768)
Jülich-Berg III, 1631	Dienste Herzogtum Jülich (Schloßbau 1522)
Jülich-Berg III, 1636	Bauwesen (Schloßbaurechnungen 1522)
Jülich-Berg III, 1860	Bauwesen (Extension)
Jülich-Berg III, 2810	Auszüge aus dem Reskriptenbuch der Hofkammer (1718 bis 1744 kurfürstliche Bauten)
Jülich-Berg IIIR, Born-Sittard 30	Kellnereirechnung (1644)
Jülich-Berg IIIR, Born-Sittard 45	Kellnereirechnung (1659)
Jülich-Berg IIIR, Düsseldorf 3	Oberkellnereirechnungen (1745)
Jülich-Berg IIIR, Düsseldorf 4	Oberkellnereirechnungen (1749/1750)
Jülich-Berg IIIR, Düsseldorf 5	Oberkellnereirechnungen (1750 und 1751)

Jülich-Berg IIIR, Eschweiler 5	Kellnereirechnungen (1559)
Jülich-Berg IIIR, Grevenbroich 6	Kellnereirechnungen (1558/1559)
Jülich-Berg IIIR, Jülich 3	Vogteirechnungen (1531/1532, 1534/1535)
Jülich-Berg IIIR, Landrentmeisterei 4 bis 18	Landrentmeistereirechnungen (Gehälter 1693 bis 1794)
Jülich-Berg IIIR, Wehrmeisterei 3	Wehrmeistereirechnungen (1551)

Geheimer Steuerrat

Jülich-Berg IV, 3 bis 4	Kriegssachen (Festungsgraserei 1795, Festungssteinbrechen 1803 bis 1805)
Jülich-Berg IV, 6 bis 7	Wasserbau (Sicherung von Festungswerken 1799 bis 1801)
Jülich-Berg IV, 491 bis 499	Stadtrentmeisterei (verschiedene Jahrgänge)
Jülich-Berg IV, 632	Volks- und Viehzählung 1703

Bergische Landstände

Berg. Landst. IV, Landtags-verhandlungen 1 bis 4	Stadtbau Düsseldorf 1560
Berg. Landst. IV, Landtags-verhandlungen 33	Garnison Düsseldorf 1629
Berg. Landst. V, 26, Steuerwesen	Festungsgelder 1669
Berg. Landst. V, 27, Steuerwesen	Festungsgelder 1679 bis 1682, 1683 bis 1686
Berg. Landst. V, 29, Steuerwesen	Festungsgelder 1634 bis 1637
Berg. Landst. V, 29, Pfennig-meisterei I bis LXIII	Ingenieur- und Gouverneursbesoldung, Fortifikationsgelder 1705/06 bis 1763/64
Berg. Landst. V, 29, Pfennig-meisterei LXIV bis C	Fortifikationsgelder 1763/64 bis 1800/01
Berg. Landst. V, 34, Steuerwesen III	Kapitationssteuer 1663
Jüliche Landst. V, 118, Steuer-rechnungen 18	Festungssteuer 1668
Jüliche Landst. V, 1 B, Steuer-rechnungen 26	Fortifikationsrechnungen 1672
Jüliche Landst. V, 12 Steuerwesen	Bericht von Cagnon 1688

– Kleve-Märkisches Landesarchiv –

Kleve-Mark 4, 26	Erbfolgestreit (Kanonenlieferung 1613)
Kleve-Mark 4, 53 II	Erbfolgestreit (Neutralitätsverhandlungen 1621)
Kleve-Mark 12, 56 IX	Zölle und Lizenten (Kanonenlieferung 1739)
Kleve-Mark XXI, 257	Beziehungen zu den Niederlanden (Landtag 1538) – Kriegs-verlust – gedruckter Auszug bei Below I, 1, S. 261 bis 262
Kleve-Mark XXX, 164	Regierung Kleve und Vorbehörden (Belagerung von Düssel-dorf 1758)

– Kurkölnisches Archiv –

Erzstift-Akten

Kurköln II, 2713 I bis III	Hoheits- und Grenzsachen (Fort Düsselburg 1699 bis 1748)

Kriegsakten

Kurköln VII, 21	Kriegssachen (Straßenbauten zum Einzug der Jakobe von Baden 1585)
Kurköln VII, 207 IV	Kriegssachen (Beschießung und Kapitulation 1758)

– Niederrheinisch-westfälisches Kreisarchiv –

NW Kreisarchiv I R 17 (I, II)	Kreisexecutionssachen (Erweiterung der Kanzlei mit einem Plan von Pigage 1755)
NW Kreisarchiv IX, 79	Kreishandlungen (Proviantierung der Festung Düsseldorf)

– Archiv des Großherzogtums Berg –

Ministerium des Innern

GrHztm. Berg 4180	Protokolle (Schleifungsgelder 1806)
GrHztm. Berg 4535	Rheindepartment (Beuthsche Bastion 1805)
GrHztm. Berg 4590	Polizei
GrHztm. Berg 5631	Bauten (Abbruch des Flinger Tores 1807)

Präfektur des Rheindepartments

GrHztm. Berg 10227	Mairie Düsseldorf
GrHztm. Berg 10566	Mairie Düsseldorf (Abbruch des alten Gymnasiums 1809)

Generalgouvernement

IX, 483	Verwendung der Domänialgebäude in Düsseldorf (1805 bis 1814)

– Stifts- und Klosterarchive –

Annuntiaten Dssd. Nr. 2	Häuser der Annuntiaten auf der Zitadelle (1651)
Franziskaner Dssd. Nr. 2	Chronik der Franziskaner (1650 bis 1701)
Jesuiten Dssd., Akt. Nr. 16, 17	Ländereien in der Extension (1741 bis 1748) (1697 bis 1721)
Krzbr. Dssd. Uk. Nr. 5, 6, 48, 60, 75, 106, 111, 145, 160, 175, 184	Häuser und Ländereien
Krzbr. Dssd. Akt. Nr. 16/4, 16/6, 16/7, 17/8, 17/7, 38, 38a	Häuser und Ländereien
Stift Dssd., Uk. Nr. 11, 30, 38, 87, 108, 116a, 120, 133, 198, 206, 220, 227, 241	Häuser und Ländereien
Stift Dssd., Akt. Nr. 19	Klageschrift Stift Düsseldorf (1467)
Stift Dssd., Akt. Nr. 44	Befestigungsbau und desfalsige Dienste des Aderhofes (1673)

– Herrschaften –

Herrschaft Broich, 567	Projekt einer Marktordnung (Meister Hans 1559)
Herrschaft Broich, 1154	Reichs- und Kreisangelegenheiten (Zitadelle 1783)
Herrschaft Broich, 1180, 1181, 1182	Kriegs- und Militärsachen (1534 bis 1542)
Nesselrode/Ehreshoven, LA 52d	Landesarchiv (Quartierliste)

– Zeitungen –

RWZ 13.1	Stadt Düsseldorfer Post Zeitung (1745)
RWZ 13.2	Bergisch wöchentliche Nachrichten

Regierung Düsseldorf, Präsidial-abteilung 962	Schleifung (1816 bis 1837)
Regierung Düsseldorf, Präsidial-abteilung 982	Verschönerungsanlagen der Südseite der Karlstadt Düsseldorf (1834 bis 1837)
Regierung Düsseldorf, Hochbau-abteilung Fach 328	Pläne von Düsseldorf
Regierung Düsseldorf, Kommunal-abteilung 749 bis 759	Schleifungs- und Verschönerungsarbeiten (1814 bis 1862)
Regierung Düsseldorf, Kommunal-abteilung 772 bis 776	Bauplan der Stadt Düsseldorf (1822 bis 1868)
Regierung Düsseldorf, Kommunal-abteilung 808, 810, 811	Gefängnis auf dem Berger Tor (1819 bis 1885)
Regierung Düsseldorf, Fach 312, Nr. 16	Bulletin des Lois du Grand Duché de Berg (1811)
Regierung Düsseldorf, Fach 439, Nr. 4, Akt. IO, 176	Abbruch des Berger Tores (1895)
Regierung Düsseldorf, Domänen 4914	Eiskeller (Ratinger Rondell)

Stadtarchiv Düsseldorf (StA)

Urkunden

Uk. Nr. 1	Bruchstück eines Kopialbuches (Abschrift des 16. Jahrhunderts)
Uk. Nr. 3	Bestätigung der Stadtprivilegien (1384)
Uk. Nr. 4	Ermächtigung für die Erhebung von Wegegeld (1395)
Uk. Nr. 11	Schenkung von drei Gärten vor dem Ratinger Tor (1428)
Uk. Nr. 12	Bestätigung der Stadtprivilegien (1437)
Uk. Nr. 20	Haus zwischen Liebfrauentor und Ratinger Tor (1462)
Uk. Nr. 73	Bauordnung, undatiert (wahrscheinlich 1594 bis 1596), Abschrift vgl. StM, Uk. Nr. 51
Uk. Nr. 80a	Antrag wegen einer neuen Kappe auf dem Flinger Tor (1597)
Uk. Nr. 80b	Reparatur der Palisaden am Flinger und Berger Tor (1614)
Uk. Nr. 126	Artilleriehaus, Neustraße (1669)
Uk. Nr. 132	Johann Wilhelm verleiht der Stadt Düsseldorf Gartenplätze auf der Zitadelle und im Neuen Werk (1681)
Uk. Nr. 133	Bebauung lediger Plätze in der Residenzstadt Düsseldorf (1684)

Allgemeine Verwaltungsakten

I 206	Gravamina der Stadt Düsseldorf über die Garnison (1617)
I 207	Düsseldorfer Festungswerke, Vorschlag zur Erweiterung (1756), Festungsgraserei (1761), Schäden (1768), Schleifung der Inneren Werke (1772)
I 217	Forderungen für die durch die Erweiterung der Festungswerke entstandene Beschädigung (1796)
I 239	Beschluß des Stadtrats über die Anbringung einer Kappe auf dem Flinger Tor
I 243	Edikt wegen Landwehren (1665)
I 247	Neubau einer steinernen Brücke am Ratinger Tor (1717)

I 260/261	Stadtrechnungen 1540 bis 1542 (Rathausfund 1942)
I 372	Schadensaufstellungen von Pigage (1758)
I 377	Beschießung der Stadt am 6. Oktober 1794
II 82	Schleifungsakten (1801 bis 1854)
II 197	Bau und Unterhaltung des Rheinwerfts (1570 bis 1857)
II 361	Anlegung der Karlstadt (1781 bis 1786) – zugehörige Pläne in den Stadtgeschichtlichen Sammlungen –
II 361a	Der Stadtbauplan von 1831 und 1853
II 454	Die Erweiterung und der Abbruch des Zolltores
II 455	Sperrhäuser am Ratinger und Flinger Tor (1809)

Personalia   Personalakten

Unsignierte Akten

Gasthausarchiv	Archiv des ehemaligen Hubertusstifts (Rechnungsakten der Stadt Düsseldorf von 1427 bis 1449)
Ratsprotokolle	Düsseldorfer Rathausprotokolle 1759 bis 1762
Mairie Protokolle	Düsseldorfer Rathausprotokolle 1810 bis 1813 (vor 1938: HStA, GrHztm. Berg)
Hofhaltungsrechnungen 1691 – 1717	Manuskript von Hermine Kühn-Steinhausen 1960

Stadtgeschichtliches Museum (StM)

Uk. Nr. C 1	Landsteuerbuch 1632
Uk. Nr. D 39	Bebauung der Zitadelle
Uk. Nr. D 12	Schriftwechsel Jacobis mit Weyhe
Uk. Nr. F 41	Bauordnung, undatiert (wahrscheinlich 1594 bis 1596; vorhandenes Exemplar, Abschrift ohne Datum)
Uk. Nr. 51	Verkauf von Festungsgelände (1808)
Uk. Nr. 64	Abbruch des Berger Tores (1894)

Universitätsbibliothek (UB)

| DR 4814 (4°) Ink. | Bergische Verordnungen (1649 bis 1680) |
| DR 4739 (4°) Ink. | Bergische Verordnungen (1556 bis 1646) |

Heinrich-Heine-Institut

| G 82 | Le Portrait du vrai Mérite, Handschrift von Kabinettsekretär Georg Maria Rap(p)arini, Düsseldorf 1709 |

Pfarrarchiv St. Lambertus

Urkunden

Uk, 29	Verkaufsurkunde zwischen Ritter von Steinhorst und dem Kapitel (1400)
Uk, 33	Schenkung des Bauplatzes der Neuen Kirche in der Neustadt an den Büchsenmeister Johann Layre (1435)
Uk, 48	Herzogin Sibilla stiftet die Scholasterie (1517)
Uk, 107	Pfalzgraf Wolfgang Wilhelm bekundet den Abriß einiger Häuser in der Altstadt am Rhein zur Errichtung von Befestigungswerken (1625)
Uk, 136	Wiederaufbau der Scholasterie (1646)
Uk, 215	Testament der Eheleute Lollio, genannt Sadeler (1679)
Uk, 269	Streit über das Fenster- und Dachaufbautenrecht des dem Kapitel gehörenden früheren Gymnasiums (1705)

Akten
A/17	Verordnungen und Bekanntmachungen (1808 bis 1832)
A/21	Genealogie der Herzöge von Berg (1289 bis 1667)
A/22	Abbruch des Ratinger Tores (1809)
A/23	Quartierliste des Gefolges Napoleons I. (1811)
A/34	Zeichnungen von Alt-Düsseldorf
A/40	Einquartierungen in Kanonikerhäusern 1737 bis 1759
A/237	Baurechnungen der Vikarie
A/493	Kirchengebäude und Stiftsplatz
A/494	Pläne zu Kirche und Stiftsplatz

Pfarrarchiv St. Martin   Kriegssteuerhebebuch 1689

Klosterarchiv Theresienhospital

Tresor	Chronik der Karmelitessen
Fach 9	Grundbesitz des Hospitals mit Plänen

Gräflich Speesches Archiv Schloß Heltorf (ASpee)

N 2, 19	Akten betreffend die Familie von Spee (Pläne und Kostenanschläge der Festung (1688)
01	Mietvertrag des Bertram v. Spee mit Leerodt-Degenhard

Kreisarchiv Viersen in Kempen (KrsAK)

Archiv Schaesberg	Dienstakten aus dem Nachlaß des kurpfälzischen Hofkammerdirektors Graf Johann Wilhelm von Schaesberg
Tannheim 1353	Kasernenbauten 1734
Tannheim 1361a	verschiedene Bauten in Düsseldorf 1695
Tannheim 1370	Fortifikationsakten Düsseldorf 1734
Tannheim 1371	Fortifikationsakten Düsseldorf 1733 bis 1734
Tannheim 1373	Fortifikationsakten Düsseldorf 1734 bis 1735
Tannheim 1374	Fortifikationsakten Düsseldorf 1735
Tannheim 1379	Münzwesen 1737, Einquartierung kaiserlicher Truppen 1735
Tannheim 1562c	Rechnungsakten Johann Pasqualinis zum Rheinbau, Fortifikationsberichte Düsseldorf und Jülich 1735 bis 1742
Privatbestände	
Bestand, Krickenbeck E 42	Bericht Henoumonts zur Überschwemmung 1799
Bestand Roosen 97	Damian von Niedeggen „geometria", Buchmanuskript zum Festungsbau 1625 bis 1656

Stadtarchiv Münster (StAMs)

A II, Nr. 20, 13a	Rapiar (Meister Niclaes 1581)
A VIII, Nr. 277, 4	Kämmereirechnungen (Meister Nickell 1580)
A VIII, Nr. 277, 7	Kämmereirechnungen (Meister Niclaes 1592)

474

Landeshauptarchiv Koblenz (LHAKo)

Oberpräsidium der Rheinprovinz

403 Nr. 4272	Antrag zur Fortsetzung der Arbeiten zur Schleifung der Festungswerke in Düsseldorf 1833
403 Nr. 3578	Erweiterung und Verschönerung der Stadt Düsseldorf 1833 bis 1840

Staatsarchiv Speyer (StASp)

Geh. Rat Jülich-Berg A 7/55	Protokolle 1802 (Bauquadrate der Karlstadt 1801)
Geh. Rat Jülich-Berg A 7/56	Festung Düsseldorf (Schleifung 1801 bis 1802)
Geh. Rat Jülich-Berg A 7/61	Armenpflege in der Stadt Düsseldorf (Einräumung der Reuterkaserne zu einem Arbeitshause 1798)
Geh. Rat Jülich-Berg A 7/456	Anträge wegen M. F. Weyhes Anstellung
Geh. Rat Jülich-Berg A 7/663	Erweiterung des Zolltores (1800)
Geh. Rat Jülich-Berg A 7/681	Umbau des bisher als Feuerwerkslaboratorium gebrauchten Flinger Tores in ein Gefängnis (1794)
Geh. Rat Jülich-Berg A 7/683	Bauinspektor zu Düsseldorf (1801)

Badisches Generallandesarchiv (GLAKa)

Hausfideikommiss. Bd. XVII Hs. Nr. 2185	Pläne Speckles (Düsseldorf, fol. 17)
Militärwesen 77/7412	Pfalz Generalia (Graf von Nassau-Weilburg) (1704, 1706)
Militärwesen 77/8577	Militärstatus 1698 bis 1701 (Militäringenieure)

Bayrisches Hauptstaatsarchiv München, Abteilung 1 (Allgemeines Archiv) (HStAM)

Stammabteilung Jülich-Kleve-Berg

Jülich-Kleve-Berg, Fasz. I, 7	Die inneren Angelegenheiten der jülichen Lande (1589 bis 1604)
Jülich-Kleve-Berg, Fasz. XXXII, 36	Korrespondenz mit von Orsbeck, Präsident zu Düsseldorf
Jülich-Kleve-Berg, Fasz. L, 57	Drei Hefte Kommunikation mit dem Markgrafen Spinola, das jüliche Successions- und Defensionswesen betreffend (1614 bis 1615)
Jülich-Kleve-Berg, Fasz. LXXIX, 220	Anschlag auf Düsseldorf (1614)

Bestand Pfalz-Neuburg

Pfalz-Neuburg, 128, Akten	Inventar über das fürstlich-neuburgische Zeughaus und
Pfalz-Neuburg, 786, Akten	Gebundt des Dr. Alexius Moroldt (1595 bis 1596) – Kriegsverlust –, gedruckter Auszug bei Lau Nr. 344

Bayrisches Hauptstaatsarchiv München, Abteilung 2 (Geheimes Staatsarchiv) (GStAM)

Kurpfälzische Akten

Kasten blau 53/8	Korrespondenz Wolfgang Wilhelms mit Philipp Wilhelm (1960 bis 1640)
Kasten blau 60/20	Korrespondenz Johann Wilhelms mit Kaunitz

Kasten blau 116	Acta Secreta (Konvention über die Einlagerung von drei Bataillions königlich französischer Kriegsvölker in die Stadt und Festung Düsseldorf)
Kasten blau 335/47	Relationes, meine Verrichtung zu Düsseldorf (1595 bis 1596)
Kasten blau 424	Acta Secreta (Schriftwechsel mit Frankreich 1758 bis 1759)

Kurbayrische Akten
| Kasten schwarz 1134 | Chur-Cölnische Correspondenz 1735 bis 1739) |
| Kasten schwarz 10629 | Franzosenkrieg (Berichte und Reskripte von und an den dirigierenden Minister, Freiherrn von Hompesch) |

Ministerium des Äußeren
MA 4381 bis 4383	Bergische auswärtige Verhältnisse, französische Republik, Militärgewalt (Acta Generalia 1800 bis 1801)
MA 4385	Jülich und Berg auswärtige Verhältnisse, Frankreich, Militärgewalt (Acta Generalia 1799)
MA 4723	Die Handelsverhältnisse in Beziehung auf das Ausland

Bayrisches Hauptstaatsarchiv, Abteilung 3 (Geheimes Hausarchiv) (GHsAM)

| 2347 III, Akt. | Inventarium über das allhiesig Churfürstliche Zeug- und Rüsthaus (Neuburg) |

Bayrisches Hauptstaatsarchiv, Abteilung 4 (Kriegsarchiv) (KrAM)

Alter Bestand
Alt. Best. A, Bund 11, Serie II	Die Armee, Ingenieure, Invaliden (Abschnitt 10, Bericht von Pfisters zur Ingenieurausbildung)
Alt. Best. B, Bund 2, Serie XI	Anteil am ersten Reichskrieg gegen Frankreich (Instruktion des Generals und Provinzialkommandanten in Düsseldorf, Baron von Zedwitz 1794)
Alt. Best. B, Bund 283	Anteil am ersten Reichskrieg gegen Frankreich 1794 (Untersuchung des voreiligen Ausmarsches aus Düsseldorf 1795 bis 1796) (Kasernenbericht)
Alt. Best. B, Bund 285	Anteil am ersten Reichskrieg gegen Frankreich (Bericht von von Zedwitz über den Rheinübergang 1795)
Alt. Best. C, I, Bund 20	Düsseldorf (Garnison 1758 bis 1801)
Alt. Best. C, I, Bund 21	Düsseldorf (Kasernenbauten 1780 bis 1788, Sankt-Hubertus-Spital 1780 bis 1805)
Alt. Best. C, I, Bund 22	Düsseldorf (Extension der Stadt 1764 bis 1794, Festungsbau, Militärgebäude, Grundbesitz 1757, 1795 bis 1803)

Handschriften
| Hs. 1466 | Reflexion über den wahrhaften Zustand der Festung Düsseldorf (1764 von Georg Bauer) |
| Hs. 1610 ff. | Der Kurpfälzische Militäretat (von 1765 ff.) (verfaßt von Trierweiler) |

476

Bayrische Staatsbibliothek München, Handschriftenabteilung (BSB)

Cgm 2213, Bd. 1 bis 79	Sammlung Redinghoven, betreffend historische Ereignisse in Jülich-Kleve-Berg

Deutsches Zentralarchiv (Preußischer Kulturbesitz), Merseburg (DZA)

Historische Abteilung I

Rep. 35	Erbfolgestreit (1609)
Rep. 63, Nr. 64a	Spanischer Erbfolgekrieg (Düsseldorf 1702)
Rep. 77, Tit 50, Nr. 1, Bd. 1	Verwaltung der neuerworbenen Provinzen zwischen Elbe und der französischen Grenze (1813 bis 1815)
Rep. 93, D 71, XXVI, Lit. G C, Nr. 3	Stadtbauplan von Düsseldorf (1831)

Österreichisches Kriegsarchiv, Wien (ÖKrA)

Allgemeine Feldakten

AFA 1758, 62 und 63-13/14, Fasz. 159	Korrespondenz an Hofkriegsrath Kaunitz
AFA 1794, 11 bis 12, Fasz. 437	Bericht des Generalmajor Baron Kerpen (Zustand von Düsseldorf)
AFA 1794, 12 bis 19, Fasz. 437	Korrespondenz (Zustand von Dusseldorf)
AFA 1794, 19 bis 36, Fasz. 437	Korrespondenz des Herrn Feldzeugmeisters Baron Allvinty Excellenz

Ministère d'Etat chargé de la Défense Nationale, Etat Major de l'armée de terre, Service historique, Vincennes (SvHist)

Série A 820	Lettres écrites au roy concernant les troupes de sa majesté dans le pays de Cologne (1688)
Série A 2875	Recueil des lettres officielles 1736, 1737, 1738 (Legende zum Plan von Düsseldorf)
Série A 2904	Recueil des lettres officielles de M. d'Angervilliers de Breteuil et autres concernant le génie pendant les années 1739 et 1740
Série A 2955	Allemagne juin, juillet 1742 (Truppen des französischen Heeres in Düsseldorf)
Série A 3044	Guerre d'Allemagne 1744 (Düsseldorf)
Série A 3094	Guerre d'Allemagne 1745 (Düsseldorf)
Série A 3175	Allemagne, 1759, traité entre le roi et l'électeur palatin au jour de l'occupation de la Ville et de la Citadelle de Düsseldorf par des troupes françaises
Série A 3473	Allemagne, mars 1758
Série A 3477	Allemagne, 16 – 30 juin 1758 (Bombardement von Düsseldorf)
Série A$_2$ 40	Allemagne, mars juin 1758 (Bombardement von Düsseldorf)

Mémoires et Reconnaissances

Mémoires et Reconnaissances 1017 – 1025	Mémoires militaires

Mémoires et Reconnaissances 1570   Prusse (undatierte Schriftstücke)
Mémoires et Reconnaissances 1796   Donation Perret 1705 bis 1776

Ministère des armées, Inspection du Génie, Paris (InGen)

Places étrangères
A 14-102, Nr. 1 ff.   Fortification de Dusseldorf (1736 bis 1673)
A 14-103, Nr. 1 ff.   Fortification de Dusseldorf (1796 bis 1902)

Archives Nationales de France, Paris (ANF)

Ministère de Guerre
AF IV 30, pl. 168   Arrêté du 24 Pluviôse an IX (13. Februar 1801) portant
                                 que la place Dusseldorf sera démolie
AF IV 1166, d1   rapport sur la frontiere du Rhin par le Général de Division
                                 Marescot 1er Inspecteur Général du Génie

Administration communale
AF IV 1837 – d4   l'alignement de la place d'armes (Paradeplatz) de Dusseldorf
                                 (1810 bis 1811)
AF I 1837 – d5   project du décret du 17 décembre 1811 (embellissement de
                                 Dusseldorf, rapport sur la démolition des fortifications)

Bibliothèque de l'Arsenal, Paris

MS 6464/693   collection du Marquis de Paulmy, Bericht mit Plan, ca.1758

Bibliothèque Nationale, Paris (BNF)

Département des cartes et plans   plans de Düsseldorf 1758 – 1795
                                 Cartes militaires

Archivio di Stato, Florenz

MdP. filza 5837, Nr. 21   Brief der Kurfürstin an den Kardinal Francesco Maria Medici
                                 (1696)

Raccolta delle stampe Achille Bertarelli – Castello Sforzesco, Mailand

Raccolta Martinelli Vol. III

3. Literaturverzeichnis

Buchreihen, Jahrbücher und Zeitschriften

Häufig vorkommende Literatur wurde abgekürzt

	Almanach Electoral Palatin pour l'année . . . contenant les jours de gala et de chapelle, Mannheim 1769 ff. (französische Ausgabe des Hofkalenders)
Alt Düsseldorf	Monatsschrift zur Pflege und Erhaltung der künstlerischen und historischen Eigenart Alt Düsseldorfs und des Niederrheins, Düsseldorf 1924 ff.
Angerl HB	Angerländer Heimatblätter „Die Quecke", Lintorf
AnHVNrh	Annalen des historischen Vereins für den Niederrhein, Köln
	Arbeitshefte des Landeskonservators Rheinland, Köln
	Ausstellungskataloge staatlicher Archive, Düsseldorf
	Die Bau- und Kunstdenkmäler der Hansestadt Lübeck
	Die Bau- und Kunstdenkmäler von Westfalen, Münster
BergWN	Bergisch wöchentliche Nachrichten, Düsseldorf
BtrGNrh	Beiträge zur Geschichte des Niederrheins, Düsseldorf (1886 bis 1912), Fortsetzung der ZsDGV
	Beiträge zur Geschichte der Stadt Mainz, Mainz
	Deutsches Städtebuch, Stuttgart
	Düsseldorfer Adreßkalender, Düsseldorf
DHb	Düsseldorfer Heimatblätter „Das Tor", Düsseldorf
DJb	Düsseldorfer Jahrbuch, Düsseldorf 1926 ff., (Fortsetzung der BtrGNrh)
	Forschungen zur deutschen Landeskunde, Bonn-Bad Godesberg
	Geschichte der Wissenschaften in Deutschland, München
	Geschichtliche Landeskunde. Veröffentlichungen des Instituts für Geschichtliche Landeskunde an der Universität Mainz, Wiesbaden
GBergWN	Gülich und Bergische wöchentliche Nachrichten
HbJanW	Heimatblätter „Jan Wellem", Düsseldorf
	Heimatbuch des Kreises Kempen-Krefeld
	Heimatkalender der Erkelenzer Lande
	Heimatkalender des Landkreises Jülich, Jülich
	Heimatkalender des Selfkantkreises (Geilenkirchen, Heinsberg), Geilenkirchen
	Heimatkundliche Schriftenreihe des Jülicher Landes, Jülich
	Historisches Jahrbuch der Görresgesellschaft, München – Freiburg
Hofkalender	Churpfälzischer Hof- und Staatskalender auf das Jahr . . ., Mannheim 1748 ff.
	Churpfälzischer Hof- und Standeskalender, Mannheim 1734
	Inventare nichtstaatlicher Archive, hrsg. von der Archivberatungsstelle beim Landschaftsverband Rheinland, Essen
	Die Kunstdenkmäler der Rheinprovinz, Düsseldorf
	Die Kunstdenkmäler von Rheinland-Pfalz, Koblenz
	Kunst- und Künstler, Berlin

	Magdeburger Kultur- und Wirtschaftsleben, hrsg. von der Stadt Magdeburg, Magdeburg
MannGB	Mannheimer Geschichtsblätter, Mannheim
	Mindener Beiträge zur Geschichte, Landes- und Volkskunde des ehemaligen Fürstentums Minden, Minden
MsRhVDH	Monatsschrift des Rheinischen Vereins für Denkmalpflege und Heimatschutz, Düsseldorf (ab 1919 ZsRhVDH)
NrhBl	Niederrheinische Blätter für Belehrung und Unterhaltung, Düsseldorf
NW Kreiskalender	Niederrheinisch-Westphälischer Kreis-Kalender auf das Schaltjahr Christi . . . Das ist ein Historisch- und Genealogischer Schematismus Hochbenennten Kreises, wie auch des Rheinisch und Westphälischen Adels, Köln
	Publikation der Gesellschaft für Rheinische Geschichtskunde, Düsseldorf
	Rheinischer Heimatbund, Düsseldorf
QuFGNrh	Quellen und Forschungen zur Geschichte des Niederrheins, Düsseldorf
RhKst	Rheinische Kunststätten, Schrifttum des Rheinischen Vereins für Denkmalpflege und Heimatschutz, Düsseldorf
Rhein. Heimatpflege	Die Rheinische Heimatpflege, Neue Folge, Köln
Rhein. Lebensbilder	Rheinische Lebensbilder,
	Rheydter Jahrbuch, Düsseldorf
	Schriften der Elsaß-Lothringischen Wissenschaftlichen Gesellschaft zu Straßburg, Reihe A, Heidelberg
	Schriften der Stadt Mannheim, Mannheim
	Schriften des Vereins für die Geschichte Berlins, Berlin
	Schriftenreihe des Kreises Kempen-Krefeld, Krefeld
	Schrifttum der wissenschaftlichen Gesellschaft zum Studium Niedersachsens, e. V., Oldenburg
	Schützenzeitung des St. Sebastianus-Schützenvereins, Düsseldorf 1316 e. V.
	Studium Generale. Zeitschrift für die Einheit der Wissenschaften im Zusammenhang ihrer Begriffsbildungen und Forschungsmethoden, Berlin
	Untersuchungen zur Deutschen Staats- und Rechtsgeschichte, Breslau
	Veröffentlichungen der Landes- und Stadtbibliothek Düsseldorf, Düsseldorf
	Veröffentlichungen der staatlichen Archive des Landes Nordrhein-Westfalen, Reihe D, Düsseldorf
	Veröffentlichungen des Stadtarchivs Bonn, Bonn
	Verwaltungsberichte der Stadt Düsseldorf
ZsBGV	Zeitschrift des Bergischen Geschichtsvereins, Elberfeld
ZsDGV	Zeitschrift des Düsseldorfer Geschichtsvereins, Düsseldorf 1882 – 1893 (Fortsetzung der MsVGAD)
ZsRhVDH	Zeitschrift des Rheinischen Vereins für Denkmalpflege und Heimatschutz, Düsseldorf (Fortsetzung der ZsRhVDH)

Lexika, Wörterbücher

Bayer	Erich Bayer (Hrsg.), Wörterbuch zur Geschichte, Stuttgart 1965

Duden	Duden, Wörterbuch der Abkürzungen, Mannheim / Wien / Zürich 1971
Hoyer Wörterbuch	Johann-Gottfried von Hoyer, Allgemeines Wörterbuch der Kriegsbaukunst, Bd. 1, Berlin 1815; Bd. 2, Berlin 1816; Bd. 3, Berlin 1917
Lexers	Mathias Lexers, Mittelhochdeutsches Taschenwörterbuch, Stuttgart 1966
Pohler	Johann Pohler, Bibliotheca Historica militaris, Systematische Übersicht der Erscheinungen aller Sprachen auf dem Gebiet der Geschichte der Kriegs- und Kriegswissenschaft seit Erfindung der Buchdruckerkunst bis zum Schluß des Jahres 1880, Bd. 1 bis 4, Kassel – Leipzig 1887 bis 1899
Poten	Karl-Georg-Heinrich von Poten, Handbuch der gesamten Militärwissenschaft, Berlin 1877
Schmidt Otto	Otto Schmidt, Reallexikon zur deutschen Kunstgeschichte, Stuttgart 1937
Thieme – Becker	Ulrich Thieme und Felix Becker, Allgemeines Lexikon der bildenden Künstler von der Antike bis zur Gegenwart, hrsg. von Hans Vollmer, Leipzig 1925

Einzeldarstellungen

Aders in DJb, Bd. 48 (1956)
    Günter Aders, Die Düsseldorfer Bevölkerung im Jahre 1738, in: DJb, Bd. 48 (1956), S. 104 – 119.
Aders in HbJanW, 1955, Nr. 8/9
    Günter Aders, Der Düsseldorfer Stadthaushalt vor 400 Jahren, in: HbJanW, 1955, Nr. 8, S. 1 – 4; Nr. 9, S. 5 – 10
Aders in HbJanW, 1956, Nr. 7
    Günter Aders, Das Haus Ritterstraße 10, in: HbJanW, 1956, Nr. 7, S. 7 – 8
Aders in HbJanW, 1957, Nr. 4
    Günter Aders, Zur Geschichte des Hauses Ratinger Straße 15 und seiner Nachbarhäuser, in: HbJanW, 1957, Nr. 4, S. 5 ff.
Aders in HbJanA, 1958, Nr. 4
    Günters Aders, Düsseldorf zur Zeit Johann Wilhelms, in: HbJanW, 1958, Nr. 4, S. 8 – 18
Aders in HbJanW, 1959, Nr. 1
    Günter Aders, Das Düsseldorfer Hochwasser im Jahre 1799, in: HbJanW, 1959, Nr. 1, S. 20 – 21
Aders in HbJanW, 1959, Nr. 9 – 11
    Günter Aders, Von den Anfängen des Düsseldorfer Schützenwesens, in: HbJanW, 1959, Nr. 9, S. 140 – 142; Nr. 10, S. 149 – 152; Nr. 11, S. 164 – 168
Aders Gebhard
    Gebhard Aders, Bonn als Festung, ein Beitrag zur Topographie der Stadt und zur Geschichte ihrer Belagerungen (= Veröffentlichungen des Stadtarchivs Bonn, Bd. 12), Bonn 1973
Aders in Heimatbuch
    Gebhard Aders, Die Schlacht bei Krefeld, in: Heimatbuch des Kreises Kempen-Krefeld, 1969
Adelmeyer
    Erna Adelmeyer, Die Pasqualini, Hofbaumeister der jülicher Herzöge, in: Heimatblätter des Landkreises Jülich, Bd. 19, 1969, S. 55 – 63

Aitsinger 1585

Michael Aitsinger (Eitzing), De Leone Belgico eiusque topographica atque historica descriptione liber . . . Insuper . . . Francisci Hogenbergii 142 figurii ornatur . . . ab anno 1559 usque ad annum 1585 . . . continatus, Köln 1585 (UB Dssd)

Aitsinger 1588

Michael Aitsinger (Eitzing), De Leone Belgico eiusque topographica atque historica descriptione liber . . . Insuper . . . Francisci Hogenbergii 142 figuris ornatur . . . ab anno 1559 usque ad annum 1585 . . . continatus, spätere, unvollständige Auflage, o. O. 1588

Alberti

Hans Joachim von Alberti, Maß und Gewicht, geschichtliche und tabellarische Darstellungen von den Anfängen bis zur Gegenwart, Berlin 1957

Almanach

Almanach für die Stadt Düsseldorf auf das Jahr 1844, hrsg. von Hermann Goedsche und Joseph Stahl, Düsseldorf 1844

Bachmann Städteansichten

Friedrich Bachmann, Die alte Deutsche Stadt, ein Bilderatlas der Städteansichten bis zum Ende des Dreißigjährigen Krieges, Bd. I, Teil 2, Rheinlande, Leipzig 1941

Bachmann Städtebilder

Die alten Städtebilder, ein Verzeichnis der graphischen Ortsansichten von Schedel bis Merian, Leipzig 1939

Bär

Max Bär, Der Koblenzer Mauerbau, Rechnungen 1276 bis 1289 (Publikationen der Gesellschaft für Rheinische Geschichtskunde, Bd. V), Leipzig 1888

Baumgarten

Ernst Baumgarten, Der Kampf des Pfalzgrafen Philipp Wilhelm mit den jülich-bergischen Ständen von 1669 bis 1672, in: BtrGNrh, Bd. 8 (1903), S. 30 − 133; Bd. 19 (1905), S. 1 − 63

Bayerle

Bernhard-Gustav Bayerle, Die Katholischen Kirchen Düseldorfs, von ihrer Entstehung bis auf die neueste Zeit, Düsseldorf 1844

Becker

Hans Becker, Das Verhältnis der Jülichen Erbprätendenten Georg-Wilhelm von Brandenburg und Wolfgang-Wilhelm von Neuburg zu einander bis zum Xantener Vertrag (1612 bis 1614), in: BtrGNrh, Bd. 25 (1912), S. 1 − 65

Behr

Johan-Heinrich Behr, Der aufs neuverschanzte Turenne oder gründliche, alt- und neue Kriegs-Bau-Kunst, worinnen über die Niederländische oder Freytagische Fortification ausweiset Johan Heinrich Behr, Frankfurt & Leipzig 1690 (UB Dssd.)

Beissel

Stephan Beissel, Geldwerth und Arbeitslohn im Mittelalter, Freiburg 1885

Belidor

Bernhard Forest de Belidor, La Science des ingenieurs dans la conduite des traveaux de fortification et d'architecture civile par Bernhard Forest de Belidor, Paris 1739 (UB Dssd.)

Bellebaum

Doris Bellebaum, Die Befestigungsanlagen der Stadt Wesel in ihrer Entwicklung 1349 bis 1552, Diss. Köln 1961 (photomechan. Druck)

Bellinghausen

Hans Bellinghausen, 2000 Jahre Koblenz, Boppard 1971

Below I.1

Georg von Below, Landtagsakten von Jülich-Berg, hrsg. von Georg von Below (= Publikationen der Gesellschaft für Rheinische Geschichtskunde, Bd. XI), Reihe I, Bd. 1, 1400 bis 1562, Düsseldorf 1895

482

Below I.2

Georg von Below, Landtagsakten von Jülich-Berg, hrsg. von Georg von Below (= Publikationen der Gesellschaft für Rheinische Geschichtskunde, Bd. XI), Reihe I, Bd. 2, 1563 bis 1589, Düsseldorf 1907

Bemerkungen über Düsseldorf

Bemerkungen über Düsseldorf und Elberfeld auf einer Reise von Köln nach Hamm, Elberfeld 1794

Benzenberg Baupreise

Johann Friedrich Benzenberg, Die Baupreise von Düsseldorf verglichen mit den Baupreisen von Coblenz, Berlin und Paris, Düsseldorf 1837

Benzenberg Verzehr

Was verzehre ich in Düsseldorf, Düsseldorf 1830

Betz

Walter Betz, Die Wallbefestigung von München, Diss. München 1959

Bezzel 4.1

Oskar Bezzel, Geschichte des Kurpfälzischen Heeres von seinen Anfängen bis zur Vereinigung von Kurpfalz und Kurbayern 1777, nebst Geschichte des Heerwesens in Zweibrücken (= Geschichte des Bayerischen Heeres, Bd. 4, Teil 1), München 1925

Bezzel 4.2

Oskar Bezzel, Geschichte des Kurpfälzischen Heeres in den Kriegen zu Ende des 17. und im Laufe des 18. Jahrhunderts (= Geschichte des Bayerischen Heeres, Bd. 4, Teil 2), München 1928

Bezzel 5

Oskar Bezzel, Geschichte des Kurpfalzbayrischen Heeres von 1778 bis 1803 (= Geschichte des Bayerischen Heeres, Bd. 5), München 1930

Bezzel in MannGb, Nr. XXVII (1926)

Oskar Bezzel, Die Festung Mannheim im 18. Jahrhundert, in: MannGb, Nr. XXVII (1926)

Blesson

Jean Louis Urbain Blesson, Geschichte der großen Befestigungskunst, Berlin 1830

Bodenehr

Gabriel Bodenehr, Force d'Europe oder die Merwürdigst und Fürnehmsten meistentheils auch ihrer Fortification wegen Berühmteste Staette, Vestungen, Seehaefen, Paesse, Camps de Bataille in Europa . . ., Augsburg o. J. (1716)

Bonin

Udo von Bonin, Geschichte des Ingenieurkorps und der Pioniere in Preußen, Berlin 1877

Boos 3

Heinrich Boos, Geschichte der Rheinischen Städtekultur von ihren Anfängen bis zur Gegenwart, Teil 3, Berlin 1899

Boschheidgen

Hermann Boschheidgen, Die oranische und vororanische Befestigung von Moers nebst ihren Beziehungen zum heutigen Stadtbild, Moers 1917

Brandt

Otto Brandt, Studien zur Wirtschafts- und Verwaltungsgeschichte im 19. Jahrhundert, Düsseldorf 1902

Brückner

Hans Brückner, Die Garnison Düsseldorf unter der Regierung Carl Theodors, in: HbJanW, 1930, Nr. 1, S. 21 — 27

Bruns / Rahtgens

Friedrich Bruns und Hugo Rahtgens, Stadtpläne und -Ansichten . . . Stadtbefestigung, Wasserkünste und Mühlen (= Die Bau- und Kunstdenkmäler der Hansestadt Lübeck, Bd. I, Teil 1), Lübeck 1939

Camon

Hubert Camon, La fortification dans la guerre Napoléonienne, Paris — Nancy 1914

Clarenbeck

F. W. von Clarenbeck, Fürstenthumb Berg, Atlas, 1724 (GStAB)

Clemen 3.1

Paul Clemen, Die Kunstdenkmäler der Stadt und des Kreises Düsseldorf, hrsg. von Paul Clemen (= Die Kunstdenkmäler der Rheinprovinz, Bd. 3, Teil 1), Düsseldorf 1894

Clemen 3.3

Paul Clemen, Die Kunstdenkmäler des Kreises Neuß (= Die Kunstdenkmäler der Rheinprovinz, Bd. 3, Teil 3), Düsseldorf 1895

Clemen in MsRh VDH Jg. VI (1912) Nr. 3

Paul Clemen, Vom Niederrhein, in: MsRhVDH, Jg. VI (1912), Nr. 3

Coehorn

Menno Baron von Coehorn, Neuer Vestungsbau welcher auff Dreyerley Manier die inwendige Grösse des Frantzösischen Royalen Sechsecks auff einem nassen oder niedrigen Horizont zu fortificieren vorstellet, Düsseldorf 1709 (UB Dssd.)

Coronelli

P. Vincenco Coronelli, Viaggi del P. Coronelli consecrati all ,Eccellenza reverendissima di Monsignore Giovanni Casimiro Ab-Alten Bokun Referndario . . ., Venedig 1697 (StM 7843)

Corsten

Severin Corsten, Die Festung Heinsberg und ihre Baugeschichte im 16. Jahrhundert, in: Heimatkalender des Selfkantkreises, Nr. 6, 1956

Dahm

August Dahm, Ein Dorf wurde Weltstadt, in: HbJanW, 1959, Nr. 5, S. 68 – 72; Nr. 6, S. 88 – 92

Delbrück 3

Hans Delbrück, Geschichte der Kriegskunst im Rahmen der politischen Geschichte, Bd. 3: Das Mittelalter, Berlin 1907

Delbrück 4

Hans Delbrück, Geschichte der Kriegskunst im Rahmen der politischen Geschichte, Bd. 4: Die Neuzeit, Berlin 1920

Delvos

Hubert Delvos, Geschichte der Düsseldorfer Denkmäler, Gedenktafeln und Brunnen, Düsseldorf 1938

Deutsche Städtechroniken

Die Chroniken der Deutschen Städte, Bd. 24: Soest und Duisburg, Leipzig 1895

Dilich

Wilhelm Dilich (Dilich-Schäffer), Peribologia, oder Bericht von Vestungsbawen, Frankfurt 1640 (Zentralbibliothek der Bundeswehr)

D. M. S. A.

D. M. S. A., Die Hauptveränderungen des unteren Rheinbetts namentlich zwischen Köln und Xanten, in: AnHVNrh, Bd. 7 (1859), S. 131 – 153

Dorfs

Heinz Peter Dorfs, Wesel, eine stadtgeographische Monographie mit einem Vergleich zu anderen Festungsstädten (= Forschungen zur deutschen Landeskunde, Bd. 201), Bonn-Bad Godesberg 1972

Düffel

Jakob Düffel, Bilder aus der Vergangenheit der Stadt und Festung Rees, Emmerich 1939

Dürer

Albrecht Dürer, Edliche Underict zu Befestigung der Stett, Schlosz und Flecken, Nürnberg 1527 (Bibliothek TH Aachen)

Düsseldorf und seine Bauten

Düsseldorf und seine Bauten, hrsg. vom Architekten- und Ingenieurverein zu Düsseldorf, Düsseldorf 1904

484

Düsseldorf im Wandel der Zeiten
Düsseldorf im Wandel der Zeiten, hrsg. von Freunden der Heimatgeschichte, Düsseldorf 1904

Düsseldorf und sein Landgericht
Düsseldorf und sein Landgericht, hrsg. vom Verein für Düsseldorfer Rechtsgeschichte e. V., Düsseldorf 1970

Ebe-Jahn
Elisabeth Ebe-Jahn, Geldern, eine Niederrheinische Festung, Kevelaer 1966

Eberhardt
Jürgen Eberhardt, Das Kastell von L'Aquila degli Abruzzi und sein Architekt Pyrrhus Aloisius Scriva, Diss. Aachen 1970 (Lichtdruck)

Eberhardt in Arbeitshefte 1977
Jürgen Eberhardt, Bemerkungen zur Planungs- und Baugeschichte der Zitadelle Jülich, Allessandro Pasqualini und sein Anteil an den verschiedenen Phasen der Planung (Arbeitshefte des Landeskonservators Rheinland), Bonn 1977/78 (in Vorbereitung)

Eberstadt
Rudolf Eberstadt, Zur Geschichte des Städtebaus, in: Kunst und Künstler, Berlin 1915/16, Jg. 14, S. 419 – 475

Eichberg
Henning Eichberg, Militär und Technik, Schwedenfestungen des 17. Jahrhunderts in den Herzogtümern Bremen und Verden (= Bochumer Historische Studien, Bd. 7), Düsseldorf 1976

Eimer
Gerhard Eimer, Die Stadtplanung im Schwedischen Ostseereich 1600 – 1715 mit Beiträgen zur Geschichte der Idealstadt, Diss., Stockholm 1961

Elsner
Salesius Elsner, Die Ursulinen von St. Salvator nach meist ungedruckten Quellen, Trier 1913

Engelbert
Günther Engelbert, Zur Quartierseinteilung der Stadt Düsseldorf, in: BtrGNrh, Bd. 4 (1889), Bd. 5 (1890)

Ewald
Wilhelm Ewald, Die Entwicklung des Stadtplanes und der Befestigung von Neuß, in: Neuß, S. 19 – 26

Fahne
Anton Fahne, Geschichte der kölnischen, jülichen und bergischen Geschlechter in Stammtafeln, Wappen, Siegeln und Urkunden, Bd. I – II, Köln / Bonn 1848 – 1853

Fahrmbacher
Hans Fahrmbacher, Vorgeschichte und Anfänge der Kurpfälzischen Armee in Jülich-Berg, in: ZsBGV, Bd. 42 (1909), S. 35 – 94

Fassmann
David Fassmann, Der auf Ordre und Kosten seines Kaysers Reisende Chineser, Leipzig 1728 (UB Dssd.)

Fer
Nicolas de Fer, Les forces de l'Europe ou description des principales villes avec leur fortification, vol. 1 – 8, Paris 1693 ff.

Ferber I
Heinrich Ferber, Historische Wanderung durch die alte Stadt Düsseldorf, Lieferung I, Düsseldorf 1889

Ferber II
Heinrich Ferber, Historische Wanderung durch die alte Stadt Düsseldorf, Lieferung II, Düsseldorf 1890

Ferber Landsteuerbuch
Heinrich Ferber, Das Landsteuerbuch Düsseldorfs von 1632, Düsseldorf 1881

Festschrift 1888

Geschichte der Stadt Düsseldorf in 12 Abhandlungen (= Festschrift zum 600jährigen Jubiläum, hrsg. vom Düsseldorfer Geschichtsverein, BtrGNrh, Bd. 3, Düsseldorf 1888

Fischer in DHb, 1975, Nr. 8

Guntram Fischer, Düsseldorf steuerfrei; Stadterhebung zeitgemäß gedeutet, in: DHb, 1975, Nr. 8, S. 148 – 150

Fischer in DHb, 1976, Nr. 4

Guntram Fischer, Lehrer der Edelknaben, Professor iur. Mathias Deroy, in: DHb, 1976, 1976, Nr. 4, S. 64 – 65

Foerste

William Foerste, Zur Geschichte des Wortes Dorf, in: Studium Generale Nr. 7, 1973, S. 422 ff.

Forst

Hermann Forst, Politische Geschichte des Landes Berg, insbesondere der Stadt Düsseldorf, in: BtrGNrh, Bd. 3 (1888), S. 19 – 50

Fuchs

Reinhard Fuchs, Die Befestigung Ingolstadts bis zum 30jährigen Krieg, Diss. Würzburg 1939

Geisberg

Max Geisberg, Die Stadt Münster. Die Ansichten und Pläne, Grundlage und Entwicklung, die Befestigungen, die Residenzen der Bischöfe (= Bau- und Kunstdenkmäler von Westfalen, Bd. 41, Teil 1), Münster 1932

Geöffnete Festung

Die geöffnete Festung, in: der geöffnete Ritterplatz, worinnen die vornehmsten ritterlichen Wissenschaften und Übungen, sonderlich was bey der Fortification aller derselben hauptsächlichsten Wercke und zugehörigen Theile . . . nebst Vorführung sämtlicher Officiers, deren Fonctionen einer Armee . . . den Liebhabern Hauptsächliches und Merkwürdiges zu beachten, sonderlich aber denen Reisenden zur Bequemlichkeit vor Augen gestellt, Lauenburg 1715 (UB Dssd.)

Gerlach

Walther Gerlach, Die Entstehungszeit der Stadtbefestigung in Deutschland, Diss. Leipzig, Leipzig 1913

Gieraths

Günther Gieraths, Breslau als Garnison und Festung 1241 – 1941 (nach dem Manuskript von 1941), Hamburg 1961

Goeke

Rudolf Goeke, Das Großherzogtum Berg, Köln 1877

Goeke in ZsBGV, Bd. 19 (1882)

Rudolf Goeke, Regulativ für die Verwaltung der Stadt Düsseldorf vom Jahre 1557, in: ZsBGV, Bd. 19 (1883), S. 45 – 51

Goldschmidt

Hans Goldschmidt, Landtagsakten von Jülich-Berg (Nachtrag zu Below I. 1 und I. 2), in: ZsBGV, Bd. 46 (1913), S. 33 – 126

Graminäus

Diederich Graminäus, Beschreibung derer Fürstlicher Güligscher Hochzeit, so im Jahr Christi 1585, Juni 6 zu Düsseldorf mit grossen Freuden, fürstlichen Triumpf und Herrligkeit gehalten worden, Köln 1587 (STM, STA)

Greb, Gnadenbilder

Franz Ludwig Greb, Zwei Gnadenbilder in der St. Lambertus-Pfarrkiche zu Düsseldorf, in: Die Gottesmutter, Marienbild im Rheinland und in Westfalen, hrsg. von Leonhard Küppers, Recklinghausen 1972, Bd. I, S. 127 – 151

Greb in Schützenzeitung 1974, Nr. 4

Franz Ludwig Greb, Geschichte des Stiftsplatzes und der Stifts-Immunität zu Düsseldorf, in: Schützenzeitung 1974, Nr. 4, S. 17 – 24

486

Greb, Theresienhospital

Franz Ludwig Greb, Das Theresienhospital in der Düsseldorfer Stadtgeschichte, Manuskript 1976

Güthling in DJb, Bd. 39 (1937)

Wilhelm Güthling, Eine Düsseldorfer Quartierliste, in: DJb Bd. 39 (1937), S. 287 ff.

Güthling in DJb Bd. 40 (1938)

Wilhelm Güthling, Jülich-Bergische Landesaufnahme im 18. Jahrh., in: DJb Bd. 40 (1938)

Hansen

Joseph Hansen, Stadterweiterung, Stadtbefestigung, Stadtfreiheit im Mittelalter in Köln, in: MsRhVDH, Bd. 5 (1911), S. 7 – 34

Hauser

Georg von Hauser, Abhandlungen über die Befestigungskunst, Wien – München 1826

Heil

Bernhard Heil, Die Deutschen Städte und Bürger im Mittelalter (= Natur- und Geisteswelt, Bd. 43), Leipzig – Berlin 1921

Herchenbach

Wilhelm Herchenbach, Düsseldorf als Festung, in: ZsDGV 1883, Nr. 6, S. 128 ff.

Herkenrath

Dorothea Herkenrath, Maximilian Pasqualini und seine Familie (1534 – 1572), in: Rheinische Lebensbilder, Bd. II, 1966, S. 109 – 124

Herzig

Arno Herzig, Das Würzburger Glacis, Geschichte und Probleme eines wertvollen Kulturdenkmals, Würzburg 1964

Hörorldt

Dietrich Hörorldt, Inventar des Archivs der Pfarrkirche St. Lambertus in Düsseldorf (= Inventare nichtstaatlicher Archive, Bd. 9), Essen 1963

Holsten

Heinrich Holsten, Geschichte der Befestigung von Berlin (= Schriften des Vereins für die Geschichte der Stadt Berlin, Bd. 10), Berlin 1874

Hoyer, Lehrbuch I, II

Johann Gottfried von Hoyer, Lehrbuch der Kriegsbaukunst, Bd. I, II, Berlin 1816

Irle

Trutzhart Irle, Werteinheiten der älteren Wirtschaft des Siegerlandes, Siegen 1970

Jacob

Gustav Jacob, Mannheim als Festung und Garnisonsstadt (= Schriften der Stadt Mannheim, Nr. 3), Mannheim 1937

Janssonius

Janssonius, Praecipuarum, urbium Germaniae Superioris Iconismi et effigies (1519), 1619 (HStA Hamburg)

Jähns Kriegswesen

Max Jähns, Handbuch einer Geschichte des Kriegswesens, Leipzig 1880

Jähns Kriegswissenschaft

Max Jähns, Geschichte der Kriegswissenschaften, vornehmlich in Deutschland (= Geschichte der Wissenschaften in Deutschland, Bd. 21, Teil 1 – 3), München 1889

Jollivet

Bürger Jollivet, Vergleichstabellen der ehemals im Ruhrdepartement und noch in den angränzenden Ländern gebräuchlichen Münzen, Maaßen und Gewichte, 1802

Kabza

Alexander Kabza, Handschriftliche Pläne von Daniel Specklin, Diss. Bonn 1911

Kahlenberg

Friedrich P. Kahlenberg, Kurmainzische Verteidigungseinrichtungen und Baugeschichte der Festung Mainz im 17. und 18. Jahrhundert, Diss. Mainz 1962 (= Beiträge zur Geschichte der Stadt Mainz, Bd. 19, 1963)

Kallen

Gerhard Kallen, Die Belagerung von Neuß durch Karl den Kühnen im Rahmen der deutschen und europäischen Politik, in: Neuß, S. 27 – 44

Kamp

Adolf von Kamp, Beschreibung der Begrebnus weilandt des durchleuchtigen hochgebornen Fürsten und Herren Johann Wilhelm Hertzogen zu Gülich, Cleve und Berg . . . welche gehalten zu Düsseldorf, den 30. Octobria Anno 1628, Düsseldorf 1629

Katalog 1888

Katalog der Ausstellung zur Feier des 600jährigen Bestehens von Düsseldorf als Stadt, Düsseldorf 1888

Katalog Kunstmuseum

Europäische Barockplastik am Niederrhein, Grupello und seine Zeit. Ausstellung unter dem Patronat des Internationalen Museumsrates, 4. April bis 20. Juni 1971, Düsseldorf 1971

Katalog StM 1971

Düsseldorf zur Zeit Grupellos, Katalog zur Ausstellung im Stadtgeschichtlichen Museum, Mai bis August 1971, Düsseldorf 1971

Katalog Heine

Heinrich Heine, Eine Ausstellung zum 175. Geburtstag, vom 13. 12. 1972 bis 26. 1. 1973, Stadt-Sparkasse Düsseldorf, Düsseldorf 1972

Kauhausen

Paul Kauhausen, Die Geschichte von der Niederlegung des Berger Tores, in: DHb, 1934, Nr. 7, S. 133 – 156

Kessel

Johann Hubert Kessel, Geschichte der Stadt Ratingen mit besonderer Berücksichtigung des ehemaligen Amtes Angermund, Köln – Neuß 1877

Keyser

Erich Keyser (Hrsg.). Rheinisches Städtebuch (= Deutsches Städtebuch, Bd. III, 3), Stuttgart 1956

Kieber

Wilhelm Kieber, Stadtentwicklung und Wohnungsfrage in Düsseldorf, Diss. Münster 1933 (Masch.-Schr.)

Kirsch

Theodor Kirsch, Die älteste Düsseldorfer Münze, in: BtrGNrh, Bd. 22 (1909), S. 187 ff.

Klapheck I, II

Richard Klapheck, Die Baukunst am Niederrhein, Bd. I – II, Düsseldorf 1916

Klaphek Baukunst Rheinprovinz

Richard Klapheck, Die Baukunst in der Rheinprovinz, in: Die Rheinprovinz, Bd. II, hrsg. von Joseph Hansen, Düsseldorf 1917

Klapheck Sonderdruck

Richard Klapheck, Vom Niederrhein und vom Backsteinbau (Sonderdruck für den RhVDH), Düsseldorf 1912

Klarmann

J. L. Klarmann (Hrsg.), Offiziersstammliste des Bayrischen Ingenieurcorps 1744 – 1894, München 1896

Kleemann

Otto Kleemann, Geschichte der Festung Ingolstadt bis zum Jahre 1815, München 1883

Koenen

Konstantin Koenen, Novaesium, in: Neuß, S. 1 – 18

Koetschau – Adriani

Karl Koetschau und Gert Adriani, Kommentierende Anmerkungen zu Rapparini, in: Die Rapparini-Handschrift der Landes- und Stadtbibliothek, hrsg. Hermine Kühn-Steinhausen (= Veröffentlichungen der Landes- und Stadtbibliothek Dssd., Nr. 4), Düsseldorf 1958

Kohtz in BtrGNrh, Bd. 3 (1888)

Kohtz, Geschichte der militärischen Verhältnisse in Düsseldorf, in: BtrGNrh, Bd. 3 (1888), S. 419 – 453

Kohtz in ZsDGV, 1883, Nr. 1

Kohtz, Geschichte der Infanterie- und Artillerie-Kaserne zu Düsseldorf, in: ZsDGV, 1883, Nr. 1, S. 1 – 21

Koltz

Jean Pierre Koltz, Baugeschichte der Stadt und Festung Luxemburg, Bd. I – III, Luxemburg 1970

Kordt

Walter Kordt, Adolf von Vagedes, ein rheinisch-westfälischer Baumeister der Goethezeit, Ratingen 1961

Kordt in DHb, 1953, Nr. 4

Walter Kordt, Der Düsseldorfer Hofgarten, in: DHb, 1953, Nr. 4, S. 62 – 71

Korn

Otto Korn, Siegel und Wappen der Stadt Düsseldorf, in: DJb, Bd. 47 (1955), S. 16 ff.

Krämer

Wolfgang Krämer, Verfassung und Verwaltung der Stadt Düsseldorf von 1856 bis 1914, Düsseldorf 1958 (Maschschr.) (StA)

Krings

Friedel Krings, Die mittelalterlichen Befestigungswerke der Stadt Erkelenz, in: Heimatkalender der Erkelenzer Lande, Nr. 6, 1957, S. 66

Küch

Friedrich Küch, Landtagsakten von Jülich-Berg, hrsg. von Friedrich Küch (= Publikation der Gesellschaft für Rheinische Geschichtskunde, Bd. XI), Reihe II, 1624 – 1653, Bd 1, 1624 – 1630, Düsseldorf 1925; Reihe I. s. Below

Küch in BtrGNrh, Bd. 12 (1897)

Friedrich Küch, Die Politik des Pfalzgrafen Wolfgang Wilhelm 1632 – 1636, in: BtrGNrh, Bd. 12 (1897)

Küch in BtrGNrh, Bd. 11 (1896)

Friedrich Küch, Über die Bautätigkeit des Kurfürsten Johann Wilhelm in Düsseldorf, Bericht zum Vortrag vom 8. Dezember 1896, in: BtrGNrh, Bd. 11 (1896), Anlage S. 5 – 8

Kühn-Steinhausen in DJb, Bd. 40

Hermine Kühn-Steinhausen, Der Briefwechsel der Kurfürstin Anna Maria Louisa von der Pfalz, in: DJb, Bd. 40 (1938), s. 15 – 256

Kühn-Steinhausen in STA

Hermine Kühn-Steinhausen, Die Hofhaltungsrechnungen der Kurfürstin Anna Maria Louisa von der Pfalz 1691 – 1717, Manuskript 1960, StA

Kuhl

Josef Kuhl, Geschichte der Stadt Jülich, insbesondere des früheren Gymnasiums Jülich, Bd. I – IV, Jülich 1894 – 1897

Lacomblet Archiv I – V

Theodor Josef Lacomblet, Archiv für die Geschichte des Niederrheins, Bd. I – V, Düsseldorf 1831 – 1866

Lacomblet U. B.

Theodor Josef Lacomblet, Urkundenbuch für die Geschichte des Niederrheins, Bd. I – IV, Düsseldorf 1840 – 1858

Lange

Josef Lange, Neuß in Mittelalter und Neuzeit, in: Neuß im Wandel der Zeiten, Neuß 1969, S. 31 – 355

Lau Düsseldorf

Friedrich Lau, Geschichte der Stadt Düsseldorf, Bd. I, Abt. 1 Abh., Düsseldorf 1921

Lau U. B.

Friedrich Lau, Geschichte der Stadt Düsseldorf, Bd. I, Abt. 2, Urkunden, Düssedorf 1921

Lau Köln

Friedrich Lau, Entwicklung der kommunalen Verfassung und Verwaltung der Stadt Köln bis zum Jahre 1396, Bonn 1898

Lau Neuß

Friedrich Lau, Quellen zur Rechts- und Wirtschaftsgeschichte der rheinischen Städte, Kurkölnische Städte I (Neuß) (= Publikationen der Gesellschaft für rheinische Geschichtskunde, Bd. XXIX), Bonn 1911

Lau in Alt Düsseldorf 1924, Nr. 3

Friedrich Lau, Der Ausbau des Zitadellviertels, in: Alt Düsseldorf 1924, Nr. 3, S. 5

Lau in BtrGNrh, Bd. 26 (1914)

Friedrich Lau, Beiträge zur Geschichte der Kunstbestrebungen des Kurfürsten Johann Wilhelm, in: BtrGNrh, Bd. 26 (1914), S. 289 ff.

Lau in DHb 1934, Nr. 6

Friedrich Lau, Die Burggrafen von Düsseldorf, in: DHb, 1934, Nr. 6, S. 105 – 107

Lau in DHb 1938, Nr. 10

Friedrich Lau, Zwei Adelssitze im Düsseldorfer Zitadellviertel, in: DHb, 1938, Nr. 10, S. 218 ff.

Lau in DJb, Bd. 31 (1920 – 1924)

Friedrich Lau, Beiträge zur Geschichte der Stadt Düsseldorf, in: DJb, Bd. 31 (1920 bis 1924), S. 63 – 95

Lau in DJb, Bd. 31 (1920 – 1924)

Friedrich Lau, Die Architektenfamilie Pasqualini, in: DJb, Bd. 31 (1920 – 1924), S. 96 bis 154

Lau in DJb, Bd. 44 (1947)

Friedrich Lau, Düsseldorfer Architekten des 17. Jahrhunderts, in: DJb, Bd. 44 (1947), S. 239 ff.

Lau in QuFGNrh, Bd. 1

Friedrich Lau, Rechnungsakten der Stadt Düsseldorf 1427 – 1449, in: QuFGNrh, Bd. 1, Düsseldorf 1940, S. 216 – 271

Lau in ZsRhVDH, 1927, Nr. 2

Friedrich Lau, Schloß Hambach bei Jülich, in: ZsRhVDH, 1927, Nr. 2, S. 73 – 83

Lautzas

Peter Lautzas, Die Festung Mainz im Zeitalter des Ancien Regime, der Französischen Revolution und des Empire (1736 – 1814), Diss. Mainz 1972 (= Geschichte Landeskunde, Veröffentlichung des Instituts für Geschichtliche Landeskunde an der Universität Mainz, Bd. VIII), Wiebsaden 1973

Levin in BtrGNrh, Bd. 19, 20, 23

Th. Levin, Beiträge zur Geschichte der Kunstbestrebungen im Hause Pfalz-Neuburg, in: BtrGNrh, Bd. 19 (1914), S. 97 – 213; Bd. 20 (1905), S. 123 – 249; Bd. 23 (1911), S. 1 – 85

Liesegang

Erich Liesegang, Niederrheinisches Städtewesen, vornehmlich im Mittelalter (= Untersuchungen zur Deutschen Staats- und Rechtsgeschichte, Nr. 52), Breslau 1857

Lindner

Theodor Lindner, Geschichte des Deutsches Reichs unter König Wenzel, Braunschweig 1875 / 1880

Loeffler

Emil Loeffler, Geschichte der Festung Ulm, Ulm 1889

Lugs

Joroslav Lugs, Handfeuerwaffen, Systematischer Überblick über die Handfeuerwaffen und ihre Geschichte, Bd. 1 – 2, Berlin 1968

Lupp

Fritz Lupp, Die Ausdehnung der Stadt Düsseldorf auf Kosten ihrer landwirtschaftlichen Flächen, Diss. Bonn 1929, Düsseldorf 1929

Mainzer

Udo Mainzer, Stadttore im Rheinland (= Jahrbuch 1975 des Rheinischen Vereins für Denkmalpflege und Landschaftsschutz), Neuß 1976

Martens

Martens, Recueil des principaux traités de l'Europe depuis 1761 jusqu'à présent, Bd. 7, Göttingen 1801

Marwede

H. J. Marwede, Die Befestigung der Stadt Geldern (1386 – 1425), Diss. Köln 1933, Würzburg 1934

Mattenclot

Gabriele Mattenclot, Rerum in Germania inferiore gestarum benis commemoratio, Authore Gabriele Mattenclot qui ipsas partim vidit, partim a fide agnissimis audivit, o. O., o. J. (1552 – 1581), Druck bei Lacomblet Archiv V, S. 222 – 243

Meinhardt

Volkmar Ulrich Meinhardt, Die Festung Minden, Gestalt, Struktur und Gechichte einer Stadtbefestigung, Diss. Darmstadt 1957 (auszugsweise veröffentlicht in: Mindener Beiträge zur Geschichte, Landes- und Volkskunde des ehemaligen Fürstentums Minden, Heft 7), (1958)

Menne

Paul Menne, Die Festungen des Norddeutschen Raumes, Diss. Göttingen 1939 (= Schriftum der wirtschaftswissenschaftlichen Gesellschaft zum Studieum Niedersachsens e. V., Oldenburg, Reihe A I, Bd. 18 (1942)

Merian

Mattheo Merian, Topographia Westphaliae. Das ist Beschreibung der vornehmsten und bekanntesten Stätte, und Plätz, im Hochlöblichen Westphälischen Craise, o. O., o. J. (Frankfurt 1647) (Staatsbibliothek Wien)

Meyer

Werner Meyer, Deutsche Festungen und Schlösser, Frankfurt 1969

Mayern

Franz Friedrich von Mayern, Über den Geist der Befestigungskunst, Wien 1848

Michel

Fritz Michel, Die Kunstdenkmäler der Stadt Koblenz, die profanen Denkmäler und Vororte (= Die Kunstdenkmäler von Rheinland-Pfalz, Bd. 1), Koblenz 1954

Mindel

Carl-Heinrich-August Mindel, Wegweser Düsseldorfs oder Grundlage zur Geographisch-, Statistisch-, Topographisch-Historischen Darstellung von Düsseldorf nach seinen früheren und derzeitigen Verhältnissen, Düsseldorf 1817

Moeller

Ottomar Moeller, Die Baugeschichte von Düsseldorf, in: BtrGNrh, Bd. 3 (1888), S. 351 bis 384

Monconys

Balthasar de Monconys, Journal des voyages de Monconys où les savants trouveront un nombre infini de nouveautez en machines de mathématique, Allemagne, Lyon 1665–66 (UB Dssd.)

Mosler

Hans Mosler, Der Düsseldorfer Rheinzoll bis zum Ausgang des 16. Jahrhunderts, Diss. Münster 1906 (= BtrGNrh, Bd. 21, 1907, S. 97 – 275)

Mosler in QuFGNrh, Bd. 2

Hans Mosler, Urkunden und Akten zur Geschichte der ehemaligen Gemeinde Heerdt (= QuFGNrh, Bd. 2), Düsseldorf 1960

Müller August

August Müller, Der Jülich-Clevische Erbfolgestreit 1654, Diss. München 1900, Berlin 1900

Müller Christian

Christian Adolph Müller, Die Stadtbefestigung von Basel. Die Befestigungsanlagen in ihrer geschichtlichen Entwicklung, Basel 1955

Müller Hermann
> Hermann Müller, Geschichte des Festungskrieges seit allgemeiner Einführung der Feuerwaffen bis zum Jahre 1692, Berlin 1892

Nahmer
> Ernst von der Nahmer, Die Wehrverfassungen der Deutschen Srädte in der zweiten Hälfte des 14. Jahrhunderts, Diss, Marburg 1888

Nettersheim
> Friedrich Nettersheim, Geschichte der Stadt und des Amtes Geldern, Krefeld 1863

Neumann Brückenkopf
> Hartwig Neumann, Der Jülicher Brückenkopf (= Heimatkundliche Schriftenreihe des Jülicher Landes, Nr. 11), Jülich 1973

Neumann Modell
> Hartwig Neumann, La Citadelle de Juliers, ein 170 Jahre altes Holzmodell (= Sonderdruck aus: Mitteilungen des Staatlichen Gymnasiums Nr. 6), Jülich 1972

Neumann Zitadelle
> Hartwig Neumann, Die Zitadelle Jülich, Ein Gang durch die Geschichte (= Heimatkundliche Schriftenreihe des Jülicher Landes, Nr. 8), Jülich 1971

Neuss
> Neuss am Rhein, hrsg. von Gottfried Entner, Düsseldorf 1926

Niepmann
> E. Niepmann, Die bildlichen Darstellungen des historischen Museums in Düsseldorf, Düsseldorf 1905

Noback
> Christian und Friedrich Noback, Vollständiges Taschenbuch der Münz-, Maß- und Gewichtsverhältnisse, Leipzig 1850

Oediger 1, 2, 4, 5
> Friedrich Wilhelm Oediger, Das Hauptstaatsarchiv Düsseldorf und seine Bestände (= Veröffentlichungen der staatlichen Archive des Landes NRW, Reihe A, Inventare staatlicher Archive), Bd 1, Siegburg 1957; Bd. 2, Siegburg 1970; Bd. 4, Siegburg 1967; Bd. 5 Siegburg 1972

Pagan
> Blaise François Graf von Pagan, Des Grafen von Pagan Neuer Festungsgraben, Frankfurt 1684

Pauls
> Emil Pauls, Eine statistische Tabelle des Herzigtums Berg aus dem Jahre 1797, in: ZsBGV, Bd. 39 (1906), S. 180 – 211

Peters
> Leo Peters, Geschichte des Geschlechtes von Schaesberg bis zur Mediatisierung, Kempen 1972

Peters in Rhein. Heimatpflege
> Leo Peters, Zur Baugeschichte des Schlosses Krickenbeck im frühen 18. Jahrhundert, in: Rheinische Heimatpflege, Neue Folge, 1974, S. 130 – 133

Pfeffer
> Klaus Pfeffer, Spätklassizismus in Düsseldorf, Diss. Aachen 1962 (= DJb, Bd. 5, 1963)

Piette
> Josefine Piette, Veränderungen des Rheinstroms zwischen Erft und Ruhr, Diss. Köln 1923 (hektrogr. Handsch.)

Polizeiverordnungen
> Polizeiverordnungen zur Bezeichnung der Straßen, Thore, öffentlichen Plätze etc., Düsseldorf 1858

Rap(p)arini
> Georg Maria von Rap(p)arini, ,Le Portrait du vrai Merite . . .) (Handschrift, Düsseldorf 1709, Original Heine-Institut G. 82, Druck hrsg. von Hermine Kühn-Steinhausen (= Veröffentlichungen der Landes- und Stadtbibliothek Düsseldorf, Nr. 4), Düsseldorf 1892

Redlich

    Otto Redlich, Die Anwesenheit Napoleons I. in Düsseldorf 1811, Düsseldorf 1892

Redlich Ratingen

    Otto Redlich, Geschichte der Stadt Ratingen, Ratingen 1926

Redlich in BtrGNrh, Bd. 10

    Otto Redlich, Düsseldorf und das Herzogtum Berg nach dem Rückzug der Österreicher aus Belgien 1794 und 1795, in: BtrGNrh, Bd. 10 (1895), S. 125

Redlich in BtrGNrh, Bd. 11

    Otto Redlich, Französische Vermittlungspolitik, in: BtrGNrh, Bd. 11 (1896), S. 131 bis 210)

Redlich – Lau

    Otto Redlich und Friedrich Lau, Geschichtsbilder aus Düsseldorf und Umgebung (= Sonderausgabe des DJb, Bd. 31), Düsseldorf 1925

Renard in MsRhVDH, Jg. II (1908)

    Edmund Renard, Mittelalterliche Stadtbefestigungen und Landesburgen am Niederrhein, in: MsRhVDH, Jg. II (1908), S. 135 – 161

Renard Flugschrift

    Edmund Renard, Vom Niederrheinischen Backsteinbau (= Flugschrift des RhVDH, Mai 1913)

Rennefeld in HbJanW, 1956, Nr. 1

    Franz Rennefeld, Die Altstadt Düsseldorf. Ein Beitrag zur frühen Geschichte und Entwicklung, in: HbJanW, 1956, Nr. 1, S. 8

Rennefeld in HbJanW, 1959, 1960

    Franz Rennefeld, Die Festung Düsseldorf, in: HbJanW, 1959, Nr. 9, S. 131 – 134; 1960, Nr. 4, S. 34 – 56; 1960, Nr. 10, S. 152 – 155

Reuleaux

    Oskar Reuleaux, Die Geschichtliche Entwicklung des Befestigungswesens, vom Aufkommen der Pulvergeschütze bis zur Neuzeit (= Slg. Göschen, Nr. 569), Leipzig 1912

Riemann in DHb, 1937, Nr. 1

    Karl Riemann, Die Karlstadt in Düsseldorf, in: DHb, 1939, Nr. 1, S. 1 – 42

Riemann in DHb, 1937, Nr. 7

    Karl Riemann, Die Stadt Düsseldorf, unterirdisches Düsseldorf, in: DHb, 1937, Nr. 7, S. 177 – 182

Riemann in DHb, 1938, Nr. 5

    Karl Riemann, 650 Jahre Bauen in Düsseldorf, in: DHb, 1938, Nr. 8, S. 10 – 106

Riemann in DHb, 1940, Nr. 2

    Karl Riemann, Der Düsseldorfer Stadtbauplan vom Jahre 1931. Ein Beitrag zum Lebensbild des Architekten und Städtebauers Adolf von Vagedes, in: DHb, 1940, Nr. 2, S. 26 bis 35

Riemann in DHb, 1940, Nr. 7

    Karl Riemann, Die Festung Düsseldorf, in: DHb, 1940, Nr. 7, S. 134 – 139

Riemann in HbJanW, 1933, Nr. 4/5

    Karl Riemann, Mauern, Türme und Tore in Düsseldorf, in: HbJanW, 1933, Nr. 4, S. 68, Nr. 5, S. 109 – 111

Ritter

    Hermann Ritter, Geschichte von Düsseldorf und spezielle Darstellung der kriegerischen Vorgänge dieser Stadt seit ihrer Gründung bis zur Schleifung der Festungswerke, Düsseldorf 1855

Le Rouge

    Georg Louis Le Rouge, Le parfait aide de camps, Paris 1760

Rothert

    Eduard Rothert, Rheinland – Westphalen im Wechsel der Zeiten, Düsseldorf 1900

Rümmler in DHb, 1973, Nr. 7

    Rümmler, Das Herz der Altstadt. Die Bolkerstraße, in: DHb, 1973, Nr. 7, S. 151 – 158

Rümmler in HbJanW, 1954, Nr. 1

Rümmler, Kriegszeiten im alten Düsseldorf, in: HbJanW, 1954, Nr. 1, S. 7 – 11

Rümmler in Katalog Kunstmuseum

Rümmler, Düsseldorf zur Zeit Grupellos, in: Katalog Kunstmuseum, S. 21 – 31

Rümmler in Katalog StM 1971

Rümmler, Düsseldorf zur Zeit Grupellos, in: Katalog StM 1971, Düsseldorf 1971

Rümmer Karlstadt

Rümmler, Die Düsseldorfer Kalrstadt, Düsseldorf 1976 (Manuskript)

Rümmler in DJb, Bd. 56 (1977)

Rümmler, Die Beuthsche Bastion. Ein Beitrag zur Baugeschichte der Stadt Düsseldorf, in: DJb, Bd. 56 (1977)

Sallmann

K. Sallmann, Organisation der Zentralverwaltung von Jülich-Berg im 16. Jahrhundert, in: DJb, Bd. 18 (1903), S. 1 – 29

Schaumburg

E. von Schaumburg, Historische Wanderung durch Düsseldorf, Düsseldorf 1866

Schaumburg in AnHVNrh, Bd. 5

E. von Schaumburg, Die Schlacht von Crefeld am 23. Juni 1758, in: AnHVNrh, Bd. 5 (1857), S. 158 – 203

Schaumburg in ZsBGV, Bd. 8 (1872)

E. von Schaumburg, Johann Wilhelm, Erbprinz und Pfalzgraf zu Neuburg, Regenth der Herzogthümer Jülich und Berg 1679 – 1690, in: ZsBGV, Bd. 8 (1872), S. 1 – 180

Schierer

Heinz Schierer, Die Befestigung Berlins zur Zeit der großen Kurfürsten, Diss. Berlin 1939 (= Schriften des Vereins für die Geschichte Berlins, Bd. 57, 1939)

Schieri

Monika Schieri, Umwallung Wiens von 1529 – 1683, Diss. Wien 1967 (Manuskript)

Schildt in DHb, 1975, Nr. 2

Hellmut Schildt, Vier Beiträge zur 200. Wiederkehr des Geburtstages von Maximilian Friedrich Weyhe, in: DHb, 1975, Nr. 2, S. 21 – 40

Schirmer

Herbert Schirmer, Hofbaumeister Kees und Erinnerungen an die alte Residenz in der Mühlenstraße, in: DHb, 1967, Nr. 4, S. 147 ff.

Schmitz

P. Schmitz, Düsseldorf, Handel und Industrie der Stadt Düsseldorf, in: BtrGNrh, Bd. 3 (1888), S. 409 – 449

Schneider in BtrGNrh, Bd. 3 (1888)

Jakob Schneider, Zur ältesten Geschichte des Stadt- und Landkreises Düsseldorf von den Anfängen bis 1288, in: BtrGNrh, Bd. 5 (1888), S. 1 – 19

Schneider in BtrGNrh, Bd. 5 (1890)

Jakob Schneider, Die alten Gränzwehren im Kreis Düsseldorf, in: BtrGNrh, Bd. 5 (1890), S. 1 – 14

Schnorrenberg

Arno Schnorrenberg, Köln in der Franzosenzeit. Aus der Chronik des Arno Schnorrenberg 1789 – 1802, bearbeitet von Hermann Cardanus, Bonn – Leipzig 1923

Schönneshöfer

Bernhard Schönneshöfer, Geschichte des Bergisches Landes, Elberfeld 1895

Schrader

Erich Schrader, Befestigungsrecht in Deutschland, von den Anfängen bis zum Beginn des 14. Jahrhunderts, Diss. Göttingen 1910

Schubert

Hans Schubert, Ein Düsseldorf Kriegssteuer-Hebebuch vom Jahre 1689, in: BtrGNrh, Bd. 25 (1912), S. 139 – 198

Schumacher

Karl Schumacher, Zur Topographie des ältesten Teils der Stadt Düsseldorf, in: DJb, Bd. 28 (1916), S. 83 – 104

Schwan

Friedrich Schwan, Die Französischen Personenstandsurkunden im linksrheinischen Deutschland, München – Berlin 1942

Scotti 1 – 3

Johann-Josef Scotti, Sammlung der Gesetze und Verordnungen welche in den ehemaligen Herzogtümern Jülich-Cleve-Berg und in dem Großherzogtum Berg über Gegenstände der Landeshoheit, Verfassung, Verwaltung und Rechtspflege ergangen sind, 1445 – 1815, Bd. 1 – 3, Düsseldorf 1821

Sieffert

P. Archagelus Sieffert, Fort Louis, Geschichte von Festung, Stadt und Dorf (= Schriften der Elsaß-Lothringischen Wissenschaftlichen Gesellschaft zu Straßburg, Reihe A, Bd. XIV), Heidelberg 1935

Solms Festungsbau

Reinhart Graf zu Solms, Ein Kürtzer Auszug und Überschlag einen Baw anzustellen vnd in ein Regiment vnd Ordnung zu pringen, Durch Reinharten Grave zu Solms und Herrn zu Mintzenberg beschrieben vnd jetzt gar newlich in Truck ausgangen, Mainz 1535, Köln 1556 (UB Dssd.)

Solms Festungsbesatzung

Reinhart Graf zu Solms, Ein Kürtzer Bericht, wie Stätt . . . mit Kriegsvolk soll besetzt sein . . ., Mit einer Außtheylung, was einem Menschen einen jeden Tag an Brot . . . soll gegeben werden, Frankfurt Main 1563 (UB Dssd.)

Speckle

Daniel Speckle (Specklin), Architectura von Vestungen, Straßburg 1589 (Bibliothek Detmold, GLAKa)

Spohr

Edmund Spohr, Die Befestigungsanlagen von Düsseldorf. Baugeschichtliche Entwicklung, städtebauliche Konsequenzen, Diss. Aachen 1973 (Lichtdruck)

Spohr in DHb 1977, Nr. 4

Edmund Spohr, Denkmalpflege bei den Jonges, Restaurierung der Karmelitessenkapelle – Erinnerung an das älteste Bürgerzentrum, in: DHb 1977, Nr. 4, S. 62 – 66

Spohr in DHb 1977, Nr. 6

Edmund Spohr, Theresienhospital – Baudenkmal mit Zukunft, in: DHb 1977, Nr. 6, S. 112 bis 116

Spohr in DHb 1978, Nr. 5

Edmund Spohr, Mit der U-Bahn in Düsseldorfs Vergangenheit. U-Bahnhof Umschlagplatz oder gestaltete Umwelt, in: DHb 1978, Nr. 5

Spohr in DHb 1978, Nr. 3

Edmund Spohr, Die städtebauliche Bedeutung der Ständehausanlagen, in: DHb 1978, Nr. 3, S. 61 ff.

Spohr in DHb 1978, Nr. 6

Edmund Spohr, Caspar Anton Huschberger, ein Düsseldorfer Hofbaumeister schuf den Plan der Heinrich-Heine-Allee, in: DHb 1978, Nr. 6

Spohr Heinrich

Heinrich Spohr, Die Veränderungen im Stadtbild Düsseldorfs seit dem Beginn der Industrialisierung, Düsseldorf 1967 (Masch.Schr) (STA)

Stöcker

Hans Stöcker, Zwischen Anger und Schwarzbach, hrsg. von Hans Stöcker, Düsseldorf 1976

Strauven

Karl Leopold Strauven, Die Geschichte des Schlosses zu Düsseldorf, Düsseldorf 1872

Strauven in MsVGAD, 1881, Nr. 1

Das Lewenhaus (Löwen, Lieferhaus), in: MsVGAD, 1881, Nr. 2, S. 13 – 15

Sturm

Leonhard-Christoph Sturm, Der wahre Vauban oder der von Deutschland verbesserte Französische Ingenieur, Nürnberg 1761 (Zentralbibliothek der Bundeswehr)

Sültenfuß

Paul Sültenfuß, Das Düsseldorfer Wohnhaus bis zur Mitte des 19. Jahrhunderts, Diss. Aachen 1922 (Masch.Schr.)

Sültenfuß in HbJanW, 1926, Nr. 1

Paul Sütenfuß, Über Düsseldorfs Mühlen in alter Zeit, in: HbJanW, 1926, Nr. 1, S. 18 – 20

Sültenfuß in MsVDH, 1924, Nr. 1

Paul Sültenfuß, Das neue Düsseldorf nach Schleifung der Wälle, in: MsVDH, 1924, Nr. 1, S. 48 – 70

Tuotey

Louis Tuotey, Catalogue général des manuscrits des bibliothèques publiques de France; Archives de la Guerre par Louis Toutey, Bd. I – III, Paris 1915

Ulrich

Adolf Ulrich, Acten zum Neusser Krieg, in: AnHVNrh, 1889, Bd. 49, S. 1 ff.

Vauban

Sebastian le Prestre de Vauban, Atlas de l'Attaque et de la Défense des Places par le Maréchal de Vauban, o. O., o. J. (StA)

Vogt

Karl Vogt, Stadt und Festung Rinteln, Rinteln 1964

Vollmer in DJb, Bd. 40 (1938)

Bernhard Vollmer, Die Bedeutung der Schlacht von Worringen, in: DJb, Bd. 40 (1938), S. 243 – 262

Vollmer in DJb, Bd. 47 (1955)

Bernhard Vollmer, Die ältesten Stadtansichten Düsseldorfs mit acht Abbildungen, in: DJb, Bd. 47 (1955), S. 1 – 9

Vollmer Gisela in DJb, Bd. 47 (1955)

Gisela Vollmer, Beiträge zur Baugeschichte des Düsseldorfer Mausoleums St. Andreas und zur Person des Architekten Johann Lollio gen. Sadeler am Pfalz-Neuburgischen Hof, in: DJb, Bd. 49 (1959), S. 176 – 185

Vollmer - Beucker

Gisela Vollmer und Ingo Beucker, Die Neanderkirche in Düsseldorf, Beiträge zur Baugeschichte, in: DJb, Bd. 49 (1959), S. 176 – 185

Volmert

Theo Volmert, Rittersitze und Schlösser an der Anger, in: AngerlHB Nr. 45 (1975), S. 1 bis 34

Wachter

D. Wachter, Personal-Etat der Beamten des General-Gouvernements Berg, in: BtrGNrh, Nr. 7 (1893), S. 226 ff

Waetzold

Wilhelm Waetzold, Die Befestigungslehre Dürers, Berlin 1917

Wagner

Reinhold Wagner, Grundriß der Fortifikation – Skizzen und Fortifikatorischer Atlas, Berlin 1872

Weidenhaupt

Hugo Weidenhaupt, Kleine Geschichte der Stadt Düsseldorf, Düsseldorf 1976

Weidner

Hede Weidner, Die Schloßbauten des Kurfürsten Johann Wilhelm von der Pfalz und der westdeutsche Schloßbau um 1700, Diss. Köln 1924 (Masch.Schr.)

Weinsberg

Hermann von Weinsberg, Das Buch Weinsberg, Kölner Denkwürdigkeiten 1518 – 1578, Bd. 1 und Bd. 3 bearb. von Konstantin Holhbauer, Leipzig 1886, Bd. 4 bearb. von Friedrich Lau, Leipzig 1898

Wentzcke

    Paul Wentzcke, Düsseldorf als Garnisonstadt, in: HbJanW, 1933, Bd. 4/5, S. 69 ff.

Werner

    Hermann Werner, Das bastionäre Befestigungssystem und seine Einwirkung auf den Grundriß deutscher Städte, Würzburg 1935

Weyres / Mann

    Willi Weyres, Handbuch der rheinischen Baukunst des 19. Jahrhunderts, in Zusammenarbeit mit Albrecht Mann, Köln 1968

Wiebeking Wasserbaukunst

    Karl Friedrich Wiebeking, Allgemeine auf Geschichte und Erfahrung gegründete theoretische-praktische Wasserbaukunst, Darmstadt 1798 / 1807

Wiebeking, Rheinübergang

    Karl Friedrich Wiebeking, Übergang der Franzosen über den Rhein 1795, Frankfurt am Main 1796

Wilhelmi

    Johann Ferdinand Wilhelmi, Panorama von Düsseldorf, Düsseldorf 1828

Wirtgen

    Bernhard Wirtgen, Die Entwicklung der Stader Festung, in: Die Kunstdenkmäler des Landkreises Stadt, hrsg. von Carl-Wilhelm Clasen, München – Berlin 1965

Wisplinghoff

    Erich Wisplinghoff, Düsseldorfs bergisches Ufer – Wasserbauarbeiten im Düsseldorfer Bereich vornehmlich aus der 2. Hälfte des 18. Jahrhunderts, in: DJb, Bd. 53 (1958), S. 231 – 275

Wolff

    Heinz Wolff, Die Geschichte der Bastionärbefestigung Braunschweigs, Diss. Braunschweig 1935

Wolff-Metternich

    Franz Graf Wolff-Metternich, Alexander Pasqualini, ein Baumeister aus Bologna und die Anfänge der Renaussance am Niederrhein, in: Historisches Jahrbuch der Görresgesellschaft, Bd. 7, München, Freiburg 1953, S. 332 – 348

Wolff-Metternich in Rheydter Jahrb. Nr. 1

    Franz Graf Wolff-Metternich, Schloß Rheydt und die Anfänge der Renaissance am Niederrhein, in: Rheydter Jahrbuch, Nr. 1 (1953), S. 1 – 29

Wolfrom

    Erich Wolfrom

    Die Baugeschichte der Stadt und Festung Magdeburg (= Magdeburger Kultur und Wirtschaftsleben, Nr. 10), Magdeburg 1936

Zander

    Ernst Zander, Köln als befestigte Stadt und militärischer Standort – Bensberg als Standort, Köln 1941

Zebisch

    Günther Zebisch, Die städtebauliche Entwicklung der Königsallee in Düsseldorf, Diss. Aachen 1968 (Lichtdruck)

Zimmer

    Jürgen Zimmer, Hofkirche und Rathaus in Neuburg a. D., Diss. Stuttgart 1971 (= Neuburger Kollekteneenbl. 124/1971)

Zimmermann

    W. Zimmermann, Der Neue Rheinhafen (= Festschrift zur Erinnerung an die Hafeneröffnung am 30. Mai 1896), Düsseldorf 1896

Zimmermann – Neu

    Walter Zimmermann und Heinrich Neu, Das Werk des Malers Renier Roidkin, Ansichten westdeutscher Kirchen, Burgen, Schlösser und Städte aus der 1. Hälfte des 18. Jahrhunderts, in: Rheinischer Heimatbund, Nr. 142 (1939), S. 5 ff.

4. Abbildungsverzeichnis mit Bildnachweis

Titelbilder

Einband	Stadterweiterungsprojekt zur Einbeziehung der Neustadt, o. J. (1769), der Plan gehört zu einem Bericht von 1769 Kolorierte Handzeichnung (Kol. Handzg.) 50 x 54 cm; Original KrAM, Alt. Best. CI, Bund 22, Nr. 3 Foto KrAM, BA/Vf. Erstveröffentlicht bei Spohr, Abb. 31.
Frontispiz	„Plan de Düsseldorff", 1747. Kol. Handzg. 26, 8 x 35,7 cm, signiert C. A. Vellink. Original StM Heidelberg, Nr. Z 3214. Erstveröffentlicht bei Spohr, Abb. 17.
Vorsatz vorn	„Belagerung von Düsseldorf, den 7ten July 1758". Kupferstich 16 x 85 cm. Original RhLM, Düss. 38; Foto RhLM, BA/RhLM.
Vorsatz hinten	„Plan de la ville de Dusseldorf assiegée et pris par L'armée Hannovrienne Commandé par S. A. le Prince Ferdinand de Braunswick. Depuis le 28 Juin jusqu'an 7 Juillet 1758". Kol. Handzg. 40 x 28 cm, Maßstab 1 : 54700. Original ÖKA HIIIe 1909. Foto ÖKA, BA/Vf. Unveröffentlicht.

Bildtafeln

I	Düsseldorf um 1300. Erster Mauerbering zwischen 1288 bis 1384. Rekonstruktion des Verfassers auf der Grundlage einer von Baumeister Riemann nach alten Plänen zusammengestellten Grundstückskarte, 1971, überarbeitet 1977. Tuschzeichnung auf Kunststoffolie, Maßstab (M.) 1 : 2000. BA/Vf. Unveröffentlicht.
II	Düsseldorf nach 1382. Mittelalterlicher Mauerbering zwischen 1384 (1394) bis 1535. Rekonstruktion des Verfassers auf der Grundlage einer Nachzeichnung des Bauplans von 1831, 1971, überarbeitet 1977. Tuschzeichnung auf Kunststoffolie, Maßstab 1 : 4000, Lichtpause BA/Vf. Unveröffentlicht.
III	Düsseldorf um 1500. Verbesserungen zwischen 1478 bis 1535. Rekonstruktion des Verfassers auf der Grundlage einer Nachzeichnung des Bauplans von 1831, 1971, überarbeitet 1977. Grabenquerschnitt nach Unterlagen von Rennefeld. Tuschzeichnung auf Kunststoffolie, Maßstab 1 : 4000, Schnitt, Maßstab 1 : 400. BA/Vf. Unveröffentlicht.
IV	„Plan der Vestung Düsseldorf", o. J. (1567) gezeichnet von Daniel Speckle. Kol. Handzg. 38,3 x 56,5 cm. Original, GLAKa, Haus fidei, Kom. Bd. XVII, fol. 17. Foto GLAKa. BA/Vf.
V	Grundriß der Festung Düsseldorf, 1620. Der Originalplan gehört zu einem von Antonio Serro verfaßten Bericht vom 10. 3. 1620. HStA, Jülich-Berg II, 5012, fol. 42 – 46. Kol. Nachzeichnung des Originalplans 48 x 38 cm, mit Straßennetz des 18. Jahrhunderts. Die Lage des Flinger Tores ist falsch. Original StM VIIa, 9. Foto LBS, BA/StM, Nr. 1738. Erstveröffentlicht bei Spohr, Abb. 2.
VI	„Dusseldorp", Übersichtsplan der Festung mit Verbesserungsvorschlägen, 1688. Dazu gehören fünf Detailpläne und Kostenanschläge, der Schrift nach von Cagnon (vgl. Abb. 58). Kol. Handzg. 55 x 31 cm. Original ASpee, N 2, 19 a. Foto HStA Koblitz. BA/Vf. Erstveröffentlicht bei Spohr, Abb. 9.
VII	„Plan de Düsseldorff", o. J. (1716). Die nachträglich eingesetzte Jahresangabe 1739 auf dem Plan ist falsch, da die

498

neuen Festungswerke 1716 nicht weitergeführt wurden und 1721 das Fort Düsselburg bereits geschleift war. Kol. Handzg. 78 x 53 cm, Maßstab 1 : 4700. Original DSB Sx $\frac{23254}{5}$. Foto DSB. BA/Vf. Erstveröffentlicht bei Spohr, Abb. 12.

VIII "Plan de Düsseldorf", nach dem 1736 aggregierten Projekt der Festung Düsseldorf mit den Vorschlägen de Frésiers und Weixels 1739.
Der Plan gehört zu einem Mémoire von de Frésier vom 17. Februar 1739. Kol. Handzg. 62 x 42,5 cm. Original InGen A 14-102, Nr. 3; weitere Exemplare: InGen A 14-102, Nr. 2. Foto Giraudon, Paris. BA/Vf. Erstveröffentlicht bei Spohr, Abb. 14.

IX "Plan von Düsseldorp sampt denen neuen Wercker so dann von Anno 1737 – 1738 ende Aprilis verfertiget".
Kol. Handzg. 71 x 51 cm, Maßstab 1 : 4000, sign. W. Enbers. Original DSB, Sx $\frac{23254}{2}$. Foto DSB. BA/Vf. Unveröffentlicht.

X Rheinkarte mit der Festung Düsseldorf und Umgebung, 1776.
Kol. Handzg. Original HStA, Karten 7 D. Foto HStA, Koblitz. BA/Vf.

XI "Plan de Düsseldorf, Avec les Augmentations et Changements faits pendant l'an quatrième de La Republique Française", 1795/96.
vu Déjean 1797. Kol. Handzg. 63 x 71 cm. Original InGen A 14-102, Nr. 4. Foto Giraudon, Paris. BA/Vf. Erstveröffentlicht bei Spohr, Abb. 35.

XII "Plan de Düsseldorf, et des Camps Retranchés qui couvrant cette Place", 1796.
Der Plan gehört zu einem Mémoire von Cazals. Kol. Handzg. 79 x 60 cm. Original InGen A 14-103, Nr. 2. Foto Giraudon, Paris. BA/Vf. Erstveröffentlicht bei Spohr, Abb. 36.

XIII "Plan de Düsseldorf, dans l'état ou se trouve cette Place les dommages causés par le Rhin pendant l'hyver de l'an 7ème étant entièrement reparés", 1799.
Signiert Descroix, Capitaine du Génie. Kol. Handzg. 113,5 x 58 cm. Original Allgemeen Ryksarchief Den Haag, BP 2, 158, Kopie InGen A 14-103, Nr. 7. Foto Ryksarchief Den Haag. BA/Vf. Erstveröffentlicht bei Spohr, Abb. 38.

XIV "Plan de Düsseldorf dressé pour indiquer l'état, dans lequel se trouvaient les ouvrages au 30 germinal (26. August 1801) l'époque à laquelle les travaux de la démolition ont cessé", 1801.
Der Plan gehört zu einem Mémoire von 1801, signiert Descroix. Kol. Handzg. 54 x 48 xm. Original InGen A 14-103, Nr. 13. Foto Giraudon, Paris. BA/Vf. Erstveröffentlicht bei Spohr, Abb. 41.

XV Die Befestigungsringe und Festungsgürtel von 1288 bis 1801.
Rekonstruktion des Verfassers auf der Grundlage der dt. Grundkarte. Tuschzeichnung auf Kunststoffolie, Maßstab 1 : 5000. BA/Vf. Erstveröffentlicht bei Spohr, Taf. IV.

XVI "Düsseldorf mit seinen Umgebungen nach geschleiften Festungswerken", 1809.
Gestochen von W. Breitenstein nach einer Zeichnung von Ing. Cap. Gouffroi. Dieser Zeichnung dürfte der Plan von Huschberger zugrunde gelegen haben. Kupferstich 52 x 44 cm, Maßstab 1 : 3500. Original StM, 38. Foto LBS. BA/StM, 4968

XVII Plan der Stadt Düsseldorf, 1824.
Projektplan von M. F. Weyhe. Kol. Handzg. 76 x 154 cm. Original StA, F 9, M 89, Nr. 6. Foto StM. BA/StM, 8951

XVIII "Bauplan der Stadt Düsseldorf", 1831.
hrsg. von W. Breitenstein und W. Werner, 41 x 58 cm. Original StM, VIIa, 49. Foto LBS. BA/StM, 7153.

XIX "Bau- und Nivellementsplan über die Erweiterung der Stadt Düsseldorf, genehmigt durch Kabinettsordre vom 3. Juli 1854".
Herausgegeben von W. Werner. Lithographie 52 x 78 cm, Maßstab 1 : 5000. Original StA, F 31, M 1, Nr. 19. Foto LBS. BA/Vf.

499

XX   Entwicklung der Stadt und Festung Düsseldorf mit Stadtbezirken, Stand 1. 7. 1976.
Zeichnung des Verfassers auf der Grundlage der Stadtbezirkskarte des Amtes für Wahlen und Statistik mit Eintragung der Außenbürgerschaften nach eigenen Ermittlungen und histor. Karten (vgl. Kap. VII, 4). Tuschzeichnung auf Transparent DIN A 4. Lichtpause. BA/Vf. Unveröffentlicht.

Textabbildungen

Abb. 1   Luftaufnahme der Innenstadt, 1967.
Fotomontage des Verfassers. Luftbild der Innenstadt: Foto Moog, freigegeben vom Regierungspräsidenten Düsseldorf, Nr. 19/20/1853, Registrier-Nr. 4499/622. BA/Moog. Modell der Festung: Eigentum StM. Foto Koblitz. BA/Vf. Erstveröffentlicht bei Spohr, Abb. 66.

Abb. 2   Luftaufnahme der Innenstadt, 1967.
Foto Moog, freigegeben vom Regierungspräsidenten Düsseldorf, Nr. 19/20/1853. Registrier-Nr. 4499/662. BA/Moog.

Abb. 3   Erste in Düsseldorf geschlagene Münze, vor 1380.
Zeichnung vergrößert nach Originalmünze. Slg. Guntrum, heute StM (vgl. Kiersch BtrGNrh Bd. 22, S. 187 ff.). Original der Zeichnung, HStA Lacomblet Nachlaß 16. Foto HStA Koblitz. BA/HStA.

Abb. 4   Maria vom Siege, um 1200.
Gnadenbild, Holz, neugefaßt bei der Restaurierung der Lambertuskriche, 90 cm hoch. Standort ursprünglich Liebfrauenkapelle, heute 1. Chorpfeiler links in der Lambertuskirche. Foto LBS. BA/LBS, 139/G 19.

Abb. 5   Die Besitztümer der Herzöge von Jülich-Berg beim Ausbau Düsseldorfs zur Festung um 1540.
Zeichnung des Verfassers nach Plänen bei Weidenhaupt, S. 60, und Nettersheim, Planbeilage. Tuschzeichnung auf Transparent, Maßstab 1 : 1 500 000. Lichtpause BA/Vf. Erstveröffentlicht bei Spohr, Taf. V.

Abb. 6   Johann II. von Kleve und die Herzöge von Jülich-Berg im 17. Jahrhundert.
Ölgemälde auf Holz um 1630 (Ausschnitt). Im Hintergrund die Schwanenburg in Kleve. Original Heimatmuseum Emmerich. Foto LBS. BA/LBS, Nr. 20/2717.

Abb. 7   „Warhafftige description und beschreibung der Stadt Neuß mit beiliegenden Stetten, Schlösser, Dorffer und Schantzen", um 1588.
Kupferstich aus der Werkstatt von Hogenberg, 26 x 20 cm. Original Aitsinger, De Leone Belgico, fol. 394/395. UB Niederl. G I, StM VIIa 128. Foto StM. BA/StM, F 47/9.

Abb. 8   Einzug durch das Berger Tor, 1585.
Gestochen wahrscheinlich von Hogenberg. Original in Graminäus, Bl. A 11. Foto LBS. BA/LBS, Nr. 162/1949.

Abb. 9   Die Besitztümer des Kurfürsten Johann Wilhelm.
Zeichnung des Verfassers nach einem Plan im StM, 1977. Tuschzeichnung auf Transparent DIN A 3. BA/Vf.

Abb. 10   Aufruf Johann Wilhelms für Neuansiedler, 1684.
Plakatdruck 33 x 25 cm. Original HStA, Jülich-Berg II 6128, fol. 94a. Foto HStA Koblitz. BA/HStA. Unveröffentlicht.

Abb. 11   Huldigung der Künste und Wissenschaften an den Kurfürsten Johann Wilhelm und Kurfürstin Anna Maria Louisa.
Joh. Elias Haid nach dem Gemälde von Adriaen van der Werff, 1716. (Selbstbildnis unter dem unteren Medaillon). Schabkunstblatt 72,5 x 48 cm. Original StM, D 1019b. Foto LBS. BA/LBS, 174/2165.

500

Abb. 12	Plan der Befestigung, o. J. (um 1695).
	Kupferstich 24 x 28 cm, Zusammendruck von vier Blättern mit den Festungen Düsseldorf, Jülich, Zuhtpen, Doesburg; Ausschnitt von Düsseldorf 9 x 12 cm. Original StM, VIIa, 64 (vgl. Plan veröffentlicht 1697 bei Coronelli, S. 21/22). Foto HStA Koblitz. BA/Vf. Veröffentlicht bei Spohr, Abb. 10.
Abb. 13	Belagerung von Kaiserswerth, 1702.
	Kupferstich. Original StM Ausstellung. Foto LBS. BA/LBS 101/45.
Abb. 14	Medaille zur Stadterweiterung, 1709.
	Die Jahreszahl auf der Medaille wird durch Wegstreichen der V richtiggestellt. Kol. Handzg. ϕ 9 cm. Original Rapparini-Handschrift, Heine-Institut G 82. Foto LBS. BA/LBS 162/3238.
Abb. 15	Freiheitspatent des Kurfürsten Johann Wilhelm, 1709.
	Plakatdruck 33 x 50 cm. Original HStA, Jülich-Berg II 6657, fol. 25/26. Foto HStA Koblitz. BA/Vf. Unveröffentlicht.
Abb. 16	Plan du Bombardement de Dusseldorf, 28. Juni 1758.
	Gest. F. W. de Bauer, 31 x 36 cm. Original StM, IV 280; E 13. Foto StM. BA/StM 11578.
Abb. 17	Stadtbrand nach Beschießung durch die Franzosen in der Nacht vom 7. zum 8. Okt. 1794.
	Gouache, unsigniert. Original StM. Foto StM. BA/StM, 157/879/1.
Abb. 18	Das Rheinland in der Franzosenzeit, 1809, und in der Preußenzeit, 1818.
	Zeichnung des Verfassers nach Rothert, 1977. Tuschzeichnung auf Transparent DIN A 4. BA/Vf. Unveröffentlicht.
Abb. 19	Joachim Murat, Großherzog v. Berg (1767 – 1815) und seine Gemahlin Caroline Bonaparte.
	Kupferstich von Ernst Thelott, gestochen bei F. Stahl. Original StM. Foto StM. BA/StM 10065.
Abb. 20	Einzug Napoleons in die Stadt Düsseldorf am 3. Nov. 1811.
	Gouache von Joh. Petersen. Original StM IV, 9. Foto StM. BA/StM, 8381.
Abb. 21	Rheinübergang der russischen Truppen unter der Anführung der Generäle von Wintzingerode, Tschernischow und Fürst Wolkowsky am 13. Jan. 1814 bei Düsseldorf.
	Kol. Stich von Petersen (?). Original StM IV, 3. Foto StM. BA/StM, 10125.
Abb. 22	Liefergasse 9.
	Lewen- oder Lieferhaus, ältestes Haus in Düsseldorf. Foto 1960, LBS. BA/LBS, 112/443.
Abb. 23	Liegenschaften der Karmelitessen, 1703.
	Tuschzeichnung. Original Karmelitessenchronik Theresienhospital. Foto BA/ Theresienhospital. Druck bei Rümmler in HbJanW 1959.
Abb. 24	Rekonstruktion Stiftsimmunität und Bürgerzentrum.
	Zeichnung des Verfassers nach Karpa und Greb, 1977. Tuschzeichnung auf Transparent DIN A 4. BA/Vf. Unveröffentlicht.
Abb. 25	Sekret Siegel der Neustadt, um 1400.
	Erstmals belegt 1567. Kol. Handzg. Maßstab 1 : 1. Original HStA, Nachlaß Lacomblet 16. Foto HStA Koblitz. BA/Vf.
Abb. 26	Zitadelle mit alter Stadtmauer, 1599.
	Vorgelegt auf dem Landtag vom 19. Januar 1599. Kol. Handzg. mit Aufschrift. 43 x 32 cm. Original HStA, Karte Nr. 1593 (Kopie StM VIIa, 110 II). Foto HStA, Kolor-Negativ. BA/Vf. Erstveröffentlicht bei Spohr, Abb. 3.
Abb. 27	Berger Front, 1585.
	Ausschnitt aus einem Stich, wahrscheinlich von Hogenberg. Original Graminäus, Bl. A 11, 27 x 21 cm. Foto LBS. BA/LBS, 1946.
Abb. 28	Rheinfront, 1619.
	Stich bei Janssonius, 13 x 19 cm. Original StM VIII, 3. Foto LBS BA/StM, 2739.

Abb. 29   Das Zolltor, o. J. (um 1800).
           Außenansicht, abgebrochen 1809. Lavierte Federzeichnung 21 x 19 cm. Origi-
           nal StM, VIIIc, 288 (weitere Exemplare StM, VIIIc, 1 und 288; StA F 1, M 4,
           Nr. 77). Foto StM. BA/StM, 7576.
Abb. 30   Innenseite des von Vagedes umgebauten Zolltores, niedergelegt 1897.
           Foto Julius Söhn. BA/StA, Nr. 10/76/38.
Abb. 31   Das Düsseldorfer Schloß, 1755.
           Ansicht der Nord- und Westfront. Tuschzeichnung, unsig. Original StM VIIIc,
           62; Foto LBS. BA/LBS, 162/299.
Abb. 32   Das Düsseldorfer Schloß, 1756.
           Grundriß, rechts oben alte Wache. Foto LBS. BA/LBS, 162/773.
Abb. 33   Das Düsseldorfer Schloß, Rheinseite, 1756.
           Kol. Handzg. Original StM, VIIb, 113. Foto StM. BA/StM, 10187.
Abb. 34   Das Düsseldorfer Schloß, Innenhofseite des Rheinflügels, 1756.
           Kol. Handzg. Original StM, VIIIb 114. Foto StM. BA/StM, 10196
Abb. 35   Der Ziegelmacher.
           Holzschnitt aus dem Buch „Stände und Handwerker" von Jost Aman, 1568,
           mit Versen von Hans Sachs. Original UB, KW 396, S. 92. Foto LBS. BA/LBS,
           162/3087.
Abb. 36   Düsseldorf von der Landseite, 1604.
           Handzg. Ausschnitt, unsign. Original StM VIIa, 140. Foto LBS. BA/LBS,
           162/322.
Abb. 37   Geometrische Meßermittlungen zur Ballistik, 1744.
           Original Handbuch des Düsseldorfer Büchsenmeisters Joh. Heinrich Strumberg,
           StM, Uk. 414. Foto LBS. BA/Vf. Unveröffentlicht.
Abb. 38   Weiterentwicklung des Rondells zur Bastion.
           Zeichnung des Verfassers, 1977. Original Tuschzeichnung auf Transparent,
           DIN A 5. BA/Vf. Unveröffentlicht.
Abb. 39   „Von den Vorbereitungs-Theilen der Fortification", 1715.
           Original in: Geöffnete Festung, pag. 10. Foto UB. BA/Vf. Unveröffentlicht.
Abb. 40   „Vom feindlichen Angriff, 1715.
           Original in: Geöffnete Festung, pag. 43. Foto UB. BA/Vf. Unveröffentlicht.
Abb. 41   Projekt eines Walls zwischen Berger Tor und Reintgens Ort, 1599.
           Vorgelegt auf dem Landtag vom 19. Januar 1599. Kol. Handzg. 43 x 32 cm.
           Original HStA, Karte Nr. 1866 (Kopie StM VIIa, 110 I). Foto LBS. BA/Vf.
           Erstveröffentlicht bei Spohr, Abb. 4.
Abb. 42   Mühlenbollwerk mit der Stelle für die Windmühle, März 1608.
           Federzeichnung 46 x 35 cm. Signiert Johann von Pasqualin. Original HStA,
           Jülich-Berg II, 3840, fol. 8. Foto HStA Koblitz. BA/Vf. Erstveröffentlicht
           bei Spohr, Abb. 5.
Abb. 43   Mühlenbollweck, 1630.
           Kol. Handzg. aus dem Handbuch des Damian v. Nideggen, 25 x 30 cm. Origi-
           nal KrsAK, Roosen 97. Foto Kreisbildstelle Viersen. BA Kreisbildstelle 4/IV,
           316, S. 10. 1977. Unveröffentlicht.
Abb. 44   Ansicht der Stadt und Festung vom Rhein, o. J. (1600).
           Wahrscheinlich nach Hogenberg. Steindruck 31 x 14 cm. Original StM VIII,
           1. Foto LBS. BA/LBS, 162/323.
Abb. 45   Schnitt durch den Wall zwischen Mühlen und Flinger Bollwerk, 14. Aug. 1619.
           Signiert Alexander von Pasqualini. Federzeichnung 35 x 23 cm. Original
           HStA, Jülich-Berg II, 5012, fol. 22. Foto HStA Koblitz. BA/Vf. Erstveröffent-
           licht bei Spohr, Abb. 5.
Abb. 46   Daniel Speckle (Specklin).
           Kupferstich nach Theodor de Bry. Original StM. Foto LSB. BA/StM, F 39/35.

502

Abb. 47   Plan des Neuen Werkes, 7. April 1672.
Anlage zum Schriftwechsel zwischen Gouverneur von Virmund und Philipp Wilhelm. Kol. Handzg. 25 x 38 cm. Original HStA, Jülich-Berg II, 3727, fol. 205. Foto HStA Koblitz. BA/Vf. Erstveröffentlicht bei Spohr, Abb. 7.

Abb. 48   Entwurf für den Niederrheinischen Batardeau.
Kol. Handzg. von Cagnon 18,5 x 31 cm. Original ASpee N 2, 19 f. Foto HStA Koblitz. BA/Vf. Unveröffentlicht.

Abb. 49   „Profil de la Lunette à faire dans la place d'Armes des Angels rentrans de la Contrescarpe de cette Ville de Dusseldorf", 1688.
Der Schrift nach von Cagnon. Kol. Handzg. 18,5 x 31 cm. Original ASpee, N 2, 19 f. Foto HStA Koblitz. BA/Vf. Erstveröffentlicht bei Spohr, Abb. 6.

Abb. 50   Neues Berger Tor, 1621.
Aufriß der Außenfassade (umgebaut 1751). Tuschzeichnung 30 x 39 cm. Original StM, VIIIc, 22 (Gegenexemplar „neuburgisch Projekt" mit der Signatur Wolfgang-Wilhelms, StM, VIIIc, 23). Foto StM. BA/StM, 1737; Erstveröffentlicht bei Spohr, Abb. 55.

Abb. 51   Berger Tor, Bauaufnahme vor dem Abbruch, November 1894.
Querschnitt, Längsschnitt, Grundriß. Signiert Stadtbaumeister Tharandt, Bauassistent Hay. Kol. Tuschzeichnungen auf Karton 63 x 47, Maßstab 1 : 100. Original StA, F 1, M 4, Nr. 58 (Grundriß). F 1, M 4, Nr. 6 (dazu gehört ein weiterer Schnitt. StA, F 1, M 4, Nr. 59; vgl. zur 1. Etage den Umbauplan des Jahres 1750 von van Douwen, StA, F. 1, M 4, Nr. 57). Foto LBS. BA/LBS. Veröffentlicht bei Spohr, Abb. 58.

Abb. 52   Ansicht der Zitadelle (um 1667).
Die Jahresangabe 1657 auf der Zeichnung ist unrichtig (vgl. DJb, Bd. 47 (1955), S. 6). Früher Wenzel Hollar zugeschrieben. Original StM, Nr. 7330. Foto StM.

Abb. 53   Flinger Tor, o. J. (um 1800).
Außenansicht, abgebrochen 1806. Lavierte Federzeichnung (ex. coll. Custodis) 34 x 24 cm. Original StA, F 1, M 4, Nr. 77. Foto LBS. BA/Vf.

Abb. 54   Ratinger Tor mit alter Windmühle, o. J.
Inwendige Fassade, abgebrochen 1807, erbaut 1684, erneuert 1750, Windmühle 1712. Lavierte Federzeichnung 31 x 23,5 cm (vgl. Entwurf van Douwen von 1755, StM, VIIIc, Nr. 10). Original StA, F 1, M 4, Nr. 76. Foto LBS. BA/Vf.

Abb. 55   Bericht Daniel Speckles über die Tätigkeit des Meister Johann in Düsseldorf, 1567.
Original Speckles Werk „Architectura von Vestungen", pag. 16. Faksimile.

Abb. 56   Baumeister Adolf v. Kamp.
Trauerzug des Magistrats bei der Beisetzung des Herzogs Johann Wilhelm, 1628. Original Kol. Kupferstich aus dem Werk des Adolf von Kamp (Ausschnitt) UB, K 347). Foto LBS. BA/LBS 162/310.

Abb. 57   Truppenlager südlich der Festung Düsseldorf, 1651.
Original Handbuch des Damian v. Nideggen. KrsAK, Roosen 97. Foto Kreisbildstelle Kempen-Krefeld. BA Kreisbildstelle Y/IV/211. Unveröffentlicht.

Abb. 58   „Proposition d'un Bastion destaché pour la ville de Dusseldorp; par ordre de S. A. S. fait ce 9. de l'an 1688".
Der Schrift nach von Cagnon. Kol. Handzg. 60 x 61 cm. Original ASpee N 2, 19c. Foto HStA Koblitz. BA/Vf. Erstveröffentlicht bei Spohr, Abb. 8.

Abb. 59   Untersuchungen zur Geometrie des Düsseldorfer Festungsgrundrisses, 1977.
Umzeichnung nach einer Vorlage von Eberhardt. BA/Vf. Original veröffentlicht bei Eberhardt Jülich.

Abb. 60   Schematisierter Vermessungsplan der Festung Düsseldorf, 1787.
Umzeichnung nach einem Original KrAM, Hs Nr. 1466. BA/Vf. Unveröffentlicht.

Abb. 61	Kurfürst Johann Wilhelm besichtigt die Pläne zum Ausbau der Neustadt, 1709

Abb. 61
Kurfürst Johann Wilhelm besichtigt die Pläne zum Ausbau der Neustadt, 1709
Wandgemälde von Klein-Chevalier im Rathaus Düsseldorf, 1896. Foto LBS.
BA/LBS, 113/18.

Abb. 62
Gedenkstein zur Stadterweiterung, 4. April 1709.
„JOHANNES WILHELMUS ELECTOR AC ARCHIDAPIFER S. R. IMP. etc.
PRO EXSTRUENDIS MOENIBUS NOVAE CIVITATIS DÜSSELDORPII
PRIMUM LAPIDEM POSUIT". Der Stein (Eigentum StM) ist heute in der
Mauer am Parkplatz an der Flingerstraße eingelassen; in der Nähe dieser Stelle
hat er sich ursprünglich befunden. Foto StM. BA/StM.

Abb. 63
Ansicht der Stadt Düsseldorf vom Rhein aus, o. J. (1714).
Wahrscheinlich von Erich Philipp Ploennies. Lavierte Federzeichnung 75,5 x 17
cm. Original StM. Ausstellung (Authentisches Exemplar von Ploennies in der
Handschrift HStA, Hs. E II, 1; danach Steindruck StM VIIIa, 189). Foto LBS.
BA/StM.

Abb. 64/65
„Plan von dem Projektierten und gnädigst verordneten Retrenchement, die
neuen Casernen in die Extension einzuschließen", 1726.
Dorsualvermerk: Dieser Plan gehört zum Reskript vom 16. Mai 1726. Der Plan
wurde zur besseren Bildwiedergabe getrennt (Profile Abb. 65). Kol. Handzg.
71,5 x 52,3 cm. Original StA, F 6, M 8, Nr. 288 (ähnlicher Entwurf: StM VIIa,
96). Foto LBS. BA/Vf. Erstveröffentlicht bei Spohr, Abb. 13.

Abb. 66
Bauarbeiten an den Festungswerken zwischen Mühlenbastion und Flinger Tor,
1735.
Auf der Rückseite signiert H. L. Beckers. Gemälde auf Leinwand 87 x 68 cm.
Original StM, VIIIb, 2. Foto LBS. BA/LBS, 162/134.

Abb. 67
„Plan de Dusseldorf, cette place a esté dans cet Etat L'année 1737"
Schematischer Angriffsentwurf. Entworfen von Walrave. Kol. Handzg. 91 x 55
cm, Maßstab 1 : 3500. Original DSB Sx 23254. Foto DSB. BA/Vf. Erstveröffentlicht bei Spohr, Abb. 15.

Abb. 68
„Düsseldorff, Rheinbatterie, 13. Aug. 1757".
Grundriß und Profile mit einem Exposé von Baumeister Hagens, signiert E. F.
Mansfeldt. Kol. Handzg. 47 x 30 cm. Original HStA, Jülich-Berg II, 5059, fol.
172; vgl. Plan von G. Bauer von 1766; HStA, Karte 3154 sowie StM VII, 171 I.
Foto HStA Koblitz. BA/Vf. Erstveröffentlicht bei Spohr, Abb. 21.

Abb. 69
Angriffsentwurf auf die Oberrheinische Front 19. 4. 1757.
Kol. Handzg. 53 x 43 cm. Signiert de Pfister (vgl. Anm. 685). Original HStA,
Karte 1594. Foto HStA Koblitz. BA/Vf. Unveröffentlicht.

Abb. 70
Plan des Rheinlaufs mit der Festung Düsseldorf, 1757.
Der Plan gehört zu einem Aktenstück von 1757, gezeichnet von Ing. Egger; das
Blatt ist nicht genordet. Kol. Handzg. 23 x 36 cm. Kol. Handzg. 23 x 36 cm.
Original KrAM, Alt. Best. C I, Bund 22, Nr. 17. Foto KrAM. BA/Vf. Erst-
veröffentlicht bei Spohr, Abb. 19.

Abb. 71
„Plan de Duesseldorff"
(enthält Vorschläge für Bastions détachés), 1760, mit ausführlicher Legende.
Kol. Handzg. 74,5 x 48 cm. Original InGen A 14-102, Nr. 31 (vgl. Haerens
Arkiv Kopenhagen, Nr. 4). Foto Giraudon, Paris. BA/Vf. Erstveröffentlicht bei
Spohr, Abb. 18.

Abb. 72
„Elévation von der Niederrhen. Vestungsbranche, 1766".
Signiert G. Bauer. Kol. Handzg. 93 x 61 cm. Original HStA, Karte 3159, Dupli-
kat StM VII, 172 II. Foto HStA Koblitz. BA/Vf. Erstveröffentlicht bei Spohr,
Abb. 22.

Abb. 73
Projekt der Festung Düsseldorf mit einem Erweiterungsvorschlag zur Einbeziehung der Neustadt, 1799, Febr.
Der Plan gehört zu dem Mémoire von Beaufort, signiert Descroix, Directeur des
fortifications. Kol. Handzg. mit Decktransparenten 105 x 45,5 cm. Original

InGen A 14-103, Nr. 9. Foto Giraudon, Paris. BA/Vf. Erstveröffentlicht bei Spohr, Abb. 37.

Abb. 74   Instruktionen des Kurfürsten Karl Philipp an den Hofkammerrat Gohr wegen geheimer Baumaßnahmen an der linksrheinischen Schanze, 12. März 1738. Original 25 x 42 cm, KrsAK, Tannheim 1379. Fotokopien BA/Vf. Unveröffentl.

Abb. 75   „Plan du Pont de Batteaux construit an dessous de Dusseldorf", 1757. Kol. Handzg. Unsign. Original SvHist, EMAT Série A, 88. Foto SvHist. BA/Vf. Unveröffentlicht.

Abb. 76   „Plan et profils des Retranchemants construits par les hanovriens à la teste de pont de dusseldorf". Kol. Handzg. 41,5 x 33 cm. Signiert von Lanaver. Original InGen A 14-102, Nr. 17. Foto Giraudon, Paris. Ba/Vf. Unveröffentlicht.

Abb. 77   „Plan du retranchement fait par les Français du 16 d'août, jusqu'au 31 octobre, pour couvrir la tête du Pont de Batteaux sur le Rhin devant la place", 1759. Kol. Handzg. 41,5 x 33 cm. Signiert von Noblet de Chermont. Original InGen A 14-102, Nr. 29. Foto Giraudon, Paris. BA/Vf. Erstveröffentlicht bei Spohr, Abb. 20.

Abb. 78   „Plan von Dusseldorff worinnen bemercket ist, welch ein und andere Abänderungen daran vorgenommen werden könten, 1674". Vorschlag zur Einbeziehung der Extension. Kol. Handzg. 58 x 48 cm, signiert G. Bauer. Original KrAM, Alt. Best. C I, Bund 22, Nr. 1 (Duplikat StM, VIIa, 85). Foto KrAM. BA/Vf.

Abb. 79   Wohnhäuser für die Extension, 1770. Kol. Handzg. 49 x 81 cm, sign. G. Bauer. Original StAK, Plank. 625-19/21. Foto LBS. BA/Vf. Unveröffentlicht.

Abb. 80   „Plan eines Theils der Stadt und Festung Düsseldorf (Litt. H.). Auff anforderen Euer gnädigst angeordneten Commission in betreff der Enclavierung der Stadt Düsseldorff mit der Extension, 1783". Entworfen von Ingenieurhauptmann Euler. Kol. Handzg. 88 x 55 cm. Maßstab 1 : 1750. Original StA, F 4, M 5, Nr. 216. Foto LBS. BA/Vf. Erstveröffentlicht bei Spohr, Abb. 34.

Abb. 81   Gegenplan mit Beibehaltung der Inneren Werke, 28. Juni 1787. Kol. Handzg. von Generalmajor von Pfister. Original KrAM, Alt. Best. C I, Bund 22, Plan 7. Foto KrAM. BA/Vf. Unveröffentlicht.

Abb. 82   Erlaß des Kurfürsten Karl Theodor zur Schleifung der Inneren Festungswerke, 14. Mai 1787. Original HStA, Jülich-Berg II, 3852, fol. 24. Foto HStA Koblitz. BA/Vf.

Abb. 83   „Plan von Dusseldorf mit der neu zu erbauenden Carlstadt", 1791. Kol. Handzg., sign. Frederic B. de Gaugreben Cadet de Génie. Original StA. Foto LBS. BA/StA, Nr. 8/76/12.

Abb. 84   Projekt zur Einbeziehung der Extension, o. J. (1780). Der Plan gehört zu einem Bericht von Pfisters von 1780. Kol. Handzg. 43 x 45 cm. Original KrAM, Alt. Best. C I, Bund 22, Nr. 6. Foto KrAM. BA/Vf. Erstveröffentlicht bei Spohr, Abb. 32.

Abb. 85   Bebauungsvorschlag zur Verbindung der Neustadt mit der Karlstadt, 18. Juni 1798. Kol. Handzg., sign. Jos. Erb. 50 x 36 cm. Original HStA, Jülich-Berg II, 3862, fol. 100. Foto HStA. BA/Vf. Unveröffentlicht.

Abb. 86   Düsseldorf, Plan der Befestigungen mit Neustadt, o. J. (um 1697) Zweifarbige Handzg. 33 x 45 cm. Original KrA Stockholm, utländska kartor Nr. 2. Foto KrA Stockholm. BA/Vf. Erstveröffentlicht bei Spohr, Abb. 11.

Abb. 87   „Profil sur le front du Bas Rhin cotté 6 et 7 (Niederrheinische Front) coupé suivant la Ligne, EF, pour faire voir l'Effet des palissades debout . . . 1760, Dezember 20". Signiert Noblet de Chermont. Kol. Handzg. 147 x 165 cm. Mit Eintragung der

Festungsbauteile. Original InGen A 14-102, Nr. 33 I. Foto Giraudon, Paris. BA/Vf. Unveröffentlicht.

Abb. 88   Nordfront der Festung Düsseldorf, 1760
Handzg. mit Schnittlinie EF. Original DSB. Foto DSB. BA/Vf. Unveröffentl.

Abb. 89   Profile: „Fig. 1 Profil der Branche am Ober Rhein, Fig. 2 Profil vor der rechten Face des Bastions Maria Francisca, Fig. 3 Profil rechter Hand des Rathinger Tores, Fig. 4 Progil lincker Hand vor dem Rathinger Tor, 22. März 1764".
Signiert G. Bauer. Kol. Handzg. 49 x 34 cm. Original KrAM, Alt. Best. C I, Bund 22, Nr. 13. Foto KrAM. BA/Vf. Erstveröffentlicht bei Spohr, Abb. 23.

Abb. 90   „Plan de la Contregarde devant le Bastion Maria Amalia" o. J. (1768).
Der Zeichentechnik nach von G. Bauer. Kol. Handzg. 57 x 48 cm. Maßstab 1 : 330. Original StA, F 6, M 8, Nr. 291; vgl. Nr. 69, Abb. 18. Fto LBS. BA/Vf. Erstveröffentlicht bei Spohr, Åbb. 28.

Abb. 91   „Detail des Cazemattes d'un Reduits cottes 49 (Niederrhein. Reduit) dans les places d'armes rentrantes du front du bas Rhin, 1758".
Kol. Handzg. 46,5 x 37 cm. Original InGen. A14-102, Nr. 27, Foto Giraudon. BA/Vf. Erstveröffentlicht bei Spohr, Abb. 26.

Abb. 92   „Detail des Cazemates qui sont sous le parapet de chacune des Lunettes cotteés 55 et 57 (Mühlenlunetten), 1758".
Kol. Handzg. 47,5 x 27 cm. Original InGen A 14-102, Nr. 26. Foto Giraudon Paris. BA/Vf. Erstveröffentlicht bei Spohr, Abb. 25.

Abb. 93   Ravelin und Tenaille der Extensionsfront (1758). Fotomontage von zwei kol. Handzg. Ravelin: kol. Handzg. 33 x 43 cm. Original DSB, Sx $\frac{23254}{8}$ b, Foto DSB, BA/Vf. Tenaille: kol. Handz. 35,5 x 35,5 cm, 1758. Original InGen A14-102, Nr. 27 ter. Foto Giraudon Paris. BA/Vf. Fotomontage HStA Koblitz, BA/Vf. Erstveröffentlicht bei Spohr, Abb. 27.

Abb. 94   „Düsseldorff, projet pour l'an 9ème" (1800/1801).
Detail zur Veränderung der Oberrhein. Front vor dem Berger Tor. Die Anordnung der Beschriftung wurde für die Reproduktion verändert. Signiert Descroix. Kol. Handzg. 83 x 75 cm. Maßstab 1 : 400. Original DSB, Sx 23258, Bl. 1. Foto DSB, BA/Vf. Erstveröffentlicht bei Spohr, Abb. 39

Abb. 95   Landseitige Ansicht des ehemaligen Berger Tores, vor dem Abbruch 1895.
Foto Wilhelm Otto, BA/LBS, Nr. 160/93.

Abb. 96   Stadtseitige Ansicht des ehemaligen Berger Tores mit den Bildhauerarbeiten von Balthasar Späth, vor dem Abbruch 1895.
Foto StM. BA/StM, Nr. 160/101.

Abb. 97   Stadtseitige Ansicht des Ratinger Tores, um 1800
44 x 31 cm, Nachzeichnung nach dem Originalplan van Douwens 1754/55. Tuschzeichnung. Original VIIIc, 10. Foto StM. BA/StM Nr. 2432.

Abb. 98   Ratinger Tor, o. J. (1954/55).
Grundriß zum nicht ausgeführten Umbauplan. Der Zeichnetechnik nach ebenso wie die zugehörigen Ansichten von van Douwen. Lavierte Federzeichnung. Original StA, F, 1, M 4, Nr. 75. Nebenstehend Lageplan, Zeichnung Vf. Foto LBS. BA/Vf.

Abb. 99   Ratinger Tor, Außenansicht, o. J. (um 1800).
Lavierte Federzeichnung 20,5 x 30 cm. Original StA, F 1, M 4, Nr. 76 (weiteres Exemplar StM, VIII, 9; vgl. Entwurf van Douwens von 1755. StM, VIIIc, Nr. 11). Foto LBS. BA/Vf. Druck bei Spohr, Abb. 53.

Abb. 100   Ratinger Straße, Zustand 1796.
Historisiertes Gemälde mit der Innenseite des Ratinger Tores nach dem Entwurf van Douwen, sign. Schreuer. Original StM. Foto LBS. BA/StA 8/87/139.

Abb. 101   Das Neue Rheintor, stadtseitige Ansicht, o. J. (um 1800).
Erbaut 1725; niedergelegt um 1830. Gezeichnet von Custodis. Tuschzeichnung

506

	31 x 27 cm. Original StA, F 3, M 14, Nr. 117 (weitere Exemplare StM, VIIIc, 8 und 8a). Foto LBS. BA/Vf.
Abb. 102	Grundriß des Neuen und des Alten Rheintores, 1725.
	Tuschzeichnung. Sign. Fortifikationsdirektor IngOL. Fremelle. Original StM VIIa, 111. Foto LBS. BA/StM, Nr. 10008. Unveröffentlicht.
Abb. 103	Karlstädter Tor mit Zugbrücke, Entwurf 1799.
	Kol. Handzg. Original HStA, Jülich-Berg II, 3862, fol. 320. Foto HStA Koblitz. BA/Vf. Unveröffentlicht.
Abb. 104	Hofarchitekt Jakob Dubois, 1709.
	Kol. Handzg. ϕ 9 cm. Vor- und Rückseite eines Medaillienentwurfes. Original Rapparinihandschrift, Heine-Institut G 82, Nr. 88/89. Foto LBS. BA/Vf.
Abb. 105	Fortifikationsdirektor von Pfister in Uniform des Ingenieurcorps, 1778.
	Kol. Handzg. 12 x 9 cm. Original Trierweiler Militäretat 1778, S. 191, StM Ausstellung. Foto LBS. BA/StM, 11708.
Abb. 106	Kurpfälz. Oberbaudirektor Nicolas de Pigage (1721 – 1796), 1763.
	Ölgemälde. Sign. Anna Dorothea Therbusch. 70 x 61 cm. Original StM, B 141, Foto LBS. BA/LBS, 129/6.
Abb. 107	Reuterkaserne, o. J. (um 1860).
	Bleistiftzeichnung. 31,5 x 48,3 cm. Original StM, VIIIc, 103. Foto LBS. BA/StM, f 8/14. Erstveröffentlicht bei Spohr, Abb. 64.
Abb. 108	Grundriß der Reuterkaserne (Armenhaus) um 1800.
	Tuschzeichnung. 36,6 x 52,6. Sign. Gesebruck. Original StM, VIIb 28, 3312. Foto LBS. BA/StM. Unveröffentlicht.
Abb. 109	Medaille zum Kasernenbau, 1702.
	Kol. Handzg. Medaillenentwurf ϕ 9 cm. Original Rapparinihandschrift, Heine-Institut, G 82, Nr. 57. Foto LBS, BA/LBS.
Abb. 110	Extensionskaserne Grundriß, 1783.
	Kol. Handzg. Unsign. Original KrAM, Plansammlung D'dorf 1. Foto KrAM, BA/Vf. Unveröffentlicht.
Abb. 111	Extensionskaserne „Grundriß des Eckpavillons auf dem Hauptplan mit C bemerkt", um 1783.
	Kol. Handzg. Unsign. 75 x 53 cm. Original HStA, Karte 3112. Foto HStA Koblitz. BA/Vf. Unveröffentlicht.
Abb. 112	Hubertusstift (Neußer Straße 25, Haus des Jakob von Geldern), 1977.
	Foto BA/Vf.
Abb. 113	Alte Kaserne der Ulanen, Garnisonskirche und Kasernenwache (Kasernenstraße), 1785.
	Foto Julius Söhn. BA/LBS, Nr. 160/4.
Abb. 114	Standestabelle der in der Festung einquartierten Truppen, 1795.
	Original KrAM, Alt. Best. CI, Bd. 20. Autoreversalkopie. BA/Vf. Unveröffentlicht.
Abb. 115	Extensionskaserne mit Exerzierplatz, um 1875.
	Foto Julius Söhn von dem Turm der Johanneskirche. BA/LBS 160/231.
Abb. 116	Plan mit den kurfürstlichen Gebäuden, 1736/1739.
	Ausschnitt aus dem Projekt von de Frésier. Kol. Handzg. 69 x 53 cm. Original InGen A 14-102, Nr. 2. Foto Giraudon Paris. BA/Vf. Unveröffentlicht.
Abb. 117	Die Hauptwache am Burgplatz, 1855.
	Tuschzeichnung. Sign. Julius Kost. 28 x 38,1 cm. Original StM VIIIc 111, C 5028. Foto BA/StM, Nr. 2827
Abb. 118	Das Statthalterpalais (später Präsidialgebäude) an der Stelle der alten Hofoper in der Mühlenstraße, 1833.
	Bleistiftzeichnung. Sign. A. von der Horst, 16,1 x 23,6 cm. Original StMC 5566. Foto LBS. BA/StM, 10131.

Abb. 119	Im Innenhof des Justizgebäudes an der Mühlenstraße zusammengefügter Mittelrisalit und Giebel des ehemaligen Statthalterpalais, Zustand 1977.
	Foto LBS. BA/LBS. 112/457; 112/459.
Abb. 120	Geplantes Zeughaus, 1770.
	Hauptfassade, Grundriß, Schnitt und Rückfront. 3 Kol. Handzg. 49 x 108 cm. Sign. G. Bauer. Originale StAK, Plank. 625, Blatt 1 – 3. Foto LBS. BA/Vf. Unveröffentlicht.
Abb. 121	Generalkriegskommissariat (Palais Hundheim), Ansicht von der Hafenstraße mit der Illumination zu Ehren Napoleons, 1811.
	Handzg. Original StM, 2920 / IV 151-1/c. Foto LBS. BA/StM, 10193.
Abb. 122	„Plan des churfürstlichen Gouvernements".
	Sign. J. H. Ferier. Fortifikationsmaurermeister. Original StM 7 Ausstellung. Foto LBS. BA/StM, 10189.
Abb. 123	Kurfürstliches Gouvernement (Hauptfassade).
	Original StM, Ausstellung. Foto LBS, BA/StM, 10189.
Abb. 124	Kurfürstliches Gouvernement, Innenhof und Schnitt durch die Seitenflügel.
	Original StM, Ausstellung. Foto LBS. BA/StM, 10190.
Abb. 125	Der Marktplatz zu Düsseldorf mit Grupellohaus (Gouvernement), Theater und Rathaus, 1792.
	Handzg. v. Th. Rawlandson. Original StM, 7698. Foto LBS. BA/LBS. 157/417.
Abb. 126	Plan zur Erweiterung des Gouvernemtns am Markt, um 1800.
	Kol. Handzg. unsign. Original HStA. Foto HStA Koblitz. BA/Vf. Unveröffentlicht
Abb. 127	Plan des Marktplatzes zu Düsseldorf, 1757.
	Mit Veränderungsvorschlägen von Oberbaudirektor Pigage. Kol. Handzg. Original HStA, NW Kreisarchiv, IR 17 II, fol. 120. Foto HStA Koblitz. BA/HStA
Abb. 128	Die alte Stadt-Schlachthalle.
	Tuschfederzeichnung. 28,5 x 41,9 cm. Original StM VIIIc, 96; C 6214. Foto StM. BA/HStM, 11646. Unveröffentlicht.
Abb. 129	Pulvermagazin auf der Kontergarde der Bastion Karl Theodor, o. J. (1799).
	Kol. Handzg. 47 x 36 cm. Maßstab 1 : 95. Original StA, F 1, M 4, Nr. 66 (Duplikat HStA, Karte VI, 56/65). Foto LBS. BA/Vf. Erstveröffentlicht bei Spohr, Abb. 30.
Abb. 130	Entwurf eines Pulverturmes, o. J. (1770).
	Kol. Handzg. 63 x 49 cm, signiert G. Bauer. Maßstab 1 : 125. Original StAK, Plank. 625 Nr. 18. Foto LBS. BA/Vf. Erstveröffentlicht bei Spohr, Abb. 29.
Abb. 131	Kurpfälzische Artillerie, 1787.
	Kol. Handzg. aus dem Militäretat von Trierweiler. Foto Lantin, Hb JanW 1930, Nr. 1.
Abb. 132	„Der in hiesiger Festung Düsseldorf befindlicher Artillerie und sonstige Kriegs-Requisiten Vorrath betreffend". 14. Okt. 1744.
	Handschrift auf Pergament, sign. Meyer, Artilleriemajor. Original HStA, Jülich-Berg II 5042, fol. 420. Foto HStA Koblitz, BA/Vf. Unveröffentlicht.
Abb. 133	Festungsgerät und Kriegsmaterial, 1693.
	Kupferstich. 20 x 25 cm. Original aus dem Werk von Nicolas de Fer, pag. 7. UB Münster. BA/Vf.
Abb. 134	Düsseldorf von der Landseite, um 1780.
	Im Vordergrund der Hofgarten mit dem Hofgärtnerhaus und den Gärten von Pempelfort und Derendorf.
	Kol. Handzg. 75 x 15, sign. Caspar Wolff. Original RhLM, G 4822c, Düss. 49. Foto RhLM. BA/RhLM, 103198. Unveröffentlicht.
Abb. 135	„Plan de L'Attaque de Dusseldorff sur les Fronts de Rattingen et du bas Rhin, Relativement au mémoire du 26 Avril, 1758".
	Schematischer Agriffsentwurf; die eingetragene Jahreszahl 1760 bezieht sich auf

	die Wiederverwendung des Plans. Kol. Handzg. 56 x 52 cm. Original BNF, Ge D 7440. Foto BNF. BA/Vf. Erstveröffentlicht bei Spohr, Abb. 16.
Abb. 136	Düsseldorf von der Rheinseite, ca. 1794. Pastell und Bleistift. 22,5 x 20,5 cm. Original StM 3338; VIIa, 188. Foto StM. BA/StM F 7/11/1-4.
Abb. 137	Bastion Petrus, Fundamentreste, 1962. Foto OPD. BA/OPD. Erstveröffentlicht bei Spohr, Abb. 69.
Abb. 138	Ausführungspläne für die Wiederherstellung der Oberrheinischen Front, Jahre 7-9 (1798 / 1799) (1800 – 1801). Pläne, Profile und Schnitte. Sign. Descroix capt. du génie en chef à Dusseldorf. Original DSB Sx 23258, Blatt 3, Sx 23256, Sx 23256. Foto DSB. BA/Vf. Unveröffentlicht.
Abb. 139	Ansicht der Stadt und Festung von Osten, o. J. (um 1765). Die Zeichnung muß nach dem Umbau des Ratinger Tores 1755, 10 bis 15 Jahre nach der Bepflanzung der Wälle, 1749, entstanden sein; vgl. HStA, Berg. Landst. V 29 Pfennigmeisterei I, fol. 174. Lavierte Federzeichnung. 26 x 10 cm. Original StM, VIIa, 9. Foto LSB. BA/StM. Nachdruck bei Ritter – Beilage – (darin – ebenso wie in „Festschrift 1888", S. 431 – fälschlich als nördliche Front bezeichnet.)
Abb. 140	Stadterweiterung bis 1831. Zeichnung des Verfassers nach Rekonstruktionen und Originalplänen, 1977. Tuschzeichnung auf Transparent DIN A 3. Lichtpause. BA/Vf. Unveröffentlicht.
Abb. 141	Typische Düsseldorfer Giebelhäuser in der Flinger Straße, 1935. Foto Julius Söhn. BA/StA, Nr. 1/76/92.
Abb. 142	Typische Giebelfronten Düsseldorfer Bürgerhäuser. Aufmaßzeichnung von Dr. Paul Sültenfuß, 1921. Original Sültenfuß, S. 57a. Autoreversalkopie. BA/Vf.
Abb. 143	Rückwärtige Bebauung in der Hunsrückenstraße 20 – 24, 1935. Foto Julius Söhn. BA/StA, 1/76/.
Abb. 144	Bebauungsplan für die Verbreiterung der Liefergasse, Lageplan, Grundrisse, Ansicht, 1792. 3. Kol. Handzg. 49 x 35 cm, 45 x 30 cm, 45 x 28 cm. M = 1 : 100. Sign. InC. van Douwen. Original mit Beschreibung. HStA, Jülich-Berg II, 3846, fol. 1 – 8. Foto HStA Koblitz. BA/Vf. Unveröffentlicht.
Abb. 145	Projektplan für die Neustadt, o. J. (1699) mit eingetragenen Bauquadraten. Kol. lav. Federzeichnung mit ital. Schrift. 32,5 x 45,0 cm. Unsign. Original StM E 4. Foto LBS. BA/StM 11560.
Abb. 146	Bestandsplan der Neustadt, 1806. Kol. Handzg. 75 x 50 cm. Signiert J. G. Buschmann, Generallandmesser. Maßstab 1 : 1000. Original StA, F 6, M 9, Nr. 295. Foto LBS. BA/Vf. Unveröffentlicht.
Abb. 147	Bildnis des Freiherrn v. Hompesch-Bollheim. Kupferstich M. Mettenleiter, 1794. Nach Anton Michel. Original StM Ib, 6. Foto LBS. BA/StM 11347.
Abb. 148	Bestandsplan der landseitigen Festungsfronten vor der Schleifung, 1801. 3. Kol. Handzgn. 79 x 45 cm, 54 x 31 cm, 54 x 31 cm. Original DSB Sx 23256 1, 3 und 4. Fotomontage von 3 Plänen, Foto DSB. BA/Vf. Unveröffentlicht.
Abb. 149	„Plan du Tracé des Fronts Cotés 3/4, 4/5, 5/6, 7/8, 8/9, de la Place de Düsseldorf indiquant les ouvrages qui etaient revêtues, 1801". Dorsalvermerk: „Plan des fourneaux des Mines qui ont servi à la Démolition de Dusseldorf", 1801. Dreifarbige Handzg. 176 x 60 cm. Maßstab 1 : 1000. Original DSB, Sx 23263. Foto DSB. BA/Vf. Erstveröffentlicht bei Spohr, Abb. 42.
Abb. 150	Rheinansicht von Düsseldorf, 1807.

Rheinfront mit dem ausgebrannten Schloß, dem Hofbrauhaus und der Fliegenden Brücke. Aquatina 13,5 x 20,5 cm, Ing. J. Carr published May 1, 1807 by R. Philipps. Original StM Ia, 165. Foto LBS. BA/StM, 10080.

Abb. 151   Georg Arnold Jacobi (1768 – 1845), 2. Sohn von Friedr. Heinr. Jacobi, Generaldirektor der Verschönerungskommission seit 1811.
Pastellzeichnung, Litho von A. Dircks nach Th. Hildebrandt. Druck Henry & Cohnen, Bonn. Original StA Ib, 13 und 35/69; D 2216 a und b; 43,8 x 31,9 cm. Foto LSB. BA/StM, F 28 Nr. 5.

Abb. 152   „Plan d'une partie de la Carlstadt", 1810.
Kol. Handzg. 83 x 54 cm. Maßstab 1 : 1500. Original HStA, Karte 2245. Foto HStA Koblitz. BA/Vf. Unveröffentlicht.

Abb. 153   Plan der ehemaligen Festungsgründe und des Glacis zu Düsseldorf vom Ratinger Tor bis zum Rhein, 1810.
Sign. Windgassen. Randnotiz: Beilage zum Projekt V von M. F. Weyhe, 18. Febr. 1827. Original StA, F 9, M 8a, Nr. 4. Foto LBS. BA/Vf. Unveröffentlicht.

Abb. 154   Rekonstruktion der von A. v. Vagedes geplanten Randbebauung des Mühlenplatzes (Grabbeplatz).
Rekonstruktionszeichnung von Dr. Paul Sültenfuß, 1921. Druck bei Sültenfuß in ZsRhVDH 1924, Nr. 1, S. 48.

Abb. 155   Wachhäuser am Neuen Flinger Tor, 1810.
Erbaut von Joh. Peter Cremer. Handzg. Original StM. Foto LBS. BA/StM.

Abb. 156   Das nach Plänen von A. v. Vagedes 1811 erbaute Ratinger Tor, Zustand 1935.
Foto Julius Söhn. BA/StM, 10/76/199.

Abb. 157   Dekret zur Ablösung des ehemaligen Festungsgeländes, 1808.
Plakatdruck Original StM, Uk. D 12. Fotokopie. BA/Vf. Unveröffentlicht.

Abb. 158   Budget de l'an 1811.
Handschrift. Original ANF, AG IV 183-7, d 5. Foto ANF. BA/Vf. Unveröffentlicht.

Abb. 159   Entwurf des Verschönerungsdekrets von Napoleon, 1811.
Handschrift. Original ANF, AG IV, 183-7, d 5. Foto ANF. BA/Vf. Unveröffentlicht.

Abb. 160   Blick auf Düsseldorf von Norden mit der Heinrich-Heine-Allee, dem Eiskellerberg und dem Neuen Hafen, 1816.
Kol. Stich von Petersen. Original StM 2796. Foto LBS. BA/StM.

Abb. 161   Plan für die Erweiterung der Stadt Krefeld, 18. Mai 1819.
Entwurf A. v. Vagedes, vermessen von Goldammer, Maßstab 1 : 5950. Original StA, Krefeld. Foto BA/StA, Krefeld.

Abb. 162   Blumentag auf den ehemaligen Alleeplätzen am Ende der Heinrich-Heine-Allee mit dem alten Musikpavillon, um 1912.
Foto Julius Söhn. BA/StA, Nr. 8/76/60.

Abb. 163   Blick auf die Königsallee von Norden.
Vorkeigszustand, um 1935. Foto Julius Söhn. BA/StA.

Abb. 164   Blick vom Mannesmann-Hochhaus auf die ehemalige Bastion Maria Amalia und die westliche Seite der ehemaligen Kontergarde Maria Amalia, 1971.
Foto Vf. BA/Vf.

Abb. 165   U-Bahn-Trasse im Bereich Hienrich-Heine-Allee, 1977.
Zeichnung des Verfassers nach historischen Karten und einem Situationsplan des U-Bahn-Amtes X AO1-08-008a. Original Pocalonfolie. BA/Vf. Unveröffentlicht.

Abb. 166   Geländeschnitt A – A mit U-Bahn-Trasse und Festungsprofil westlich der Königsallee durch das Gebäude der Dresdner Bank, 1977.
Rekonstruktionszeichnung des Verfassers unter Verwendung des Planes U-Bahn-Amt X-AO1-08-20. Original Transparent DIN A 3. BA/Vf.

Abb. 167	Geländeschnitt B – B, 1977.
	Rekonstruktionszeichnung des Verfassers unter Verwendung des Planes U-Bahn-Amt X-AO1-08-19. Original Transparent DIN A 3. BA/Vf.
Abb. 168	Querschnitt C – C, 1977.
	Rekonstruktionszeichnung des Verfassers unter Verwendung des Planes U-Bahn-Amt X AO1-08-18a. Original Transparent DIN A 3, BA/Vf.
Abb. 169	Querschnitt D – D, 1977.
	Rekonstruktionszeichnung des Verfassers unter Verwendung des Planes U-Bahn-Amt X A01-08-16.
Abb. 170	Erinnerungstafel an das Berger Tor mit der Berger Allee, 1977.
	Foto Vf. BA/Vf.
Abb. 171	Abbruch des Berger Tores, 1895.
	Original StM VIIIc, 18. Foto Wilhelm Otto. BA/StM, Nr. 10010.
Abb. 172	Rest der Bildhauerarbeiten von Balthasar Späth am ehemaligen Berger Tor, vor der Vergrabung.
	Foto Birkholz, Götte & Co. Druck bei Kauhausen in DHb 1934, Nr. 7, S. 13.
Abb. 173	Bauaufnahme zur Restaurierung des Zitadellviertels, 1794.
	Tuschzeichnung auf Transparent. Maßstab 1 : 200. Original Hochbauamt, Abt. Stadtbildpflege. 30 x 95 cm. Lichtpause BA/Vf. Unveröffentlicht.
Abb. 174	Bastion Petrus, Aufmaßzeichnung der Fundamente, angefertigt vom Verfasser 1971 nach einem Aufmaßplan der Bauabteilung der OPD vom Dezember 1962.
	Tuschzeichnung auf Transparent. Maßstab 1 : 200. BA/Vf. Erstveröffentlichung bei Spohr, Taf. VII.
Abb. 175	In Düsseldorf angewendete Festungssysteme, dargestellt am Schema einer Festung.
	Zeichnung des Verfassers 1971, überarbeitet 1977. Tuschzeichnung auf Transparent. BA/Vf. Unveröffentlicht.

IN DÜSSELDORF ANGEWANDTE FESTUNGSSYSTEME DARGESTELLT AN DEM SCHEMA EINER FESTUNG
1971

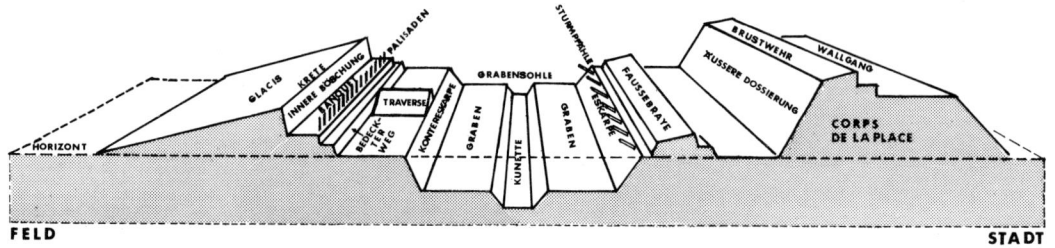

175 Schematische Darstellung verschiedener Festungssysteme, 1971

X. Fachwortverzeichnis

Die fremdsprachigen termini sind folgenden Werken entnommen: Behr, Belidor, Eichberg, Hoyer Wörterbuch, Meyer, Poten, Geöffnete Festung, Sturm; Definition nach Belidor, Schreibweise nach heutigem Sprachgebrauch.

Abschnitt	Verschanzung aus Erde oder Faschinen auf einem Bollwerk oder in einem Graben
à l'épreuve de la bombe	bombensicher
Alignement	Abmessung oder Richtung nach gerader Linie
Angle du Polygone, Kehlwinkel	Winkel, den zwei Kurtinen am Kehlpunkt bilden
Angle flanquant, Flankierender Winkel, Streichwinkel	Winkel zwischen den (beweglichen) Defenslinien
Angle flanqué, Bastionswinkel, Bestrichener Winkel	Winkel, den die Facen an der Bastionsspitze bilden
Angle rentrant	nach innen schließender Winkel
Angle saillant	nach außen vorspringender Winkel
Appareille	Rampe, Auffahrt an den Wällen für Kanonen
Approche, Laufgraben	im Zickzack angelegte Annäherungsgräben mit einseitiger Brustwehr zur geschützten Annäherung des Belagerers an die Festung
Armieren	mit Geschütz ausrüsten
Außenwerke, Ouvrages	Verteidigungswerke außerhalb der Festung
Avantfossé	Vorgraben vor Grabenwerken
Bär, Behr, Wasserbär, Batardeau, Dosdane	Querdamm oder Mauer mit einer Schleuse zur Regulierung der militärischen Wassertiefe am Einfluß sowie am Ausfluß des aufgestauten Festungsgrabens, vgl. Anm. 359
Bank, Bankett, Banquette	Stufe an der Innenseite der Brustwehr
Baracken, Baraques	Militärische Wohngebäude (Kasernen) ohne Unterkellerung, aus Holz, Fachwerk oder Stein
Barbakane	Torvorhof
Barbette	Geschützbank in der Bastionsspitze
Barrikade	Sperre aus mit spitzen Pfählen gespicktem Baum
Bastei, Pastey, Bastion	Aus der Linie des Festungswalls vorspringendes flankierendes Hauptverteidigungswerk einer Festung. Bastei meistens halbrundes Werk, Bastion in der Regel pentagonal
Bation détaché	vom Hauptwall durch Gräben getrennte Bastion
Bastion plat	Bastion vor gerader Kurtine (in Düsseldorf die Mühlenbastion)
Bastionswinkel	s. Angle flanqué
Batardeau, Batar d'eau	s. Bär
Batterie	Erdhügel zur Aufstellung von Geschützen
Battung	Bodenlegung

Bedeckter Weg, Gedeckter Weg, Chemin couvert	Weg am äußeren Rand des Grabens mit einer Brustwehr
Berme, Lisière	Absatz an den äußeren Böschungen der Wälle, Saumpfad
Bestückung	Besetzung des Werkes mit Geschützen
Bestrichener Winkel	s. Angle flanqué
Bollwerk, Boulevard, Polwerk	allgemeine Bezeichnung für flankierendes, vor dem Wall vorspringendes Verteidigungswerk, vgl. Bastei, Bastion
Bollwerksohr, Orillon	vorderer Teil der Flanke eines Bollwerks, durch den der zurückgezogene Teil gedeckt wird
Bonnet	Erhöhung der Brustwehr an den Saillants mit dem Zweck, das Innere eines Werkes gegen Einsicht und frontales Feuer zu sichern
Bresche, Brèche	Bruch, Öffnung in der Mauer oder im Wall, die dem Feind zum Ansturm dient
Brille	Werk aus zwei Facen
Brisure	Bei Bollwerken mit zurückgezogener Flanke die Verbindung zwischen vorderer und hinterer Flanke
	Der zur zurückgezogenen Flanke hin abgebrochene Teil der Kurtine heißt: Äußere Brisure, der gegenüberliegende Teil des Orillons: Innere oder Contrebrisure
Brustwehr, Parapet	Schutzwand aus Erde auf der Wallkrone
Camp retranché	verschanztes Truppenlager
Capitalline, Kapitalline, Hauptlinie	Mittellinie, durch welche eine Bastion symmetrisch geteilt wird
Caponnière, Kaponniere, Grabenkoffer, Coffre	Gang zur Grabenverteidigung von der Kurtine durch den Graben, meist beidseitig durch eine Brustwehr geschützt
Casematte, Kasematte, Mordkeller	Gewölbe unter dem Wall oder in einzelnen Werken der Festung
Casteel, Citadelle, Zitadelle	vier- bis sechseckiges Festungswerk als Kernfestung innerhalb einer Stadtfestung, diese zu beschützen oder zu beherrschen bzw. sicherer Ort für die Anlage des Schlosses
Cavalier, Kavalier, Katze	Erdwerk auf den einzelnen Werken oder der Kurtine zur Überhöhung der Umgebung und zur Einsicht in das Vorfeld
Chemin couvert	s. bedeckter Weg
Chemise, Futtermauer, Revêtement	Steinverkleidung der Böschungen von Wällen und Gräben
Circonvallation, Circumvallation, Zirkumwallation	Verschanzung des Belagerers um sein Lager feldwärts
Citadelle	s. Casteel
Coffre	s. Caponnière
Communicationslinie	Verbindungsgraben zwischen Außen- oder Feldwerken
Conducteur	Ingenieuroffizier
Contrebatterie, Konterbatterie	Batterie des Verteidigers
Contrebrisure	s. Brisure
Contregarde, Kontergarde, Couvreface	Grabenwerk vor den Bastionsfacen im Hauptgraben
Contrescarpe, Kontereskarpe	äußere Grabenböschung mit Futtermauern, gedecktem Weg und Brustwehr
Contrevallation, Kontervallation	Verschanzung des Belagerers um sein Lager festungswärts
Corbeillon	sandgefüllter Korb zur Deckung der Geschützstellungen
Cordon, Kordonstein	Band, Kette von vorspringenden Steinwerken
Corps de Garde	Wachstube
Corps de la Place	der vom Hauptwall umschlossene Teil einer Festung im Gegensatz zu den Außenwerken

Couronnement, Wallkrone	Abschluß des Walls
Courtine, Cortina, Kurtine, Mittelwall	gerades Wallstück zwischen zwei Bollwerken
Couvreface	s. Contregarde
Creneau	Schießscharte
Crenelierte Mauer	Mauer mit Scharten
Crête, Krete, Feuerlinie	Kamm oder Krone der Brustwehr
Cuvette, Cunette, Künette	kleiner Wassergraben zum Abfluß für Tageswasser auf der Sohle eines großen trockenen Grabens; auch zur Verhinderung unterordischer Minengänge
Defensionsgalerie	Verteidigungswerk im Graben bei der Belagerung, auch Minengänge unter dem Wall
Defenslinie (beständige)	Verbindung der Ecke zwischen Kurtine und Flanke mit der Bollwerksspitze der gegenüberliegenden Bastion
Defenslinie (bewegliche),„Streichlinie	Linie in Verlägerung der Face gegen die Kurtine
Défilement	Sicherstellung eines Festungswerkes vor dem Bestreichen des feindlichen Geschützes
Dehors	Werke innerhalb des Grabens vor dem Festungswall
Demie Gorge	halbe Kehle, die Hälfte der inneren Öffnung einer Bastion
Demie Lune, Demilune, Halbmond	Werk im Graben mit zwei Facen, zwei Flanken und einer halbkreisförmigen gebogenen Kehle
Dessin	Entwurf, Festungsprojekt
Detachiertes Werk	selbständiges Werk außerhalb des Hauptgrabens der Stadtumwallung
Docierung, Dossierung, Talut	Abdachung, Böschung
Dosdane, Dos d'âne, Eselsrücken	s. Bär
Dossierung, Talut	s. Docierung
Embrassure	Schießscharte in der Brustwehr
En crémaille	sägeförmige Anlage des bedeckten Weges
Enceinte, Umwallungslinie	Umwallungslinie der Festung mit Futtermauer, Oberwall und Brustwehr
Enfilieren, Enfilade	der Länge nach bestreichen, in das Werk hineinschießen
En front, En revers	nach vorn, von hinten
Enveloppe	Wall-Graben-Umfassungslinie
Environnement	Vorfeld einer Festung
Escarpe, Eskarpe	innere Grabenböschung mit Futtermauer
Esplanade, Glacis	flache Böschung vor dem äußeren Grabenrand hinter dem bedeckten Weg
Face, Gesichtslinie	die dem Feld zugewandten Seiten der Bastion
Faschine	Reisigbündel und Flechtwerk zur provisorischen Befestigung von Erdbauten
Faussebraye, Unterwall	Niederwall vor dem Hauptwall
Feuerlinie	s. Crête
Flanke, Flügel, Streiche, Schulter	Verbindungslinie zwischen Face und Kurtine
Flankierender Winkel	s. Angle flanquant
Flesche, Flèche	Brustwehr des Ravelins oder pfeilförmige Feldschanze aus zwei Facen
Flügel	s. Flanke
Floitkorf	Schleuse
Fort	kleine Festungsanlage, auch selbständiges Werk im Vorfeld einer Festung (Außenfort)
Fougade	Sprengvorrichtung unter Außenwerken

515

Fraises, Sturmpfähle	kurze, gespitze Pfähle unter der Brustwehr horizintal aus dem Wall herausragend, gelegentlich eisenbeschlagen, auch über der Berme angebracht
Futtermauer	s. Chemise
Gabions, Schanzenkörbe	mit Erde gefüllte Körbe als Schutzwall vor Batterien oder auf schlechtem Grund
Galerie	Minengang
Gedeckter Weg	s. Bedeckter Weg
Gegenmine	Untergrabung der Belagerer
Gesichtslinie	s. Face
Glacis	s. Esplanade
Gorge, Kehle	offene Innenseite einer Bastion, eines Werkes, Rückseite der Werke, auch offene Seite einer Festung, in Düsseldorf zum Beispiel die Rheinfront
Grabenkoffer, Coffre	s. Caponnière
Grabenschere (einfache)	im Hauptwall vor der Kurtine liegender kleiner Vorwall, der im stumpfen Winkel nach vorn auseinanderläuft
Grabenschere (verstärkte)	Grabenschere mit Flanken in Form einer kleinen bastionierten Front
Halbmond	s. Außenwerke
Haubitze	Geschütz mittlerer Länge zwischen Kanone und Mörser
Hauptlinie	s. Capitallinie
Hammei, Hameyde (hamit)	Holzzaun mit Gattertor als Vortor vor den Stadttoren angeordnet, in Friedenszeiten meistens entfernt
Hornwerk	Außenwerke aus zwei Halbbastionen und Kurtine bestehend
Inundieren, Inondation	den trockenen Graben unter Wasser setzen, im Gelände künstlich überschwemmen zu militärischen Zwecken, Überschwemmung
Kapitale	s. Capitallinie
Kaponniere	s. Caponnière
Kasematte	s. Casematte
Kasteel	s. Casteel
Katze, Kavalier	s. Cavalier
Kehle	s. Gorge
Kehlpunkt	Brechpunkt des Inneren Polygons
Kehlwinkel	s. Angle du Polygone
Kontergarde	s. Contregarde
Kontereskarpe	s. Contrescarpe
Konterwallation	s. Contrevallation
Kordon	s. Cordon
Krenelierter Mauer	s. crenelierte Mauer
Krete	s. Crête
Kronwerk	bastioniertes Außenwerk aus einer ganzen und zwei halben Bastionen
Künette	s. Cunette
Kurtine	s. Courtine
Kurtinenwinkel	s. Schulterwinkel (äußerer)
Laboratorium	Arbeitshaus der Feuerwerkerei
Lafette	Lagergestell des Geschützes mit Rädern
Laufgraben	s. Approche
Logement	Waffenplatz, auch Pulverbehälter oder Gebäude
Lunette	kleines Grabenwerk meist zur Flankierung größerer Ravelins

516

Maschikuli	Senkscharte mittelalterlicher Befestigungen
Mine	unterirdische Gänge unter den Wällen, Werken und Außenforts einer Festung, die oft weit in das Glacis hinausreichen
Mittelwall	s. Courtine
Mörser, Mortier	Steilfeuergeschütz mit kurzem Rohr
Mordkeller	s. Casematte
Ouvrage	Festungswerk oder speziell Außenwerk
Orillon	s. Bollwerksohr
Palisaden	sechs Schuh lange Pfähle mit zweispitzigem Eisenbeschlag in Reihen vor Gräben oder Brustwehr in die Erde gerammt, auch zur Schließung von Breschen verwendet
Parallelen	Querverbindungen der getrennt vorgetriebenen Angriffsapprochen
Parapet	s. Brustwehr
Pastey	s. Bastei
Pétarde	Sprengkörper aus Metall mit Pulverfüllung
Place d'armes, Waffenplatz	Sammelplatz innerhalb des gedeckten Weges
Polygonalbefestigung	Befestigung mit langen, stumpf gebrochenen Linien eines Vielecks
Polygonseite (äußere)	Vielecke aus Verbindung der Bollwerksspitzen
Polygonseite (innere)	Vieleck aus Verbindung der Kehlpunkte
Pont à tête	Brückenkopf
Ponton	Kriegsbehelfsbrücke aus Booten
Poterne	tunnelartiger Gang durch den Hauptwall in den Hauptgraben zum heimlichen Ausfall
Pünte	Spitze zwischen zwei Facen, Bastionsspitze, Ravelinspitze
Queue d'hyronde, Schwalbenschwanz	Grabenwerk aus zwei einfachen Grabenscheren
Querwall, Traversen	Wallstück, das senkrecht zur Feuerlinie auf der Brustwehr des Walles oder im trockenen Graben zur Flankenverteidigung aufgeworfen wird
Rampe	Auffahrt zum Wall stadtseitig
Rasant	dicht über den Boden streichen (im Geggensatz zum Bogenschuß)
Ravelin	selbständiges Grabenwerk mit zwei Flanken vor der Kurtine oder vor einer Bastion im Hauptgraben
Rayon	Schutzzone im Vorterrain der Festung mit Beschränkung in der baulichen Nutzung
Redan	in Verlängerung einer Bastionsfront angelegtes Festungswerk, aus ein- und ausspringenden Winkeln besteht, in Wallform oder mit krenellierten Mauern
Redoute, Redute	viereckige Feldschanze mit umlaufender Brustwehr zur Verteidigung
Reduit	Zufluchtschanze, im Inneren einer Erdumwallung befindliche starke Kasematte zur Gewehr- und Geschützverteidigung
Redute	s. Redoute
Regularfestung	Festung auf dem Grundriß eines regelmäßigen Polygons
Rempart	Wall, Wallgang
Retranchement	Erdwerk mit starker Brustwehr vom Belagerer oder dem Verteidiger im Vorfeld der Festung angelegt
Revêtement	s. Chemise
Rikoschett-Feuer	Schleuderschuß, Bogenschuß, bei welchem die Kugel wiederholt auf die Erde oder das Wasser aufprallt

Risberme	Schotteraufschüttung zum Schutz im Wasser stehender Fundamente
Rondell, Rundel	halbrundes Bollwerk des 16. Jahrhunderts, anfänglich an den Eckpunkten des Mittelwalls der Stadtbefestigung angelegt
Rondenweg	umlaufender Weg auf der Berme der Werke zur Feldseite, meist durch Steinbrustwehren gedeckt
Rundel	s. Rondell
Sappe	tiefe Untergrabung, die von den Laufgräben des Angreifers aus durch das Glacis und den bedeckten Weg vorgetrieben wird
Saucissons	aus größen Ästen angefertigte, lange Reisigbündel, die an den Enden zusammengebunden sind
Schanzenkörbe	s. Gabions
Schere	s. Außenwerke, Grabenschere
Schlange, Serpentine	lange Kanone
Schleifen, Schütte	Abtragen und Unbrauchbarmachen von Festungswerken. Erdverstärkung hinter mittelalterlichen Mauern bis Ende des 16. Jahrhunderts angewandt
Schulter	s. Flanke
Schulterwinkel (innerer)	Winkel zwischen Face und flanke
Schulterwinkel (äußerer)	Winkel zwischen Kurtine und Flanke, Flankenwinkel
Schwalbenschwanz	s. Queue d'hyronde
Sentinelle	Wachhaus auf der Wallkrone
Souterrain	unterirdisches Gewölbe
Stakete, Stackett	Holzzaun zur provisorischen Befestigung, besonders zum Schutz gegen Infanterie
Streiche	s. Flanke
Streichlinie	s. Defenslinie (bewegliche)
Streichwinkel	s. Angle Flanquant
Stumrpfähle	s. Fraises
Talut	s. Docierung
Tambour	kleiner, oben offener verteidigungsfähiger Raum, selbständig und in Verbindung mit nderen Festungswerken
Tarras, Traß	Tuffsteinmörtel
Tenaille	s. Grabenschere
Terre pleine, Wallgang	die waagerechte, beschreit- oder befahrbare Fläche des Walles hinter der Brustwehr und deren Bank
Tracé	Zeichnung, Abriß, Festungsumriß
Tracieren	entwerfen, abstecken
Tranchée	Vorfeldbefestigung, Laufgraben des Belagerers
Traß	s. Tarras
Traverse	s. Querwall
Umwallungslinie	s. Enceinte
Unterwall	s. Faussebraye
Voûte	Gewölbe
Waffenplatz	s. Place d'armes
Wallgang	s. Terre pleine
Wallkrone	Überbreite des Walles
Wasserbär	s. Bär
Zirkumwallation	s. Circonvallation
Zitadelle	s. Citadelle
Zwinger	Vorwerk vor dem Tor bei mittelalterlichen Mauerringen

XI. Personenregister

Es enthält alle vorkommenden Personennamen. Die Zahlen, die durch Bindestrich verbunden sind, bezeichnen bei Landesherren die Regierungs-, bei anderen Personen die Amtszeit. War diese nicht zu ermitteln, ist das Jahr der Erwähnung angegeben. Die in Klammern gesetzten Zahlen beziehen sich auf die Lebensdaten. Ein A hinter der Seitenzahl verweist auf eine Anmerkung. Die Schreibweise der Namen wurde zur Vermeidung von Verwechselungen dem heutigen Sprachgebrauch angeglichen, so wie dies auch bei Bezeichnungen in der Stadttopographie üblich ist.

Verwendete Abkürzungen:

Arch.	Architekt	IngO.	Ingenieuroberst
Bmstr.	Baumeister	Insp.	Inspektor
bayr.	bayrisch	Jh.	Jahrhundert
berg.	bergisch	jül.	jülich
Bes.	Besitzer	Kfm.	Kaufmann
d. Ä.	der Ältere	Kg.	König
d. J.	der Jüngere	klev.	klevisch
Dir.	Direktor	Kom.	Kommandant
dt.	deutsch	kommiss.	kommissarisch
Dssd.	Düsseldorf	Kurf.	Kurfürst
EB	Erzbischof	Kurfin.	Kurfürstin
Fest.	Festung	kurk.	kurkölnisch
Festb.	Festungsbau	kurpf.	kurpfälzisch
Fort.	Fortifikation	Mgf.	Markgraf
franz.	französisch	Mgfin.	Markgräfin
Frhr.	Freiherr	Mstr.	Meister
Geh.	Geheim(er)	Min.	Minister
Gen.	General	Mitgl.	Mitglied
GenH.	Generalhauptmann	niederl.	niederländisch
GenL.	Generalleutnant	OB	Oberbürgermeister
GenM.	Generalmajor	österr.	österreichisch
Gouv.	Gouverneur	Pfgf.	Pfalzgraf
Gf.	Graf	preuß.	preußisch
Grhz.	Großherzog	Reg.	Regierung
Grhztm.	Großherzogtum	russ.	russisch
Histor.	Historiker	s.	siehe
Hz.	Herzog	städt.	städtisch
Hzgin.	Herzogin	Theor.	Theoretiker
Ing.	Ingenieur	Untern.	Unternehmer
IngC.	Ingenieurcapitain	v.	von
IngH.	Ingenieurhauptmann	vgl.	vergleiche
IngL.	Ingenieurleutnant	Vf.	Verfasser
IngM.	Ingenieurmajor	Whs.	Wohnhaus

A

Adamy, jül. berg. Zeugwart 1660, 156
Adolf I. Gf. v. Berg 1093 – 1152, 404
Adolf IV. Gf. v. Berg 1247 – 1259 († 1259), 404
Adolf V. Gf. v. Berg 1259 – 1296 († 1296), 17, 18, 20, 57, 66, 404
Adolf VI. Gf. v. Berg 1308 – 1348 († 1348), 404
Adolf (VII.) I. Hz. v. Berg 1408 – 1437 (†1437), 23, 86, 404
Aitona, kaiserl. Gouv. 1633, 112
Aitsinger (Eitzing), Geschichtsschreiber 1588, 102, 436 A142
d'Alberti, Matteo, Gf., kurpf. Oberbaudir. 1695 – 1715 (Burgplatz 12), 235, 237, 411, 414, 452 A805
Alberto, Don, span. Fest.Bmstr. 439 A288
Aleff, Friedrich, Forstgeometer 1795, 415
Allvinty, Österr. Feldzeugmstr. 1794, 477
Alsfeldt, Peter, jül.berg. Rentmstr. 1599, 106
Angervilliers de Breteuil, franz. Genieoffizier, 1739, 477
Anna, Kurfin. v. Brandenburg (* 1576 † 1625), 406
Anna v. Kleve, Mutter Wolfgang Wilhelms (* 1552 † 1632) , 406
Anna Maria Louisa v. Toskana, Kurfin. v. d. Pfalz, Hzgin. v. Jül.Berg († 1743), 37, 38, 406, 478, 500
Annutiaten, 471
Apollinaris, Stadtpatron, 85
Ark, Peter, Burggf. zu Dssd. 1596, 141
Arnold v. Tyvern (Teveren) 1189, 17, 62, 404
Aubach, Ernst Philipp, Frh. v., GenL. 1703 – 1707, 409

B

Balbi v., preuß. IngC. 1733, 174, 432 A51
Bartoly (Bartolus), Aloys, jül.berg. Ing. 1695 – 1714, 236, 411, 414, 453 A857
Bauer, Christian Wilhelm Gottlieb, jül.berg. Wasserbmstr. (* 1774), 1787 – 1819 ff, 192, 305, 306, 312, 315, 316, 317, 413, 415, 458 A1028, 463 A1187, A1194, 501
Bauer, F. W., Kupferstecher 1758, 46, 501
Bauer, Georg. jül.berg. IngH. 1759 – 1778, 164, 182, 183, 186, 199, 200, 204, 213, 246, 256, 257, 264, 276, 277, 278, 286, 412, 413, 416, 456 A943, 458 A1028 476, 504, 505, 506, 508
Baußmann, jül.berg. Bauschreiber 1636, 147
Beaufort, 2. franz. Fort.Dir. 1795 – 1801, 412, 504
Beckers, H. L., Maler 1735, 172, 173, 504
Belderbusch v., GenM. 1772, 199
Benzenberg, Johann Friedrich, Physiker, Astronom, Politiker (* 1777, † 1846), 207, 461 A1120

Bergius, Stadtbmstr. 1841 – 1844, 416
Bernsau, Frhr. v., kurk. GenL. um 1699, 193, 198
Beugnot, Jacques Claude de, Gf. Statthalter im GrHztm. († 1835), 53, 254, 326, 406
Beuth, Hermann Joseph, Hofkammerat, . Kunst- und Naturaliensammler (* 1733, † 1819), Ehrenmitgl. der Akademie der Schönen Künste in Dssd. 316, 318, 326, 418, 458 A1034
Beverssen, Lambert, Amtmann 1451, 466
Bilgen, Christian Wilhelm, 1. jül.berg. Wasserbmstr. 1761 – 1806, 183, 206, 415, 463 A1187
Binsfeld, Adelsfamilie 1695, 252, 455 A912, A928
Birth (Birdt), Abner, jül.berg. IngM. 1705 – 1715, 168, 236, 240, 412, 453 A861
Bonaparte, Caroline, Gemahlin Murats 1806, 53, 501
Bongart, Wilhelm jül.berg. Rüstmstr. 1714, 1723 (Mühlenstr.)
Bonifatius IX., Papst, 85
Borggreve, preuß. Reg.Baur. 1873 – 1880, 416
Bouverot v., Hausbesitzer (um 1820), 59
Braun, Georg (Joris Bruin) dt. Geograph 1572, 1618, 435 A172
Breckwolt, Hartwig (Habstych Breckewald) jül. Artilleriemstr., Schultheiß und Bürgermstr. in Dssd., 102, 103, 104, 149, 150, 154, 158
Breitenstein, W., Verleger 1809, 1831, 318, 499
Bremers, Karl v., Gouv. 1622, 408
Broill, Kanzler 1595, 104
Brosy (Brosii), Johann Thomas, jül.berg. Geh.Rat und Staatssekretär (um 1696) Bolkerstr. 18), 466
Bry, Theodor de, Kupferstecher (um 1570), 502
Buch, 2. Stadtbmstr. 1888 – 1901, 417
Buchs, Arthur, Reg.Bmstr. 1933 – 1938, 416
Burchardt v. Orsoy, Maurermstr. 1583, 102, 146, 147, 410
Buschmann, Johann Wienand, jül.berg. Gen. Landmesser 1788, 302, 318, 415, 457 A1000, 509
Buttet, franz. Kadett (um 1760), 413

C

Cagnon (Canong), Johann Constantin Paulus, Arch.Ing. (* 1682), 236, 415, 454 A889
Cagnon (Canong), Johann Wilhelm Leopold, jül.berg. Fort.- und Rheinbauinsp. 1719 – 1734, 415
Cagnon, Michael, kurpf. Festungsing., Arch. 1680 – 1700 (Citadellstr. 21 – 25), 80, 117, 118, 121, 128, 130, 131, 137, 149, 159, 160, 161, 165, 166, 210, 235,

236, 237, 243, 252, 299, 300, 411,
444 A477, 446 A566, 453 A845 − 847,
470, 498, 502, 503

Camp, s. Kamp

Caroline Bonaparte, Gemahlin Murats 1806,
501

Carr, John, Zeichner 1807, 310, 509

Caspers, Karl v., jül.berg. IngH. 1778 − 1782,
186, 200, 201, 246, 412

Caster, Johann, jül.berg. Maurermstr.,
Bauschreiber und Burggf. 1624,
108, 147, 410, 441 A367

Caterbach, Hauptmann 1595, 1611, 104, 409

Cazals, franz.-Ing.C. 1796, 413, 499

Chambarlhiac, franz. Fort.Dir. 1801, 306,
307, 412, 463 A1179

Chermont, Noblet de franz. IngH.
1758 − 1762, 181, 182, 412, 505, 506

Christian III. v. Pfalz-Zweibrücken,
(* 1674 † 1735), 180, 257, 419

Cirez, franz. Genieoffizier 1801, 310, 413

Claes, Maurermstr. 1540, vgl. Niclaes, 144

Clemen, Maurermstr. 1540, 144

Clemen, Dr. Paul, Provinzialkonservator
1895, 224, 349

Clerfayt (Clerfait), Karl Joseph, österr.
Feldmarschall 1794, 49, 189

Coehoin, Menno de, Festb. Theor., niederl.
IngO., Gen. (* 1641, † 1704), 1699,
166, 215, 236, 411

Coelestinerinnen, 50

Collenbach, Freiherr v., Geh.Rat (Karlstädter
Baukommission) 1787, 203

Colomb, preuß. Oberst 1813, 53

Condé Prince de, franz. Gen. 1758, 182

Corelli, Arcangelo, Komponist († 1713), 37

Coronelli, Vincenco, Kosmograph 1697,
165, 235

Cosimo III. v. Toskana, GrHz. 1691, 37, 418

Couven, Johann Joseph, Arch. († 1763), 45, 415

Cremer, Johann Peter, Arch. 1810, 320,
321, 322, 510

Custodis, Franz Bernhard (* 1780), 1820, 228

Custodis, Franz Wilhelm, Steuerregistrator
1787, 206, 207

Custodis, Johann Ferdinand, Steuerregistrator 1782, 240

Custodis, Josef, Hofbmstr. (* 1806, † 1885)
(Schwanenmarkt), 417, 467, 503, 506

D

Dalwigk, Friedrich, Frhr. v., GenM., Stadtkom.
1795 − 1796, 409

Déjean, franz. Ing. 1796, 413, 499

Deneke, Albert, Leiter des Stadterweiterungs-
amts 1912 − 1933 (* 1882, † 1973), 416

Dénizot, franz. Gen. 1795

Derendorf, Heinrich v. Hofbes., Stifts-
dechant 1303, 66

Descroix, franz. Chef du Génie 1795 − 1801,
192, 220, 240, 285, 307, 310, 412, 499,
504, 506, 509

Dhaun, Wirich v., 440 A317

Dickhoff und Hülhofen, Johann, Herr zu,
GenL. 1651, 409

Dieckerhoff (Dyckerhoff), Friedrich
Christoph, 1. Krippenknecht 1787, 415

Dieckerhoff, Jacob Arnold, Wasserbau-
und Kribbeninsp. 1749, 1756, 415

Dieckerhoff, Joh. Friedrich, Wasserbmstr.
1761, 415

Dieckerhoff, Joh. Jacob, Chausseedir.
1768 − 1787, 183, 415

Diemantstein (Diamantstein), Adam, Reichsgf.
v., kurpf. Obersthofkämmerer 1699
(† 1730), (Bäckerstr. 7 − 9), 418

Dietrich v. Moers EB (1449), 24

Dilich, Wilhelm, dt. Festb. Theor. (1640)

Doctor, Dominikus, jül.berg. Hofarch.,
Geh.Rat 1669, 1672, 33, 149, 411,
462 A1170, 468

Doctor, Jeremias, Hofarch. 1669, 149, 411,
462 A1170

Doctor, Sigmund, Hofarch. (um 1620),
462 A1170

Dofhues (Doffus), Leonhard, kurk. Ing.
1669, 115, 442 A420

Douwen (Douvree), Franz Hubert van,
kurpf. IngH., Karlstädter Baudir.
1778 − 1804 († 1813), 201, 208, 239,
241, 246, 297, 298, 305, 306, 312, 315,
316, 412, 413, 417, 502, 503, 506, 509

Douwen, Joh. Hubert van, kurpf. IngM.
1746 − 1759 († 1784), 133, 176, 186,
188, 223, 224, 225, 226, 412

Draesel, Hans-Wolfgang, Leiter des Stadtplanungsamtes 1954 − 1975, 416

Drianne, Festb. Untern. 1709, 1715, 167,
237, 413

Dubois, Jakob, kurpf. Hofarch. 1700 − 1716
(† 1722), 166, 167, 236, 237, 244, 256,
411, 412, 414, 418, 455 A921, 456 A951
464 A1231, 507

Duplan, franz. Kom. (um 1801), 408

Dürer, Albrecht, Maler, Festb. Theor.
1471 − 1528, 96, 239 A284

Düttmann, Dr.-Ing. Leiter des Stadtplanungsamtes 1946 − 1949, 416

Dyckerhoff s. Dieckerhoff

E

Eberhardt, Jürgen, Arch. 1972, 163, 164, 503

Efferen, Franz Wolf, Gf. v., Gouv.
1735 − 1741, 408, 462 A1152

Efferen, Johann Joseph Wilhelm, GenL.,
Gf. v., Gouv. 1767 − 1781, 200, 241,
257, 408, 469

521

Egger, IngH. 1759 – 1761 († 1761), 179,
188, 412, 413, 504
Elisabeth Augusta v. Pfalz-Sulzbach,
Tocher Karl Philipps (* 1693 † 1728), 419
Elisabeth Augusta, Kurfin. (* 1721, † 1792),
44, 212, 223, 224, 419
Eller v., Adelsgeschlecht, 85
Enbers, preuß. IngC. 1733, 1737, 44, 174,
413, 432 A51, 448 A666, 499
Engel, C., Arch. 1895, 349
Engelbert I., Gf. v. Berg 1160 – 1189
(† 1189), 404
Erb, Prof. und Stadtbmstr. 1770, 1791
(Umbau Grupello-Haus), 209, 415,
457 A1000, 505
Erlenwein, kurk. Amtmann in Uerdingen
1720, 194
Ernst v. Bayern, EB 1586, 28
Ernst, Mgf. v. Brandenburg († 1613), 30, 406
Eskens, Dr. Pfennigmstr. 1688, 165
Euler, Heinrich IngH. 1782 – 1785
(* 1734, † 1805), 48, 201, 202, 246,
247, 412, 457 A1002, 505
Euler, Johann, Kadett 1783, 413

F

Farnese, Alexander, Feldherr des EB 1586,
28, 430 A5
Faulhaber, Ing. 1671, 115, 411
Felderhoff, Friedrich, Landbauinsp. 1817,
(* 1779), 417
Ferber, Heinrich, Stadthistor. 1881, 60
Ferdinand III., dt. Kaiser, 444 A495
Ferdinand v. Braunschweig, preuß. Feld-
marschall († 1792), 181, 498
Ferier, J. H., Fort. Maurermstr. (um 1700),
258, 261, 508
Filley, franz. Ing. 1688, 413, 443 A444
Fischer, Dr. Guntram, Landgerichtsdir. a. D.
Stadthistor., 430 A1, 433 A103
Fisselin, s. Niclaes
Flemalle, IngH., Edelknabeninstruktor
1698 – 1708, 413
Fleury, Kardinal, franz. Staatsmann
1726 – 1743, 387
Flügel, Johann Bernard, jül.berg. Hofbauinsp.,
Bauinsp. 1801, 415
Flügel, Rutger, jül.berg. Kameralbmstr.
1773 – 1799 († 1799), 206, 238, 246,
312, 414, 416, 469
Formacher, Ambrosius, Kom. 1585,
150, 409
Fourcroy, franz. Ing. 1758, 181, 212, 413
Frankenberg, Friedrich Adolf, Gf. v.,
Interimsgouv. 1727 – 1735, 409,
462 A1150
Franziskaner, 471
Fremelle, IngM. Fort.Dir. 1715 – 1753,
172, 239, 412, 507

Frésier (Fraizier) de, franz. Ing. 1738, 174,
196, 251, 258, 412, 449 A671, 499, 507
Frick, Johann Georg. Gen.Landmesser
(1740) – 1751, 174, 176, 415
Friedrich I. Barbarossa, dt. Kaiser († 1130)
Friedrich II. dt. Kaiser († 1250)
Friedrich II. (d. Gr.), Kg. v. Preußen
1740 – 1786, 44, 45, 175, 253, 406
Friedrich II. Kurf. v. Brandenburg, 235
Friedrich Michael v. Pfalz-Zweibrücken,
kaiserl. Gen.Feldzeugmstr. 1724 – 1767,
418
Friedrich v. Saarwerden, EB v. Köln († 1414)
Friedrich Wilhelm d. Gr., Kurf. v. Branden-
burg 1640 – 1688 († 1688), 32
Friedrich Wilhelm I., Kg. v. Preußen
1713 – 1740 († 1740), 174
Friedrich Wilhelm III., Kg. v. Preußen
(† 1840), 54, 406
Friedrich Wilhelm IV., Kg. v. Preußen
· 1840 – 1861 († 1861), 330
Friedrich Wilhelm Ludwig, Prinz v. Preußen,
preuß. Divisionskom. (* 1794, † 1863),
1821 – 1848, 44, 45, 54
Friemersheim, Heinrich von, Schloßkaplan
1491, 84, 438 A256

G

Gamer, Dr. Kunsthistor. 1973, 15, 453 A851
Gebhard Truchseß v. Waldburg, EB v. Köln
(† 1601), 28
Gehmen, van, Posthalterin 1789, 207
Geldern, Joseph Jakob v., kurpf. Hofagent,
Urgroßvater Heinrich Heines
(um 1700), 244, 246, 507
Georg Wilhelm v. Brandenburg 1595 – 1646,
107, 406
Gerhard v. Jülich 1343 – 1360, 404
Gerhard, Hz. v. Jülich-Berg 1437 – 1475
(† 1475), 23, 24, 70, 110, 404, 434 A110
Geusen, Karl, städt. Beigeordneter
1901 – 1921, Bürgermeister seit 16. 9. 1924,
416, 464 A1210
Gisor Comte de, franz. Ing. 1757, 451 A774
Goertgemann, Festb. Untern. (um 1734)
Goethe, Johann Wolfgang v., Dichter
(* 1749, † 1832), 49
Gohr, kurpf. Hofkammerrat 1738, 505
Goltstein, Johann Ludwig Franz, Gf. v., Statt-
halter (* um 1720, † 1776), 1768 – 1774,
22, 48, 198, 199, 244, 254, 304, 406
Goltstein, Gf. v., Gouverneur 1648 – 1664,
218, 408, 418, 461 A1136, 468
Gonville, franz. IngC. 1796, 413
Gorsgreben (Gaugreven), Frederic B., Kadett
1791, 413, 505
Gosebruch, Kommunalbaukonduktor
1827 – 1830, 416, 463 A1202, 507

522

Gouffroi (Guffroy), franz. IngC. 1809, 318, 499

Graminäus, Dietrich, Landschreiber (um 1590), 72, 76, 77, 78, 80, 91, 101, 133, 436 A172, 501

Greb, Franz-Ludwig, Studiendir. a. D. 1977, 430 A8, 434 A123

Grein, Frhr. v., Geh. Rat und Steuerreferendar (Karlstädter Baukommission) 1785, 203, 207

Groenwaldt, Mühlenpächter 1708, 75, 435 A165

Gruner, Justus, Gen. Gouv. 1813 – 1815 (* 1777, † 1820), 54, 406

Grupello, Gabriel v., Hofbildhauer 1695 – 1719 (* 1644, † 1730), 261, 456 A942, 464 A1235 469, 509

Guntrum, Karl, Stadthistor. und Urkundensammler († 1891), 467

Gustav Adolf II., schwed. König auch Fest.Bmstr. 1611 – 1632, 111

H

Händel, Georg Friedrich, Komponist († 1759), 37

Hagens, Baumstr. 1757, 504

Haid, Elias, Maler 1716, 500

Halberg v., Hausbes. (Liefergasse) (um 1820), 60

Hamberger, IngM. 1736, 172, 174, 239, 412

Hammers, Ludwig, OB 1849 – 1876 († 1902), 346

Hardenberg v., Gen. Stadtkom. 1758, 47, 409

Harscamp, Jakob Heinrich, Gf. v., Gouv. 1743 – 1756, 408

Hatzfeld-Widenburg, Edmund Florenz Cornelius, Gf. v., Gouv. GenL. 1721 – 1735, 408, 462 A1152

Hauberat, Wilhelm v., kurpf. Oberbaudir. 1752, 414

Hayc v. Flingern, Adelsfamilie 1383, 69

Hayentz (Hainz), IngL. 1787, 413, 454 A906

Heffter, Zimmermstr. 1789, 207

Heine, Heinrich, Dichter († 1856), 244

Heinrich, Mstr. Maurermstr. 1485, 410

Henoumont, Prof. Advokat 1789, 1799, 207, 474

Heresbach, Konrad v., Humanist († 1576)

Hermann v. Hessen, EB 1498, 25

Hildebrandt, Th., Zeichner (um 1811), 510

Hochstein, Philipp Wilh., jül.berg. Gen.Landmesser und Bmstr. 1716 – 1730, 414, 415

Hoengen, Johann v., jül. Landrentmstr. 1555, 466

Hogenberg, Franz, fläm.-dt. Kupferstecher 1535 – 1590, 120, 435 A172, 500, 501, 502

Hollar, Wenzel, Zeichner (um 1660), 123, 133, 136, 503

Holthausen, Bauschreiber 1668, 147

Hompesch-Bollheim, Franz Karl, Frhr. v., kurpf.-bayr. Wirk. Geh. Staats- Conferenz-

und Dirigierender Min., jül.berg. Kanzler 1794, 1801, 305, 306, 307, 312, 406, 476, 509

Horst, A. von der, Zeichner 1833, 507

Hostel, Comte de, Gouv. (um 1697), 408

Hoyer, Johann Gottfried, Festb. Theor. 1816, 262

Hundheim (Hontheim), Frhr. v. Gen.-Oberkriegskommissar (um 1710), 257, 258, 508

Huschberger, Johann Heinrich, Hofbmstr. 1757 – 1782, 201, 202, 318, 414

Huschberger, Kaspar Anton, Hofbmstr. 1783 – 1806, 201, 202, 206, 305, 306, 312, 313, 314, 317, 318, 325, 327, 328, 331, 337, 414, 416, 417, 458 A1021, 469, 499

I

Illalio, Domenico, ital. Fest.Bmstr. 1544, 439 A288

Inceo (Inzeo), Philipp de, IngOL. Leiter der Kadettenschule in Dssd. 1772 – 1783, 413

Irmgard, Tochter Gf. Adolfs III. (um 1200), 404

Isselbach, Ferdinand Wilhelm, Frhr. v., Gouv. 1758 – 1762, 408

J

Jacobé, Ph., franz. Gen. 1801, 306

Jacobi, Friedrich Heinrich v., Philosoph (* 1743, † 1819), 49, 316, 509

Jacobi, Georg Arnold v (* 1768, † 1845), 49, 53, 316, 317, 318, 326, 417, 458 A1037, 473, 509

Jakobe, Mgfin. v. Baden, Hzgin. v. Jülich-Kleve-Berg († 1597), 31, 77, 91, 102, 132, 144, 150, 404, 435 A172, 470

Janssonius, Geschichtsschreiber 1619, 74, 78, 84, 436 A196, 501

Jan Wellem, s. Johann Wilhelm

Jesuiten, 86, 174, 175, 449 A676, 471

Johann Mstr., Maurermstr. (um 1572), 97, 101, 124, 145, 146, 410, 445 A524, 471, 503

Johann II. Hz. v. Kleve (1481 – 1511), 25, 28, 101, 404, 500

Johann (III.), Hz. v. Kleve, seit 1511 als Johann I., Hz. v. Jülich-Berg 1511 – 1539, († 1539), 25, 27, 28, 118

Johann Sigismund, Kurf. v. Brandenburg († 1619), 406

Johann Wilhelm, Hz. v. Jülich-Kleve-Berg 1592 – 1609 († 1609), 28, 29, 103, 104, 106, 141, 144, 148, 404

Johann Wilhelm, Kurf. v. d. Pfalz, Hz. v. Jülich-Berg 1679 – 1716 (Jan Wellem), 33, 34, 35, 36, 37, 38, 39, 40, 42, 43, 85, 117, 118, 140, 148, 165, 166, 167, 169,

171, 175, 182, 193, 194, 198, 209, 210,
211, 214, 228, 231, 234, 235, 236, 237,
240, 243, 244, 253, 261, 290, 298, 299,
300, 302, 303, 330, 354, 381, 406, 418,
432 A48, 436 A191, 452 A827, 472,
475, 500, 501, 503, 504
Joseph Klemens, EB v. Köln (um 1702),
32, 193
Joseph Karl v. Pfalz-Sulzbach, ∞ Elisabeth
Augusta, Mutter der Gemahlin Karl
Theodors (* 1694 † 1729), 419
Jourdan, Jean Baptiste, Oberbefehlshaber
der Maas-Sambre-Armee (* 1762, † 1833),
1794, 50, 189, 450 A733

K

Kabza, Histor. 1911, 124
Kamp (Camp), Adolf v., Landesbmstr.,
Zöllner 1621 – 1637 (Flingerstr.),
109, 110, 112, 137, 148, 410, 445 A528
462 A1168, 503
Kamp, Johannes Adolf, Zöllner 1651
Kamp, Theodor Dietrich v., Rheinbauinsp.
1634 – 1651, 411, 462 A1168
Kapuziner, 80
Karl V., dt. Kaiser 1519 – 1556 († 1558),
25, 101, 118, 143
Karl VI., dt. Kaiser 1711 – 1740, 44
Karl VIII., Kg. v. Frankreich 1494, 93
Karl August v. Pfalz-Sulzbach (* 1746), 419
Karl der Kühne, Hz. v. Burgund († 1477), 93
Karl Philipp, Kurf. v. d. Pfalz, Hz. v. Jülich-
Berg 1716 – 1742 († 1742), 43, 44, 171,
194, 196, 234, 249, 298, 406, 419, 505
Karl Theodor, Kurf. v. d. Pfalz und Bayern,
Hz. v. Jülich-Berg 1742 – 1799 († 1799),
44, 45, 47, 48, 51, 85, 140, 176, 179,
183, 186, 196, 198, 199, 200, 204, 205,
206, 210, 223, 224, 225, 226, 229, 240,
247, 249, 253, 254, 261, 406, 419, 505, 508
Karmelitessen, 64, 65, 175, 434 A120,
436 A172, 447 A584, 456 A975, 474,
501, 505
Kauhausen, Dr. Paul, Präsident der D'dorfer
Jonges 1934, 350
Kaunitz, österr. Hofkriegsrat 1758, 475, 477
Kees, Ignaz, jül-berg. Hofbmstr., Wegekom-
missar (1757 – 1781), 238, 254, 414
Kerpen, Wilhelm, Frhr. v. kaiserl.österr. GenM.
(um 1794), 49, 249, 477
Kirchherten, Johann v., Bmstr. 1622, 109, 410
Kladt, Karl v., GenM., Stadtkom.
1781 – 1785, 203, 241, 409
Kleber, Jean Baptise, franz. Divisionsgen.
1753 – 1800, 189
Klein-Chevalier, Maler 1896, 166, 504
Klemens, August, EB v. Köln (* 1700 † 1761),
194, 196, 198

Knoyden von Altenreiffenscheidt, Adolph v.
Burgmann (um 1350), 67, 433 A86
Kochs, Landmatriculus, 1735, 232
Köhler, Peter, Hofmaurermstr. 1787
(Neubrückstr. 12), 79, 207, 208, 381,
415, 417
Köngeter, Walter, Dr.-Ing., städt. Beigeordneter
1943 – 1947, 416
Koesfeldt, IngH., Edelknabeninstruktor
1713 – 1716, 413
Kost, Julius, Zeichner 1855, 252, 507
Kohtz, Hauptmann 1883, 14
Krahe, Lambert, Galerieinsp., Akademiedir.,
Hofkammerrat (* 1712, † 1790), 45
Krahe, Peter Josef, jül.berg. Oberbaudir.
1784 – 1786 († 1804), 414
Krauß, Antonio, s. Serro
Kreuzbrüder, 167, 471
Krüger, Karl, preuß. Reg.Baurat 1867 – 1873
(† 1875), 416
Kürten, Johann, Hofbes. 1467, 58
Kylmann, Frhr. v., Reg.Dir. 1805, 318
Kylmann, Wilhelm, jül.berg. Bauschreiber
1624, 147, 206

L

Lacomblet, Theodor Joseph, Staatsarchivar
und Dir. der Landesbibliothek
(* 1789 † 1866), 430
Lafontaine, Generaladjutant (um 1800), 307
Lambertus, Heiliger, 18
Lanaver, franz. Ing. (um 1758), 413, 505
Lau, Friedrich, Staatsarchivrat (* 1868 † 1947),
14, 57, 84, 144, 467
Lauff, Hauptmann (um 1600), 409
Layre, Johann von, Büchsenmstr. 1435, 89,
473
Lefèbre, Francois Joseph, Hz. v. Danzig
Befehlshaber der Maas-Sambre-Armee
(* 1755 † 1820), 189
Lehmann, Franz Andreas, Grhz., berg. Ober-
baudir. 1806 – 1816, 416, 463 A1198
Lenné, Gartenbaudir. (um 1800), 316
Leerodt (Lerode) Degenhardt 1723, 464,
A1223, 474
Léry, Francois Joseph, franz. Fort. Dir.
1795 – 1801 († 1824), 190, 191, 240,
412, 463 A1178
Lenzen, Theodor Joseph, Oberappellations-
gerichtsrat († 1835), 467
Lespilliez, Karl Albert, kurpf. wirkl.
Hofkammer-Hofoberbaudir.,
Akademieprof. in Dssd. 1781, 414
Lilius (Lillius), Ing. 1680 – 1703, 117, 235,
411
Limburg, Heinr. v., Gf. 1218 – 1247
(† 1247), 404
Lollio gen. Sadeler, s. Sadeler

Louis Napoleon, Neffe des Kaisers Napoleon I.,
   Grhz. v. Berg 1809 – 1813 († 1831), 53, 406
Ludwig XIV., Kg. v. Frankreich († 1715), 34,
   37, 39, 118, 146, 165, 193, 231

M

Machtemes, Aloys, Prof. Dr.-Ing. Stadtplaner
   1957, 157, 417
Maes, Hans, Stadtkonservator a. D., 1977, 10
Mäures, Heinz, Oberverwaltungsrat 1977, 10
Magdalene v. Bayern 1587 – 1628, 30, 406
Maillot de la Traille, Interimskom.
   1796 – 1801, 310, 409, 462 A1164
Maletrez, franz. Genieoffizier 1795 – 1797, 413
Mann, Albrecht, Prof. Dr., Hochschullehrer
   TH Aachen, 10
Mansfeldt, E. F., Ing. 1742 – 1758, 176, 177,
   183, 198, 413, 504
Marbais, Wilhelm Fabrikant (um 1700), 243,
   454 A892
Marescot, Armand Samuel Marquis de, franz.
   Divisionsgen. (* 1758, † 1832), 1808,
   51, 191, 192, 432 A59, 478
Margarete, Gfin. v. Berg († 1314), 404
Maria v. Habsburg, Hzgin. v. Jülich-Kleve-Berg,
   (* 1531 † 1581), 27, 404
Maria, Prinzessin v. Jülich-Kleve-Berg
   († 1543), 25, 404
Maria Amalia v. Pfalz-Sulzbach (* 1722 † 1742)
   218, 419
Maria Anna Josepha, Erzhzgin. v. Österreich,
   Hzgin. v. Jülich-Berg († 1689), 34, 406
Maria Anna, Schwester der Kfin. Elisabeth
   Augusta (* 1722 † 1790), 419
Maria Eleonore v. Kleve (* 1550 † 1608), 406
Maria Franziska v. Pfalz-Sulzbach (* 1724
   † 1794), 419
Martinelli, Domenico, Arch. 1698 († 1718)
   15, 236, 411, 452 A805, 478
Marx, Johann Heinrich, Landrentmstr. 1668,
   60
Maudave, Kadett 1739, 413
Maurenbrecher, Posthalterin 1789, 207
Maximilian I., dt. Kaiser († 1519), 25
Maximilian, Joseph, Kg. v. Bayern,
   Hz. v. Jülich-Berg 1799 – 1806,
   († 1825), 51, 310, 312, 315, 316
   406, 457 A1002, 458 A1037
Mattenclot, Dr., Hausbes. 17. Jh.
   (Ritterstr. 16), 80
Medici, Francesco Maria de, Karinal, 1696
   478
Mehrheim, Rutger v., Maurermstr.
   1620, 85, 108, 109, 110, 146, 410,
   462 A1168
Merian, Matthäus, dt. Kupferstecher,
   1647, 78, 136
Merken, Daniel, GenM., Stadtkom.
   1785 – 1794, 409

Mettenleiter, M. Kupferstecher, 1794, 509
Meyer, Johann v., Geograph 1596, 105, 410
Meyer, Robert, städt. Beigeordneter,
   1930 – 1939 († 1963), 416
Meyer, ArtillerieM., Zeughausverwalter
   (um 1736), 269, 508
Mindel, Karl Heinrich August, Polizei-
   Insp. (um 1817), 60
Miquelfériet, franz. Oberst (um 1797)
Monconys, franz Reiseschriftsteller
   1663, 113
Monheim, Johannes, Rektor († 1564),
   27
Montagnard de, Marquis, franz. Gen.
   1758, 182
Moroldt, Dr. Alexius, pfalz-neuburg. Gesandter
   in Dssd. 1591, 14, 446 A576, 475
Motte, Joseph Alexander de la,
   Festungskom. 1794, 50
Müller, preuß. Reg.Baurat 1851 – 1867,
   416
Müngerdorff, 3. Stadtbmstr. 1888 – 1901,
   417
Muesmann, Prof., Städtebauer 1918,
   417
Murat, Joachim, Grhz. v. Berg 1803 – 1806
   (+ 1815), 51, 53, 318, 406, 501

N

Napoleon Bonaparte I., Kaiser v. Frankreich
   († 1821), 51, 53, 54, 257, 305, 324, 325,
   355, 406, 407, 474, 501, 508, 510
Nassau-Weilburg, Johann Ernst, Gf. v., Gouv.
   1698 – 1704, 261, 406, 408, 464 A1229,
   475
Neander, Joachim, Liederdichter († 1680)
   235, 453, A846
Neiland, Adrian, Frhr. v. GenL (um 1656),
   409
Nesselrode, Karl Joseph, Gf. v., Innenmin.
   im Grhztm. Berg (ca. 1806 – 1812), 53,
   406, 445 A517
Neumann, Hartwig, Histor. in Jülich 1977,
   445 A517
Niclaes (Nickel), Fisselin (Vrischlein), Mstr.,
   kommissarischer Landesbmstr.,
   1580 – 1586, 102, 144, 146, 410, 445,
   A517, 474
Nideggen, Damian v., berat. Festb.Ing. 1625,
   1651, 110, 111, 147, 152, 474, 502, 503,
   509
Norprath, v. Interimsgouv. 1726 – 1727, 409,
   462, A1149
Norprath, Franz, Frhr. v., Gouv. 1634 – 1641,
   408, 462 A1149
Nosthoffen (Nosthoven), Johann Heinrich,
   Arch., Hofbmstr. (1733 – 1757), (Zollstraße) 45, 83, 84, 172, 238, 252, 253,
   414, 438, A239

Nosthoffen, Johann, Zimmermstr. 1735, 415
Nosthoffen, Johann Peter, Gen.Landmesser
1751 − 1788, 175, 176, 206, 240, 415

O

Oberndorff, dirigierender Min. 1795, 271
Oediger, Prof. Dr. Friedrich Wilhelm,
leitender Archivdir. des HStA i. R.
1977, 10
Offenberg, Jacob, Stadtwachtmstr. 1649,
447 A601
Orsbeck, v., Präsident, Kanzler 1620, 109,
475
d'Orval, IngH 1705 − 1723, 240, 412
Osten (Ohsten), Christian Georg, Frhr. v.
Gouv. 1762 − 1767, 250, 408

P

Pagan, Blaise François de, franz. IngO.
(um 1684), 128
Palmer, v. Geh.Rat (Karlstädter Kommission) 1785, 203, 206
Pasqualini, Alexander d. Ä., Arch., Landesbmstr.
1549 − 1559, 84, 96, 144, 163, 410, 437,
A233, 438, A234, A256
Pasqualini, Alexander d.J., Bauaufseher
1608 − 1623, klev.Bmstr. seit 1608,
103, 107, 122, 146, 410, 437 A233, 440
A326, 445, A542, 502
Pasqualini, Johann d. Ä. Arch., Landesbmstr.
1568 − 1580, 145, 410
Pasqualini, Johann d. J., Arch., Gen. Bmstr.
1586 − 1615, 76, 103, 104, 105, 106, 107,
110, 119, 146, 154, 293, 410, 445, A534,
467, 468, 474, 502
Pasqualini, Maximilian, Arch., Landesbmstr.
1559 − 1568, 144, 410
Paulmy, Marquis de (um 1758), 478
Peiffhoven, Stadtbmstr. 1888 − 1901, 416
Persee, Festb.Untern. 1709, 1715, 167, 237
413, 448 A655, 464 A1231
Peters, Leo, Dr. phil., Kreisarchivdir. in
Kempen 1977, 237, 448 A655
Petersen, Johann, Zeichner 1816, 54, 55, 459,
A1061, 501, 510
Pfeiffer jun., Leutnant (um 1758), 413
Pfister zu Burgdorf, Karl v., IngM., Fort.Dir.
1759 − 1800 († 1800), 176, 177, 179,
183, 187, 188, 201, 203, 206, 209, 238,
247, 272, 286, 412, 413, 476, 504, 505
Philipp, Ludwig, Pfgf. v. Neuburg († 1614),
406, 435 A172
Philipp, Wilhelm, Kurf. v. d. Pfalz, Hz. v. Jülich-Berg 1653 − 1679 († 1690), 33, 34, 36
37, 112, 114, 115, 116, 128, 147, 153, 298,
406, 468, 475, 503, 505
Pigage, Bernhard Ludwig, Landkartening. 1770,
1794, 415

Pigage, Nicolas de, Arch. (*1723, † 1796),
1752 − 1796 kurpf. Oberbaudir., seit 1763
Mitgl. der königl. Akademie der Baukunst in
Paris, 45, 47, 48, 238, 261, 414, 418, 464
A1226, 471, 473, 507, 508
Pillmann, Burchart, herzogl. Bauschreiber
1583, 147
Pillmann, Franz, 1. herzogl. Burggf. in Dssd.
1544, 438, A256
Pingell, Johann, Wachtmstr. 1585, 150
Ploennies, Erich Philipp, Prof. der Mathematik,
Geograph u. Baudir. (um 1715), 78, 168,
169, 448 A656, 466, 504
Poco, Francesco di, ital. Fest.Bmstr. 1544,
439 A288
Preysing, v. kurpf. GenM. 1758, 176
Pütz, Vizekanzler 1595, 104

R

Radtke, preuß. Baurat, 1901, 464 A1210
Rahl, Ing. um 1657, 113, 149, 411
Ramsault de, franz. Ing. 1758, 413
Rapparini (Raparini), Giorgio Maria,
kurpf. Sprachsekretär 1709, 165,
210, 243, 473
Rawlandsen, Zeichner 1791, 260, 508
Recknagel, Rüdiger, Dr.-Ing., städt. Beige-
ordneter seit 1972, 416
Redinghoven, jül.berg. Archivar 1628 − 1704,
435 A147, 467, 477
Regnier, Wilhelm, kurpf. IngM. 1787, 48, 188,
203, 204, 206, 207, 208, 240, 412, 413,
415, 463 A1191
Reibeld, Planverf. (um 1766), 413
Reinartz, Peter Adolf, Kfm. 1789, 207
Reiner (Rainer), Joh. Alexander, kaiserl. Ing.
1684, 446, A563
Reiner, Johann Paul, Arch., Burggf.
1672 − 1694 (Citadellstr. 21/25), 149,
235, 411, 446, A505
Renard Edmund, rhein. Histor. 1908, 75
Renne͏ d, Stadtthistor. (um 1959), 50, 62,
71, 82, 75, 81, 498
Rheins, Rheinhard (Rins, Riner), Gouv. 1619,
1621, 108, 408
Riederauer, Karl v., kurpf. UnterL.
1783 − 1784, († 1785), 413
Riemann, Karl, Stadtbaudir. 1938 − 1946
(† 1961), 416, 498
Riese, v. kaiserl. GenM. Stadtkom.
1794 − 1795, 409
Rivelot, kurpf. IngH 1728 − 1743, 413
Riverson, franz. Ing. 1758, 182, 271, 413
Rogg, Stadtbmstr. 1912, 417
Rosenthal, Johann Heinrich von 1702,
1734, 180, 271, 418
le Rouge, franz. Geograph (um 1740),
387, 413, 463 A1178

de Roy, Bernhard, jül. berg. IngH.
1664 – 1671, 113, 115, 149, 411
442 A395
de Roy, Mathias, jül.berg. Kammerrat
1687, Gen. Auditor 1704 – 1711, 252,
Rubens, Peter, Maler († 1612), 33
Rudolph I., dt. Kaiser († 1291), 17
Rudolph II., dt. Kaiser († 1612), 270
Rümmler, Else, Stadthistor. 1977, 10,
453 A846, 459 A1090, 464 A1223

S

Sachs, Hans, 1568, 502
Sadeler (Sadelery, Sedellerius, Sadelin,
sattler, Sedeler, Sattler), Johann Lollio,
kurpf. Hofarch. 1631 – 1667 (Alte Stadt 6)
33, 112, 113, 114, 115, 138, 148, 149, 411
446 A551 – 562, 462 A1168, 468, 473
Sandtner, Ingolständter Festungsmodellbauer
1572, 146
Sarto, Festb.Untern. 1709, 1715, 167, 237,
413, 448 A655, 464 A1231
Schaesberg, Johann Friedrich, Gf. v., kurpf.
Hofkammerdir. (* 1663, † 1723), 172,
237, 418, 448 A655, A660
Schaesberg, Johann Wilhelm, Fh. v. kurpf.,
Geh.Rat und Kanzler 1733 – 1768, 474
Schaefer, Karl Friedrich, Akademieprof.,
kommiss. Hofbmstr, 1806 – 1808 († 1837),
(Ratinger Str. 11/13), 318, 381, 416
Schall, J. H., Kämmerer und Rat, 1625, 467
Schaper, Komiss. städt. Beigeordneter
1940 – 1942, 416
Schaumburg, E. v., preuß. Oberst, Histor.
(* 1807, † 1882), 14, 60
Scheidt, Johann Bertram, Frhr. v. gen. Wesch-
pfennig (Weschpennik), kurpf. Marschall,
Kämmerer, Großhofmstr. († 1662),
(Ratinger Str. 12), 61, 467
Schellaert, Gf. v. Gouv. 1676 – 1696, 408,
468
Schilling, Balduin, städt. Beigeordneter
1921 – 1929 († 1868), 416
Schinkel, Karl Friedrich, Arch. († 1873), 322
Schmidt, Kurt, Leiter des Stadtplanungsamtes
seit 1975, 416
Schmitz, Bruno, Prof., Städtebauer 1912
(* 1858, † 1916), 417
Schnorrenberg, Anton, Chronist 1796, 190
Schnitzler, Anton, Bmstr. seit 1778
(* 1756, † 1823), 417
Schnitzler, Peter Heinr. Gregor Anton jun.,
Bmstr. (* 1796, † 1873), 417
Schöller, Wwe, 1791, 207
Schreier, Dr.-Ing., städt. Beigeordneter
1947 – 1960, 416
Schreuer, Wilhelm, Maler, 227, 506
Schubert, Bauinsp. (um 1685), 411
Schwab, Rüstmstr. 1671, 156

Serro, Antonio, gen. Krauß, Bmstr. 1620,
1623, 71, 73, 108, 109, 119, 121, 123,
125, 126, 128, 129, 133, 134, 137, 148,
410, 462 A1169, 498
Sibilla v. Brandenburg, Hzgin., Gemahlin
des Hz. Wilhelm II., 1511, 473
Sigismund v. Brandenburg, Kurf. (* 1577
† 1624), 406
Siegfried v. Westerburg, EB v. Köln
(† 1295), 18,57
Sizone, Hofkanzler, Akademiedir.
(um 1740), 252
Snerts, Kompanieführer 1625, 151
Solms, Philipp, Gf. v., oberster Bauauf-
seher in Kleve, 1610, 445 A542
Solms, Gf. v. Festb. Theor. 1535, 439, A 281
Sophie, Gfin. v. Berg 1460, 404
Soubise, Prince de, franz. Gen. 1758, 182
Soudis, Marquis de, franz. Gen. 1688,
443 A444
Soult, Jean de Dieu, Hz. v. Dalmatien
(* 1769, † 1851)
Sourches, Marquis de, Marschall v. Frankreich,
franz. Kom. 1757, 179, 218
Spaeth, Balthasar, Bildhauer (um 1755),
233, 349, 350, 506, 511
Speckle (Specklin), Daniel, Festb. Theor.,
Bmstr. v. Straßburg, kaiserl. Ing.
(* 1536, † 1589), 1567, 1577, 74, 77,
80, 84, 96, 97, 119, 121, 123, 124, 126,
127, 131, 132, 133, 136, 145, 157, 158,
162, 211, 299, 410, 418, 439, A290, 444,
A476, 475, 498, 502, 503
Spee, Grafengeschlecht, Sitz Schloß Heltorf,
15, 346, 418, 474
Spee, Bertram, Frhr. v. (* 1681 † 1736),
418, 464 A1223, 474
Spee, Friedrich Christian, Frhr. v. Hofkam-
merdir. Gen.Kriegskommissar,
1668 – 1695, († 1695), 418, 80
Spiering zu Tüschenbroich, Franz. Frhr. v.,
Gouv. (um 1634), 408
Spiess, Frhr. v., (Karlstädter Baukommission)
1787, 204, 206
Spinola, Mgf. v. (um 1615), 475
Stad, Wilhelm zum, Wachtmstr. 1585, 150
Stahl, F., Kupferstecher (um 1806), 501
Steinhorst, Philipp v., Ritter 1400, 1402, 67,
86, 473
Strauven, Karl Leopold, Notar, Histor. 1870,
59, 61, 62, 67, 437 A218
Strumberg, Joh. Heinr., kurpf. Büchsenmstr.
(um 1744), 94, 502
Stübben, Josef, Stadtplaner († 1936), 417,
464 A1212
Sturm, Leonhard Christoph v., dt. Mathe-
matiker und Festb. Theor.
Styrum, Alexander, Gf. v., Gouv.
1756 – 1758, 408

Sültenfuß, Paul, Arch.. 1921, 294, 320, 509, 510
Sulzbach, Haus Pfalz-Sulzbach, 407, 419

T

Tallard, Comte de, franz. Feldherr 1702, 39, 193
Tamms, Friedrich, Prof. Dr.-Ing. e. h. städt. Beigeordneter 1954 – 1972, 416
Tarde, franz. Chefing. 1758, 412
Tharandt, Stadtbmstr. 1890 – 1909, 417, 503
Thelott, Kupferstecher (um 1815), 501
Therbusch, Anna Dorothea, Malerin, 1763, 507
Tilly, Johann, v., kaiserl. Feldherr (um 1635)
Tschernischow, russ. Gen. 1814, 501
Trierweiler, kurpfl. Oberst (um 1780), 265, 453 A875, 476, 508
Trist (Tryst), Rutger Peter, Bauschreiber,
Tyvern (Teveren) Edelherren von,
   s. Arnold v. T.

U

Ueberacker, Gf. v. GenM. 1708 – 1719 (Orangeriestr. 5), 409
Ullmann, IngL. 1723 – 1724, 413
Ulner, Gerhard, Rechenmstr., Bauschreiber 1619, 147
Umpfenbach, Franz Anton, preuß. Reg.Baurat 1833 – 1851 († 1852), 328, 329, 416, 417
Ursulinen

V

Vagedes, Adolph v., Arch. 1811, Grhz. berg. Baudir. (* 1777, † 1842), 1815 – 1833 preuß. Reg.Baurat, 53, 79, 316, 320, 321, 322, 325, 326, 327, 328, 329, 330, 416, 417, 437 A203, 458 A1044, A1053, 459 A1066, 502, 510
Vauban, Sebastian Leprestre, Marquis de, Marschall v. Frankreich und Festb. Theor. (* 1633, † 1707), 166, 210, 271, 454 A884
Vecchia, Gabriel Comte de, Obrist, Ing. um 1671 († 1711 in Wien), 115, 442 A408
Velbrück, Adam, Gf. v. 1742, 418
Velbrück, Karl, Gf. v. 1742, 418
Vellink, Planverf. 1747, Frontspz, 498
Vellink, Heinrich, Kribbenbmstr. 1599, 106
Vialis, franz. Fort. Dir. 1758, 412
Villonge, Planverf. 1758, 413
Violetta, Dominikus de, Gouv. 1719 – 1736, 409
Virmund, Frhr. v., Gouv. 1664 – 1681, 60, 114, 115, 128, 129, 140, 148, 153, 156, 193, 408, 411, 447 A606, 503
Vitruv, röm. Arch. (um 84 v. Chr.), 146
Vlatten, Johann v., berg. Kanzler († 1562)

Voltaire, franz. Philosoph (* 1694, † 1778), 49
Vurwercke, Johann von dem, Burgmann (um 1539), 60, 67

W

Walrave, Gerhard Cornelius, preuß. Fort. Dir. (* 1692, † 1773), 44, 174, 175, 176, 413, 432 A51, 449 A674, 453 A866, 504
Wangenheim, Georg August, v., hannoverscher Gen. 1758, 198
Wauters, Franz, jül.berg. Hofbmstr. 1780 – 1795, 206, 238, 414
Wayen, Johann von der (Jan van der Wain), Bauschreiber 1597, 105, 106, 141, 147
Weidenhaupt, Dr. Hugo, Stadtarchivdir. 1977, 10, 26, 464 A1209
Weixel (Weigel), IngOL. 1724 – 1745, 172, 174, 179, 198, 239, 412, 499
Wenzel, dt. König († 1419)
Wentgen, Büchsenmstr. 1671, 156
Werff, Adriaen van der, Maler 1716, 500
Werner, W., Verleger 1831, 499
Weschpfennig, s. Scheidt
Westhofen (Westhoven), Eberhard, Stadtbmstr. 1847 – 1888 († 1892), (Wasserstr. 1), 416, 464 A1209
Westpfahlen, kom. Stadtbmstr. 1831 – 1835, 1844 – 1847, 416, 463 A1202
Weyermann, Maler, 459 A1058
Weyhe, Maximilian Friedrich, Gartenbaudir. 1803 – 1846 († 1846), 316, 318, 321, 326, 327, 328, 331, 416, 417 458 A1037, 473, 475, 499, 510
Wiebeking, G. H. Ch. Karl Friedrich v., 2. Wasserbmstr. 1786 – 1796, (* 1762, † 1842), 1788, 188, 303, 415, 457 A1002
Wilhelm I., Kg. v. Preußen, dt. Kaiser, († 1888)
Wilhelm, Hz. in Bayern, Statthalter († 1837), 51, 316, 406
Wilhelm I., Gf. v. Berg 1296 – 1308, 406
Wilhelm II., Gf. v. Berg, seit 1380 Hz. Wilhelm I. v. Berg 1360 – 1408 († 1408), 21, 22, 23, 59, 69, 71, 85, 404
Wilhelm II., Hz. v. Jülich-Berg 1475 – 1511 († 1511), 25, 84, 86, 101, 404
Wilhelm III. (d. Reiche), Hz. v. Jülich-Berg 1539 – 1592 († 1592), 27, 28, 101, 102, 103, 141, 144, 147, 150, 404, 406, 466
Wilhelm v. Isselstein, Maurermstr. 1572, 144, 145, 146, 410
Wilhelm, Johann Friedr. Sekretär der Handelskammer († 1844)
Wilhelmine Louise v. Preußen, Hzgin. zu Anhalt-Bernburg (* 1799, † 1882), 54, 316

Windgassen, Wilhelm, Oberlandmesser 1805
    (* 1778), 415, 510
Windscheidt, Hofkammerrat (Karlstädter
    Baukommission) 1785, 203
Winkelhausen v., Kommandier. Gen.
    (Karlstädter Baukommission), 1785, 203
Wintzingerode, russ. Gen. 1814, 501
Wolfgang Wilhelm, Pfgf. v. Neuburg, Hz.
    v. Jülich-Berg 1614 – 1653 († 1653) 30,
    31, 32, 33, 61, 86, 107, 108, 109, 110,
    112, 121, 133, 134, 137, 142, 143, 151,
    166, 193, 223, 293, 354, 406, 439 A306,
    444 A495, 473, 475, 503
Wolff, Edelknabeninstruktor, OIng.
    1698 – 1708, 236, 240, 270, 278, 413

Wolff, Caspar, Maler, 508
Wolkowsky, Fürst v., russ. Gen. 1814, 501
Wonsheim, Barthold v., kurpf. Geh. Rat,
    Statthalter 1614, 406, 408
Wrangel, Carl Gustav, schwed. Reichsmarschall

Z

Zam, Georg Adam, Hausbes. 1725, 228
Zedwitz, Baron v., Provinzialkom. 1794,
    250, 476
Zündorf (Zydendorff), (Betzin van Tsuendorff),
    Bertram v., Bmstr. 1533, 84, 118, 143, 144,
    437 A232
Zündorf, Heinrich v., Hofbes. 1400, 59